Buchanan · Möbelrestaurierung – selbstgemacht

George Buchanan

Möbelrestaurierung selbstgemacht

Eine Anleitung in rund 1000 Bildern

AUGUSTUS VERLAG AUGSBURG

Übersetzung der englischen Originalausgabe
„The Illustrated Handbook of Furniture Restoration"
by George Buchanan

Übersetzt von Kurt W. Nachtsheim

CIP-Titelaufnahme der Deutschen Bibliothek

Buchanan, George:
Möbelrestaurierung selbstgemacht: eine Anleitung in rund 1000
Bildern/George Buchanan. [Übers. von Kurt W. Nachtsheim].
– 1. Aufl., 1. Nachdr. – Augsburg: Augustus-Verl., 1989
Einheitssacht.: The illustrated handbook of furniture restoration <dt.>
ISBN 3–8043–2633–1

1. Auflage 1988, Bauverlag, Wiesbaden und Berlin
1. Nachdruck 1989

AUGUSTUS VERLAG AUGSBURG

Lektor: Günter Wiegand
Layout: Nina Knapitsch

Druck: Wenschow-Franzis-Druck GmbH, 8000 München 50

ISBN 3–8043–2633–1

Inhalt

Danksagung

Ich bin allen, die mir bei den Vorbereitungen für dieses Buch geholfen haben, außerordentlich dankbar.

Mein besonderer Dank gilt Mrs. Janet Gibbs (Cotswold Caners, Cirencester) für ihre Unterweisung in der Technik des Rohrflechtens und für die Korrektur des diesbezüglichen Abschnitts in meinem Manuskript.

Ferner danke ich Ben White, Peter Buchanan und David Playne für die Fotografien, John Yate, dem Restaurator aus Coln St. Aldwyns, für seine nützlichen Hinweise und die Erlaubnis zum Fotografieren seiner Werkstatt sowie Jacquie Govier für ihre Ratschläge und kritischen Anmerkungen zu meinen Zeichnungen. Außerdem danke ich Elizabeth Buchanan, Ian Fiddes Gooding, David Sloan und Simon Tuite für ihre aufklärenden und ermunternden Worte, die mir meine Arbeit erleichtert haben.

Simon Creese-Parsons und Paul Caffell, Don Parsons und Mick Wright haben mir freundlicherweise gestattet, einige ihrer Möbelstücke zu fotografieren.

Peter Harding bin ich dankbar für das Umschlagfoto und die Abbildung der Holzmuster.

1 Die Werkstatt

Eine gut organisierte Werkstatt ist ein angenehmer Arbeitsplatz. Obwohl ihre Abmessungen eine Rolle spielen, braucht sie nicht unbedingt groß zu sein. Ein Raum von der Größe einer Garage reicht für eine allein arbeitende Person völlig aus; er muß für eine Werkbank und ein (zerlegtes) Möbelstück Platz bieten und außerdem groß genug sein, daß sich der Restaurator rund um das Möbel frei bewegen kann. In einer nicht sehr großen Werkstatt sollten möglichst keine Möbelstücke oder Holzvorräte (abgesehen von der gerade benötigten Holzmenge und einigen Abfallstücken) gelagert werden, um den Platz zum Arbeiten nicht durch den in Anspruch genommenen Lagerraum zu beeinträchtigen.

Eine gute Beleuchtung ist die Grundlage für erstklassige Instandsetzungsarbeit. Sind die Reparaturstellen unter heller Beleuchtung unsichtbar oder unauffällig, so macht das instandgesetzte Möbelstück im indirekten Licht einer Wohnung einen absolut einwandfreien Eindruck. Das durch die Fenster fallende Licht sollte durch Neonröhren verstärkt werden; letztere sind bei der Oberflächenbehandlung stets eingeschaltet zu lassen. Das Licht von einem Fenster wirft starken Schatten, und Teile, die im Schatten liegen oder bei einfallendem Sonnenlicht glänzen, werden leicht übersehen.

Ohne eine einigermaßen warme Umgebung trocknen Klebstoffe und Poliermittel nicht. Heizkörper aller Art können verwendet werden, aber der gute alte Ofen, in welchem Späne und Holzabfälle verbrannt werden können, hat seine Vorteile. Kleinere Werkstätten lassen sich mit Flaschengas oder Elektrostrahlern ausreichend heizen. Achten Sie auf genügenden Abstand der Heizelemente von Polituren und Lösungsmitteln. Brennbare Stoffe sollten außerhalb des Arbeitsbereichs und ohne Gefahr der Entzündung aufbewahrt werden.

Einrichtung der Werkstatt

Die Einrichtung der Werkstatt richtet sich nach der Form des Raumes und dem Erfordernis der wirtschaftlichen Raumausnutzung; sie ist von Anfang an sorgfältig zu planen. Für große Möbelstük-

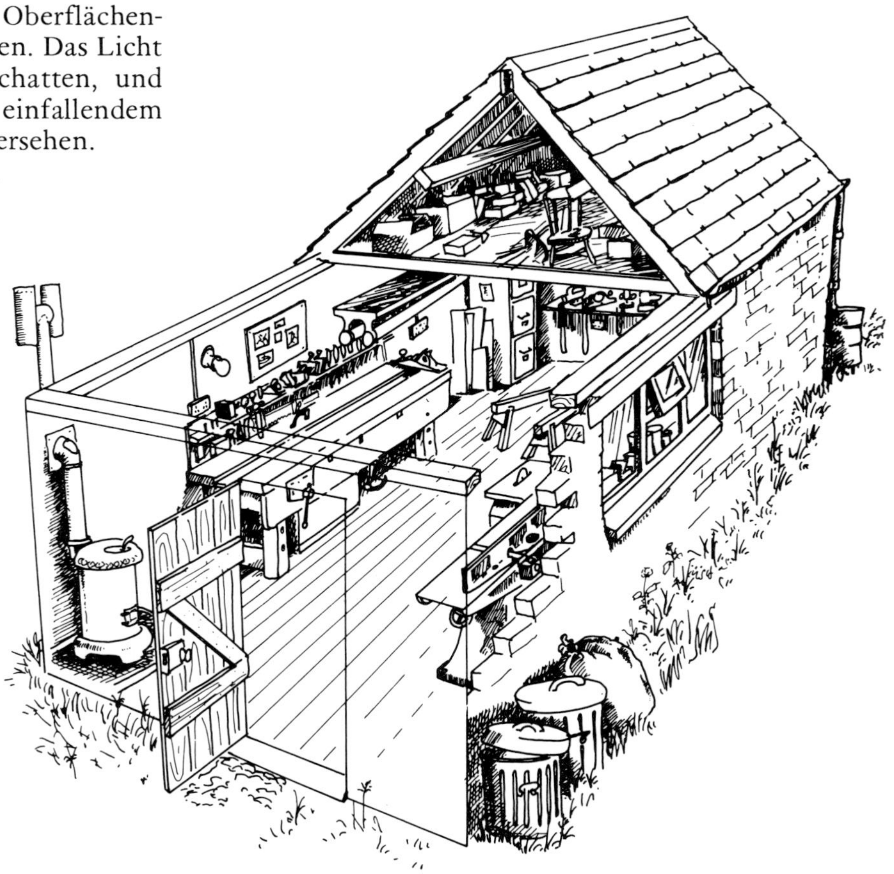

ke ist Platz zu berücksichtigen, ebenso für eventuell noch anzuschaffende zusätzliche Maschinen. Die Inneneinrichtung einer kleinen Werkstatt wird oft durch die Lage der Tür bestimmt, die den leichten Durchgang mit großen Möbelstücken gestatten muß. Sie ist deshalb freizuhalten und sollte unmittelbar in den Arbeitsraum hineinführen. In einer kleinen Werkstatt kann die offene Tür zu Hilfe genommen werden, um längere Holzteile durch eine Kreissäge oder Hobelmaschine zu bewegen. Derartige Maschinen sollten daher in der Nähe der Tür aufgestellt werden, und zwar im Interesse einer ungehinderten Materialzufuhr am besten mit der Türöffnung fluchtend.

Werkbank (Hobelbank)
Die Werkbank sollte in der Nähe des Arbeitsplatzes stehen. Da der Schraubstock normalerweise an einem Ende der Werkbank angebracht ist, muß dieses Ende von Wänden und Schränken ferngehalten werden, die den Umgang mit langen, im Schraubstock eingespannten Holzteilen behindern könnten.

Stromanschlüsse
Die elektrischen Anschlüsse können verlegt werden, wenn die Aufstellung der Werkbank und der Maschinen festgelegt worden ist. Die gesamte Stromversorgung sollte in Kabelrohren geführt, als Steckdosen sollten solche für den Werkstattbedarf verwendet werden. Sorgen Sie für Steckdosen auf beiden Seiten der Werkbank und für weitere möglichst nahe an den Maschinen. In der Nähe des Arbeitsplatzes ist eine Doppelsteckdose vorzusehen, wobei darauf zu achten ist, daß die Zuleitungskabel nicht über den Teil des Fußbodens verlaufen, der normalerweise begangen wird. Den Hauptsicherungs- und Erdungskasten legt der Elektriker nach seinem Ermessen an, aber ein Notausschalter sollte in Türnähe gut sichtbar angebracht werden.

Beleuchtung
Bringen Sie an der Wand über der Werkbank eine einzelne starke Glühlampe oder doppelte Leuchtstoffröhre an. Das Licht einer einzelnen Leuchtstoffröhre flackert, was sich beispielsweise beim Reflektieren der Schneide eines Beitels störend bemerkbar macht. Diese Wirkung kann durch die Verdoppelung der Röhre ausgeschaltet werden; eine normale Glühlampe ist allerdings billiger und einfacher.

Leuchtstoffröhren sollten ein wenig seitlich vom Arbeitsbereich und in der Nähe der Werkzeugmaschinen angebracht werden. Auch hier sollten doppelte Armaturen verwendet werden, weil das Flackern von einem laufenden Kreissägeblatt oder Hobelmesser reflektiert werden kann.

Neonleuchten strahlen ein starkes, diffuses und bläuliches Licht ab, das insofern von Vorteil ist, als es die roten, braunen und gelben Farbtöne an einem Möbelstück unterdrückt. Der Restaurator kann sicher sein, daß dann, wenn ein Möbelstück im künstlichen Licht der Werkstatt mit einer vollen braunen Tönung glänzt, es bei Tageslicht oder unter der weniger scharfen Beleuchtung eines Wohnraums noch vorteilhafter aussehen wird. Eine zusätzliche Handlampe ist nützlich, besonders zur Betrachtung von Möbeln im Innern oder darunter.

Aufbewahrung
Der Ofen, die Hobelbank und die Arbeitsmaschinen sind die einzigen Gegenstände, die fest auf dem Werkstattfußboden stehen müssen. Alle sonstigen Einrichtungsgegenstände würden nur wertvolle Bodenfläche in Anspruch nehmen und beim Sauberhalten des Fußbodens hinderlich sein.

Benutzen Sie zur Aufbewahrung von Polituren, Klebstoffen, Nägeln und Schrauben so weit wie möglich Regale und Wandschränke.

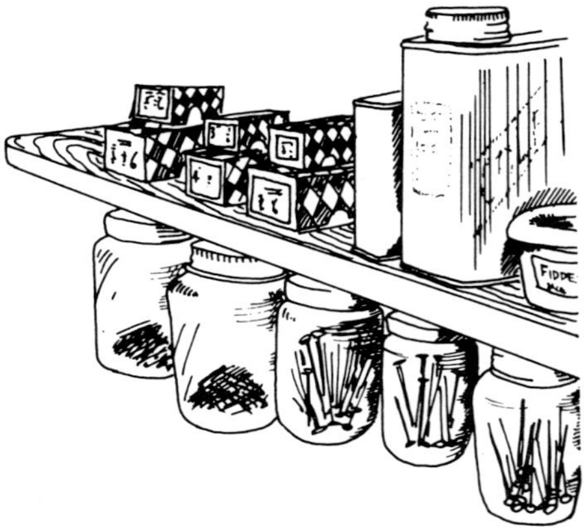

Größere Mengen an entflammbaren Stoffen, wie Brennspiritus, Terpentin usw., sollten in einem Stahlschrank möglichst weit vom Ofen entfernt aufbewahrt werden. Ein gebrauchter Akten- oder Karteischrank ist gut für diesen Zweck geeignet.

Hat die Werkstatt ein Spitzgiebeldach, so könnte der Bodenraum darunter eventuell zusätzlich zur Lagerung benutzt werden, vorausgesetzt, daß die notwendigen Umbauten nicht zu einer zu niedrigen Werkstattdecke führen. Weil Dachböden im Sommer sehr warm werden können, verbietet sich hier die Aufbewahrung von feuergefährlichen Flüssigkeiten und Wachsen. Für die Lagerung von Putztüchern, Stahlwolle, Beizpulver usw. in größeren Mengen sind sie jedoch ideal.

Abfallbeseitigung

In der Werkstatt eines Restaurators fallen große Mengen Abfälle an, deren Beseitigung vielfach Probleme aufwirft. Sägemehl und Späne kann man, wenn der Ofen dies zuläßt, verbrennen oder in Säcken zum Müll stellen. Sägespäne und Sägemehl sollten sich nicht auf dem Werkstattfußboden ansammeln. Ein Haufen von Zedern- und Fichtenholzspänen sieht hübsch aus und riecht wunderbar, aber er ist staubig und feuergefährlich, und ein kleiner Gegenstand, der darin verschwindet, ist so gut wie verloren. Fegen Sie den Fußboden regelmäßig und nach jedem Arbeitsgang im Laufe der Restaurierung. Lassen Sie keine Abfälle – alte Putzlappen, gebrauchte Stahlwolle usw. – herumliegen, sondern sacken Sie sie ein und stellen Sie die Säcke nach draußen.

Holzlagerung

Wenn kleine Holzstücke zur späteren Verwendung aufbewahrt werden, sammeln sie sich so schnell an, daß man die benötigten Stücke dann nicht mehr herausfinden kann. Machen Sie keinen Unterschied zwischen altem und neuem Holz und werfen Sie alle Stücke fort, die kleiner sind als 600 x 50 x 80 mm.

Diese Regel hat ihren Sinn, denn wenn Sie nicht wissen, was alles in Ihrem Holzvorrat steckt, können Sie ebenso gut darauf verzichten.

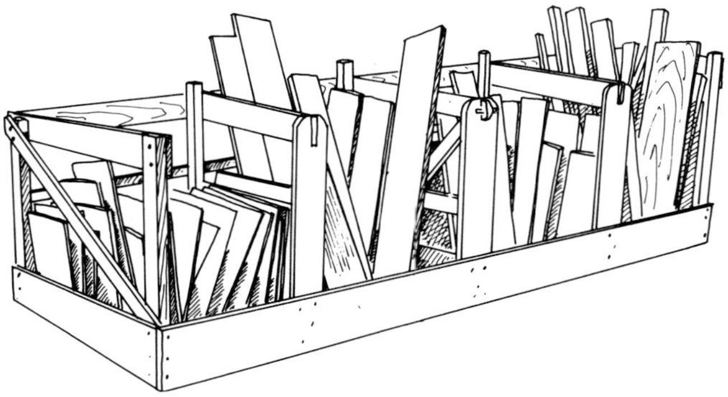

Es gibt zwei Ausnahmen von dieser Regel: Besonders seltene Hölzer, z. B. Rosen- oder Ebenholz, bewahren Sie an wiederauffindbarer Stelle auf. Und steht ein Geburtstag oder das Weihnachtsfest bevor, wofür Sie Geschenke machen wollen, so legen Sie die besten Stücke für diesen Zweck zurück.

Der Restaurator muß sein Holz so lagern, daß er das, was er benötigt, jederzeit leicht und ohne das Umstapeln großer Holzmengen finden kann.

Das System beginnt mit einer strengen Aussonderung dessen, was nicht in den Holzvorrat gehört. Hinsichtlich der Größe sollte eine untere Grenze eingehalten werden (siehe obige Maßangabe). Große Stücke, die stark gerissen oder von Nägeln oder Wurmlöchern durchsetzt sind, gehören in den Abfall. Versuchen Sie nicht, Hölzer nach ihrer Art auseinanderzuhalten; brauchbare Holzstücke werden dabei nicht richtig erkannt und deshalb übersehen.

Holzstücke sollten nach Längen sortiert und stehend gelagert werden. So bleiben sie trockener und sind leichter durchzusuchen als solche, die liegend aufbewahrt werden. Eine einfache Sortierlade reicht gewöhnlich aus, um die verschiedenen Größen auseinanderzuhalten. Die Trennwände brauchen nicht kräftig zu sein, da der Boden der Lade den größten Teil des Gewichts aufnimmt.

Furnierhölzer sind kühl und trocken aufzubewahren, damit sie nicht brüchig werden und beim Gebrauch reißen. Wickeln Sie Furniere in Zeitungspapier und legen Sie das Paket auf ein flaches Brett. Darauf legen Sie dann ein zweites Brett, das Sie mit Gewichten beschweren, damit das Furnier flach bleibt.

Aufbewahrung von Werkzeugen

Selten benutzte Werkzeuge können in einer Truhe oder Kiste unter der Werkbank aufbewahrt werden, wobei ein innerer Einsatzkasten die kleineren Teile von den größeren auf dem Kistenboden getrennt hält. Ständig gebrauchte Werkzeuge müssen griffbereit und übersichtlich aufbewahrt werden, z. B. auf einem über der Werkbank befestigten Wandbrett.

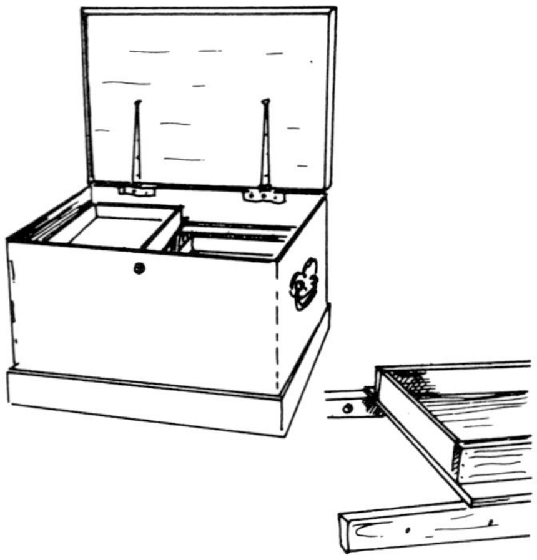

Elektrowerkzeuge
Bohrmaschinen, Stichsägen, Oberfräsen usw. sollten von den Handwerkzeugen getrennt aufbewahrt werden, um eine Beschädigung oder Verwicklung der Stromkabel zu vermeiden. Bringen Sie diese Maschinen auf einem Regal in der Nähe der Werkbank unter, zusammen mit den dazugehörigen Schneidwerkzeugen (Fräser und Sägeblätter). Regelmäßig benutzte Werkzeuge rosten kaum. Bei solchen, die seltener gebraucht werden, hilft ein Öllappen gegen den Rostansatz.

Handwerkzeuge
Ein Werkzeugsatz für den Hausgebrauch enthält gewöhnlich zumindest ein paar brauchbare Werkzeuge; andere werden wahrscheinlich hinzugekauft werden müssen. Bei Werkzeugen ist das Beste gerade gut genug. Sind alte Werkzeuge abgenutzt, ersetzen Sie sie durch eine bessere Qualität.

Beziehen Sie Ihre Werkzeuge aus zweiter Hand oder aus einer Werkzeughandlung mit großer Auswahl und fachkundigem Personal.

Wählen Sie Markenwerkzeuge und kaufen Sie keine Schneidwerkzeuge mit auswechselbaren Klingen. Nehmen Sie das Werkzeug in die Hand und prüfen Sie dessen Schneide auf Rauhigkeit und Spuren einer schlechten Bearbeitung. Schraubengewinde müssen sich leicht drehen lassen. Holzgriffe sollten bequem, glatt und gut verarbeitet sein. Ein Werkzeug – ob Hobel, Beitel oder eine neue Säge – sollte sich gut ausbalanciert anfühlen und angenehm im Griff sein. An Handwerkzeugen wird folgende Grundausstattung benötigt:

Sägen: Längs- und Quersägen (Leistensäge, Ablängsäge), Zinkensäge, Bogensäge, Laubsäge, Bügelsäge;

Hobel: Bankhobel, Schlichthobel, Hirnholzhobel, Falzhobel, Putz- und Dicktenhobel;

Ziehklingen: für Möbeltischler;

Bohrer: Zentrumbohrer 6,5–9,5–13 mm ϕ, weitere nach Bedarf;

Zapfenlochbohrer: 9,5 mm ϕ;

Beitel: Stemmeisen 6,5–9,5–16 mm, Stechbeitel 6,5 mm, Lochbeitel 9,5 mm; Hohlbeitel nach Bedarf;

Meßgeräte: Zollstock bzw. Bandmaß, 2 m lang;

Winkel: Anschlagwinkel, Gehrungswinkel;

Zirkel: 1 feststellbarer Zirkel;

Schmiegen: 1 verstellbare Schmiege;

Lehren: 1 Streichmaß, 1 Zinkenlehre;

Hämmer: 1 Stifthammer (Schreinerhammer), 1 mittelschwerer Hammer;

ferner Körner, Durchschlag (Versenker), Schraubendreher, Flach- und Beißzangen, Blechschere, Feilen (nach Bedarf sortiert), Schraubzwingen und Klemmen (möglichst viele), Maurerstemmeisen, Dielenheber.

Gebrauchte Werkzeuge

Alte Werkzeuge gibt es gelegentlich in Antiquitätengeschäften, vielleicht aber auch auf Flohmärkten, und vielfach sind gute und brauchbare Stücke darunter. Bei Schneidwerkzeugen (Stecheisen, Beitel und Hobel) achten Sie sorgfältig auf den Zustand der Klinge. Ausgebrochene Schneiden können nachgeschliffen werden, aber eine vom Rost angefressene Klinge ist unbrauchbar. Buchenholzhobel sind noch zu verwenden, solange das Hobeleisen in Ordnung ist. Bei Hirnholzhobeln ist das Eisen gewöhnlich sehr gut; es ist etwas dicker als moderne Hobeleisen und wird bei der Arbeit nicht übermäßig warm.

Die Schwierigkeit bei diesen Hobeln liegt darin, daß ihre Sohle rillenförmig verschleißt und sich verzieht. Hier kann zwar durch Herausnehmen des Hobelmessers und Glatthobeln der Sohle Abhilfe geschaffen werden, aber dadurch verbreitert sich die Öffnung (Hobelmaul) für Hobelmesser und Keil, so daß die Eignung des Hobels zur Abnahme feiner Späne beeinträchtigt wird. Bei einem gut ausbalancierten Hobel, der solche Mängel

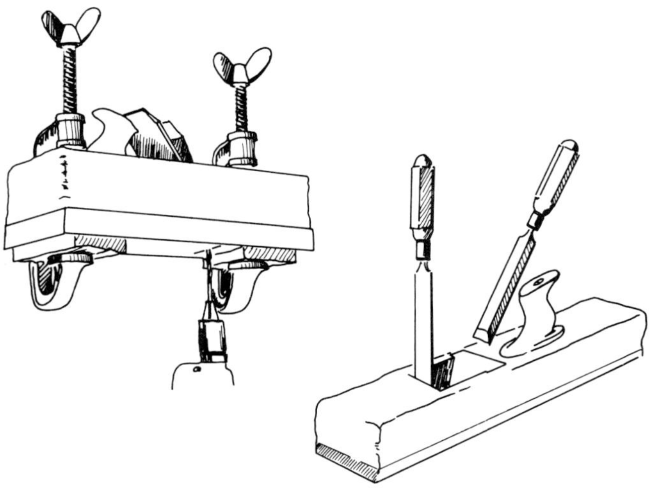

aufweist, kann es sich lohnen, die Sohle ganz zurückzuschneiden, sie durch eine neue zu ersetzen und ein neues Maul für das Hobelmesser auszustemmen.

Gebrauchte Streichmaße sind leicht und billig zu beschaffen. Neue sind jedoch wahrscheinlich billiger als die Messingausführungen, die in Antiquitätenhandlungen angeboten werden.

Beitel, Schraubendreher, Durchschläger und Plattbohrer (Vorstecher) sind in gebrauchtem Zustand leicht und oft auch günstig zu bekommen, ebenso Laub- und Bügelsägen. Verwenden Sie jedoch keine gebrauchten Fuchsschwänze und Zapfensägen; kaufen Sie gleich neue Sägen und lassen Sie ihnen eine gute Pflege angedeihen.

Gebrauchte Anschlagwinkel bedürfen der Prüfung auf Genauigkeit, wie in den Skizzen gezeigt. Der Metallschenkel kann durch sorgfältiges Überfeilen korrigiert werden, aber achten Sie darauf,

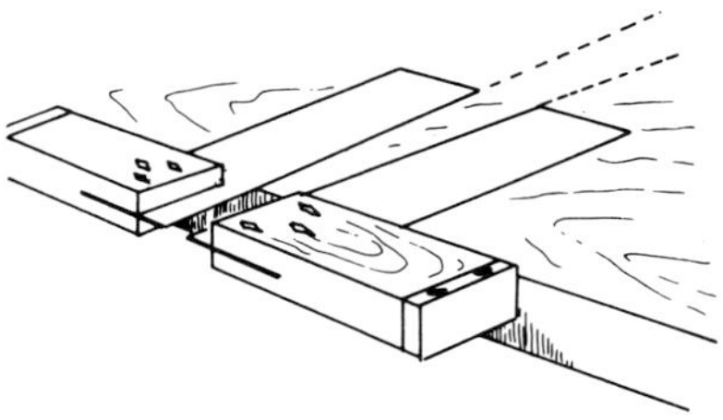

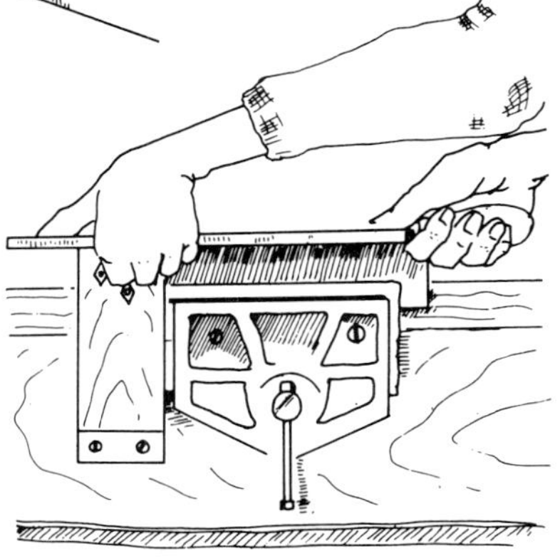

daß Sie keine Krümmung hineinfeilen. Gebrauchte Winkelmaße und Schmiegen aus Eben- oder Rosenholz mit Messingeinfassung sind bedeutend angenehmer in der Handhabung als die modernen Ausführungen mit Plastikgriffen.

Legen Sie sich keinen zweiten Satz von Sägen und Schneidwerkzeugen für grobe Arbeiten an. Benutzen Sie einen Satz und behandeln Sie diese Werkzeuge sorgsam und pfleglich.

Selbstgemachte Werkzeuge

Der Restaurator kann seinen Vorrat an gekauften Werkzeugen durch einige selbstgemachte ergänzen. Die nachstehend beschriebenen Werkzeuge und Geräte sind leicht herzustellen; sie vereinfachen die Holzbearbeitung und beschleunigen den Restaurierungsvorgang.

Beim Bau solcher Werkzeuge und Geräte ist sorgfältig vorzugehen. Beginnen Sie rechtzeitig damit, bevor sie benötigt werden, und machen Sie sich mit ihrem Gebrauch vertraut.

Folgende Werkzeuge und Geräte sollten in der neu eingerichteten Werkstatt bereitliegen.

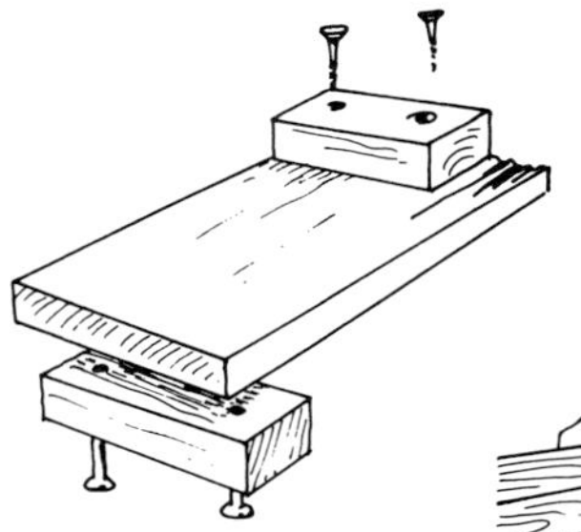

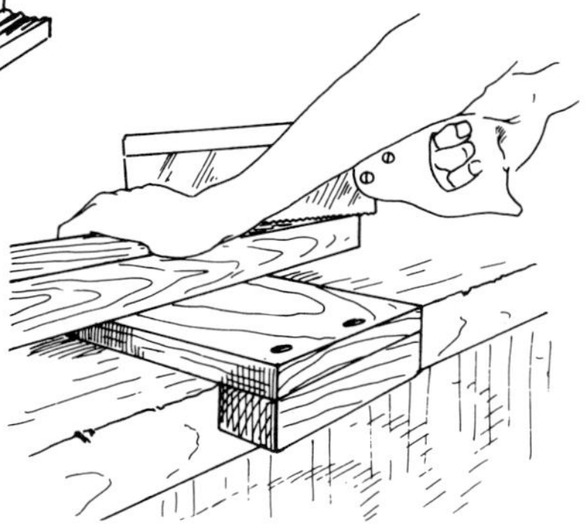

Bankhaken aus Hartholz. Kurzer Endklotz für Sägearbeiten auf der einen Seite, Endklotz auf der anderen Seite als Stoßlade bündig abschließend. Endklötze genau rechtwinklig zu den Längsseiten des Bankhakens ausrichten.

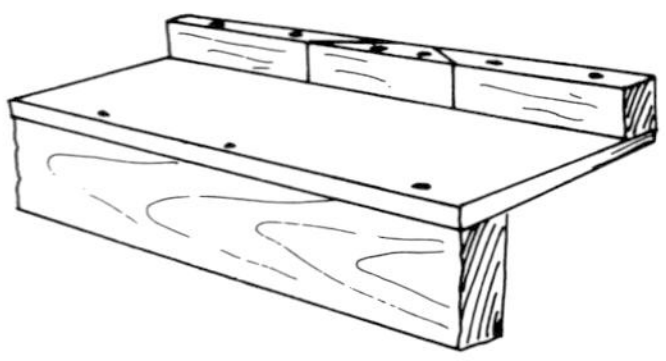

Gehrungsschneidblock, ein kleiner Bankhaken für Gehrungsschnitte an Leisten, Rundstäben usw. Die Führungsschlitze von 45° für das Sägeblatt machen das Anzeichnen weitgehend überflüssig.

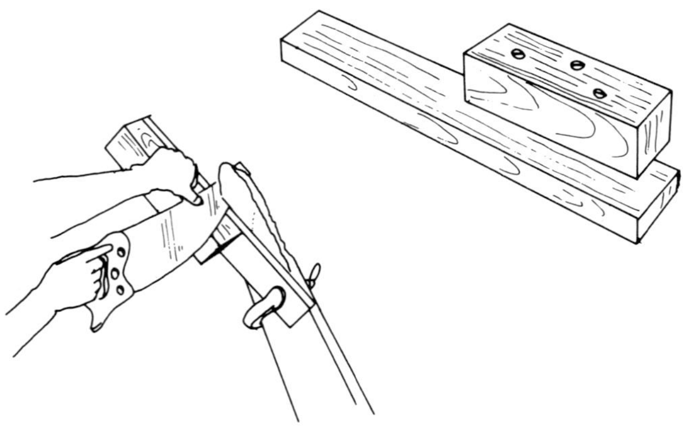

Sägenführung (Sägenlineal) aus zwei zusammengenagelten oder verschraubten, sauber rechtwinklig gehobelten Teilen. Die Anlageflächen sind von Zeit zu Zeit auf Genauigkeit zu prüfen und notfalls nachzuarbeiten.

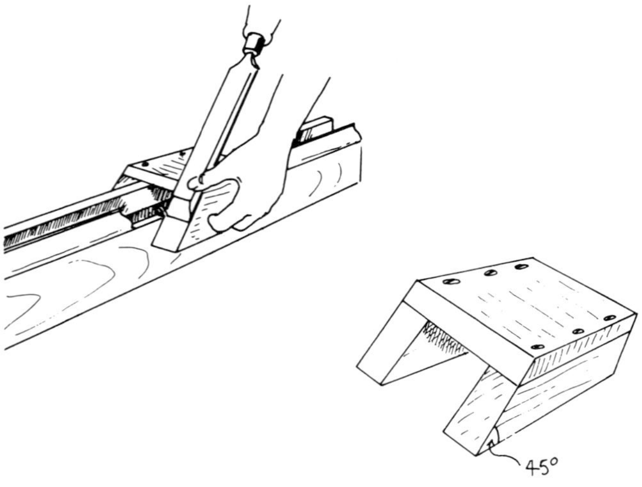

Kleine Gehrungsschneidlade, aus zwei Seitenführungen und einem starken Kopfbrett aus Hartholz genau zusammengefügt, Vorderkanten des Kopfbretts und der Seitenführungen im Winkel von 45° abgeschrägt.

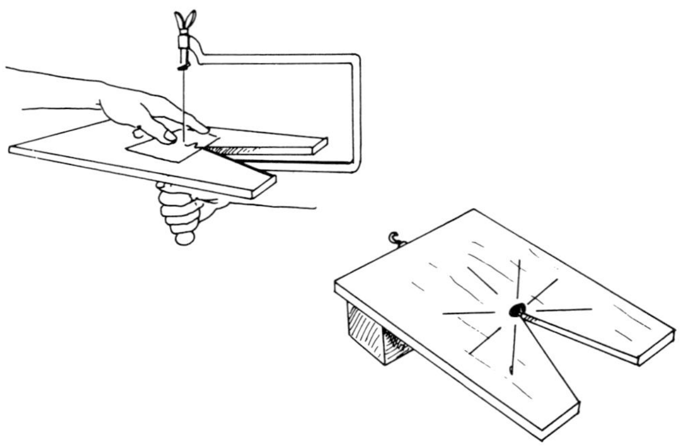

Laubsägebrett aus 8 mm dickem Sperrholz mit daruntergenageltem Hartholzklotz zum Einspannen in den Schraubstock.

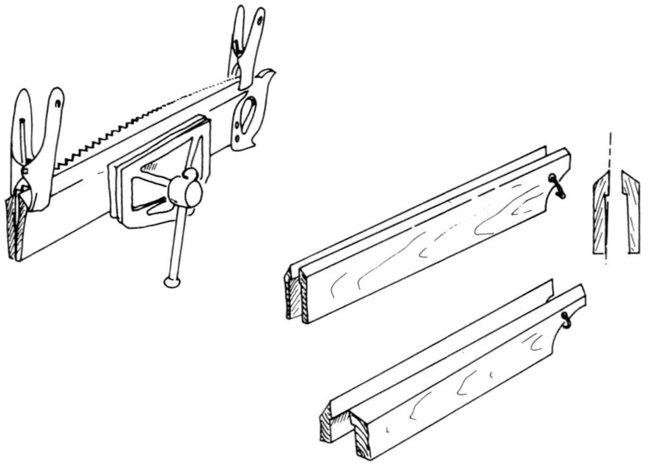

Sägenspannwangen zum Nachschärfen und Schränken von Sägen. Hiervon werden 2 Paar benötigt: das eine für Handsägen (Fuchsschwänze u. dergl.) und das andere für Zapfen- und Zinkensägen. Die inneren Spannflächen sind so auszubilden, daß der höchste Einspanndruck kurz unterhalb der Sägezahnreihe ausgeübt wird.

Schneidendes Streichmaß. Dieses Werkzeug sollte sorgfältig hergerichtet und bequem zu handhaben sein. Das Lineal wird mit einem Keil oder einer Schraube im Halter befestigt und muß leicht über das Material gleiten.

Der Rillenzieher, das Schabeisen, der Stuhlhobel und der Zahnhobel sind außerordentlich nützliche Werkzeuge, die nur aus gutem Hartholz hergestellt und sauber verarbeitet werden sollten. Auch sollten sie möglichst bequem in der Hand liegen, weil ihre Anwendung mit einigem Kraftaufwand verbunden ist.

Formrillenzieher, ein einfaches Werkzeug mit handlichem Hartholzgriff und eingesetzter Senkholzschraube.

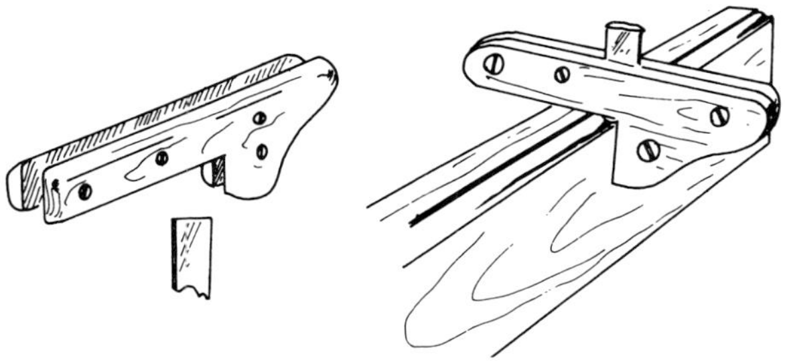

Schabeisen in schwerer und handgerechter Ausführung. Die Schaberklinge kann aus einem alten Bügelsägeblatt oder sonstigem Flachmaterial durch Schleifen bzw. Feilen angefertigt werden.

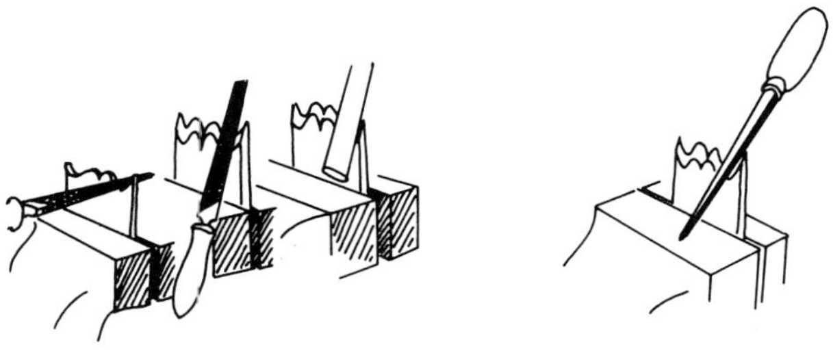

Die Klinge wird auf das gewünschte Profil gefeilt, wobei zu berücksichtigen ist, daß sie im Werkzeug nicht senkrecht gehalten wird. Schneide sauber abziehen und entgraten.

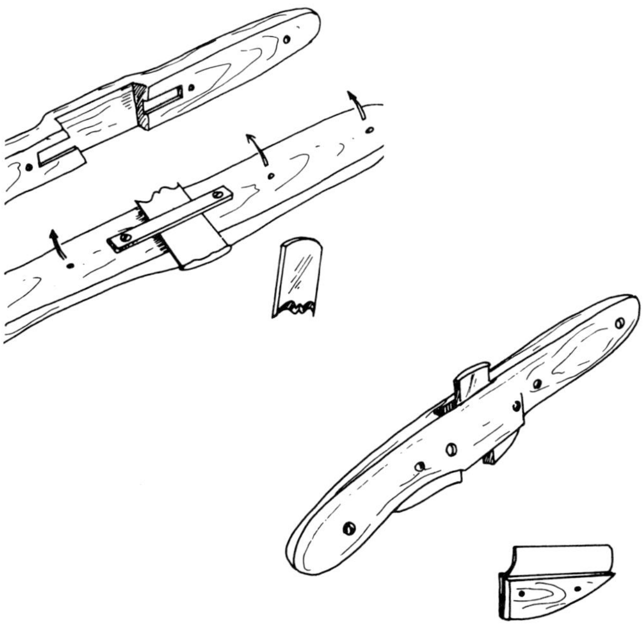

Stuhlhobel. Die Griffe müssen bequem zu umfassen sein. Die Klinge wird auf der Innenseite einer Griffhälfte mit einer Lasche und zwei Schrauben befestigt. Zwischen den Griffhälften werden zwei Anschläge eingesetzt und mit den Griffschrauben befestigt.

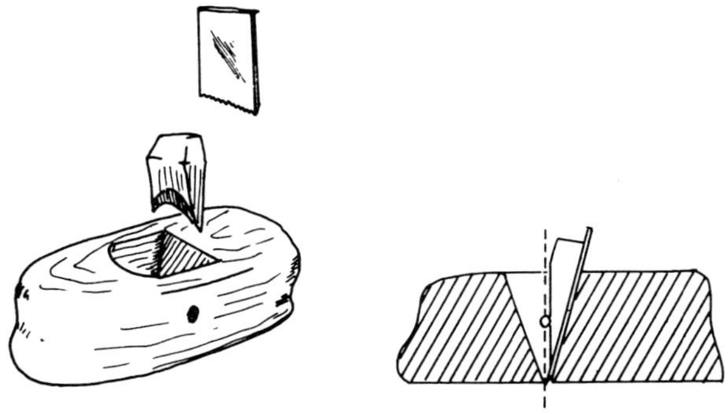

Zahnhobel aus einem handlich geformten Hartholzblock. Das Messer aus 40 mm breiten Werkzeugstahl wird am Schneidenende abgeschrägt (abgefast) und auf Zahnform gefeilt.

Für die Anfertigung der nachstehend beschriebenen Gegenstände wird ein Parallelschraubstock für die Metallbearbeitung benötigt. In einer kleinen Werkstatt ist für einen solchen auf einer zusätzlichen Werkbank montierten Schraubstock nicht immer genug Platz. In diesem Fall kann man den Schraubstock auf eine dicke Sperrholzplatte schrauben und diese bei Bedarf auf der Hobelbank festklemmen. Nach Gebrauch können die Zwingen gelöst, die Platte mit dem Schraubstock abgenommen und die Werkbank von Metallabfällen und Feilspänen gesäubert werden. Folgende Metallwerkzeuge und Zubehörteile können je nach Bedarf hergestellt werden.

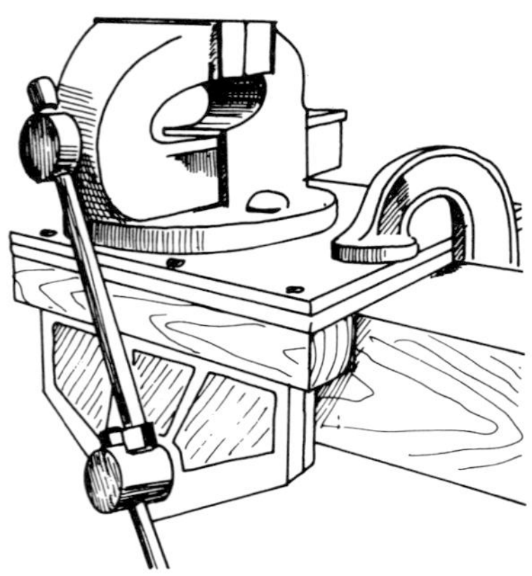

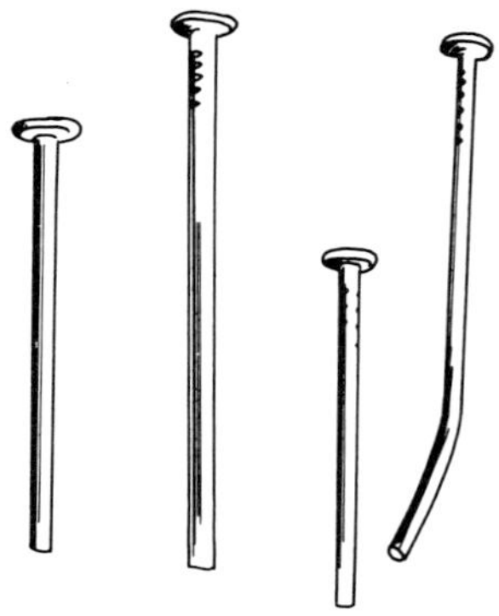

Durchschläger oder Austreiber können in verschiedenen Formen aus Drahtstiften (Nägeln) angefertigt werden. Die gebogene Ausführung dient zum Austreiben von Dübeln (Stiften) in schwer zu erreichenden Ecken.

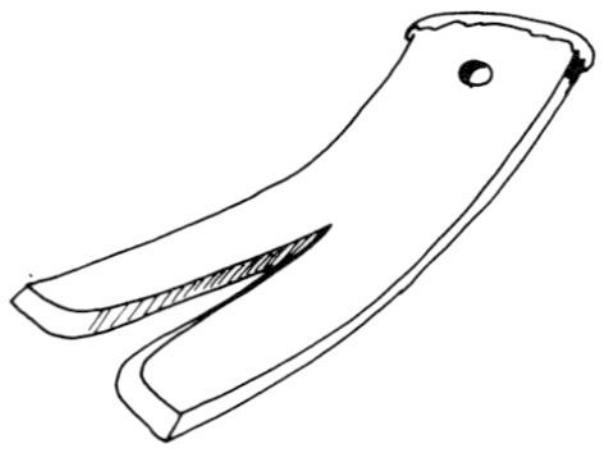

Nagelklaue aus 3 mm dickem Flachmaterial. Die Klauenenden sind auf beiden Seiten anzufasen, damit das Werkzeug den Nagel ohne Beschädigung der Holzoberfläche erfassen kann. Durch die Krümmung der Klaue wird bei deren Kipp- oder Schwenkbewegung der Nagel herausgezogen.

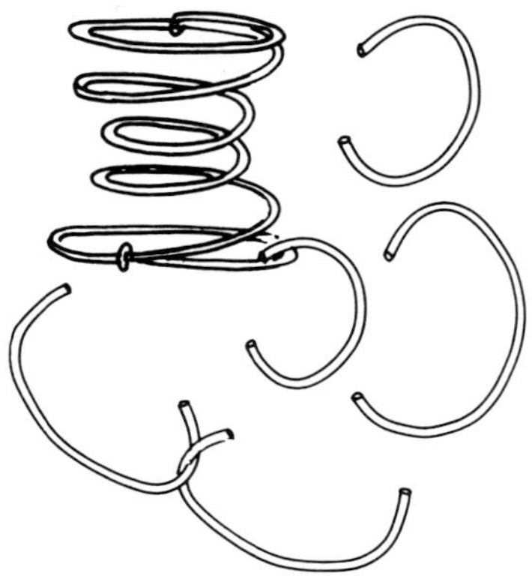

Federklammern schneidet man sich aus alten Polsterfedern zurecht.

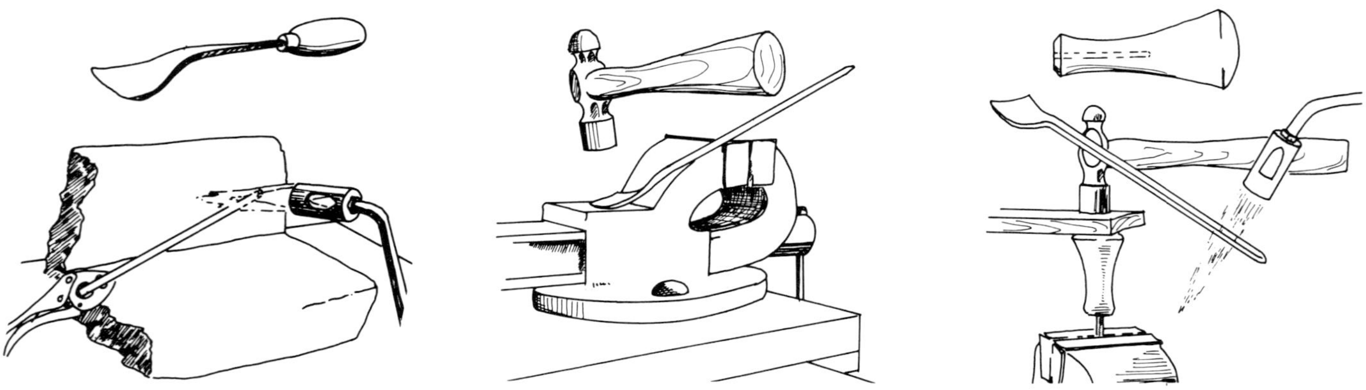

Hohlbeitel. Der Stahlrohling für ein solches Werkzeug wird mit der Flachzange festgehalten, auf Hellrotglut erwärmt und in die gewünschte Form gehämmert. Nach dem Abkühlen wird die Klinge auf die genaue Form zurechtgefeilt, dann kirschrot erwärmt und in kaltem Öl abgeschreckt. Das Heft wird angebohrt und auf die heißgemachte Beitelangel gesteckt. Werkzeugschneide sauber schleifen und scharf abziehen.

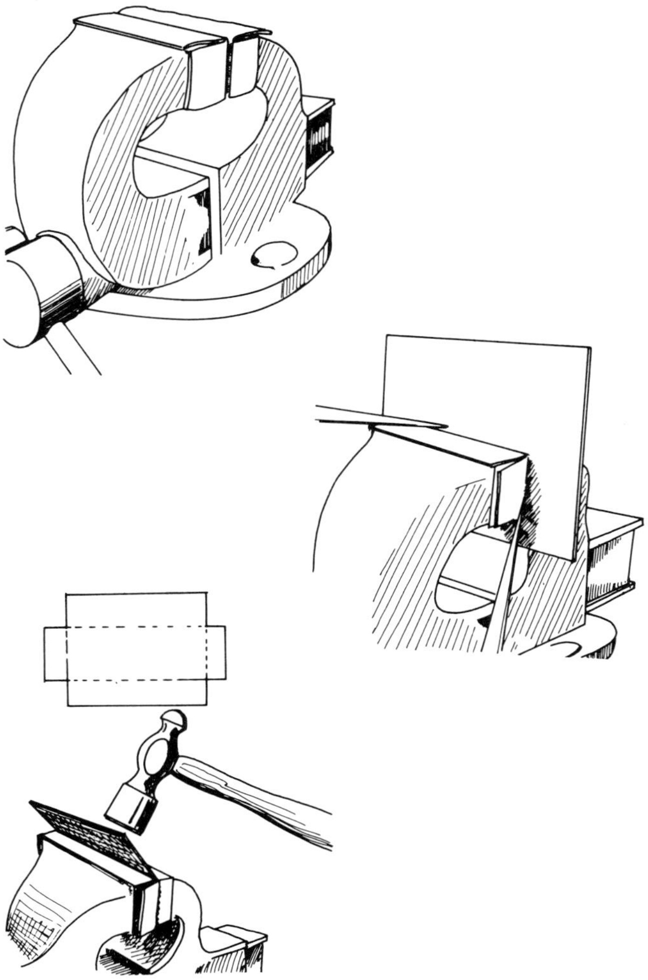

Schutzbacken für den Schraubstock werden auf dünnem Stahl- oder Messingblech angerissen, wie gezeigt ausgeschnitten und im Schraubstock auf die richtige Form gebogen.

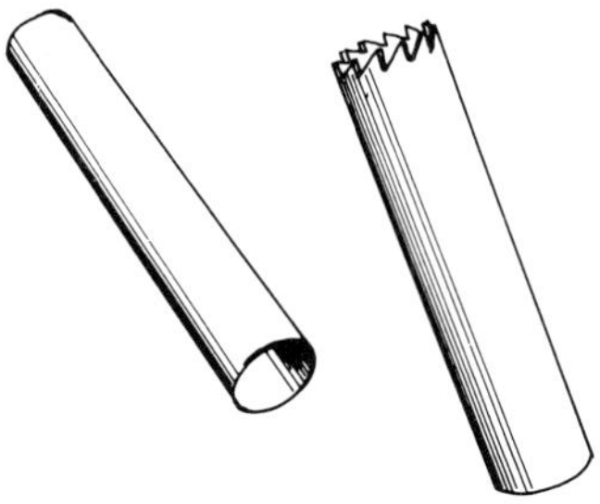

Einen Nagelauszieher fertigen Sie aus dünnem Stahlrohr an, wovon Sie ein passend langes Stück abschneiden; an einem Ende feilen Sie Zähne ein, die jedoch nicht gehärtet oder geschränkt werden dürfen. Das Werkzeug muß in das Futter einer elektrischen Handbohrmaschine passen und dient zum Ausbohren von festsitzenden Nägeln oder Schrauben.

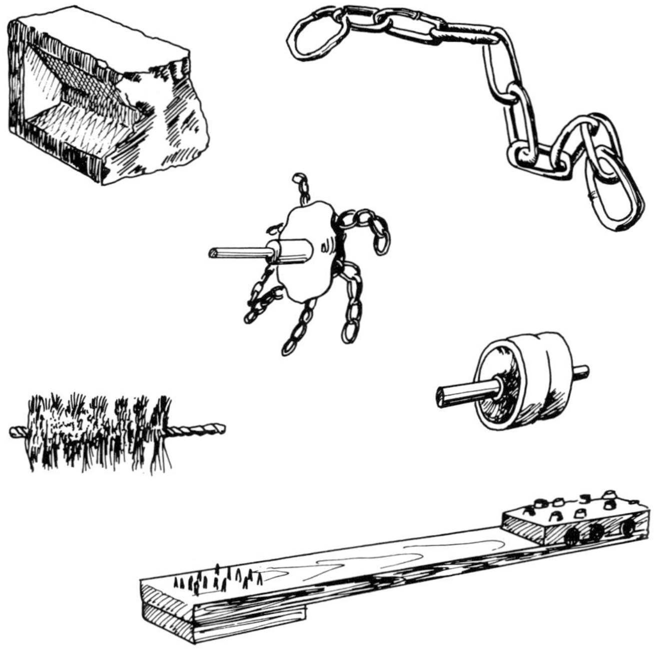

Alterungswerkzeuge (von links oben nach rechts unten): abgebrochener Ziegelstein; rostige Kette; Kettenschleuder oder Kettenstern; auf einen Dorn gesteckte Eisenrollen; Drahtbürste; Latte mit Drahtstiften und Schuhnägeln.

In der Werkstatt hergestellte Werkzeuge sollten gut verarbeitet und leicht zu handhaben sein. Scharfe Kanten sind abzurunden und Griffe zu glätten. Eine Ausnahme hiervon sind die sogenannten Alterungswerkzeuge, bei denen Rauhigkeit und grobe Oberflächen vorteilhaft sein können. Um neues Holz „alt“ aussehen zu lassen, muß seine Oberfläche mit unregelmäßigen, aber echt wirkenden Altersspuren versehen werden. Hierzu dienen eben diese Geräte, die solche Schäden gewollt hinterlassen.

Werkbank und Arbeitsböcke

Bauanleitung

Die nebenstehend skizzierte Werkbank (Hobelbank) ist praktisch, robust und schnell herzustellen. Verwenden Sie abgelagertes Holz im Rohschnitt direkt vom Sägewerk. Lärchenholz eignet sich gut für diesen Zweck, denn es ist schwer und gleichzeitig billig. Die Bankplatte kann nach Fertigstellung glattgehobelt werden. Die Verbindungen sind einfach in der Anfertigung und werden mit Schloßschrauben und Nägeln gehalten. Die Bankplatte wird auf die Beine genagelt, die Nagelköpfe werden versenkt und verdübelt.

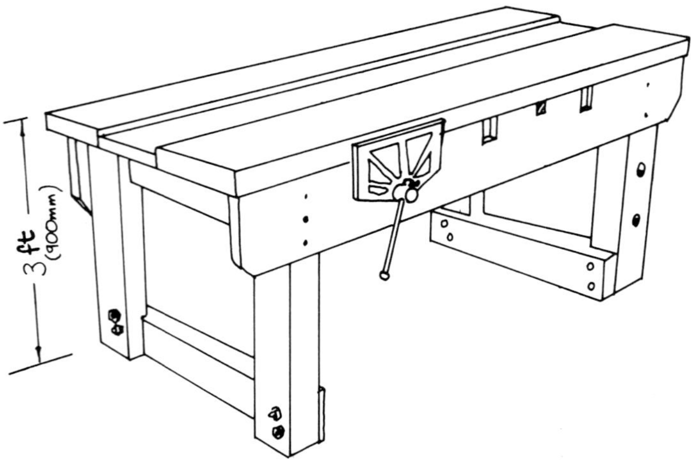

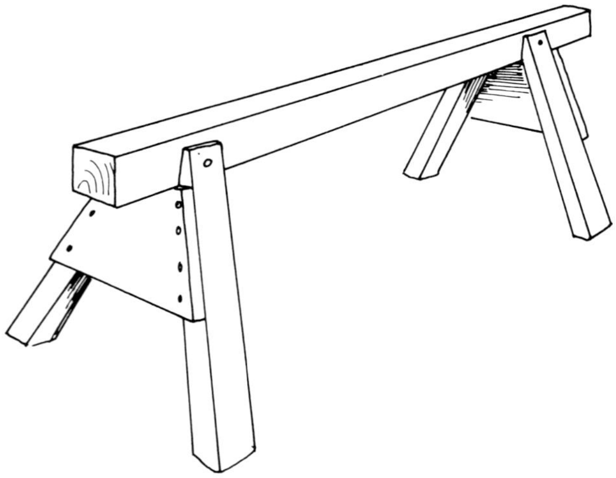

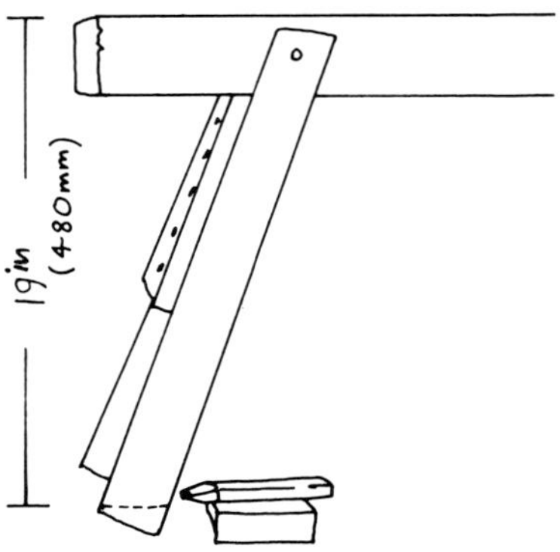

Eine Schnittliste, d. h. ein Verzeichnis der benötigten Holzteile, erleichtert das Aussuchen des Materials auf dem Holzlager.

Außer der Werkbank brauchen Sie noch zwei kräftige, gleich hohe Arbeitsböcke von ausreichender Länge für breite Möbelstücke. Die von oben in die Beine geschlagenen Nägel müssen gut versenkt werden. Die Beine selbst sollten etwas beweglich sein, damit der belastete Bock auf leicht unebenem Boden einen festen Stand erhält.

2 Holz und seine Kennzeichen

Frisch geschlagene Baumstämme haben einen hohen Wassergehalt, der zum größten Teil durch Trocknen beseitigt werden muß, bevor das Holz für Tischler- und Schreinerarbeiten in der Werkstatt verwendet werden kann. Frisch geschnittenes Eichenholz bespielsweise verliert beim Trocknen über ein Drittel seines Gewicht, manche Holzarten sogar noch mehr.

Wenn die Feuchtigkeit zu schnell verlorengeht, wird der Stamm stirnrissig, d. h. er reißt von den Stirnseiten her ein, wo die Trocknung am schnellsten erfolgt, so daß große Teile des Stammes unbrauchbar werden können. Um den Feuchtigkeitsverlust zu verlangsamen, werden manche hochwertigen Hartholzstämme nach dem Fällen auf dem Waldboden liegengelassen, wo sie in feuchter und schattiger Umgebung langsam trocknen können. Holzschnitzer und Drechsler, die an schweren Holzstücken arbeiten, sind ebenfalls bestrebt, das allzu schnelle Trocknen zu vermeiden, weil es zum Reißen und Verziehen führen kann; sie hüllen das Werkstück in Plastikfolie oder leicht angefeuchtete Sackleinwand, bevor sie die Werkstatt abends verlassen.

Aufsägen

Die meisten Sägewerke verwenden zum Aufschneiden der Baumstämme zu Brettern eine schwere Gattersäge, wobei der Stamm auf einem Rollentisch, von Keilen abgestützt, durch die Säge geschoben wird. Normalerweise erfolgt das Aufsägen im Längs- oder Fladerschnitt. d. h. nach dem einfachsten und schnellsten Verfahren, wobei aus einem einzelnen Stamm auch die meisten Bretter anfallen. Solche Bretter neigen allerdings zum Verziehen (Werfen) und übermäßigen Schrumpfen.

Bessere Hölzer werden im Radial- oder Quartierschnitt aufgesägt. Dieses Verfahren erfordert zwar einen mühsameren Umgang mit dem Stamm und häufigeres Nachstellen der Sägenführungen, und es fällt dabei auch meistens eine geringere Anzahl breiter Bretter an, aber es hat den Vorteil, daß die Bretter kräftiger und weniger anfällig für das Schrumpfen sind und auf ihren Oberflächen manchmal die schöne Textur der Markstrahlen, die Maserung, zeigen.

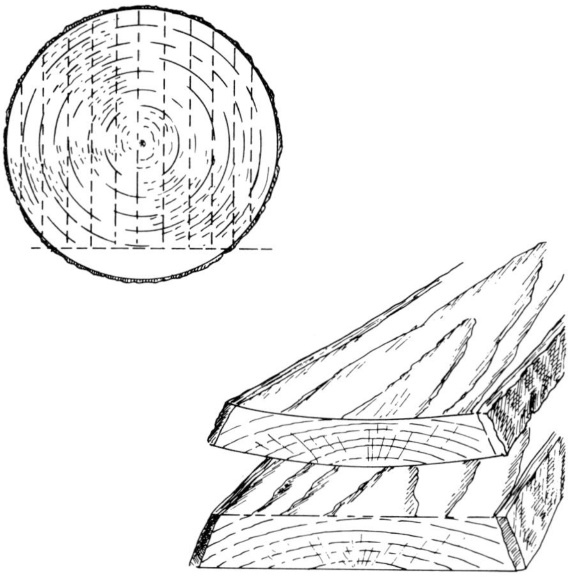

Im Quartierschnitt gesägte Bretter wölben sich beim Trocknen nicht. Ihre Schrumpfung bleibt normalerweise auf eine leichte Verjüngung im Brettquerschnitt beschränkt.

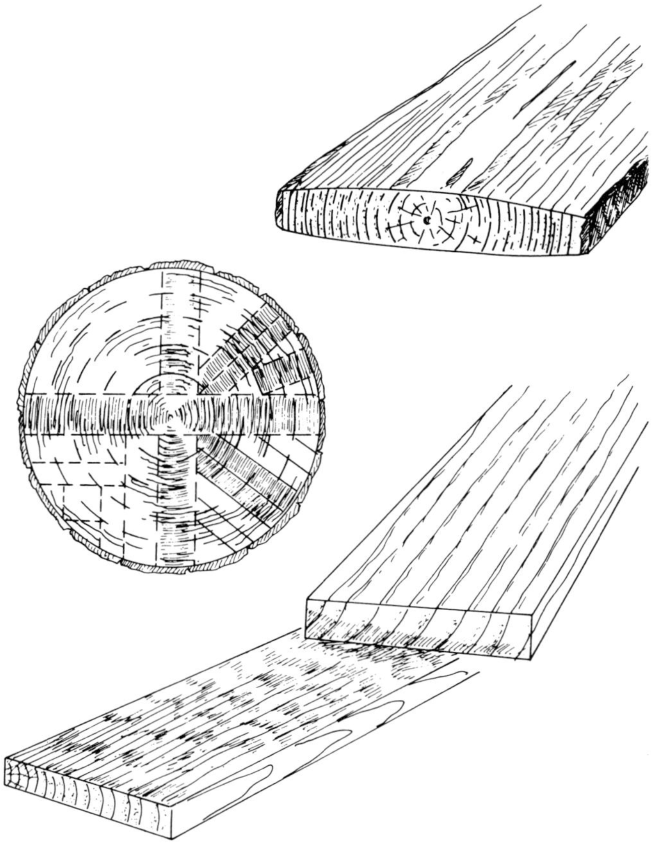

Spalten eines Stammes für Drechslerarbeiten

Wenn Dübel, Stifte und lange dünne Drechselteile benötigt werden, wird der Stamm zweckmäßigerweise nicht zersägt, sondern gespalten. Dabei kann das Holz an seiner schwächsten Stelle auseinanderreißen, wodurch Mängel in Richtung quer zur Faser ausgeschaltet werden und die Wahrscheinlichkeit verringert wird, daß sich das fertige Drechselteil unter der Einwirkung des Alters und der Belastung verzieht.

Hier handelt es sich um einen praktischen Vorschlag für Stammlängen bis etwa 600 mm. Natürlich werden auch weit größere Stämme gespalten und dann mit der Axt zurechtgeschlagen.

Zum Spalten eines mit der Kettensäge auf Länge geschnittenen Stammes benötigen Sie nur eine Reihe von Hartholzkeilen und einen Vorschlaghammer. Lassen Sie zum Drechseln vorgesehene Stämme auf der Seite im Schatten liegen. Zum Drechseln rollen Sie einen Block in die Werkstatt und prüfen seine Stirnseiten auf Radialrisse. In einen Riß, der Ihnen zum Spalten geeignet erscheint, schlagen Sie mit dem Vorschlaghammer einen Keil ein. Schlagen Sie dabei aber nicht wild drauflos in der Hoffnung, daß der Block sich sauber in zwei Hälften spaltet. Nach einigen Hammerschlägen halten Sie ein und prüfen die Längs- und Stirnseiten auf Anzeichen eines laufenden Risses. Wenn Sie einen solchen bemerken, setzen Sie einen zweiten Keil dicht neben den ersten. Benutzen Sie so viele Keile, wie Sie zum Aufweiten des Risses benötigen. Nachdem Sie sich so die erforderlichen Holzstücke beschafft haben, legen Sie den Block wieder nach draußen, wo es schattig und feucht ist. Die meisten Stämme mit Ausnahme der Rüster lassen sich auf diese Weise spalten. Solche mit Krümmungen, Maserknollen und Astrückständen reißen jedoch nicht sauber auseinander.

Trocknen

Der Erfolg des Ablagerns hängt vom langsamen und gleichmäßigen Trocknen des Holzes ab. Deshalb ist der Winter die günstigste Zeit zum Aufsägen, weil die kalte und feuchte Luft ein allzu rasches Trocknen des frisch aufgeschnittenen Holzes verhindert.

Stapeln

Vorbereitung zum Stapeln von frisch aufgesägtem Holz

Bevor der Stamm zu Brettern geschnitten wird, ist ein geeigneter Platz für den Holzstapel auszusuchen. Eine schattige, ebene und windgeschützte Stelle im Freien ist hierfür ideal.

Eine ziemlich ungenaue Faustregel lautet, daß ein 25 mm dickes Brett 1 Jahr zum Lufttrocknen benötigt. Wählen Sie den Platz deshalb so, daß der Holzstapel Ihnen nicht im Wege ist und möglicherweise etwas abseits liegt. Überlegen Sie sich vor dem Aufsägen auch die ungefähre Reihenfolge, in welcher das Holz später vom Stapel entnommen werden soll.

Anlage des Holzstapels

Der Untergrund muß eben, frei von Bewuchs und mit alten Kunststoffsäcken (z. B. von Düngemitteln) oder Dachpappe bedeckt sein, um die Feuchtigkeit abzuhalten.

Als Unterlage sind aufeinandergelegte Ziegel- oder Betonsteine zu verwenden, die paarweise auf Stapelbreite in Abständen von etwa 60 mm gesetzt werden. Darüber werden einige Vierkanthölzer von 50 mm Seitenlänge gelegt und ausgerichtet, eventuell mit Hilfe von Unterlagen aus Schiefer oder Hartkunststoff.

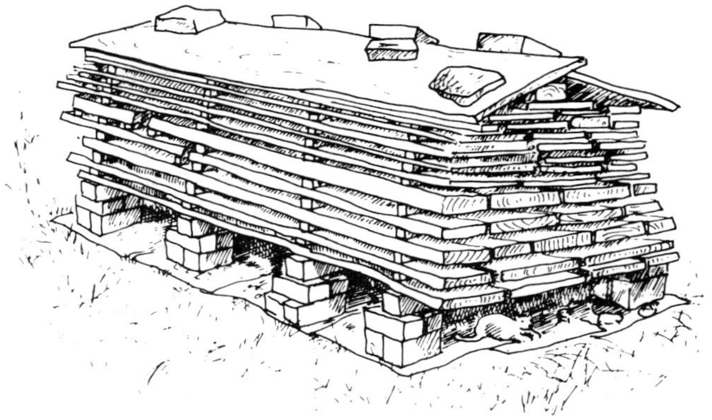

Ebenso gut ist der Aufbau des Stapels auf zwei sehr kräftigen Kanthölzern (Balken), auf beiden Seiten mit Holzklötzen unterlegt. Die Art des Unterbaus richtet sich in der Praxis wohl danach, ob Steine zur Verfügung stehen oder nicht.

Das aufgesägte und zum Stapelplatz geschaffte Holz ist zunächst zu sortieren. Die besten Bretter werden beiseite gelegt und kommen später in die Mitte des Stapels. Gekrümmte Bretter sind paarweise zur Seite zu legen.

Einige gerade Bretter minderer Qualität werden für die erste Lage ausgesucht und über die Traghölzer gelegt. Über jedes Tragholz legen Sie eine Vierkantleiste von 25 mm Seitenlänge. Richten Sie diese Leisten und die anschließend darüber angebrachten Leistenreihen genau in der Höhe aus, damit im Stapel keine Spannungen entstehen, wodurch die Bretter sich bei der Entnahme aus dem Stapel verziehen.

Bauen Sie den Stapel aus Brettern jeweils mit Leisten als Zwischenlagen weiter auf, wobei kurze und überstehende Enden im Innern des Stapels mit zusätzlichen Leisten abgestützt werden.

Gekrümmte Bretter legen Sie mit den Krümmungen nach außen gegeneinander, so daß sie durch das Eigengewicht des Stapels flachgedrückt werden. Die besten Bretter legen Sie in die Mitte und solche, die sich bereits hohl verzogen haben, mit der Höhlung nach unten, damit eventuell eingedrungenes Regenwasser ablaufen kann.

Oben wird der Stapel mit einer Lage minderwertiger Bretter abgeschlossen. Darüber legen Sie dann einige Platten Wellplastik, Wellblech, Sperrholz oder Abfallstücke vom Holzplatz, um den Stapel wasserdicht zu machen.

Wenn der Stapel fertig aufgesetzt ist, sind die freiliegenden Brettenden mit einer dickflüssigen Ölfarbe zu streichen (normaler wetterbeständiger Außenlack genügt), um die Bildung von Stirnrissen während des Trocknens so weit wie möglich auszuschalten. Jetzt ist der Stapel fertig aufgesetzt, und der hindurchstreichende Luftstrom kann das Holz trocknen. Ist das Holz im Sommer aufgesägt worden, dann sollten Sie vorsichtshalber alte Zeltplanen oder Säcke über den Stapel legen, um den Strom warmer und trockener Luft zwischen den Brettern zu hemmen. Im Herbst wird diese Abdeckung wieder abgenommen.

Verwendung von Hölzern

Fertigmachen zum Gebrauch

Luftgetrocknetes Holz verliert seine Feuchtigkeit, bis diese sich mit der Feuchtigkeit der Außenluft im Gleichgewicht befindet, und trocknet dann nicht weiter. Dieser Grad der Trockenheit reicht für die Arbeit des Möbeltischlers gewöhnlich nicht aus; er muß das Holz vom Stapel nehmen, in einen geschlossenen Raum bringen und dort in einiger Entfernung von Wärmequellen (Heizkörpern o. ä.) ein paar Monate lang warm und trocken aufbewahren.

Bevor er das Holz verwendet, reinigt er es gründlich mit einer Drahtbürste und befreit es von Sägemehl und Staub, damit seine Werkzeuge nicht beschädigt werden.

Mängel beim Holz

Häufig hat man beim Aussuchen eines zum Restaurieren geeigneten Holzstücks nur wenig Auswahl; die Eignung wird u. a. durch die Art des Faserverlaufs (Maserung) und die Anzahl der Äste bestimmt. Es gibt jedoch gewisse Anzeichen, die auf Mängel und spätere Schwierigkeiten bei der Holzverarbeitung schließen lassen. Zwar sollte Holz, das mit solchen Merkmalen behaftet ist, nicht gleich weggeworfen werden, aber eine gewisse Vorsicht hinsichtlich seiner Verwendung ist geboten. Für die Instandsetzung von Rückwänden und Böden und als Leimklötze oder zeitweilige Klemmstücke könnte es immerhin noch gebraucht werden.

Äste

Astansätze (sogenannte Astfüße) treten an den Stellen auf, wo ein Ast oder Zweig sein Wachstum aus der Mitte des Baumstammes heraus begonnen hat. Wenn der Ast abgeschlagen wird oder abstirbt, nachdem sich die Baumkrone ausgebreitet hat und er nicht mehr genügend Licht bekommt, wird der Aststumpf von dem weiterwachsenden Baumstamm eingehüllt. Äste dieser Art, kleine schwarze Knorren, kommen an den meisten Stämmen vor, besonders in deren Mittelabschnitt. Der größte Teil der Äste wird bei Holzarbeiten als naturgegeben hingenommen. Solche größeren Ausmaßes führen jedoch zu Schwierigkeiten, ebenso solche, die von einer Rindenschicht umgeben sind (in Form eines schwarzen Rings um den Astfuß).

Astansätze stellen sogenanntes Hirnholz über die Breite eines flach ausgesägten Brettes dar und neigen stärker als das umgebende Holz zum Schrumpfen. Dadurch kann der Ast rissig werden und sogar herausfallen. Das den Ast umgebende Holz hat vielfach eine unregelmäßige und (im allgemeinen) dichtere Maserung. Eine solche Maserung kann zwar sehr hübsch aussehen, aber Holzteile, die ein derartiges Muster aufweisen, neigen dazu, sich ungewöhnlich und unvorhersehbar lange nach der Fertigstellung des betreffenden Möbelstücks zu werfen und zu verziehen.

Im Hinblick auf vorgesehene Holzverbindungen ist die Lage der Äste zu berücksichtigen; an solchen Stellen sind sie tunlichst zu vermeiden, es sei denn, daß die Äste klein und nicht mit größeren Verformungen in der Maserung verbunden sind. Auch bei Hölzern mit großem Querschnitt sollte die Außenmaserung auf Unregelmäßigkeiten untersucht werden, da diese das Vorhandensein eines versteckten Astes gerade an der Stelle verraten können, wo eine Verbindung oder feine Schnitzerei angelegt werden soll.

Im Quartierschnitt aufgesägte Bretter weisen Äste vielfach in Blatt- oder Nagelform (sogenannte Flügeläste) auf, die sich manchmal fast über die ganze Breite des Brettes erstrecken können. Die hiermit verbundene Beeinträchtigung der Brettfestigkeit sollte in solchen Fällen berücksichtigt werden.

Die Zustände auf manchen Holzlagerplätzen machen eine sorgfältige Auswahl des Materials ziemlich schwierig. Wenn man sich einmal mit der Maserung eines brauchbaren Stammes vertraut gemacht hat, ist es leichter, einen problematischen zu erkennen.

Rißbildung. Beide Seiten müssen rißfrei sein. Stirnrisse können in Kauf genommen werden, wenn sie beim Aufmessen (und bei der preislichen Bewertung) des Holzes Berücksichtigung finden.

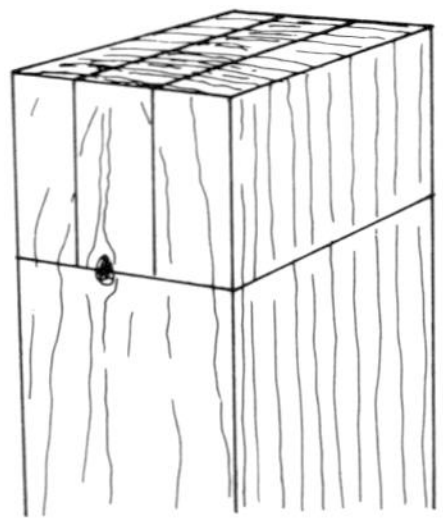

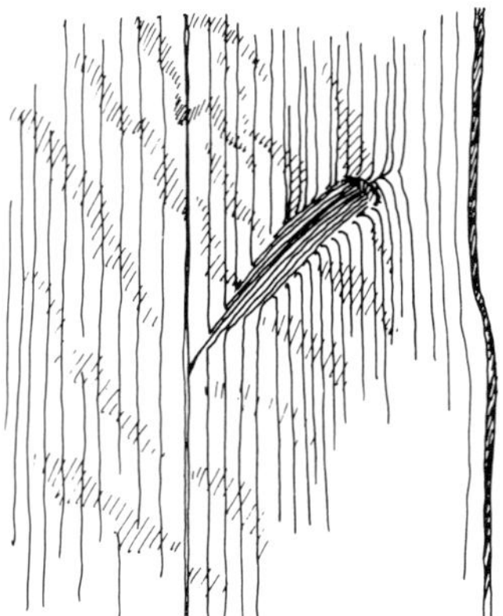

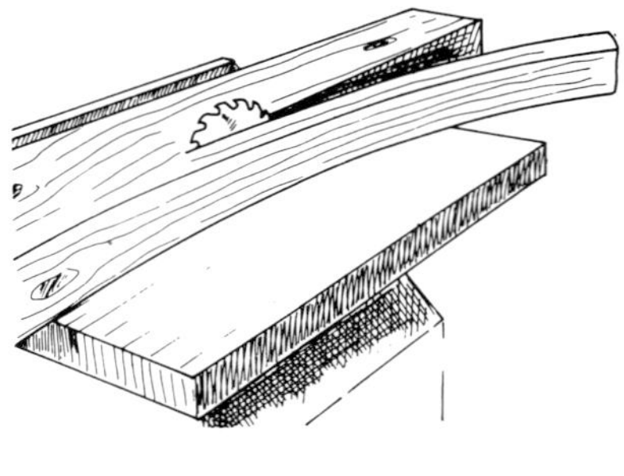

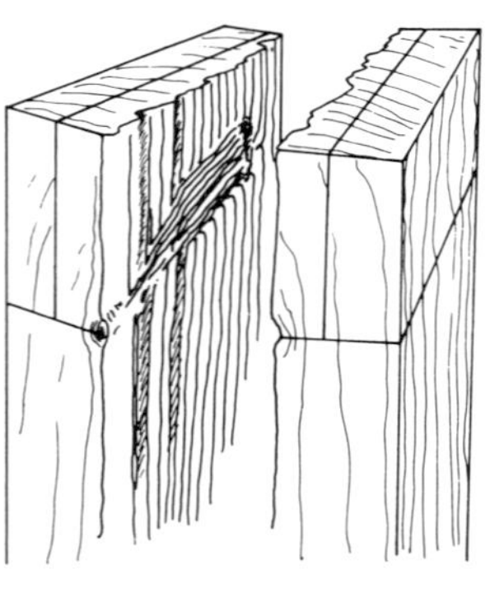

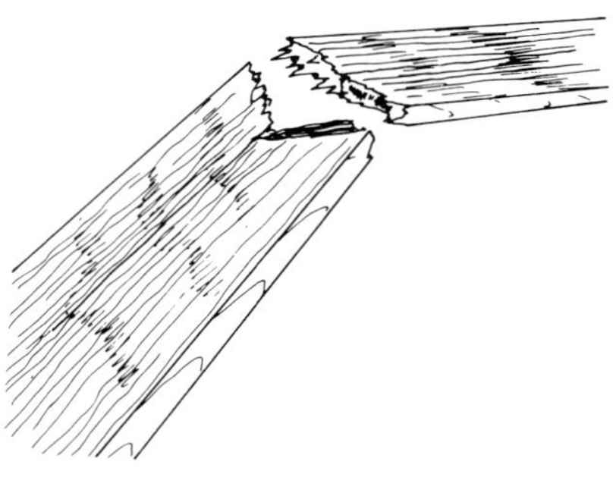

Pelzige Oberfläche. Bei Holz, das nach dem Hobeln oder Sägen eine wollige, faserige Oberfläche behält, mag nur das Abfegen nötig sein. Wenn nicht, läßt der pelzige Belag darauf schließen, daß es sich um minderwertiges Holz handelt, das unter übermäßiger Belastung des Baumes während seines Wuchses verformt worden ist.

Es ist sehr schwer zu bearbeiten, schlecht zu beizen und schrumpft in Längsrichtung weit stärker als ein normales Brett.

Krumme Stämme. Roh aufgesägte Bretter, die sich verdreht oder verbogen haben, taugen nur noch als ganz kurze Arbeitsstücke. Das Verbiegen läßt auf innere Spannungen im Brett schließen, die dem Restaurator auch nach dem Hobeln und Sägen des Brettes noch Schwierigkeiten bereiten.

Solche inneren Spannungen machen sich ebenfalls bemerkbar, wenn das Holz durch eine Kreissäge geschoben wird. Wenn das abgesägte Holzstück sich vom Grundmaterial abbiegt oder gegen das Sägeblatt zurückfedert, ist von seiner Verwendung abzuraten.

Risse quer zur Faser
Achten Sie auf Bruchlinien quer über die Breite des Brettes. Sogenannter Sprödbruch tritt an Hartholzstämmen ein, verursacht durch den harten Aufschlag des gefällten Baumes auf dem Boden und gekennzeichnet durch eine dunkle, quer über das Brett und an seinen Seiten entlang verlaufende Linie. Das Holz über und unter diesen Linien ist meistens ganz gesund.

Holzmerkmale

Für das richtige Erkennen der Holzarten gelten verschiedene Kriterien. Unbearbeitete Stämme der gleichen Baumart können sehr unterschiedlich aussehen, was auf eine Reihe von Faktoren wie Mineralgehalt des Bodens, Art des Wuchses und Gesundheitszustand des Baumes zurückzuführen ist.

Verwendung verschiedener Holzarten für Möbelteile

Drechselteile	Buche, Birke, Buchsbaum, Mahagoni
Stuhlbeine	Buche, Esche, Birke
Lackierte Möbel	Buche, Birke
Stuhlsitze	Rüster, Ahorn
Tischplatten (Bauernmöbel)	Berg- oder Weißahorn, Eiche, Rüster, Birne, Kirschbaum, Kastanie, Nußbaum, Esche
Tischplatten (Qualitätsmöbel)	Mahagoni, Eiche
Furnieruntergrund	Eiche, Kiefer
Seitenbretter für Schubladen	Kastanie, Eiche, Mahagoni, Kiefer
Rückwände für Rahmenmöbel	Pappel, Erle, Kastanie, Birke
Moderne Fabrikmöbel	Buche, Birke, Bergahorn, Esche

Kennzeichenübersicht

(siehe Farbtafel nach S. 128)

Die hier beschriebenen Hölzer sind nach ihrer natürlichen Farbtönung geordnet.

Weiße Hölzer
Hemlocksfichte
Gerade, ausgeprägte Maserung, nicht harzend, verschiedentlich mit grauen Längsstreifen. Verwendung: allgemein in der modernen Möbelfertigung.

Pappel
Weißes Holz, gelegentlich mit gelber Farbtönung. Weiche, gleichmäßige und faserige Struktur, leicht zu spalten. Verwendung: für Streichhölzer; im Möbelbau, für Sperrholz, Regalbretter und Rückwände für Bauernmöbel.

Weide
Weißes, fein strukturiertes und weiches Holz, gut unter Dampf zu biegen. Verwendung: in England meistens für Kricketschläger, sonst auch für unter Dampf gebogene Stuhllehnen, Holzpantinen und Drechselteile.

Berg- oder Weißahorn
Hartes Holz von feiner, ebenmäßiger Struktur, im Radialschnitt glänzend. Verwendung: für Geigenböden, Tischplatten (besonders für Bauernmöbel). Grau gebeizt unter dem Namen Hasenholz bekannt.

Kanadische Pappel
Normalerweise weißes Holz, im Kernholz jedoch vielfach hellbraun mit schwarzen, grünen und roten Streifen. Feine, regelmäßige Struktur und gerade Maserung. Verwendung: für Täfelungen, Verkleidungen, Bauholz, Stühle.

Buche
Blasses, gelegentlich rosiges Holz von dichter und ebenmäßiger Struktur, an den charakteristischen braunen Flecken in der Maserung und seinem schweren Gewicht zu erkennen. Verwendung: für gedrechselte, gebogene und maschinell bearbeitete Teile, oft unter körnig behandelter Oberfläche.

Esche
Weißes Kernholz. Einige Heckenbäume können eine satte Braunfärbung aufweisen. Ausgeprägte Maserungsmuster. Wachstumsringe im Hirnholz deutlich zu erkennen. Gut unter Dampf zu biegen und außerordentlich zäh und elastisch. Schneidet sich leicht und entwickelt bei der Bearbeitung einen reifen, schimmeligen Geruch. Verwendung: für Bauernmöbel (besonders Stühle) und Drechselarbeiten.

Platane
Blaßbraunes Holz mit feiner, gleichmäßiger Struktur und gerader Maserung. Sprenkelung deutlicher als bei der Buche zu erkennen. Verwendung: als Furnier.

Felsenahorn
Blasse Färbung, normalerweise geradfaserig mit harter, feiner und regelmäßiger Struktur. Maserung manchmal mit Vogelaugenmuster. Verwendung: als Furnier für Qualitätsmöbel.

Birke
Fast weißes Holz. Maserung von gerade bis wellig. Feine Struktur und dichte Faser. Verwendung: für Drechselarbeiten, gebogene Möbelteile und zur Imitation von teureren Hölzern.

Raminholz
Fast weißes Holz mit gerader Maserung und gleichmäßiger Struktur sowie Neigung zum Splittern. Verwendung: im Möbelbau allgemein, gebeizt zur Anpassung an dekorativere Holzteile, für Formteile, Zierleisten usw.

Eiche
Helle Farbe von gelbbraun bis weißrosa, Splintholz im allgemeinen dunkler. Gerade Maserung und grobe Struktur. Äußerst fest und dauerhaft. Das Material kann gedrechselt, nach dem Dämpfen gebogen und auf Hochglanz poliert werden. Scharfer Geruch bei der Bearbeitung. Hoher Gerbsäuregehalt läßt eingebaute Eisenteile rosten. Verwendung: viele alte Möbelstücke sind aus Eiche hergestellt, ebenso moderne Möbel höherer Qualität. Texturierte Eichenfurniere dienen zur Dekoration von Möbeln aus Span- und Stabplatten (Tischlerplatten).

Stechpalme
Weiß oder weißgrau in der Färbung, geradfaserig und von ebenmäßiger Struktur. Verwendung: für Einlegearbeiten (Intarsien), schwarz gebeizt als Ersatz für Ebenholz.

Gelbe Hölzer
Zeder
Farblich unterschiedlich von hellgelb bis hellbraun. Gerade Maserung und feine, regelmäßige Struktur. Verwendung: in der Möbelfertigung, besonders für Rahmenarbeiten.

Brasilkiefer
Hellgelb bis hellbraun in der Färbung, verschiedentlich mit roten Streifen. Astfreies, geradfaseriges Holz von feiner, gleichmäßiger Struktur. Verwendung: für Schrankrahmen, Seitenbretter von Schubladen, Formteile (Zierleisten).

Buchsbaum
Gelbes, schweres, fein gemasertes und sehr dichtes Holz. Verwendung: für feine Schnitzereien und dekorative Einlegearbeiten.

Satinholz (Seidenholz)
Cremefarbenes bis gelbes Holz von feiner, regelmäßiger Struktur und glänzender Maserung. Verwendung: für Intarsien und Marketerien.

Braune und hellbraune Hölzer
Mahagoni
Mittelbraune bis tief rotbraune Färbung. Kuba-Mahagoni ist dunkler und schwerer (und selten). Mahagoni vom südamerikanischen Festland ist heller und leichter und hat eine offene, ziemlich anspruchslos aussehende Maserung. Verwendung: in massiver Form oder als Furnier für hochwertige Möbelstücke.

Rotholzkiefer
Rotbraunes Kernholz. Astig und unterschiedlich in der Struktur. Verwendung: für Möbel.

Amberbaum
Blasses Splintholz (Haselkiefer) und rotbraunes Kernholz (Seidennußbaum). Unregelmäßige und ineinanderlaufende Maserung. Feine, ebenmäßige Struktur. Verwendung: für Möbel aller Art.

Ulme (Englische Rüster)
Blaßbraunes Holz mit unregelmäßiger Maserung und grober Struktur. Säuerlicher Geruch bei der Bearbeitung. Verwendung: für Stuhlsitze auf einfachen Bauernmöbeln sowie Tischplatten.

Edelkastanie
Blaßbraune Färbung, im Aussehen ähnlich dem Eichenholz. Verwendung: für Bauernmöbel.

Douglasfichte
Blasses bis mittleres Rotbraun, geradefaserig. Verwendung: Rahmen und Gestelle für Kiefernmöbel sowie Sperrholz.

Erle
Helle Färbung, die jedoch unter Lichteinwirkung nachdunkelt. Feines Gefüge ohne erkennbare Textur. Verwendung: in den USA weitgehend für die Möbelherstellung, manchmal bei Bauernmöbeln anzutreffen.

Kirschbaum
Blaßbraune Färbung mit grünen Abtönungen, unter Lichteinwirkung nachdunkelnd und ins Rötliche wechselnd. Im allgemeinen geradfaserig und mit feiner Struktur. Das Holz weist einen opalisierenden Schimmer auf, der ihm nach entsprechender Oberflächenbehandlung einen warmen Glanz verleiht. Verwendung: für Qualitätsmöbel aller Art.

Teak
Goldbraun bis dunkelbraun in der Färbung. Das Holz hat eine grobe, offene Maserung und fühlt sich leicht fettig an. Verwendet wird es dem Zeitgeschmack entsprechend für moderne Möbelstükke, häufig als Furnier.

Afrormosia (Gold-Teak)
Goldbraune Färbung und feine, ineinanderlaufende Maserung. Das Holz wird verschiedentlich als billiger Ersatz für Teakholz verwendet, ist aber an seiner feineren Faserstruktur erkennbar.

Eibe
Orangebraune Färbung, die unter Lichteinwirkung nachdunkelt. Unregelmäßige Maserung und feine, ebenmäßige Struktur. Verwendung: für gebogene Holzteile an Windsor-Stühlen sowie für hochwertige Möbelstücke und als Furnier.

Nußbaum
Graubraune Färbung, gerade Maserung und mittelfeine Struktur. Das Holz ist angenehm zu bearbeiten und leicht zu schnitzen. Es kann auf Hochglanz poliert sowie gebleicht und orangegelb oder rotbraun gebeizt werden. Sein typischer Verwendungszweck ist die Herstellung von Gewehrschäften, aber ansonsten wird es auch für hochwertige Möbelstücke aller Art benutzt.

Palisander (Rosenholz)
Stark texturiertes, rötlichbraunes Holz mit schwarzen, organgefarbenen und manchmal violetten Streifen. Schwer und spröde sowie ziemlich ölig. Verwendung: als Furnier für gute Möbelstücke.

Ebenholz
Schwarzes Holz, dessen Farbe und Abtönung allerdings sehr verschieden sind. Feine gleichmäßige Struktur. Verwendung: für Einlegearbeiten, Gesimse und gedrechselte Griffe. Häufig imitiert durch das schwarz gebeizte Holz der Stechpalme oder des Bergahorns (beides Weißhölzer).

3 Arbeitsvorbereitung

Der Stil und das Alter

Es ist in keinem Fall leicht, den Stil und das Alter eines Möbelstücks ohne weiteres zu bestimmen. Scheinbar alte Möbel sind häufig neuere Kopien von Stücken aus verschiedenen Perioden und echte Bauernmöbel oft jüngeren Datums, als sie ihrem Stil nach sein sollten. Zwischen dem Entwurf eines Möbelstücks für ein elegantes Haus und der Übernahme dieser neuen Form und Bautechnik durch provinzielle Handwerker ist immer eine gewisse Zeit vergangen. Diese Zwischenzeit hat in Verbindung mit dem konservativen Geschmack vieler Familien dazu geführt, daß zahlreiche Möbelstücke in einem Stil angefertigt wurden, der seit langem durch Neukonstruktionen aus zeitgemäß eingerichteten Werkstätten überholt war.

Bei einigen dieser zerbrochenen Möbelstücke kann sich eine Instandsetzung durchaus lohnen.

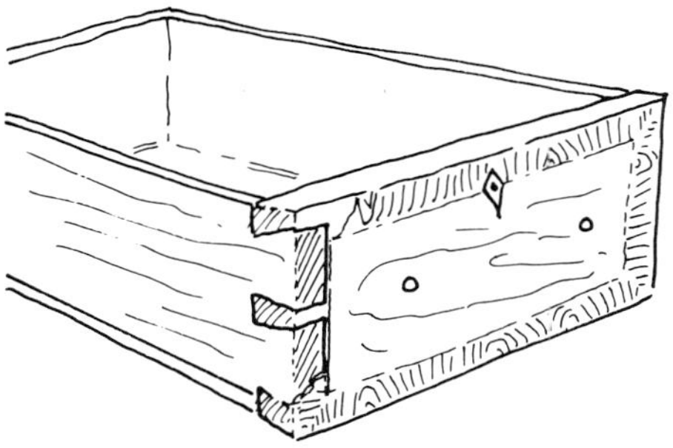

Der Stil allein ist ein äußerst ungeeignetes Kriterium, nach welchem das Alter eines Möbelstücks beurteilt werden kann; nach wie vor jedoch ist er ein nützlicher Anhaltspunkt. Durch anschließende Untersuchungen im Detail kann festgestellt werden, ob die technischen Einzelheiten eines Möbelstücks mit dessen Stil und angeblichem Alter in Einklang stehen.

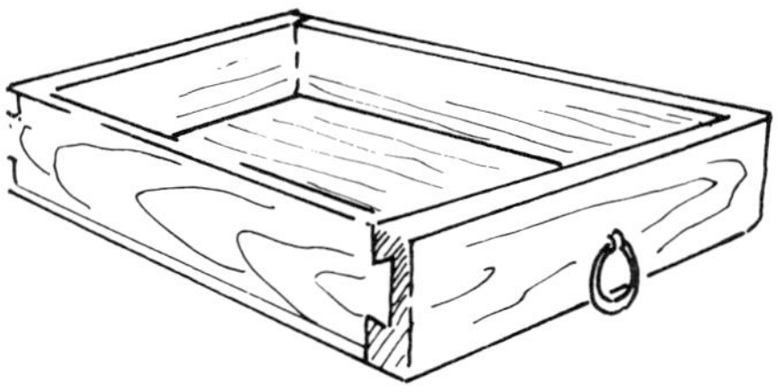

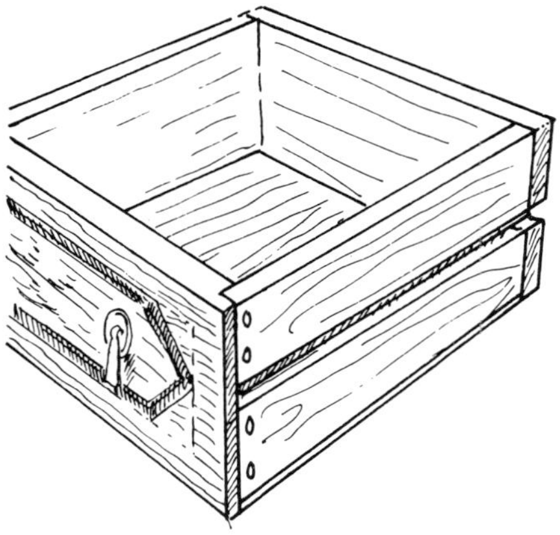

Aus der Zeit vor dem Jahre 1700: Kommode, Schreibpult, Bibellade, Hocker, Anrichte, Stühle aus der Zeit Cromwells und der Restauration (um 1650–1660). Einzelheiten der typischen Schubladen-Bauweise: Faserverlauf in den Bodenbrettern der Schubladen, klobige Zinkenverbindungen und angebrachte Gesimse, handgefertigte Metallbeschläge, Gesimse kantenprofiliert und gefast oder auf Gehrung geschnitten. Für die Möbelherstellung wurde Eichenholz, später Nußbaum verwendet.

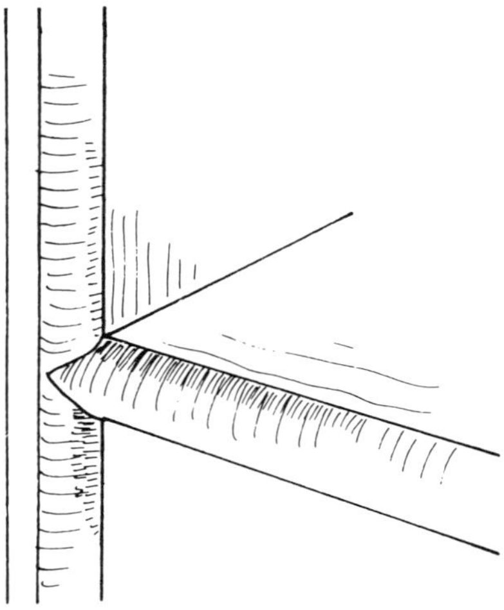
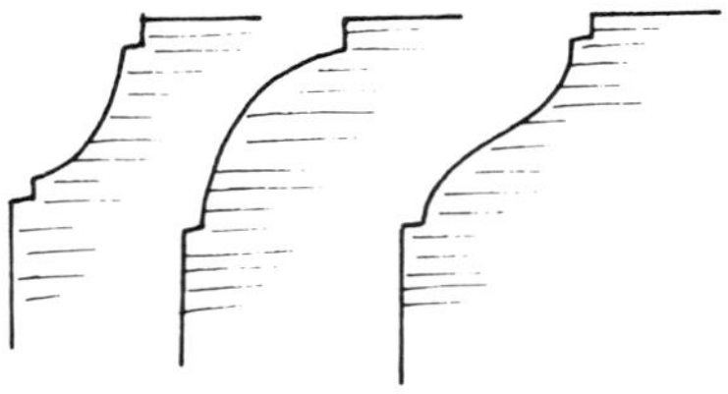
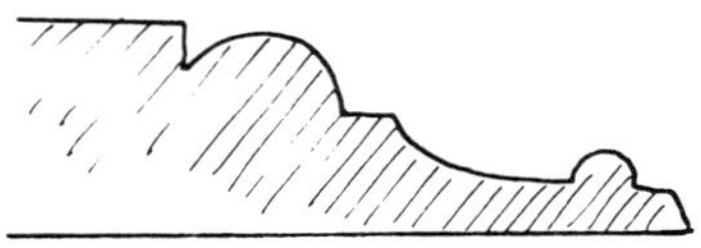
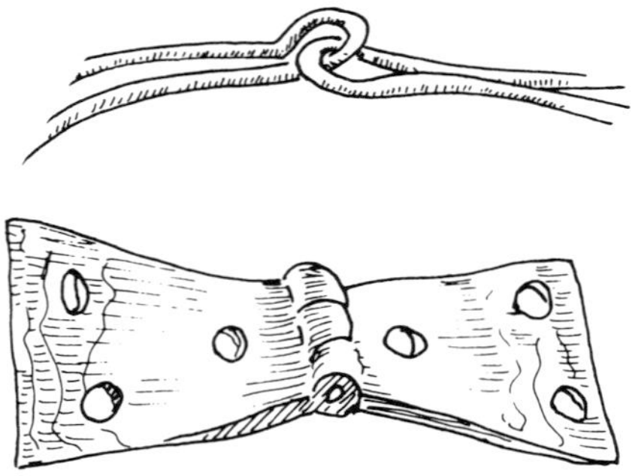
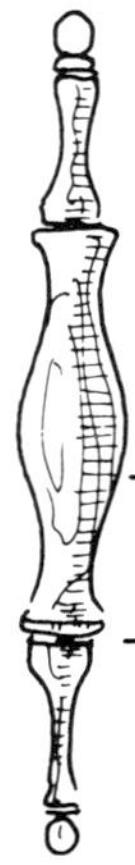

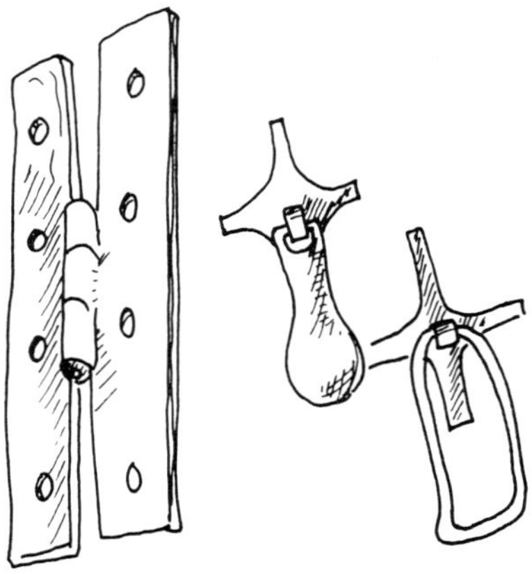
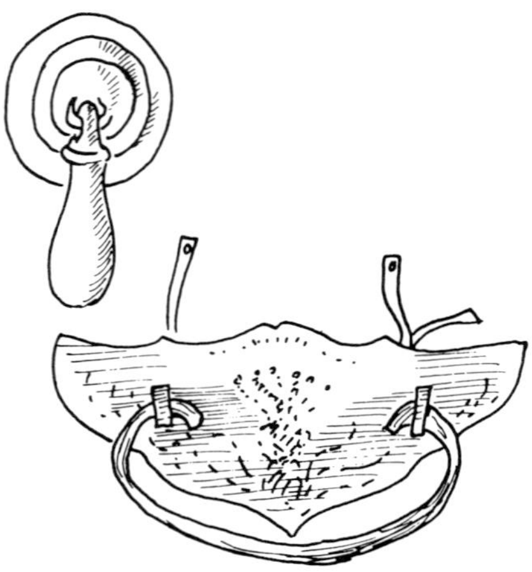

Aus den Jahren 1700–1750: Schreibtisch, niedrige Kommode, Klapptisch mit Schwenkbeinen, Kommode auf Untersatz, Eckschrank, Eßzimmerstuhl, Toilettenspiegel, Ohrensessel. Typische Griffbeschläge und Möbelfüße aus dieser Periode. Schwalbenschwanzzinken an den Schubladen in feinerer Ausführung. Kantenleisten, hinter Mahagoni-Absperrung freigestochen, sind charakteristisch für die Dekoration der Schubladen-Vorderseiten. Nußbaum, Obstbaumholz, Eiche und gegen Mitte des Jahrhunderts die zunehmende Verwendung von Mahagoni, zunächst in massiver Form, später als Furnier auf Kiefer oder Eiche.

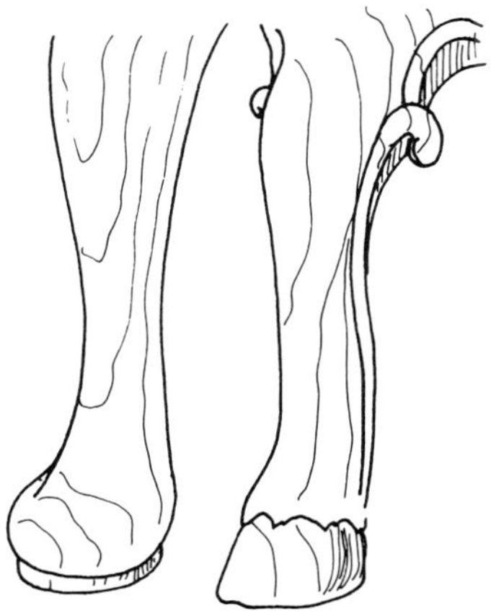

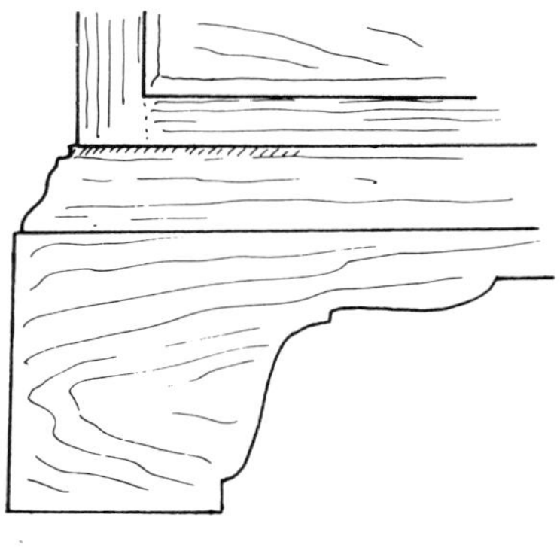

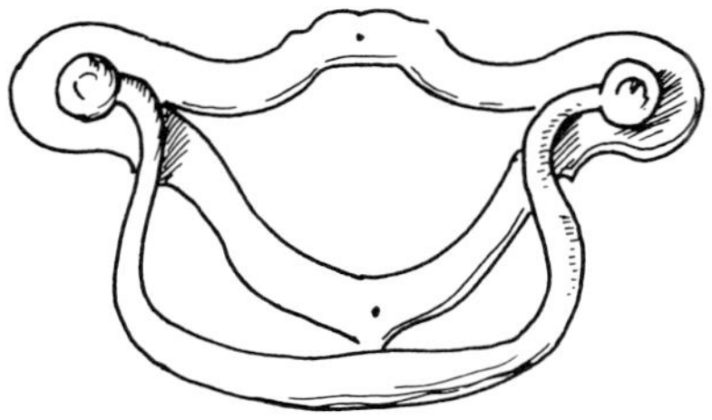

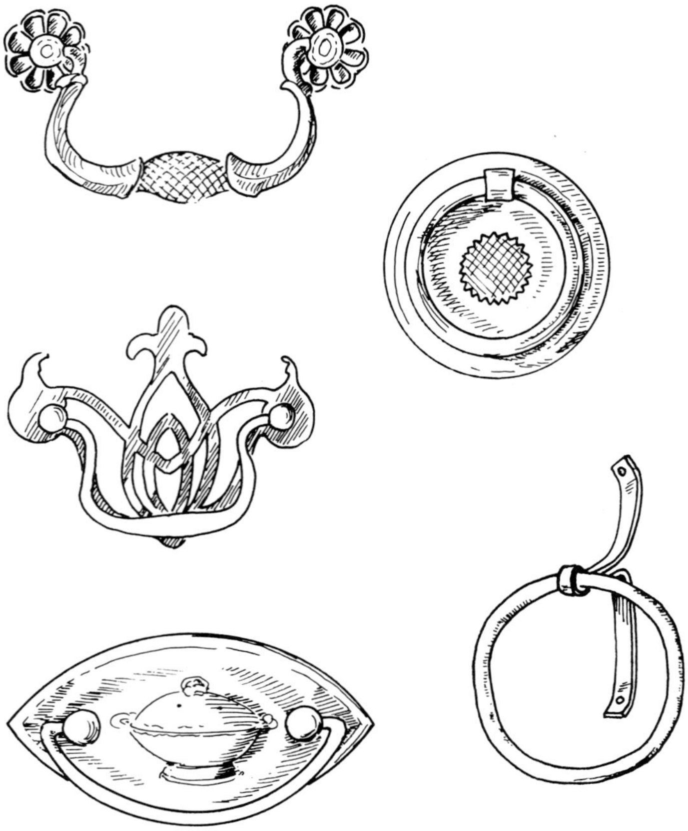

Aus den Jahren 1750–1800: Aufeinandergesetzte Kommoden, Eßzimmerstuhl im Hepplewhite-Stil, Lehnsessel im Sheraton-Stil, Drehtisch mit Käfiglagerung („Vogelkäfig"), Eßzimmerstuhl im Chippendale-Stil, Teetisch, Schreibschrank, Windsor-Stuhl, Wäschepresse, Eckschrank mit halbrunden Türen, Stühle mit Rungenlehne und gedrechselter Rückenlehne auf einer Kommode, Pembroke-Klapptisch mit Teebüchse. Verfeinerte Bauart der Schubladen: Faserverlauf in den Bodenbrettern parallel mit dem in der Vorderwand. Perlzierleisten sowie typische Griffbeschläge und Möbelfüße.

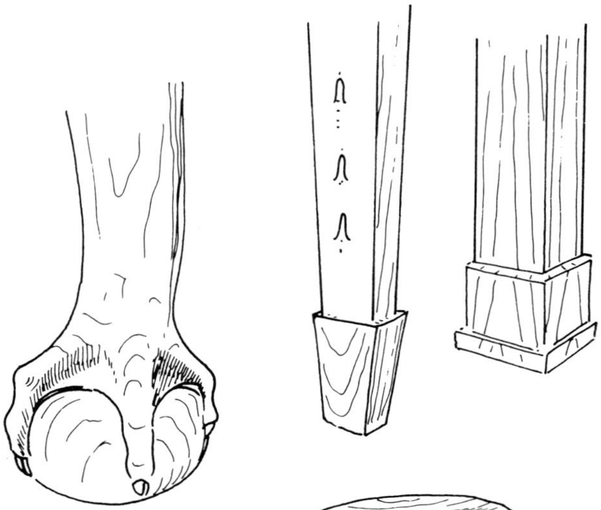

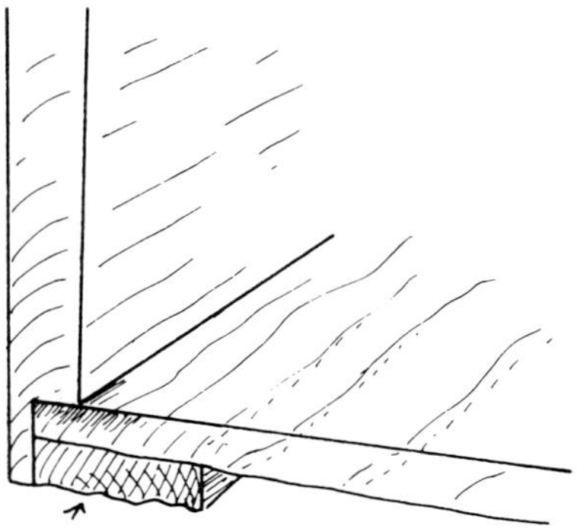

Schubladen-Laufleiste

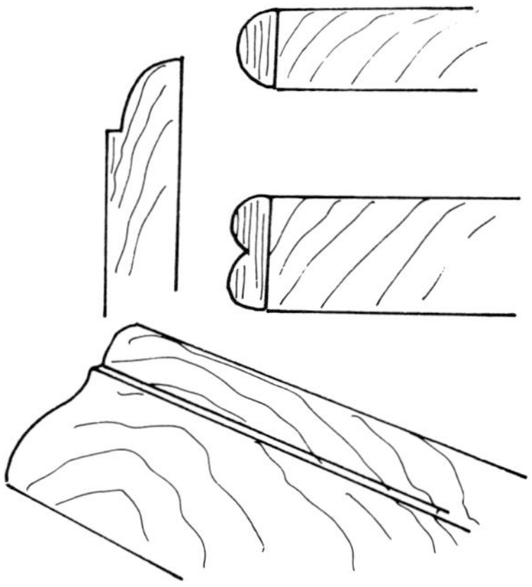

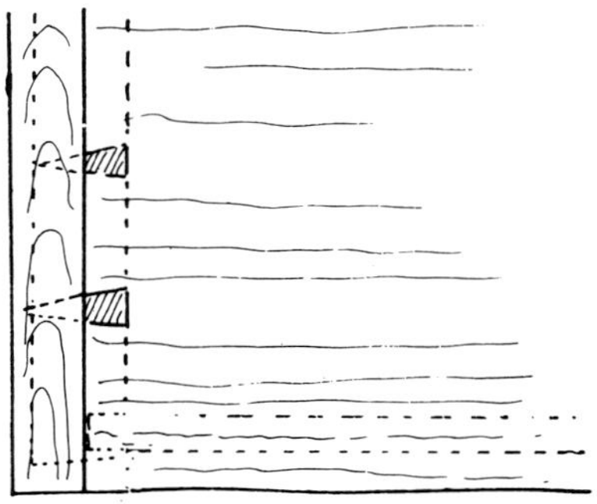

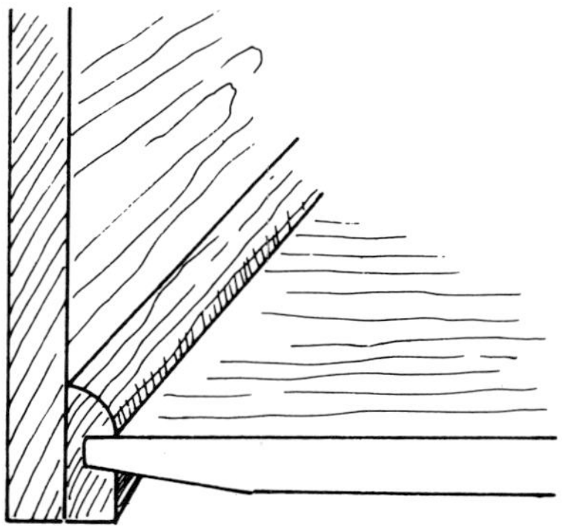

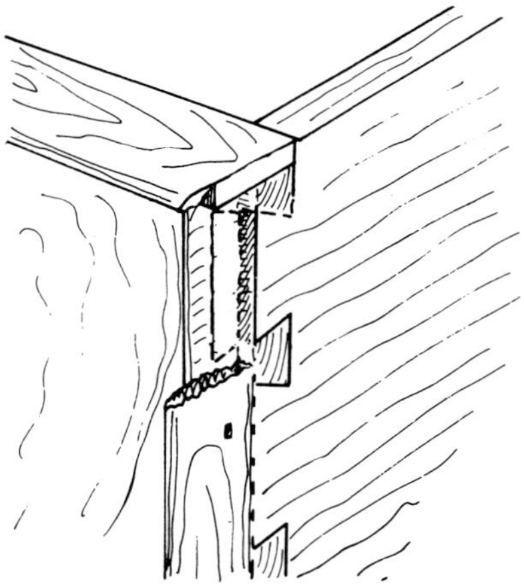

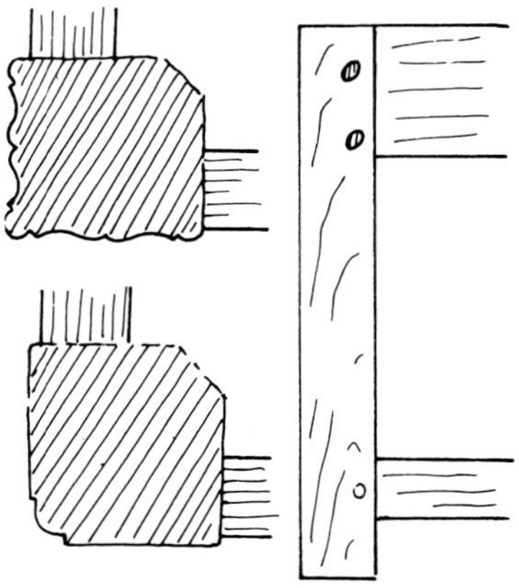

Regency-Stil aus den Jahren 1800–1830: Bauerntisch mit Seitenklappen, darauf ein Stuhl im Windsor-Stil und einer mit gedrechselter Rückenlehne, Notenständer, Armlehnstuhl, Frühstückstisch mit geriffelten Beinen, Teebüchse in Sarkophag-Form, Eßzimmerstuhl mit geschweiften Beinen, Beistelltisch, Bücherschrank, Wandregal, Bücherbord mit Schubladen im Unterteil, dreibeiniger Tisch, Anrichte. Einige typische Griffe, Beschläge und Zierat aus der Regency-Periode. Imitierter Bambus und Seildrall sind gängige Motive.

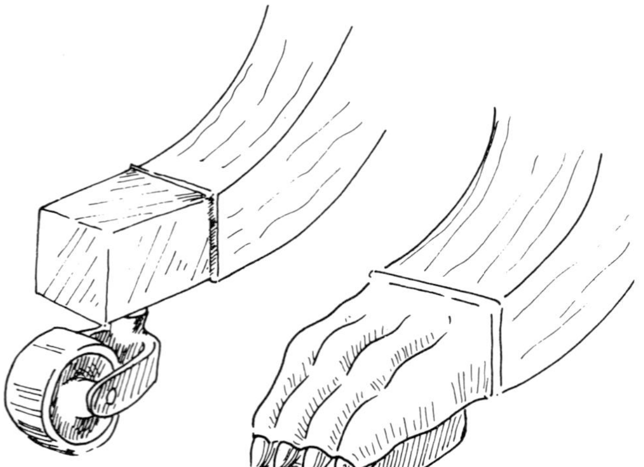

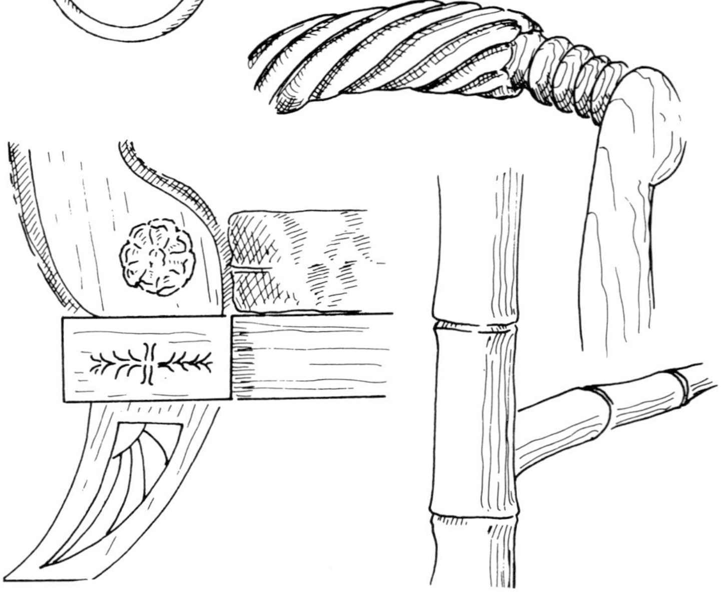

Aus den Jahren 1830–1900: Bücherschrank, Etagere, zwei Eßzimmerstühle, Sutherland-Tisch, Fußschemel, schwerer Speisezimmertisch mit ausziehbarer Platte, Armlehnsessel, Sekretär, große Kommode mit zwei Bauernstühlen, Anrichte in Kiefer, dreibeiniger Tisch, Toilettentisch mit Spiegel. Typische Merkmale: Im allgemeinen sehr gute Verarbeitung, Dübel statt Zapfenverbindungen, sehr dünnes Furnier. Die Schnitzereien sind teilweise so sauber und gleichmäßig, daß ihre maschinelle Anfertigung naheliegt.

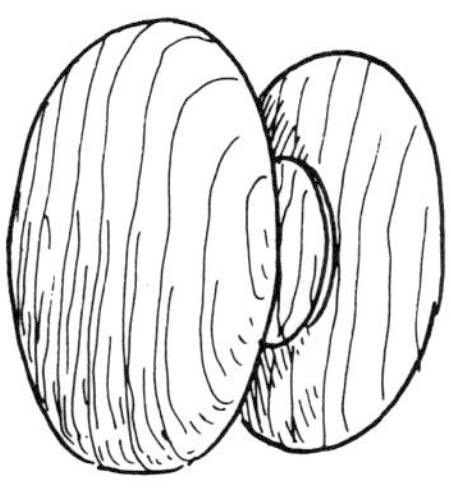

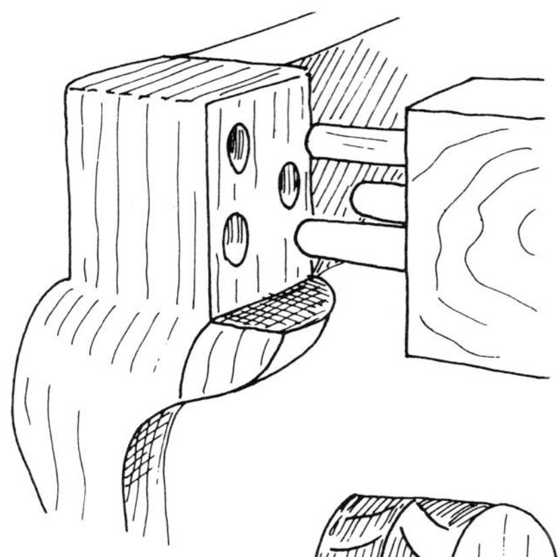

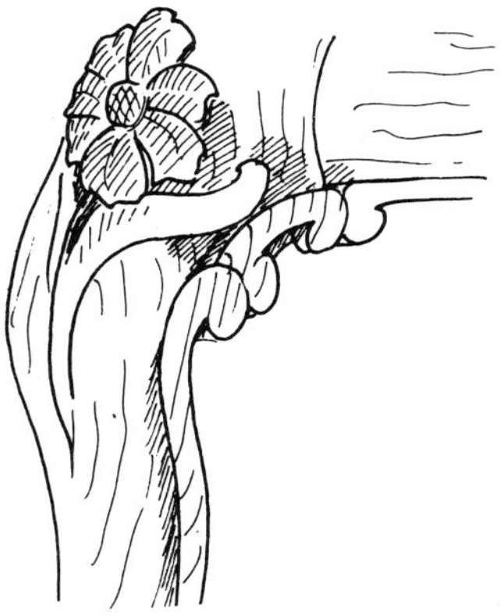

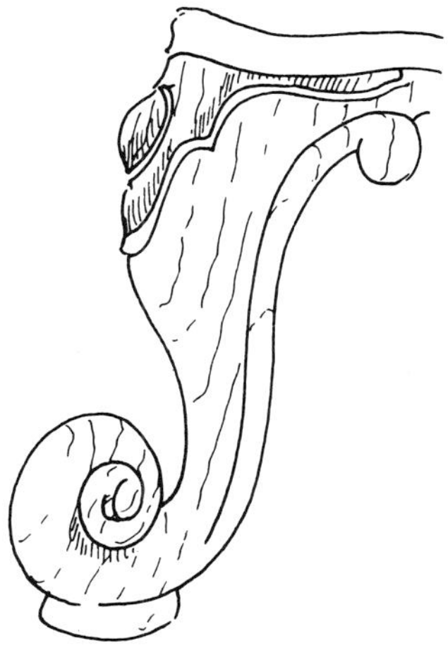

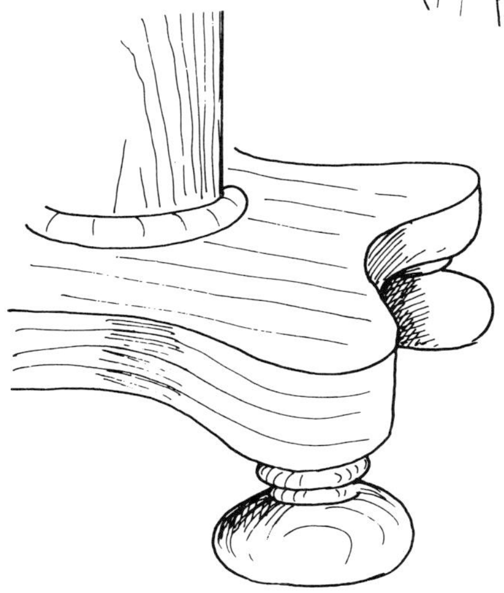

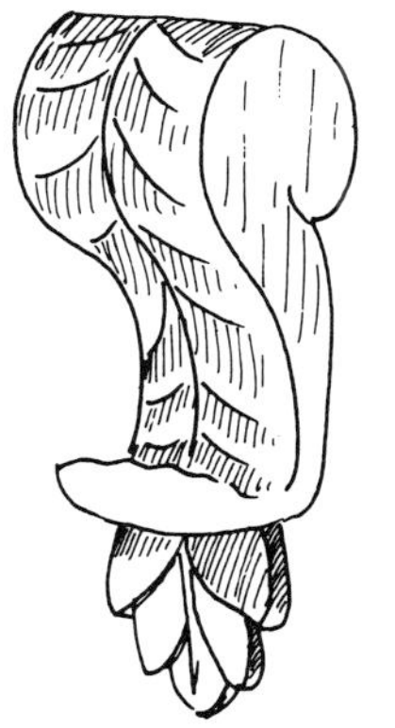

Von 1900 bis heute: Windsor-Stuhl, Biegeholzstuhl aus Buche, Eckstuhl mit Einlegearbeiten aus der Zeit Edwards VII., Flurständer, Anrichte, Kommode, Frisiertisch, Wandbord, Stuhl mit Rungenlehne, ausziehbarer Eßtisch, Kredenz und Eichengarderobe mit einfachem Zierschnitzwerk, Bücherschrank und zeitgenössischer Stuhl aus Massivholz.
Typische Merkmale: Verwendung von Tischlerplatten und papierdünnen Furnieren. Kunststoffteile auf Holzimitation verarbeitet. Dünne gepreßte Metallbeschläge und maschinell hergestellte Schwalbenschwanzzinkungen. Hochglanz-Oberflächen. Schwerwiegende bauliche Mängel ohne nennenswerte Verschleißerscheinungen.

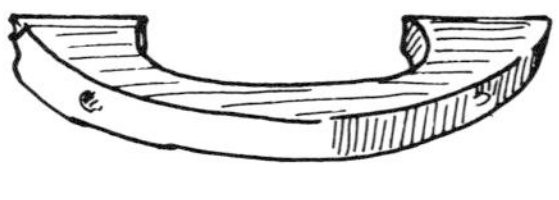

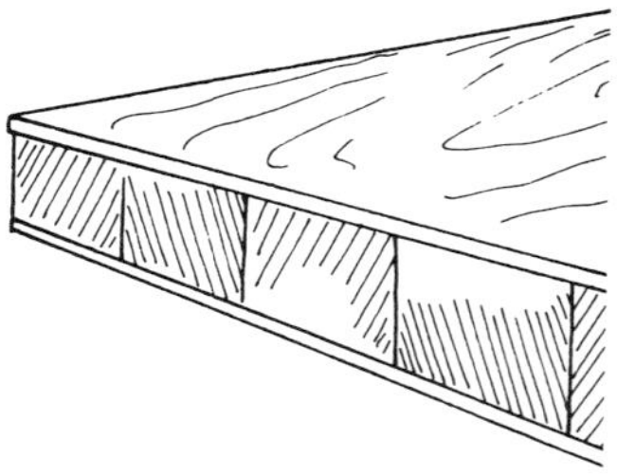

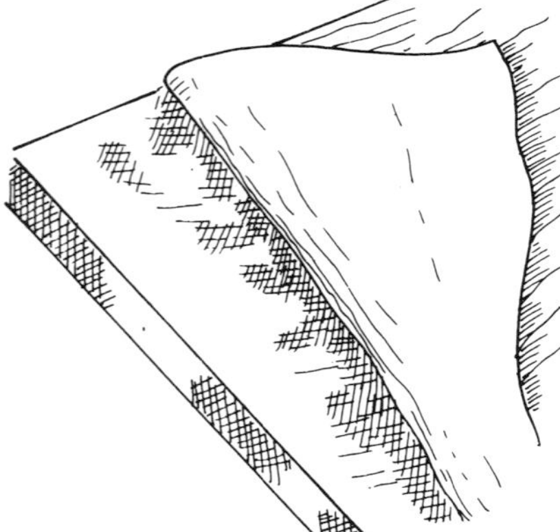

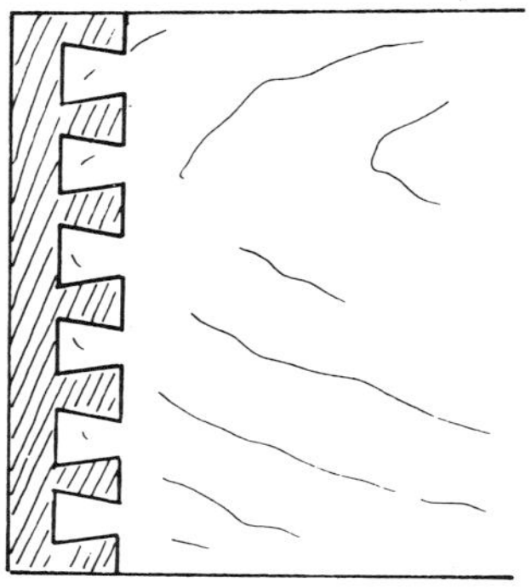

Beurteilungen des Alters und Ursprungs von antiken Möbelstücken.

1. Auf den ersten Blick

(a) Bei alten Möbeln sind die maßlichen Proportionen etwas großzügiger als bei späteren Kopien. Stühle sind beispielsweise breiter und tiefer, und die hinteren Beine sind stärker geschweift. Die verwendeten Holzquerschnitte sind größer als bei Nachahmungen.

(b) Das Holz alter, unlackierter Möbelstücke zeigt Glanz und weist in der farblichen Tönung eine Tiefe auf, die bei neuem Holz nicht zu sehen ist. Oberflächen sind beschädigt, Kanten ausgebrochen, und es fehlen Teile des Furniers und der Zierleisten.

(c) Achten Sie auf scharfe Kanten, vollkommen ebene Oberflächen und Verbindungen im tadellosen Zustand; dies sind häufig anzutreffende Merkmale der maschinellen Anfertigung. Handgeschreinerte Möbel sind von einem gewissen Reiz, den Unvollkommenheiten im Holz und in der Verarbeitung sowie das sogenannte „Arbeiten" (Verziehen) der Holzteile als Folge von Spannungen und jahrelangem Gebrauch zum Teil ausmachen.

Vom Ausmaß der Abnutzung kann keinesfalls auf ein hohes Alter geschlossen werden. Die mehr oder weniger oberflächliche Beurteilung der Proportionen, des Zustands und des Stils eines Möbelstücks sollte einer gründlichen Untersuchung der baulichen Details lediglich voraufgehen.

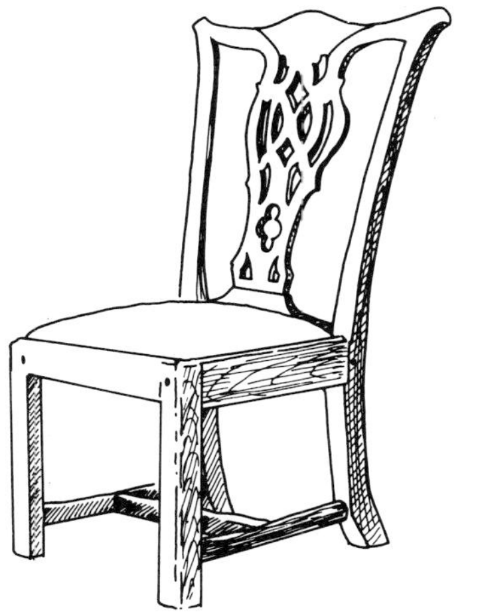

Eßzimmerstuhl im Chippendale-Stil. Beachten Sie die üppigen Proportionen und die ausgeprägte Krümmung der hinteren Beine. Die Lehne sollte durch den Gebrauch glattgescheuert sein, und auch die Zargen und Querleisten sollten Spuren der Abnutzung aufweisen. Frühere Reparaturen können erkennbar sein.

Abschätzen auf einen Blick. Dies ist die Kopie eines Eßzimmerstuhls im Chippendale-Stile. Die Holzteile sind im Querschnitt schwächer, die Lehne ist weniger stark geschweift. Es sind weniger Spuren der Abnutzung zu erkennen, und der Sitz ist schmaler und kürzer.

Kommode. Prüfen Sie das Innere des Möbelstücks auf Anzeichen der Handwerksarbeit – Sägen, Hobeln usw. Betrachten Sie die Zinkenverbindungen der Schubladen und untersuchen Sie die Rückwandbretter auf Qualität und Verarbeitung. Sind die Griffe noch Originalstücke oder später eingesetzte Ersatzteile? Die Art der benutzten Nägel und Schrauben ist ein brauchbares Kriterium für das Alter des Möbelstücks.

Tischkommode. Sperrholzplatte auf der Rückseite, maschinell hergestellte Schwalbenschwanzzinken, vollkommen gleiche und sauber gedrechselte Beine – alles Hinweise auf ein nachgebautes, neues Möbelstück.

Kiefernholzschrank. Achten Sie auf handgeschmiedete Originalscharniere. Ist die Vertäfelung massiv oder aus Sperrholz? Sind Anzeichen von Verschleiß oder Holzfäule vorhanden? Prüfen Sie die Rückwand, um festzustellen, ob es sich um ein ehemals eingebautes Möbelstück handelt, das später entfernt und aufgearbeitet worden ist.

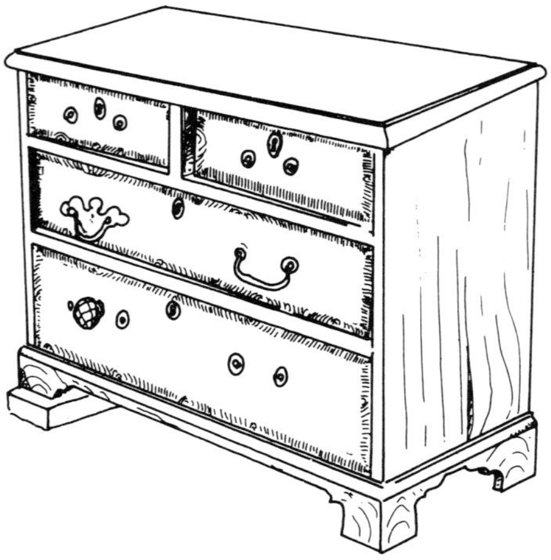

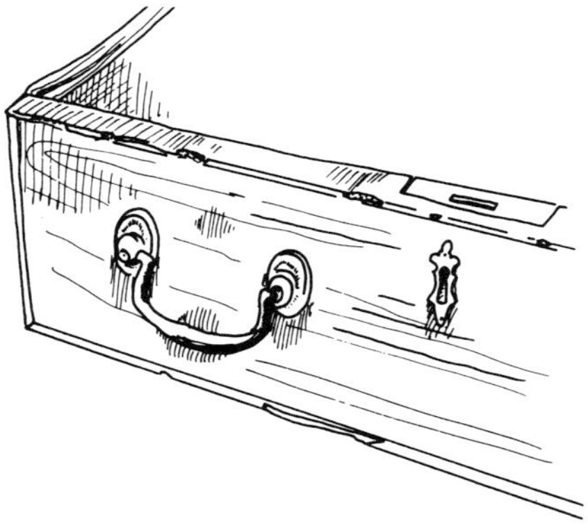

Glatte, ebene Oberflächen, scharfe Kanten, geringe Anzeichen von Verschleiß, Verwendung von Sperrholz und maschinell hergestellte Zinken- und Zapfenverbindungen lassen allesamt auf ein vor kurzem angefertigtes Möbelstück schließen.

2. Einzelheiten

Messingteile. Griffe und Schlüsselschilder sind abgenutzt und teilweise beschädigt. Ihre Schrauben und Muttern sollten aus Messing und unversehrt sein. In der Nähe von Messingbeschlägen neigt das Holz zur Verfärbung, weil Schmutz und Poliermittel sich unter dem Griff und am Rand ansammeln. Unpassende oder neue Griffe sind kein Beweis dafür, daß das Möbelstück eine Fälschung ist. Originalgriffe können Sie jedoch in Ihrer Ansicht bestärken, daß das Stück tatsächlich ein gewisses Alter hat.

Schrauben, Nägel und Beschläge. An Möbeln aus der Zeit vor 1850 sollten solche Teile samt und sonders die Handarbeit erkennen lassen. Die Schlitze in Schraubenköpfen sind oft sehr eng und nicht genau in der Mitte angebracht; das Gewinde ist von Hand eingefeilt und läuft nicht in einer Spitze aus.

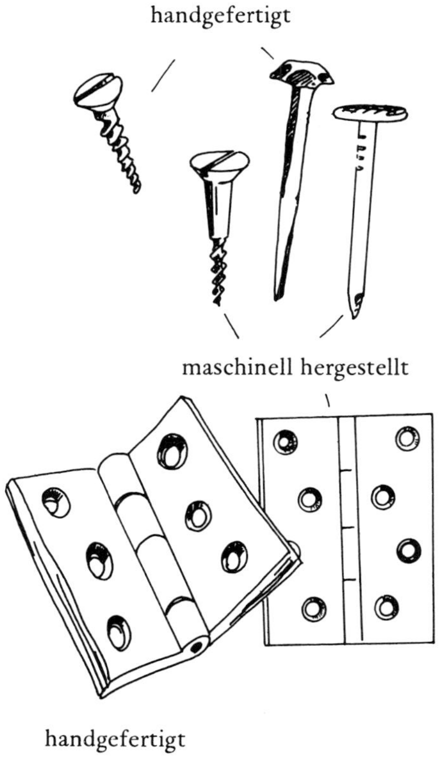

Die Nägel sind vielfach geschmiedet (nicht gepreßt wie die heutigen), und ihre Köpfe weisen Spuren des Schmiedehammers auf. Alte Scharniere sind gewöhnlich schwerer als moderne und aus kräftigen Metallplatten hergestellt. Antike Metallscharniere haben sich häufig zu dünnen, unregelmäßig geformten Scheiben zerteilt. Dieses Abblättern ist die Folge der Hammerschläge, mit denen sie beim Handschmieden bearbeitet wurden, und läßt gewöhnlich auf ein gewisses Alter schließen. Wo Eisenbeschläge in das Holz eingelassen sind, tritt eine Verfärbung des umgebenden Holzes ein, besonders bei Hölzern mit einem hohen Gerbsäuregehalt, z. B. Eiche; dabei schwärzt sich das mit dem Metall in Berührung befindliche Holz. Eine Schraube, die von einem schwarzen Fleck umgeben ist, läßt sich wahrscheinlich nur schwer entfernen. Wenn sie leicht gedreht werden kann, ist der schwarze Fleck vermutlich eine Irreführung.

Dübel- oder Stiftverbindungen. Diese Verbindungsstellen sollten glatt und unversehrt sein und dürfen keine Hammerschlagspuren aufweisen. Wenn Füllstücke eingesetzt wurden, die an flachen, blinden Stellen im Holz oder häßlichen Schwellungen an Dübeln oder Stiften erkennbar sind, so lassen diese möglicherweise auf kürzlich vorgenommene Reparaturen schließen.

Schnitzwerk nutzt sich ab, bei feineren Einzelheiten vielfach an den erhabenen Stellen. An geschnitzten Vertäfelungen sollte der Untergrund mit dem Beitel, an den Spuren immer noch sichtbar, bearbeitet und nicht mit dem Punktierstift flachgeschlagen sein. Geschnitzte Zierleisten sind gewöhnlich unregelmäßig gestaltet; auch sollten sie Zeichen der Bearbeitung mit Handwerkzeugen aufweisen.

Furniere sind gerissen und wahrscheinlich stellenweise abgehoben und ausgebrochen. Die Bewegung der massiven Holztafeln unter dem Furnier kann zur Bildung unregelmäßig verlaufender Spannungsrisse im Furnier geführt haben, die nicht mit dem Verlauf der Maserung übereinstimmen.

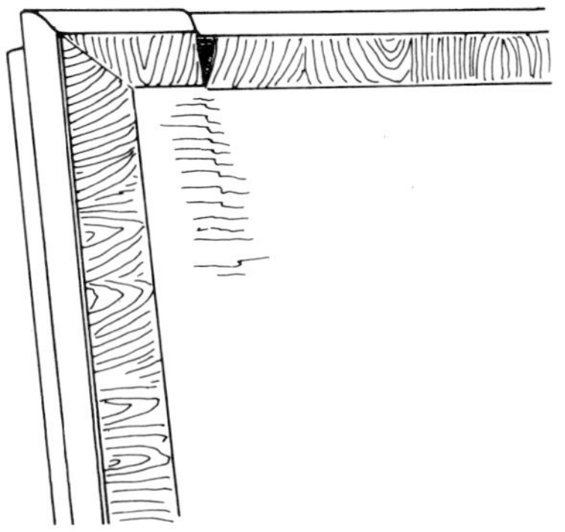

Schubladen sollten mit Schwalbenschwanzverbindungen versehen sein. Wenn sie vernagelt sind, müssen die Seiten-, Rück- und Vorderwände einwandfrei zusammenpassen und die Nägel selbst alt und unberührt sein. Risse um die Verbindungen herum deuten gewöhnlich darauf hin, daß die Schublade auseinandergenommen worden ist. Auf der Unterseite sollte die Schublade Verschleißerscheinungen zeigen, die den Spuren an den Laufleisten unter der Schublade entsprechen.

Maschinenarbeit. Handbetätigte Maschinensägen sind seit Jahrhunderten im Gebrauch, aber sie hinterlassen einen unregelmäßigen Sägenschnitt, der sich in der Häufigkeit der Spuren schlecht geschränkter Zähne vom Bandsägenschnitt unterscheidet. Ein Bandsägenzahn zeigt seine Wirkung einmal je Bandumlauf, während eine schlecht geschränkte hin- und hergehende Säge bei jedem Hub eine Spur hinterläßt.

Eine Schublade, die zahlreiche Spuren ihres Alters aufweist: gelöste und gerissene Schwalbenschwanzzinken, abgenutzte Seitenbretter und ein Gewebestreifen zur Abdeckung einer Schrumpfstelle im Boden. Zu beachten ist der Faserverlauf im Bodenbrett, der möglicherweise auf die Herstellung der Schublade vor der Zeit schließen läßt, als die moderne Ausführung mit der Faserrichtung quer zur Schublade üblich wurde (um das Jahr 1760?).

Regelmäßige, maschinell geschnittene Zinkenverbindungen und nur wenige Anzeichen von Verschleiß oder Schrumpfung lassen die Neuanfertigung dieser Schublade erkennen.

Die Kreissäge wurde ab Mitte des 19. Jahrhunderts allgemein verwendet; an Möbelstücken aus einer früheren Zeit darf deshalb keine Bearbeitung mit der Kreissäge zu erkennen sein.

Hobel- und Fügemaschinen benutzt das Handwerk seit dem späten 18. Jahrhundert; sie erzeugen über die Breite des Brettes hinweg eine leichte, ebenmäßige und wellenförmige Kräuselung. Ein guter Möbelschreiner hobelt diese Spuren weg, aber manchmal bleiben sie auf der Oberfläche oder Unterseite einer Bohle noch sichtbar.

Sperrholz wurde erst im 19. Jahrhundert in der Möbelherstellung verwendet. Möbelstücke aus Sperrholz sind leicht, Sperrholztafeln selbst beiderseits sehr ebenmäßig und glatt. Sie sind größer als massive Holzpaneele, und Oberflächenrisse gehen nicht durch die Tafel hindurch.

Qualitätsunterschiede
Eine der aufschlußreichsten Feststellungen, die Sie bei der Untersuchung eines Möbelstücks auf sein Alter treffen können, ist die Diskrepanz in der Verarbeitungsqualität verschiedener Einzelteile desselben Stückes. Damit ist zu rechnen, wenn solche Teile instandgesetzt worden sind; Zierkanten können teilweise schlecht auf Gehrung geschnitten oder die Spitze eines Möbelfußes mangelhaft geschnitzt sein. Wenn jedoch die Vorderseite (Tür) eines Schranks beispielsweise sauber gefügt und verdübelt ist, die Rückwand und die Seitenwände dagegen zusammengenagelt sind, dann sind Alter und Echtheit des Möbelstücks ziemlich zweifelhaft.

Alte Möbel sollten abgenutzt sein, aber nur an den Stellen, wo ein solcher Verschleiß zu erwarten ist. Achten Sie genau auf ungewöhnliche und unerklärliche Anzeichen von Verschleiß und Reparaturarbeit. Holzeinsätze in den Stirnwänden von Schubladen sollen vermutlich eher die Spuren alter Griffe verbergen als einen unabsichtlich entstandenen Schaden beheben. Spuren von genagelten Schuhen sollte man auf einer Tischplatte eigentlich nicht zu sehen bekommen, obwohl dies gelegentlich der Fall ist. Schlösser und Scharniere, die ihre Spuren dort hinterlassen haben, wo sie nicht gebraucht werden, lassen auf die Verwendung von Ersatzholzstücken oder auf die Anfertigung des betreffenden Teils aus gebrauchtem Holz schließen. Derartige Anzeichen findet man häufig auf den Unterseiten von Klapptischflügeln.

Merkmale von Änderungsarbeiten
Hierauf ist bei einem Möbelstück unbedingt zu achten. Sorgfältig ausgeführt, verlängern solche Änderungsarbeiten oft die Lebensdauer eines Möbel-

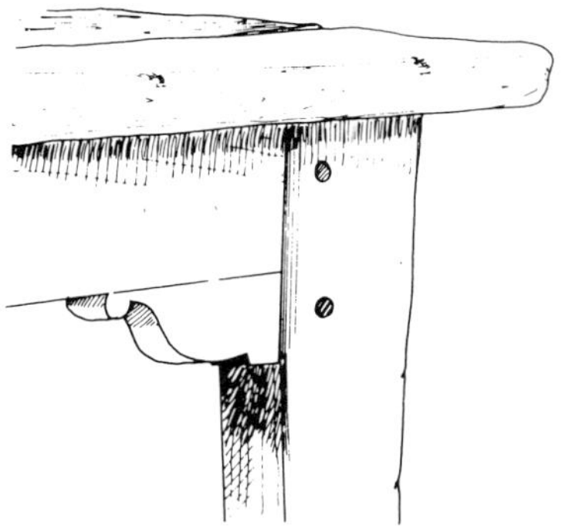

Durch diesen Umbau sollte die Beinfreiheit unter einem Tisch vergrößert werden. Wenn Ansatzstücke und Tischzarge aus einer Bohle geschnitten sind, handelt es sich wahrscheinlich um eine vor kurzem ausgeführte Änderung. Bei alten Möbelstücken sind solche Ansatzstücke zur Verstärkung von Verbindungsstellen gesondert eingeleimt. Mit Hilfe der elektrischen Stichsäge geht eine derartige Arbeit schnell und leicht vonstatten.

stücks, was für dessen Besitzer natürlich von Vorteil ist. Einige typische Änderungen sind hier dargestellt.

Gelegentlich wurden zwei ursprünglich gesonderte Möbelstücke zu einem zusammengefügt. Ein solches Stück kann reizvoll und überzeugend authentisch aussehen, aber Möbel aus einer bestimmten Werkstatt tragen gewöhnlich den Stempel der Handwerker, die sie angefertigt haben. Um einer solchen „Möbelhochzeit" auf die Spur zu kommen, achten Sie am besten auf Verschiedenartigkeiten in der Bautechnik, in der Qualität der Verarbeitung und auf Unterschiede in Beschlägen, Werkzeugspuren, Vertäfelungen, Anleimklötzen usw. Oberflächliche Abweichungen im Detail können nützliche Hinweise auf den „Stammbaum" eines Möbels geben.

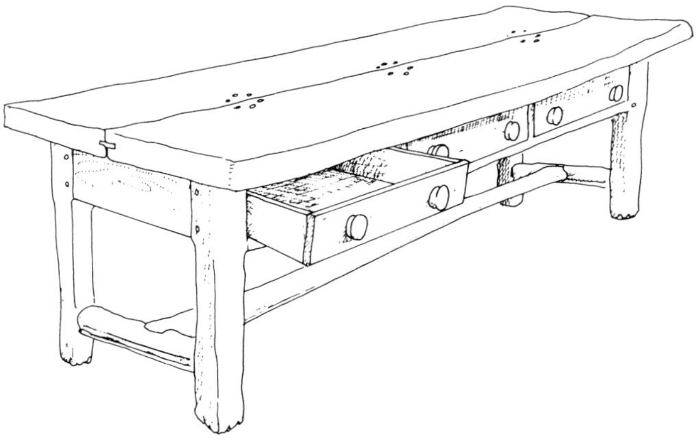

Dies war ursprünglich ein Arbeitstisch. Achten Sie dabei auf Anzeichen dafür, daß die Beine verlängert oder die Schubladen in ihrer Höhe verringert worden sind, um die Beinfreiheit der am Tisch Sitzenden zu vergrößern.

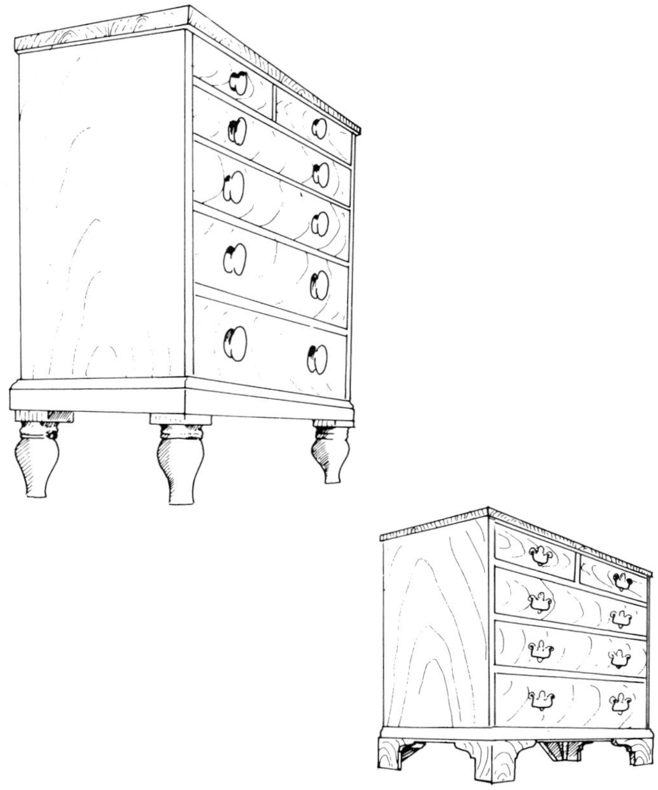

Eine tiefergesetzte Kommode ist manchmal schwer als solche zu erkennen. Prüfen Sie die Unterseite auf Anzeichen jüngerer Arbeit und die Messinggriffe auf ihrer Rückseite auf die Spuren ausgebauter Holzknöpfe. Viktorianisches Furnier (ca. 1840–1900) ist dünner als georgianisches (aus der englischen Spätrenaissance, 1702–1830). Achten Sie auf Blasen und fehlende Furnierstücke als Hilfen bei der Einschätzung des Alters des Möbelstücks.

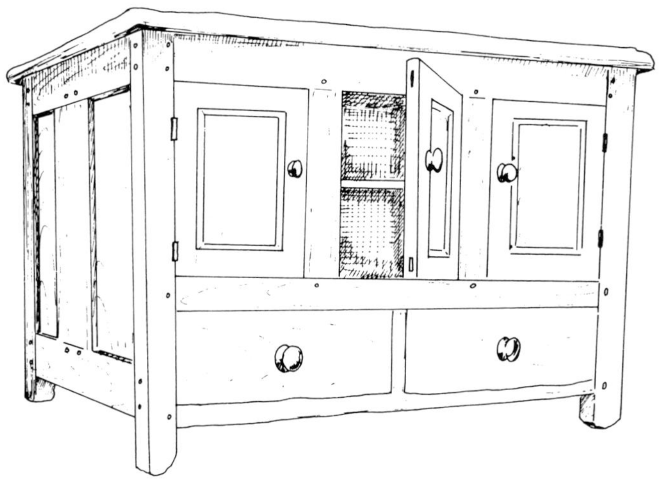

Eine ehemalige Truhe, deren Vorderwandbretter zu Türen ausgeschnitten wurden, während der Deckel festgenagelt worden ist. Ein brauchbares Möbelstück, das keinen Anspruch auf Ursprünglichkeit erheben kann.

Die meisten antiken Möbelstücke sind, manchmal allerdings sehr schlecht, zu irgendeiner Zeit instandgesetzt worden. Sind zahlreiche jüngere Reparaturen zu verzeichnen oder haben Sie den Eindruck, daß das Möbel durchaus nicht das ist, was es zu sein vorgibt, fahren Sie mit der Hand an den Zargen am Untersatz oder an anderen Stellen entlang und prüfen Sie diese auf rauhe oder scharfe Kanten. Sägemehl und Gewebefusseln, die mit dem Leim auf der Bodenunterseite des Möbels haften geblieben sind, fühlen sich grobkörnig an und könnten auf eine größere Instandsetzung, eine Umbauarbeit oder auf eine komplette Neuanfertigung hindeuten.

Die meisten antiken Möbel haben eine wechselvolle Geschichte erlebt. Ein Möbelstück, das in seiner Gesamtheit den ursprünglichen Zustand bewahrt hat, ist äußerst selten. Sämtliche vorstehend erwähnten Hinweise sind, um das ungefähre Alter eines Möbels bestimmen zu können, gegen sein scheinbares Alter abzuwägen. Ein echt antikes Möbelstück sollte in seiner äußeren Erscheinung zeitlos sein, in dieser Erscheinung aber dennoch nicht die Spuren des Zahns der Zeit vermissen lassen.

Veranschlagung der Kosten eines Restaurierungsprojektes

Der Restaurator wird oft gebeten, die Kosten für die Aufarbeitung eines Möbelstücks im voraus abzuschätzen. Das ist sehr schwierig, besonders wenn es sich um alte Möbel handelt, bei denen sich unter der Oberfläche oftmals mehr Probleme verstecken, als man zunächst vermutet. Es ist wesentlich, daß gute Arbeit geleistet und das Möbel dem Auftraggeber in bester Verfassung zurückgegeben wird. Hierzu sind alle notwendigen Arbeiten auszuführen, aber nicht der Restaurator, sondern der Besitzer muß dafür bezahlen.

Bemühen Sie sich, alle erforderlichen Arbeitsgänge zu ermitteln und festzustellen, ob die Schäden oder Mängel durch korrekturbedürftige, bauliche Unzulänglichkeiten verursacht oder verschlimmert worden sind.

1. Achten Sie zunächst auf oberflächliche Beschädigungen und notieren Sie sich die betreffenden Stellen – fehlende Rundstäbe, verzogene Verbindungselemente, abblätternde Furniere usw. Beginnen Sie mit der Vorderseite und dem Oberteil und gehen Sie von dort zu den Seitenpaneelen, der

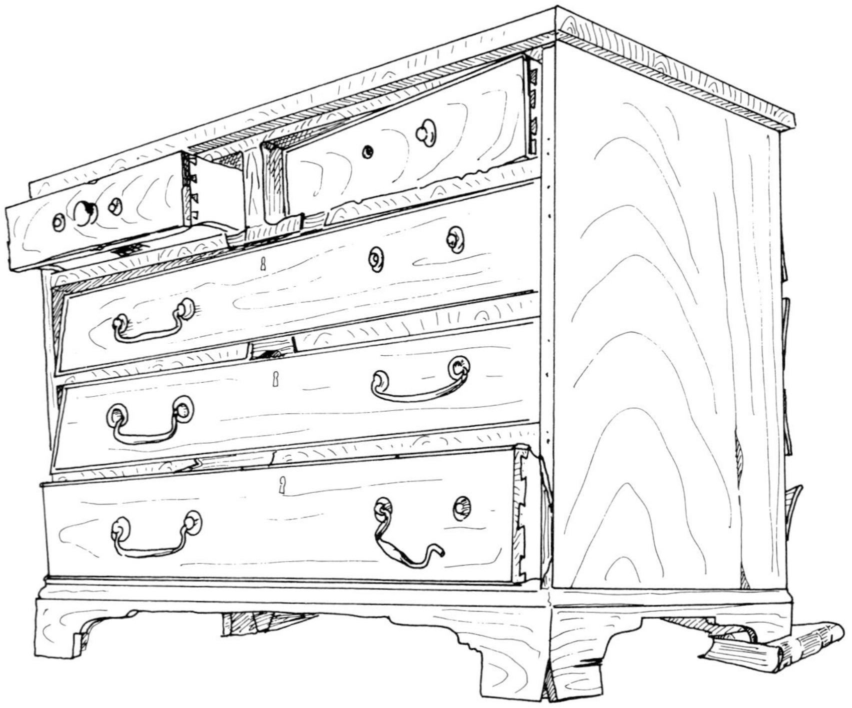

Bei dieser schönen Kommode im georgianischen Stil bieten die beschädigten Füße und das damit verbundene Verziehen des Kastens zweifellos zusätzliche Schwierigkeiten. Abgebrochene Rundstableisten oder Gesimse und fehlende (oder ersetzte) Griffe zeigen an, daß die Schubladen nicht einwandfrei gleiten. Kastenverbindungen, Rückwandbretter und die Lauf- und Kippleisten der Schubladen bedürfen samt und sonders der Instandsetzung, bevor der Restaurator sich den oberflächlichen Mängeln zuwenden kann.

Rückwand und der Unterseite über. Schubladen nehmen Sie zur Untersuchung heraus; bewegliche Teile werden geprüft. Tragen Sie alle Einzelheiten, die Ihren Einsatz erfordern, in Ihr Notizbuch ein, wobei Sie für jeden Arbeitsgang eine getrennte Spalte anlegen.

2. Alte Möbel, die mehr oder weniger unbeabsichtigt zu Schaden gekommen sind, findet man selten. Äußere Schäden, die sich bei einer sorgfältigen Prüfung der äußeren Erscheinung des Möbelstücks zu erkennen geben, können zum großen Teil auf innere bauliche Schwächen, Abnutzung oder mangelhafte Herstellungsverfahren zurückgeführt werden.

Die nebenstehenden Abbildungen zeigen das Verhältnis zwischen dem nach außen sichtbaren Schaden und seiner Ursache. Ein guter Restaurator sucht stets danach und behebt die zugrundeliegenden baulichen Mängel ebenso wie die Folgeschäden.

Eine Restaurierung erfordert manchmal das Auseinandernehmen von anderweitig instandgesetzten Möbelteilen, und den Umfang einer solchen Arbeit sollten Sie nie unterschätzen. Zweitklassige Handwerker, die moderne Klebstoffe und Befestigungselemente verwenden, können dem Restaurator schon einiges Kopfzerbrechen bereiten. Achten Sie auf Anzeichen für kürzlich vorgenommene, nachlässig ausgeführte Instandsetzungsarbeiten.

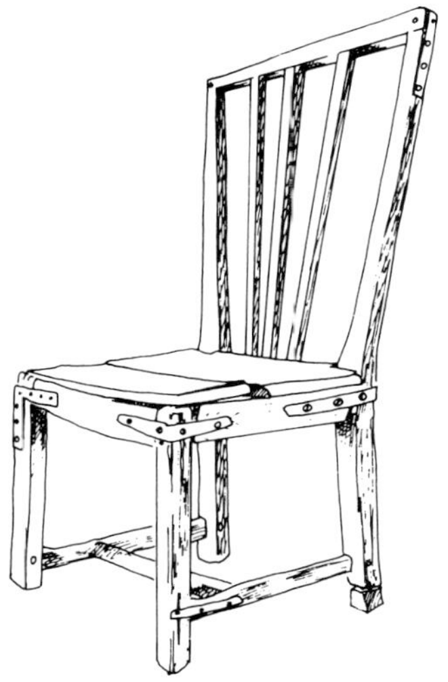

Der Grund für die hohe Belastung der Stuhlzargen und den damit verbundenen Bruch der Verbindungen könnte die unterschiedliche Stuhlbeinlänge gewesen sein. Hier hat man mit wenig Erfolg versucht, Abhilfe zu schaffen. Bei diesem Stuhl im Sheraton-Stil lohnt sich die Instandsetzung nur, wenn der Stuhl zu einem Satz gehört. Man könnte ihn aber durchaus in seinem jetzigen Zustand aufbewahren, bis weitere ähnliche Stühle zusammengekommen sind, um sie dann als Satz zu restaurieren.

Das Schrumpfen der breiten Tischplattenbretter hat zu einem über die Mitte des Tisches verlaufenden breiten Riß geführt. Die Tischplatte kann nicht mehr zusammengezogen werden, weil die Tischzargen das Herunterklappen der bereits leicht gekrümmten Tischplattenflügel verhindern würden. Bevor die Tischplatte erneuert und wieder aufgesetzt wird, muß sie abgenommen und mit einem Füllstück aus neuem Holz versehen werden. Auch die Scharniere der Flügel bedürfen der vorherigen Instandsetzung.

Wenn Sie alle derartigen Mängel festgestellt und in Ihr Buch eingetragen haben, kennzeichnen Sie die baulichen Instandsetzungen mit einem Sternchen. Spezielle Arbeitsgänge brauchen nicht besonders unterstrichen zu werden; zwar können solche Arbeiten für eine erfolgreiche Restaurierung ausschlaggebend sein, aber sie müssen nicht unbedingt länger dauern als einige der vorgenannten oberflächlichen Reparaturen. In der Tat ist es häufig so, daß die zweitrangigen „Kniffeleien" die meiste Zeit in Anspruch nehmen.

Reihenfolge der Arbeiten

Hierüber sollten Sie sich von vornherein im klaren sein: Bauliche Korrekturen kommen zuerst – Fehler an der Oberfläche später. Gleichartige Arbeiten (Ausbessern, Füllen, Ergänzen von Beinen usw.) sollten zusammen ausgeführt werden. Die Oberflächenbehandlung kommt zuletzt.

Grad der Vollkommenheit

Nachdem der Arbeitsplan generell festgelegt worden ist, muß zum Schluß eine wesentliche Frage geklärt werden: Bis zu welchem Grad der Perfektion soll das Möbelstück restauriert werden?

Wenn ein Möbelstück der Aufarbeitung bedarf, neigt man dazu, sich auf die Schäden zu konzentrieren. Je mehr diese Schäden ins Auge fallen, desto leichter werden Kratzer und kleine Bruchstellen übersehen. Wenn die Hauptarbeit verrichtet ist, treten solche kleineren Mängel als Schandflecken in Erscheinung. Vereinbaren Sie deshalb den Umfang der notwendigen Instandsetzung gleich am Anfang mit dem Auftraggeber – eine Entscheidung, die im Hinblick darauf zu treffen ist, wie das Möbelstück nach beendeter Restaurierungsarbeit beschaffen sein soll.

Kostenvoranschlag
Obwohl es keine zwei Restaurierungsarbeiten gibt, die bis in das letzte Detail genau gleich sind, hat man die dazugehörigen Arbeitsgänge und Verfahren früher schon einmal angewendet. Legen Sie bei der Kostenberechnung solche Arbeitsgänge zugrunde: Zerlegen, Ausbessern, Füllstücke setzen, Beine verlängern usw. Berücksichtigen Sie eine gewisse Zeitspanne für den Notfall, den Zeitaufwand für das Abholen und Zurückbringen des Möbelstücks sowie für die Aufstellung Ihres Arbeitsplans.

Für die Arbeitsleistungen in der Werkstatt legen Sie einen Stundensatz zugrunde und addieren die Materialkosten (z. B. für Beschläge und Holz) hinzu. Ein Kostenvoranschlag sollte ausweisen, welche Arbeiten vorgesehen sind, wobei eindeutig zum Ausdruck kommen sollte, daß es sich eben nur um eine Schätzung und nicht um einen garantierten Endpreis handelt. Sollte einmal die Restaurierung mehr Zeit als vorgesehen in Anspruch nehmen, so setzen Sie sich am besten mit Ihrem Auftraggeber zusammen und besprechen die Situation so bald wie möglich mit ihm.

Richtlinien für die Instandsetzung

Einige Restauratoren haben ein Vorurteil gegen den Einsatz moderner Arbeitsverfahren, weil sie der Ansicht sind, daß hierdurch die Echtheit eines antiken Möbelstücks beeinträchtigt werden könnte. Ich habe diese Skrupel nicht und lasse mich von folgenden Richtlinien leiten:

1. Restaurierte Möbel müssen sicher, gebrauchsfähig und mit möglichst wenigen Eingriffen in ihren ursprünglichen Charakter fertiggestellt werden.
2. Die Oberflächen sollten, soweit dies wünschenswert ist, in ihrem ursprünglichen Zustand erhalten bleiben.
3. Bauliche Veränderungen sind möglichst rückgängig zu machen, d. h. der frühere Zustand ist wiederherzustellen.
4. Bei Reparaturen am Holzwerk ist dies nicht erforderlich, aber solche Instandsetzungen sollten unsichtbar sein.
5. Moderne Verfahren und arbeitssparende Geräte sollten, soweit dienlich, übernommen und eingesetzt werden.
6. Durch die Aufarbeitung sollte die Qualität eines Möbelstücks erhöht und unterstrichen werden. Instandsetzungsarbeiten sollten weder in ihrer Konzeption noch in ihrer Ausführung qualitativ minderwertiger sein als das Möbelstück selbst.

4 Arbeitssicherheit

Die Holzverarbeitung kann an sich schon ein gewagtes Unterfangen sein, aber der Restaurator geht in gewisser Hinsicht noch größere Risiken ein als der Tischler oder Möbelschreiner. Durch die speziellen Schäden, die der Restaurator zu beheben hat, sind ihm seine Arbeitsbedingungen teilweise schon vorgegeben; dieser Umstand verlangt von ihm eine sehr sorgfältige Vorausplanung, um mit derartigen schwierigen Situationen einigermaßen fertig zu werden.

Einstellung zur Arbeit

Arbeiten Sie überlegt und sorgfältig. Denken Sie immer voraus und behalten Sie den Erfolg Ihrer Tätigkeit im Auge. Seien Sie notfalls darauf vorbereitet, den Schaden an einem Möbelstück vergrößern zu müssen, um die Instandsetzung in ihrer Gesamtheit zu erleichtern. Halten Sie Ihre Werkzeuge stets äußerst scharf, damit Sie sauber und kontrolliert damit arbeiten können, und bleiben Sie mit den Händen h i n t e r der Werkzeugschneide.

Arbeistweise

Bewegen Sie sich in der Werkstatt ruhig und vorsichtig und laufen Sie nicht planlos hin und her. Nehmen Sie so viel Arbeit wie möglich mit zur Werkbank. Wenn dies unpraktisch ist, nehmen Sie so viel Arbeit wie möglich mit zur Werkbank. Wenn dies unpraktisch ist, nehmen Sie provisorische Haltevorrichtungen zur vorübergehenden Aushilfe.

Späne, Sägemehl und sonstige Abfälle dürfen sich in der Werkstatt nicht anhäufen. Fegen Sie notfalls lieber einmal zu viel als zu wenig aus. Alte Putzlappen und Stahlwolle schaffen Sie nach draußen. Bevor Sie sich vor ein offenes Feuer stellen, ziehen Sie verschmutzte Arbeitskleidung besser aus, denn die Ausdünstungen bestimmter Flüssigkeiten könnten sich entzünden. Die Werkstatt ist kein Spielplatz für Kinder.

Sicherheitseinrichtungen

Alle Schutzhauben, Führungen und Sicherheitseinrichtungen müssen in einwandfreiem Zustand und richtig eingestellt sein.

Bei der Arbeit an der Kreissäge benutzen Sie eine Schiebeleiste statt der Hand, um das Material durch die Maschine zu führen; auf der Hobel- und Fügemaschine dient der Druckklotz demselben Zweck.

Tragen Sie eine Schutzbrille beim Umgang mit der Oberfräse und einen Staubschutz bei allen staubigen Arbeiten. Beim Auseinandernehmen von Möbelstücken sind Handschuhe und eine Arbeitsschürze zu empfehlen.

Persönliches Verhalten

Unterlassen Sie das Rauchen und arbeiten Sie bei der Zerlegung oder Oberflächenbehandlung von Möbeln nicht am offenen Feuer. Sorgen Sie in der Werkstatt für einwandfreie Lüftung. Schaffen Sie jeglichen Abfall, der beim Auseinandernehmen entsteht, nach draußen.

Erste Hilfe

Halten Sie einen entsprechend gekennzeichneten Erste-Hilfe-Kasten mit Heftpflaster, Binden und Desinfektionssalbe an sichtbarer Stelle griffbereit und machen Sie sich mit den notwendigen Erste-Hilfe-Maßnahmen vertraut. Wenn Sie allein arbeiten, sorgen Sie dafür, daß Sie im Notfall rasch Hilfe herbeiholen können.

5 Werkzeuge

Schärfen von Schneidwerkzeugen

Alle Werkzeuge für die Holzbearbeitung müssen immer mit äußerst scharfen Schneiden versehen sein. Sie sollten sich zur Gewohnheit machen, die tagsüber benutzten Werkzeuge kurz vor Feierabend abzuziehen. Schärfen Sie stets Ihre Werkzeuge, bevor sie stumpf und unhandlich werden. Ist eine Schneide erst einmal in schlechtem Zustand, dann dauert es nicht mehr lange, bis sie völlig unbrauchbar geworden ist. Je länger Sie also mit dem Schärfen warten, desto mehr Arbeit haben Sie später damit.

Eine scharfe Klinge schneidet sauber und gleichmäßig. Geringfügige Abweichungen im Faserverlauf des Holzes können dabei das Werkzeug nicht hemmen oder aufhalten. Die auf das Werkzeug auszuübende Kraft kann dann leicht auf Schub, Führung und Zurückhaltung aufgeteilt und aufrechterhalten werden.

Scharfe Schneidwerkzeuge verursachen beim Durchtrennen der Holzfasern einen schwachen Ton, während eine stumpfe Schneide sich gewissermaßen durch das Material wühlen muß, wobei die Anstrengungen des Handwerkers das knirschende und splitternde Geräusch noch verstärken. Prüfen Sie die Schneide, indem Sie sie ins Licht halten. Von einer scharfen Schneide wird das Licht nicht reflektiert, wogegen die ausgebrochenen und abgestumpften Stellen einer abgenutzten Schneide im Licht glänzen.

Richtlinien zum Schärfen

Mit Ausnahme von Schnitzbeiteln sollten Schneidwerkzeuge für die Holzbearbeitung nur einseitig

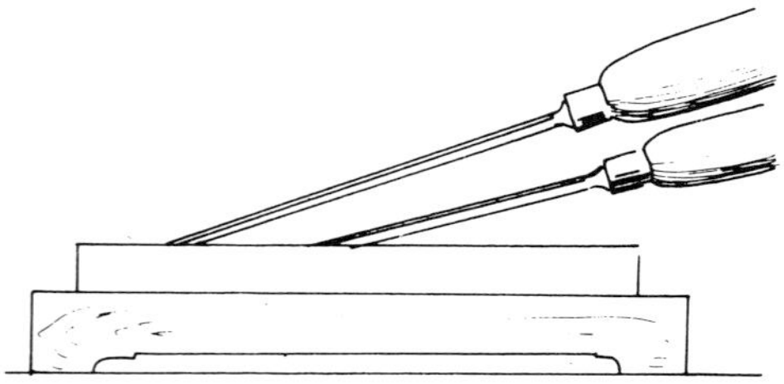

Keilwinkel von 19° für Hartholz (oben) und 12° für Weichholz (unten) sind in etwa richtig. Für die Bearbeitung beider Holzarten ist eine Zwischengröße zu wählen, wobei die Schneide vor der Bearbeitung von Hartholz auf einen stumpferen Keilwinkel abgezogen wird.

geschärft und abgezogen werden. Kleine Kerben in der Klinge werden abgeschliffen, bis über die Klingenbreite hinweg ein durchgehender Grat entstanden ist, der durch weiches Abtasten der Klingenrückseite mit dem Daumen festgestellt werden kann. Durch Herumdrehen der Klinge und flaches Auflegen der Rückseite auf den Abziehstein wird dieser Grat beseitigt.

Werkzeuge für Weichholz haben einen spitzeren Keilwinkel als solche für Hartholz. Weichholz neigt dazu, sich beim Schneiden zusammenzudrücken; diese Wirkung wird abgeschwächt durch die Verringerung des Keilwinkels – praktisch also durch eine dünnere Schneide. Hartholz neigt dagegen beim Schneiden mit spitzem Keilwinkel zum Reißen oder Splittern. Der Druck, der vor der Schneide aufgebaut wird, muß bei der Spanabnahme entlastet werden, bevor die Späne vor der Werkzeugschneide zersplittern. Eine Schneide mit großem Keilwinkel wirkt dabei wie ein Spanbrecher.

Schleif- und Schärfeinrichtungen

Zum Schärfen von Schneidwerkzeugen mit flacher Klinge benötigen Sie eine (vorzugsweise motorgetriebene) Schleifscheibe, je einen Abziehstein (Ölstein) mittlerer und feiner Körnung sowie Schleifpaste; für Hohleisen und Schnitzbeitel zusätzlich einige Formabziehsteine.

Wenn Sie in Ihrer Werkstatt eine Drehmaschine haben, können Sie einen einfachen und praktischen Schleifscheibenhalter sehr billig selbst anfertigen. Die Schleifscheibe läuft damit zwischen den Spitzen der Maschine, auf deren Werkzeugauflage die zu schärfende Klinge abgestützt wird. Eine Plexiglasscheibe dient zum Schutz gegen Funkenflug.

Öl- oder Abziehsteine gibt es in den meisten Eisenwarengeschäften, die kleinen Formabziehsteine in guten Werkzeughandlungen oder bei den Herstellern von Schnitzwerkzeugen. Schleifpaste können Sie in Hobbymärkten und Werkzeuggeschäften beziehen.

Sicherheit

Für die Arbeit am Schleifbock tragen Sie eine Schutzbrille und stellen sich ein wenig seitlich von der Schleifscheibe auf. Als zusätzlicher Augenschutz muß der Schleifbock mit einer Plexiglasplatte versehen sein, die über das Werkzeug heruntergeklappt werden kann.

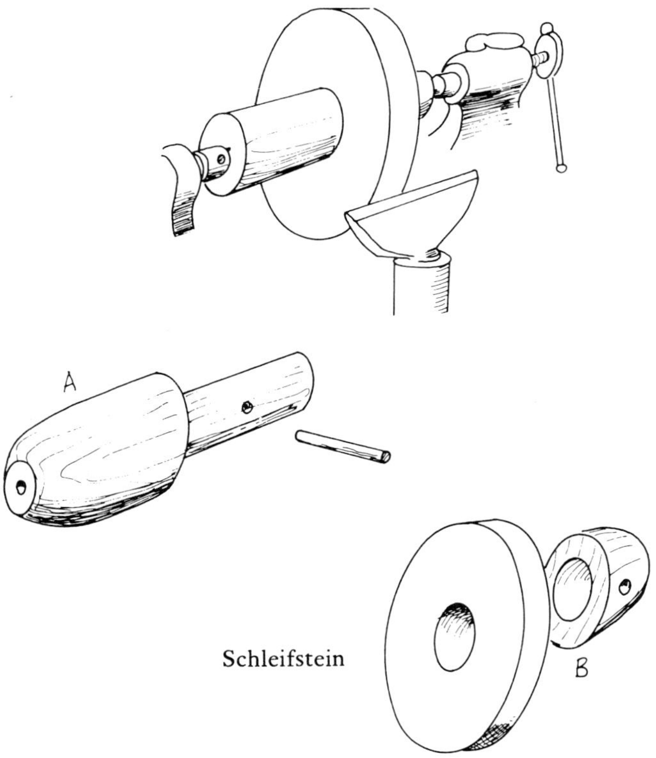

Schleifscheibenhalter. Teil A zuerst drechseln. Teil B aufbohren, auf Teil A aufschieben und verdübeln. Teil B fertigdrechseln und nach Lösen des Dübels abnehmen. Schleifscheibe mit Polyvinylacetat-Kleber (PVAC-Kleber) befestigen. Teil B gegen die Schleifscheibe drücken und verdübeln.

Die Skizze zeigt ein Schabeisen beim Ziehen einer Rille auf der Mitte eines sich verjüngenden Möbelbeins. Das Bein ist dabei zwischen Keilen in den Schraubstock gespannt, wobei ein Keil als Führung dient und die Klinge auf Beinmitte hält.

Arbeitsphase 1
Lassen Sie die Schleifscheibe bei mittlerer Drehzahl laufen. Ihre Umfangsgeschwindigkeit und der Druck auf das Werkzeug bestimmen den Grad der Schneidenerwärmung. Drücken Sie die Klinge fest auf die Werkzeugauflage und halten Sie die Schneide mit sanftem Druck gegen die Schleifscheibe. Das Werkzeug wird vor der Scheibe waagerecht hin- und herbewegt, und diese Bewegung wird fortgesetzt, wenn die Klinge nicht übermäßig warm wird. Um das Verbrennen der Schneidenecken zu vermeiden, darf beim Richtungswechsel mit dieser Bewegung nicht eingehalten werden.

Wenn die Schleifscheibe einmal in Betrieb ist, benutzen Sie die Gelegenheit zum Schleifen mehrerer Werkzeuge hintereinander, die Sie aufbewahren können.

Wenn die Werkzeuge eine gleichmäßige und flache Schneide aufweisen und Ihnen die Funken von der Schleifscheibe über die Schneide hinweg auf die Hand fliegen, können Sie die Werkzeuge zum Kühlen ablegen. Anschließend wird die Schleifscheibe abgeschaltet und gereinigt. Haben Sie die Schleifscheibe mit einem in die Drehmaschine eingespannten Halter benutzt, dann sind Bett, Spindelstock und Reitstock von Schleifstaub zu säubern.

Arbeitsphase 2
Auf den grobkörnigen Abziehstein geben Sie ein paar Tropfen Öl und bewegen das Werkzeug flach darauf hin und her, um den Schleifgrat zu entfernen. Dann wird das Werkzeug herumgedreht und im richtigen Keilwinkel mit möglichst geringem Druck auf dem Stein hin- und hergezogen, um einen zweiten Grat entstehen zu lassen. Das Werkzeug darf dabei nicht auf- und abgeschwenkt (geschaukelt) werden, weil dadurch eine gekrümmte Schneidfase entsteht, die über kurz oder lang wieder nachgeschliffen werden muß.

Der Grat, der auf der Schneidenrückseite entstanden ist, wird auf dem feinkörnigen Abziehstein wieder beseitigt. Unter Einhaltung des gleichen Keilwinkels wird hier ein dritter Grat erzeugt, der dann wie zuvor entfernt werden muß. Dies erfordert einen äußerst sanften Druck mit der Hand, damit die Werkzeugschneide sich nicht verzieht.

Mit diesem Vorgang des Abziehens und Entgratens wird gewissermaßen letzte Hand an die Werkzeugklinge gelegt, die danach eine saubere und scharfe Schneidkante aufweist. Kerben und ausgebrochene Stellen in der Schneide hinterlassen Spuren, wenn die Klinge über den Ölstein gezogen wird. Wenn ein gleichmäßiger Ölstreifen ohne Kratzer zurückbleibt, ist der Grat zu beseitigen und mit der dritten Phase zu beginnen.

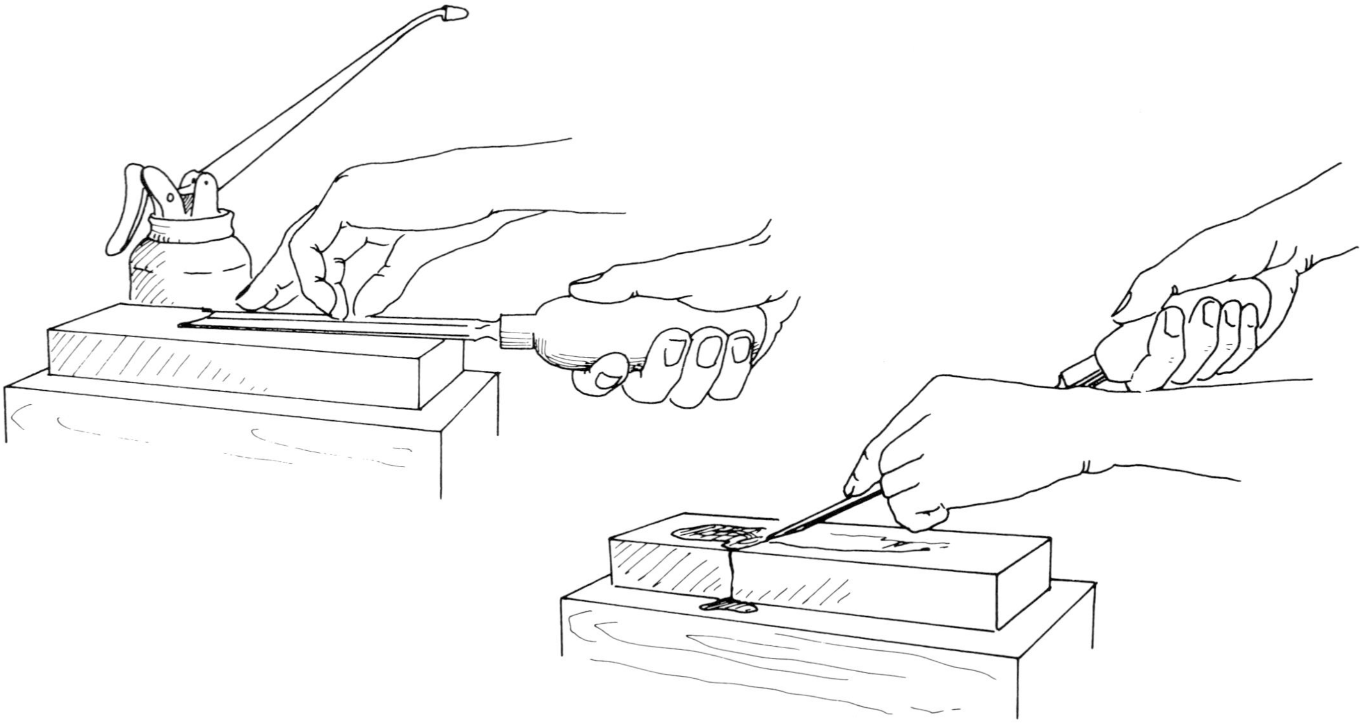

Arbeitsphase 3
Reiben Sie etwas Schleifpaste auf ein flaches Brett und ziehen Sie die Werkzeugschneide unter dem gleichen Keilwinkel wie vorher fünfmal darüber. Achten Sie dabei immer auf den richtigen Keilwinkel. Die Klinge hinterläßt winzige Spuren in der Paste. Dann wird das Werkzeug gewendet und auf der Rückseite flach auf dem Brett abgezogen, wodurch der ganze schwache Grat, der die winzigen Kratzer hinterlassen hat, entfernt wird. Wiederholen Sie die fünf Striche auf dem Abziehbrett, so daß der Schneidenspiegel fertig wird. Die Schneide ist scharf, wenn sie keine Kratzer in der Schleifpaste mehr hinterläßt. Sollten sich diese Spuren auf dem Abziehbrett beim besten Willen nicht beseitigen lassen, dann untersuchen Sie die Rückseite der Klinge auf Anzeichen für Rostbildung (Lochfraß).

Mit scharfen Schneidwerkzeugen macht die Arbeit Freude. Sorgen Sie dafür, daß sie scharf bleiben, u. a. durch regelmäßiges Abziehen. Halten Sie das Abziehbrett frei von Metallteilchen und sonstigen Fremdkörpern, die zur Beschädigung der sorgfältig geschärften und abgezogenen Schneide führen können.

Hohleisen und Beitel
Bei ihnen ist der Vorgang des Schärfens und Abziehens im wesentlichen derselbe, nur daß zusätzlich

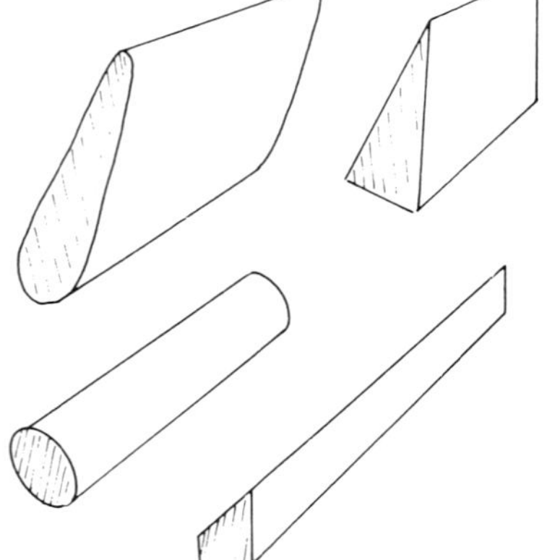

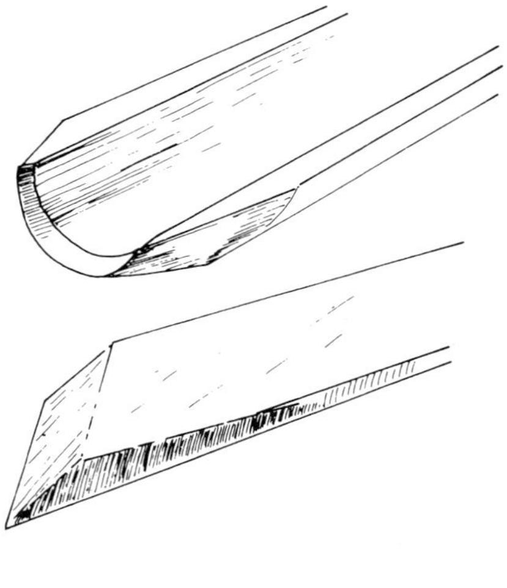

noch einige Formabziehsteine dafür benötigt werden. Auch werden hier äußere Schneidfasen durch schaukelnde Bewegung der Werkzeugklinge beim Abziehen auf dem Ölstein angebracht.

Für Schnitzwerkzeuge benutzen Sie ein besonderes Abziehbrett aus etwa 25 mm dickem Kiefernholz. Für jedes der verschiedenen Schneidenprofile ist eine besondere Kerbe vorzusehen, wobei es praktisch ist, das Abziehbrett so groß zu wählen, daß die Kerben für alle Schnitzbeitel darin untergebracht werden können. Zum Abziehen schmieren Sie die Kerben mit Schleifpaste ein.

Schnitzwerkzeuge müssen ihrem Einsatz entsprechend geschliffen und abgezogen werden. Eine Fase auf beiden Seiten einer Hohleisenschneide ist vielfach ratsam, weil dadurch die Flexibilität im Gebrauch des Werkzeugs gesteigert wird. An Hohlbeiteln können Kanten und Ränder abgeschliffen werden, aber sorgen Sie stets dafür, daß die Werkzeugschneide, von oben betrachtet, gerade und mit scharfen, kantig ausgebildeten Ecken versehen ist.

Ziehklingen

Ziehklingen werden geschärft, indem man ihnen einen hauchfeinen Grat (Abziehschneide) an der Kante verschafft. Hierbei ist sorgfältig wie folgt vorzugehen.

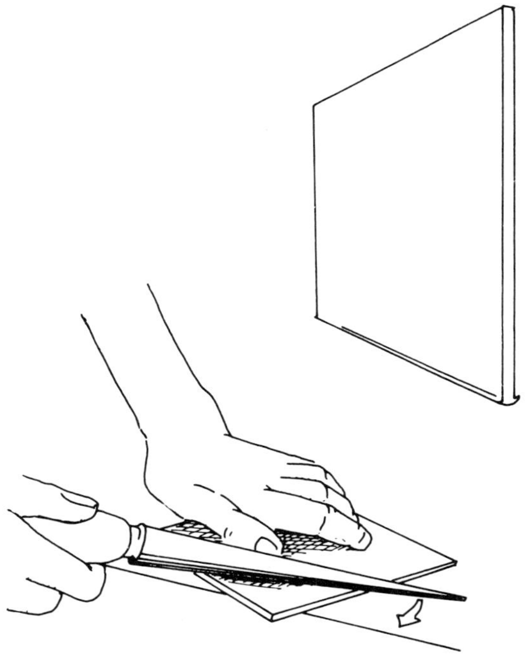

Stufe 1. Entfernen Sie den stumpfen oder beschädigten Schneidgrat mit der Rückseite eines Hohleisens oder mit einem eigens für diesen Zweck angeschafften Ziehklingenstahl.

Stufe 2. Spannen Sie die Ziehklinge so in den Schraubstock, daß die Schneidkante etwa 4 cm vorsteht und parallel zu den Schraubstockbacken ausgerichtet ist. Setzten Sie eine Flachfeile mit feinem Hieb rechtwinklig zur Ziehklinge an und feilen Sie die Rückstände der alten Schneide ab.

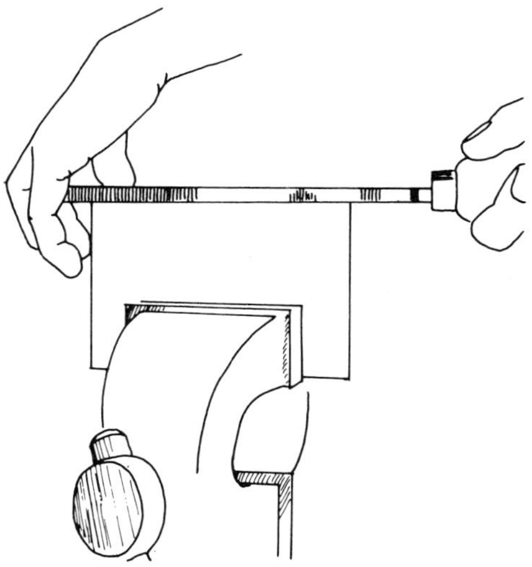

Die rechtwinklige Haltung der Feile gegenüber der Ziehklinge ist dabei sehr wichtig. Wenn es damit Schwierigkeiten gibt, können Sie einen kleinen Holzklotz seitlich anlegen und die Feile damit führen. Hat die Ziehklinge eine saubere, gerade Kante erhalten, so spannen Sie sie aus und legen sie auf ein flaches Stück Abfallholz, so daß sie den Ölstein berühren kann, wenn dieser auf der Werkbank danebengelegt wird.

Stufe 3. Fahren Sie mit dem Ölstein an der Ziehklingenkante entlang, bis alle Feilspuren beseitigt sind.

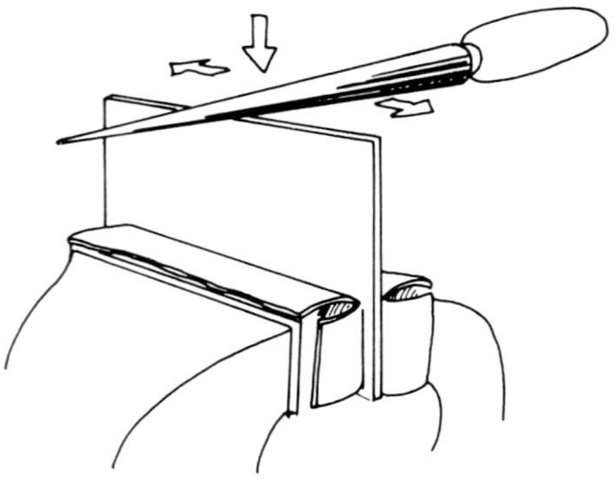

Stufe 4. Die Ziehklinge, die jetzt wieder in den Schraubstock gespannt wird, hat eine saubere und flache Kante sowie scharfe Ecken. Setzen Sie den Ziehklingenstahl rechtwinklig zur Klinge an und reiben Sie ihn einige Male an der Kante entlang, um die Bildung des Schneidgrats einzuleiten.

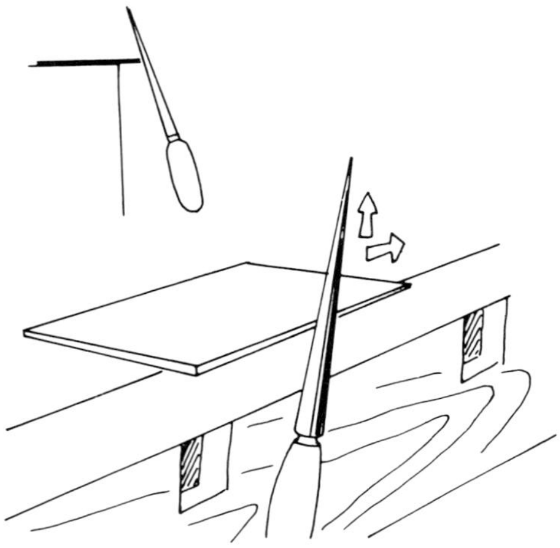

Stufe 5. Zum Schluß wird die Ziehklinge dem Schraubstock entnommen und so auf die Werkbank gelegt, daß sie etwa 5 mm übersteht. Mit dem Ziehklingenstahl fahren Sie nun einige Male mit langsamen und kräftigen Strichen schräg nach oben über die Länge der Schneidkante hinweg, wobei nur sehr wenige Striche notwendig sind, denn der gebildete Schneidgrat soll sich nicht zurückbiegen. Wenn Sie jetzt den Vorgang auf der anderen Seite der Schneidkante wiederholen, bekommt die Ziehklinge zwei saubere und scharfe Schneiden – eine auf jeder Seite der Schneidkante.

Durch den regelmäßigen Gebrauch der Ziehklinge nutzt sich der Schneidgrat nach und nach ab. Durch vorsichtiges Aufbiegen des Grats mit einem spitzen Werkzeug und Wiederholen der Arbeitsstufen 1 und 5 erhält die Ziehklinge eine neue, brauchbare Abziehschneide.

Stuhlhobelmesser und Formziehklingen

Das Schärfen dieser Werkzeuge ist etwas einfacher, obwohl die Bildung des Schneidgrats dieselbe ist. Die Klingen erhalten ihr gewünschtes Schneidenprofil durch Feilen, wonach auf der Rückseite der Schneide eine Fase von 60° angefeilt und auf eine scharfe Werkzeugschneide abgezogen wird. Diese erhält dann wie die Ziehklinge einen Schneidgrat, nur daß dieser nicht so weit vorspringend herausgearbeitet wird. Wenn das Schneidenprofil enge und komplizierte Teile aufweist, kann hierfür die Verwendung der Rückseite eines Geißfußes (Beitel mit V-förmiger Schneide) erforderlich werden.

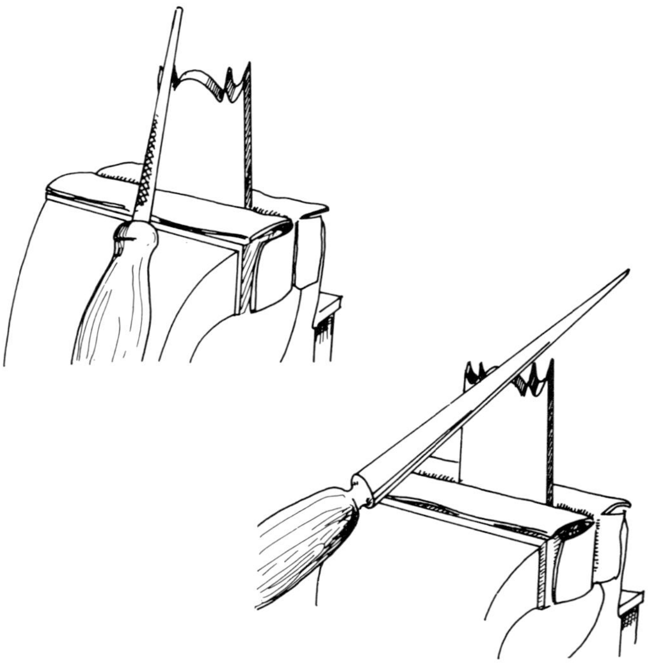

Sägen

Geräte

Sie benötigen eine Auswahl neuer Dreikantenfeilen, eine Schränkzange und ein paar Sägenwangen zum Einspannen der Säge. Auch ein Satz Federklemmen tut gute Dienste.

Eine scharfe Säge schneidet mit sauberem, geradem Strich und benötigt nur einen geringen Kraftaufwand. In trockenem Holz macht eine scharfe Säge ein schrilles, ratterndes Geräusch, wobei das Sägemehl beim schneidenden Hub vor dem Blatt herfliegt.

Eine stumpfe Säge ist schwierig zu handhaben und neigt dazu, im Schnitt zu springen.

Sägezähne

Bei Sägezähnen unterscheidet man zwei Hauptarten. Die Zähne der Trennsäge für den Längs-

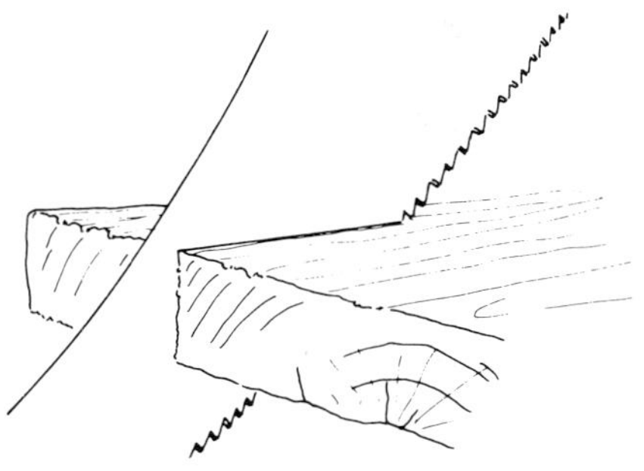

schnitt werden rechtwinklig zum Sägeblatt geschärft; sie schneiden das Holz mit der Faser und hinterlassen beim Sägen quer zur Faser einen ausgezackten Schnitt. Die Zähne der Trennsäge für den Querschnitt werden wie kleine Messer geschärft und schneiden in beiden Richtungen der Sägenbewegung (Hub). Zähne dieser Art erzeugen einen sauberen Schnitt quer zur Faser, arbeiten aber beim Sägen längs zur Faser sehr langsam.

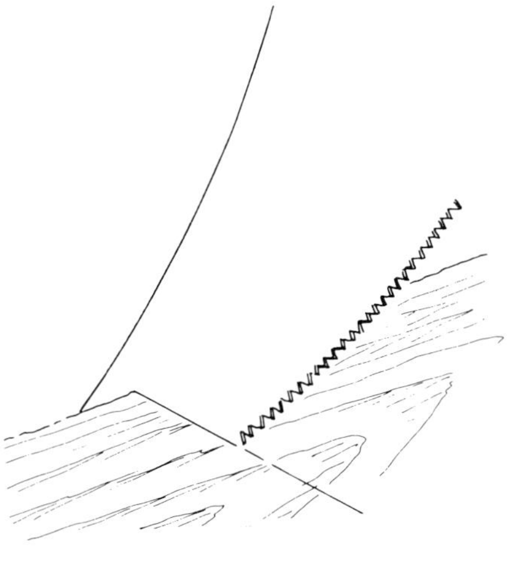

Sägezähne müssen scharf und gleichmäßig hoch sein. Außerdem müssen sie abwechselnd mal in die eine, mal in die andere Richtung leicht abgebogen sein, damit das Sägemehl aus den Zähnen entfernt werden kann und die Säge sich im Schnitt nicht verklemmt. Dieser geringe Richtungswechsel der Zähne wird Schränkung genannt. Je größer die Schränkung ausfällt, desto breiter wird der Sägeschnitt, und um so höher ist dann der Kraftaufwand beim Sägen. Bei sehr enger Schränkung der Zähne ist es schwierig, die Schnittrichtung der Säge geringfügig zu korrigieren; auch hierbei kann Energie verschwendet werden. Dem Anfänger ist anzuraten, mit einigermaßen großzügig geschränkten Sägezähnen zu beginnen und die Schränkung zu verringern, wenn er Erfahrungen im Umgang mit der Säge gesammelt hat.

Die nachstehende Schärfanleitung gilt für Sägen jeder Art, nur daß bei Sägen mit kleinen Zähnen ein geringerer Feildruck und weniger Feilstriche notwendig sind.

Trennsäge für Längsschnitt
Spannen Sie die Säge mit Hilfe der Federklemmen zwischen die Wangen und dann in den Schraubstock.

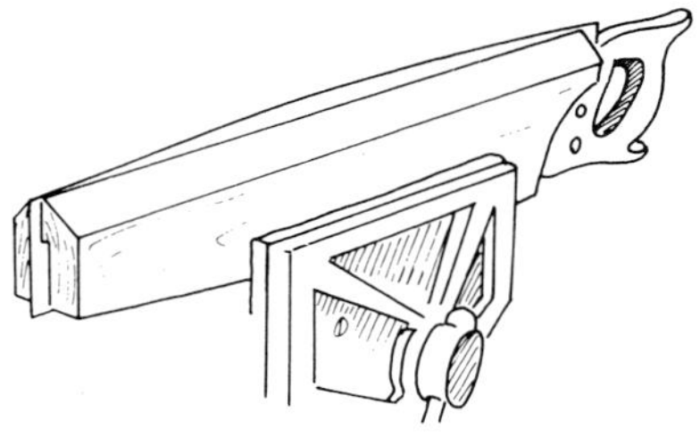

Betrachten Sie das Sägeblatt in Längsrichtung; wenn die Zähne ungleichmäßig lang bzw. hoch sind, müssen sie ausgerichtet werden. Mit einer rechtwinklig zum Sägeblatt angesetzten Flachfeile werden die Zahnspitzen bearbeitet, bis sie alle dieselbe Höhe haben. Ermitteln Sie die Zähnezahl pro Zoll und stellen Sie die Skala der Schränkzange auf diese Zahl ein. Dann setzen Sie die Schränkzange auf der einen Seite des Sägeblatts an jedem zweiten Zahn an und schränken ihn. Wiederholen Sie den Vorgang auf der anderen Seite des Sägeblatts, womit dann das Schränken der Zähne beendet ist.

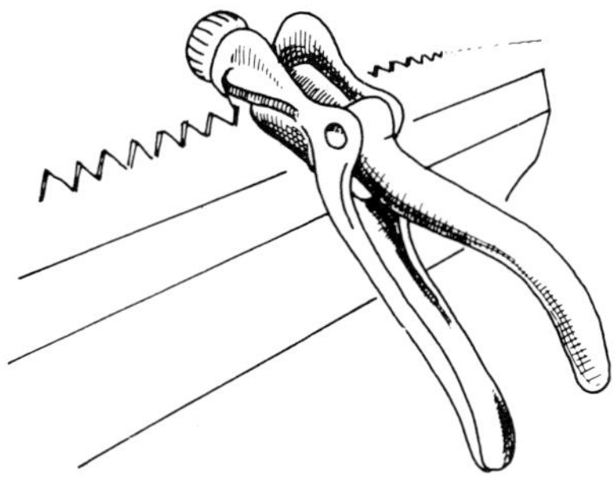

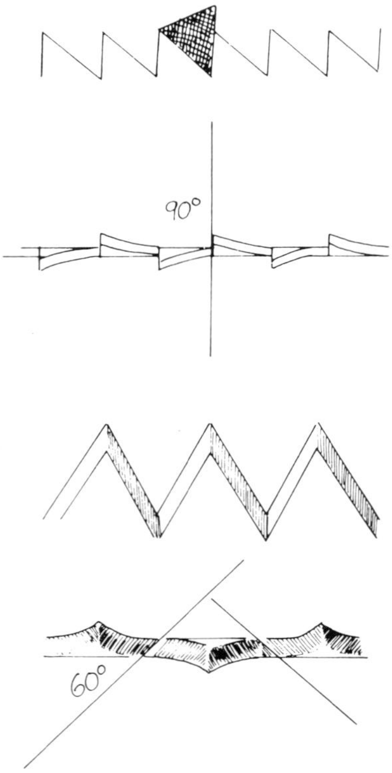

Nun fassen Sie eine neue Dreikantfeile fest an beiden Enden und setzen sie in dem in der Skizze angegebenen Winkel an. Führen Sie drei kräftige Feilstriche aus, worauf Sie die Feile am nächsten Zahn ansetzen. Die Zähne müssen alle die gleiche Anzahl Feilstriche erhalten. Korrekturen an der Zahnform können durch Verstärken des seitlichen Drucks beim Befeilen der Schneidkante oder beim Verkürzen des Zahnrückens vorgenommen werden.

Wenn alle Zähne der Säge mit der Feile bearbeitet worden sind, prüfen Sie nach, ob noch stumpfe Zähne vorhanden sind; sie reflektieren das Licht an ihren Spitzen, die beim Abfeilen auf gleiche Höhe bearbeitet worden sind. Bei mehreren stumpfen Zähnen wiederholen Sie den Feilvorgang, diesmal mit nur zwei Feilstrichen pro Zahn.

Prüfen Sie die Schärfe der Säge an einem Stück Abfallholz; sie soll leicht, gleichmäßig und ohne Verklemmen schneiden. Untersuchen Sie den Sägenschnitt auf Spuren einer unregelmäßigen Schränkung. Geringfügige Mängel können Sie beheben, indem Sie die Säge flach auf ein Brett legen und mit dem Ölstein seitlich an den Zähnen entlangfahren.

Bei größeren Fehlern kann eine Korrektur dadurch vorgenommen werden, daß man ein kleines, angespitztes Stück Hartholz mit dem Hammer auf die Zähne schlägt. Danach ist es ratsam, die Säge wieder in den Schraubstock zu spannen und jeden Zahn mit einem einzelnen Feilstrich nachzuschärfen.

Trennsäge für Querschnitt
Zum Schärfen einer solchen Säge sind die einleitenden Arbeitsgänge wie bei der Längsschnittsäge zu wiederholen. Die Sägezähne schärfen Sie, indem Sie die Feile im Winkel von 60° zum Sägeblatt ansetzen und jeden zweiten Zahn auf der einen Seite bearbeiten. Wenn Sie diesen Vorgang auf der anderen Seite des Sägeblatts wiederholen, werden Sie feststellen, daß mit jedem Feilstrich gleichzeitig die Vorderseite des einen Zahns und die Rückseite des nächsten Zahns geschärft werden.

Beginnen Sie mit dem Feilen jeweils am oberen Ende der Säge und bearbeiten Sie jeden Zahn mit derselben Anzahl Feilstriche, wobei Sie auf der zweiten Seite des Sägeblatts eine unbenutzte Fläche der Dreikantfeile ansetzen. Nur durch die Beachtung solcher Gesichtspunkte ist es möglich, Sägezähne mit der Feile von Hand sauber und gleichmäßig zu schärfen.

Gebrauch von Handwerkzeugen für die Holzbearbeitung

Holzbearbeitungswerkzeuge müssen zielbewußt und sorgsam gehandhabt werden. Wer damit umgeht, sollte sowohl sein Temperament als auch seine Werkzeuge beherrschen und sich auf die vor ihm liegende Aufgabe konzentrieren. Manchmal geht eine Arbeit nicht ohne gewisse Schwierigkeiten vonstatten, aber betrachten Sie eine solche Arbeit als wertvolle Erfahrung. Verlorene Zeit läßt sich durch hektisches Drauflosarbeiten niemals einholen.

Anreißmesser
Ein derartiges Messer ist stets spitz und scharf zu halten und für alle Anrisse quer zur Faser zu verwenden. Um einen sauberen Sägenschnitt zu gewährleisten, kann die Abfallseite der Anrißlinie

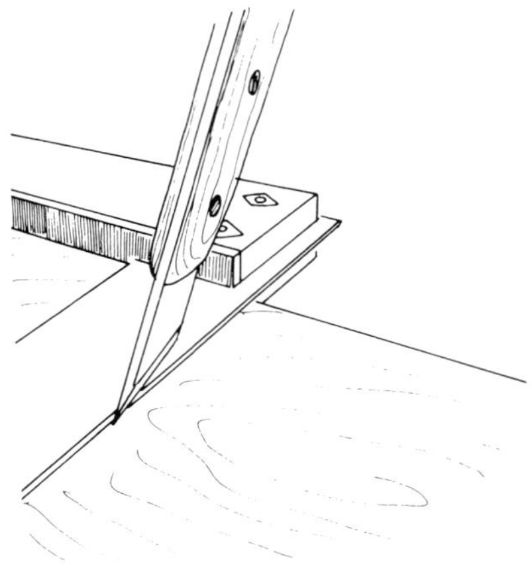

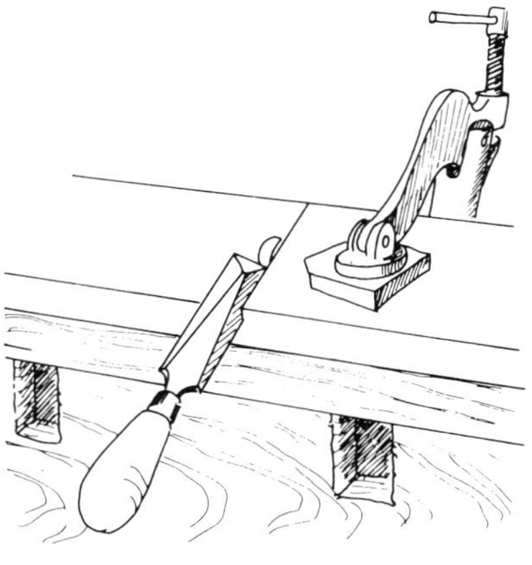

mit einem Stechbeitel leicht ausgestochen werden, so daß die Zapfensäge etwas unterhalb der Holzoberfläche mit ihrem Schnitt ansetzen kann.

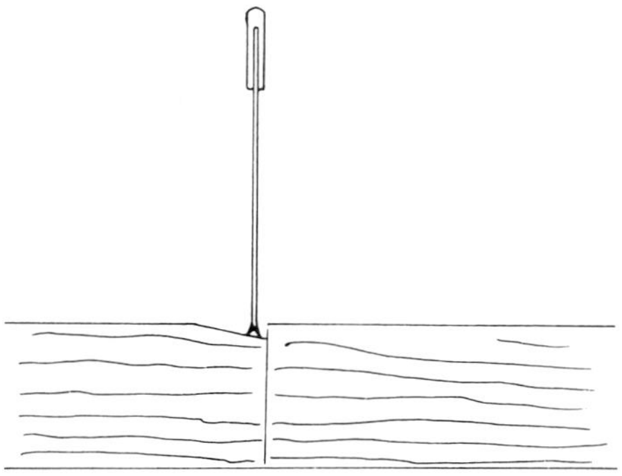

Beim Ausstechen entlang einer Anrißlinie kann der Beitel im Schnitt des Abreißmessers angesetzt werden und wird damit automatisch sauber ausgerichtet.

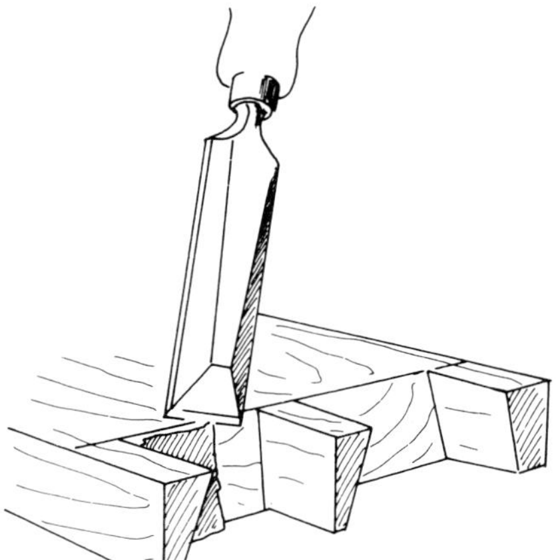

Bei Benutzung eines Anschlagwinkels oder Lineals kann das Anreißmesser zur Festlegung eines Bezugspunktes verwendet werden, gegen den der Winkel oder das Lineal dann angelegt wird.

Benutzen Sie das Anreißmesser nicht an Stellen, wo der Schnitt später auf der fertigen Oberfläche zu sehen sein wird. Abschrägungen und dergl. sollten beispielsweise immer mit dem Bleistift angezeichnet werden.

Streichmaße
Holzteile, die mit dem Streichmaß angerissen werden sollen, sind immer fest einzuspannen. Der Anschlag des Streichmaßes ist seitlich fest gegen das Holzteil zu drücken und ein wenig schräg zu halten, damit die Anreißspitze einen ziehenden Schnitt ausführt. Bewegen Sie das Streichmaß ganz langsam über das Holz, damit es durch Unregelmäßigkeiten in der Faser nicht abgelenkt wird.

Feineinstellungen am Streichmaß können durch leichtes Aufstoßen auf die Werkbank vorgenommen werden, wobei der Anschlag geringfügig verschoben wird; leichtes Klopfen auf das gegenüberliegende Ende bewirkt eine Verschiebung des Anschlags auf entgegengesetzte Richtung.

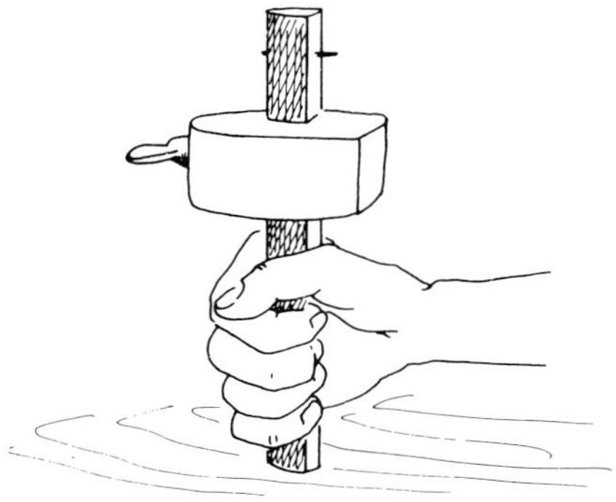

Ein sogenanntes schneidendes Streichmaß wird ebenfall zum Anreißen benutzt, nur daß es statt der Anreißspitze eine Art Klinge hat. Besonders beim Anreißen in Hirnholz, z. B. für Schwalbenschwanzzinken, kann es sehr nützlich sein.

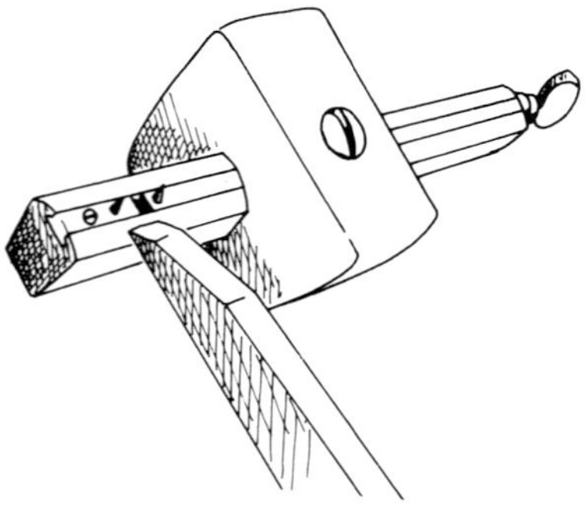

Ein Streichmaß für Zapfenlöcher hat zwei Anreißspitzen zur Kennzeichnung der Ränder des auszustechenden Zapfenloches. Diese Spitzen oder Nadeln sind auf die Breite des Zapfenloches einzustellen, bevor das Streichmaß selbst eingestellt wird.

Anschlagwinkel, Schmiegen und Zirkel
Mit diesen Werkzeugen ist äußerst sorgsam umzugehen, denn es sind in gewissem Sinne Meßwerkzeuge. Wenn sie zu Boden gefallen sind oder wenn bei ihnen eine Ungenauigkeit vermutet wird, nehmen Sie eine Prüfung gemäß der Beschreibung auf Seite 13 vor. Mit einem Anschlagwinkel prüfen Sie die Rechtwinkligkeit von zwei aneinanderstoßenden Holzflächen. Weisen diese einen rechten Winkel auf, so ist es üblich, die Stelle mit der in der Skizze gezeigten Markierung zu versehen.

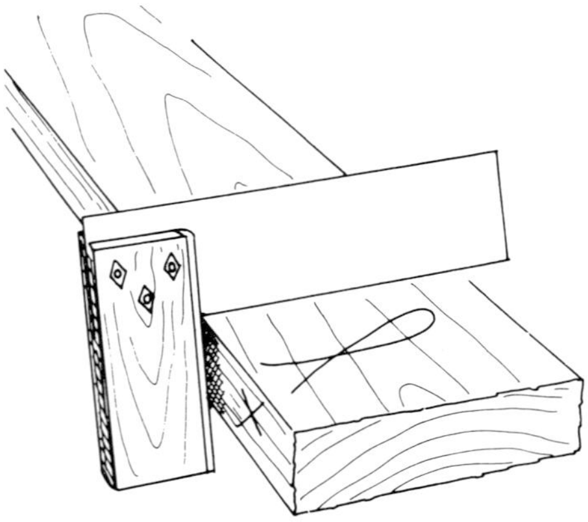

Die Schmiege dient zum Anzeichnen und Kontrollieren von Winkeln über oder unter 90°. Läßt sich der verschiebbare Metallschenkel leicht hin- und herschwenken, wenn er flach gegen ein Stück Holz gehalten wird, muß eventuell der Kopf des Halters oben an der Lagerstelle abgefeilt werden.

Wenn mehrere verschiedene Winkel anzuzeichnen sind, können diese auf einem kurzen Vierkantholz angerissen werden, so daß die Schmiege bei Bedarf danach eingestellt werden kann.

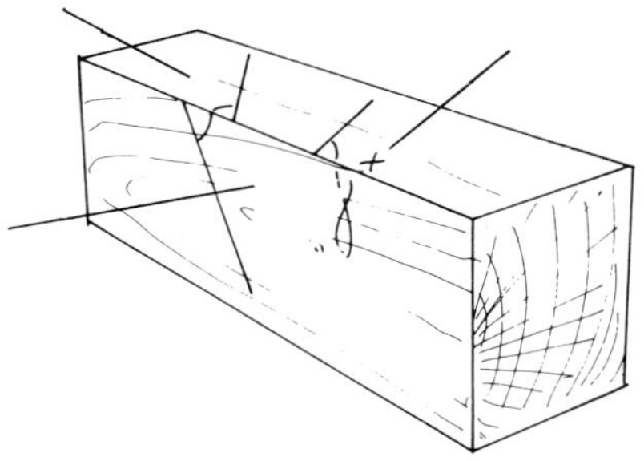

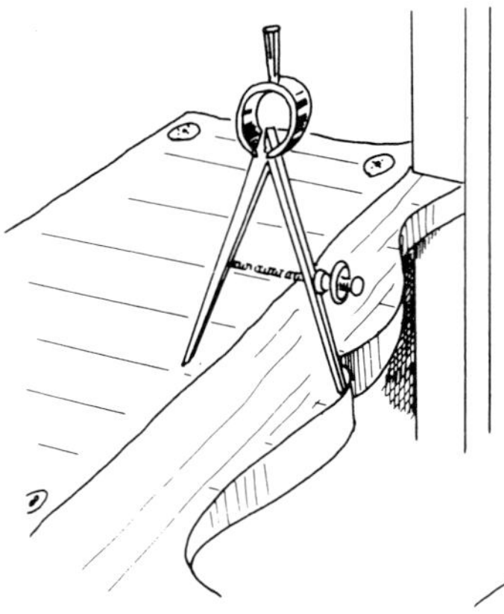

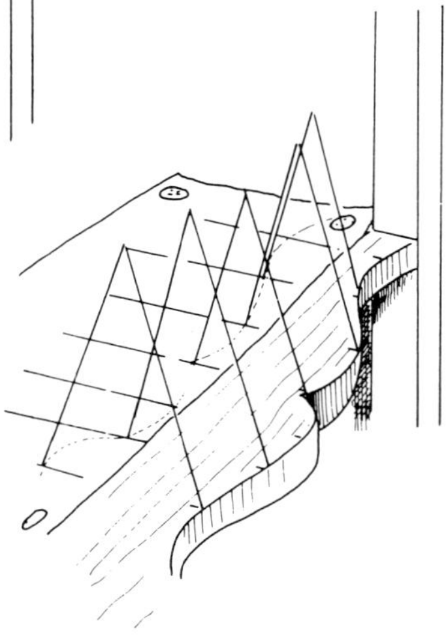

Der Zirkel sollte feststellbar sein. Bei sorgfältiger Anwendung verringert er die Möglichkeit eines Fehlers durch ungenaues Messen. Auch für die schnelle und genaue Übertragung von Krümmungen und Profillinien ist er gut zu gebrauchen.

Sägen

Fuchsschwanz

Der Fuchsschwanz wird mit einer Hand betätigt. Die andere Hand dient zur Führung des Sägeblatts beim Anschnitt und zum Festhalten des Abfallholzes im Schnittauslauf. Um einen rechtwinkligen Sägeschnitt zu gewährleisten, ist die Anrißlinie auf zwei angrenzenden Flächen des Holzteils anzubringen. Setzen Sie die Säge im Winkel von 45° zur Holzoberfläche an und sägen Sie über beide Anrißlinien gleichzeitig. Bei längeren Schnitten kann die Haltung des Sägeblatts mit einem Anschlagwinkel geprüft werden.

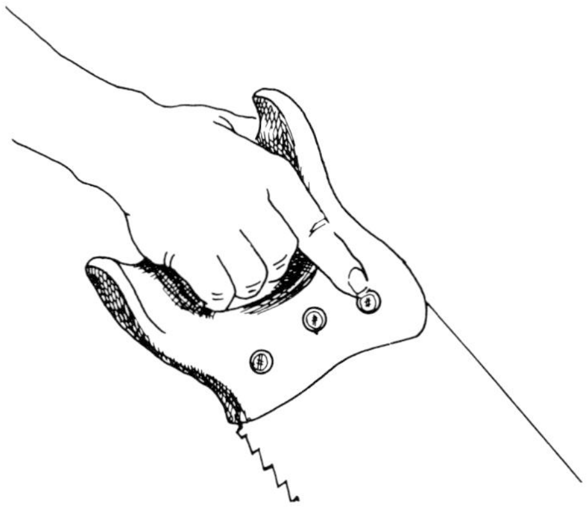

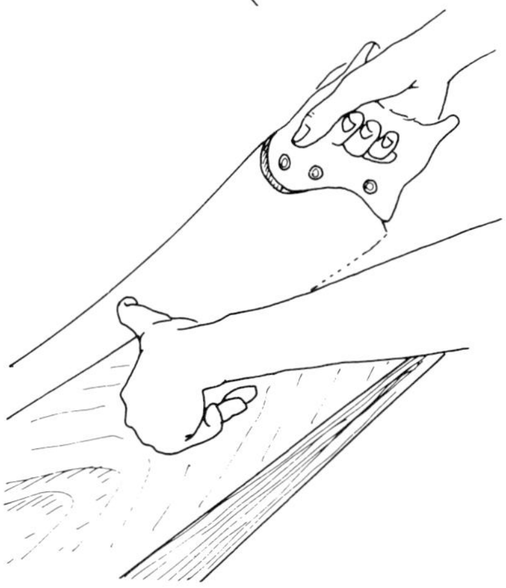

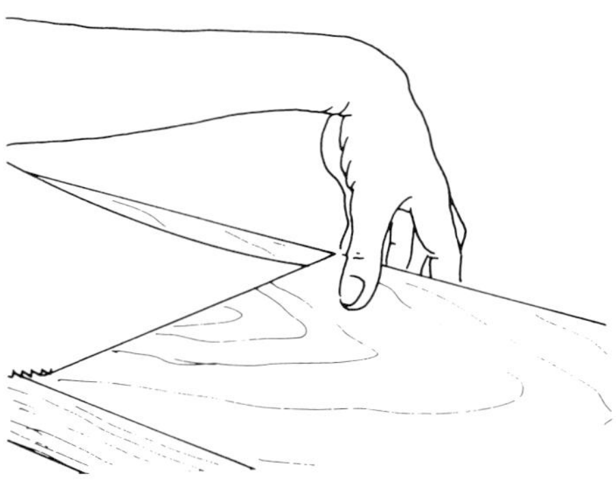

Dicke Holzstücke sind auf beiden Seiten zu markieren und von beiden Seiten anzusägen.

Eine hastig benutzte oder mit Gewalt in das Holz gepreßte Säge neigt zum Ablenken von der Anrißlinie. Der Kraftaufwand zum Schieben und Ziehen der Säge genügt; den Rest besorgen das Gewicht des Arms und die Schneidwirkung der Sägezähne.

Manchmal ist es praktisch, einen Fuchsschwanz in umgekehrter Richtung anzusetzen, also vom Körper weg und nicht wie üblich auf den Körper zu zu sägen. Halten Sie dabei die Säge senkrecht mit vom Körper abgewandten Zähnen und führen Sie kurze vertikale Schnitte damit aus. Mit zunehmender Übung in dieser Art des Sägens können Sie dann die Hubbewegung verlängern. Zum Aufsägen von großen Sperrholztafeln ist diese Technik besonders praktisch.

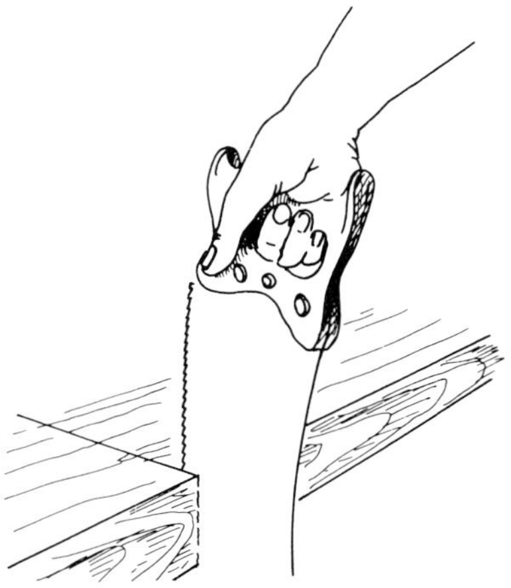

Zapfensäge

Die Zapfensäge wird normalerweise in Verbindung mit einem Bankhaken benutzt. Zum Sägen entlang den beiden Seitenflächen des Zapfens muß das Werkstück jedoch in den Schraubstock gespannt werden. Alle den Fuchsschwanz betreffenden Hinweise gelten auch für die Zapfensäge. Für den Umgang damit ist das Verfahren des Ausstemmens auf der Abfallseite der Anrißlinie, wie in dem Abschnitt „Anreißmesser“ zur Sicherstellung eines einwandfreien Sägeschnitts beschrieben, von besonderer Bedeutung.

Das Schneiden längs der Faser mit einer Zapfensäge ist eine mühsame Arbeit. Ich empfehle hierfür die Verwendung einer Trennsäge für den Längsschnitt mit Ausnahme an den empfindlichsten Zapfenflächen.

Zinkensäge

Die Zinkensäge ist kleiner als die Zapfensäge und hat häufig einen horizontalen Griff statt des pistolenähnlichen. Sie wird für feine Arbeiten und zum

Sägen von Schwalbenschwanz-Zinken verwendet. Ihre Zähne sind nur wenig geschränkt. Eine solche Säge ist behutsam zu behandeln.

Bogensäge
Bei dieser Säge wird das auswechselbare Sägeblatt durch den federnden Bogen oder Bügel unter Spannung gehalten. Das Sägeblatt ist an beiden Enden drehbar gelagert und kann gegenüber dem Bogen versetzt werden. Es ist so einzusetzen, daß es bei der Schubbewegung der Säge schneidet. Achten Sie unbedingt darauf, daß das Sägeblatt nicht in sich verdreht wird, weil sich sonst die Schnittrichtung nicht kontrollieren läßt.

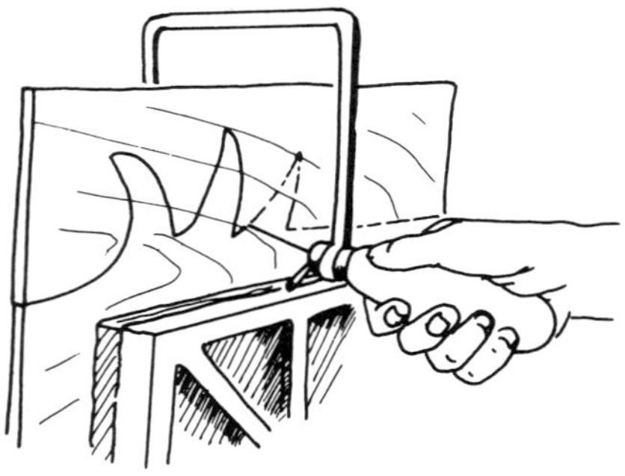

Laubsäge
Für den Einsatz der Laubsäge benötigen Sie ein Schneidbrett mit V-förmiger Kerbe, die an ihrer Spitze ein Loch von etwa 7 mm Durchmesser aufweist. Es empfiehlt sich, von diesem Loch ausgehende gerade Striche auf das Brett zu ziehen, um die Mitte der Bohrung erkennen zu können, wenn diese vom Werkstück verdeckt ist. Der Laubsägebügel wird leicht unter den rechten Arm geklemmt und senkrecht auf- und abbewegt, wobei das sehr dünne und austauschbare Sägeblatt beim Abwärtshub schneiden muß. Die linke Hand führt dabei das Werkstück vor das Sägeblatt und schiebt es je nach der auszusägenden Form hin und her.

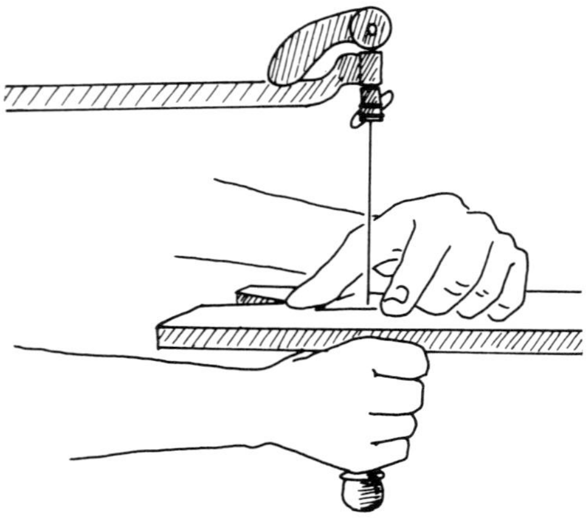

Wer die behutsame Armbewegung mit der Laubsäge einmal beherrscht, kann sehr feine Muster damit aussägen. Der Arm braucht nur ganz kurz auf- und abbewegt zu werden; der Kniff dabei ist das langsame Vorschieben des Werkstücks und die Verringerung des Vorschubs vor einer scharfen Krümmung oder einem rechtwinkligen Knick, wobei die Säge immer in Bewegung bleiben muß.

Wenn ein Werkstück aus der Mitte einer Holztafel auszusägen ist, bohren Sie ein kleines Loch in das Holz, spannen das Sägeblatt an einem Ende aus, schieben es durch dieses Loch und befestigen es wieder im Bügel, wo Sie es mit dem Kipphebel oder der Flügelmutter erneut spannen. Dann legen Sie das Werkstück auf die Kerbe im Schneidbrett und sägen die gewünschte Form aus.

Mit einem entsprechenden Sägeblatt kann die Laubsäge auch zum Schneiden von Flußstahl oder Messing verwendet werden. Dabei wird etwas Spülmittel oder Öl auf das Sägeblatt gegeben, um es vor zu starker Erwärmung und Bruch zu schützen.

Schweifsäge
Diese Säge hat ein dünnes, in einen hölzernen Rahmen eingespanntes Sägeblatt, das mit sehr gering geschränkten Zähnen für den Längsschnitt versehen ist. Das Werkzeug kann zum Sägen von Krümmungen oder geraden Strecken verwendet werden, wobei es wie eine Bogensäge gehalten werden kann und infolge des längeren Sägeblatts mit größeren Zähnen entsprechend schneller schneidet. Bei umfangreichen Arbeiten kann das Werkstück waagerecht auf der Werkbank und von dieser vorspringend festgespannt werden. Halten Sie die Säge senkrecht und üben Sie mit den Armen einen leichten Druck zum Vorschieben der Säge in das Holz aus, wobei der Schnittdruck durch das Gewicht der Arme und der Säge erzeugt wird. Hat man sich mit

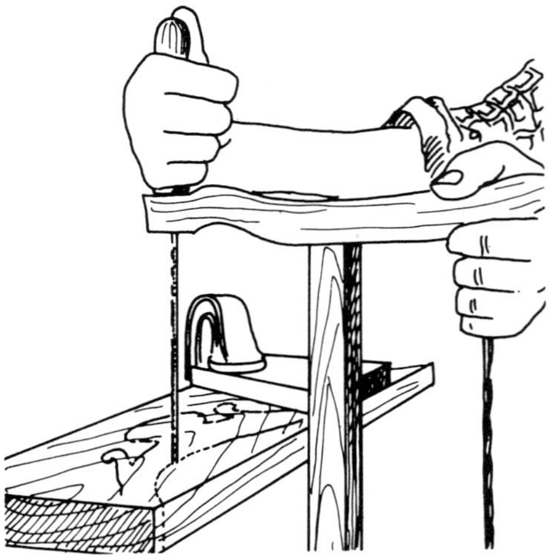

dieser komplizierten Technik einmal vertraut gemacht, dann wird diese Säge zu einem leistungsstarken und bequemen Hilfsmittel für das Aussägen von Kurven und Rundungen. Schwierigkeiten bei der Führung der Säge durch das Holz sind häufig auf ein verdrehtes Sägeblatt oder auf zu stark geschränkte Sägezähne zurückzuführen.

Hobel

Hobel sind äußerst pfleglich zu behandeln. Wenn sie bei der Arbeit kurzzeitig nicht gebraucht werden, legt man sie mit einer Seitenfläche und nicht mit der Sohle nach unten ab. Aufbewahrt werden sie auf einer kleinen Stütze, die so hoch sein muß, daß das Hobelmesser das Regal nicht berührt.

Hobelmesser neigen dazu, ziemlich schnell stumpf zu werden, was einerseits auf die unvermeidliche hohe Schneidenbelastung, andererseits aber auch auf die Wärmeentwicklung in der Schneide zurückzuführen ist. Ein Hobel wird sehr schnell über das Holz geführt, und wenn diese Bewegung in beiden Richtungen (Vorschub und Rückzug) lange anhält, wird das Hobeleisen zu warm. Die Häufigkeit des Nachschärfens kann verringert werden, indem man den Hobel auf dem Rückzug von dem Material abhebt.

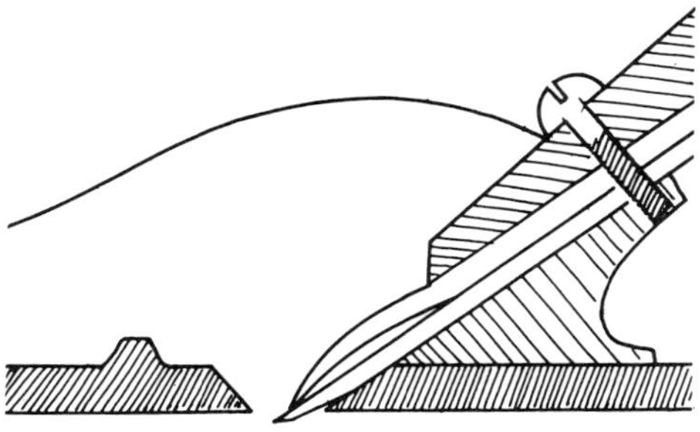

Das Hobelmesser ist meistens mit einer Hobelmesserklappe versehen, die als Spanbrecher wirkt und etwas oberhalb der Messerschneide fest auf die Vorderseite des Messers gespannt ist. Sie dient zur Anbringung des Hobelmessers auf der Stellschraube und zum Brechen der durch das Hobelmaul eintretenden Späne. Die Klappe muß mit ziemlich hohem Druck auf das Hobelmesser geschraubt werden, weil sie dem Hobelmesser auch eine Vorspannung verleihen soll, um es bei Durchschneiden des Holzes vor dem Vibrieren zu bewahren. Wenn an einem Hobel ein solches „Rattern" (das sich durch einen mit hohem Kraftaufwand erzeugten welligen Hobelschnitt bemerkbar macht) nicht beseitigt werden kann, ist es ratsam, das Hobelmesser herauszunehmen und seine Unterlage auf Unebenheiten oder eine Ansammlung von Sägemehl zu untersuchen, die durch eine unerwünschte Bewegung des Hobeleisens im Einsatz entstanden sein können.

Bank- oder Fügehobel

Ein solcher Hobel ist ziemlich lang und dient zum Abrichten von Brettkanten. Die Schneide seines Messers sollte eine leichte Wölbung aufweisen, so daß der stärkste Schnitt in der Mitte des Hobelmessers und der schwächste an dessen seitlichen Teilen abgenommen wird.

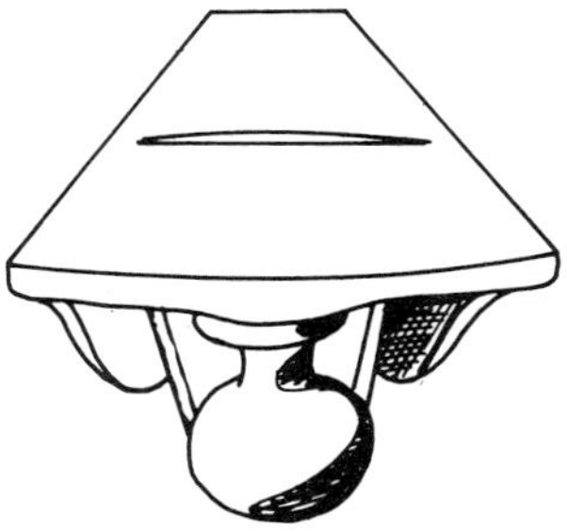

Bretter, die an ihren Kanten zusammengefügt werden sollen, sind mit der Kante nach oben in den Schraubstock zu spannen.

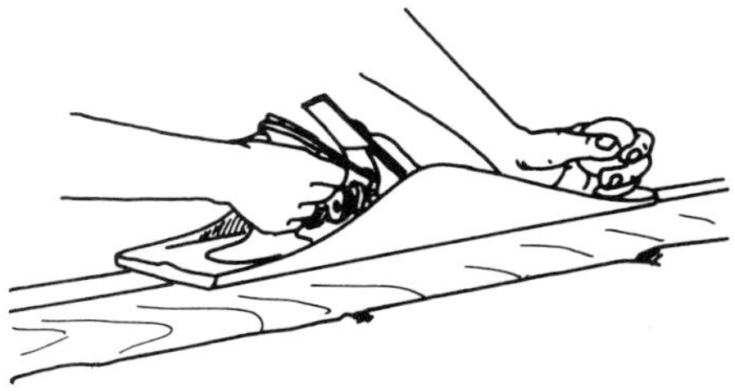

Der Hobel wird, wie in der Skizze gezeigt, angesetzt und an der Kante entlanggeführt. Wenn das Hobelmesser mit dem Schnitt begonnen hat, wird der Hobel vorne mit der linken Hand heruntergedrückt und mit der rechten Hand geschoben. Zur Prüfung der Rechtwinkligkeit kann zwar ein Anschlagwinkel benutzt werden, jedoch immer nur zusätzlich zu den sogenannten Meßstöcken. Dies sind gerade Leisten mit parallel ausgerichteten Seitenflächen, die auf die gehobelte Brettkante gelegt und anvisiert werden; durch ihre mehr oder weniger starke Schräglage zeigen sie jede Veränderung im Neigungswinkel der Kante an. Kennzeichnen Sie die höherliegenden Stellen mit dem Bleistift und führen Sie den Hobel bei dessen Vorwärtsbewegung mit den Fingern der linken Hand ein wenig zur Seite. Die höherliegenden Stellen können vom mittleren Teil des Hobelmessers abgenommen werden, während die tiefergelegenen Stellen von den Messerrändern lediglich abgeschabt werden.

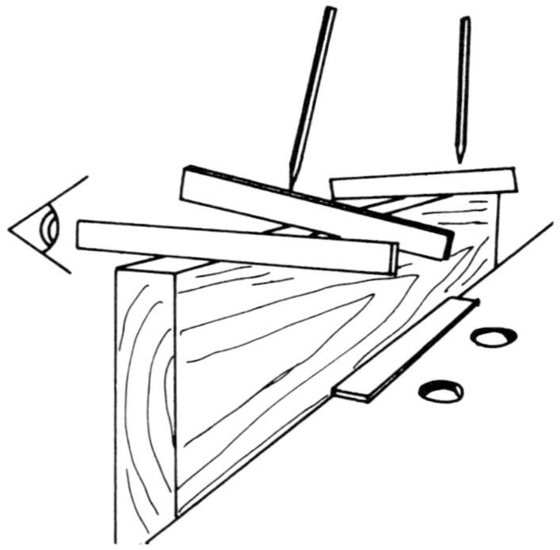

Dieses Verfahren der unterschiedlichen Schnitttiefen ohne Unterbrechung der Spanabnahme ist eine der Grundlagen im Gebrauch des Fügehobels und mit jedem Hobel immer dann anwendbar, wenn vollkommen rechtwinklige Kanten verlangt werden.

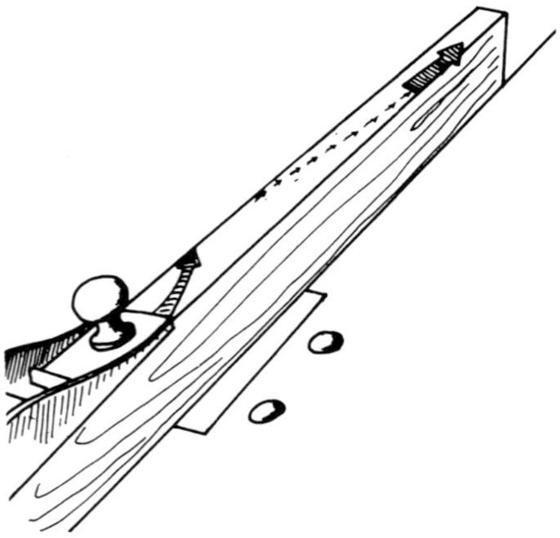

Schlicht- oder Putzhobel
Dieser Hobel ist kleiner und handlicher als ein Bankhobel. Dennoch muß er genügend Gewicht aufweisen, um ungehindert über Holzstellen mit schwierigem Faserverlauf hinweggeschoben werden zu können. Das Hobelmesser wird normalerweise auf einen Schnittwinkel eingestellt, der für harte und weiche Hölzer geeignet ist. Für den Fall jedoch, daß eine Hartholzoberfläche besonders fein bearbeitet werden muß, kann der Schneide durch Abziehen auf der Vorderseite ein wirkungsvoller engerer Keilwinkel verliehen werden. Zum Schlichten von Brettern oder Bohlen braucht der Druck auf den Hobel nur gering zu sein. Bei dünnen Holzteilen ist dafür zu sorgen, daß die Oberfläche der Hobelbank bzw. des Werkstücks glatt ist, damit das Material auf der ganzen Länge gleichmäßig abgestützt wird, weil sonst höhergelegene Teile hohlgeschnitten werden und tieferliegende Stellen dem Hobelmesser ausweichen.

Reiben Sie die Hobelsohle mit Kerzenwachs ein, wenn das Hobelmesser zwar scharf, der Hobel aber nur schwer über das Brett zu schieben ist.

Hirnholzhobel
Dieser kleine Hobel von etwa 155 mm Länge ist ein vielseitiges Werkzeug. Das Hobelmesser ist auf einen Winkel von 12–20° gegenüber der Sohle eingestellt, und das Hobelmaul ist häufig verstellbar.

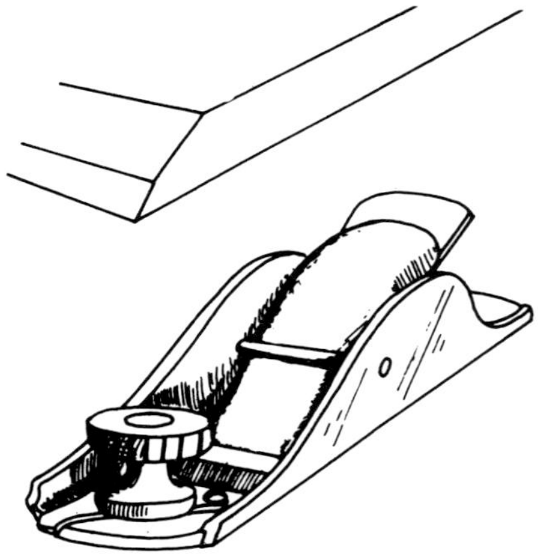

Die Schneidfase befindet sich auf der Oberseite des Hobelmessers, so daß das Messer bis herunter zur Schneidkante aufliegt. Dadurch wird in Verbindung mit dem engen Keilwinkel ein Vibrieren des Hobeleisens vermieden. Bei minimaler Öffnung des Hobelmauls und äußerst geringem Überstand der Messerschneide können außerordentlich feine Späne von Hirnholz und Hölzern mit schwierigem Faserverlauf abgenommen werden.

Der Hobel wird immer in beide Hände genommen, wobei die linke Hand am vorderen Ende den

Druck von oben ausübt und die rechte Hand den Hobel schiebt und führt. Beim Hobeln um die Kante eines Brettes herum ist als gute Praxis zu empfehlen, zuerst das Hirnholz zu hobeln (notfalls von beiden Seiten zur Mitte hin) und dann die Seitenflächen zu bearbeiten.

Falzhobel
Dieser Hobel dient, wie sein Name sagt, zum Aufbringen von Abstufungen oder Falzen an Holzteilen. Solche Hobel sind zum Teil mit einem Anschlaglineal auf einer Seite versehen. Bei der Arbeit mit einem Falzhobel ohne Lineal sollte eine Latte auf das Werkstück geklemmt oder genagelt und der Hobel daran entlanggeführt werden. Hat das Hobelmesser eine schräge Schneide, so sollte der Hobel so angesetzt werden, daß die führende Schneidenspitze an der Innenkante des Falzes liegt, so daß der Hobel beim Schneiden in diese Richtung gezogen wird. Anderenfalls wird er von der Führungsseite abgelenkt.

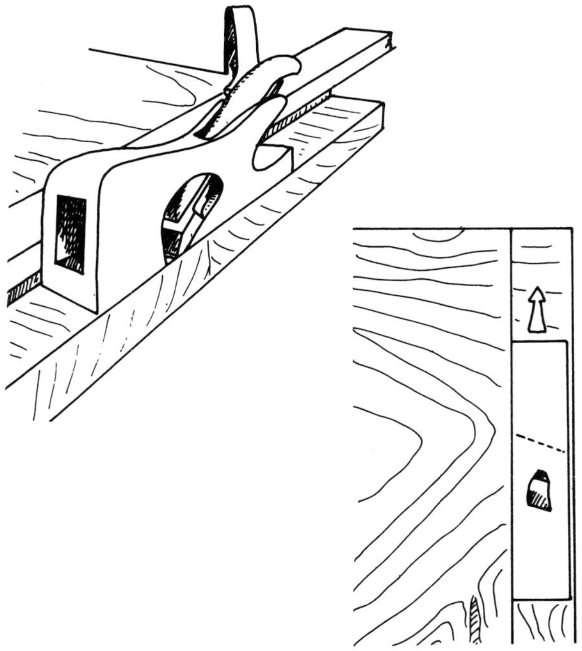

Simshobel
Mit einem sogenannten Kombinations- oder Simshobel können verschiedene Arbeiten, u. a. das Schneiden von Nuten und Federn sowie das Anbringen von Rundstäben, ausgeführt werden. Viele solcher Hobel sind mit kleinen Messern an der Vorderkante der Sohle ausgestattet, die zum Nutenhobeln quer zur Faser heruntergezogen werden sollten. Sie kerben die Holzfasern vor dem Hobelmesser ein und tragen dazu bei, Querfaserrisse zu ver-

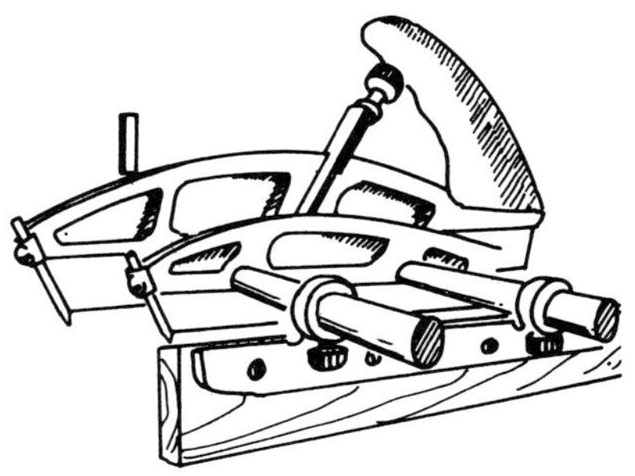

meiden. Ein Simshobel kann für die grobe Vorarbeit beim Ausstechen eines Profils verwendet werden. Man beginnt dabei stets an der Außenkante des Profils und arbeitet nach innen. Dadurch hat der Tiefenanschlag immer eine gerade Oberfläche, auf welcher er gleiten kann.

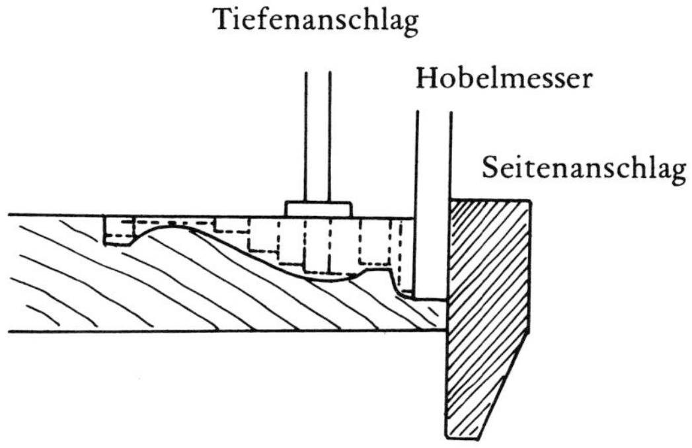

Hobel aus Holz
Die gebrauchten hölzernen Ausführungen sind oft ihren Preis wert und sehr angenehm in der Handhabung. Worauf Sie beim Kauf eines solchen Hobels zu achten haben, sagt Ihnen der Abschnitt „Gebrauchte Werkzeuge“ auf Seite 12.

In einem Hobel mit hölzernem Hobelkasten wird das Hobelmesser mit einem Holzkeil befestigt. Auf der Vorderseite des Hobelmessers sitzt manchmal eine Hobeleisenklappe, die dann zusammen

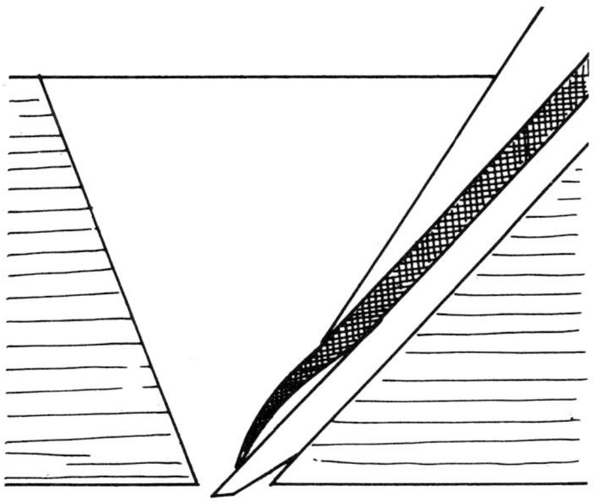

mit dem Messer durch den Keil auf die Unterlage gepreßt wird. Zum Einstellen der Schnittiefe werden Hobelmesser und Hobeleisenklappe so verschoben, daß die Messerschneide nur wenig über die Sohle herausragt. In der richtigen Stellung wird das Messer dann durch wenige kräftige Schläge mit einem leichten Hammer auf den Keil festgeklemmt. Dann dreht man den Hobel herum und visiert an der Sohle entlang. Steht die Schneide zu weit vor, so kann sie durch ein paar kurze Hammerschläge auf das hintere Ende des Hobels zurückgesetzt werden. Ein schrägsitzendes Hobelmesser wird geradegeklopft; wenn seine Schneide ein wenig weiter überstehen soll, klopft man leicht auf den Rücken des Hobelmessers.

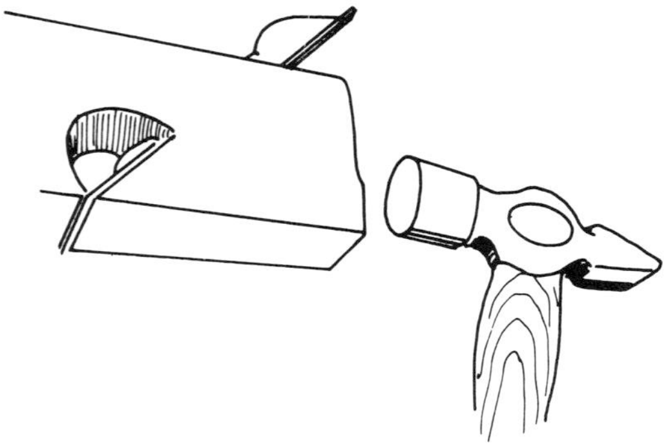

Beim Schärfen von Profilhobelmessern ist mit äußerster Sorgfalt darauf zu achten, daß die Form der Schneide sich genau dem Profil der Hobelsohle anpaßt. Da gebrauchte Hobelmesser dieser Art häufig stark verformt und damit unbrauchbar sind, kaufe ich solche Hobel meistens nicht. Dagegen sind solche mit konvexer und konkaver Schneide durchaus nützlich und der Anschaffung wert.

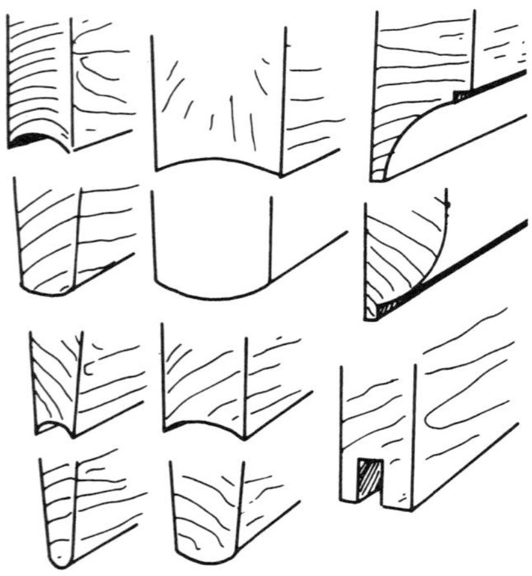

Schabhobel
Der Schabhobel wird mit beiden Händen gehalten. Sie sollten sich Schabhobel mit runder Sohle und einen mit der normalen flachen Sohle zulegen. Gebrauchte Schabhobel können durchaus brauchbare Werkzeuge sein, aber prüfen Sie das Hobelmaul auf Verschleiß. Wenn der Schlitz vor dem Hobeleisen stark abgerundet oder verschlissen ist, muß vom Kauf abgeraten werden.

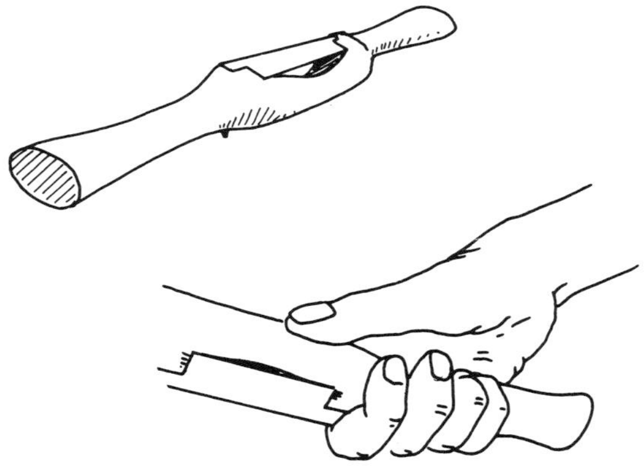

Umfassen Sie die Griffe des Schabhobels so mit beiden Händen, daß Sie das Hobelmesser an seiner seitlichen Verlängerung mit festhalten. Dadurch wird verhindert, daß es sich vom Gehäuse löst. Wenn es trotzdem dazu neigt, nehmen Sie es heraus und schieben Sie einen Holzspan oder ein kleines Stück Pappe in die Öffnung, um den Klemmdruck zu erhöhen.

Bei Schabhobeln aus Stahl wird das Hobelmesser durch eine Klammer gehalten und mit zwei Schrauben verstellt. Sie müssen fest angezogen werden, damit das Messer sich nicht in das Gehäuse zurückschieben kann.

Ziehklinge
Auch die Ziehklinge wird mit beiden Händen erfaßt, wobei die Daumen gegen die Innenseite drükken und der Klinge eine leichte Biegung geben.

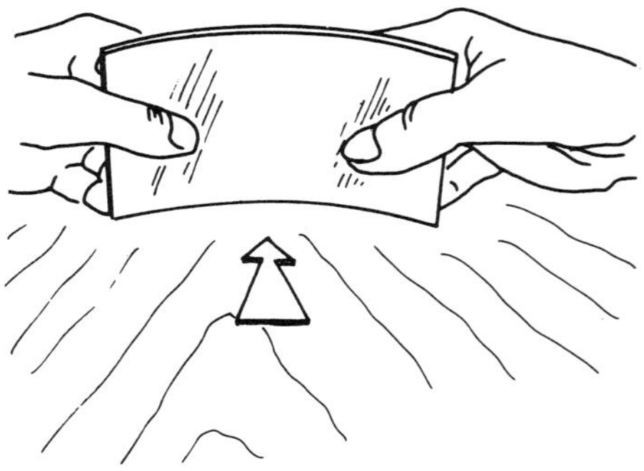

Mit der Bewegung der Klinge sollte stets vor dem Holz begonnen und hinter dem Holz aufgehört werden. In Faserrichtung müssen leichte Oberflächenstriche ausgeführt und damit hauchfeine Späne abgenommen werden. Dünne Ziehklingen neigen zur schnellen Erwärmung und sind unangenehm im Gebrauch. Eine gute Ziehklinge besteht aus einigermaßen dickem Stahlblech und ist schwer zu biegen.

Sie vibriert nicht und wird auch nicht so leicht stumpf. Für die meisten Weichhölzer ist die Ziehklinge ungeeignet. Schwierigkeiten im Gebrauch einer Ziehklinge sind meistens auf mangelnde Schärfe zurückzuführen.

Stuhlhobel
Der Stuhlhobel hat wie der Schabhobel zwei Griffe, an denen er mit beiden Händen entweder vom Körper weg geschoben oder auf den Körper zu gezogen wird. Für die ersten Anschnitte werden die Griffe nach vorne gedreht, so daß das Hobelmesser einen ziehenden Schnitt ausführt. Mit zunehmender Tiefe der gehobelten Form dreht man die Griffe zurück, wodurch die Schnittiefe vergrößert wird, und zwar so lange, bis die Hobelsohle bei den letzten Strichen auf dem Holz aufliegt und dem Hobel beim Schlichten der Form einen sicheren Halt gibt. Durch Unregelmäßigkeiten in der Holzmaserung kann das Hobelmesser gehemmt oder zum Vibrieren gebracht werden. Bearbeiten Sie solche Stellen, bevor die Form tiefer ausgehobelt wird. Rauhe Teile können Sie mit einem Beitel (Hohl- oder Balleisen) bearbeiten. Die einwandfreie Funktion eines Stuhlhobels erfordert eine äußerst scharfe Messerschneide, womit die ersten Anschnitte leicht, aber energisch ausgeführt werden. Mit einem scharfen Hobelmesser können Profile in Hirnholz und gegen die Faser geformt werden. Oft ist es ratsam, den Hobel mit einem oder zwei Seitenanschlägen zwecks besserer Führung zu versehen.

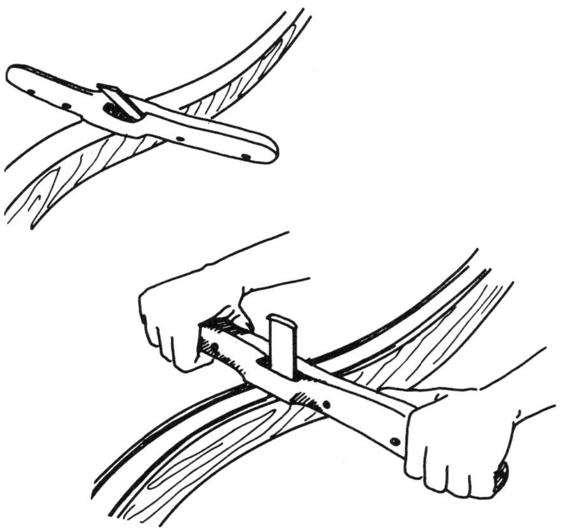

Schabeisen
Ein solches Werkzeug ist leicht anzufertigen und zu gebrauchen. Die Klinge hat keine angefaste oder gebördelte Schneide, sondern ist lediglich rechtwinklig gefeilt oder geschliffen.

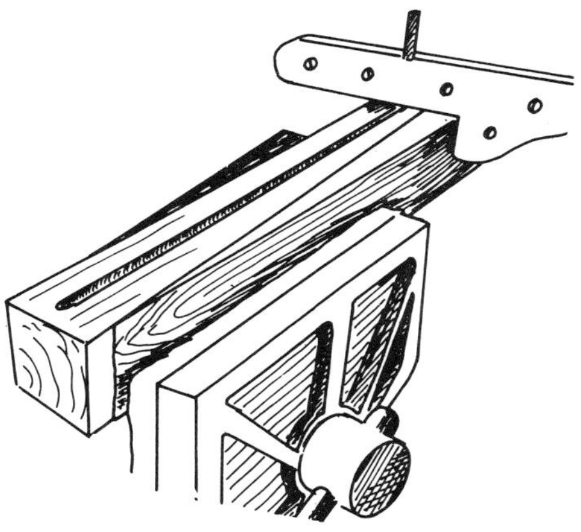

Das Werkzeug wird schräg gehalten, so daß die Klinge ziehend arbeitet, wobei mit der Schneide die gewünschte Form eingeschabt wird. Beim Gegenhub wird es dann in die andere Richtung geneigt. Die Klinge schneidet also in beiden Bewegungsrichtungen, wobei unter der Voraussetzung, daß die zu schabende Vertiefung nicht allzu lang ist, der Schabstrich nach der einen Seite die bei dem vorherigen Schabstrich angesammelten Späne auf der Gegenseite ausräumt. Das Werkzeug kann sehr nützlich sein, weil komplizierte Profile damit angelegt werden können. Sein Vorteil gegenüber der Ziehklinge besteht darin, daß es die fertiggeschabte Profilrille weiterhin glättet, nachdem diese auf ihre volle Tiefe herausgearbeitet worden ist. Für die meisten Weichhölzer ist das Schabeisen ungeeignet.

Formrillenzieher
Mit diesem einfachen Werkzeug können Rillen parallel zur Kante eines Brettes eingeschabt werden, deren Profil je nach der Form der eingesetzten Holzschraube (mit Halbrund- oder Senkkopf) verschieden ausfallen kann. Um die Rille näher zur Brettkante hin zu verlegen, wird die Schraube tiefer in den Holzgriff eingedreht; sie sollte später aber nicht mehr gelöst werden, weil sie sich lockern und die Form der Rille verderben könnte. Ein überzeugend antik aussehender Rundstab läßt sich mit diesem Werkzeug anbringen, wenn die Brettkante anschließend mit einem Stück Hartholz geglättet wird.

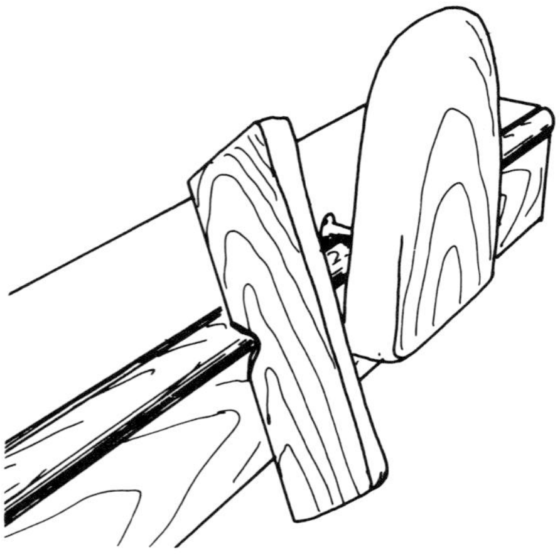

Beitel (Stemmeisen)
Beitel bewahren Sie zweckmäßigerweise in einer Rolltasche auf, die in guten Werkzeughandlungen zu haben ist. Es ist zu empfehlen, ein schweres Stemmeisen (Schneidenbreite 38 mm) im Werkzeughalter über der Werkbank und einen Stechbeitel mit einer 19 mm breiten Schneide auf der Werkbank griffbereit zu halten. Die größeren Stemmeisen sollten möglichst von den übrigen Beiteln getrennt aufbewahrt werden, weil sie in der Rolltasche nur schwer unterzubringen sind.

Lochbeitel
Lochbeitel für Zapfenlöcher sind lang und kräftig. Ein guter Lochbeitel hat als eine Art Stoßdämpfer eine Lederscheibe zwischen Heft und Klinge sowie eine Zwinge am oberen Heftrand zum Schutz gegen Absplittern.

Stechbeitel
Diese Werkzeuge haben eine gerade, angefaste Schneide und sind länger als normale Stemmeisen.

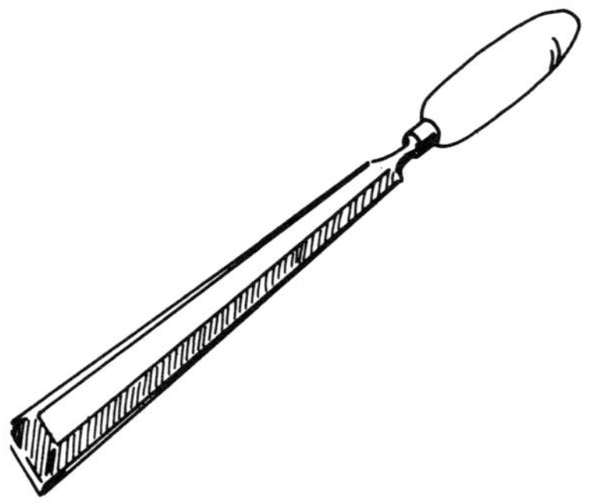

Sie sollten mindestens einen solchen Beitel haben, während die anderen Stemmeisen mit kürzeren Klingen versehen sein können. Zur Bearbeitung müssen die Werkstücke immer fest eingespannt oder gegen einen Bankhaken gepreßt werden. Die Schneide muß einwandfrei scharf sein und regelmäßig abgezogen werden. Ergreifen Sie das Beitelheft mit der rechten Hand, die den Schub auf das Werkzeug ausüben soll, während es mit der linken Hand geführt wird. Benutzen Sie einen Beitel niemals nur mit einer Hand.

Drücken Sie den Beitel mit dem Gewicht Ihres Körpers und nicht so sehr mit der Kraft Ihres Armes in das Holz. Rutscht der Beitel ab und bricht aus dem Holz heraus oder gleitet die Klinge über den beabsichtigten Stich hinaus, dann ist die Technik der Beitelhandhabung falsch. Ein hoher Kraftaufwand ist nicht erforderlich. Mit jedem Beitelstich sollte nur wenig Material abgenommen werden. Wenn beispielsweise für eine Überblattung eine größere Holzfläche auszustemmen ist, kann die betreffende Stelle bis zur gewünschten Tiefe eingesägt werden, wobei der Abstand zwischen den Sägeschnitten größer sein muß als die Breite der Beitelschneide und die Sägeschnitte nicht über den Grund der Blattauflage hinausgehen dürfen.

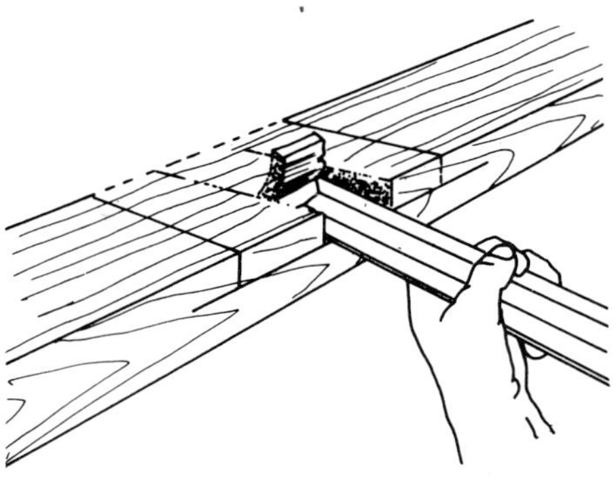

Ausstechen mit dem Stemmeisen
Als Unterlage für diese Arbeit kann ein flaches Kiefernholzbrett dienen. Damit sollten Sie die Werkbank immer abdecken, weil in ihrer Oberfläche oft Metallsplitter und andere Fremdkörper stecken, welche die Werkzeugschneide beschädigen können. Das Werkstück wird auf das Unterlegbrett gespannt. Das Stemmeisen nehmen Sie in die rechte Hand und setzen es auf dem Holzteil an der gewünschten Stelle an, wobei es mit der linken Hand geführt wird. Dann beugen Sie den Oberkörper so darüber, daß Ihre rechte Hand sich in Höhe Ihrer rechten Schulter befindet, und drücken mit Ihrem Körpergewicht nach vorne auf die Hand, die das Werkzeug festhält, während die linke Hand die Schnittrichtung des Werkzeugs bestimmt. Mit einem scharfen, korrekt angesetzten Stemmeisen kann so ein sauberer Stich quer zur Holzfaser ausgeführt werden. Den dazu nötigen Kraftaufwand können Sie kontrollieren, indem Sie Ihr Körpergewicht auf das Werkzeug verlagern und dieses so nach unten drücken.

Viele Restauratoren sind stolz auf ihre alten Werkzeuge, die sie sich im Laufe der Zeit zugelegt haben und gelegentlich einsetzen, um neuen Holzteilen ein ursprüngliches Aussehen zu verleihen. Zugmesser, Dechsel und Handbeil sind solche ausgezeichneten und nützlichen Werkzeuge, die nur auf einer Seite angeschliffen und deren Schneiden scharf wie Rasiermesser gehalten werden sollten.

Zugmesser
Für die Bearbeitung mit dem Zugmesser – ebenfalls ein Zweihand-Werkzeug – muß das Werkstück fest in den Schraubstock gespannt werden. Das Messer dient zur Vorbearbeitung von Holzteilen in Faserrichtung und hinterläßt eine glatte, aber kantige Fläche. Stuhlzargen, die mit Binsengeflecht umwickelt werden, sowie grobe Abschrägungen werden vielfach mit dem Zugmesser behandelt.

Breitbeil (Querbeil oder Dechsel)
Die Dechsel hat ihre Schneide auf der Innenseite einer gekrümmten Klinge, die mit ihrer Vorderkante so ausgerichtet sein muß, daß sie im richtigen Winkel hängt. Durch Keile, die in das Klingenauge eingeschlagen werden, läßt sich dieser Winkel korrigieren.

Das Werkzeug wird mit beiden Händen angefaßt, wobei die linke Hand das Ende des Stiels ergreift und als Angelpunkt wirkt, während die rechte Hand das Werkzeug führt und den Schwung über das Holz hinweg ausführt. Mit einiger Übung kann man mit dem Breitbeil mit ausholenden, schwingenden Hieben gleichmäßige und saubere Schnitte auf einer Bohle anbringen. Die Arbeit ist allerdings nicht ungefährlich, und Schuhe mit Stahlkappen sind bei der Bearbeitung eines auf dem Boden liegenden Brettes zu empfehlen. Üben Sie, indem Sie die Klinge zunächst langsam über ein flach am Boden liegendes Brett führen.

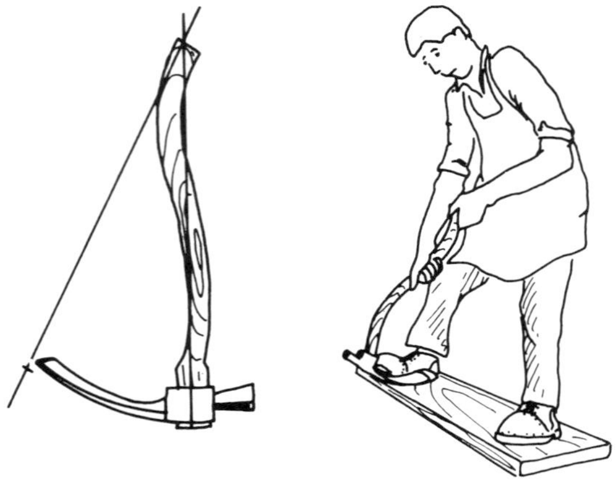

Dechsel. Die Klinge wird so mit dem Stiel verbunden, daß der Abstand vom oberen Ende des Stiels bis zum Klingenkopf 610 mm beträgt und der Abstand vom oberen Stielende zur Schneide 15 mm kürzer ist. Die Klinge wird auf dem Stiel verkeilt und dieser bündig mit der Krümmung des Klingenkopfes bearbeitet.

Handbeil

Auch dieses Beil ist ein Werkzeug für die Vorbearbeitung von Holzteilen und nützt dem Restaurator am meisten, wenn es nur auf einer Seite der Klinge geschärft ist. Dann kann es nämlich zum sauberen Abschlagen von Rinde und Splintholz von Werkstücken verwendet werden, die für die Erneuerung der Lehnenrahmen an Bauernmöbeln vorgesehen sind. Während das Beil mit der einen Hand betätigt wird, hält die andere Hand das Holzstück an einer Seite fest, die möglichst weit von der Klinge entfernt sein sollte.

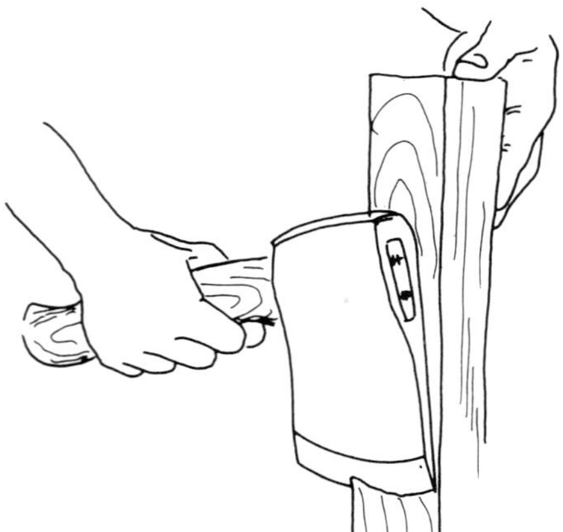

Schraubzwingen

Beim Einsatz von Schraubzwingen und Verleimwerkzeugen schützen Sie in jedem Fall das Werkstück mit kleinen Holzunterlagen, die außerdem den Zwingendruck auf die Oberfläche verteilen.

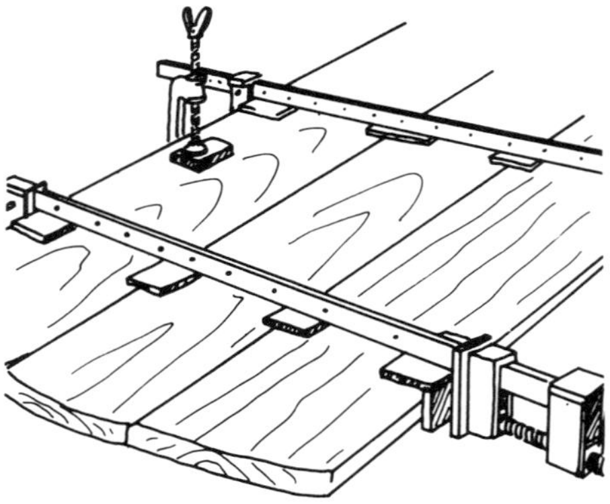

Bei der Verwendung von Türspannern ist darauf zu achten, daß ihre Schienen sich leicht durchbiegen und ein Möbelstück verkratzen können, so daß nach dem Abnehmen des Spanners häßliche Rillen zurückbleiben.

Beim Verspannen von Rahmen- oder Kastenmöbeln ist das Stück immer in allen Richtungen auf Rechtwinkligkeit zu prüfen, wobei eine diagonal befestigte Holzlatte gute Dienste tut. Nach dem Verspannen und vor dem Abbinden des Leims ist es häufig ratsam, ein paar Stichproben zu machen, um sicherzustellten, daß sich das Möbelstück unter dem Druck der Verleimwerkzeuge nicht verzogen hat.

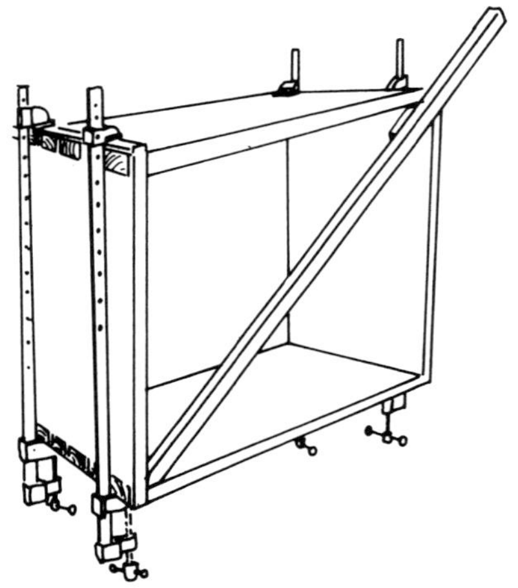

Einstellung und Betrieb von Holzbearbeitungsmaschinen

Maschinen für die Holzbearbeitung müssen sehr sorgfältig eingestellt und mit größter Vorsicht benutzt werden. Tragen Sie eine Schutzbrille beim Einsatz von Kreissägen, Hobelmaschinen und Oberfräsen sowie eine Staubmaske beim Zersägen größerer Holzmengen.

Verwendung des Schiebestocks beim Sägen eines Brettes. Die Schutzvorrichtung für das Sägeblatt ist wegen der besseren Sicht hochgeklappt.

Holzbearbeitungsmaschinen sind oft sehr laut und laufen meist mit sehr hohen Drehzahlen. Sie erfordern bei der Bedienung höchste Aufmerksamkeit. Das sich in einem Sägeblatt oder Hobelmesserkopf brechende Licht hat manchmal eine stroboskopische Wirkung, durch die der Handwerker geblendet und abgelenkt werden kann.

Solche Maschinen sollten deshalb nicht längere Zeit ohne Pause benutzt werden.

Kreissägen

Eine Kreissäge wird für gerade, parallele Schnitte verwendet. Der Restaurator sollte hartmetallbestückte Kreissägeblätter verwenden, weil in altem Holz häufig Nägel und Steine eingebettet sind.

Das Sägeblatt muß parallel zum Anschlaglineal ausgerichtet sein. Sitzt das Lineal in der einen oder anderen Richtung schräg zum Sägeblatt, so wird dieses entweder in das Holzstück hineingefahren und verklemmt oder wandert bei Durchschieben vom Lineal weg.

Die richtige Stellung des Sägeblatts können Sie prüfen, indem Sie ein Stahllineal an einer Stelle unterhalb der Zähne dagegenlegen und von dort aus die Abstände bis zu den Enden des Anschlags messen. Stellen Sie an der Kreissäge fest, wie der Anschlag justiert werden kann.

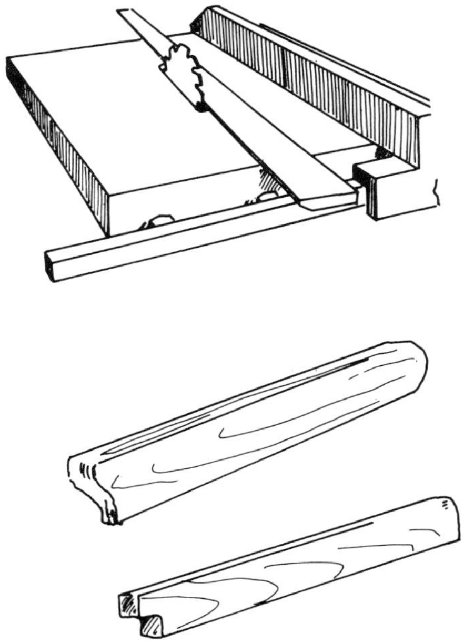

Arbeiten an der Säge

Schieben Sie das Material von einer Seite der Kreissäge aus langsam und gleichmäßig gegen das Sägeblatt vor. Wenn lange Holzteile zu sägen sind, stellen Sie auf der Ein- und Auslaufseite je einen Sägebock zur Abstützung des Materials auf, damit Sie das Holz im Auslauf des Schnittes leichter führen können. Verwenden Sie zum Durchschieben des Materials einen Schiebestock, den Sie selbst angefertigt haben.

Ist das Holzteil dicker als die Schnittiefe des Sägeblatts, so muß der Spaltkeil, der in der Schnittstelle sitzt und die Schutzhaube für das Sägeblatt trägt, ausgebaut werden. Das Material kann dann umgedreht und erneut durch die Säge geführt werden. Treffen die beiden Schnitte nicht genau aufeinander, so ist die Kante mit einem Fuchsschwanz oder einer Bandsäge fertig zu bearbeiten.

Aussägen von Zapfen
Sofern das Kreissägeblatt nach oben und unten, also in seiner Schnittiefe, verstellt werden kann, ist die Verwendung einer Zapfenschneidvorrichtung möglich, mit welcher der Vorgang des Zapfenaussägens beschleunigt werden kann. In der Vorrichtung wird das Werkstück in senkrechter Stellung durch das Sägeblatt geführt, wobei der Zapfen zuerst auf seiner Innenseite und dann auf der am Sägenanschlag liegenden Seite geschnitten wird. Umgekehrt würde nämlich das durch den Sägeschnitt geschwächte Ende des Materials gegen den Anschlag gedrückt, was zu Ungenauigkeiten führen kann.

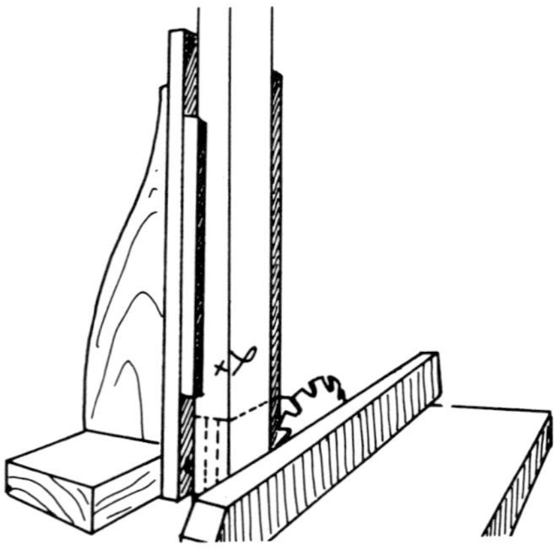

Die Kreissäge in der Einstellung zum Zapfenaussägen. Der Anschlag der Säge wird auf die Markierungen des Zapfenloch-Streichmaßes eingestellt, so daß das Sägeblatt auf den Abfallseiten der Anrißlinien schneidet.

Bandsäge
Alle Vorsichtsmaßregeln, die für die Kreissäge gelten, sind auch auf die Bandsäge anzuwenden. Die Hände müssen dem Bandsägeblatt fernbleiben, und für den Durchlauf des Materials sind so weit wie möglich Schiebestöcke zu benutzen. Beim Sägen von Krümmungen ist dies zwar manchmal nicht möglich, aber immer ist beim Umgang mit Holzteilen in unmittelbarer Nähe des Sägeblatts allergrößte Vorsicht am Platze.

Einstellen der Bandsäge
Die Sägeblattführungen werden gelöst und vom Sägeblatt weggeschoben. Dann wird das Sägeblatt auf seine normale Betriebsspannung angezogen und die obere Innenführung leicht gegen das Sägeblatt geschoben und festgeschraubt. Mit der unteren Innenführung verfahren Sie genauso. Diese beiden Führungen dürfen keinen seitlichen Druck auf das Sägeblatt ausüben, damit es sauber und gerade läuft.

Dann wird die obere Außenführung gegen das Sägeblatt angestellt, ein Papierstreifen zwischen Führung und Sägeblatt gehalten und die Führung festgezogen; dieser Papierstreifen wird anschließend auch für die untere Führung verwendet. Dadurch erhält das Sägeblatt genügend Spiel, so daß es leicht und ohne seitliches Ausweichen laufen kann.

Falls das Sägeblatt beim Sägen von geraden Holzstücken immer noch verläuft, nehmen Sie den Anschlag der Säge ab und versuchen Sie, den Schnitt ohne Anschlag auszuführen. Läuft das Sägeblatt dabei einwandfrei, dann hat sich der Anschlag verzogen und muß neu eingestellt werden. Wenn das Sägeblatt nach wie vor schwierig zu führen ist und zum Ausweichen nach einer Seite hin neigt, muß es ausgebaut und zum Nachschränken eingeschickt werden.

Das Sägeblatt neigt auch dann zum Verlaufen aus dem Schnitt, wenn das Material mit zu großem Vorschub zugeführt wird.

Hobel- und Fügemaschine
Wie die anderen in diesem Abschnitt beschriebenen Maschinen ist auch diese Maschine für eine bestimmte Vorschubgeschwindigkeit ausgelegt, deren Überschreitung eine sehr schlecht gehobelte Holzoberfläche oder Beschädigung des Antriebsmotors oder Hobelmesserkopfes zur Folge hat.

Stellen Sie die Maschine an einer Stelle auf, wo Sie gutes Licht und genügend Bewegungsfreiheit haben. Bleiben Sie mit den Händen dem Hobelmesserkopf beim Durchlauf des Materials möglichst fern und benutzten Sie notfalls einen Schiebestock.

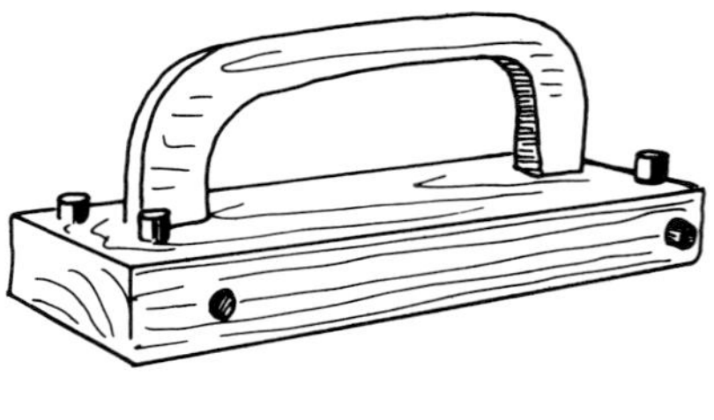

Druckklotz zum Maschinenhobeln aus Kiefernholz. Die Dübel sind so angeordnet, daß sie das Material mitnehmen und führen können.

Schiebestock und Druckklotz im Einsatz an einer Hobelmaschine. Der Restaurator trägt eine Schutzbrille.

Auch der skizzierte Druckklotz ist leicht anzufertigen und sehr praktisch im Gebrauch. Das Abhoblen kurzer Holzstücke ist schwierig und gefährlich. Schneiden Sie das Material deshalb erst nach dem Hobeln auf Länge.

Bewegen Sie die Hände niemals über den Hobelmesserkopf hinweg. Wenn das Holz sich dem Hobelmesserkopf nähert, legen Sie die Hände möglichst weit vor dem Messerkopf wieder auf das Material zurück.

Einstellen des Hobelmesserkopfes
Schalten Sie zunächst den Strom ab. Hobelmaschinen haben unterschiedliche Systeme zur Einstellung der Hobelmesser. Mit welcher Mechanik Ihre Maschine auch immer ausgestattet ist, die Hobelmesser müssen alle auf genau gleichen Abstand von der Mitte der Spindel eingestellt sein, was Sie auf folgende Weise prüfen können. Senken Sie den Auslauftisch ein wenig ab. Legen Sie ein gerades Vierkant-Hartholz von etwa 25 mm Seitenlänge so

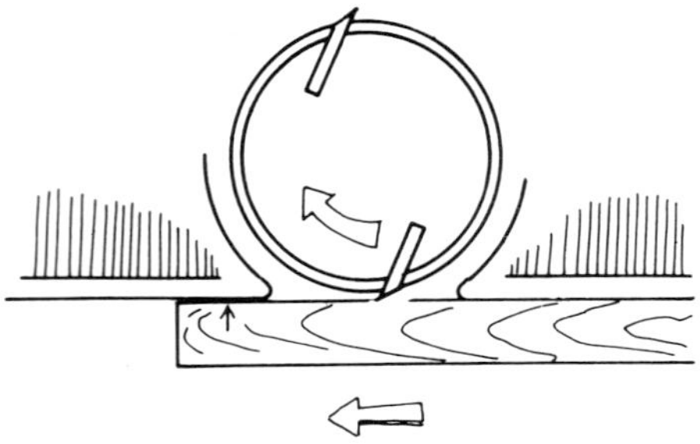

auf den Auslauftisch, daß es ein Stück über den Hobelmesserkopf hinausreicht. Wenn Sie jetzt die Maschinenspindel von Hand drehen, nimmt das erste Hobelmesser das Kantholz auf und befördert es ein kleines Stück weiter; wie weit, können Sie mit Hilfe eines auf dem Einlauftisch befestigten Meßlineals genau feststellen. Drehen Sie den Messerkopf langsam weiter und beobachten Sie, ob das nächste Hobelmesser das Kantholz um den gleichen Betrag verschiebt. Wenn dies nicht der Fall ist, sind die Hobelmesser falsch eingestellt. Ist die Verschiebung des Kantholzes geringer, so sitzt das Hobelmesser zu tief, und umgekehrt. Nehmen Sie diese Prüfung an beiden Enden des Messerkopfes vor und verstellen Sie die Hobelmesser, bis alle dieselbe Höhe haben – ein zeitraubender, aber lohnender Vorgang. Wenn die einzelnen Hobelmesser auf diese Weise justiert worden sind, erfolgt die endgültige Einstellung der Maschine wie nachstehend beschrieben.

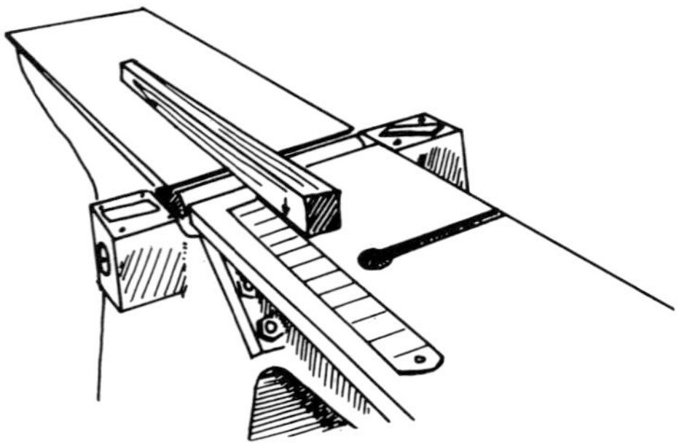

Lassen Sie das Kantholz auf dem Auslauftisch und über dem Hobelmesserkopf liegen. Verstellen Sie den Auslauftisch nach oben, bis das Kantholz gerade eben auf der Hobelmesserschneide zu ruhen scheint. Dann drehen Sie den Messerkopf von Hand und achten auf das entstehende Geräusch. Die Hobelmesser sollten „flüstern", wenn sie an dem Holz entlanggleiten, und dabei das Holz weder bewegen noch verfehlen. Der Einlauftisch kann dann verstellt werden, bis er knapp unterhalb der Ebene des Auslauftisches steht.

Zur Herstellung von perfekten Holzfugen müssen die Hobelmesser sehr scharf sein. Ihr häufig notwendiges Nachschleifen sollte von einer Spezialfirma vorgenommen werden, aber sie können auch in eingebautem Zustand abgezogen werden, indem man mit einem Ölstein an der Schneidenrückseite entlangfährt. Mit einem kleinen Abziehstein wird dann der auf der Schneidenvorderseite entstandene Grat beseitigt. Nehmen Sie dieses Abziehen nicht zu stark oder zu oft vor, damit die Hobelmesserschneiden keine Krümmung erhalten oder ihre Höheneinstellung verändert wird.

Einsatz der Fügemaschine
Wenn Material über eine Fügemaschine geschoben wird, ist der Druck zunächst am vorderen Ende anzusetzen, während das Holz sich auf den Messerkopf zu bewegt. Wenn ein Stück von etwa 200 mm Länge den Messerkopf überfahren hat, wird der gesamte Druck von oben auf den Auslauftisch verlagert. Dadurch entsteht eine gerade Kante, vorausgesetzt, daß die beiden Maschinentische richtig eingestellt sind.

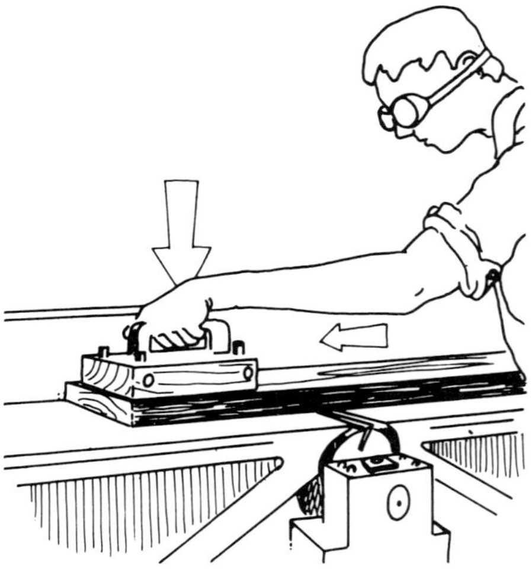

Oberfräse
Bei der Arbeit mit dieser Maschine tragen Sie eine Schutzbrille und halten die Hände dem rotierenden Fräser möglichst weit fern. Zum Fräserwechsel ist vorher der Netzstecker der Maschine zu ziehen. Die elektrische Oberfräse ist ein vielseitiges und nützliches Gerät, das mit Ausnahme der selten benötigten Formfräser mit hartmetallbestückten Fräsern bestückt werden muß. Über ihre normalen Funktionen des Einstechfräsens, Kantenformens, Nutens usw. hinaus kann sie auch zum Zapfenlochfräsen eingesetzt werden.

Zapfenlochschneiden mit Oberfräse und Schneidlade

Zapfenloch-Schneidlage
Diese Vorrichtung besteht aus kräftigen Sperrholzplatten und ist auf drei Seiten offen. Sie wird mit der offenen Längsseite nach oben in den Schraubstock gespannt. Das zu bearbeitende Holzteil wird seitlich gegen die Lade geklemmt, so daß die Grundplatte der Maschine auf den Oberkanten und ihr Anschlaglineal seitlich an der Lade aufliegen können.

Das Anschlaglineal der Oberfräse ist so einzustellen, daß der Fräser sich unmittelbar über den Anrißlinien des Zapfenloches befindet. Dann werden die Spannschrauben des Anschlags festgezogen und die gewünschten Zapfenlöcher ausgefräst, wobei die Maschine nach jedem Einstechen durch die Lade geschoben wird.

Die Zapfenloch-Schneidvorrichtung ist von besonderem Nutzen, wenn das zu fräsende Material zu schmal ist, um die Grundplatte der Oberfräse zu tragen, oder wenn das betreffende Holzteil ein Profil aufweist. Sind mehrere gleiche Teile auszufräsen, so können ein Tiefenanschlag zur Auflage des Werkstücks und Endanschläge zur Begrenzung der Fräserbewegung durch die Schneidlade angebracht werden.

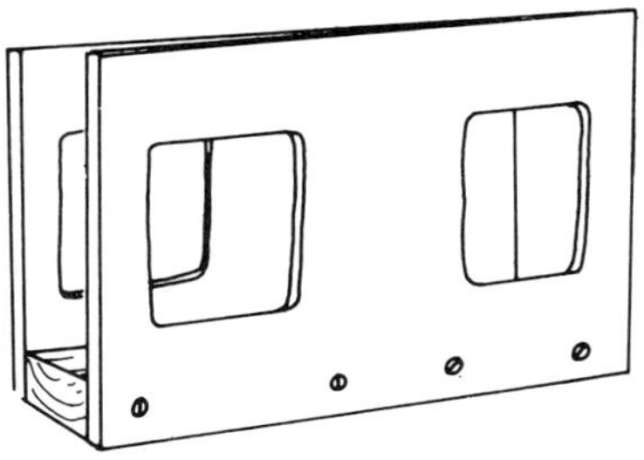

Schneidlade zum Zapfenlochfräsen aus Sperrholz mit parallelen Oberkanten, die zur Bearbeitung von gekrümmten Holzteilen entsprechend geformt sein müssen.

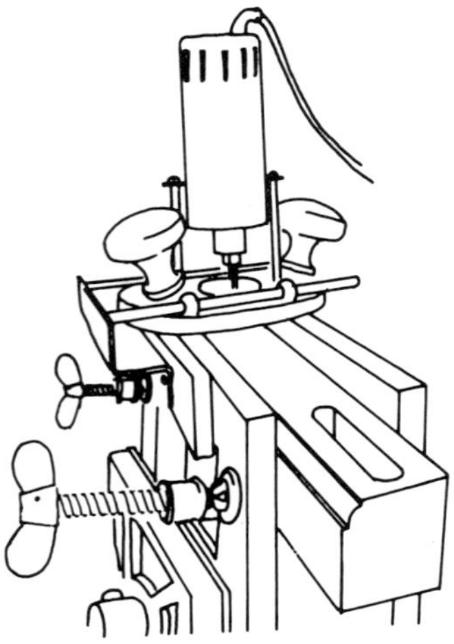

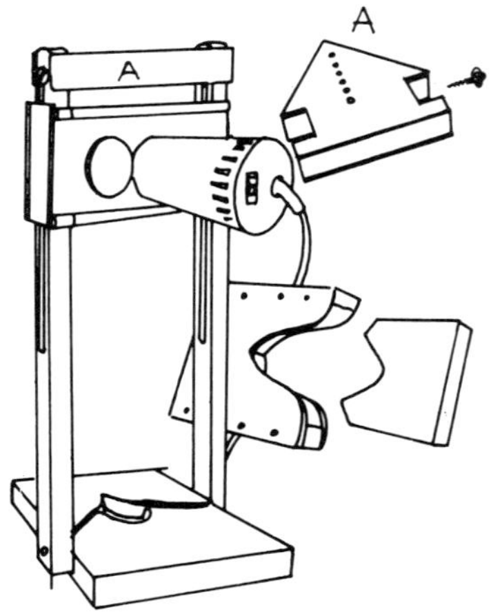

Drechselvorrichtung. Ein einfaches Hilfsmittel zum Drechseln von Möbelbeinen ohne Demontage. Der obere Gegenhalter A ist mit einer Reihe von Löchern versehen, die zur Zentrierung dienen, damit die Vorrichtung breites oder quadratisches Material aufnehmen kann. Beim Abdrechseln des Möbelbeins wird die Zentrierstelle gewechselt, um die Fräse dem Holz wieder zuzuführen.

Eine weitere praktische Vorrichtung für die Oberfräse ist nebenstehend gezeigt. Sie sollte jedoch nur angefertigt werden, wenn die Wahrscheinlichkeit besteht, daß eine Anzahl von Möbelbeinen bei gesundem Rahmenholz an den Füßen gedrechselt werden muß. Diese Vorrichtung erübrigt das Zerlegen des Rahmens und gestattet die Bearbeitung der gedrechselten Beine am Möbelstück selbst.

Hierzu wird die Oberfräse auf die Parallelschienen montiert und die Klemmvorrichtung um das Bein herum festgezogen. Der obere Gegenhalter wird in der Mitte des Beinendes befestigt und die Oberfräse auf den Gleitschienen eingestellt. Dann wird der Fräser auf die notwendige Tiefe eingestochen und langsam um das Bein gedreht. Auf diese Weise kann jede gedrechselte Form geschnitten werden, welcher der letzte Schliff allerdings von Hand beigebracht werden muß.

6 Holzverbindungen

Kantenverbindungen

Verleimte Kantenstöße

Bei dieser gängigen Verbindungsart müssen die Brettkanten sauber, rechtwinklig und glatt sein. Die beiden zu verbindenden Bretter werden auf zwei Latten gelegt, wobei genügend Platz zum Gegeneinanderreiben der Kanten in Längsrichtung zu berücksichtigen ist.

Glutinleim (Knochenleim) wird erhitzt und mit ein wenig Wasser verdünnt, bis er ungehindert vom Pinsel herabfließt. Die Brettkanten werden am Heizkörper erwärmt, damit der Leim beim Aufstreichen nicht erstarrt.

Dann nehmen Sie eines der Bretter in die Hand, streichen den Leim schnell auf die Fugenkante, legen das Brett auf die Latten zurück und reiben die beiden Bretter mit den Kanten gegeneinander. Dabei macht sich fast augenblicklich eine gewisse Saugwirkung bemerkbar, und der Leim wird größtenteils aus der Fuge herausgedrückt. Anschließend richten Sie die Stirnseiten und Oberflächen der Bretter zueinander aus, legen weitere Latten darüber und verspannen das Ganze.

Wo alte Verbindungen dieser Art zu Bruch gegangen sind, müssen die Brettkanten nachbearbeitet werden, wobei so wenig Material wie möglich abzunehmen ist. Wenn eine Fügemaschine für diesen Zweck nicht eingesetzt werden kann, nehmen Sie vom mittleren Teil der Brettkante geringfügig mehr ab als an deren Enden. Beim Verleimen ist dafür zu sorgen, daß die sichtbaren Flächen der zusammengefügten Bretter gerade und eben bleiben, denn nach dem Abbinden des Leims können sie ohne Zerstörung ihrer ursprünglichen Oberflächenbeschaffenheit nicht mehr nachgerichtet werden.

Verbindungen mit loser Feder

Eine haltbare Kantenverbindung kann durch Einsetzen einer sogenannten falschen oder losen Feder in Nuten hergestellt werden, die mit Hilfe einer Oberfräse oder eines Simshobels mit Nutenmesser in die Kanten der beiden zu verbindenden Bretter geschnitten worden sind. Die Verwendung der Oberfräse ist dabei insofern vorteilhaft, als der Nutenschnitt vor dem Auslaufen aus der Brettkante angehalten werden kann, so daß die Feder von den Stirnseiten her nicht sichtbar wird.

Die beiden Nuten erfordern dieselbe Einstellung des Maschinenanschlags, damit die Bretter bündig und fluchtend zu liegen kommen. Schneiden Sie die Feder an den Hirnholzenden auf Länge. Dann setzen Sie die Feder in die Nut auf der einen Seite ein und schieben die genutete Kante des anderen Bretts darüber. Die Feder muß eine enge Passung haben, und die beiden Bretter müssen sich spielfrei zusammenfügen.

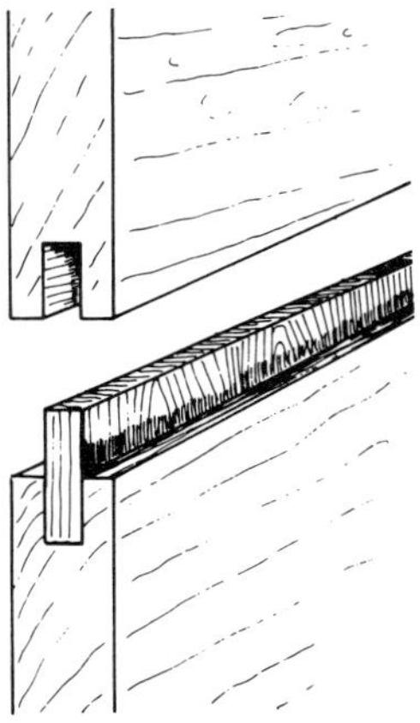

Verwenden Sie einen langsam trocknenden Leim. Schnell abbindender PVAC-Kleber (Polyvinalacetat) und Glutinleim (Knochenleim) beginnen zu erstarren, bevor die Verbindung komplett zustande gekommen ist. Der Leim wird in die Nut auf der einen Seite gestrichen und die Feder darin festgeklopft, wobei an den Rändern notfalls mehr Leim aufgestrichen werden muß. Dann versehen Sie die Nut in dem zweiten Brett mit Leim und spannen die beiden Bretter zusammen.

Nut- und Federverbindungen
Solche Verbindungen werden auf dieselbe Weise hergestellt, nur daß die Feder hierbei mit der Kante des einen Bretts aus einem Stück besteht und mit Hilfe eines Spezialhobels oder Simshobels mit eingesetztem Federhobelmesser geschnitten wird.

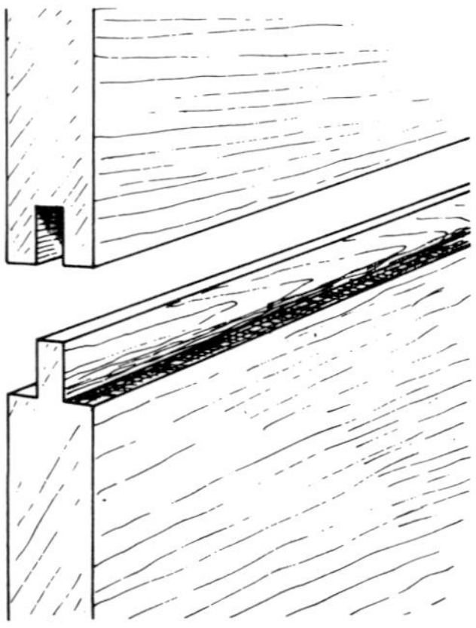

Zapfenverbindungen

Mit Schlitz und Zapfen werden kräftige, rechtwinklige und verdeckte Verbindungen zwischen Holzbauteilen hergestellt.

Der Schlitz oder das Zapfenloch wird, wie in der Skizze gezeigt, angerissen, wozu ein Zapfenloch-Streichmaß mit zwei Reißnadeln (davon eine verstellbar) und einem Anschlag verwendet wird. Die Nadeln sind auf die Schneidenbreite des Stemmeisens einzustellen, die ungefähr mit einem Drittel der Breite der zusammenzufügenden Holzteile gewählt wird.

Zum Ausstemmen des Zapfenlochs – der erste Arbeitsgang – wird das Werkstück fest in die Hobelbank oder den Schraubstock gespannt und an der Stelle unterlegt, wo das Loch ausgestemmt wird. Soll dies am Ende des Werkstücks geschehen, so ist dort eine Schraubzwinge anzusetzen, um das Reißen des Holzes zu verhindern. Die Längsseiten des Zapfenloches werden, wie gesagt, mit dem Streichmaß angerissen, die Schmalseiten mit Hilfe eines Anreißmessers und Anschlagwinkels. Das Stemmeisen wird mit der linken Hand zwischen den Anrißlinien dicht vor der abgelegenen Schmalseite des Zapfenlochs und rechtwinklig zur Faser angesetzt. Bei den ersten Stichen genügt ein einzelner kräftiger Schlag mit dem Schlegel zum Lösen des Holzes, wobei eine Kippbewegung des Stemmeisens nicht erforderlich ist. Das Werkzeug wird dann in Abständen von etwa 5 mm über die ganze Länge des Zapfenloches angesetzt und eingeschlagen, wobei an jedem Ende ungefähr 5 mm Material stehenbleibt, um beim Herausheben des Abfalls das Zapfenloch an diesen Stellen vor Beschädigung zu schützen. Wenn die erste Holzschicht aus dem Schlitz herausgestemmt worden ist, wird der Vorgang von der abgelegenen Schmalseite des Zapfenlochs aus wiederholt, wobei diesmal das Stemmeisen nach jedem Schlag so weit nach hinten gekippt wird, daß sich ein Holzspan ablöst. Auf diese Weise wird das Zapfenloch Schicht um Schicht ausgestemmt, wobei mit der nächsten Schicht erst nach Ausräumen der vorhergehenden begonnen werden sollte. An den Enden oder Schmalseiten wird der Schlitz zuletzt ausge-

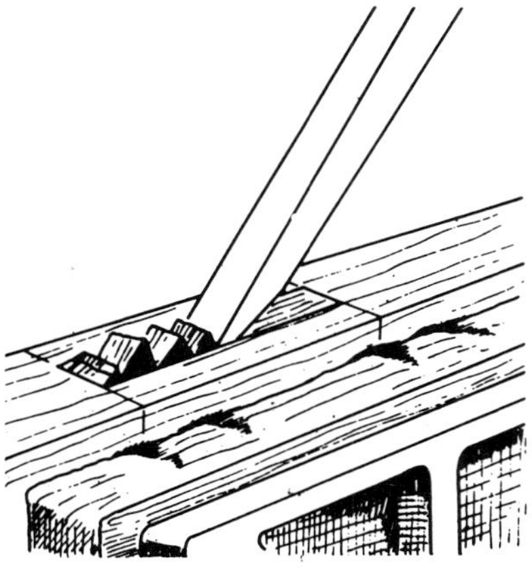

stochen, wobei vorsichtig zu verfahren ist, um hier keine Schäden zu hinterlassen. Bei durchgehenden Zapfenlöchern wird das Holzteil nach dem Ausstemmen auf halbe Tiefe umgedreht und die zweite Hälfte von der anderen Seite her ausgestemmt.

Schlitz und Zapfen müssen eng zusammenpassen. Wenn das Zapfenloch beim tieferen Ausstemmen verlaufen ist, muß es später mit dem Stechbeitel beigearbeitet werden, aber dadurch wird die Verbindung der beiden Holzteile geschwächt. Sie sollten beim Ausstemmen von Zeit zu Zeit auf Armeslänge zurücktreten und den ausgestemmten Schlitz anvisieren.

In diesem Stadium der Arbeit können Stiche für eine Schulter abgenommen werden, die jedoch nur erforderlich sind, wenn die Verbindung im Endteil des Werkstücks angelegt werden soll.

Den Zapfen selbst können Sie mit einem Fuchsschwanz oder unter Zuhilfename der auf Seite 63 beschriebenen Vorrichtung auf der Kreissäge schneiden.

An dem Messeranriß für die Zapfenansätze oder Schultern arbeiten Sie mit dem Stechbeitel und benutzen eine Zapfensäge zur Beseitigung des Abfallholzes. Der Schenkel wird mit dem Streichmaß angezeichnet, wonach eingestochen und am Zapfen entlanggesägt wird. Zum Schluß säubern Sie Zapfen und Zapfenloch, fügen beide zusammen und prüfen die Verbindung auf Genauigkeit.

Verdübelte Zapfenverbindungen

Zur Erhöhung der Festigkeit einer Zapfenverbindung ohne Leim kann ein Dübel eingesetzt werden.

Wählen Sie einen Bohrer von entsprechendem Durchmesser und durchbohren Sie damit den Zapfenschlitz.

Stecken Sie den Zapfen in das Zapfenloch und körnen Sie ihn durch das gebohrte Dübelloch ein wenig exzentrisch zur Schulterseite hin an. Dann wird der Zapfen herausgezogen, auf ein Stück Abfallholz gelegt und an der Körnermarke durchbohrt. Auf diese Weise entsteht eine etwas elliptische Bohrung durch beide Teile, wie sie nach dem erneuten Zusammenfügen sehen werden.

Schneiden Sie einen langen, kegeligen Dübel zurecht,an dem Sie ein Stück von mindestens 25 mm zylindrisch lassen, und treiben Sie ihn mit gleichmäßigen, harten Schlägen in die Bohrung, wobei der Dübel die beiden Verbindungsteile zusammenzwängt. Der konische Teil des Dübels wird anschließend abgesägt. Halten Sie eine Anzahl solcher Dübel über den augenblicklichen Bedarf hinaus bereit und verwahren Sie den Rest für spätere Arbeiten.

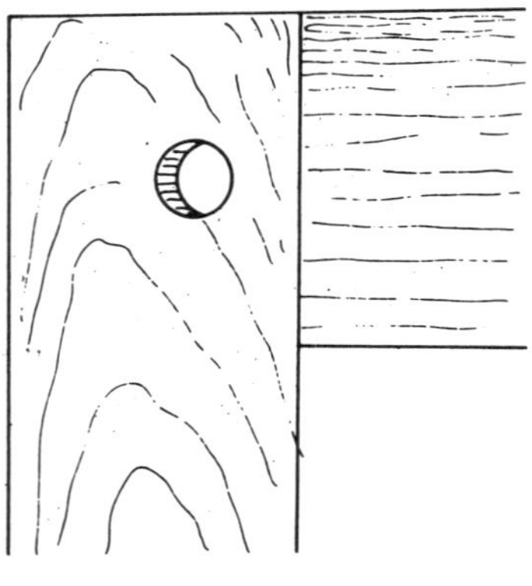

Verkeilte Zapfenverbindungen
Eine solche Verbindung besteht aus dem üblichen Zapfen und Zapfenloch, wird jedoch zusätzlich verkeilt. Benutzen Sie hierfür nur kräftige Keile aus geradfaserigem Holz und schneiden Sie diese genau auf die richtige Größe, damit das Zapfenloch nicht beschädigt wird.

Zapfen mit Innenkeilen

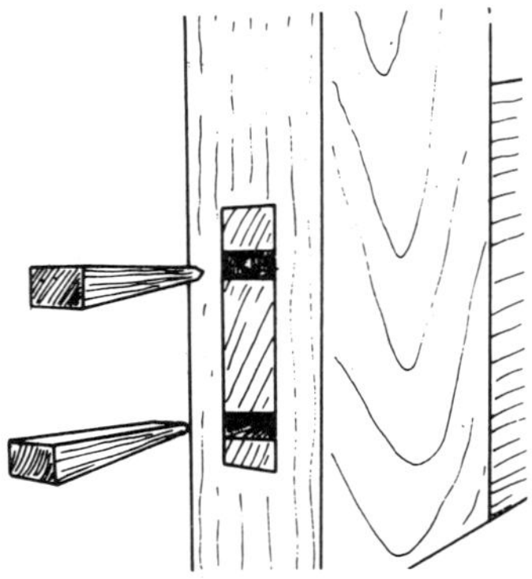

Zapfen mit Außenkeilen

Zapfenverbindungen auf Gehrung
Verbindungen dieser Art findet man gewöhnlich an Vertäfelungen, deren Rahmen ein Kantenprofil (Zierprofil) aufweist.

Das Anreißen geschieht in der üblichen Art, wobei jedoch die Stirnseite des Zierprofils nicht mit einem Streichmaß oder Anreißmesser behandelt werden sollte. Statt dessen werden die Schulterlinien bis zu jeder Kante der Stirnseite durchgezo-

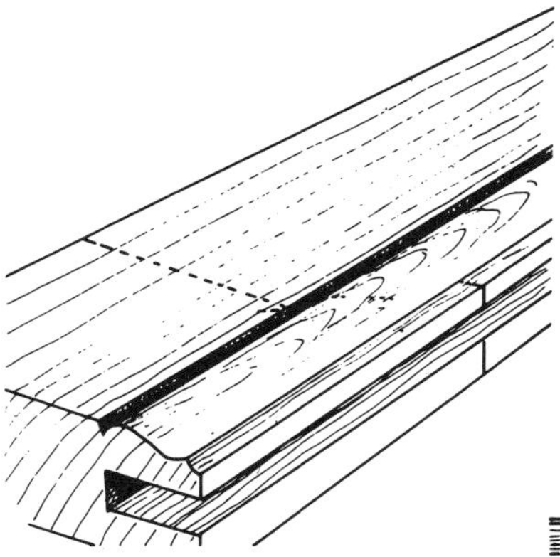

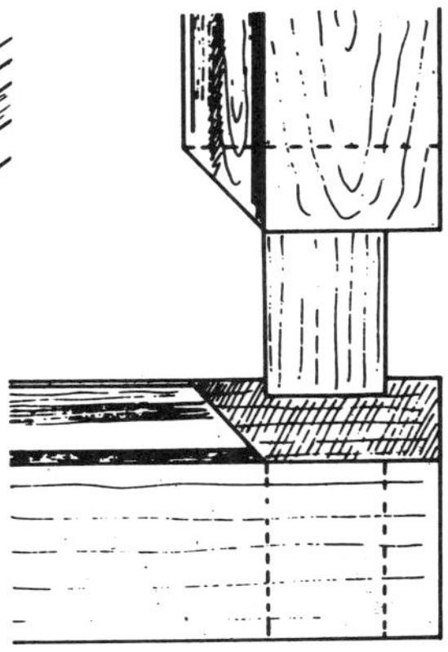

gen, wonach mit Hilfe einer Schmiege und eines Bleistifts der Gehrungsstrich auf dem Zierprofil gezogen wird, und zwar am besten bis zu der flachen Stelle der Stirnkante, weil auf dem Profil keine Anrißlinien angebracht werden können.

Dann ist ein schneidendes Streichmaß auf die genaue Breite des Zierprofils einzustellen und damit neben dem Zapfenloch entlangzustreichen.

Vergessen Sie nicht, daß die Stirnseite des Zapfenteils um einen Betrag länger sein wird, welcher der Dicke des Zierprofils entspricht, so daß die Gehrung bis vor die Schulter verlaufen muß.

Schlitz und Zapfen werden, wie vorstehend beschrieben, zurechtgeschnitten. Wird das Zapfenloch in der Nut zur Aufnahme des Paneels angebracht, so werden Schlitz und Zapfen um die Nuttiefe kürzer.

Nach dem Fertigschneiden können die Gehrungen wie skizziert nachgearbeitet und die Verbindungsteile zusammengefügt werden.

Die hintere Schulter des Zapfens muß fest auf der Stirnfläche des Zapfenloches aufliegen. Wenn ein Spalt dazwischen vorhanden sein sollte, muß die vordere Schulter des Zapfens (bei Bedarf auch die Gehrung) abgehobelt werden. Zu viel Material ist abgenommen worden, wenn die innere Schulter sich auf dem geschlitzten Bauteil abstützt, bevor die Stirnseite anliegt.

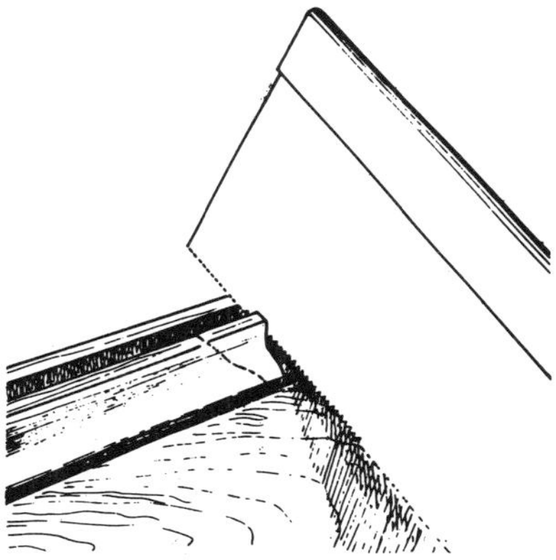

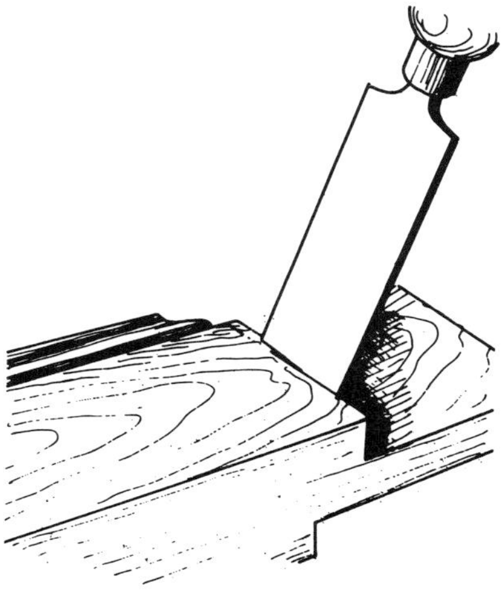

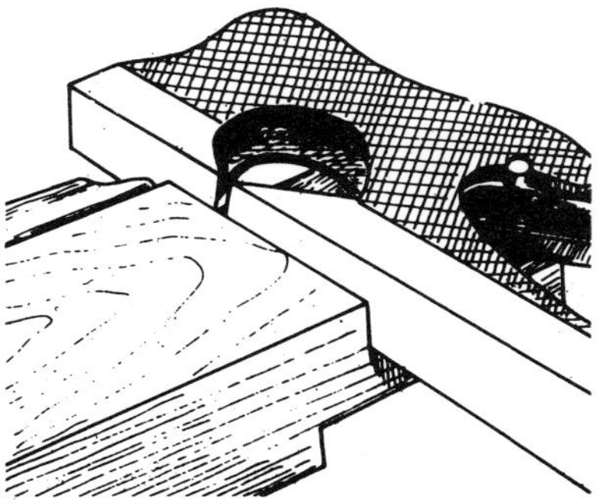

Eine einfache Lehre zum Gehrungsschneiden ist für Arbeiten dieser Art nützlich und kann nach der hier gezeigten Skizze aus überzähligen Holzteilen leicht angefertigt werden.

Diese Skizzen zeigen eine Abart der Zapfenverbindung, bei welcher die Zapfenschultern nicht rechtwinklig, sondern mit einer Neigung von 45° ausgearbeitet sind. Man findet sie häufig an Einfassungen für Tischplatten.

Zunächst wird das Bauteil für das Zapfenloch sauber und gerade im Winkel von 45° zurechtgeschnitten, wozu das Zapfenloch auf beiden Seiten und an beiden Kanten des Holzteils angerissen und ausgestemmt wird. Dann werden die Schultern des

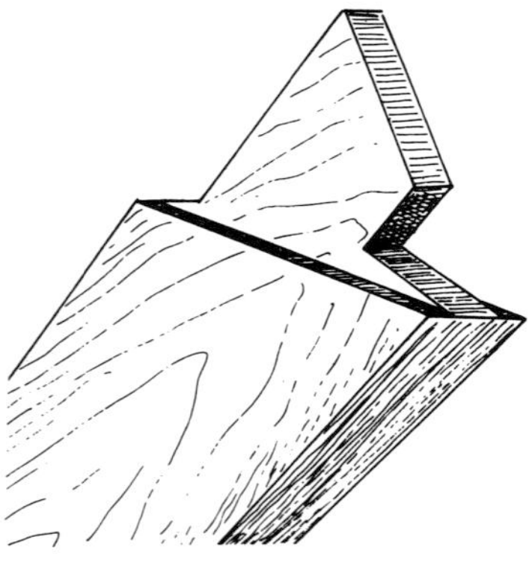

Zapfens angerissen, und anschließend wird die untere Wange des Zapfens mit einer Handsäge ausgesägt. Jetzt legen Sie das zu zapfende Ende des zweiten Bauteils auf das geschlitzte Ende des ersten, prüfen die Verbindung auf Rechtwinkligkeit und ziehen die Bleistiftstriche für den Zapfen.

Beim Aussägen des Zapfens lassen Sie auf beiden Seiten einen kleinen Ansatz stehen und schneiden dann die andere Zapfenwange weg. Zum Ausstechen einer Nut auf beiden Seiten des Zapfenloches zur Aufnahme der Zapfenansätze stecken Sie den gesäuberten Zapfen in den Schlitz und zeichnen die betreffenden Stellen an. Zum Schluß fügen Sie die beiden Bauteile zusammen.

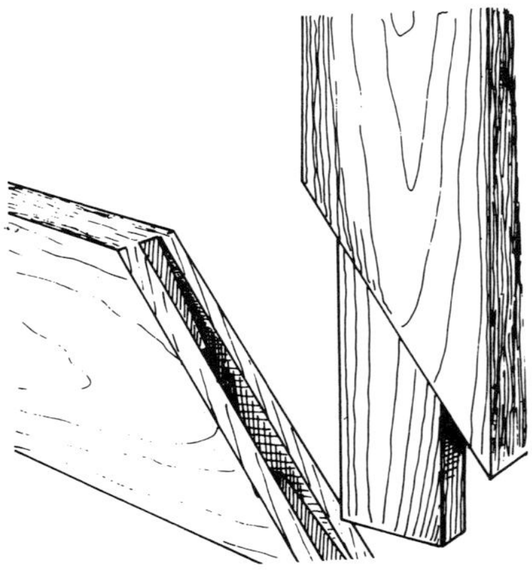

Schwalbenschwanz-Zinkungen

Form und Ausführung der Schwalbenschwanz-Zinkung haben sich im Laufe der Jahrhunderte verändert. Bei neuen Verbindungen dieser Art richtet sich der Restaurator immer nach dem zeitgenössischen Stil des betreffenden Möbelstücks.

Durchgehende oder offene Zinkung

Die beiden zu verzinkenden Bretter müssen gerade und gleichmäßig dick sowie an ihren Stoßkanten rechtwinklig sein.

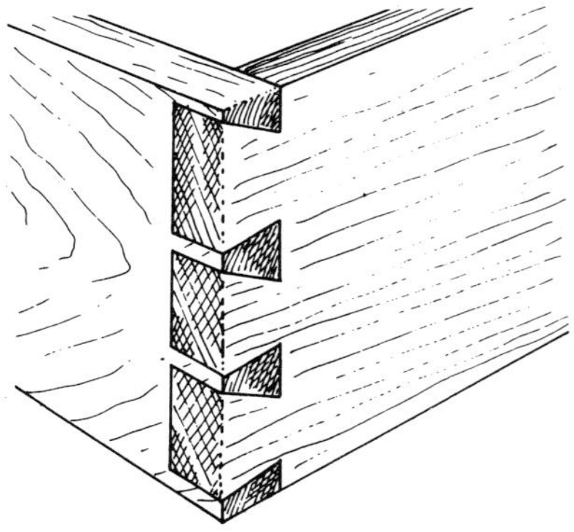

(a) Ein schneidendes Streichmaß wird mit einem geringen Aufmaß für die Überlappung auf die Stärke des gezinkten Brettes eingestellt und damit die Schulterlinie für die Zinken angerissen. Letztere können, falls gewünscht, mit dem Zirkel ausgemessen und mit dem Anschlagwinkel ausgerichtet werden.

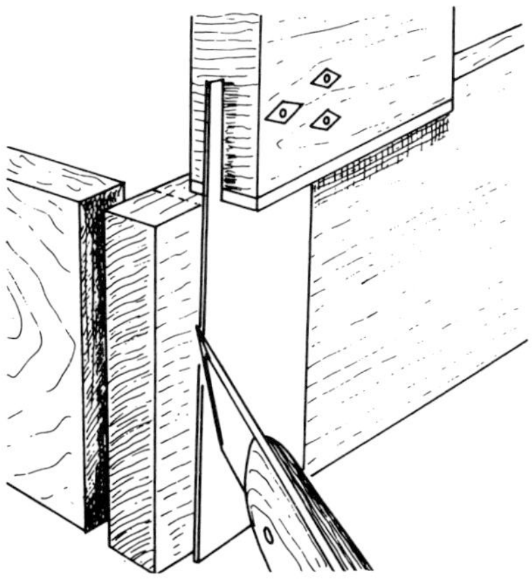

(b) Die Lage der Zinken wird, möglichst nach Augenmaß, mit dem Bleistift angezeichnet, wobei auf gleichmäßige Breite und regelmäßigen Abstand zu achten ist. An jeder Markierungsstelle wird um die Brettkante herum angezeichnet.

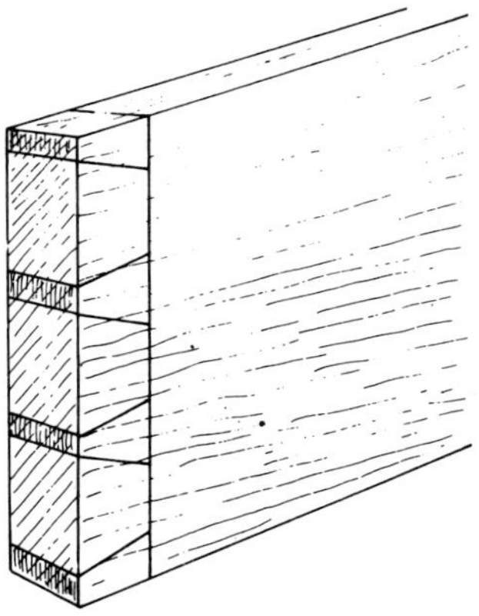

(c) Nachdem das Brett in den Schraubstock gespannt worden ist, werden die Zinken mit einer Zinkensäge oder einer kleinen Zapfensäge einzeln auf einer Seite schräg bis auf die Schulterlinie eingesägt. Auf der anderen Seite der Zinken wird der Vorgang dann wiederholt, wobei die Säge in die andere Richtung schräggehalten wird.

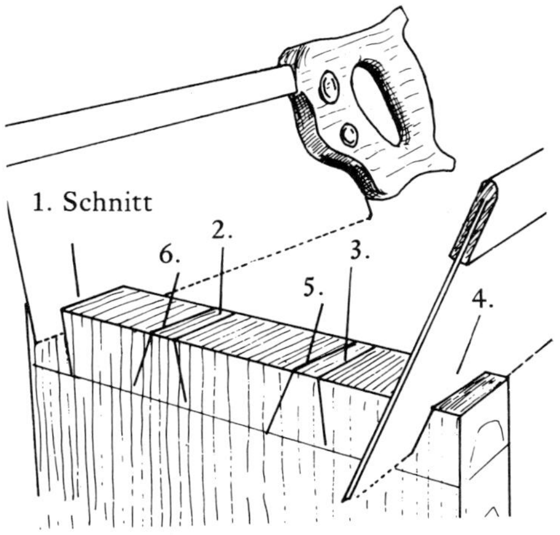

(d) Das Brett wird aus dem Schraubstock genommen und auf ein Stemmbrett gelegt. Mit Stechbeitel und Schlegel wird das Abfallholz zwischen den Zinken ausgestochen; zum Fertigstechen wird das Brett gewendet. Dann werden die Abfallstücke an der Ober- und Unterkante des Brettes ausgesägt.

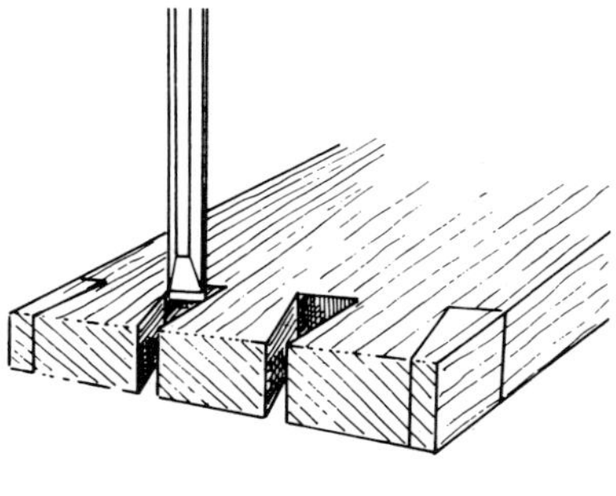

Ausstechen der Gegenzinken
Mit dem auf die Dicke des gezinkten Brettes eingestellten Streichmaß wird die Schulterlinie für die Gegenzinken an dem anderen Brett angerissen.

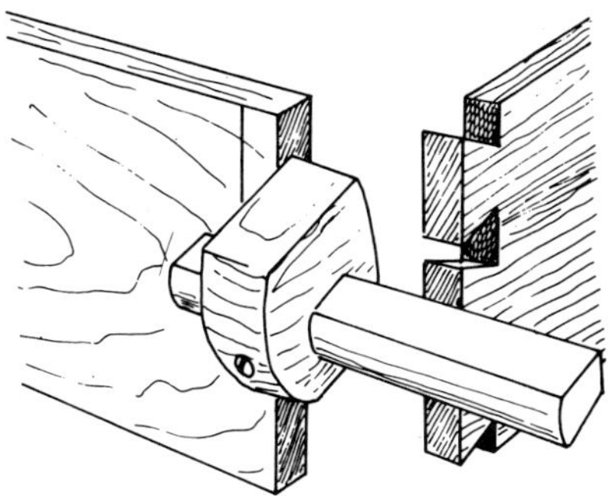

(e) Auch die Gegenzinken werden um die Brettkante herum angezeichnet.

Nach dem groben Ausstemmen der Zinkenschlitze mit Beitel und Schlegel werden die feineren Stiche nur mit dem Beitel vorgenommen.

(f) Das Brett für die Gegenzinken wird mit der Stoßkante nach oben in den Schraubstock gespannt und die Kante mit den Zinken darübergelegt, so daß die Schulterlinie der Hauptzinken genau mit der Innenkante des Brettes abschneidet.

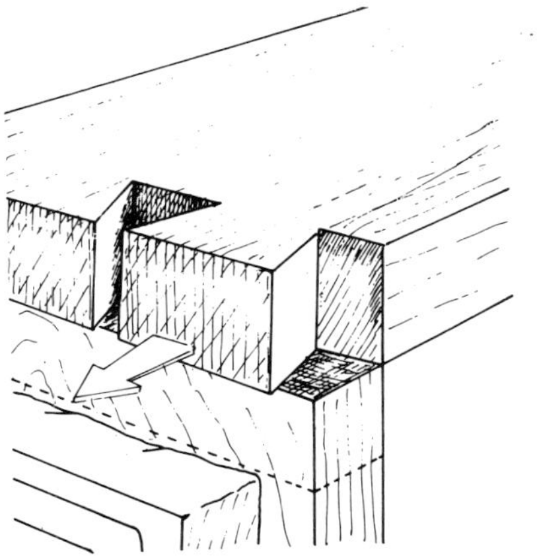

Besonders feste Schwalbenschwanz-Zinkungen

(g) Das gezinkte Ende wird weiter über die Brettkante für die Gegenzinken geschoben. Da die Gegenzinken konisch sind, werden sie um so dicker, je weiter die gezinkte Kante vorgeschoben wird. Bei Hartholz braucht diese Verschiebung nur ganz gering zu sein; bei leicht zusammendrückbarem Weichholz kann sie weiter ausfallen.

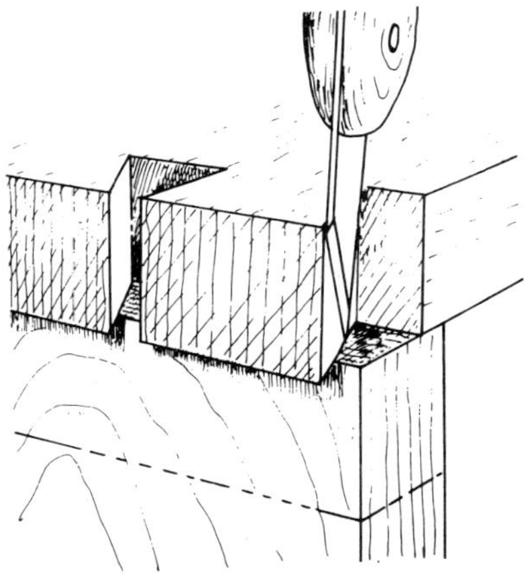

(h) Das gezinkte Brettende wird auf der Brettkante für die Gegenzinken festgehalten, und diese werden zwischen den Hauptzinken mit einem Messer angerissen.

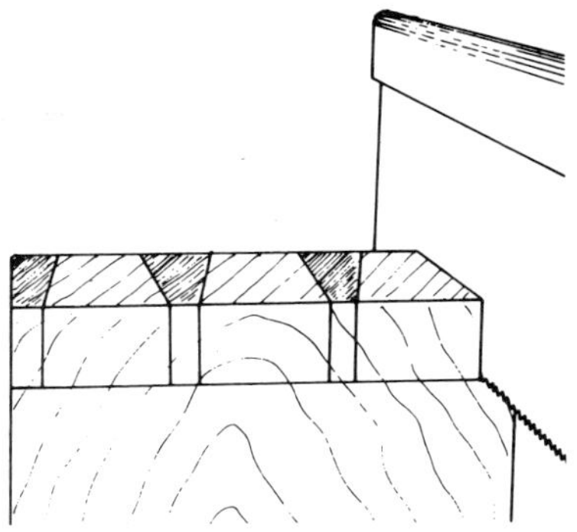

(i) Die Gegenzinken werden mit einer senkrecht angesetzten Zinkensäge ausgesägt; die dazwischenliegenden Schlitze werden mit einer Schweifsäge ausgeräumt und mit dem Beitel fertiggestochen.

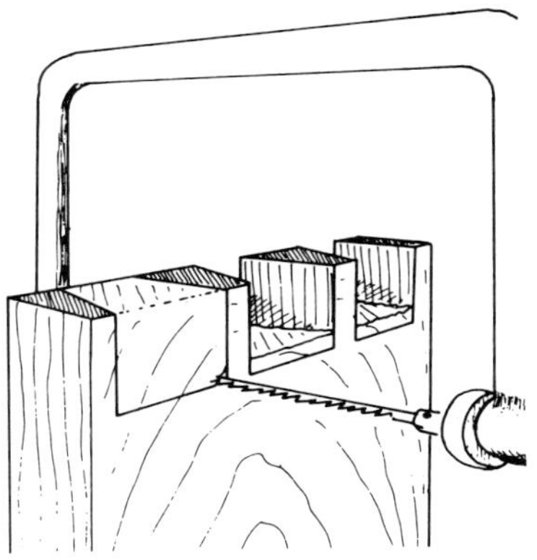

Die beiden Brettkanten werden übereinander gelegt und die Haupt- und Gegenzinken geprüft, ob sie ineinanderpassen. Ist dies nicht der Fall, so werden die Gegenzinken leicht nachgearbeitet. Dann werden die einzelnen Hauptzinken auf der Unterseite etwas abgeschrägt und vorsichtig in die Schlitze

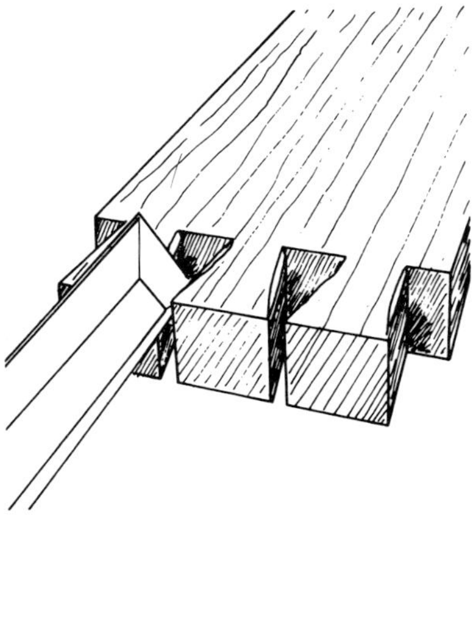

zwischen den Gegenzinken eingeschlagen, wobei die Wucht der Hammerschläge durch eine Unterlage aus Weichholz auf die Zinkenrücken verteilt wird.

Überlappte Zinkung

An den Kopfbrettern von Schubladen werden solche Verbindungen genauso wie eine offene oder durchgehende Zinkung hergestellt, nur daß das Abfallholz zwischen den Gegenzinken mit Stemmeisen und Schlegel ausgestochen und nicht mit der

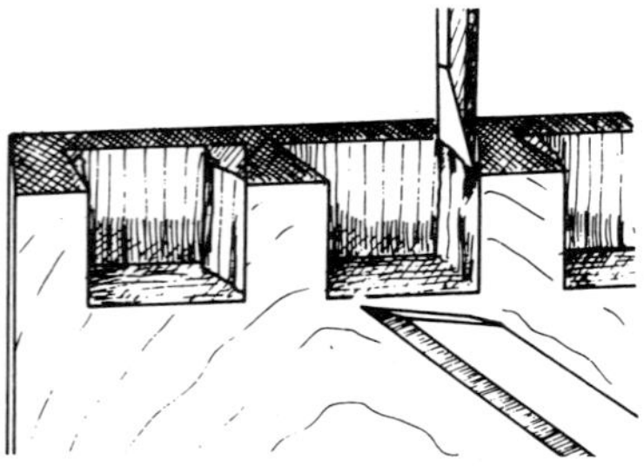

Schweifsäge ausgesägt wird. Reißen Sie die Brettkanten genau an und vergessen Sie nicht, die Hauptzinken beim Anreißen der Gegenzinken ein wenig überstehen zu lassen (überlappen) und die Nut für den Schubladenboden als Teil eines Hauptzinkens nicht als Gegenzinken zu betrachten, weil sie sonst auf der Vorderseite der Schublade sichtbar sein würde.

Verdeckte Zinkung

Dies ist eine Abart der überlappten Zinkung und wird verschiedentlich zur Befestigung der Oberteile an guten Kastenmöbeln verwendet. Hier werden die Gegenzinken zuerst angerissen und ausgestochen. Dann wird die Deckplatte, in deren Kanten die Hauptzinken angebracht werden sollen, über oder unter die Gegenzinken gelegt (je nachdem,

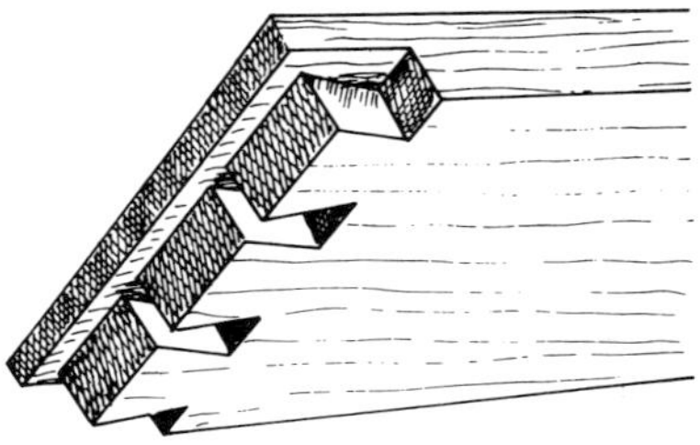

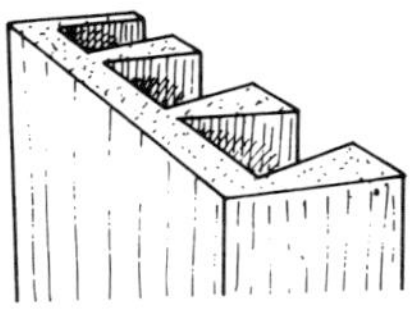

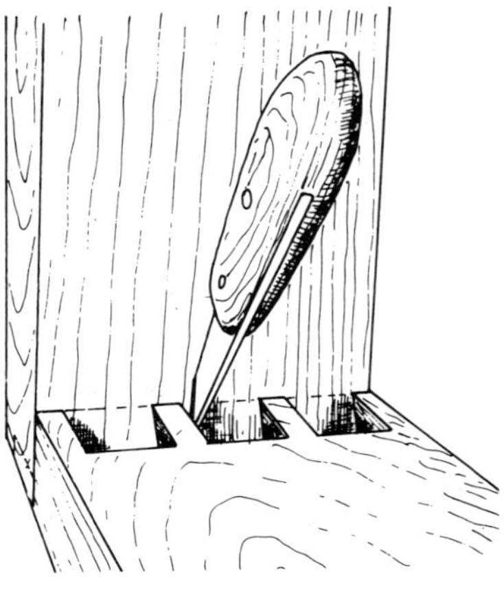

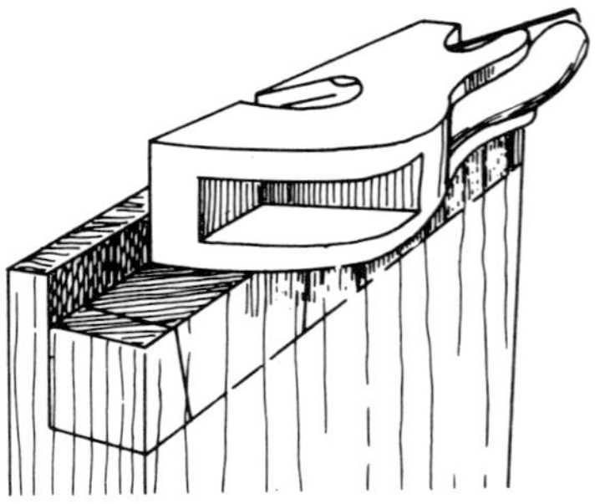

was bequemer ist) und angerissen. Der Grund hierfür ist der, daß in den ausgestochenen Schlitzen für die Hauptzinken genügend Platz zur Verwendung der Reißnadel oder des Anreißmessers vorhanden ist, wogegen die Schlitze zwischen den Hauptzinken nur wenig Raum dafür aufweisen. Denken Sie daran, daß im Gegensatz zur überlappten Zinkung die Kante mit den Hauptzinken hierbei die ganze Stirnfläche der Kante mit den Gegenzinken überdecken muß. Außerdem muß an den Oberkanten der Hauptzinken entlang ein Falz gehobelt werden, damit die Überlappung zustande kommen kann. In der Praxis ist es ratsam, diesen Falz vor dem Anreißen der Hauptzinken herzustellen.

Zinkenverbindungen an einem gekrümmten Schubladen-Kopfbrett
An jedem Ende der Schublade ist eine Fläche abzuhobeln, die rechtwinklig zur Seitenkante der Schublade verlaufen muß. Diese beiden Flächen dienen zum Anbringen der Zinkenverbindungen wie bei der Herstellung normaler Schwalbenschwanz-Zinken.

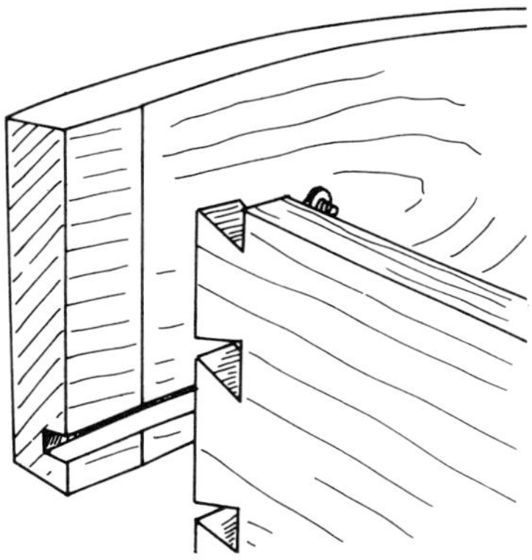

Dübelverbindungen

Stoßflächen, die verdübelt werden sollen, müssen eben, sauber und genau passend sein. An profilierten Stößen, Anschäftungen und Ausbesserungsteilen kann die Lage des Dübels auf beiden Fugenflächen markiert werden, indem man eine Stecknadel auf die eine Fuge klebt und die andere dagegen drückt. Die vom Stecknadelkopf hinterlassene Vertiefung dient als Ansatzpunkt für den Dübelbohrer.

Zum Bohren von Dübellöchern ist ein Zentrumbohrer mit Zentrierspitze und Vorschneidern zu verwenden. Der Bohrer muß genau senkrecht auf der Fläche angesetzt und in seiner Haltung dadurch überwacht werden, daß man die Spuren der beiden am Umfang sitzenden Vorschneider beobachtet, die einen regelmäßigen Kreis um die Zentrierspitze des Bohrers herum beschreiben sollen. In jede der beiden Stoßflächen bohren Sie ein Loch, dessen Tiefe etwa dem vierfachen Dübelmesser entspricht.

Dann sägen Sie einen passenden Dübel auf Länge, schneiden eine schmale Längsnut hinein, damit Luft und überschüssiger Klebstoff austreten können, und fügen die beiden Bauteile zusammen.

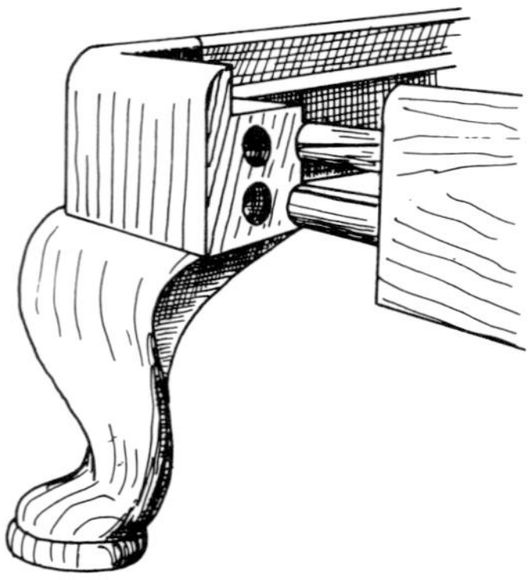

Weitere Dübel können angebracht werden, nachdem der erste gesetzt worden ist. Zum Schluß wird die Verbindung auseinandergenommen, verleimt und verspannt. Für Dübel unter 4 mm darf kein PVAC-Kleber verwendet werden.

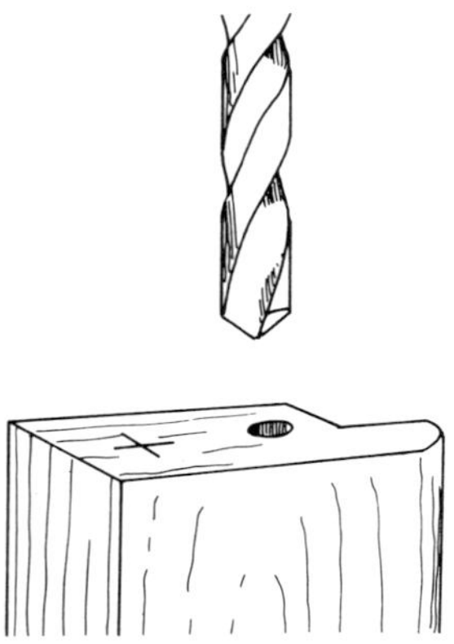

Für Dübellöcher in Hirnholz ist statt des Zentrumsbohrers ein Spiralbohrer zu benutzen.

Gedübelte Kantenverbindungen

Für Verbindungen dieser Art fertigen Sie sich zweckmäßigerweise eine einfache Bohrvorrichtung mit seitlich angenageltem Anschlagbrett an, in welche Sie rechtwinklig zur Oberfläche und vom Anschlag nach innen versetzt zwei Löcher bohren.

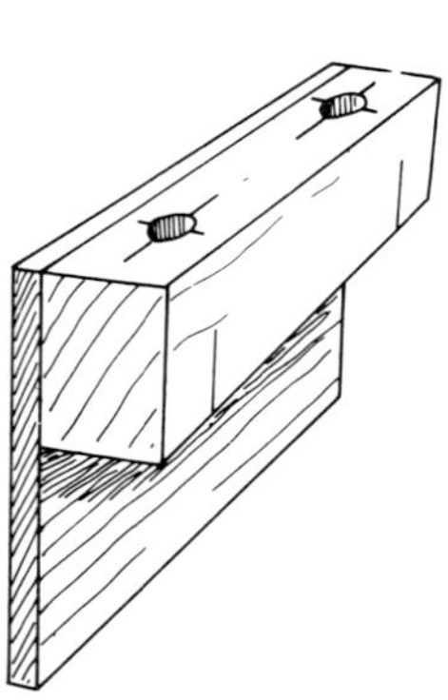

Die beiden zu verdübelnden Teile werden mit den Stoßkanten nach oben in den Schraubstock gespannt und mit den Kanten genau ausgerichtet. Mit einem Streichmaß wird an den Enden der Brettkanten jeweils in deren Mitte eine Linie und mit Hilfe eines Anschlagwinkels quer dazu eine weitere Linie gezogen. An den Kreuzungspunkten dieser Linien bohren Sie dann die ersten zwei Dübellöcher. (Sind die Bretter unregelmäßig in ihrer Form, so benutzen Sie für das Anreißen der Mittellinien einen Zirkel).

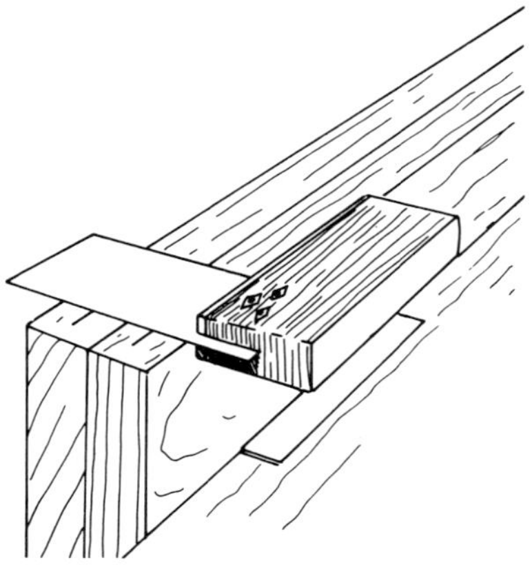

In eines dieser beiden Dübellöcher stecken Sie ein kurzes Dübelende, auf welches Sie die Bohrvorrichtung aufschieben und mit ihrem Anschlagbrett seitlich gegen das Bauteil spannen.

Der weitere Arbeitsgang: Zweites Dübelloch bohren, Schraubzwinge abnehmen, Dübelstück in das zweite Loch stecken. Bohrvorrichtung erneut aufsetzen und festspannen und das nächste Loch bohren. Diesen Vorgang wiederholen Sie, bis das Ende des Brettes erreicht ist, und verfahren dann in genau derselben Weise entlang der Kante

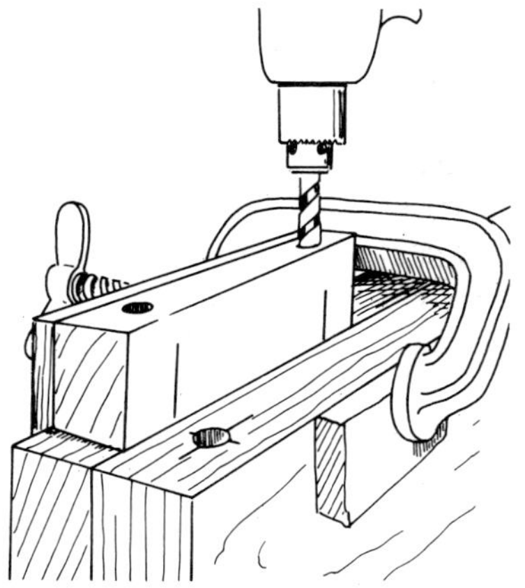

des zweiten Brettes. Ist die Einstellung der Bohrvorrichtung und das Bohren selbst sorgfältig vorgenommen worden, so werden die beiden Brettkanten genau zusammenpassen. Eine solche Verbindung kann vor dem endgültigen Verleimen nicht zusammengefügt werden. Die passenden Dübel werden in die eine Brettkante eingeleimt und an ihren Kopfenden etwas abgeschrägt. Dies hilft Ihnen, die Länge der Dübel geringfügig zu ändern, so daß jeder Dübel beim Zusammenpressen der Bauteile einzeln eingesteckt werden kann.

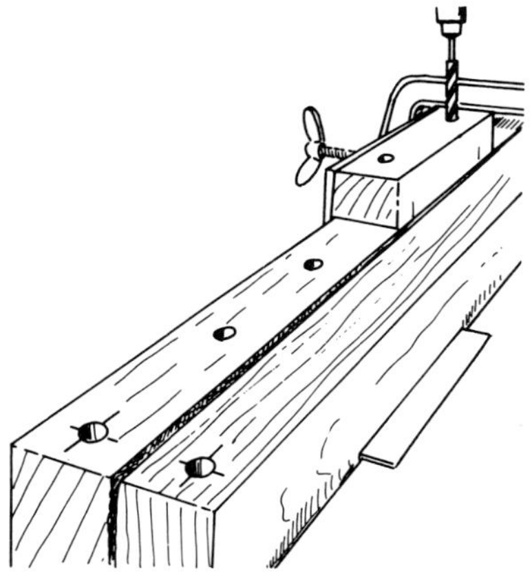

Nach dem Einleimen der anderen Brettkante werden die Bretter zusammengefügt. Von der Verwendung von PVAC-Kleber wird dabei abgeraten, da dieser dazu neigt, die Dübel unverrückbar festzuhalten und das Auseinandertrennen der Verbindung absolut unmöglich zu machen, falls die Teile nicht sauber ineinandergesteckt werden können. Ein guter Tischlerleim hat den Vorteil, daß er die Dübel ein wenig schmiert und damit die Trennung der Verbindung leichter macht.

Gezapfte Kantenverbindungen

Verbindungen mit Schlitz und falschen Zapfen findet man häufig in alten Tischplatten. Der Arbeitsgang als solcher ist relativ einfach, nur daß der Restaurator zum Einsetzen der losen Zapfen deren Lage vor dem Verspannen der Verbindung markieren muß.

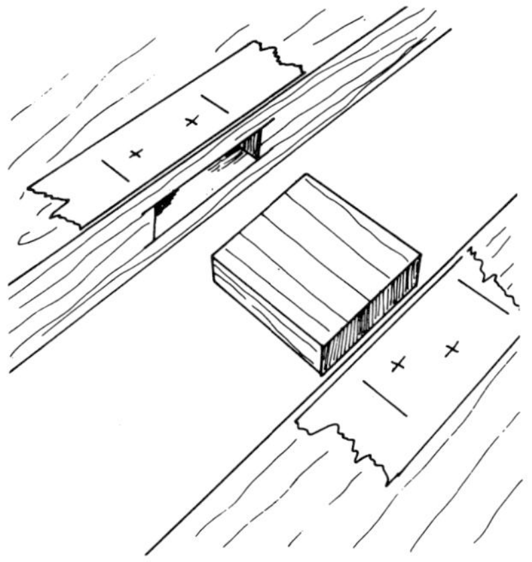

Genagelte Kantenverbindungen

Hierfür werden die Bauteile wie beim Verdübeln mit den Stoßkanten nach oben eingespannt und mit Streichmaß und Anschlagwinkel angerissen.

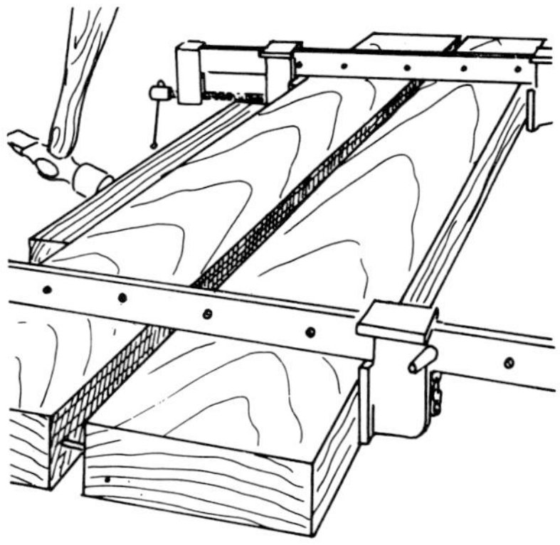

Die Schnittpunkte der Anrißlinien sind hierbei die Einschlagstellen für die Nägel; sie werden angekörnt und mit einem Bohrer aufgebohrt, der etwas kleiner ist als der Durchmesser der zu verwendenden Nägel. In jedes der Löcher in der einen Brettkante schlagen Sie einen Nagel und entfernen dessen Kopf. Nach dem Einleimen einer Brettkante werden die Teile aneinandergelegt, zusammengehämmert und verspannt.

Überblattungen

Diese einfachen Blattverbindungen können bei kreuzweise übereinandergelegten Bauteilen angezeichnet werden, wobei die Tiefe der Aussparung in jedem Bauteil mit einem auf die halbe Breite des Materials eingestellten Streichmaß angerissen wird. Die Linien für den Sägeschnitt werden schräg ausgestemmt und bis zur Anrißlinie des Streichmaßes eingesägt. Bei breiten Blättern oder schwierigem Faserverlauf im Holz werden weitere Sägeschnitte bis zur Tiefenanrißlinie angebracht, deren Abstand ein wenig größer als die Beitelbreite gehalten wird.

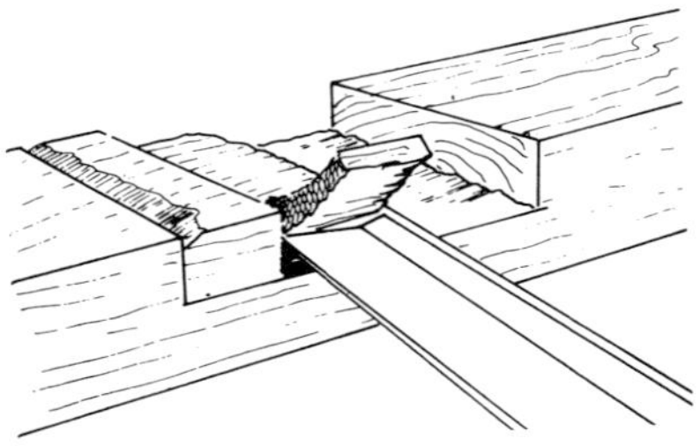

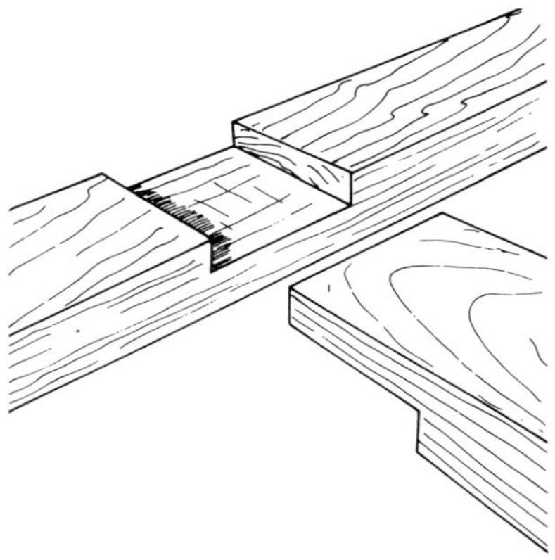

Verbindungen durch Gratkante und Gratnut

Diese Verbindungen dienen zum Einbau von Regalbrettern in massive Holzpaneele und zur Befestigung von Laufleisten für Kommoden- und Schrankschubladen.

Das Anzeichnen der Einstichstelle ist sehr einfach, ausgenommen bei ein- oder zweiseitigen Gratformen, bei denen die Nut schmaler sein muß als die Gesamtdicke des einzusetzenden Brettes, damit die Grate nachgeschnitten werden können.

Für den Einschnitt verwenden Sie möglichst eine Oberfräse mit einem vor das Brett geklemmten Lineal als Führung. Wenn Ihnen eine Oberfräse nicht zur Verfügung steht, schrägen Sie die Kanten der Nut mit dem Beitel etwas an und schneiden

mit einer Zapfensäge auf den Anrißlinien bis auf die angezeichnete Tiefe. Mit der linken Hand üben Sie dabei einen festen Druck auf den Sägerücken und somit auf die ganze Länge des Sägeblatts aus.

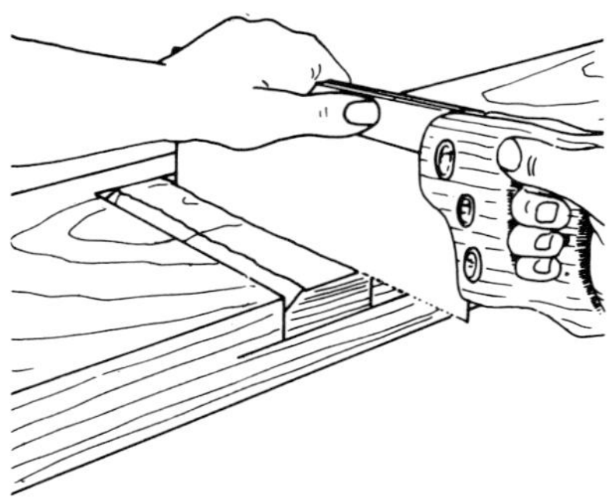

Abgesetzte Gratverbindungen

Eine abgesetzte Gratnut können Sie grundsätzlich auf die gleiche Weise sägen und ausstemmen, aber wenn das Holz hart und die Nut länger als 150 mm ist, lohnt es sich, zunächst auf der abgesetzten Seite ein Stück auszustemmen und dann die Säge in diesen Freiraum hinein zu bewegen. Mit dem Beitel wird zum Schluß fertig ausgestemmt und das Gratprofil gestochen.

7 Zerlegen von Möbelstücken

Die Frage, ob ein Möbelstück zerlegt werden soll oder nicht, stellt den Restaurator vor eine schwierige Entscheidung, die er sich keinesfalls leicht machen darf. Denken Sie daran, daß das Möbelstück sowohl bei der Zerlegung als auch bei der späteren Lagerung der Einzelteile mit großer Wahrscheinlichkeit beschädigt wird.

Manchmal haben Natur und Alter schon einen großen Teil dieser Arbeit vorgenommen. Ein Möbelstück mit losen oder gebrochenen Verbindungen ist leicht auseinanderzunehmen, und unter diesen Umständen ist dies die einfachste Art, mit der Restaurierung zu beginnen. Es gibt andere Fälle, in denen der Rahmen oder Kasten eines Möbelstücks in Ordnung ist, die Instandsetzung eines geschwächten oder gebrochenen Bauteils ohne Zerlegung jedoch unmöglich erscheint. Bevor Sie jedoch mit dem Auseinandernehmen beginnen, ziehen Sie alle anderen Möglichkeiten der Restaurierung eingehend in Betracht.

Sind Sie sich einmal darüber klar geworden, daß eine Zerlegung des Möbelstücks unvermeidlich ist, so werden Ihnen die hier skizzierten Werkzeuge von Nutzen sein.

Bevor Sie mit der Arbeit anfangen, betrachten Sie das Möbelstück und seinen augenblicklichen Zustand genau. Versuchen Sie, hinter die Logik seines Aufbaus zu kommen und so einen Weg für die Zerlegung zu finden. So wenig Kraftaufwand wie möglich ist in allen Fällen geboten. Wird Ihre Arbeit schwer oder geräuschvoll, so halten Sie ein und überlegen erneut, wie Sie vorgehen könnten.

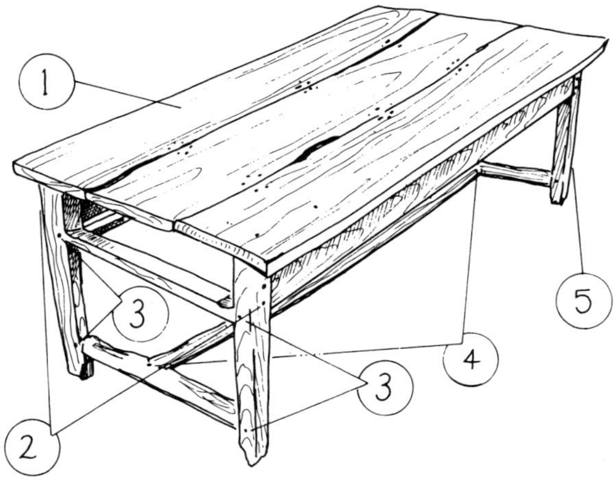

(Die Zahlen geben die Reihenfolge der Zerlegung an)

A Maurerstemmeisen
B Tischlerhammer
C Gummihammer
D Beißzange
E Nagelklaue
F Nagel- und Schraubenauszieher
G Körner und Durchschläger
H Dielenheber
I Bohrwinde mit Schraubendrehereinsatz
J Bügelsägeblatt mit umwickeltem Griffstück
K Keile
L Spitzflachzange

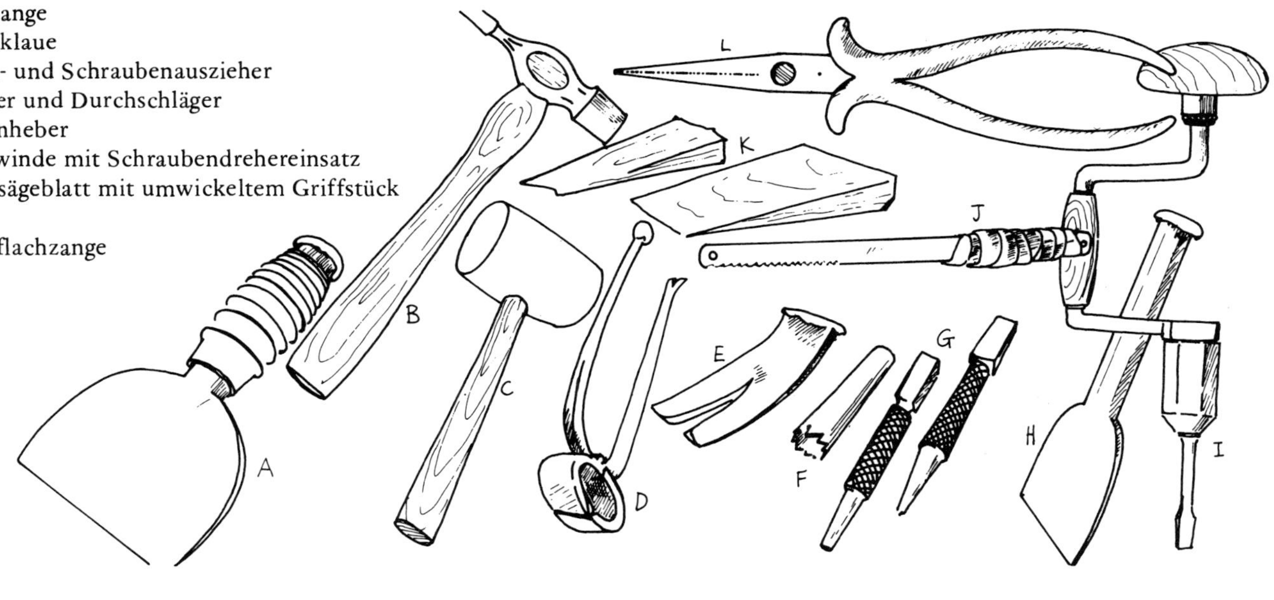

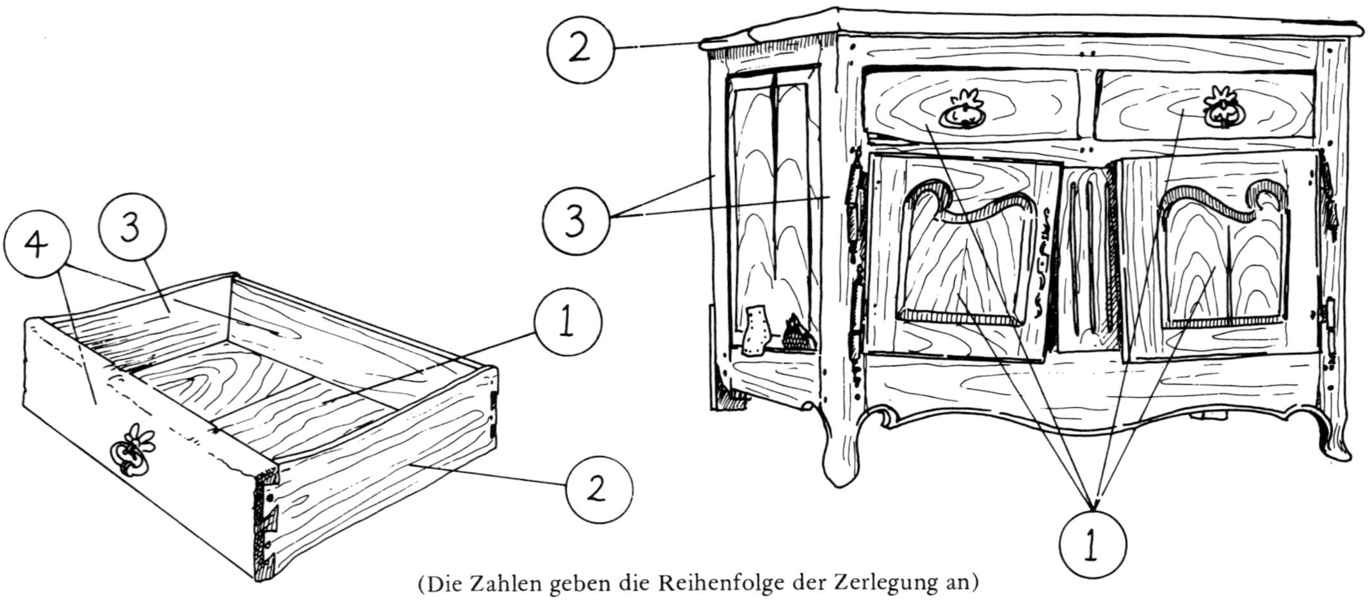

(Die Zahlen geben die Reihenfolge der Zerlegung an)

Mit Sicherheit werden Sie auf Verbindungsstellen stoßen, die sich nicht auseinandernehmen lassen, und mit Nägeln oder Schrauben zu tun bekommen, die unverrückbar festsitzen. Und das Schlimmste von allem: Schlecht ausgeführte Reparaturen aus früherer Zeit, die Sie jetzt „rückgängig" machen müssen. Die folgenden Abschnitte enthalten Hinweise darüber, wie Sie mit einigen dieser Probleme fertigwerden können.

Beseitigung von Verbindungselementen

Nägel
Ein Nagel läßt sich vielfach durch einfaches Draufschlagen mit Hammer und Durchschläger lösen.

Dadurch wird sein fester Sitz im Holz gelockert, so daß die Teile mit einem Maurerstemmeisen oder mit Keilen getrennt werden können.

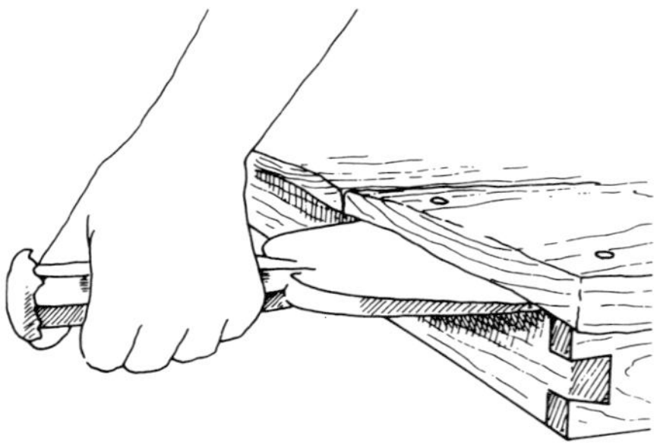

Wenn der Nagel sich absolut nicht bewegen läßt, können Sie Keile in die Verbindungsfuge schlagen, ein Bügelsägeblatt dazwischenschieben und den Nagel durchsägen.

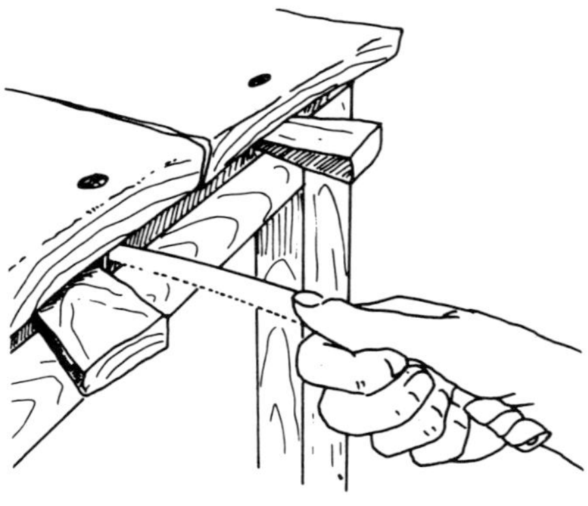

Zum Entfernen der Nagelköpfe legen Sie das umgedrehte Brett auf ein Stück weiches Kiefernholz und schlagen auf die abgesägten Nagelschäfte.

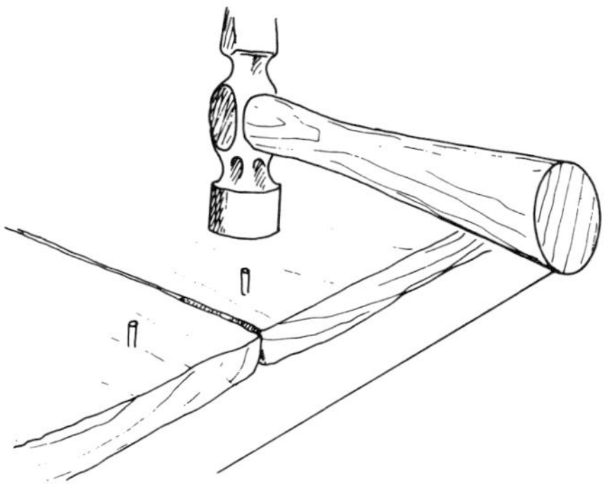

Das Weichholz nimmt dabei den Nagelkopf auf und verhindert gleichzeitig das Splittern des Holzes im Bereich um den austretenden Nagelkopf herum.

Zum Schluß ziehen Sie den abgesägten Nagel mit einer Beißzange heraus, wobei Sie das Holz mit einer Unterlage schützen.

Holzstifte (Dübel)
Holzstifte werden angekörnt und ausgebohrt. Vor dem Auseinandernehmen der Verbindung werden zurückgebliebene Dübelreste mit einer spitzen Flachzange aus den Löchern entfernt.

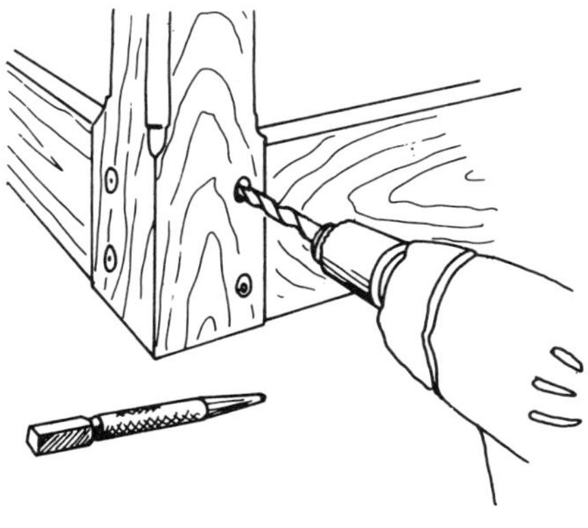

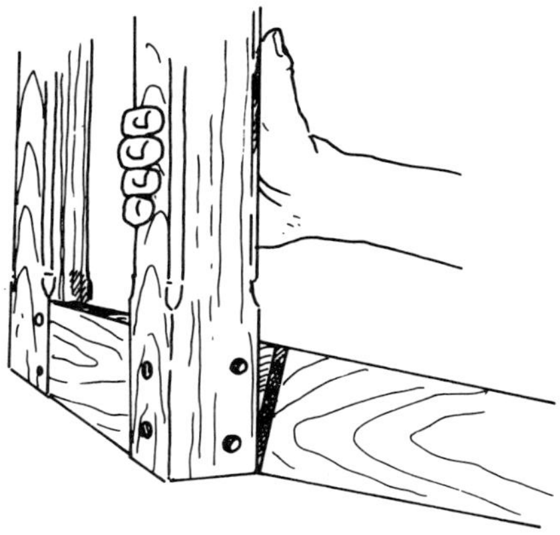

Schrauben
Schrauben können durch einen kräftigen Schlag mit Hammer und Durchschläger gelöst werden. In verrosteten oder schadhaften Schraubenköpfen können Sie mit Hilfe eines kleinen Meißels, den Sie sich aus einem alten Maschinensägeblatt zurechtgeschliffen haben, einen neuen Schlitz anbringen. Zum Lösen ziehen Sie dann die Schraube sie anschließend heraus.

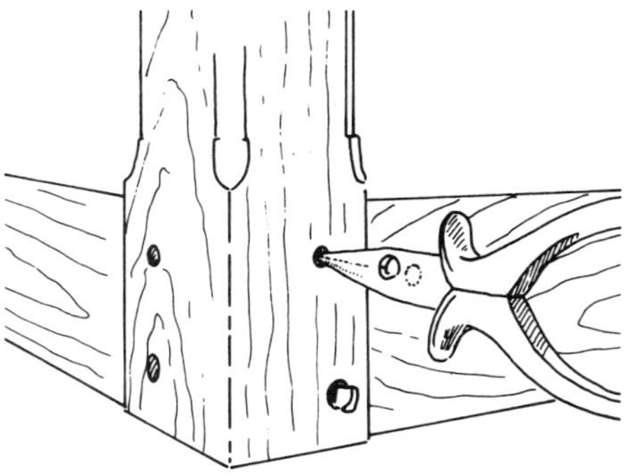

Eine unbeweglich festsitzende Schraube wird angekörnt und bis in den Schaft hinein angebohrt. Die dabei entstehende Wärme und Vibration reicht manchmal aus, um die Schraube zu lösen; wenn nicht, entfernen Sie sie mit einem Schraubenausdreher, der in dem Bohrloch angesetzt wird.

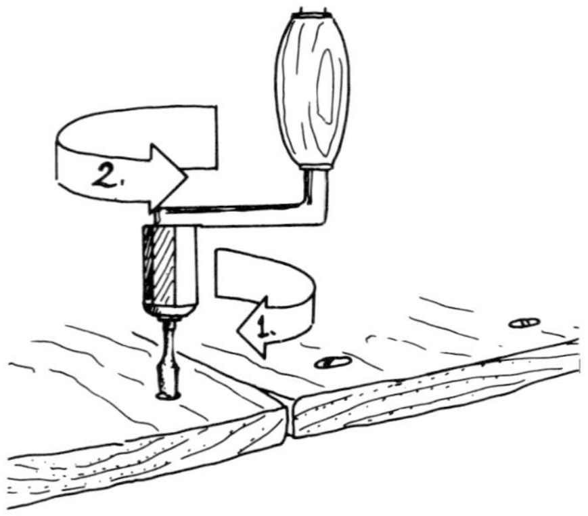

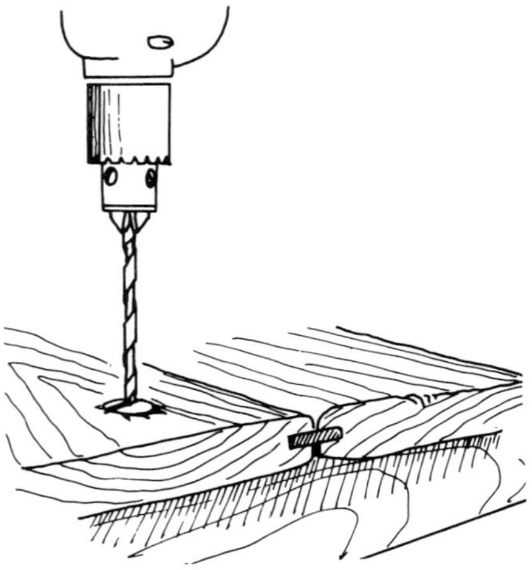

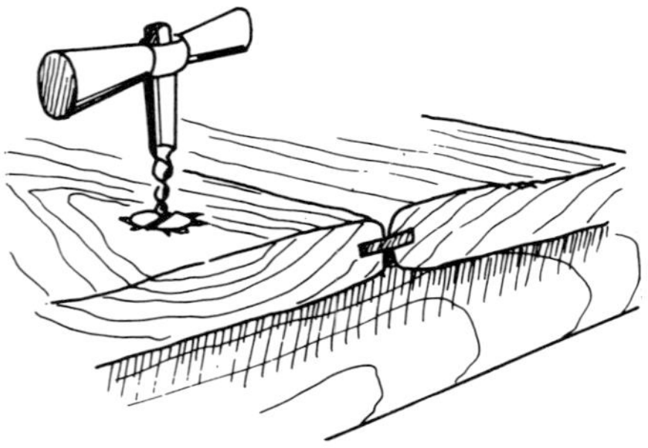

Verleimte Zapfenverbindungen

Bei Zapfenverbindungen, die mit Glutinleim (Knochenleim) befestigt worden sind, besteht manchmal die Möglichkeit, die Verleimung durch Anbohren des Zapfenschlitzes und Einspritzen von denaturiertem Alkohol (Brennspiritus) zu lösen. Wenn dies nicht auf Anhieb gelingt, können Sie mehr Brennspiritus einspritzen und versuchen, die Verbindung durch Hin- und Herbewegen und Trennen der Teile mit Hammer und Keil auseinanderzubringen. Die meisten Holzverbindungen lassen sich, wenn alles nichts nutzt, mit einem schweren Hammer und einem Holzklotz als Unterlage auseinanderschlagen.

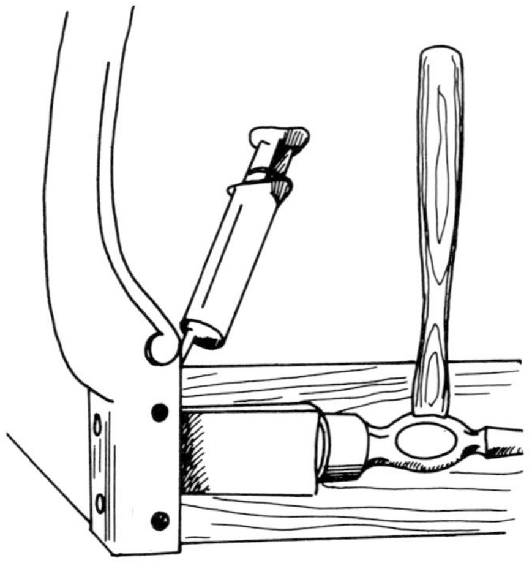

Schwalbenschwanz-Zinkungen

Solche Verbindungen können normalerweise mit dem Hammer losgeschlagen werden, wobei die Leimhaftung durch Einsägen an den Zinkenflanken

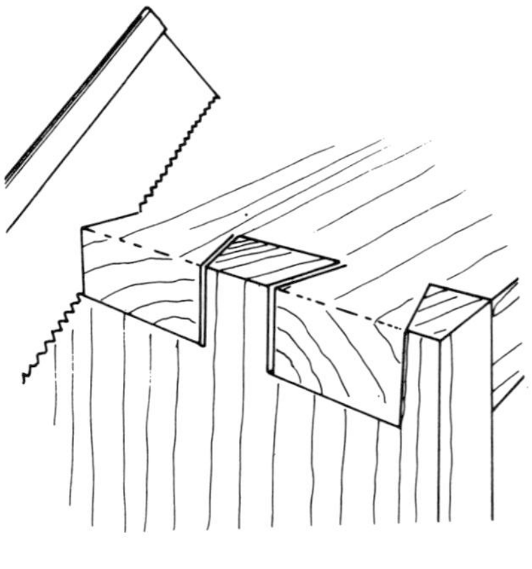

mit einer feinen Zinkensäge unterbrochen werden kann. Bei der späteren Wiederherstellung der Verbindung müssen kleine Furnierstücke in die Sägeschnitte eingeleimt werden.

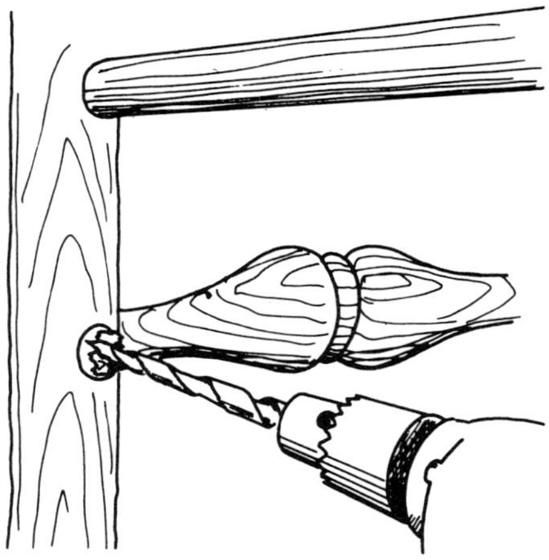

Verleimklötze
Zu ihrer Beseitigung wird ein Stemmeisen am unteren Rand des Klotzes angesetzt und der Klotz mit einem Hammerschlag gelöst; Voraussetzung hierfür ist, daß das Stemmeisen richtig angesetzt wird.

Genietete Metallwinkel
Hier werden die Nietköpfe angekörnt und ausgebohrt. Nach dem Abnehmen des Winkels werden dann die Nieten herausgeschlagen.

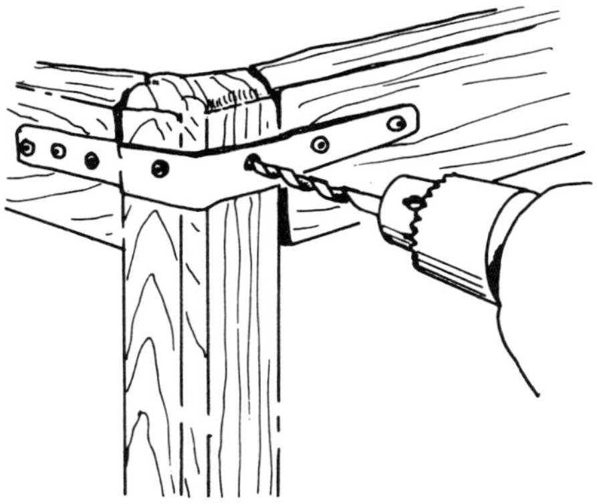

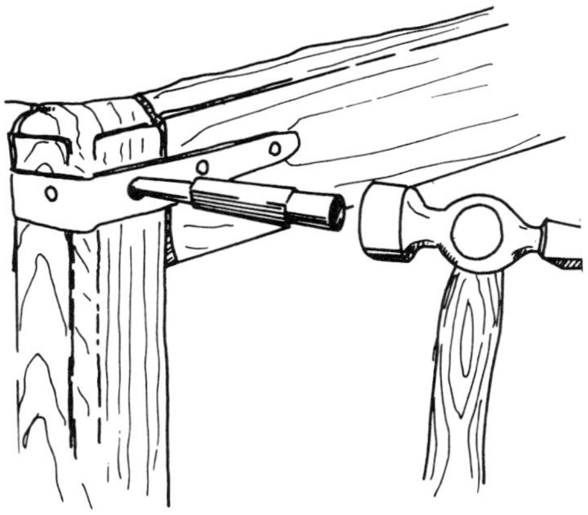

Abgebrochene Sprossen oder Dübel
Nach dem Ankörnen wird in das abgebrochene Ende ein Loch gebohrt, und zwar auf beiden Seiten an den Stellen, wo das Stück durch Nägel festgehalten wird. Mit einem stärkeren Bohrer werden dann das Loch bzw. die Löcher aufgebohrt und die Holzrückstände mit einer spitzen Flachzange herausgezogen.

Abgebrochene Zapfen
Über die ganze Breite des Zapfens werden mehrere Löcher angekörnt und gebohrt. Das restliche Material wird mit dem Stemmeisen, von der Mitte des Zapfens ausgehend, zu den Seiten hin ausgestochen.

Schlecht ausgeführte Reparaturen
Wo das Holz an solchen Stellen stark gerissen oder gesplittert ist, sägen Sie das schadhafte Teil ab und schäften ein neues an.

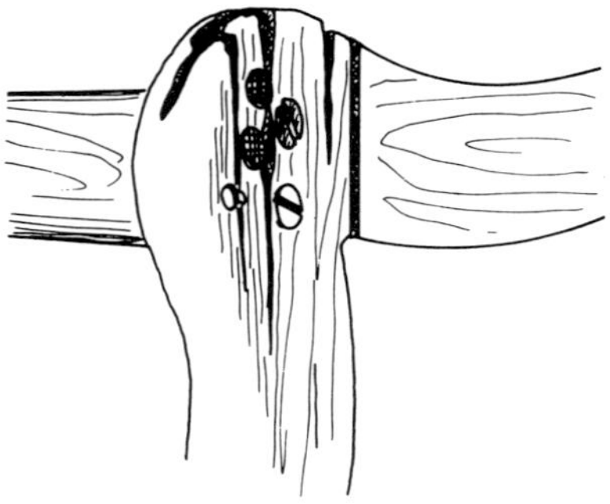

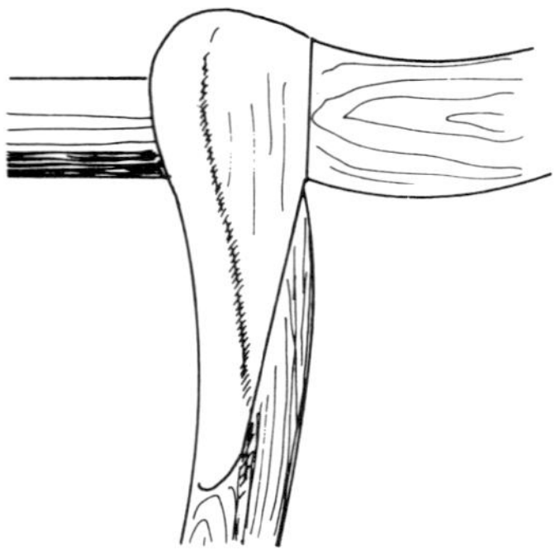

Diese Teile müssen mit einem Tafelmesser gelöst und eventuell vorhandene Holzstifte durchgesägt werden.

Verleimklötze sind mit Stemmeisen und Schlegel abzuschlagen.

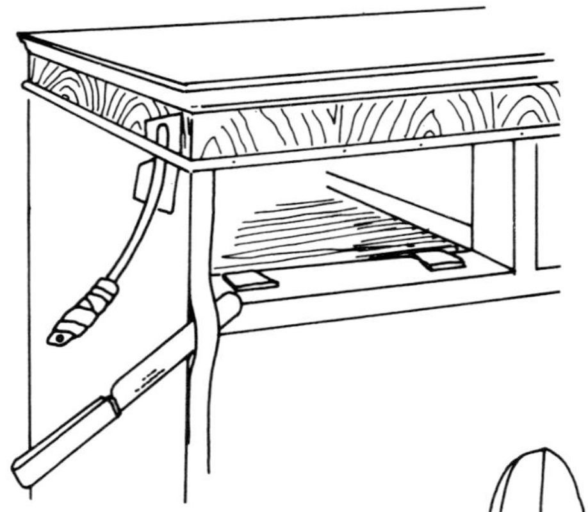

Zerlegen von Kastenmöbeln

Kastenmöbel wie Truhen, Kommoden usw. bestehen aus massiven Holzbohlen oder aus Verbundplatten, die an den Ecken mit Kantenverbindungen versehen sind. Ihre diagonale Festigkeit erhalten sie gewöhnlich durch eine massive oder aus Brettern zusammengesetzte Rückwand. Wenn letztere sich gelöst hat oder beschädigt worden ist, werden die Kastenverbindungen geschwächt. Spannungen in dem Möbelstück können auch durch Verziehen infolge von unebenen Fußböden oder verschlissenen und fehlenden Füßen entstehen.

Kastenmöbel sind in ihrer Festigkeit leicht zu beeinträchtigen, aber sehr schwierig zu zerlegen, und wenn dies versucht wird, treten oft beträchtliche Schäden auf. Wenn jedoch die Gegebenheiten eine Zerlegung erfordern, ist wie folgt vorzugehen.

Untersuchen Sie das Möbelstück auf Formteile, Rundstäbe und Kantenleisten, die über eine auseinanderzunehmende Verbindung hinweg verlaufen. Untersuchen Sie ältere Reparaturstellen genau auf Nägel oder Schrauben und entfernen Sie diese, damit die Verbindung sauber und ohne Ausreißstellen getrennt werden kann.

Die Rückwand des Möbelstücks nehmen Sie ab und ersetzen sie durch zwei gekreuzte Diagonallatten, um dem Kasten nach dem Lösen seiner Verbindungen ein Mindestmaß an Haltbarkeit zu geben. Alle Teile, die ursprünglich an der Rückwand angenagelt waren und eines Halts bedürfen, heften Sie an diesen Latten fest.

Bei der Zerlegung von Kastenmöbeln sind die Hammerschläge immer möglichst nahe an den Verbindungsstellen zu führen, wobei ein Stück Hartholz unterzulegen ist, um die Schlagkraft auf die ganze Breite der Verbindung zu verteilen.

Stellen Sie das Möbelstück mit den Bodenbrettern auf den Werkstattboden und prüfen Sie deren Verbindungen mit den Seitenwänden, um sicherzugehen, daß sie sich mit ein paar kräftigen Hammerschlägen trennen lassen. Bereiten Sie notfalls diese Trennung vor, indem Sie eine Seite leicht anheben

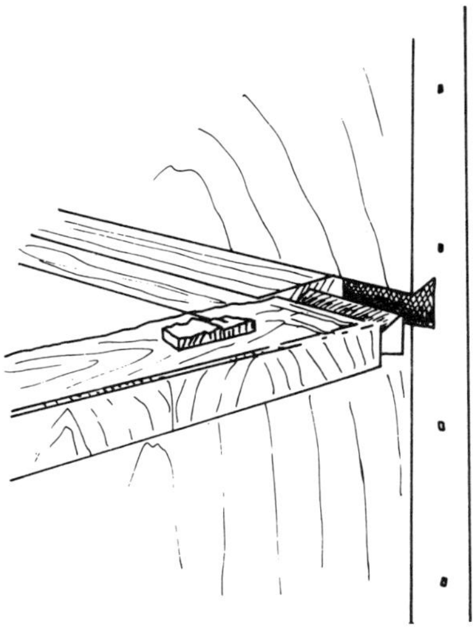

(1 cm über dem Fußboden reicht aus) und mit einem mittelschweren Hammer kräftig auf die Hartholzunterlage schlagen. Setzen Sie den Kasten auf dem Boden ab und prüfen Sie die Verbindung. Wenn sie anfängt, sich zu lösen, braucht sie nicht mehr ganz so hoch vom Boden abgehoben zu werden.

Bevor die Verbindung völlig auseinandergegangen ist, wiederholen Sie den Vorgang auf der anderen Seite, bis die Bodenbretter sich ganz gelöst haben und leicht abgenommen werden können.

Nun drehen Sie das Möbelstück herum und wenden dasselbe Verfahren an der Deckplatte an. Eine Beschädigung dieser Verbindung wird dabei unvermeidlich sein; alle schadhaften Schwalbenschwanz-Zinkungen müssen später instandgesetzt werden.

Dieses Möbelstück stellt eine Herausforderung für den Restaurator dar. Es verlangt dem Fachmann sein ganzes Können ab, ehe es wieder im alten Glanz erstrahlt.

Wenn Deckplatte und Boden einmal entfernt worden sind, dürften Regalbretter und Zwischenwände keine Schwierigkeiten mehr bieten. Bei Qualitätsmöbeln sind jedoch die Laufleisten für die Schubladen und manchmal auch die Regalbretter in Gratnuten in den Seitenwänden befestigt und müssen dann sehr sorgfältig herausgenommen werden. Wenn auf der Vorderseite Kantenleisten angebracht sind, sind diese abzunehmen und die Regale oder Laufleisten nach vorne herauszuziehen. Manchmal kann dies notwendig sein, bevor die Deckplatte und die Bodenbretter entfernt werden.

Zerlegen von Rahmenmöbeln

Bevor Sie ein solches Möbelstück, z. B. einen Stuhl oder einen Tisch, auseinandernehmen, stellen Sie fest, wieviel von dem Rahmen zerlegt werden muß. Sehr oft können die Seitenzargen abgenommen und instandgesetzt werden, ohne daß das ganze Stück demontiert werden muß. Müssen die Beine und Endzargen aufgearbeitet werden, so kann eine Menge unnötiger Arbeit vermieden werden, wenn ein Ende abgebaut, instandgesetzt und wieder eingesetzt wird, ehe das andere Ende an die Reihe kommt. An diese Möglichkeit sollten Sie denken, wenn Sie den Umfang der Zerlegungsarbeit abschätzen. Sollten im Laufe der Arbeit Zapfen abbrechen oder sich als verfault erweisen, so nehmen Sie das Möbelstück am besten vollständig auseinander.

Alle Ständer und Querstreben des Rahmens sind auf dessen Innenseite mit Teil- und Seitennummer zu markieren, und zwar entweder mit Bleistift oder in deutlich sichtbaren Geißfußstichen und so, daß Verwechselungen nicht möglich sind. Ziemlich oft findet der Restaurator auch noch die alten Markierungen vor und sollte sich danach richten, wenn sie dem Zweck der schnellen Information und des Zusammenbaus in der richtigen Reihenfolge genügen.

Bei Paneelen müssen alle Einzelteile nach Lage und Richtung gekennzeichnet werden.

Mit der Zerlegung kann begonnen werden, wenn Schubladen und Türen entfernt worden sind. Man beginnt gewöhnlich mit der Deckplatte (dem Oberteil), dann folgen die Laufleisten der Schubladen, Regalbretter, Seitenwände, die Rückwand und der Boden.

Die Seiten- und Rückenwandpaneele lassen sich nach Abnahme vom Hauptrahmen auseinanderschlagen, wenn dies notwendig sein sollte. Bei antiken Möbelstücken sind die Verbindungen vielfach verstiftet (verdübelt) und nicht verleimt, so daß lediglich die Stifte (Dübel) zu beseitigen sind. Möbel in einem Alter von weniger als 150 Jahren haben vermutlich Leimverbindungen, die gelegentlich mit Problemen verbunden sein können.

Meistens hat der Rahmen jedoch mindestens eine schwache Stelle, und dann ist es wahrscheinlich, daß er auch andere geschwächte Verbindungsstellen aufweist. Die schwächste davon nehmen Sie sich zuerst vor, indem Sie die verbundenen Teile gegeneinander bewegen und das Ausmaß dieser Bewegung nach und nach steigern, bis Sie kleine Hartholzkeile in die Fugen stecken, Brennspiritus einspritzen und so die Verbindung nach einiger Zeit ganz auseinandernehmen können.

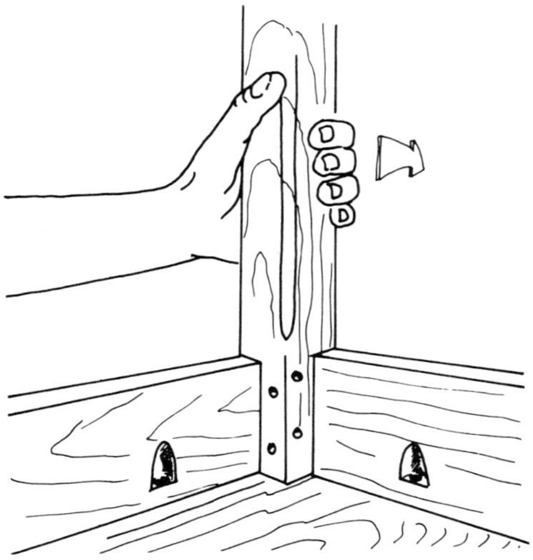

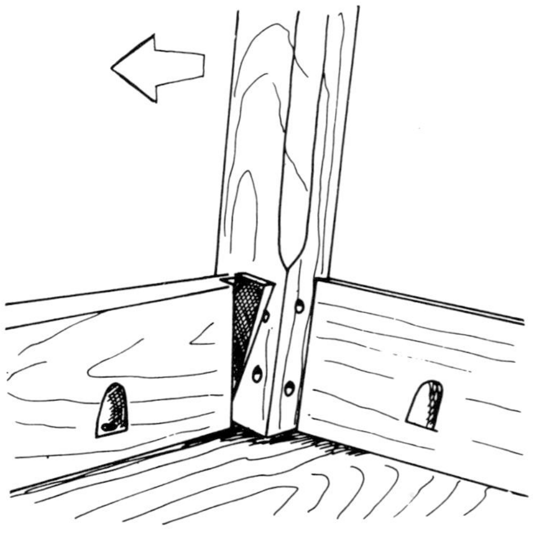

Die Kontrolle des Kraftaufwands ist wichtig. Schlagen Sie eine Verbindung nicht auseinander, wenn Sie nicht sicher wissen, ob sie von Leim oder

Nägeln zusammengehalten wird. Wenn bei einer Zapfenverbindung die Gefahr besteht, daß das Zapfenloch ausreißt, verstärken Sie dessen Wangen mit einer Schraubzwinge, denn solche Schlitze sind weit schwieriger zu erneuern als Zapfen.

Wenn außer der Anwendung roher Gewalt nichts mehr hilft, klemmen Sie das geschlitzte Bauteil fest zusammen und drücken das gezapfte Bauteil zur Seite, so daß an der Zapfenschulter ein Spalt entsteht. Dann spannen Sie den Rahmen in dieser verzogenen Stellung ein und sägen den Zapfen mit einer Zinkensäge in diesem Spalt ab. Unter der Voraussetzung, daß die Berührungsflächen an beiden Bauteilen nicht zerkratzt werden, ist dies eine einfache und wirksame Lösung.

Der Übersicht halber ist hier die Schraubzwinge am Zapfenloch weggelassen worden. Die Zinkensäge wird in dem Spalt angesetzt und der Zapfen durchgesägt.

Es mag manchmal möglich sein, den Leim in einer Verbindung durch Einspritzen von kochendem Wasser in den Zapfenschlitz aufzulösen oder zu verflüssigen, was mehrere Stunden in Anspruch nimmt. Bei weißem Tischlerleim mag das auch mit Acetateinspritzungen klappen, aber ich halte solche Methoden für zeitraubend und wenig erfolgversprechend.

Zerlegen von Stühlen

Stühle brauchen nur selten vollständig auseinandergenommen zu werden. Fugen lassen sich mit Harnstoff-Formaldehyd- und Epoxidharzen ausfüllen und neue Teile ansetzen. Sollte eine Zerlegung jedoch notwendig sein, so gelten dieselben Regeln wie vorstehend für andere Rahmenmöbel beschrieben. Da ein Stuhl eine empfindliche Kombination von Festigkeit und ansprechender Form darstellt, müssen alle seine Verbindungsstellen in Ordnung sein. Das Ausreißen oder Splittern von Zapfenlöchern ist unbedingt zu vermeiden. Sägen Sie in allen Fällen lieber einen Zapfen ab, statt dessen Schlitz zu beschädigen. Gelegentlich kommt es bei Qualitätsstühlen vor, daß die Mittelsprosse der Lehne herausgenommen und instandgesetzt werden muß. Wenn das Lehnenoberteil (üblicherweise mit Schlitz- und Zapfenverbindungen) losgeschlagen werden kann, ist dies eine einfache Angelegenheit, da die Sprosse in ihre Nuten nie eingeleimt ist.

Lassen sich diese Verbindungen nicht ohne weiteres trennen, so ist es ratsam, auf einer Seite zu versuchen, den Lehnenkopf so weit anzuheben, daß die Lehnensprosse herausgenommen werden kann. In solchen Fällen ist eine Kontrolle der aufzuwendenden Kraft besonders wichtig. Benutzen Sie Hebel und Keile, wenden Sie niemals rohe Gewalt an.

8 Häufige Schäden und ihre Behebung

Gelöste Verbindungen

Schwalbenschwanz-Zinkungen

Bei Schubladen und anderen leichten Bauteilen werden lose Zinkverbindungen häufig angetroffen. Die einfachste Lösung hierfür ist, die Verbindungsteile vorsichtig auseinanderzuschlagen, bis sie sich fast ganz getrennt haben, und PVAC-Kleber in die Fugen zu geben, wobei an der Oberfläche austretender Kleber mit einem feuchten Lappen abzuwischen ist. Auch verdünnter Knochenleim ist gut geeignet, aber dann müssen die Teile fest verspannt werden, bevor der Leim abbinden kann. Benutzen Sie deshalb PVAC-Kleber, wenn die Reihe der Zinken ziemlich lang ist oder wenn das Risiko besteht, daß der Leim vor dem endgültigen Zusammenfügen der Teile abgebunden hat. Zur Verstärkung der Verbindung setzen Sie Verleimklötze mit Knochenleim ein.

Wenn das Möbelstück einigermaßen empfindlich ist und das vorstehend beschriebene Verfahren nicht angewendet werden kann, bringen Sie mit einer Zapfensäge mehrere Schnitte im Winkel von 45° zur Oberkante an und leimen kleine Furnierstücke oder etwas dickere Hartholzplättchen in die Fugen ein. Hierfür benutzen Sie verdünnten Knochenleim oder einen Epoxid-Harzklebstoff, weil PVAC-Kleber das Ineinanderschieben von genau passenden Teilen behindert. Die eingeleimten Holzstücke müssen gut trocknen, bevor sie mit dem Stechbeitel beigearbeitet werden.

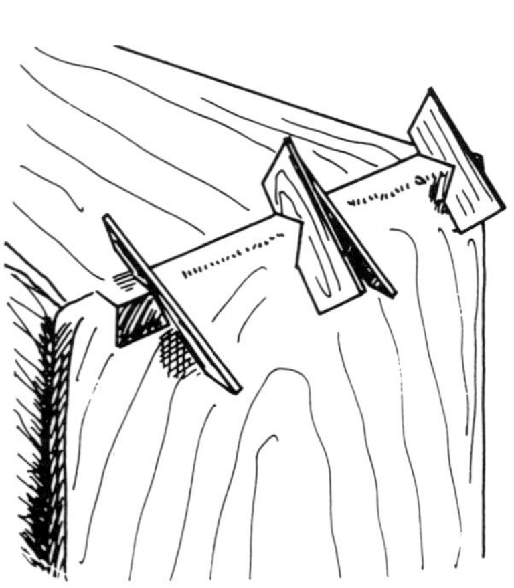

Dies sind einfache und wirkungsvolle Methoden, aber häufig sind Schwalbenschwanz-Zinkungen durch ständige Bewegung und schlecht ausgeführte Reparaturen so stark verschlissen, daß sie erneuert werden müssen, was die völlige Trennung der verbundenen Teile erfordert.

Nach dem Auseinandernehmen der Bretter spannen Sie eins davon so in den Schraubstock, daß seine Oberkante etwa 100 mm über den Backen vorsteht. An den Zinken, die erneuert werden müssen, sägen Sie mit Hilfe eines Sägenlineals auf beiden Seiten so tief in das Brett, daß die Sägeschnitte in einer Tiefe von etwa 60 mm zusammenlaufen, und wiederholen den Vorgang an den Gegenzinken, die der Instandsetzung auf der anderen Seite bedürfen.

Für die neuen Zinken wählen Sie ein geeignetes Stück Holz mit ähnlicher Maserung. Dann schneiden Sie sich Pappschablonen nach den V-förmigen Einschnitten zurecht und zeichnen damit auf dem Holz die keilförmigen Ersatzstücke an. Zum Nacharbeiten geben Sie jedem dieser Keile ein Aufmaß von mindestens 20 mm in der Länge über die Höhe der Zinken hinaus. Wenn Sie die Einsatzstücke aussägen und passend hobeln, geben Sie ihnen am besten einen Winkel, der ein wenig grö-

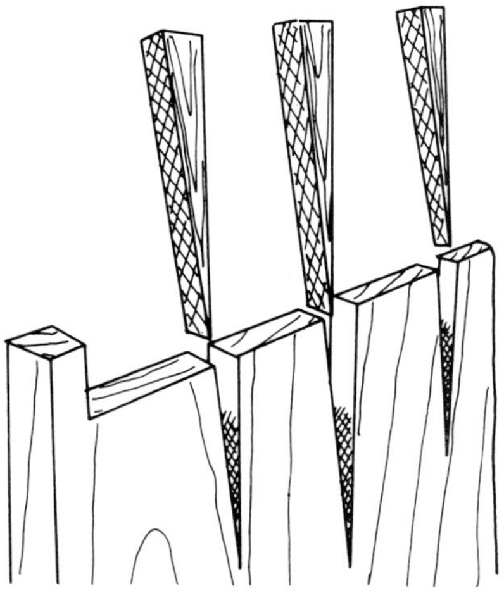

ßer ist als derjenige der Sägeschnitte in dem Brett, damit die Keile mit dem Hammer festgeschlagen werden können. Die Seitenflächen der Keile werden vor dem Einleimen mit einem Zahnhobel oder Bügelsägeblatt aufgerauht.

Zum Schluß werden die neuen Haupt- und Gegenzinken nachgeschnitten.

Zur Erneuerung von überlappten Zinkungen wird in ähnlicher Weise verfahren, nur daß hierbei die Kerben für die neuen Zinken an der Vorderkante des Brettes nicht sichtbar sein dürfen. Sie brauchen auch nicht keilförmig zu sein, sondern können mit der Oberfräse oder mit Säge und Beitel rechteckig ausgeschnitten werden. Bei der Instandsetzung von verdeckten Zinkenverbindungen denken Sie daran, daß die Gegenzinken angezeichnet und ausgestochen werden müssen, bevor ihre Form auf die Hauptzinken übertragen wird.

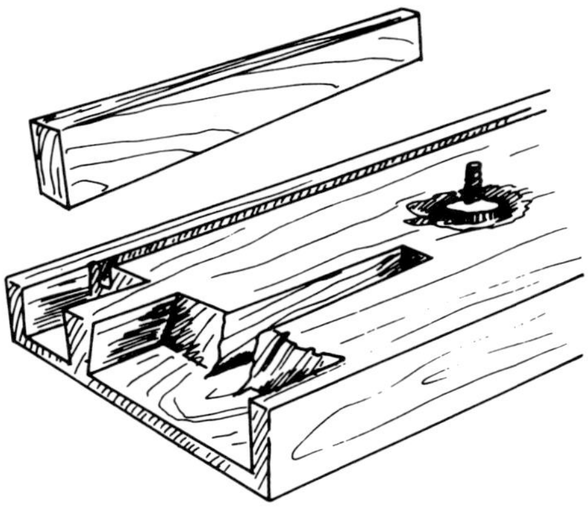

Zapfenverbindungen

Bei schadhaften Zapfenverbindungen liegt es nahe, sie auseinanderzunehmen und neu zusammenzuleimen. In der Praxis jedoch ist der Vorgang selten so einfach und kann die Trennung anderer, gut verleimter Verbindungen nach sich ziehen. Um dies zu vermeiden, prüfen Sie den Zapfen auf seinen Zustand; sind in seinem sichtbaren Teil keine Anzeichen für Bruch oder Fäule vorhanden, kann Klebstoff in das Zapfenloch eingespritzt werden.

Hierfür brauchen Sie Injektionsspritzen (ohne Nadeln), eine Bohrmaschine mit Bohrern und sogenannten Füllkleber (entweder Harnstoff-Formaldehyd oder Epoxidharz). Wählen Sie einen Bohrer, der etwas größer ist als das Mundstück der Spritze, und bohren Sie von unten her auf Flanken und Stirnfläche des Zapfens zu. Sie werden leicht merken, wann der Bohrer tief genug eingedrungen ist, so daß Sie ihn zurückziehen können. Bei Verwendung eines Härters beachten Sie die Mischungshinweise. Zuerst spritzen Sie den Härter und dann den dickflüssigen Klebstoff in das Loch, wobei Sie mit dem Druck auf die Spritze nachlassen, wenn der Kleber um den Zapfen herum oder an wurmstichigen Stellen anderswo austritt. Dann werden die Teile zum Trocknen verspannt. Diese Verspannung muß mehrere Tage bestehen bleiben, wenn PVAC-Kleber oder weißer Tischlerleim verwendet worden ist. Überschüssiger Klebstoff ist abzuwischen und das Bohrloch mit Füllmittel zu verstopfen.

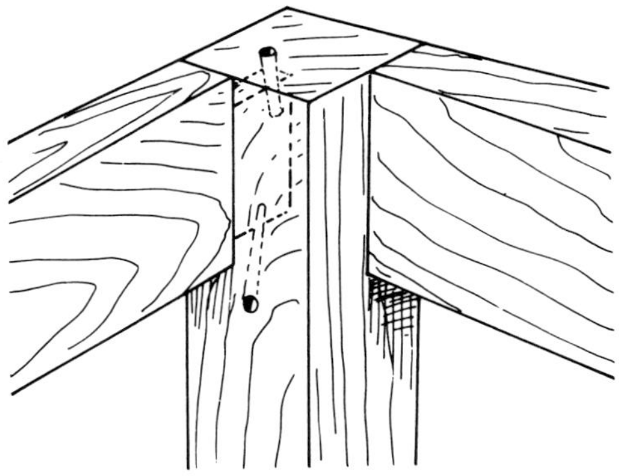

Wenn der Kleber mit dem Abbinden begonnen hat, lassen Sie ausgelaufene Schlieren und Tropfen zunächst trocken werden, denn die harte und brüchige Masse ist leichter zu beseitigen als ein dünner Kleberfilm.

Lose Zapfen

Wenn ein Zapfen, der mit dem einen Bauteil aus einem Stück besteht, abgebrochen oder vom Wurmfraß befallen ist, muß er durch einen losen Zapfen ersetzt werden — ein einfaches Verfahren, das zu einer sehr kräftigen Verbindung führt.

Lösen Sie das Teil, welches den neuen Zapfen benötigt, von dem Rahmen des Möbelstückes und sägen Sie den Überrest seines alten Zapfens ab.

Dann stellen Sie ein Zapfenloch-Streichmaß auf die Stärke des Zapfens ein und markieren damit die Stirn- und Unterseite des Werkstücks. Wenn Sie eine Kreissäge haben, stellen Sie das Sägeblatt so ein, daß die Schnittiefe etwas geringer ist als die Zapfentiefe; das Anschlaglineal der Säge wird dabei so eingestellt, daß das Material innerhalb der beiden Streichmaß-Anrisse ausgesägt wird. Ein Längsanschlag, der auf den Sägentisch gespannt wird, verhindert, daß das Sägeblatt in Längsrichtung zu weit in das Holz hineinfährt.

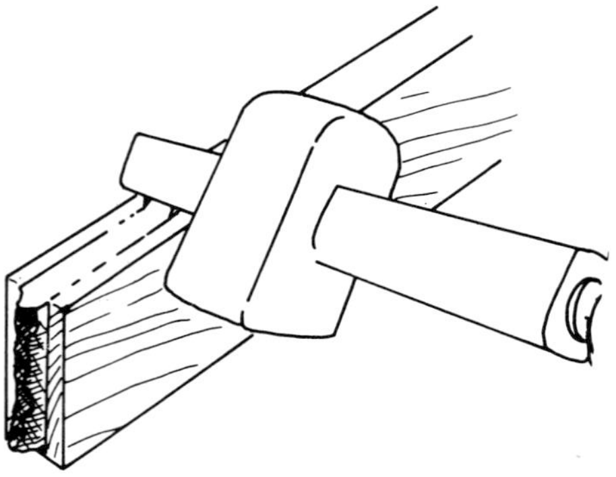

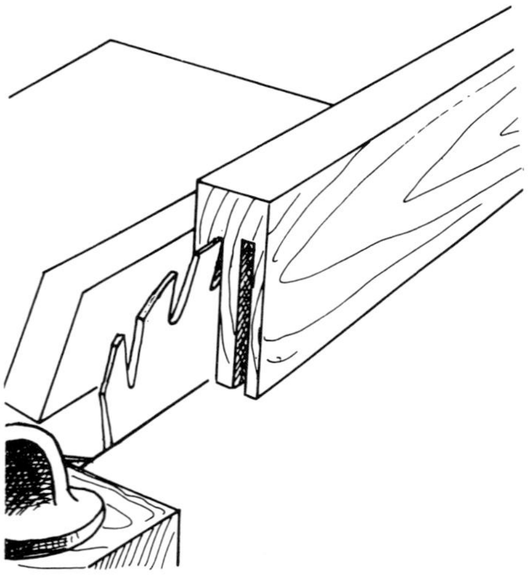

Nach dem ersten Sägeschnitt wird der Anschlag der Maschine umgestellt und ein zweiter Schnitt an der gegenüberliegenden Anrißlinie vorgenommen. Das Abfallholz zwischen diesen beiden Sägeschnitten kann entweder mit der Kreissäge ausgesägt oder mit dem Stemmeisen ausgestochen werden.

Steht keine Kreissäge zur Verfügung, so ist der Zapfenschlitz mit einer Handsäge einzusägen und mit dem Stemmeisen auszustechen und am Ende zu vertiefen.

Für den neuen Zapfen wählen Sie ein Stück geradfaseriges Holz und schneiden dies passend zu dem Schlitz zurecht. Wenn letzterer mit der Kreissäge angebracht worden ist, kann die halbrunde Form am Zapfenende dadurch festgelegt werden, daß Sie den losen Zapfen gegen das Kreissägeblatt halten und dessen Rundung anzeichnen.

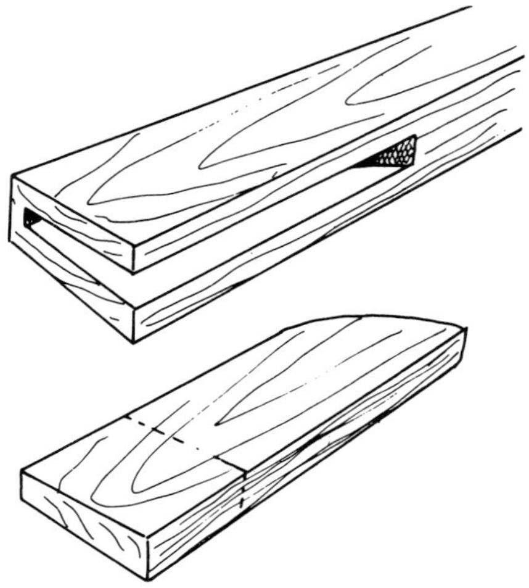

Wenn der lose Zapfen zurechtgeschnitten und eingepaßt worden ist, kann er in das Werkstück eingeleimt und später in das Zapfenloch in dem anderen Bauteil eingesetzt werden; es ist auch möglich, beide Arbeitsgänge zusammen vorzunehmen. Beide Seiten des losen Zapfens müssen ebenso wie die Verbindung von Schlitz und Zapfen fest verspannt werden.

Wo Zapfen und Zapfenloch beide sehr stark ausgerissen oder durch Fäulnis oder Wurmfraß geschwächt sind, kann die Verbindung mit verdicktem Epoxidharzkleber verstärkt werden. Dabei ist es ratsam, ein paar Verstärkungsdübel in einwandfreies Material einzuleimen, um eventuell auftretenden Belastungen besser zu verteilen. Wenn ein ernsthaft geschwächtes Holzteil mit neuem Material verstärkt wird, liegt die größte Wahrscheinlichkeit für einen Bruch in dem Bereich, wo das alte und schwache Holz auf das neue und kräftige Material stößt. Hier sorgen die Verstärkungsdübel für einen sanfteren Übergang.

Für den Fall, daß ein Zapfenloch durch Spannungen, Fäulnis oder minderwertige Reparaturarbeiten so stark beschädigt worden ist, daß es zum Aufreißen entlang der Holzfaser geführt hat, dürfte es am besten sein, die alte Verbindungsstelle abzusägen und ein neues Teil anzuschäften. Eine genaue Beschreibung dieser Arbeiten finden Sie auf den Seiten 97 ff. Betrifft die Verbindungsstelle kein tragendes Bauteil, dann können kleine Dübel ober- und unterhalb des Zapfenschlitzes in die Verbindung eingeleimt werden, um das Material zusammenzuhalten und weiteres Reißen zu verhindern.

Beschädigte Möbelteile

Damit man bequem an einem Tisch sitzen kann, bedarf es einer Höhe von mindestens 610 mm vom Fußboden bis zur Zargenunterkante. Geringfügige Erhöhungen dieses Abstands können durch Aufnageln von Scheiben und Gleitstopfen auf die Beinenden erreicht werden. Für die Verlängerung von Möbelbeinen werden weitere Verfahren auf den folgenden Seiten beschrieben. Wenn Sie an Tischbeinen arbeiten, besteht die Gefahr einer Beschädigung der Tischplatte oder einer Schwächung des Tischrahmens. Hierbei ist also mit großer Sorgfalt vorzugehen und eine Überlastung zu vermeiden.

Verlängerung durch Ansatzstücke

Die Belastbarkeit eines Ansatzstückes richtet sich nach seiner Länge und der Breite des Tischbeins an der Ansatzstelle. Beine von weniger als 40 mm Breite können nicht auf diese Weise verlängert werden, und kein Ansatzstück sollte länger als 50 mm sein. Eine solche Verlängerung ist nicht für Stühle oder andere Möbelstücke geeignet, bei denen ein seitlicher Druck auf das Bein ausgeübt wird.

Wenn mehr als ein Ansatzstück benötigt wird, können alle Beine in einer Art Serienfertigung zusammen in den gleichen Zustand versetzt werden. Die Ansatzstelle ist rings um das Bein herum anzuzeichnen; von dem Bein wird so wenig wie möglich abgesägt, wobei die Schnittstelle gesundes Holz erkennen lassen muß. Ein Hirnholzhobel mit engster Mauleinstellung dient zum Glätten des Sägeschnitts, dessen Ebenheit wichtiger ist als die Rechtwinkligkeit. Die Ebenheit können Sie prüfen, indem Sie die Hobelsohle auf die Schnittstelle legen und versuchen, den Hobel darauf zu schaukeln.

Länge und Breite des benötigten Ansatzstückes sind genau auszumessen und auf allen Seiten mit 5 mm Aufmaß zu versehen. Ein geeignetes Stück Holz zeichnen Sie an und sägen es zurecht. Den Rohling setzen Sie auf die Schnittstelle des Beins und drehen ihn, bis seine Maserung der des Beins entspricht. In dieser Stellung kennzeichnen Sie das Bein und das Ansatzstück. Nachdem Sie die Stoßflächen mit dem Hirnholzhobel geglättet haben, setzen Sie das Ansatzstück erneut auf und prüfen seine Ausrichtung. Eventuell notwendige Winkelkorrekturen können Sie durch Abhobeln des Ansatzstücks vornehmen. Wenn das Ansatzstück einwandfrei und nach der Maserung ausgerichtet auf das Tischbein paßt, wird seine Stellung auf dem Bein durch Markieren aller vier Kanten festgehal-

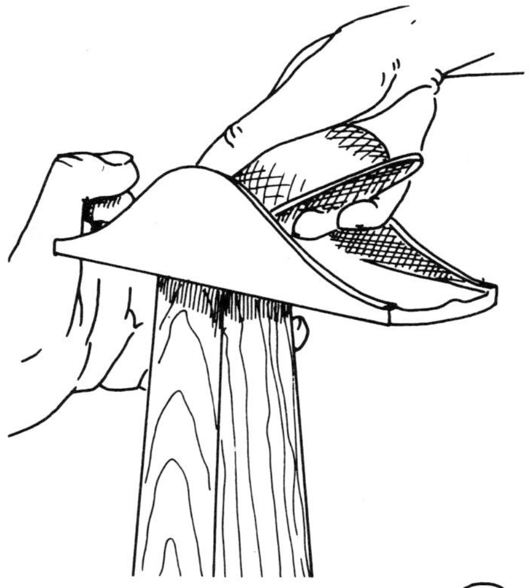

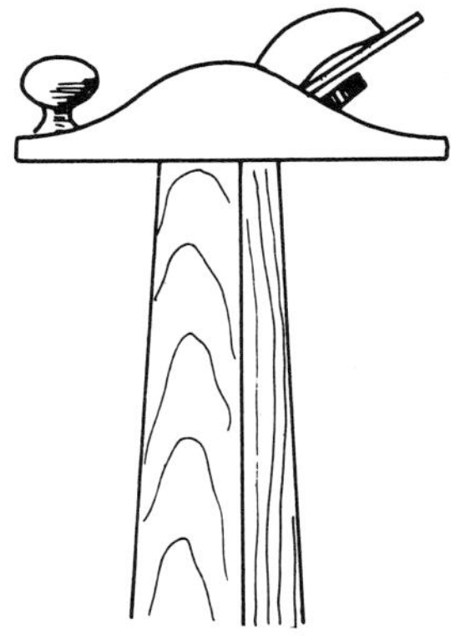

ten. Die Stoßflächen werden zur Aufnahme eines großen Nagels angebohrt. Dann wird das Ansatzstück umgedreht und mit einem größeren Bohrer von oben her angebohrt, damit der Nagelkopf versenkt und verdübelt werden kann.

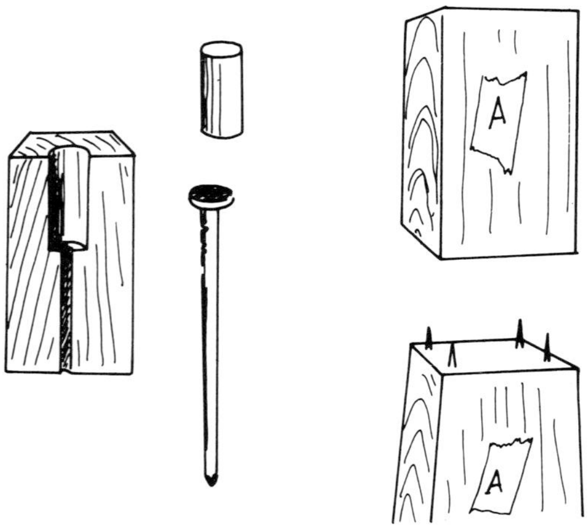

Um eine Art Verriegelung zwischen den Stoßflächen zu schaffen, schlagen Sie vier gestauchte Stifte von 25 mm Länge an den Ecken des Beins teilweise ein, trennen deren Köpfe in 5 mm Höhe über der Stoßfläche ab und setzen das sorgfältig ausgerichtete Ansatzstück darauf. Ein Schlag mit einem leichten Hammer dürfte genügen, um die Lage der Nägel auf dem Ansatzstück zu markieren. Mit einem Nagelbohrer vertiefen Sie die Löcher und klopfen das Ansatzstück auf dem Bein fest. Befindet sich das Ansatzstück jetzt nicht in der richtigen Stellung, so ziehen Sie drei von den Stiften heraus und versuchen es noch einmal mit neuen Löchern und neuen Stiften, wobei Sie den verbliebenen Stift ein wenig weiter herausziehen, um die Neupositionierung zu erleichtern.

In das korrekt aufgesetzte Ansatzstück bohren Sie von oben ein kleineres Loch durch das Ansatzstück hindurch und in das Tischbein so weit hinein, daß der Nagel mit seiner ganzen Länge aufgenommen werden kann. Nachdem Sie das Ansatzstück abgenommen und die Stoßflächen von Bohrmehl gereinigt haben, geben Sie einen starken Leim oder Kleber auf beide Stoßflächen, klopfen das Ansatzstück zurecht, prüfen seine Ausrichtung, stiften es fest und schlagen dann den großen Nagel ganz ein. Zum Schluß leimen Sie einen passenden Dübel in das Senkloch über dem Nagelkopf. Wenn der Leim vollständig abgebunden hat, legen Sie den Tisch mit der Platte nach oben auf zwei Böcke und umwickeln das Bein kurz oberhalb des Ansatzstückes mit Klebeband; dies

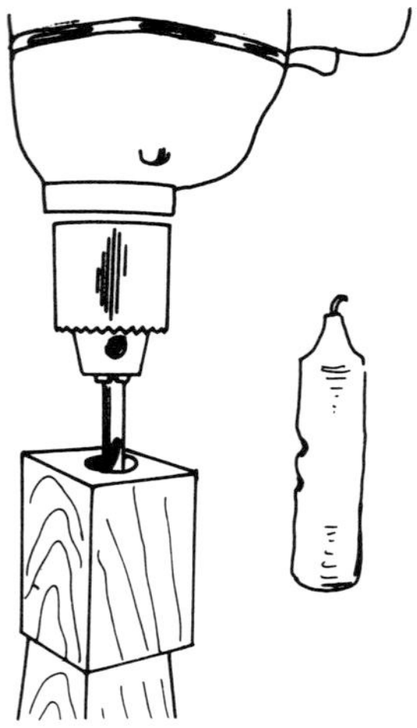

hält die Säge geringfügig von der Anrißlinie auf dem Ansatzstück entfernt und schützt die Beinoberfläche. Mit einer scharfen, am Tischbein angelegten Handsäge schneiden Sie dann das Ansatzstück auf Maß und glätten es anschließend mit einem Hobel. Vor dem Beischleifen mit Sandpapier füllen Sie etwaige Risse in der Verbindungsstelle mit Zweikomponenten-Füllmittel aus, runden den Fuß unten ab und imitieren vor dem Beizen und Polieren die sogenannte Antiquierung, d.h. Spalten, Holzwurmlöcher usw., wie sie das Originalbein eventuell aufweist.

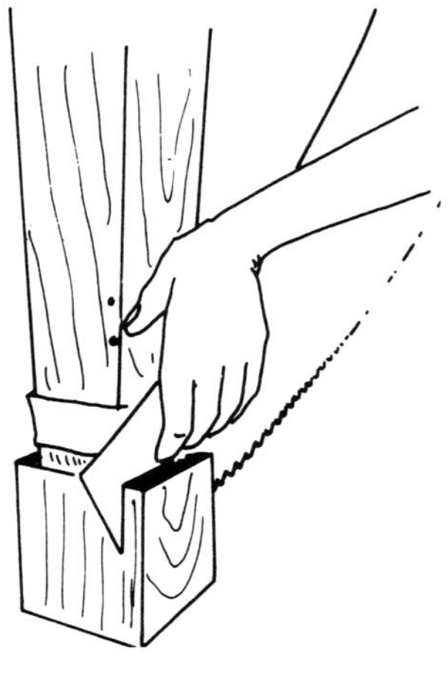

Falls es Schwierigkeiten in der Beschaffung genügend langer Bohrer geben sollte, lassen Sie in einer Schlosserei einen normalen Spiralbohrer mit einer Verlängerung versehen. Bei der Arbeit mit langen Bohrern kann eine Wachskerze zum Schmieren gegen den laufenden Bohrer gehalten werden, wobei man den Bohrer häufig zurückzieht und säubert.

Erneuerung von Möbelbeinen durch Anschäften
Diese Art der Erneuerung ist einfach und wirkungsvoll; sie ist ideal für Tisch- oder Stuhlbeine, die einseitig sehr stark abgenutzt oder so weitgehend verfault sind, daß eine umfangreiche Ergänzung erforderlich ist. Der Nachteil dieses Verfahrens liegt darin, daß immer viel neues Holz dabei sichtbar bleibt und die Arbeit des späteren Antiquierens deshalb mühsamer ist.

Zum Absägen des Abfallholzes verwenden Sie ein Sägelineal, dem Sie beim Festspannen auf das Bein eine solche Winkelstellung geben, daß die Verbindung ausreichend großflächig und damit fest, aber auch nicht zu lang ausfällt, damit nicht zuviel gesundes Holz verlorengeht.

Die Anschäftungsfläche wird abgehobelt und ihre Ebenheit mit der Sohle eines großen Hobels geprüft. Für das Ansatzstück wählen Sie ein Stück Holz mit ähnlicher Maserung wie die des Beins, klemmen es gegen die Kante des Richtscheits, spannen letzteres auf dem Beinende fest und zeichnen mit Schmiege und Bleistift auf dem Ansatzstück den Winkel an, in welchem Sie dann das Ansatzstück absägen und ausrichten.

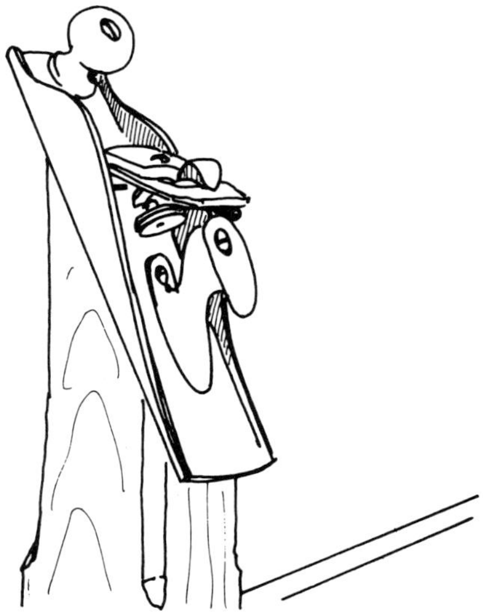

Bein und Anschäftung müssen ganz genau zusammenpassen; anderenfalls reiben Sie Tafelkreise auf eine der Stoßflächen, um die hochgelegenen Stellen kenntlich zu machen, wenn Sie die Stoßfläche des anderen Teils darauf hin- und herreiben. Diese Stellen werden dann mit einem Hirnholzhobel geebnet.

Wenn die Stoßflächen sich glatt aneinanderfügen, wird eine Stecknadel in die Mitte der Anschäftungsfläche geklebt und das Ansatzstück in der richtigen Stellung fest aufgedrückt, wobei der Stecknadelkopf eine deutliche Vertiefung in beiden Stoßflächen hinterläßt, die als Körnerschlag für den Bohrer dienen kann. Zur besseren Ausrichtung des Ansatzstücks kann vorübergehend ein Klotz an dem Bein festgeklemmt werden.

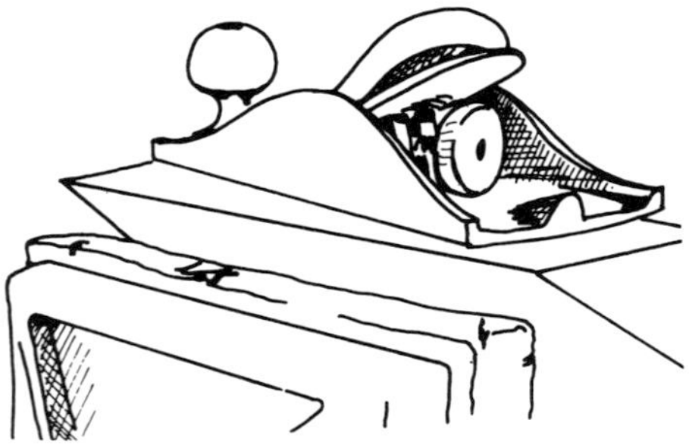

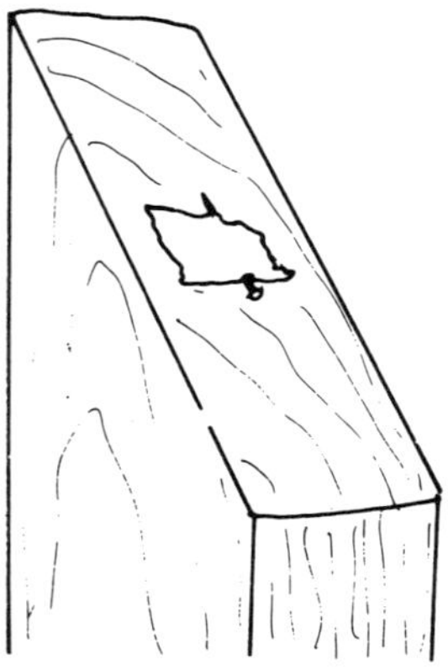

Mit einem Zentrumbohrer bohren Sie in jede Stoßfläche ein Loch von etwa 10 mm Tiefe, und zwar senkrecht zu den Flächen. In eines dieser Löcher stecken Sie einen passenden Dübel und schieben das andere Teil darüber.

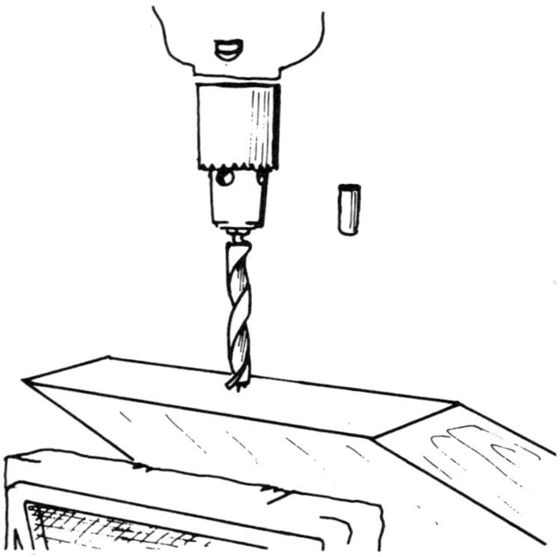

Mit einer Schraubzwinge werden beide Teile zusammengedrückt. Wenn ihre Ausrichtung stimmt, werden sie auseinandergenommen und auf den Stoßflächen mit einem Zahnhobel oder einem alten Bügelsägeblatt aufgerauht. Zum Verleimen der Anschäftung ist Harnstoff-Formaldehyd oder Epoxidharzkleber zu verwenden. Die Verbindung muß fest und doch vorsichtig verspannt werden, da die Stoßflächen durch den Klebstoff oft ins Rutschen kommen und dadurch den Führungsdübel beschädigen können. Zum Schluß prüfen Sie das Bein mit seinem neuen Ansatzstück auf richtige Fluchtung.

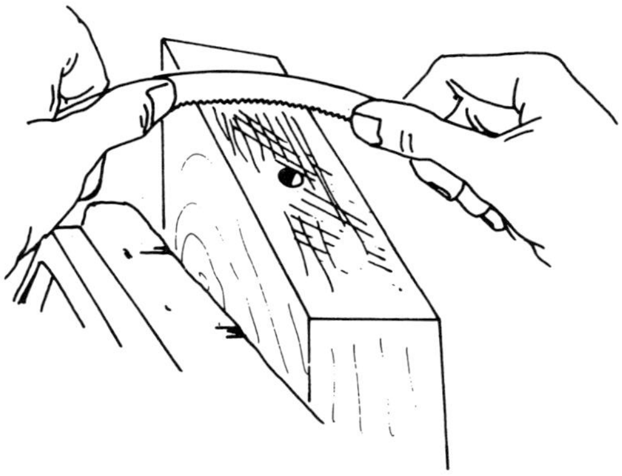

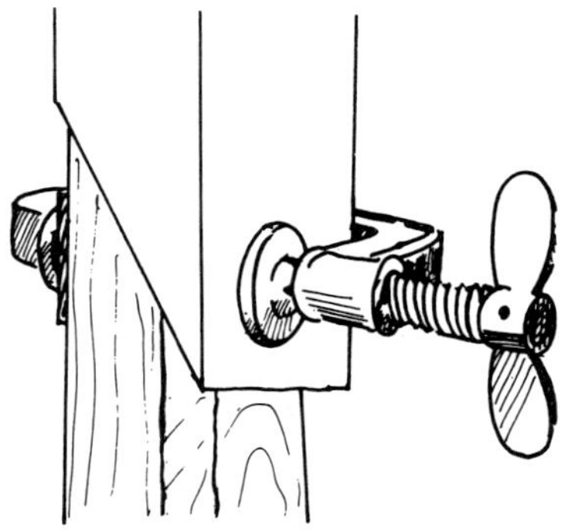

Der Kleber muß gründlich abgebunden haben, bevor das Ansatzstück an den Beinflächen entlang auf Maß gesägt und glattgehobelt werden kann, wobei die Genauigkeit der Verbindung mehrmals durch Anlegen eines Stahllineals zu überwachen ist.

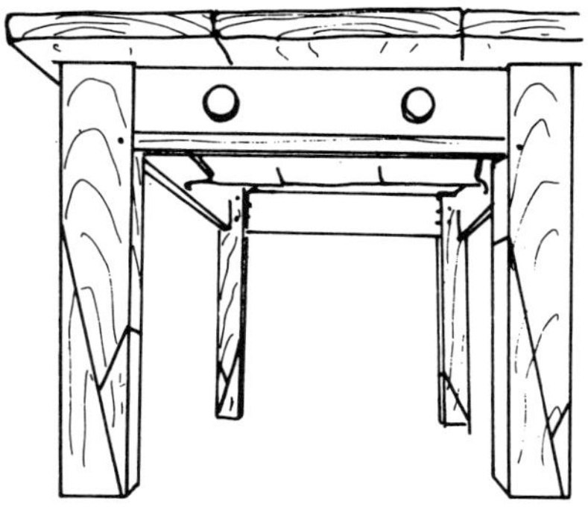

Keilförmige Anschäftung
Diese Art der Verbindung ist die stärkste und der Maserung am leichtesten anzupassen, aber sie ist in ihrer einwandfreien Herstellung auch die schwierigste. Das keilförmige Ansatzstück stößt beim Einsetzen in das alte Möbelbein gewöhnlich auf gesundes Holz, auch wenn das Bein außen stark verschlissen oder wurmstichig ist, und hat außer der Leimhaftung noch eine gewisse Eigenstabilität.

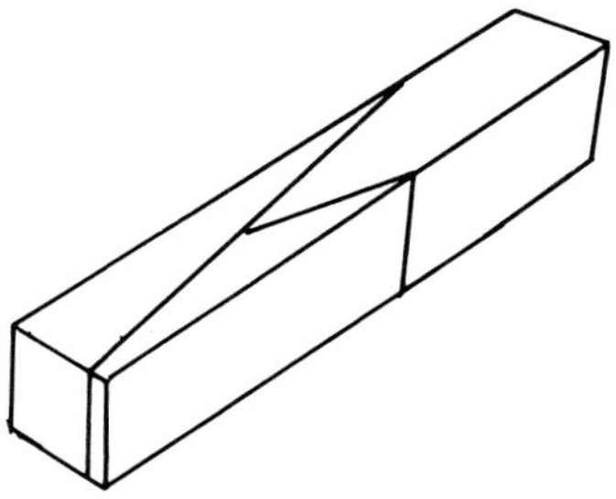

Je nach dem Umfang der Abnutzung können weitere Ergänzungstücke an das Bein geschäftet werden; für Möbelstücke guter Qualität sollten sie im gleichen Muster, in dem sie an das Bein geschäftet werden sollen, aus demselben Stück Holz geschnitten werden, wobei die Maserung in jedem Fall sorgsam abzustimmen ist.

Es ist ungünstig, die Beine vom Rahmen des Tisches zu nehmen; bevor dies getan wird, sollten Mittel und Wege zum sicheren Einspannen eines Beins in den Schraubstock und zum Festklemmen des Ansatzstückes an Ort und Stelle untersucht werden. Für die Arbeit brauchen Sie eine Sägeführung (Sägelineal) wie auf Seite 13 skizziert und beschrieben.

An der Stelle, wo sich die Spitze des keilförmigen Einschnitts befinden soll, wickeln Sie Klebeband um das Bein und markieren den Mittelpunkt des Beins auf jeder Seite. Unterhalb des Klebebands spannen Sie das Tischbein in den Schraubstock oder klemmen es gegen einen Arbeitsbock.

Das Sägelineal spannen Sie am Bein fest und stellen dessen Winkel so ein, daß das Lineal den auf dem Klebeband markierten Mittelpunkt schneidet und einen Teil der spitzwinkligen Keilform des Ansatzstücks bildet. Mit einer scharfen Längsschnittsäge schneiden Sie ohne Druck (der zum Verdrehen oder Verlaufen der Säge führen könnte) am Lineal entlang, bis der Mittelpunkt auf beiden Seiten des Beins erreicht ist. Sägen Sie nicht über die Mittellinie hinaus; es spielt keine Rolle, wenn der Schnitt die Mittellinie auf der Rückseite des Beins schon oberhalb des Klebebands erreicht, weil das Ansatzstück leicht passend gehobelt werden kann.

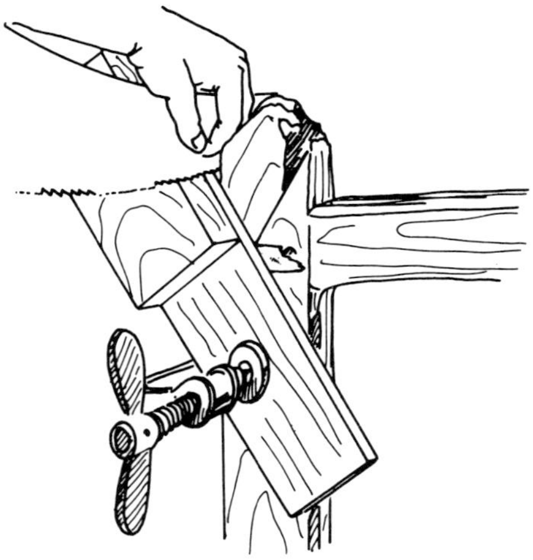

ab. Die Bleistiftstriche dürfen Sie dabei nicht berühren, weil sie als Bezugslinien dienen und eine Veränderung des Winkels verhüten. Durch vorsichtiges Abhobeln der Seitenflächen können Sie das Ansatzstück in die richtige Paßform bringen. Von einer Bearbeitung der keilförmigen Aussparung in dem Bein sollten Sie absehen, es sei denn, daß dort ein offensichtlicher und leicht zu behebender Fehler vorhanden ist.

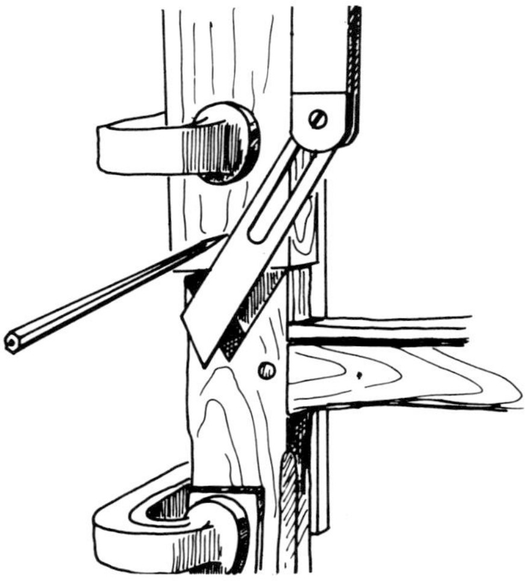

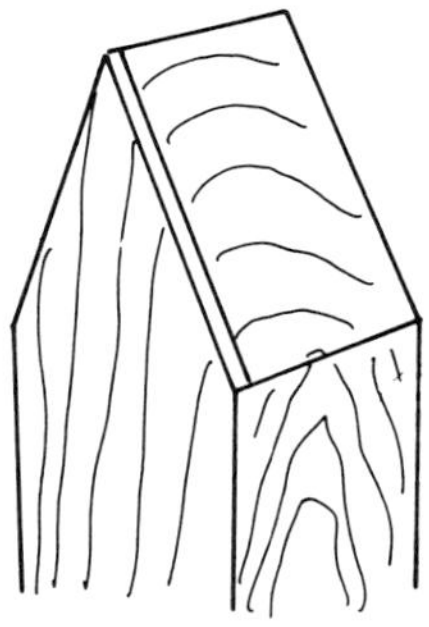

Wenn ein Schnitt ausgeführt worden ist, wird das Sägelineal auf den gegenüberliegenden Winkel umgestellt und mit einem zweiten Schnitt das Abfallholz abgesägt.

Klemmen Sie ein sogenanntes Richtscheit (eine Leiste zur Kontrolle der Fluchtung durch Anvisieren) senkrecht an dem Bein fest und darauf ausgerichtet das Stück Holz, das Sie mit passender Maserung für das Ansatzstück ausgewählt haben und auf welches Sie nun mit einer Schmiege die winklige Keilform übertragen. Dann nehmen Sie das Ansatzstück wieder ab und sägen, wiederum mit Hilfe des Sägelineals, dessen Keilform zurecht.

Wenn genau angezeichnet und gesägt worden ist, müßte das Ansatzstück nun in die keilförmige Aussparung im Bein passen, aber in der Praxis ist das nicht immer der Fall, und bei näherer Betrachtung zeigt sich auch der Grund dafür. Sehr wahrscheinlich sind die Sägeschnitte der keilförmigen Aussparung nicht parallel, so daß das Ansatzstück passend bearbeitet werden muß. Hierzu ziehen Sie einen Bleistiftstrich an zwei gegenüberliegenden Kanten des Ansatzstücks und hobeln die Flächen

Paßt dann das Ansatzstück immer noch nicht genau, so reiben Sie es mit Tafelkreide ein und schaben in der keilförmigen Beinaussparung die Kreidestellen ab, die das Ansatzstück beim Einschieben hinterlassen hat.

Fehler beim Sägen entstehen vielfach durch mangelhaft geschränkte oder stumpfe Sägezähne. Entsprechende Hinweise hierzu finden Sie auf den Seiten 48 f.

Das Ansatzstück kann eingeleimt werden, wenn es so gut paßt, daß zum Herausnehmen ein sanfter Druck angewendet werden muß. Vor dem Zusammenspannen der Verbindung mit einem Verleimwerkzeug ist eine Schraubzwinge mit Zwischenlagen am Beinende anzusetzen und leicht festzuziehen, wodurch das Reißen des Beins unter dem Druck des Ansatzstücks vermieden wird.

Wenn der Leim oder Kleber abgebunden hat, kann Klebeband unmittelbar über der Spitze der keilförmigen Aussparung um das Bein gewickelt und das überflüssige Material abgesägt werden. Anschließend wird das Stück gehobelt und glattgeschliffen. Bevor mit der abschließenden Oberflä-

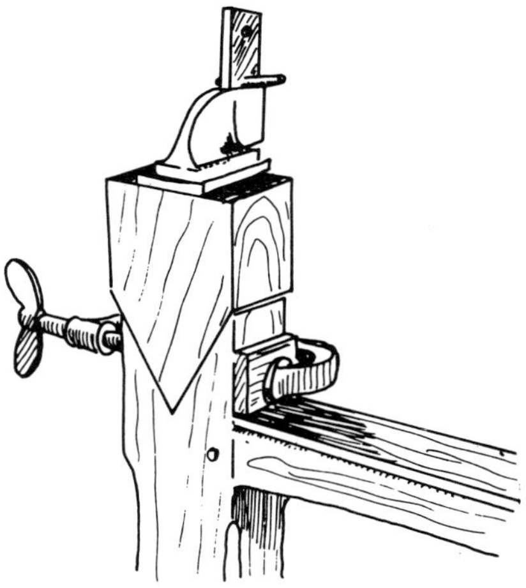

chenbehandlung begonnen wird, muß das Antiquieren und Abrunden beendet sein.

Bei einem gedrechselten Möbelbein ist es oft schwierig, den genauen Winkel der Schäftung festzulegen. Hier kann statt des Richtscheits eine genaue auf den Winkel zugeschnittene und mit der Mittellinie des Beins versehene Pappschablone verwendet werden.

Möbelbeine mit Profil

Wenn das zu ergänzende Möbelbein profiliert ist, muß für das Ansatzstück so viel Holz aufgewendet werden, daß die zusätzliche Form untergebracht werden kann. Für die Arbeit wird wahrscheinlich nur eine Schablone benötigt. Selbst ein geschweiftes Möbelbein im Queen-Anne-Stil, das anscheinend so schwierig anzuzeichnen und auszusägen ist, kann nach nur einer Schablone bearbeitet werden, die an zwei angrenzenden Flächen angelegt wird. Für einfachere Formen genügt die einmalige Verwendung der Schablone.

Eine Schablone stellen Sie wie folgt her: Ein flaches Brett mit aufgeheftetem weißen Karton wird fest gegen das zu kopierende Bein gestellt, zu einer der gesägten Beinflächen parallel ausgerichtet und festgespannt. Das Beinprofil wird dann mit einem entsprechend eingestellten Zirkel auf den Karton übertragen, wobei Platz für die volle Stärke des Beins zu berücksichtigen ist. Nachdem die vordere oder hintere Kurve des Beins aufgezeichnet worden ist, kann die Dicke des Beins mit einem Tastzirkel abgegriffen und auf den Karton übertragen werden. Der Gebrauch des Zirkels ist auf Seite 52 beschrieben.

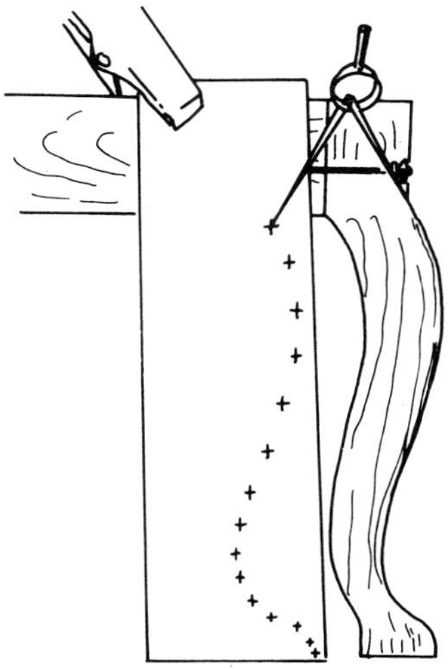

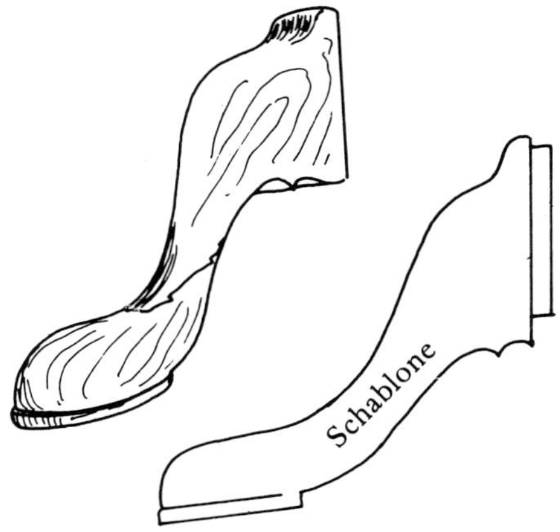

Jetzt braucht für das Ansatzstück nur noch ein Stück Holz ausgesucht zu werden, das für die Formgebung groß genug ist, aber da seine Größe und Form nach der Schablone festgestellt werden kann, ist das nicht schwer. Versuchen Sie niemals, durch Anbringen des Ansatzstücks in einem Winkel zu den ebenen Seitenflächen eines geschweiften Möbelbeins Holz einzusparen, weil hierdurch das Anzeichnen und Formen äußerst schwierig wird.

Astiges oder rissiges Holz kommt nicht in Betracht, denn wenn auch das Ansatzstück einen ziemlich kräftigen Eindruck macht, nagt das Formen und Schnitzen an seiner Festigkeit und schwächt es beträchtlich.

Hier ist das Anschäften als einfacher Arbeitsgang zu empfehlen, der kein Verspannen in Längsrichtung erfordert.

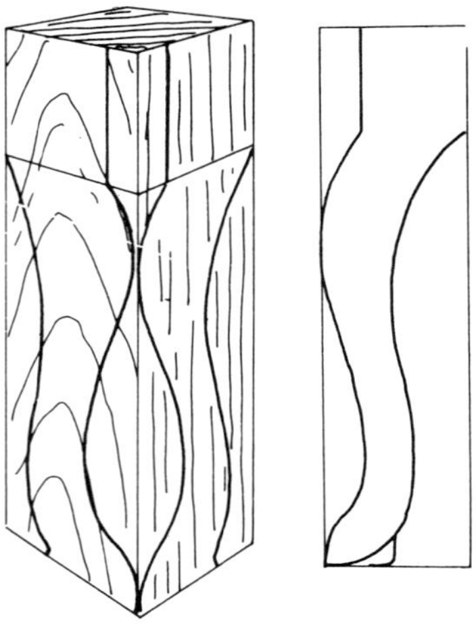

Wenn das Ansatzstück auf zwei Seiten gesägt werden muß, markieren Sie beiden anliegenden Flächen mit Hilfe der Schablonen und sägen Sie die erste mit einer Bügel- oder Bandsäge. Halten Sie dabei den Sägeschnitt zurück, bevor sich das Abfallholz ganz gelöst hat. Heften Sie das lose Stück wieder an dem Bein fest und führen Sie den zweiten Sägeschnitt aus. Wenn beide Schnitte fast fertiggesägt sind, können Sie die Abfallstücke abnehmen.

Gedrechselte Ansatzstücke

Wenn das Ansatzstück sehr kurz und von einfacher Form ist, können Sie sich den Einsatz einer Drehmaschine möglicherweise ersparen. Das Ansatzstück wird dann, vorzugsweise in der auf Seite 99 beschriebenen keilförmigen Schäftung, eingeleimt, zurechtgeschnitten und mit Sandpapier geschliffen.

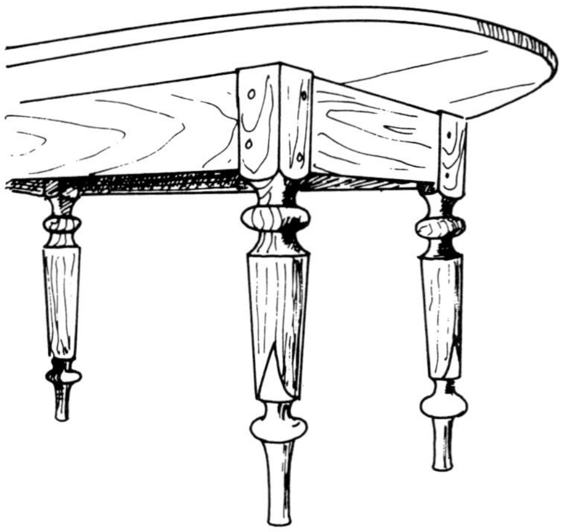

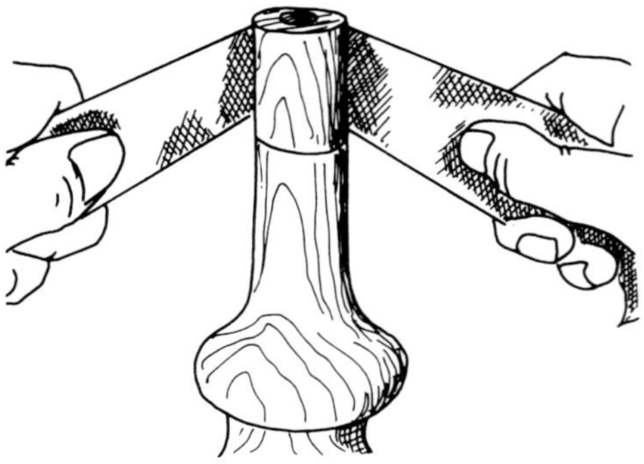

Wird diese Arbeit mit größter Sorgfalt verrichtet, so läßt sich damit eine Wirkung erzielen, die einer gedrechselten Oberfläche sehr nahe kommt. Hinterlegen Sie das Sandpapier mit Kunststoffband, um ihm eine größere Festigkeit zu geben. Der Vorteil dieses Verfahrens liegt darin, daß das Möbelstück nicht zerlegt werden muß; der erzeugten Oberfläche fehlt allerdings die Frische einer Drechselbearbeitung, so daß diese Methode für profilierte oder lange Verlängerungsstücke ungeeignet ist. Eine Vorrichtung zum Abschruppen eines gedrechselten Möbelbeins ohne Demontage des Möbelstücks ist auf Seite 68 beschrieben.

Zum Drechseln muß das Bein ausgebaut werden, und zu seiner Ergänzung eignet sich jedes der vorstehend beschriebenen Verfahren. Die keilförmige Anschäftung ist zwar das beste, aber bei ihm ist die Verwendung des Sägelineals nicht ganz so einfach.

Fangen Sie mit dem Aussägen der keilförmigen Kerbe nicht an, wenn die Möglichkeit besteht, daß das Sägelineal abrutschen kann.

Wenn das Ansatzstück eingeleimt ist, können seine Ecken mit dem Stemmeisen grob abgestochen werden. Vor dem Drechseln des Beins sind jedoch unbedingt seine Mittelpunkte festzulegen. Hierfür gibt es zwei Hilfsmittel. Die Drechselzentrierung ist oft im Oberteil des Beins noch deutlich sichtbar und kann dann wieder verwendet werden. Wenn dies nicht der Fall ist und das Bein aus rechteckigem oder quadratischem Material gedrechselt werden soll, kann der Mittelpunkt durch Diagonallinien von den Ecken aus gefunden werden, wäre jedoch bei der Einstellung der Drehmaschinenspitzen zu kontrollieren.

Ein einfaches und wirksames Hilfsmittel zum Auffinden des Mittelpunktes an einem Ansatzstück ohne entsprechende Hinweise ist das Umwickeln des Beins mit Klebeband an mindestens drei Stellen, nämlich an jedem Ende und einmal etwa in der Mitte. Legen Sie das Bein in horizontaler Lage auf

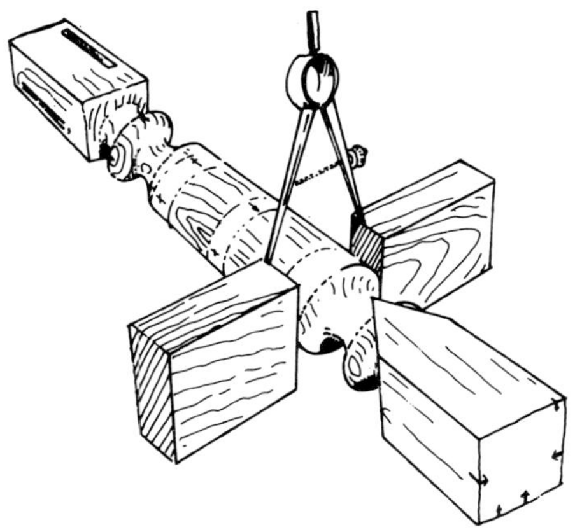

die Werkbank; die Mittellinie wird auf jeder Umwicklung markiert. Zwei seitlich gegen das Bein gedrückte Holzklötze helfen beim Messen der Beindicke, die dann mit dem Zirkel halbiert wird. An die Bleistiftmarkierungen legen Sie dann ein Stahllineal an und markieren die Mittellinie am Beinende. Wenn Sie dies auf gegenüberliegenden Seiten wiederholt und die Markierungen am Beinende angebracht und miteinander verbunden haben, müßte der Schnittpunkt in der Mitte des Beins liegen.

Noch bequemer ist der Gebrauch einer Zentriervorrichtung, die Sie nach der Beschreibung auf Seite 199 leicht selbst anfertigen können. Den Außenring mit der darunterliegenden Innenscheibe befestigen Sie mit kurzen Schrauben auf der Stirnfläche des Ansatzstückes, so daß die Innenscheibe sicher festgehalten wird. Wenn Sie jetzt das Bein zwischen die Spitzen der Drehmaschine spannen, schätzen Sie zunächst den Mittelpunkt auf der unmarkierten Seite ab und wenden die Zentriervorrichtung anschließend an diesem Ende noch einmal an.

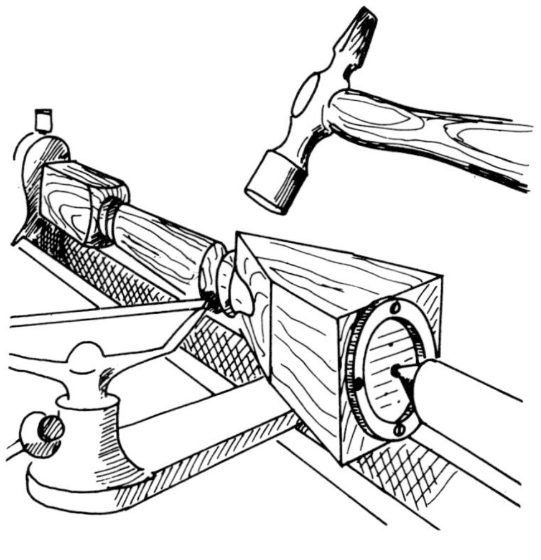

Schieben Sie die Kante der Werkzeugauflage dicht an das Bein heran und prüfen Sie, ob die Zentriervorrichtung richtig eingestellt ist, so daß sie mit einem leichten Hammerschlag bewegt werden kann. Dann drehen Sie das Bein von Hand und klopfen auf das Ende des Beins, bis es sich konzentrisch dreht. Es kann sein, daß die Unrundheit (der Schlag) in der Drehbewegung nicht völlig zu beseitigen ist, weil das Bein sich verzogen haben oder in seiner Breite geschrumpft sein kann.

Wenn das Bein einigermaßen konzentrisch läuft, ziehen Sie die Schrauben in der Zentriervorrichtung an und nehmen das Bein von den Drehmaschinenspitzen ab. Mit einem Furnierstift markieren Sie durch das Loch in der Vorrichtung den

Mittelpunkt und schrauben die Zentriervorrichtung ab. Dann weiten Sie das Stiftloch mit einem Körnerschlag auf und spannen das Bein wieder zwischen die Spitzen. Das Vorschruppen auf Zylinderform erfolgt bei kleiner Drehzahl; für das Fertigdrechseln kann die Maschine mit höheren Drehzahlen laufen.

Festlegung der Beinform
Normalerweise genügt es, das zu kopierende Möbelbein parallel zum Bett der Drehmaschine auszurichten, seine maßgebenden Durchmesser mit einem Tastzirkel zu greifen und den Rest nach Augenmaß zu beurteilen. Bei Möbelstücken von sehr hoher Qualität oder bei eng zusammenstehenden Beinen fertigen Sie jedoch besser eine Pappschablone an und halten diese gegen das Bein.

Versuchen Sie nicht, ein fertiges Ansatzstück bis ganz zur Spitze der Keilform zu drechseln, weil der geringste Schlag in der Drehbewegung dazu führen kann, daß die Oberfläche des alten Beins durch das Drechslerwerkzeug zerkratzt wird.

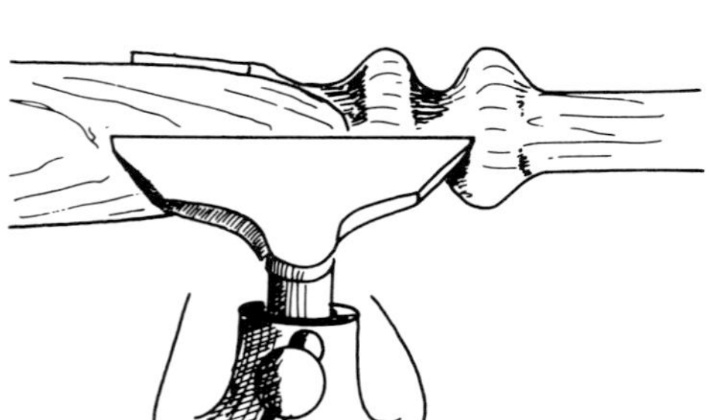

Von der Stelle an, wo sich in dem keilförmigen Stoß mehr altes Holz als neues befindet, wird vorgedrechselt und mit Handbeiteln fertigbearbeitet. Nach dem Drechseln der übrigen Beinteile erfolgt die Fertigbearbeitung von Hand mit Beitel und Sandpapier. Wenn die Formarbeit beendet ist, spannen Sie das Bein wieder in die Drehmaschine und schleifen das neue Holzteil mit Sandpapierstreifen, die Sie mit Kunststoffband hinterlegen.

Beim Beizen von gedrechselten Holzflächen ist größte Vorsicht am Platze. Verwenden Sie möglichst chemische Beizmittel, weil Öl- und Wasserbeizen dazu neigen, tief in das Hirnholz einzudringen und es zu dunkel zu verfärben. Falls dennoch Öl- oder Wasserbeizen benutzt werden, streichen Sie zuerst verdünnten Schellack auf das Bein und schleifen es auf der Drehmaschine mit Sandpapier ab; dadurch wird die Versiegelung des Hirnholzes unterstützt.

Falls es dann immer noch Schwierigkeiten geben sollte, bestreichen Sie das Bein nach dem Abschleifen mit Sandpapier mit zwei oder drei Schichten verdünntem Schellack und das neue Teil nach dem Trocknen mit spirituslöslicher Anilinfarbe, der Sie zur Abschwächung einen Spritzer Wasser beigeben. Diese Lösung tragen Sie am besten mit der Spritzpistole auf, wobei Sie ein Stück Karton als Blende gegen die Stoßstelle im Bein halten.

Schadhafte Möbelfüße

An profilierten Möbelbeinen muß gelegentlich ein beschädigter Fuß instandgesetzt werden. Dieses Problem ergibt sich manchmal an dreibeinigen Tischen, bei denen ein plötzlicher Druck auf die Tischkante genügt, um ein Bein kurz oberhalb des Fußes an seiner schwächsten Stelle abzubrechen.

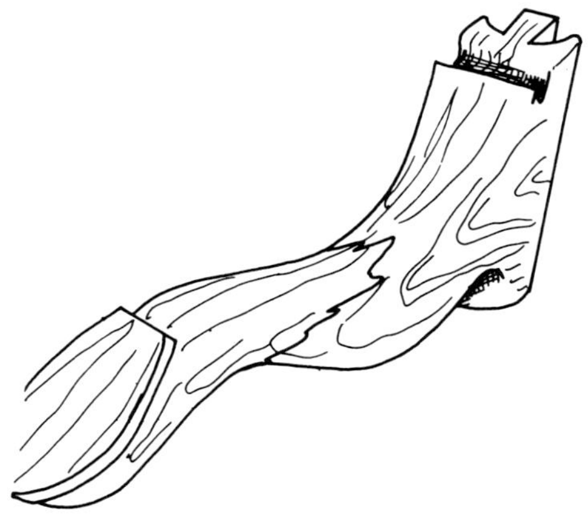

Versuchen Sie zunächst, das Bein herauszunehmen – an einem dreibeinigen Tisch meistens eine ziemlich einfache Aufgabe. Die Tischplatte wird, wenn nötig; durch Herausnehmen der Holzstopfen auf den Schrauben, mit denen die Platte auf den Trägern befestigt ist, und Lösen dieser Schrauben abgenommen und der Ständer umgekehrt in den Schraubstock gespannt. Die auf das Unterteil geschraubten Metallaschen werden gelöst und das gebrochene Tischbein wird vorsichtig freigeschlagen.

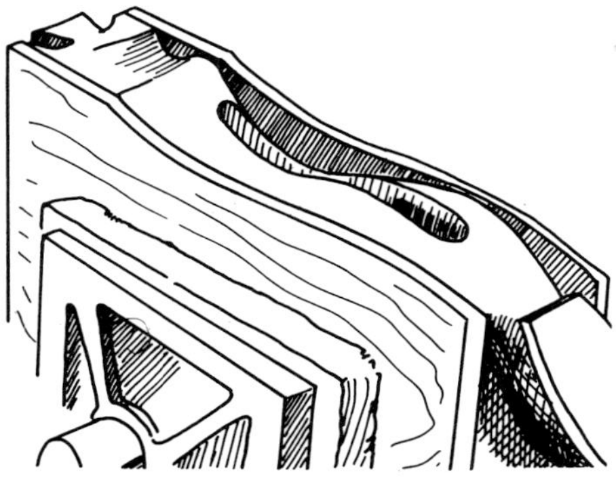

Das Bein ist gewöhnlich mit einem ausgesetzten Schwalbenschwanz-Zinken befestigt, eine Verbindung, die sich normalerweise mühelos lösen läßt.

Sollte sich die Abnahme des Beins als unmöglich erweisen, so stehen Ihnen noch die folgenden Wege offen, wobei allerdings mit weiteren Schwierigkeiten dadurch zu rechnen ist, daß Ihnen der Ständer und die anderen Beine im Wege sind.

Schauen Sie sich die Beinbruchstücke genau an; achten Sie dabei auf Anzeichen für ältere Reparaturen und entfernen Sie eventuell vorhandene Nägel, Schrauben und Metallbänder. Beseitigen Sie auch alle alten Leimrückstände. Dann halten Sie die Bruchstücke gegeneinander und stellen fest, wie sie zusammenpassen. Obwohl mit einem beträchtlichen Oberflächenschaden zu rechnen sein wird, dürfte zwischen den Bruchstücken immer noch genügend Berührungsfläche vorhanden sein, um eine vorübergehende Verleimung vorzunehmen. Auf die Stoßflächen tragen Sie ziemlich dick angerührten Glutinleim auf und fügen die Stücke genau ausgerichtet zusammen, bis der Leim abgebunden hat. Zum Trocknen wird das Bein abgelegt und überall mit Keilen unterstützt.

Nach dem Trocknen legen Sie das Bein in die Oberfräsenlade (deren Oberkanten bei Bedarf der Beinform angepaßt werden können) und spannen es fest. Die Oberfräse stellen Sie so ein, daß das Werkzeug parallel zur Seitenfläche und bis zur Mitte der Beinunterseite einen Schlitz anlegt, der geringfügig breiter ist als ein Drittel der Beinbreite und in beiden Richtungen ein gutes Stück über die Bruchstelle hinaus verläuft. Fräsen Sie den Schlitz so tief wie möglich, ohne daß er jedoch auf der Oberseite des Beins an dessen schwächster Stelle durchbricht.

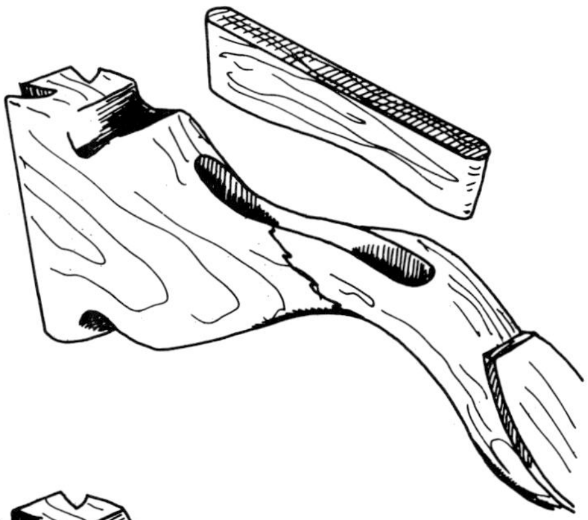

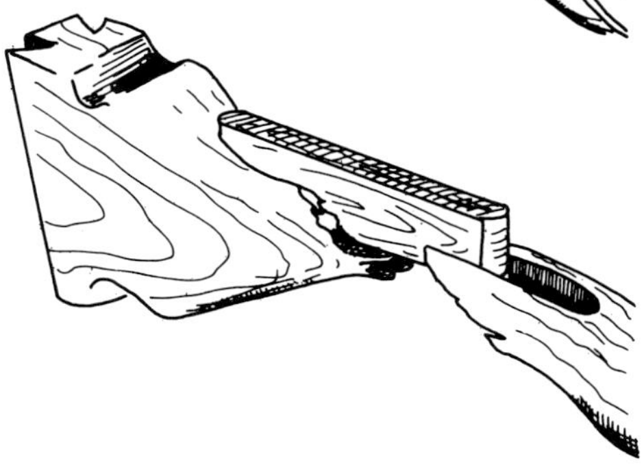

In Ermangelung einer Oberfräse kann der Schlitz mit einem Zapfenloch-Streichmaß angerissen und mit einem Stechbeitel und leichtem Schlegel ausgestemmt werden. Vorher muß das Bein auf seiner geschweiften Seite durch ein Stück Holz abgestützt werden, das der Beinkrümmung angepaßt und mit einem Filzbelag versehen ist.

Zum Einsetzen in den Schlitz schneiden Sie aus geradfaserigem Holz ein Füllstück zurecht, dessen Kante auf der Beinunterseite vorstehen muß.

Die provisorische Verleimung lösen Sie, indem Sie sehr heiße, nasse Handtücher um das Bein wickeln, die restlichen Leimspuren abwaschen und die Bruchstücke trocknen lassen. Für das endgültige Zusammenfägen der Bruchstücke nehmen Sie Epoxidharz-Füllkleber, mit dem Sie zunächst das Beinende an das Füllstück leimen und festspannen; dann folgt in der gleichen Weise das Fußende. Die überstehende Kante des Füllstücks kann zum Ansetzen der Schraubzwinge auf der einen Seite verwendet werden; auf der anderen Seite muß die Schraubzwinge unterlegt werden, damit das Bein nicht verkratzt wird.

Wenn der Kleber trocken ist, wird das Füllstück nachgeformt und der Oberflächenschaden um die Stoßkante herum mit Füllwachs behoben.

Erneuerung von Konsolfüßen

Zur Erhöhung eines Konsolfußes sägen Sie diesen durch und glätten den Sägeschnitt sorgfältig mit dem Stemmeisen. Ergänzungsstücke können darauf mit Glutinleim befestigt werden. Die neuen Teile müssen am Gehrungsstoß genau passen, können aber an anderen Stellen nach dem Abbinden des Leims zurechtgehobelt werden.

Eine unterbrochene Leimverbindung zwischen Fuß und Möbelkasten führt eher zu einem losen Konsolfuß als zu einem gebrochenen. In diesem Fall ist die Instandsetzung einfach; der Fuß wird abgenommen und wieder angeleimt.

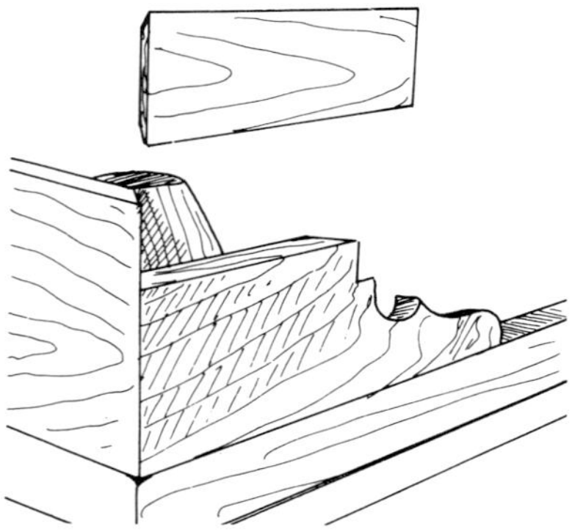

Ein loser Fuß kann jedoch auch durch eine schwache Abstützung verursacht werden. Ein Konsolfuß ruht vielfach auf einer profilierten Tragleiste, die an der Unterkante des Kastens angenagelt und angeleimt ist. Hat sich diese Leiste gelöst, so muß sie wieder befestigt werden, bevor Sie sich mit den Füßen selbst beschäftigen.

A Konsolfuß
B profilierte Tragleiste
C Verleimklotz
D Tragrahmen
E Kastenboden

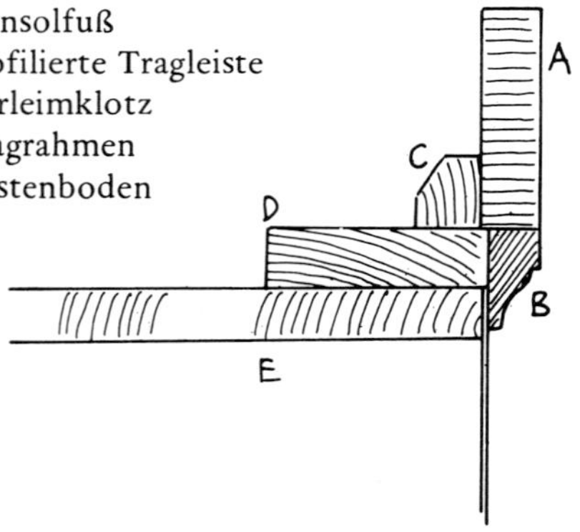

Nachdem die Füße aufgesetzt worden sind, bringen Sie auf der Innenseite des Gehrungsstoßes und im Rücken der Fußbretter Verleimklötze an, die auf dem Möbelkasten und nicht auf der Profiltragleiste des Möbelstücks ruhen müssen.

Wenn ein Konsolfuß vollständig erneuert werden muß, läßt sich seine Form durch Abzeichnen von einem vorhandenen Fuß ermitteln und mit einer Laub- oder Schweifsäge aussägen. Dann wird die Oberkante des Fußes dort, wo sie gegen die Profilleiste anliegt, abgehobelt und ihre Ausrichtung durch seitliches Anvisieren kontrolliert. Die Gehrungsstoßfläche an der Kante des Fußes wird gesägt und notfalls gehobelt, bis sie an der Stoßfläche des vorhandenen Fußes eng anliegt. In diesem Stadium der Arbeit können eventuell noch Formänderungen vorgenommen werden. Mit einem Furnier- oder Paneelstift heften Sie den Fuß auf der Innenseite

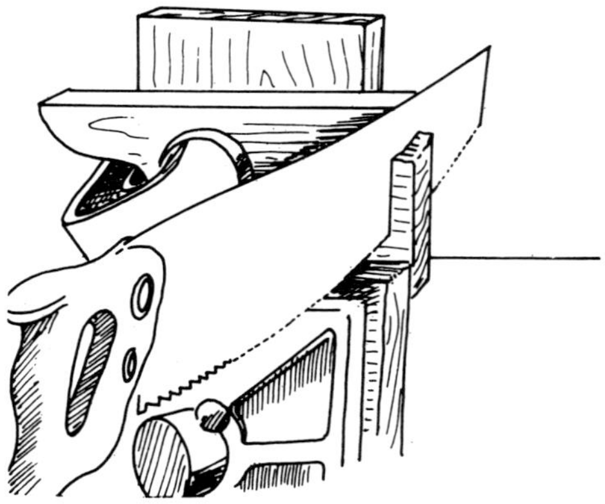

fest und spannen ein langes Gummiband an der Stoßstelle um die beiden Fußteile. Nachdem Sie ein Senkloch für eine einzelne Schraube gebohrt haben, kann der Fuß verleimt und verschraubt werden.

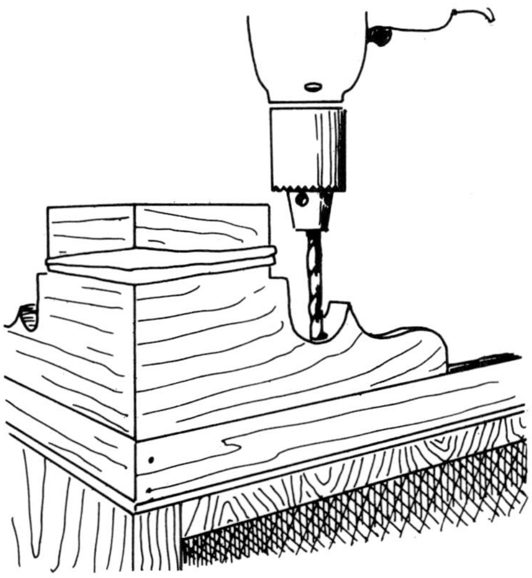

Nach dem Abbinden des Klebstoffs sollte der Fuß mit Verleimklötzen abgestützt und an seinen Innenkanten mit einer Raspel abgerundet werden, um ihm ein abgenutztes Aussehen zu verleihen.

Muß der Fuß furniert werden, so furnieren Sie am besten das Brett auf beiden Seiten, bevor Sie den Fuß aussägen. Dadurch erübrigt sich das manchmal schwierige Beschneiden des Furniers von den profilierten Fußinnenseiten her; außerdem ist bei einem Fuß, der auf beiden Seiten furniert ist, beim Trocknen des Furniers kein Verziehen oder Krümmen zu befürchten.

Gerissene Holzflächen

Risse in einer Vertäfelung

Solche Risse treten gewöhnlich an Aststellen und ausgeprägten Maserungen sowie (bei schlecht gebauten Möbelstücken) in Paneelen auf, die aus Zugholz angefertigt worden sind. Die Risse können sehr eng gekrümmt sein oder strahlenförmig über das Brett hinweg verlaufen und sind oft mit Verwerfungen auf der Oberfläche verbunden. Sehr wahrscheinlich sind derartige Verformungen kurz nach der Anfertigung des Möbelstücks eingetreten, so daß die Risse mit Schmutz und Wachs gefüllt sind.

Die Ursache für dieses Reißen sind unterschiedliche Grade der Schrumpfung in ein- und demselben Holzteil. Dichtes und hartes Holz ist weniger stark geschrumpft und hat sich von dem stärker geschrumpften Weichholz getrennt, wodurch das Brett geschwächt und in seiner äußeren Erscheinung beeinträchtigt wurde.

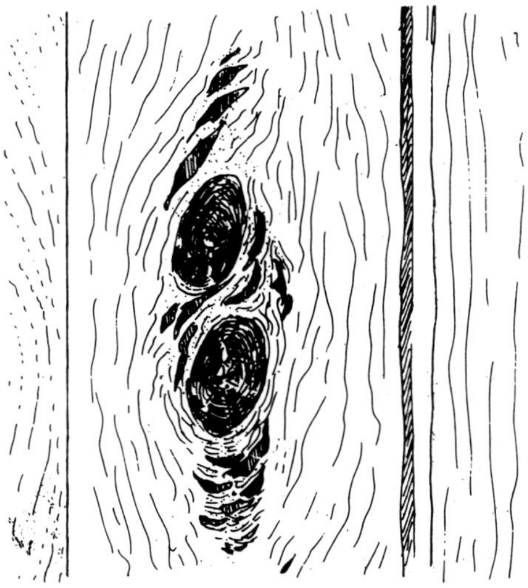

Vor dem Ausbessern solcher Risse muß das Möbelstück gründlich getrocknet werden. Säubern Sie die Risse mit einem Taschenmesser und schrauben Sie zur Verstärkung eine Holzplatte auf der

Rückseite dagegen, wobei Sie ein Stück Zeitungspapier oder Plastikfolie zwischen die Holzplatte und das Paneel legen, damit das Füllmittel und der Klebstoff nicht an der Holzplatte anhaften.

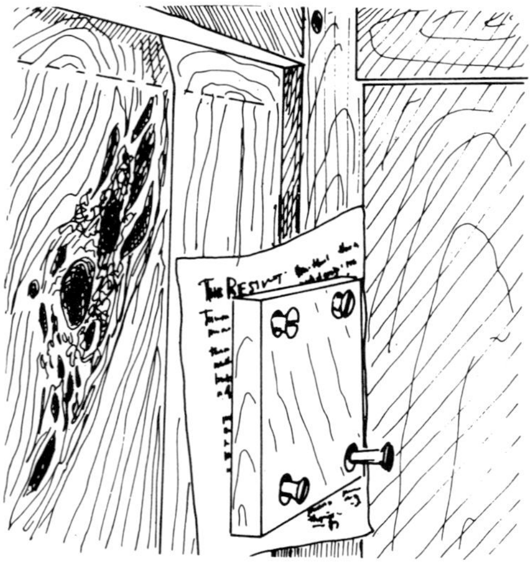

Kleine Füllstücke aus Hartholz schneiden Sie zurecht und passen sie sauber in den Riß ein. Wenn das Paneel zum dekorativen Aussehen des Möbelstücks beiträgt, ist es oft ratsam, die Füllstücke mit dem Hirnholz nach außen einzusetzen. Dadurch wird die Rißlinie besser kaschiert, wogegen sie durch ein längsfaseriges Füllstück eher betont würde. Wenn die Füllstücke angebracht sind, gießen Sie verdickten Epoxidharz-Kleber auf die Reparaturstelle, wobei Sie auch Glutinleim oder PVAC-Kleber unter der Voraussetzung benutzen können, daß er die Reparaturstelle vollständig durchdringt.

Wenn der Klebstoff trocken ist, können die Füllstücke mit einem Bügelsägeblatt abgeschnitten und mit Hobel und Ziehklinge geglättet werden. Zum Schluß wird die Holzplatte auf der Innenseite abgeschraubt und die Papierzwischenlage weggeschliffen.

Reißen infolge baulicher Mängel

Wenn ein Stück Holz trocknet, schrumpft es quer zur Faser stärker als in Faserlängsrichtung. Diesem Umstand wird bei den meisten Möbelstücken Rechnung getragen; großflächige Paneele werden in Nuten geschoben, in denen sie sich ungehindert bewegen können, und bei Tischplattenbohlen sorgt deren Federung für freies seitliches Arbeiten. Das Material reißt, wenn diese Bewegung verhindert wird.

Wo dieses Arbeiten des Holzes berücksichtigt worden ist, bietet die Instandsetzung meistens keinerlei Schwierigkeiten. Mit einem alten Hobeleisen, das auf der Unterseite der Tischplattenbohle bzw. auf der Innenseite des Paneels anzusetzen ist, können die Teile zusammengeschoben werden. Man kann dabei recht großen Druck ausüben, wenn das Hobeleisen an der Seitenkante des Paneels eingeschoben und gegen den Rahmen gestemmt wird; die Beschädigung des Materials hält sich dabei in Grenzen.

Wenn diese Bemühungen ohne Erfolg bleiben, erweitern Sie den Spalt und säubern ihn von eventuellen Rückständen, die das Schließen des Risses verhindern könnten; auch eventuell später angebrachte Regalleisten, Schubladen-Laufleisten, Nägel und Schrauben auf der Innenseite müssen entfernt werden. Danach schrauben Sie breite, etwa 15 mm dicke Klötze zu beiden Seiten des Spalts innen auf das Paneel. Die Schrauben müssen zwar kräftig sein, dürfen aber nicht auf der Außenseite des Paneels sichtbar werden. Diese Klötze können dann verspannt werden, wobei einfaches Verkeilen genügt, wenn das Ansetzen eines Türspanners oder einer Schraubzwinge schwierig sein sollte. Wenn die beiden Teile sich zusammenziehen, stellen Sie fest, ob das Paneel sich nicht ganz aus der Nut im Rahmenholz herausgezogen hat. Ist dies der Fall, so besteht die Möglichkeit, das Paneel in seiner Gesamtheit wieder zurechtzurücken. Anschließend wird die Zwinge abgenommen und der Riß eingeleimt und erneut verspannt.

Massive Tischplatten
Breite massive Holzteile schrumpfen zwangsläufig, besonders wenn ein altes Möbelstück aus kühler und feuchter Umgebung in eine zentralgeheizte Wohnung gebracht wird. Häufig macht sich diese Schrumpfung in Tischplatten aus zusammengefügten Bohlen und in den Seitenwänden von Kastenmöbeln bemerkbar.

Gelegentlich ist es möglich, die geschrumpften Bohlen abzunehmen und nach dem Bearbeiten der Fugen wieder aufzulegen. Wenn das Möbelstück dabei warm und völlig trocken ist, können die Folgen der Schrumpfung beseitigt werden. Leider ist dies bei Kastenmöbeln entweder ungünstig oder sogar unmöglich. Bei Klapptischen beispielsweise bewirkt außerdem ein etwas geschrumpfter und damit kürzerer Überhang, daß die Tischklappen nicht mehr senkrecht herabhängen. Auch bei runden oder ovalen Tischen können die Platten nicht nachgearbeitet und wieder zusammengefügt werden, weil dann der Umfang der Tischplatte nicht mehr stimmen würde. In solchen Fällen also, wo Holzteile zu stark geschrumpft sind, muß als Ersatz für das weggeschrumpfte Holz ein Füllstück in den Riß eingesetzt werden.

Zunächst muß der Spalt so weit wie möglich begradigt werden, wobei das hier gezeigte, leicht anzufertigende Werkzeug gute Dienste tut. Seine Klinge ist auf beiden Seiten mit einer Schneide versehen, deren Spanabnahme durch die vor und hinter der Klinge versetzt angeordneten Anschlagdorne begrenzt wird. Das Werkzeug arbeitet in beiden Schneidrichtungen und sollte bei den letzten Begradigungsschnitten gegen ein Lineal geführt werden.

Weinprobiertisch, der mit wenig Arbeit zu einem schönen Eßzimmertisch aufgearbeitet werden kann.

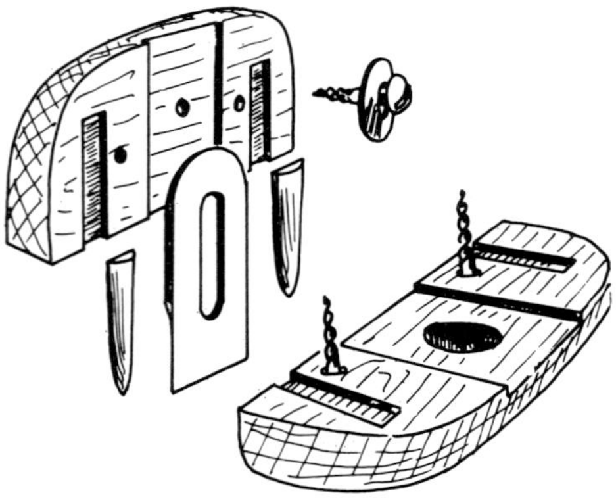

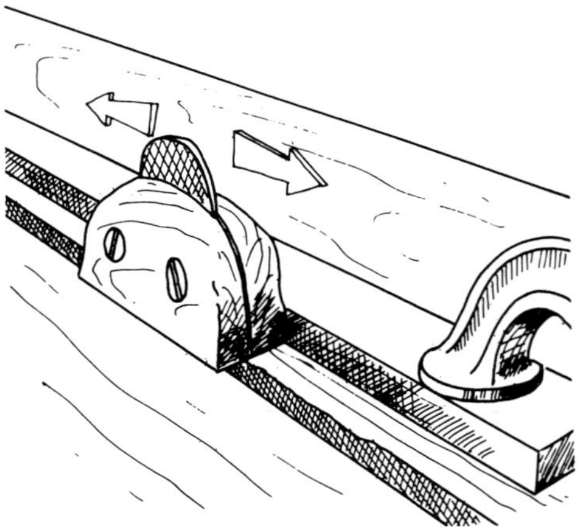

Nachdem die Unregelmäßigkeiten in dem Riß im wesentlichen ausgeglichen worden sind, schneiden Sie ein Füllstück aus Holz, das dem zu erneuernden Teil ähnlich ist und möglichst auch eine ähnliche Maserung hat, auf Länge und geben ihm eine leicht konische Form, so daß es in den Spalt hineingeschlagen werden kann. Leimen Sie das Füllstück nur auf einer Seite an, denn wenn Sie beide Seiten mit Leim versehen, kann das Füllstück sich durch weiteres Schrumpfen auf einer Seite lösen und den Eindruck erwecken, als arbeite es sich aus dem Riß heraus.

PVAC-Kleber ist für diesen Zweck ideal, und auch ein gewisser Vorrat an dünnen Weichholzkeilen sollte bereitgehalten werden, mit denen das Füllstück seitlich in die Hohlräume gepreßt wird.

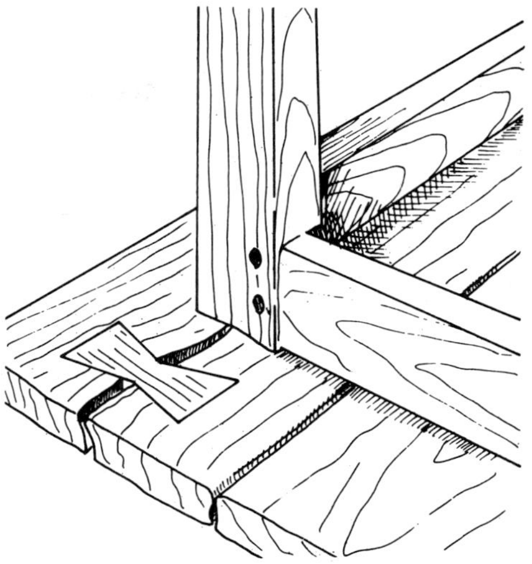

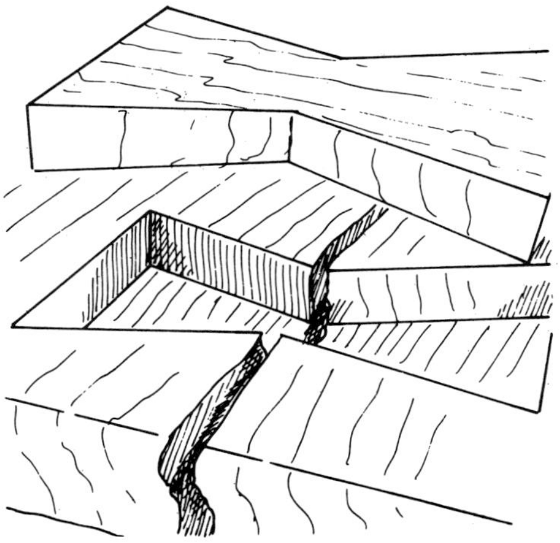

Bevor der Kleber abgebunden hat, ist die Verbindung daraufhin zu prüfen, ob die beiden Rißkanten sich durch das Verkeilen geworfen haben. Hierfür kann ein einwandfrei kantiges, brückenförmig ausgesägtes und über das Füllstück gelegtes Stück Holz verwendet werden. Ein nicht mehr fluchtendes Teil klopfen Sie in seine richtige Lage zurück.

Wenn das Füllstück trocken ist, kann es mit dem Stechbeitel abgestemmt und mit Ziehklinge und Sandpapier beigearbeitet werden. Denken Sie immer daran, daß eine Reparaturstelle sowohl auf der Oberseite als auch auf der Unterseite gesäubert werden muß.

Schwalbenschwanz-Keile

Wo ein Brett oder eine Bohle an den Enden gerissen ist und das Zusammenpressen der Teile einen erheblichen Druck erfordert, kann ein Zapfen oder Keil eingesetzt werden, der den Spalt überbrückt und weiteres Reißen verhindert. Hier handelt es sich um ein mechanisches Hilfsmittel in Form eines eingelegten, kegeligen Keils oder Zapfens in Schwalbenschwanzform, der den auseinanderstrebenden Zugkräften im Material entgegenwirkt.

Der Keil ist auf der Unterseite des Bretts einzusetzen, wo er nicht sichtbar ist. Die Art seiner Anbringungen ist dieselbe wie bei sonstigen Ausbesserungen, nur daß er um etwa ein Viertel bis ein Drittel der Brettdicke zur Mitte eingezogen sein muß. Schrägen Sie die Kanten ganz leicht ab, um eine enge Passung zu gewährleisten, und leimen Sie den Keil dann ein. Den Riß an der Stirnkante des Bretts verschließen Sie mit einem dünnen Füllstück aus geeignetem Holz.

Es ist empfehlenswert, einen Vorrat an Schwalbenschwanz-Keilen in der Werkstatt bereitzuhalten. Am besten schneiden Sie Abfallenden von Eichen- oder Rüsterbrettern zur Keilform zurecht, indem Sie beiderseits bis zur tiefsten Stelle einen

Sägeschnitt anbringen und die Schrägen mit dem Stechbeitel ausstemmen. Später sägen Sie dann einen Keil von entsprechender Größe nach Bedarf ab.

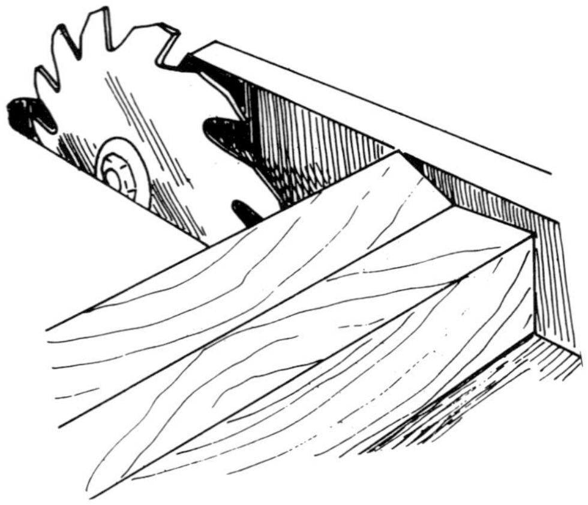

Verzogene Tischplatten

Diesem Problem stehen Sie sehr häufig bei Möbelstücken minderer Qualität gegenüber. Die Ursache für die Verkrümmung der Bohlen liegt darin, daß sie sich auf der Oberseite zusammengezogen haben, während ihre Unterseite atmosphärische Feuchtigkeit aufgenommen hat. Durch die Wölbung reißen sich die Bohlen oft aus ihrer Halterung auf den Tischzargen. Hier helfen nur drastische Maßnahmen, es sei denn, daß der Tischrahmen sehr kräftig ist und die Tischplattenbohlen verhältnismäßig dünn sind. In diesem Fall sollte es möglich sein, sie nach dem im nächsten Abschnitt beschriebenen Verfahren zu begradigen und unter Verwendung stärkerer Nägel oder Schrauben wieder zu befestigen.

Ist die Tischplatte jedoch dicker als etwa 30 mm, so kann jegliche Mühe vergeblich sein. Dann könnten die Tischzargen nur noch der Wölbung der Bohlen angepaßt werden, so daß letztere in ihrem gekrümmten Zustand aufgelegt und sicher befestigt werden können.

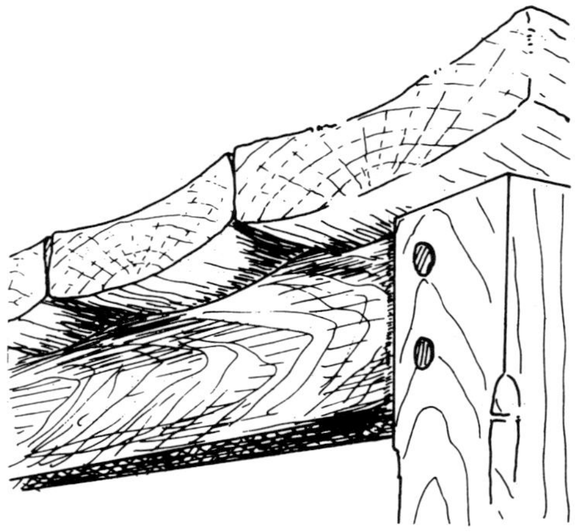

Begradigung einer gekrümmten Bohle
Hierfür muß die Tischplatte abgenommen werden, wonach die einzelnen Bohlen zu kennzeichnen und auf eventuell vorhandene Schrauben oder Nägel zu untersuchen sind. Als provisorisches Hilfsmittel, das jedoch den Restaurierungsvorgang wirksam unterstützt, können die Bohlen durch Anfeuchten und Quellen ihrer Hohlseiten bei gleichzeitigem Trocknen und Schwinden ihrer gewölbten Seiten flachgezogen werden.

Ein provisorisches Gestell auf dem Heizkörper eignet sich am besten zum Ablegen der Bohlen, bis sie ihre ursprüngliche flache Form wieder angenommen haben.

Nunmehr stellen Sie die Kreissäge auf eine Schnittiefe von Dreiviertel der Bohlendicke ein und sägen die Bohlen auf der Unterseite in Abständen von maximal 25 mm ein. Die Säge soll dabei weder in der Länge noch in der Tiefe ganz durch die Bohle schneiden; die Sägeschnitte sollen lediglich die Spannung in der Bohle verringern, die zur Verkrümmung geführt hat.

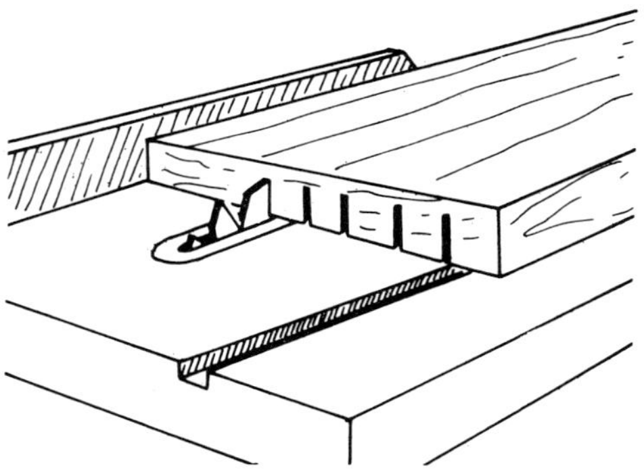

Ein Eßzimmerstuhl mit geschweiften Beinen im Regency-Stil wird vor dem Beizen und Aufpolieren von alter Politur gesäubert.

Französische Anrichte in Eichenholz

Ein schöner Beistelltisch aus Nußbaum

Wenn alle Bohlen auf der Rückseite aufgesägt sind, leimen Sie dünne Streifen des gleichen oder eines ähnlichen Holzes in die Schlitze ein und spannen die einzelnen Bohlen bis zum Abbinden des Leims auf ein flaches Brett. Durch diese Füllstücke erhalten die Bohlen wieder ihre frühere Festigkeit, so daß sie ihren flachen Zustand beibehalten dürften.

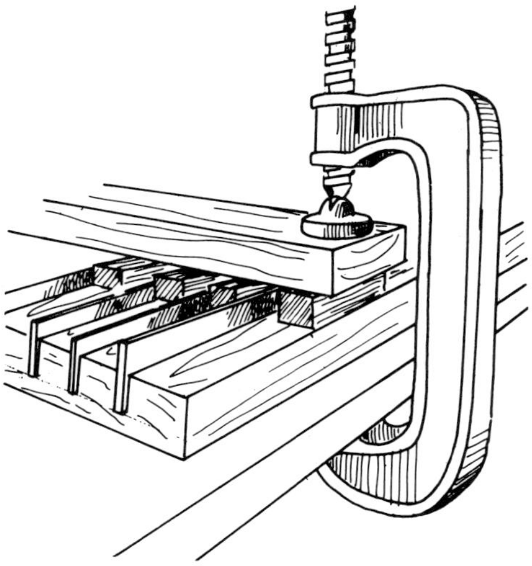

Wenn der Leim abgebunden hat, können die Bohlen auf der Unterseite beigearbeitet, gebeizt und erneut auf dem Tischrahmen befestigt werden.

Verdrehte Tischplatten
Ein gewisser Drall (Verdrehung) in einer Tischplatte kann durch ungleichmäßig lange Beine oder durch die Wahl einer ungeeigneten Holzart bei der Herstellung des Tisches hervorgerufen werden. Die Tischplatte muß abgenommen und in ihren Bestandteilen auf Verwendbarkeit untersucht werden. Verdrehte Bohlen sind wie gekrümmte zu behandeln. Bevor sie jedoch zum Trocknen aufgespannt werden, ist ihnen ein gewisser Gegendrall zu vermitteln, der das unvermeidliche Zurückfedern des Materials beim Abnehmen der Schraubzwingen ausgleicht.

Schwierigkeiten mit Türen

Durchhängende Türen
Anzeichen für ein solches Durchhängen sind an der Türunterkante und am Türrahmen festzustellen. Wenn die Tür leicht angehoben wird, entsteht das Gefühl, als würden die Holzverbindungen durchknicken. Vielfach sind auch die Zapfenschlitze gerissen und etwas gequollen.

Die Tür muß von dem Möbelstück abgenommen und zerlegt werden. Nach Säuberung der Verbindungsstellen wird die ganze Tür wieder zusammengebaut und in die Türöffnung eingesetzt; wenn sie paßt, wird sie verleimt und verspannt. Für stark verschlissene und geschwächte Verbindungen ist Epoxidharz-Füllkleber zu empfehlen. Paßt die Tür nicht in den Rahmen, so ist dieser auf gebrochene oder schwache Verbindungen zu untersuchen und entsprechend instandzusetzen. Falls das Verziehen der Tür weniger auf Schwäche als auf Alter und Belastung zurückzuführen ist, sollte die Tür zusammengeleimt und eingesetzt werden, wobei sie mit einem Stück dicker Pappe unterlegt und zum Zusammenhalten der Verbindungen gegen die senkrechten Rahmenstützen verkeilt wird. Die Pappunterlage sorgt für genügend Spielraum zum Schließen der Tür, nachdem sie festgeschraubt worden ist.

Breite und sehr schwere Türen neigen stark zum Durchhängen, und das einzige Mittel hiergegen ist das Aufschrauben einer Querstrebe auf die Türrückseite, vom unteren Ende der Scharnierseite zum oberen Ende der Schließseite hin verlaufend.

Diese Strebe ist in Schlitze in die Türeinfassung oben und unten einzulassen sowie vor dem Einbau zu räuchern und zu altern.

Gequollene Türen
Hiermit hat der Restaurator sehr häufig bei Möbelstücken zu tun, die in feuchter Umgebung gestanden haben, und gelegentlich hilft dagegen einfaches Trocknen.

Sollte das Möbelstück jedoch keinen feuchten Eindruck machen, so untersuchen Sie die Scharniere genau. Achten Sie dabei auf Anzeichen dafür, daß die Scharnierblätter vom Türpfosten weggezogen worden sind. Zwischen den Scharnierblättern kann sich auch Schmutz angesammelt haben, der das Schließen der Tür verhindert. Prüfen Sie außerdem die Schraubenköpfe, die mit den Scharnierblättern bündig abschließen müssen.

Wenn allen diesen Hinweisen nachgegangen worden ist und die Tür immer noch nicht ordentlich schließt, prüfen Sie die Lage der Scharniere, indem Sie ein Stück Papier auf der Scharnierseite zwischen Tür und Türrahmen schieben, die Tür schließen und feststellen, ob sich das Papier herausziehen läßt. Wird es zwischen Tür und Rahmen festgehalten, so läßt dies darauf schließen, daß die Scharniere auf dem Türrahmen zu tief eingelassen worden sind und der Mangel dadurch behoben werden könnte, daß man ein Stück Furnier unter die Scharnierblätter legt.

Wenn auch das nicht hilft, muß die Tür passend zur Türöffnung abgehobelt werden. Dabei ist vorsichtig vorzugehen und der Hobelschnitt ein wenig schräg anzulegen, damit die Tür in Schließstellung einschwenken kann.

Verzogene Türen
Hier ist eine Korrektur zwar lästig, aber nicht schwierig. Eine verzogene Tür liegt nicht bündig im Türrahmen an und neigt zum Herausspringen, wenn sie gewaltsam zugedrückt wird. Vergewissern Sie sich zunächst, daß der Fehler nicht im Rahmen selbst liegt. Ist hier alles in Ordnung, so muß die Tür von den Scharnieren abgenommen und zerlegt werden.

Untersuchen Sie alle Teile der Einfassung sorgfältig auf Verzug; ein solcher kann örtlich begrenzt und nur in einem der vier Einfassungsteile vorhanden sein.

Wenn Sie das verzogene Teil erkannt haben, spannen Sie es fest gegen ein geradkantiges, kräftiges Stück Holz und legen Sie mit der Kreissäge zwei Schnitte bis in die verzogene Stelle und ein wenig darüber hinaus an. Die Stirnseite der Einfassung muß dabei am Sägenanschlag anliegen und das Sägeblatt einen Schlitz schneiden, dessen Tiefe nur um einen Bruchteil geringer ist als die Breite der Einfassung. Die Schlitze sollten möglichst auf beiden Seiten des Zapfenloches oder Zapfens am Ende des Einfassungsteils angelegt werden.

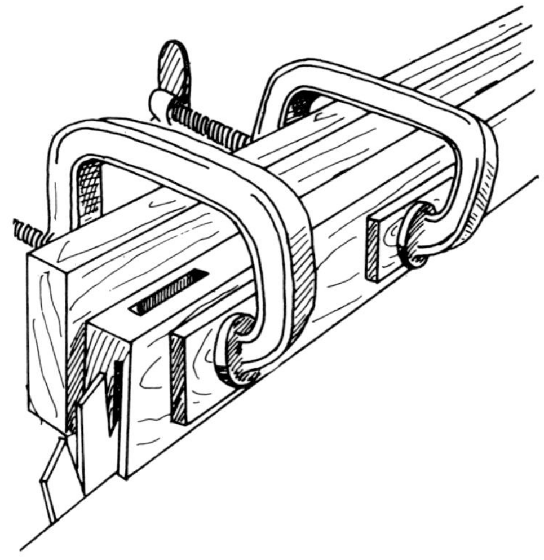

Nach dem Abspannen des Bauteils leimen Sie kleine Holzstücke mit Epoxidharz- oder Harnstoff-Formaldehydkleber in die gesägten Schlitze ein und spannen das Werkstück erneut gegen das kräftige Richtholz. Die Sägeschnitte mindern die Neigung des Holzes zum Verziehen, und die eingeleimten Füllstücke sollen dafür sorgen, daß es gerade bleibt.

Nach dem Abbinden des Klebstoffs: Bauteil vom Richtholz abspannen, Füllstücke beiarbeiten und beizen, Verbindungsteile einpassen und Tür wieder zusammenbauen.

Verzogene Rahmenverbindungen
Wenn bei genauer Untersuchung einer Tür kein Verzug in der Einfassung festgestellt wird, kann angenommen werden, daß die Verformung durch Verziehen der Verbindungen gegenüber der Tür als Ganzes hervorgerufen worden ist. Bei Zapfen-

verbindungen kann die Stellung der Zapfen durch Anvisieren (wie skizziert) und die Beschaffenheit der Zapfenlöcher dadurch geprüft werden, daß man parallelseitige Leisten hineinsteckt und anvisiert. Lassen diese Richtleisten eine Abweichung von der geraden Linie zwischen den Zapfenlöchern erkennen, dann ist die Ursache für den Mangel gefunden.

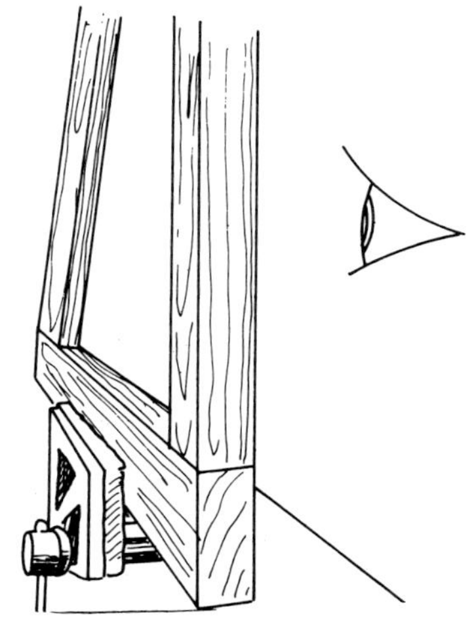

Bessern Sie immer das Zapfenloch und nicht den Zapfen aus, da letzterer der am wenigsten widerstandsfähige Teil der Verbindung ist. Das Zapfenloch ist seitlich mit einem breiten Stechbeitel zu bearbeiten, bis die Einfassung zusammengesetzt werden kann und auf einem Brett flach aufliegt.

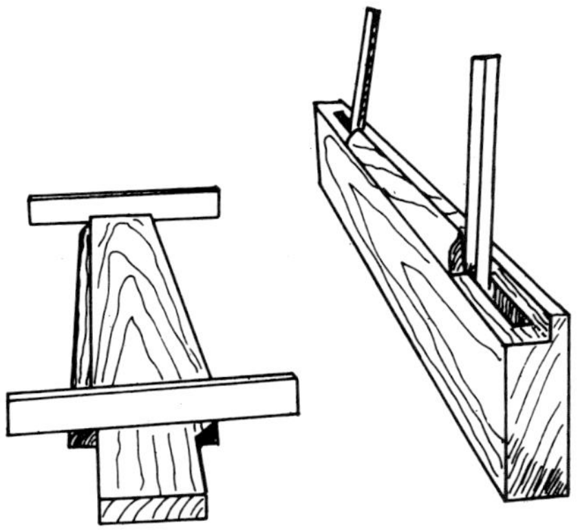

Nach dem Auseinandernehmen der Türeinfassung leimen Sie die Teile mit dickflüssigem Glutinleim zusammen und setzen dort Furnierstreifen ein, wo dies zur Ausfüllung von Lücken im Zapfenloch erforderlich ist. Beim Verspannen der Tür achten Sie sorgsam darauf, daß sie auf der Vorderseite richtig ausgerichtet bleibt und sauber in den Türrahmen paßt.

Weitere Hinweise über Scharniere und Schlösser entnehmen Sie den entsprechenden Abschnitten im folgenden und auf Seite 144.

Schwierigkeiten mit Scharnieren und Gelenken

Lose oder beschädigte Scharniere

Ein loses Scharnier kann möglicherweise durch Anziehen der Schrauben wieder befestigt werden. Lassen sich die Schrauben nicht weiter festziehen, so nehmen Sie sie heraus und setzen längere ein.

Die Befestigungsschrauben eines Scharniers sitzen manchmal sehr fest im Holz, und durch leichtes Schwinden des Holzes in Verbindung mit seinem ständigen Gebrauch drückt sich das Scharnier aus seiner Bettung heraus. Dann können die Schrauben nicht mehr herausgedreht, sondern müssen freigebohrt werden. Das gewaltsame Wegdrücken der Scharnierblätter von den Schrauben ist nutzlos, weil dabei das Scharnier häufig beschädigt wird. Bohren Sie tief in die Schrauben hinein, bis sie sich durch die Reibungshitze und Vibration des Bohrers lösen. Der Bohrer darf dabei nicht von der Schraube abrutschen und in das Holz hineinfahren, was durch einen entsprechend eingestellten Tiefenanschlag verhütet werden kann.

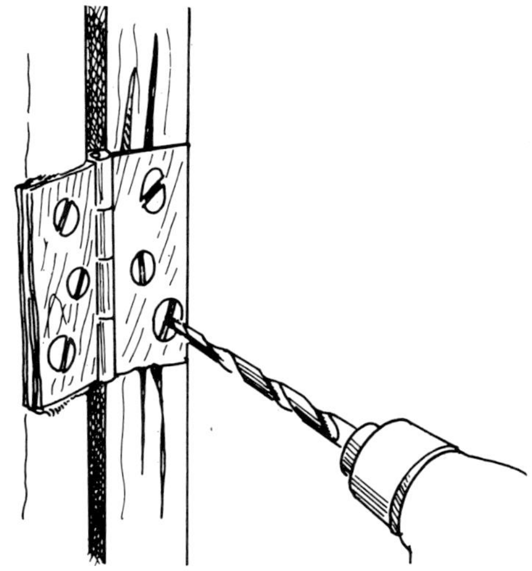

An den freien Schraubenlöchern werden Sie feststellen, daß das Material durch die Reaktion zwischen Schraube und Holz zu stark verrottet ist, um eine neue Schraube aufnehmen zu können.

Prüfen Sie die ausgestemmte Bettung des Scharnierblatts auf Rißbildung. Ist eine solche eingetreten, so muß der Riß gesäubert und mit PVAC-Kleber gefüllt werden. An der Rißstelle setzen Sie dann eine Schraubzwinge an und halten die gespaltenen Teile mit dünnen eingeleimten Dübeln zusammen.

Das Scharnierblatt wird anschließend in die erneuerte Bettung eingesetzt. Hierzu bohren Sie neue Löcher in das Blatt und verwenden neue Schrau-

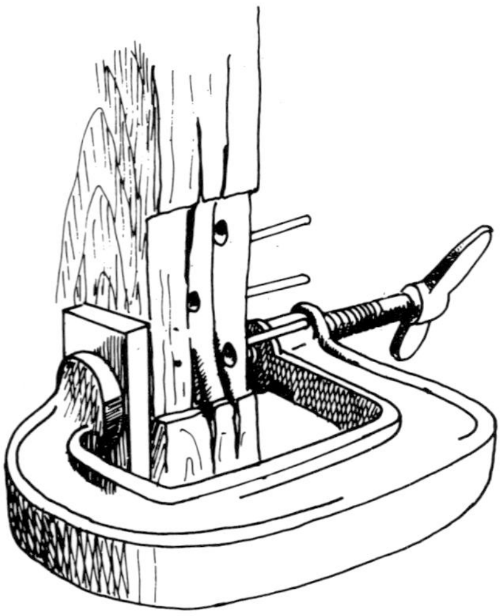

ben. Sollte dies zu einer wesentlichen Schwächung des Scharnierblatts führen, dann muß zu einem anderen Mittel gegriffen werden.

Fräsen Sie die Bettung so weit aus, daß ein Füllstück aus gesundem Holz eingesetzt werden kann, das dem Faserverlauf entsprechen sollte, über die Ränder der Scharnierbettung hinaus verlaufen muß und mit Epoxidharzkleber einzuleimen ist. Sie können aber auch die alten Schraubenlöcher ein wenig aufweiten und eine steife Mischung aus Epoxidharzkleber und Füllmittel hineindrücken.

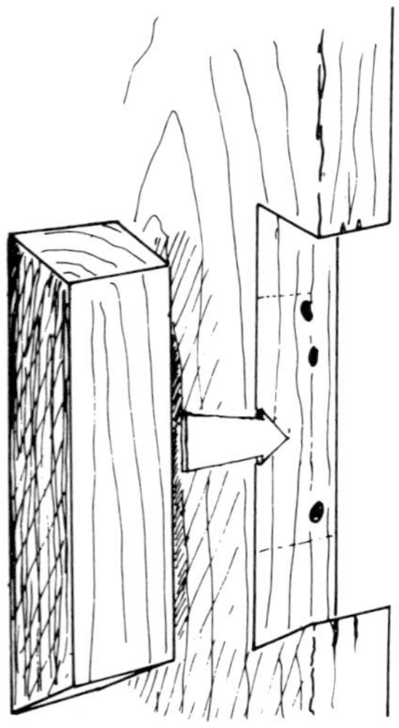

Wählen Sie die größten Schrauben, die noch glatt durch das Scharnierblatt passen, und schneiden Sie sie auf entsprechende Länge. Diese Schrauben werden dann mit einem dünnen Fettfilm überzogen und eingedreht. Abschließend wischen Sie das überschüssige Füllmaterial ab, prüfen das Scharnier auf seine richtige Lage und spannen einen Klotz über Scharnierblatt und Schraubenköpfe, bis das

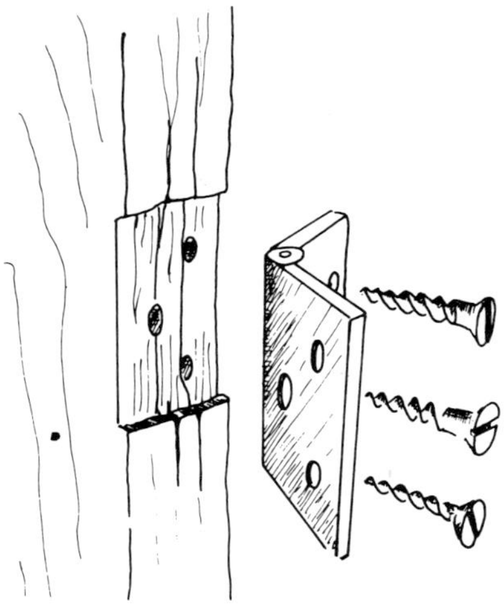

Kunstharz ausgehärtet ist. Statt der normalen Holzschrauben können Sie selbstschneidende Schrauben verwenden, die den Vorteil haben, daß ihr Gewinde bis zum Kopf reicht. Von solchen, die sich schlecht altern lassen, ist allerdings abzuraten. Durch den Fettfilm auf dem Gewinde können die Schrauben aus der Kunstharzfüllung herausgedreht werden, so daß der gleiche Vorgang an dem anderen Blatt des Scharniers wiederholt werden kann.

Zapfenbänder

Solche Zapfenbänder gehen selten völlig zu Bruch, aber sie lösen sich häufig mit der Zeit. Jeweils ein Scharnierlappen wird auf die Ober- oder Unterkante der Tür geschraubt, der zweite Lappen jeweils gegen den Türrahmen.

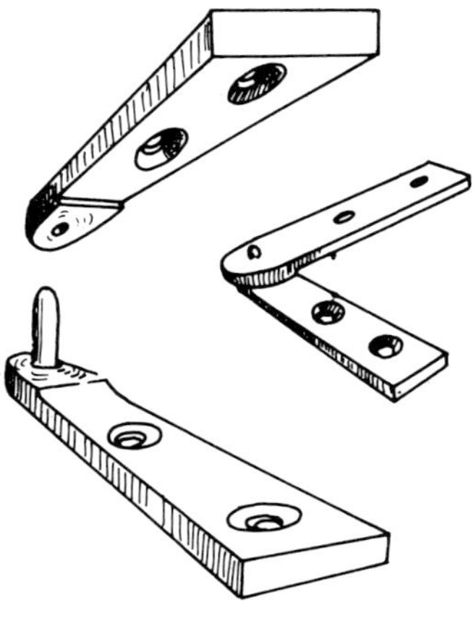

Wenn der Zapfen sich abnutzt oder die Schrauben sich lockern, neigt die Tür im Rahmen zum Wackeln; dann müssen die vorhandenen Schrauben durch längere ersetzt werden, was ziemlich schwierig sein kann, weil die Schrauben, besonders die im oberen Scharnierlappen, oft unerreichbar sind.

Zum Herausnehmen der Tür braucht jedoch von den insgesamt vier Scharnierlappen nur einer abgeschraubt zu werden. Legen Sie das Möbelstück auf den Rücken und versuchen Sie es mit dem Scharnierlappen an der Unterkante, der frei zugänglich und häufig lose ist, weil er das ganze Gewicht der Tür zu tragen hat. Bei abgenommener Tür werden Unterlegscheiben auf den Zapfen gesteckt, um dessen Tragfläche höher zu legen. Falls der Zapfen zu stark abgenutzt ist, wird er ausgebohrt und durch einen neuen, eingenieteten Zapfen ersetzt.

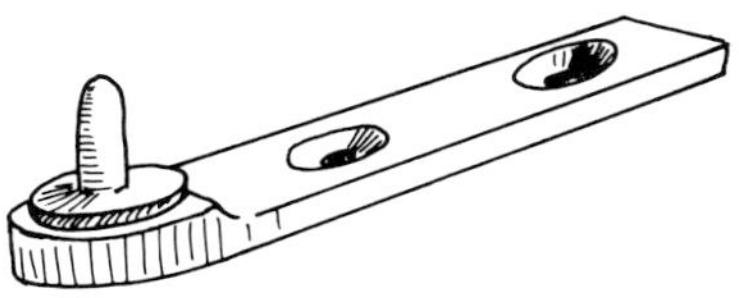

Wenn die Scharniere bei näherer Betrachtung offenbar in Ordnung sind und die Tür dennoch klemmt, untersuchen Sie den Rahmen des Möbelstücks auf Verzug und Schrumpfung und die Tür selbst auf Durchhängen.

Fischbänder
Solche Scharniere sind ebenso wie Zapfenbänder oft hohem Verschleiß ausgesetzt.

Wenn sie nicht allzu stark abgenutzt sind, kann die Tür aus den Scharnieren herausgehoben und harte Karosseriefüllmasse in die Scharnierhülsen gestopft werden. Bevor Sie die Tür wieder einsetzen, heften Sie ein dünnes Stück Sperrholz vorne auf die Unterkante des Rahmens, so daß der Türfalz hierauf zu ruhen kommt und die Tür ein gewisses Spiel erhält. Nachdem Sie die Tür wieder eingesetzt haben, wischen Sie die ausgetretene Füllmasse weg und lassen die Füllung trocknen. Bevor sie ganz ausgehärtet ist, öffnen und schließen Sie die Tür einige Male, um die Scharniere gängig zu machen.

Diese Methode hilft jedoch nur bei sehr geringem Verschleiß. Wenn der Abstand zwischen den beiden Scharnierhülsen oben und unten größer als 4 mm ist, müssen die Scharniere versetzt werden.

Fischbänder werden mit ihren Lappen, die jeweils mit den Hülsenteilen aus einem Stück gegossen sind, in Schlitze im Türrahmen und im Türblatt eingelassen und durch Stifte gesichert, die von innen in die Tür bzw. seitlich in den Türrahmen eingeschlagen werden. Diese Stifte sind zum Abnehmen der Bänder herauszuziehen, wofür wahrscheinlich ein Hohlfräser benötigt wird. Von jedem Scharnier braucht nur ein Band ausgebaut zu werden, und man wählt dabei dasjenige, welches sich am leichtesten abnehmen läßt. Falls alle Bänder sich hartnäckig zeigen, nehmen Sie diejenigen im Türrahmen in Angriff, dessen Holzwerk kräftiger ist und bei dem keine Gefahr besteht, daß neue Befestigungselemente auf der Vorderseite des Möbelstücks durchstoßen.

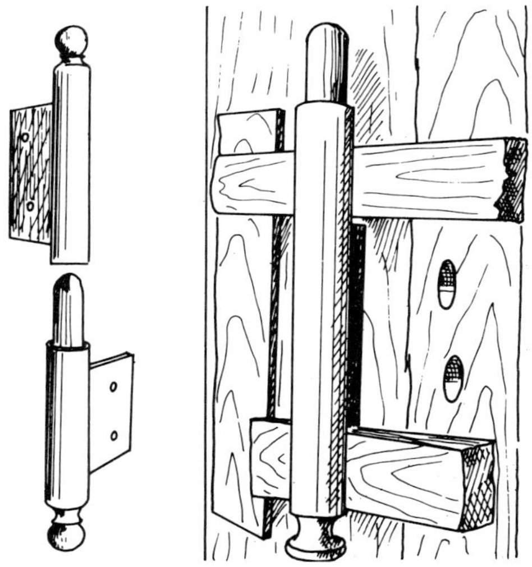

Nach dem Entfernen der Haltestifte kann der Scharnierlappen herausgezogen werden, eventuell mit Hilfe von Weichholzkeilen, die hinter die Hülse gedrückt werden.

Im Türrahmen muß zur Aufnahme des Lappens ein neuer Schlitz gestemmt oder der vorhandene verlängert werden. Hierfür benutzen Sie entweder einen schmalen Lochbeitel oder den auf S. 121 beschriebenen Spezialbeitel. Den Scharnierlappen selbst dürfen Sie nie kürzer sägen, um ihn nach oben oder unten verschieben zu können. Wenn beide Bänder angenommen worden sind, legen Sie einen Streifen Sperrholz auf die Vorderkante des Rahmens, so daß der Türfalz darauf zu liegen kommt. Die Tür wird dann in die Scharniere eingehängt und geschlossen. Wenn die Tür richtig anliegt und die Bänder sauber ausgerichtet sind, kann nach dem Abnehmen der Tür harte Karosseriefüllmasse in kleinen Mengen in die erweiterten Lappenschlitze gedrückt und die leicht eingefetteten Scharnierlappen können in die gefüllten Schlitze hineingeklopft werden. Überschüssige Füllmasse wird abgewischt und die Tür wieder eingesetzt. Wenn die Tür korrekt ausgerichtet ist, setzen Sie oben und unten eine Schraubzwinge an, damit die Scharnierlappen tief in den Schlitzen eingebettet bleiben.

Nachdem die Füllmasse ausgehärtet ist, probieren Sie aus, ob die Tür sich frei bewegen läßt.

Dann durchbohren Sie den Türrahmen und den Scharnierlappen und setzen Befestigungsschrauben in die Löcher ein. Schrauben sind besser als Stifte oder Nägel, weil sie leichter herausgenommen und wieder eingedreht werden können.

Gelenke mit Keil- und Rollenzinken

Ein solches Gelenk ist eine Art hölzernes Scharnier, dessen einwandfreie Funktion von dem engen Kontakt der Zinkenflächen abhängt. Sind diese einmal verschlissen, so fängt das Gelenk an zu wackeln und durchzuhängen.

Durch die Erneuerung des Gelenkstiftes könnte vorübergehend Abhilfe geschaffen werden, aber da dieser Stift bald ebenso abgenutzt sein wird, ist dieses Hilfsmittel für ein häufig bewegtes Gelenk ungeeignet.

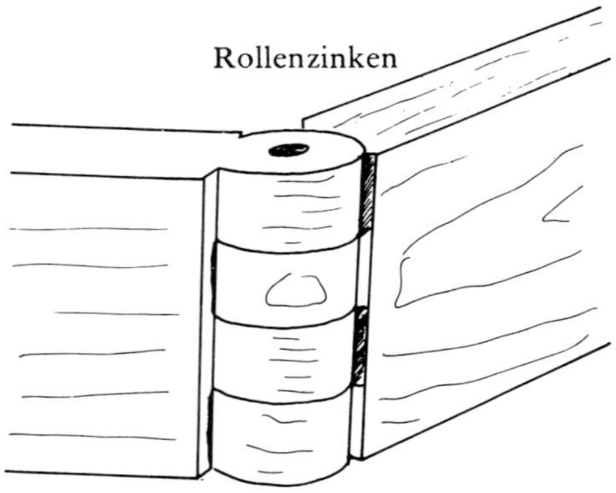

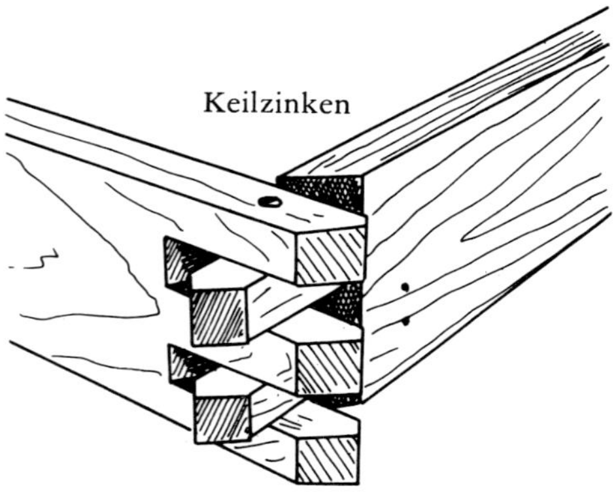

Zur gründlichen Instandsetzung muß mindestens eine Hälfte des Gelenks ausgebaut und an ihren Auflageflächen erneuert werden. Am schnellsten geht dies auf der Kreissäge, wenn Sie das Gelenkteil gegen den Maschinenanschlag führen und die Auflageflächen der Zinken beschneiden, wobei Sie mit einem aufgespannten Längsanschlag ein zu tiefes Einsägen verhindern. Die Sägeschnitte führen Sie etwa 25 mm in das massive Holz hinter den Zinken weiter. An jedem Keil- oder Rollenzinken braucht nur eine Seite als Anlagefläche bearbeitet zu werden. Dünne Hartholzscheiben schneiden Sie zu-

recht und leimen sie mit Epoxidharzkleber zwischen die Zinken ein. Nach dem Abbinden des Leims können diese Beilagen bearbeitet und mit den Zinken der anderen Gelenkhälfte zusammengepaßt werden. Hierbei kann weiteres Nacharbeiten notwendig werden, um eine Gleitpassung zwischen den Zinken herzustellen. Diese Arbeit kann zwar mit einem Stechbeitel von Hand ausgeführt werden, aber besser ist es, wenn Sie das Gelenkteil erneut gegen den Anschlag der Kreissäge drücken und mit der Kante des Sägeblatts einen hauchdünnen Span abnehmen, bis die beiden Gelenkteile ineinanderpassen. Dadurch wird den Zinken eine einwandfrei ebene und rechtwinklige Form gegeben.

Zum anschließenden Bohren des Stiftloches werden die beiden Gelenkteile passend zusammengespannt und an einem Brett ausgerichtet. Der Gelenkstift sollte zwar einigermaßen stramm sitzen, aber dennoch durch nur leichtes Klopfen einzuschlagen sein. Ein höherer Kraftaufwand beim Einschlagen könnte zum Aufreißen der Zinken führen.

Halbrund- oder Vollgelenk

An Klapptischen sind die beweglichen Flügel der Tischplatte vielfach mit einem Gelenk dieser Art befestigt. Wenn die Gelenkteile sauber geschnitten und die Scharniere richtig aufgesetzt sind, dürfte es mit einem solchen Gelenk kaum Schwierigkeiten geben. Es stützt den Tischplattenflügel im hochgeklappten Zustand ab und entlastet die Scharniere. Das Gelenk klemmt jedoch, wenn die Scharniere nicht richtig angebracht sind. Die nebenstehenden Skizzen veranschaulichen einen solchen Zustand.

Wenn Sie ein Halbrundgelenk mit einem Scharnier versehen, müssen Sie darauf achten, daß der Angelpunkt des Scharniers (der Scharnierstift) genau in der Ebene der beiden angelenkten Flächen zu liegen kommt. Das einfachste Hilfsmittel dafür ist die Anfertigung einer genauen Querschnittszeichnung des Gelenks, nach welcher Sie

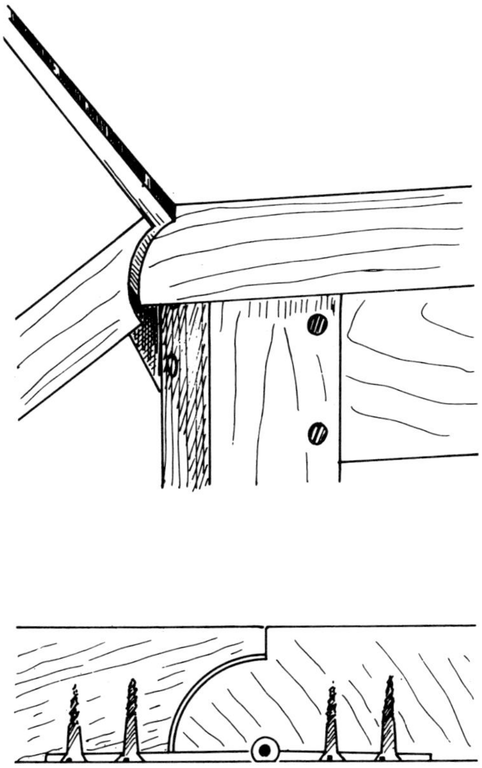

Richtig angebrachtes Scharnier

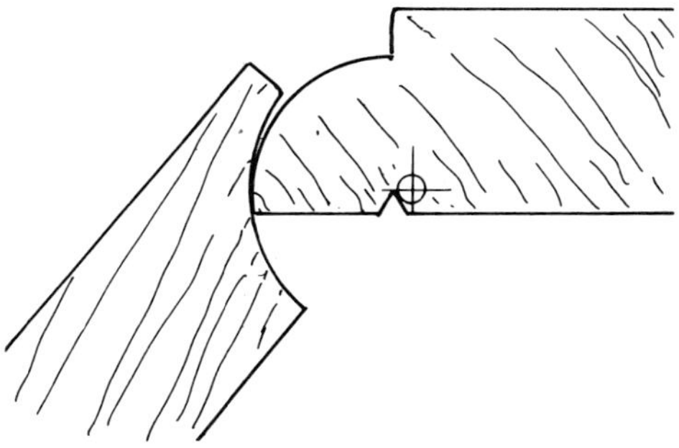

Zu tief eingelassenes Scharnier

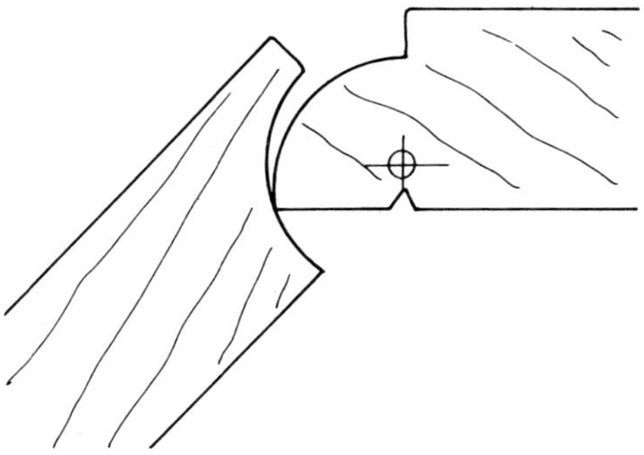

Zu hoch liegender Scharnierstift

den Gelenkradius und damit die Lage des Scharnierangelpunkts bestimmen können. Zum Aufsetzen des Scharniers legen Sie dann die beiden Gelenkteile auf einer flachen Unterlage zusammen.

Wo das Hochklappen des Tischplattenflügels Schwierigkeiten bereitet, weil dieser sich verzogen hat, besteht die Möglichkeit, ein oder zwei zusätzliche Scharniere in das Gelenk einzusetzen.

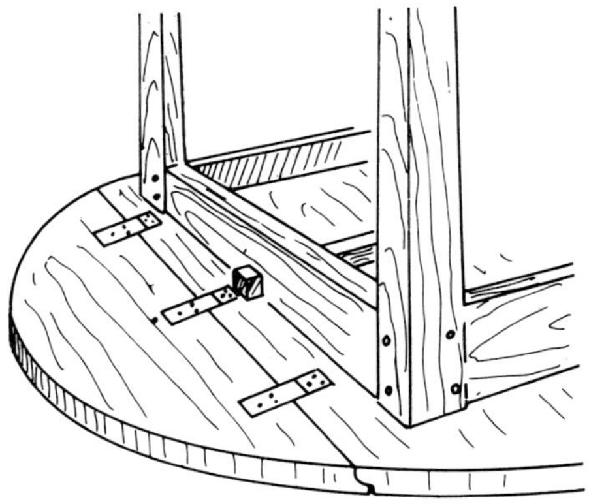

Anbringen von Blattscharnieren an Doppeltüren
Das erste Türblatt wird in den Türrahmen eingesetzt und mit einem Stück dünner Pappe unterlegt, um ihm ausreichendes Spiel zu geben. Mit dem Messer wird dann die Oberkante der Scharniere auf dem Türblatt und dem Türrahmen angerissen.

Jetzt nehmen Sie das Türblatt heraus, legen die Scharniere auf dessen Innenkante und reißen die Scharnierlänge an, wobei Sie die Begrenzungslinien mit Hilfe eines Anschlagwinkels genau

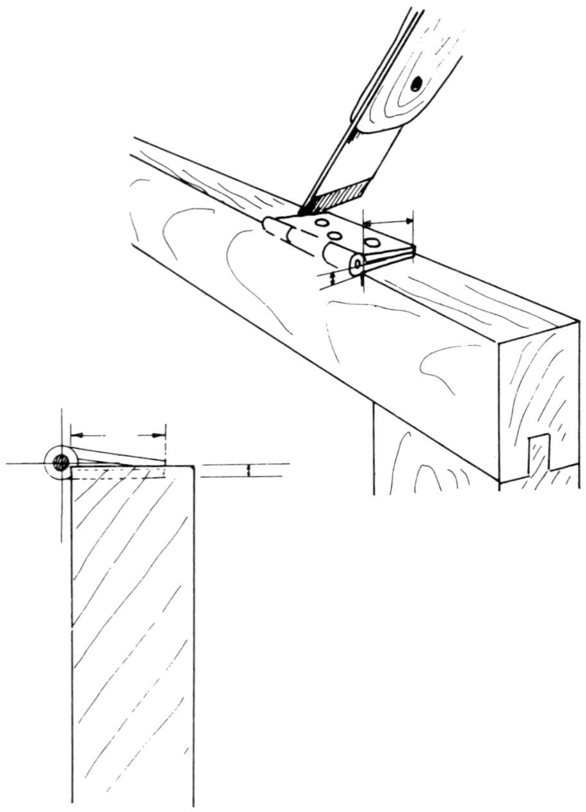

rechtwinklig ziehen. Zum Anzeichnen der Tiefe des Scharnierblatts nehmen Sie ein normales Streichmaß und zum Anreißen seiner Breite ein schneidendes. Bei richtiger Lage des Scharniers kommt dessen Stift unmittelbar vor der Ecke der Türinnenkante zu liegen. Mit einer Feinsäge (Zinkensäge) und einem Stechbeitel stemmen Sie nun die Vertiefung für das Scharnierblatt aus.

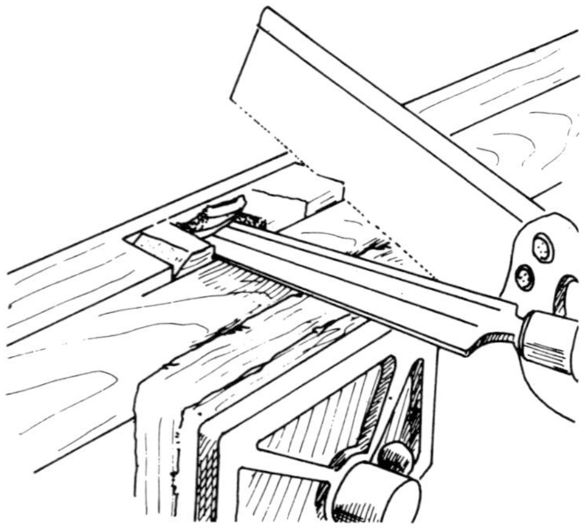

Nachdem Sie die Tür wieder eingesetzt und auf der Pappunterlage abgestützt haben, reißen Sie die Unterkanten der beiden Scharniere auf dem Türrahmen an. Dann folgen: erneutes Herausnehmen des Türblatts, Anreißen der Scharnierlänge und Ausstemmen der Vertiefungen im Türrahmen so wie vorher an der Tür. Zum Schluß schrauben Sie die Scharniere fest, und zwar üblicherweise zuerst am Türblatt und dann am Türrahmen.

Bevor Sie sich mit den Scharnieren am zweiten Türblatt befassen, hängen Sie das erste Türblatt ein. Beim Einsetzen des zweiten Türblatts ist darauf zu achten, daß die Scharniere, Oberkanten und Beschläge an beiden Türblättern in gleicher Höhe liegen.

Anbringen von Fischbändern

Die beiden Scharnierlappen (Stocklappen und Bandlappen) werden vor dem Einbau zweckmäßigerweise auseinandergenommen. Im Türrahmen des Möbelstücks wird die Länge des Scharniers im zusammengesetzten Zustand abgemessen. Im Mittelpunkt eines jeden Scharniers wird ein Stück Klebeband auf den Türrahmen geheftet und darauf die genaue Lage des Angelpunkts angezeichnet.

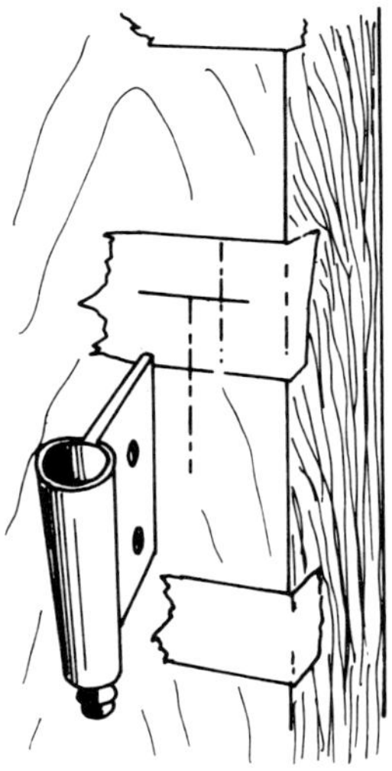

Die Markierungen auf dem Klebeband geben die Lage des Scharniers und den Angelpunkt zu jedem Scharnier an.

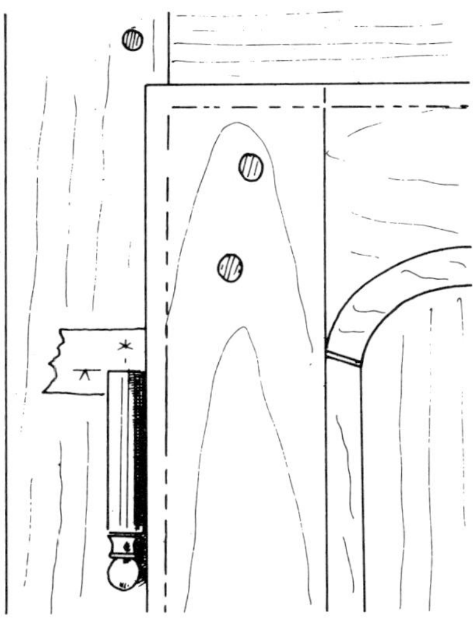

Nun halten Sie die Türblätter fest, legen die Scharnierhülse seitlich gegen die Tür und zeichnen ihre Breite auf dem Klebeband an. Ihr Streichmaß stellen Sie auf den Abstand von Hülsenmitte (vermutlich auch die Mitte des Scharnierlappens, aber prüfen Sie dies nach) bis zur Innenkante des Türrahmens ein und reißen damit den Schlitz für den Scharnierlappen an.

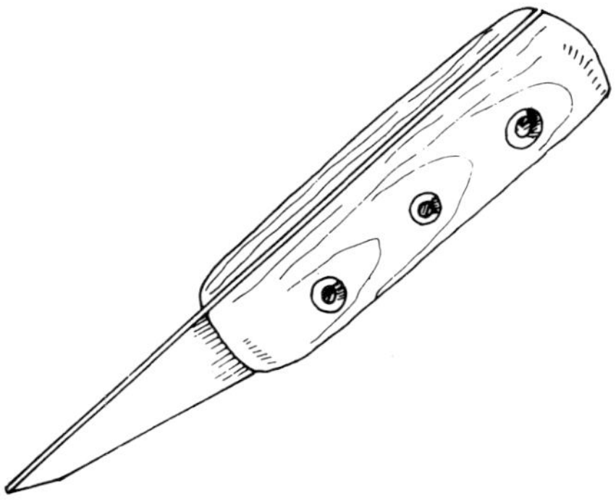

Spezialbeitel aus Werkzeugstahl (Stärke 2–3 mm oder dünner). Die Klinge wird nach dem Härten und Anlassen mit durchgehenden Nieten im Griff befestigt.

Diesen Vorgang wiederholen Sie an jedem Scharnier, wobei Sie das Teil so gegen den Türrahmen halten, daß seine Auflagefläche mit der Anrißlinie fluchtet. Zeichnen Sie die Lage des Scharnierlappens an. Dann stechen Sie die Schlitze mit dem selbstgefertigten Spezialbeitel aus und schrauben die unteren Scharnierlappen im Türrahmen fest.

Auf die Rahmenunterkante heften Sie einen Streifen Karton oder Sperrholz, damit die Türen beim Einsetzen genügend Spiel bekommen, und markieren die Stellen, wo die Auflageflächen der im Türrahmen befestigten Stocklappen liegen. Dann nehmen Sie das Türblatt aus dem Rahmen heraus und reißen die Schlitze für den anderen Scharnierlappen an, wobei größte Sorgfalt geboten ist, weil der Lappen bei einige Scharnieren auch versetzt angeordnet sein kann, damit er sich gegen die Kante des Türfalzes anlegt.

Jetzt stechen Sie die Schlitze für die Lappen und bauen die Scharniere oben und unten zusammen. Lagekorrekturen in senkrechter Richtung können bei Bedarf durch Verlängern des Schlitzes und Beilagen unter dem Scharnierlappen vorgenommen werden. Wenn die Bänder einwandfrei beweglich und die Türblätter ordentlich ausgerichtet sind, befestigen Sie die Scharniere mit zwei Schrauben pro Lappen.

Defekte Schubladen

Seitenstücke

Schubladen, die an ihren Seitenstücken nicht zu stark verschlissen sind, können leicht instandgesetzt werden. Die abgenutzten Teile werden abgehobelt und durch aufgeleimte Füllstücke ersetzt. Vermeiden Sie hierbei das Einschlagen von Nägeln, denn mit zunehmender Abnutzung des Holzwerks könnten die vorstehenden Nagelköpfe die Laufleisten zerkratzen und beim Herausziehen der Schublade die Stirnleisten beschädigen. Zur Befestigung des Ersatzstückes verwenden Sie Knochenleim und verspannen das Seitenstück mit Federklammern.

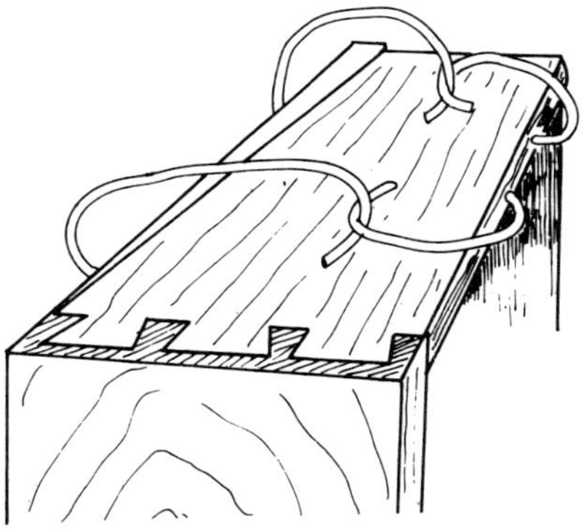

Bei sehr starkem Verschleiß brauchen Sie größere Ersatzstücke. Für die Erneuerung bereiten Sie das Seitenstück dann am besten mit der Oberfräse vor, obwohl dies auch mit einem Beitel und einem Kantenhobel geschehen kann.

Die Schublade spannen Sie mit der abgenutzten Seite nach oben in den Schraubstock, und in die Oberfräse setzen Sie ein Hartmetallwerkzeug von 9,5 mm Durchmesser ein. Sollte das Kopfstück über die Seitenstücke hinaus vorstehen, so legen

Sie ein dünnes flaches Brett auf das Seitenstück, um Kopf- und Seitenstücke auf die gleiche Höhe zu bringen. Nun setzen Sie die Oberfräse mit dem Werkzeug an der verschlissenen Kante anliegend zuerst auf der einen Seite des Seitenstücks an und klemmen ein Stahllineal gegen den Anschlag der Maschine. Dann schieben Sie die Oberfräse zur anderen Seite des Seitenstücks, wo Sie mit dem Werkzeug in derselben Stellung wiederum das Lineal gegen den Maschinenanschlag spannen. Auf das eine Ende des Lineals setzen Sie einen weiteren Anschlag, der das Hineinfahren des Fräsers in das Kopfbrett der Schublade verhindert. Jetzt schieben Sie die Oberfräse an dem Lineal entlang vor und vertiefen den Fräserschnitt, bis der Falz, der den Schubladenboden trägt, erreicht ist.

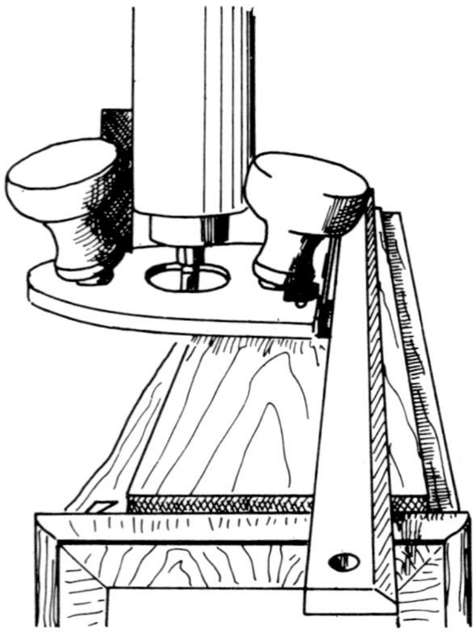

Der Fräser hinterläßt einen vollkommen geraden Schnitt über die ganze abgenutzte Kante hinweg, mit Ausnahme an der Stelle, wo das Seitenstück gegen das Kopfbrett der Schublade stößt.

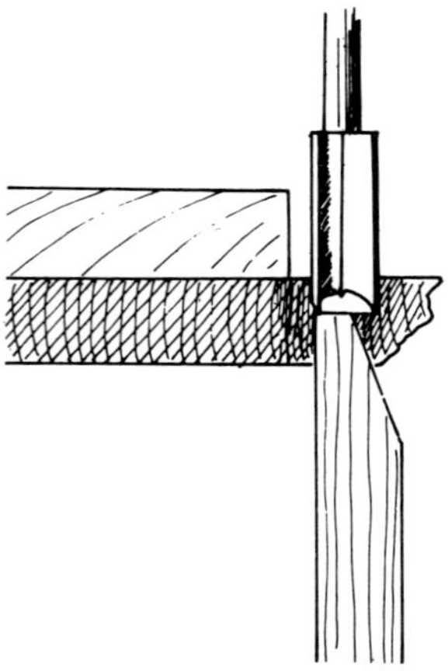

Dann werden Lineal, Ausgleichsbrett und Oberfräse und von dem Seitenstück abgenommen und das restliche Holz, welches das verschlissene Teil noch am Kopfbrett festhält, mit Feinsäge oder Stechbeitel freigeschnitten. Ein Ansatzstück für das Seitenbrett schneiden Sie, bei Bedarf zum Einsetzen des Schubladenbodens genutet, zurecht und legen es auf die Zinken am Kopfbrett, so daß Sie die Zinkenform anreißen können. Sie können aber auch eine Kartonschablone von den Zinken anfertigen und von ihr die Zinkenform auf das Ansatzstück übertragen und aussägen.

Das Ersatzstück wird mit Glutinleim befestigt und mit Federklammern verspannt. Unter der Schublade können Verstärkungsklötze angeleimt werden, jedoch nur an das Seitenstück und nicht auf die Bodenbretter der Schublade. Anschließend werden die Seitenstücke nach dem Abbinden des Leims beigearbeitet, gesäubert, gebeizt und poliert.

Bei der Erneuerung einer alten Schublade ist es ratsam, das frische Holz vor dem Verleimen auf den passenden Farbton zu räuchern, wodurch Sie sich später eine Menge Kaschierungsarbeit ersparen.

Lauf- und Streichleisten

Diese Leisten sind zu erneuern, wenn sie abgerundet oder verschlissen sind. Sie lassen sich oft durch leichte Schläge gegen die Stirnverbindung an den Rückwandbrettern und Lösen der kleinen Feder an der Leistenvorderkante herausnehmen. Die Instandsetzung abgenutzter Laufleisten lohnt sich selten; dennoch sollte versucht werden, das neue Holzwerk dem Farbton des alten entsprechend auf der Innenseite des Möbelstücks einzufärben.

Streichleisten sind möglichst einzupassen und zu vernageln, nachdem die Laufleisten angebracht worden sind. Hierzu wird die Schublade eingesetzt und mit der Vorderseite des Möbelstücks ausge-

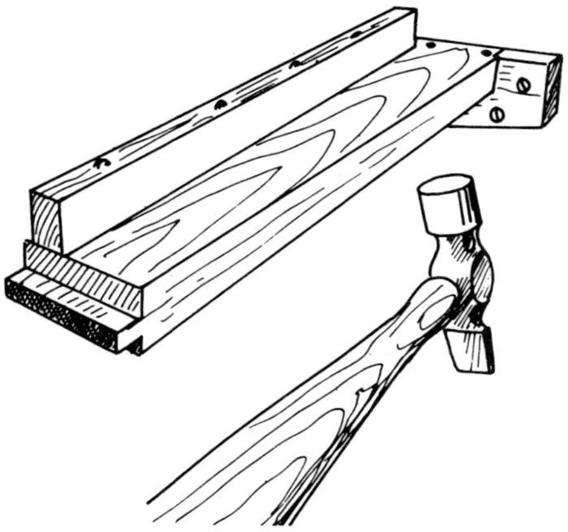

richtet, wonach die erste Streichleiste angeheftet und die Linie für die zweite Streichleiste auf der Laufleiste angerissen wird. Falls das deutlich sichtbare Anreißen Schwierigkeiten macht, kann zur Kennzeichnung der Anrißlinie für das Seitenstück eine Reihe von Stecknadeln oder Furnierstiften eingeschlagen und die Leiste dagegengedrückt und angeheftet werden. Dann werden die Nadeln oder Stifte wieder herausgezogen.

Das Klemmen der Schublade kann auch durch gelockerte Zinkenverbindungen hervorgerufen werden, die dann aufgearbeitet werden müssen (vgl. S. 92 f.).

Kopfbretter

Wenn Schäden auf der Oberfläche der Kopfbrettkante zu beseitigen sind, muß der Ursache für diese Schäden nachgegangen werden. Sollten sich dabei verschlissene Lauf- und Streichleisten oder fehlende Anschläge als Ursache herausstellen, so sind diese instandzusetzen bzw. zu erneuern.

Kantenrundstäbe

Zunächst stellen Sie fest, wieviel Material Sie für den neuen Rundstab brauchen, und sägen und hobeln das Ersatzstück auf die entsprechende Größe. Für die Bearbeitung des Stabprofils benutzen Sie einen Simshobel mit Halbrundmesser oder ein Schabeisen und trennen dann den Rundstab auf der Kreissäge von der Kante des Brettes ab. Bereiten Sie stets einen etwas längeren Stab als benötigt vor.

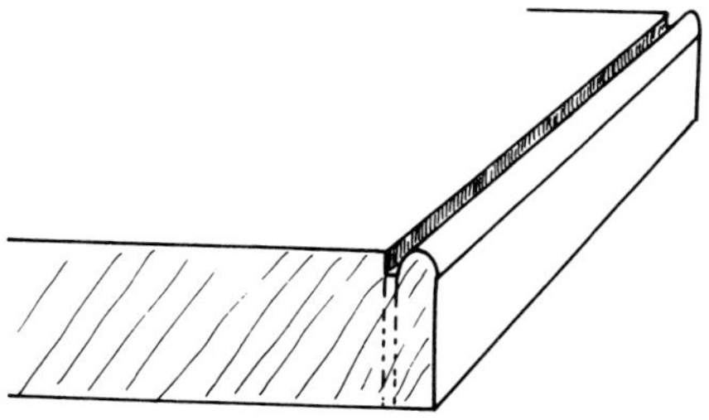

Nun wird das schadhafte Stück Rundstab mit einer Zinken- oder Furniersäge herausgeschnitten, der Stabfalz gesäubert und das neue Stück sauber zwischen den vorbearbeiteten Stoßflächen eingepaßt. Für die Herrichtung der Fugen verwenden Sie einen Hirnholzhobel und einen Bankhaken oder

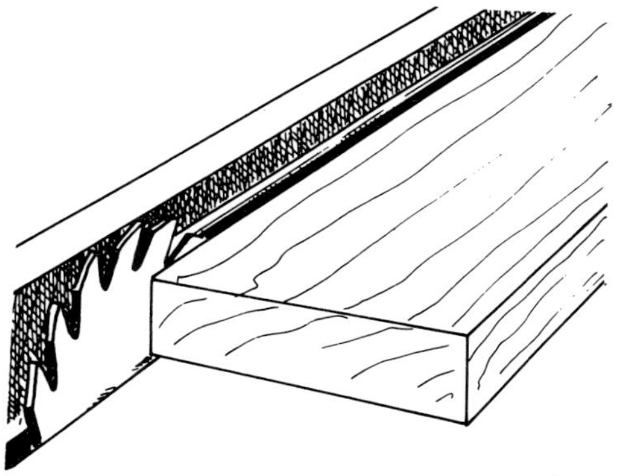

Der Gehrungsstoß am oberen und unteren Rundstab der Schubladenkante. Die Gehrungsbreite wird mit dem Streichmaß angerissen und mit dem Beitel ausgestochen.

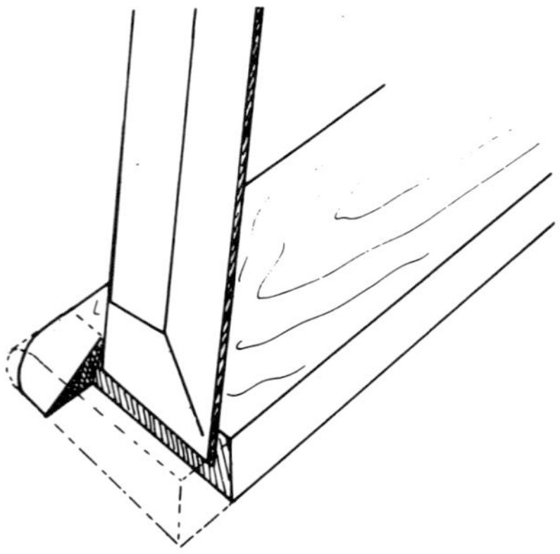

Der Gehrungsstoß am Rundstab für die Seitenstücke der Schublade. Die Gehrungsbreite wird mit dem Streichmaß in derselben Einstellung angerissen und komplett mit dem Beitel ausgestochen. Sägen ist nicht erforderlich.

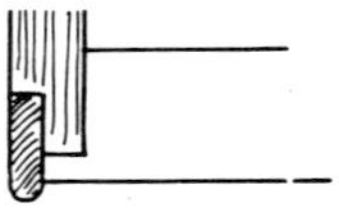

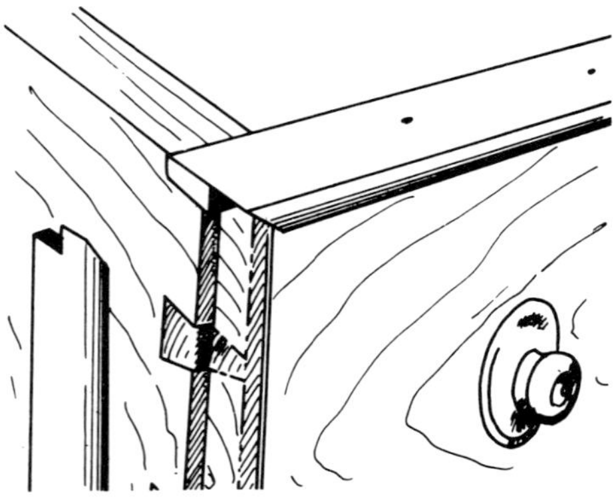

einen sehr scharfen Stechbeitel, mit dem Sie die senkrechten Stiche für die Feinarbeit auf einem untergelegten Kiefernholzbrett ausführen. Den neuen Rundstab befestigen Sie mit Glutinleim und heften ihn, wo dies nötig ist, mit kurzen Furnierstiften an. Mit einem Stück Hartholzleiste, in welches die Rundung des Stabprofils eingearbeitet worden ist, reiben Sie nach dem Auftragen von Beize den Rundstab ab, um die Übergänge an den Fugen zu kaschieren.

Kantenprofile an Kopfstücken

Wenn diese Profile über die Kanten der Schublade vorstehen, kann beträchtlicher Schaden eintreten; beim Schließen der Schublade stößt das Profil nämlich gegen das Gestell des Möbelstücks und bricht ab. Eine Instandsetzung ist hier normalerweise einfach, ausgenommen in den Fällen, wo der Schaden am Hirnholz der Seitenstücke aufgetreten ist. Dort erstreckt sich die Beschädigung vielfach bis zur Stirnseite der Schublade, so daß bei der Auswahl und Einpassung eines geeigneten Ersatzstückes mit Überlegung vorgegangen werden muß.

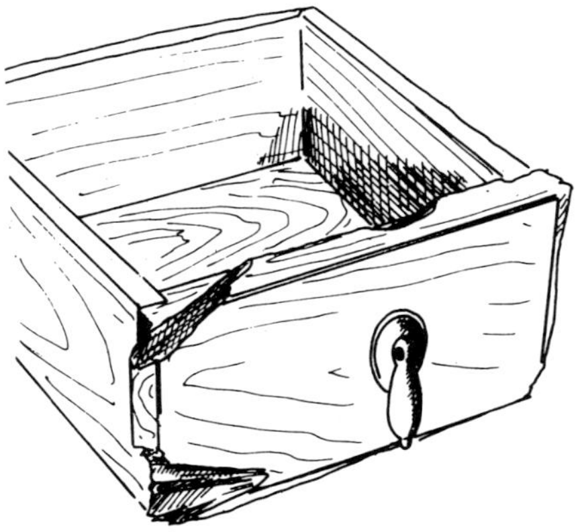

Soweit sich der Schaden auf die Ober- und Unterkanten des Kopfbretts und auf dessen Ecken beschränkt, geht die Ausbesserung schnell und einfach vonstatten. Das Ausbesserungsstück sollte

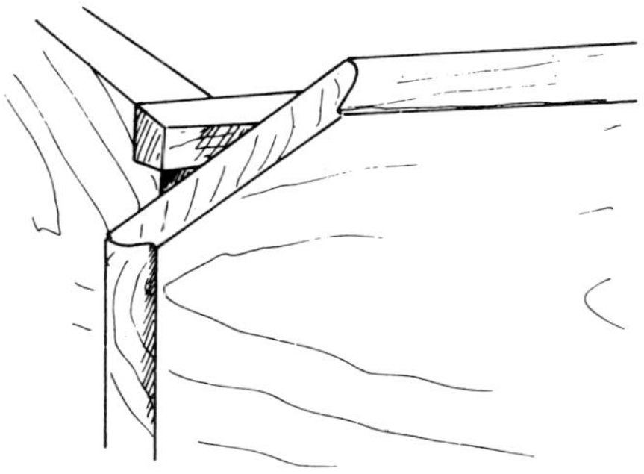

möglichst bis unter die Innenkante des Kopfbretts reichen, damit es auf zwei Seiten zur Auflage kommt. Zur Herrichtung der Ausbesserungsstelle kann statt der Handwerkzeuge auch eine Oberfräse eingesetzt werden.

Falls mehrere solcher Ergänzungsteile benötigt werden, ist die Schnittlinie und damit die Lage des Lineals leicht mit Hilfe eines parallelseitigen Sperrholz- oder Kartonstreifens festzulegen, dessen Breite dem Abstand zwischen Fräser und Maschinenanschlag entspricht.

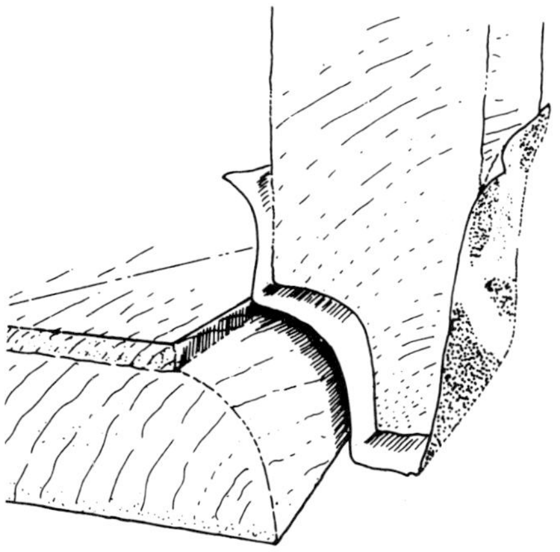

Die Ersatzstücke werden mit Glutinleim befestigt und mit Federklammern verspannt. Sie sind mit der Außenfläche der Schublade fluchtend abzuhobeln, wobei das Profil mit einem schneidenden Streichmaß angerissen und mit einem genau eingestellten Falzhobel oder Stechbeitel ausgeformt wird. Das vorgeformte Profil wird anschließend mit Sandpapier geglättet, wobei Sie einen der Form entsprechend negativ ausgesparten Schleifklotz aus Holz verwenden.

Kantenprofile im Hirnholz

Hat sich der Schaden auf die Stirnfläche der Schublade ausgedehnt, so muß das passende Holz für die Ausbesserung sehr sorgfältig ausgewählt werden. Die Stirnseite der Schublade ist zu säubern und notfalls mit Schellack einzustreichen, damit die Maserung und die Lichtreflektion des Holzes erkennbar werden. Nachdem das geeignete Holz gefunden worden ist, muß die Form des Ersatzstücks in Betracht gezogen werden.

Ergänzungsstücke, die quer zur Faser liegen, sind sehr schwer zu kaschieren. Da eine durchgehende gerade Linie kaum verborgen bleibt, muß dem Ersatzstück entweder eine gekrümmte oder gezackte Kante gegeben werden. Für geradfaserige Kopfbretter ist ein zackig ausgesägtes Ansatzstück am besten geeignet.

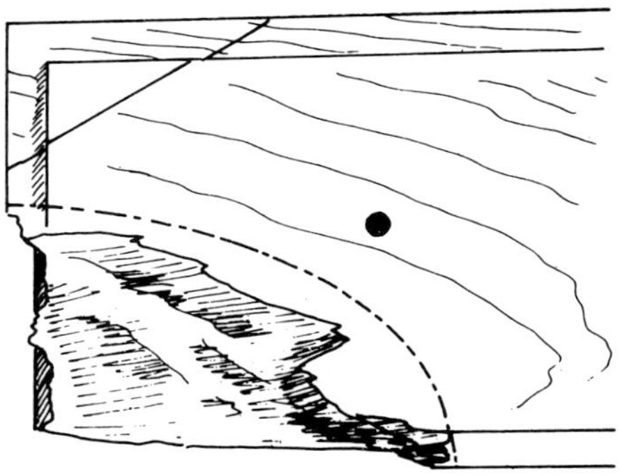

Zeichnen Sie die Form des Stückes auf ein weißes Blatt Papier und schneiden Sie es dementsprechend zurecht. Diese Schablone legen Sie auf das Kopfbrett der Schublade und markieren auf dem Papier die Richtung der Fasern sowie die Stellen, wo sie unter die Schablone führen.

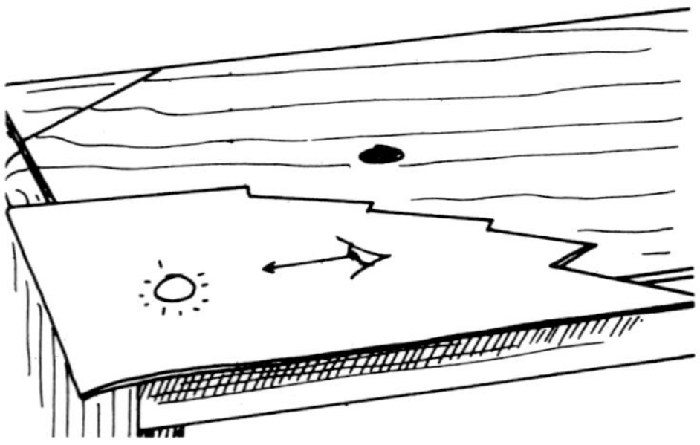

Dann legen Sie die Schablone auf das ausgewählte Holzstück, das Sie so angeordnet haben, daß die gleiche Lichtreflektion wie auf der Schublade sichtbar wird. Die Schablone schieben Sie hin und her, bis die Orientierung der Maserung in etwa mit der des Kopfbretts übereinstimmt und zumindest einige der ausgeprägten Faserlinien sich mit den Markierungen auf dem Papier decken.

Nun sägen Sie das Ersatzstück aus und beschneiden dessen Kanten glatt und ein wenig hinterstochen, d. h. mit einer geringen Neigung nach innen.

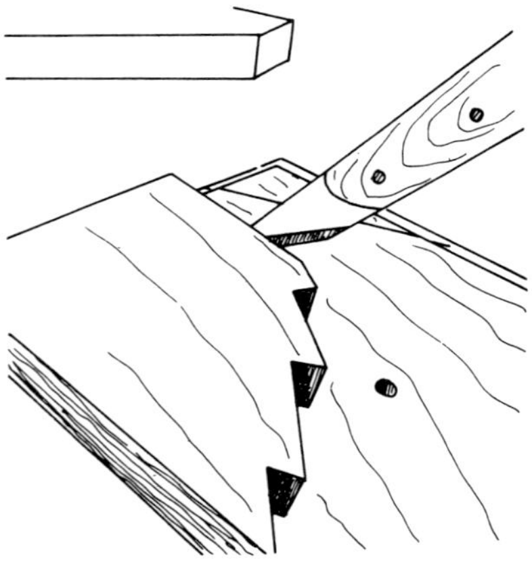

Nach dem Abnehmen der Schablone heften Sie das Ersatzstück punktweise mit Superkleber (Cyanacrylat-Kleber) auf das Kopfstück der Schublade. Mit dem Anreißmesser übertragen Sie die Umrisse des Ersatzteils auf das Kopfbrett und lösen das Ersatzteil wieder ab, wonach seine Konturen mit der Oberfräse oder dem Stemmeisen aus dem Kopfbrett herausgearbeitet werden; die Fertigbearbeitung der Stoßkanten nehmen Sie zum Schluß mit Stechbeiteln und Hohleisen vor.

Bei Ausbesserungen dieser Art müssen Sie sehr genau arbeiten, denn wenn das Ersatzstück nicht paßt, müssen Sie mit der ganzen Arbeit von vorne beginnen. Nur ganz geringfügige Korrekturen sind möglich, und zwar durch Bestreichen der Aussparung im Kopfbrett mit Tafelkreide, Einsetzen des Ersatzstücks und Nachbearbeiten der höhergelegenen weißen Stellen.

Für den ungewöhnlichen Fall, daß das Kantenprofil ausgebrochen ist, ohne die Stirnwand der Schublade zu beschädigen, sind die defekten Teile mit dem Stemmeisen zu beseitigen, wonach dann mit der Oberfräse hinter der Stirnfläche der Schublade eine Aufnahmenut für das Ersatzstück geschnitten wird, die ca. 5 mm tiefer ist als die Schubladeninnenkante.

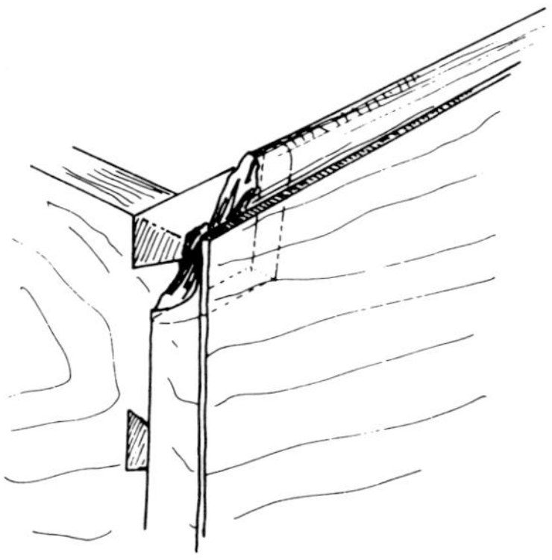

Bei der Erneuerung schadhafter Kantenprofile ist stets darauf zu achten, daß das neu eingesetzte Teil mit der übrigen übergreifenden Kante fluchtet.

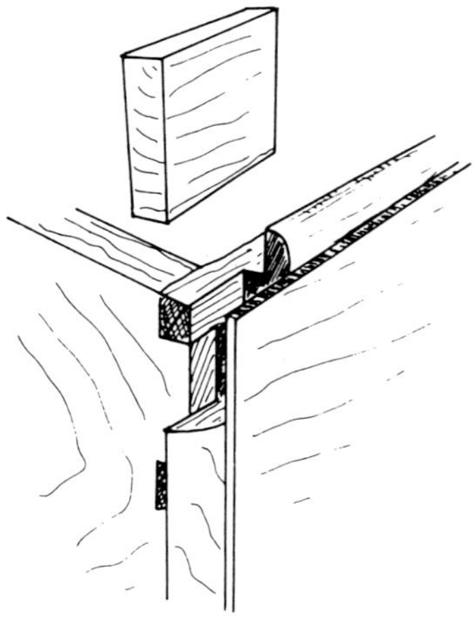

Liegt es höher als diese, so wird es bald abbrechen, und wenn es über dem Kantenprofil nach vorn vorspringt, leitet es den Stoß beim Schließen der Schublade an bisher unbeschädigte Teile weiter.

Nach beendeter Instandsetzung prüfen Sie den Zustand der Schubladenanschläge und erneuern diese für den Fall, daß sie fehlen oder verschlissen sind.

Möbelstücke aus dem 18. Jahrhundert haben oft Schubladen, deren Kopfstücke mit Sperrfurnier versehen sind, um eine zusätzliche, in eine Falz im Kopfbrett eingeleimte und an den Ecken auf Gehrung geschnittene Formleiste zu verdecken. Wo diese Kanten stark ausgebrochen sind und sich der Furnierstreifen abgelöst hat, muß letzterer zurückgeschnitten und abgenommen werden, bevor das defekte Kantenprofil darunter in Angriff genommen werden kann. Anschließend kann dann das Furnier ausgebessert werden.

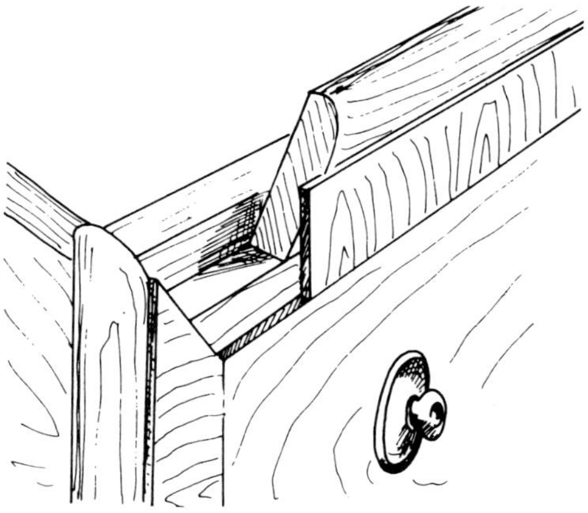

Löcher im Kopfbrett

Schubladengriffe hinterlassen meistens Spuren und Löcher im Kopfstück der Schubladen, wenn sie abgenommen werden, aber nur bei wenigen sind die zurückgebliebenen Löcher so groß wie bei einem hölzernen Schubladengriff aus der viktorianischen Zeit.

Ein solcher Griff wird losgeschraubt und herausgeschlagen oder notfalls mit einem leichten Beitel und einem Holzhammer ausgebrochen.

Mit einer Kegelreibahle weiten Sie dann das Loch auf, bis seine Ränder glatt und rund sind. Querfaserige Stopfen werden auf der Drehmaschine passend kegelig gedreht und eingeleimt.

Bei reflektierenden Hölzern, wie Mahagoni, Kirsche und Nußbaum, muß der Stopfen so eingesetzt werden, daß er das Licht in derselben Richtung wie das Kopfbrett reflektiert.

Bei besonders schönen Möbeln ist es oft ratsam, den Stofpen mit einer rautenförmig zugeschnittenen und sehr dünnen Scheibe aus ähnlich gemasertem, gut passendem Holz abzudecken. Eine solche Arbeit erfordert zwar Mühe und Zeit, macht aber das Kaschieren der Ausbesserungsstelle leichter; außerdem wird das Auge durch die Rautenform von den blassen konzentrischen Ringen an der Stelle abgelenkt, wo der Schubladengriff gesessen hat. Kleinere Grifflöcher füllt man am besten mit farbigem Hartwachs.

Schubladenböden

Gerissene oder gespaltene Schubladenböden sind auszubauen und neu zu verleimen, wobei die Kanten nachgearbeitet werden müssen, wenn sie sich nicht einwandfrei zusammenfügen lassen. Nachdem Sie eine Stoßfläche angeleimt haben, legen Sie die Teile auf ein flaches, mit Zeitungspapier bedecktes Brett und reiben sie gegeneinander. Mit ein paar Querlatten und einem aufgelegten Gewicht halten Sie dann die Verbindung zusammen. Wenn die Bodenbretter geschrumpft oder schadhaft sind oder Fehlteile aufweisen, muß ein neuer Boden angefertigt und eingebaut werden. Neuteile sind vor dem Einbau immer zu beizen oder zu räuchern und zu altern.

Wo der Schubladenboden besonders dünn ist und an einer Verbindungsstelle verstärkt werden muß, kleben Sie einen mit Anilinfarbe eingefärbten Kattun- oder Sackleinenstreifen mit Glutinleim auf die Unterseite.

Ausgebrochene Rundstäbe und Profilleisten

Ein kurzes Stück schadhafte Leiste können Sie aussägen und ein neues zurechtschneiden und einpassen, wobei das Ersatzstück keilförmig in die Lücke gedrückt und mit Glutinleim befestigt wird.

Für die Ausformung des Profils können Handwerkzeuge verwendet werden, wobei auf eine saubere Ausrichtung mit der Originalleiste zu achten ist, um häßliche „Treppen“ zu vermeiden. Mit Sandpapier und einem entsprechend geformten Holzklotz wird das Profil fertiggeschliffen, gebeizt und

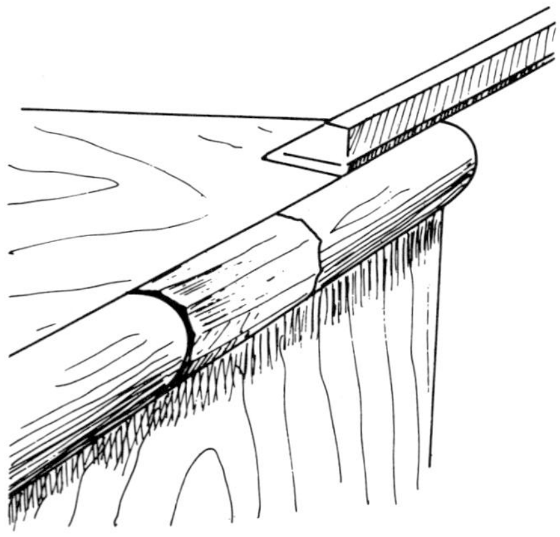

mit einem Hartholzstock abgerieben, um ihm seine endgültige Kontur zu geben. Dieses Abreiben ist wichtig, denn in den Formleisten spiegelt sich die Qualität eines Möbelstücks wider; sie müssen also sauber und scharfkantig sein. Eine Formleiste, die nachlässig geschliffen und in ihrem scheinbar ordentlichen Zustand belassen worden ist, stört das Aussehen eines Möbelstücks mehr, als wenn sie fehlen würde.

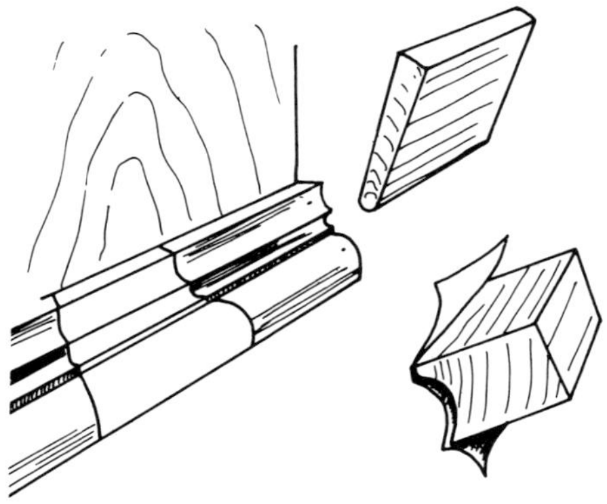

Wenn viel Leistenmaterial gebraucht wird, beispielsweise für ein neues Gesims, so ist bei der Anfertigung der Neuteile wie folgt vorzugehen.

Simsprofilleisten
Stellen Sie zunächst fest, wieviel Material benötigt wird, und denken Sie daran, daß für Gehrungsstöße mehr Holz aufgewendet werden muß; berücksichtigen Sie auch einen kleinen Mehrbedarf für die Nacharbeit an Sägeschnitten.

Nun legen Sie das Profil der Simsleiste fest, was kein Problem ist, wenn noch ein Muster der alten Leiste zur Verfügung steht. Ist dies nicht der Fall, dann muß der Restaurator die Leiste den Formen anpassen, die anderweitig an dem Möbelstück vorhanden sind; sie können vergrößert und kombiniert werden, um die richtige Wirkung zu erzielen.

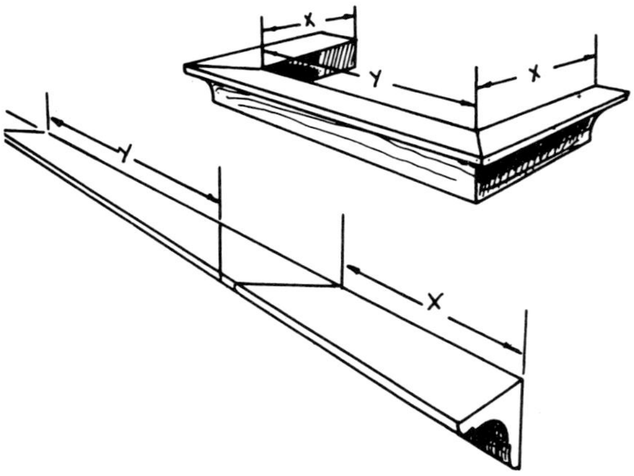

Ein hübscher, aber ungewöhnlich verzogener Tisch aus Kiefernholz

Verglaster Küchenschrank aus Kiefernholz nach einfühlsamer Restaurierung

Holzkennzeichen

alte Kiefer	Fichte	Esche
Rüster	Honduras-Mahagoni	Eibe
Weiß oder Bergulme	Honduras-Mahagoni	Nußbaum
Buche	Edelkastanie	Nußbaum
Teakholz	Stechpalme	Amberbaum (Satinnußbaum)
Eichenholz, frisch aufgesägt	Eichenholz, im Quartierschnitt aufgesägt	Berg- oder Weißahorn
sehr alte Eiche	Englische Eiche	Berg- oder Weißahorn (texturiert)
Kirschbaum	Amerikanische Rotzeder	Palisander (Rosenholz)

Profilleisten, insbesondere Simsprofile, erfüllen einen bestimmten Zweck, und der Restaurator muß sich genau überlegen, welche Wirkung das Gesims erzielen soll. Manche Gesimse sollen das Möbelstück kleiner oder niedriger erscheinen lassen, andere ihm ein repräsentatives Aussehen verleihen. Einige Simsleisten können ein schweres Möbelstück leichter erscheinen lassen, während andere einen soliden und gewichtigen Eindruck vermitteln. Die Hauptsache ist, daß das Gesims dem Stil und Aufbau des Möbels gerecht wird. Deshalb ist es ratsam, die bereits vorhandenen Profile zu variieren, statt neue Formen einzuführen.

Wenn viel Holz gebraucht wird, ist häufig zu empfehlen, ein gerades Kiefernholzbrett mit dem Simsmaterial zu verkleiden und das Leistenprofil in das aufgesetzte Brett zu schneiden. Dadurch wird nicht nur Geld gespart, sondern auch die Gefahr vermieden, daß die Profilleiste sich verzieht, nachdem große Teile des massiven Bretts abgenommen worden sind.

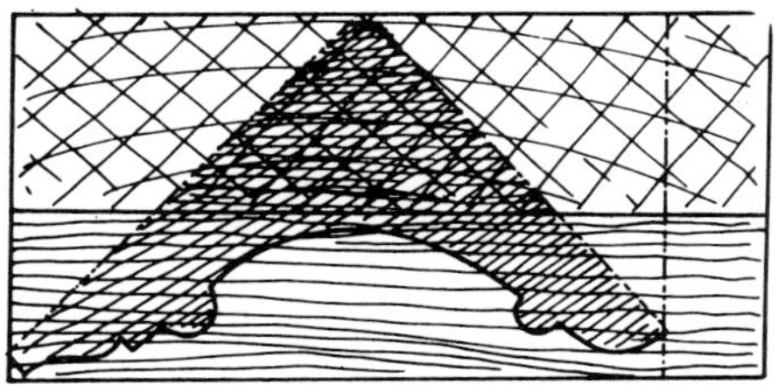

Das Profil zeichnen Sie auf Karton und übertragen es auf beide Brettenden. Das Material spannen Sie auf die Werkbank oder fest in den Schraubstock, an beiden Enden sicher abgestützt. Die Rohform des Profils wird mit einem Simshobel herausgearbeitet, in den ein gerades Hobelmesser eingesetzt wird. Mit dem Aushobeln ist auf der Anschlagseite zu beginnen und die Arbeit nach innen fortzusetzen, wobei das Hobelmesser jeweils auf die verschiedenen Tiefen im Profil eingestellt wird. Bei dieser Arbeit fallen große Mengen Hobelspäne an, die vor dem nächsten Arbeitsgang jeweils zusammenzufegen und zu beseitigen sind.

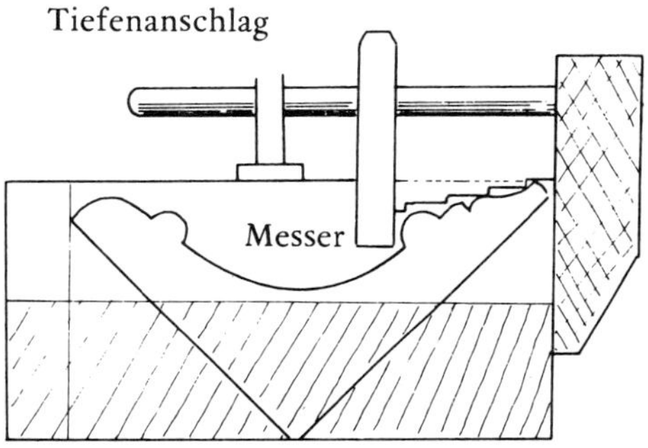

Mit einem Hohlbeitel stechen Sie die Kanten und Ecken ab, die für das endgültige Profil nicht benötigt werden. Dann schärfen Sie das Messer eines Schab- oder Stuhlhobels auf das gewünschte Profil zurecht und befestigen Anschläge auf beiden Seiten. Das Messer ziehen Sie mit leichtem Druck über die Stirnfläche der Leiste und drücken es nach und nach der Form entsprechend tiefer in den Schnitt.

Ein einfacher Küchenschrank aus Kiefernholz, an dem die Rückwand- und Bodenbretter, die Verglasung, die seitlichen Simsleisten und die Füße zu erneuern sind. Außerdem bedarf er einer kompletten Aufarbeitung der Oberflächen einschl. Politur (Arbeit für 2–3 Tage).

Nach dem Fertigschneiden und (falls nötig) Abschleifen der Profilleiste mit Sandpapier muß sie dem Gestell oder Kasten des Möbelstücks angepaßt werden. Dazu schauen Sie sich das Oberteil an und stellen fest, welche Art von Befestigungsmitteln erforderlich ist. Manchmal wird die Simsleiste angeleimt und mit Verleimklötzen gesichert. In anderen Fällen wird sie abnehmbar angebracht und mit kleinen Zapfen festgehalten. Falls erforderlich arbeiten Sie nun in den Fuß der Simsleiste eine Falz ein.

Spannen Sie die Simsleiste mit Unterlegklötzen an Ort und Stelle fest und prüfen Sie, ob sie im richtigen Winkel zur Vorderseite des Möbelstücks sitzt; gleichzeitig markieren Sie die genaue Lage der Ecken auf der Leistenunterkante. Verläuft die Rückseite der Leiste parallel mit der Vorderseite des Möbels, so kann diese Linie auf der Rückseite angerissen werden.

Nachdem Sie nun die Leiste wieder abgenommen und gegen ein senkrecht in den Schraubstock gespanntes Brett geklemmt haben, ist der Gehrungsstoß anzureißen und mit einer Querschnittsäge unter ganz leichtem Druck zu schneiden.

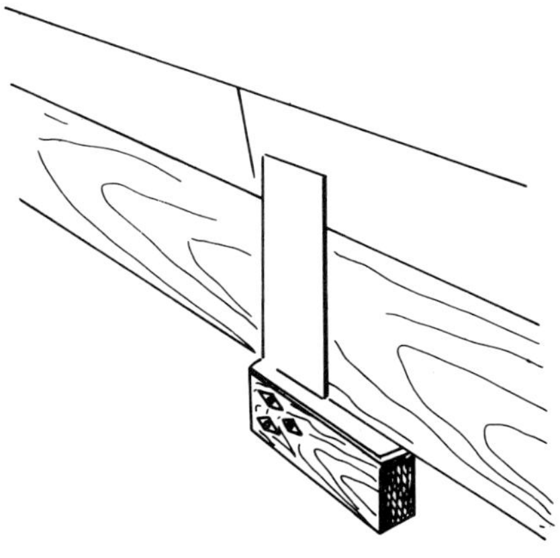

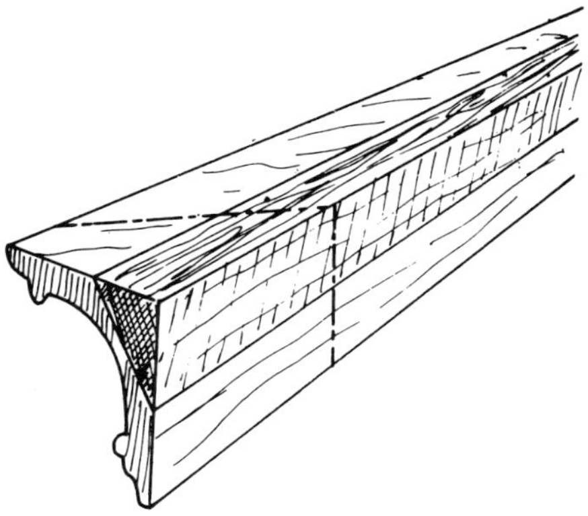

Setzen Sie die auf Gehrung gesägte Leiste auf das Möbelstück und prüfen Sie ihre Anordnung. Die Gehrungsstoßkante muß so aussehen, als würde sie von der Ecke des Möbelstücks aus vorspringen. Hier sollten Sie kleinere, eventuell notwendige Korrekturen mit dem Hirnholzhobel vornehmen, bevor vom anderen Ende der Simsleiste etwas abgesägt wird.

Für die seitliche Simsleiste sägen Sie ein Stück mit einem geringen Längenaufmaß ab und schneiden es, nachdem Sie die Frontleiste abgenommen haben, in der gleichen Weise zurecht, bis es genau zur Frontleiste paßt. Dann bearbeiten Sie das andere Ende der Frontleiste ganz genau wie vorher. Der Gehrungsschnitt an diesem Ende ist der wichtigste aller Schnitte, und bevor Sie ihn ausführen, sollten jegliche Schwierigkeiten behoben sein, die sich eventuell beim Anreißen oder Sägen ergeben haben. Reißen Sie den Stoß genau an, aber bleiben Sie beim Sägen etwas auf der Abfallseite, damit die Stoßkante bei Bedarf passend gehobelt werden kann.

Jetzt schneiden Sie die zweite seitliche Simsleiste mit ihrer Gehrung sauber zurecht und passen die Gehrungsstoßkanten genau zusammen. Gehen Sie dabei sehr sorgfältig vor. Die Gehrungsstoßkanten müssen glatt und genau senkrecht verlaufen.

Bevor die drei Leisten zum Gesims zusammengebaut werden, sind sie nach den Hinweisen auf den Seiten 220 ff. zu beizen.

Zum Verleimen benutzen Sie Glutinleim oder PVAC-Kleber. Auch ein einzelner Nagel kann von der seitlichen Leiste her eingeschlagen werden, um die Stoßflächen beim Einsetzen von Verleimklötzen zusammenzuhalten.

Nach dem Abbinden des Leims und vor dem Abnehmen des Gesimses von dem Möbelstück bringen Sie hinter den Gehrungsstößen Verleimklötze an und nageln bei schweren Teilen Verstärkungsklötze in die Ecken. Danach werden auch die Halteklötze mit ihren kurzen Zapfen angeschraubt.

Eckschränke, deren Seitenwände in einem Winkel von mehr als 90° zueinander liegen, erfordern besondere Aufmerksamkeit. Der richtige Winkel für die Stoßkanten der mittleren Hauptleiste ist die Hälfte des Winkels, den die Seitenwände zur Vorderseite bilden. Soll jedoch das Gesims von unten her betrachtet werden, so müssen die seitlichen Leisten nach hinten etwas abgeschrägt verlaufen, weil sie sonst den Eindruck erwecken würden, als seien sie auf der Rückseite erhöht, so daß der Schrank ein wenig komisch aussehen würde.

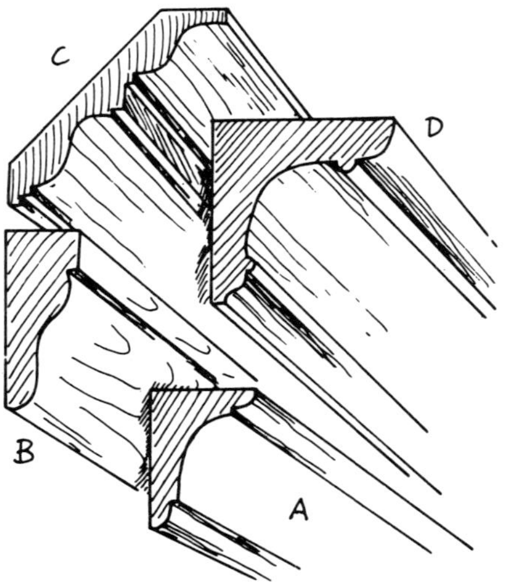

Verschiedene Simsprofilleisten und Eckstöße sind obenstehend abgebildet (A, B und C). Beachten Sie, daß die stumpf gestoßene Verbindung nur angewendet werden kann, wenn das Leistenprofil nicht hinterschnitten ist.

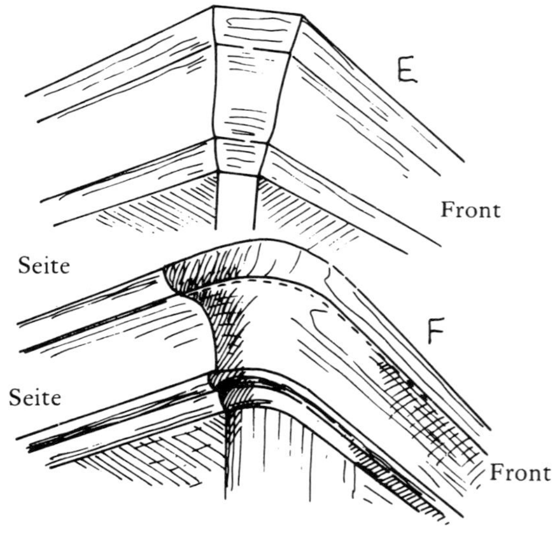

Der Simsleisten-Eckstoß (E) kann angebracht werden, wenn das Möbelstück an den Ecken abgeschrägt ist. Die gerundete Ecke der Simsleiste (F) wird geschnitzt, nachdem die seitliche Simsleiste stumpf dagegengestoßen und verleimt worden ist. Eine hinterschnittene Simsleiste (D) kann so nicht gestoßen werden, es sei denn, daß die Verbindung hergestellt wird, bevor das Profil auf volle Tiefe herausgearbeitet worden ist.

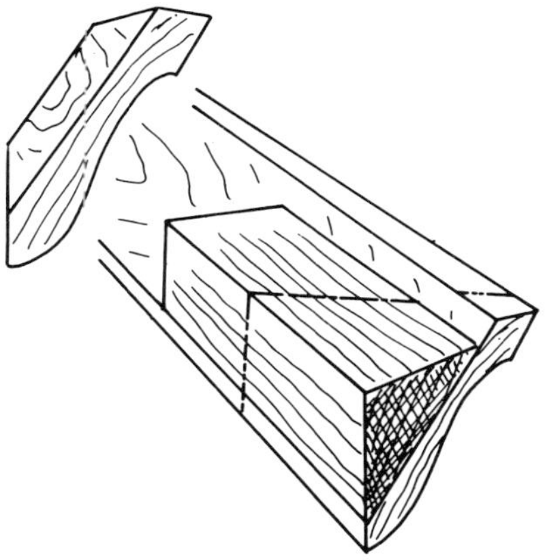

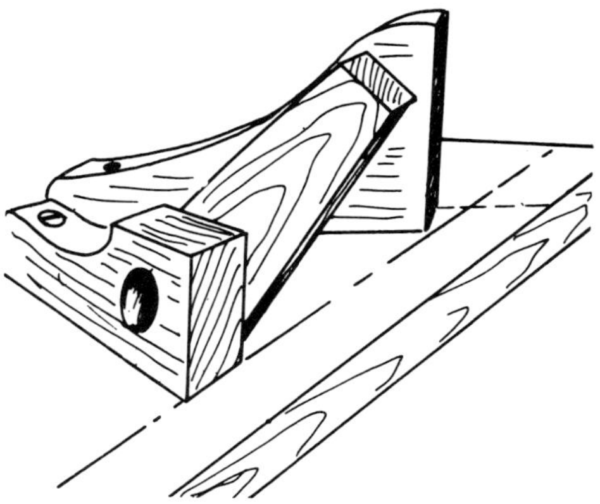

Schwierigkeiten können auftreten, wenn eine Simsprofilleiste schräg angeordnet ist und keinerlei senkrechte Flächen aufweist. Eine solche vertikale Fläche ist jedoch notwendig, denn mit ihrer Hilfe kann der Neigungswinkel der Simsleiste gegenüber der Vertikalen bestimmt werden; auch der Winkel, unter welchem der Sägeschnitt ausgeführt wird, wird von ihr beeinflußt. Hier können Sie sich dadurch helfen, daß Sie vor dem Sägen Dreikantklötze auf die Leistenenden leimen und so eine senkrechte Fläche herstellen. Sie können aber auch eine einfache Vorrichtung bauen, welche die Simsleiste beim Sägen in jeder beliebigen Winkelstellung fixiert.

Eine solche Vorrichtung besteht aus zwei aufgeschraubten Schwenkstützen, an welchen die Simsleiste festgespannt und auf den gewünschten Neigungswinkel eingestellt wird. Mit Hilfe eines Gehrungsschneidlineals, vorübergehend an einem Ende der Leiste angeschraubt, wird dann der Sägeschnitt ausgeführt.

Schadstellen auf der Oberfläche

Dieser Abschnitt bezieht sich auf die Aufgabe des Restaurators, Schadstellen auf Holzoberflächen zu beseitigen. Hinweise über das Beizen und Kaschieren von ausgebesserten Stellen finden Sie auf den Seiten 224 f. Kleinere Schäden können mit einer Füllmasse behandelt werden. Dem Restaurator steht eine breite Palette solcher Füllstoffe zur Verfügung, von denen die gebräuchlichsten nachstehend beschrieben werden.

Farbige Wachse

Diese halbtransparenten Wachse können für Instandsetzungsarbeiten jeder Art verwendet, je nach Bedarf entsprechend hergerichtet und mit Farbpulver eingefärbt werden. Bienenwachs und ein wenig Farbpulver werden bei niedrigen Temperaturen geschmolzen. Wenn das Wachs den gewünschten Farbton angenommen hat, gießt man es ab und läßt es zur Stangenform erstarren.

Zum Füllen eines Loches oder Risses hält man die Wachsstange gegen die Spitze eines elektrischen Bügeleisens und läßt es von dort hineintropfen. Nach dem Abkühlen kann es mit einem Beitel beigearbeitet und mit Schleifklotz und feiner Stahlwolle fertiggeschliffen werden.

Soll das Füllmittel ein wenig spröder sein, so können der Wachsschmelze etwas Baumharz und einige Schellackflocken beigemischt werden.

Wasserlösliche Füllstoffe
Hierbei handelt es sich um pastöse Massen, die zwar sehr leicht zu verarbeiten sind, jedoch zum Brüchigwerden neigen und keine starke Haftwirkung besitzen. Sie eignen sich zum Füllen kleiner Löcher sowie als Unterlage für das Auftropfen von Heißwachs. Eine glatte Oberfläche erhalten sie durch Druck mit einer nassen Messerklinge.

Schellackstangen
Schellack in Stangenform ist in Geschäften für Schreinerbedarf erhältlich. Ein Messer mit gebogener Klinge wird in einer Spiritusflamme erhitzt und mit der Messerspitze ein Tropfen von der Stange abgeschmolzen. Die Messerspitze wird in den Riß gedrückt, so daß der Schellack in das Holz einziehen kann. Die saubergewischte und in der Flamme wieder erwärmte Messerklinge zieht man über den Riß hinweg, um den überschüssigen Füllstoff zu beseitigen und die Oberfläche der Füllung zu glätten.

Leim und Sägemehl
Für ein solches Gemisch wird sehr feines Sägemehl (Holzmehl) benötigt, das mit dem Leim gut vermischt werden muß. Glutinleim und Epoxidharzkleber sind gute Bindemittel für das Holzmehl, denn sie sind von durchscheinender Konsistenz, die ein „stumpfes" Aussehen des Füllmittels verhindert. PVAC-Kleber ist ungeeignet, denn er ist für ein einwandfreies Glätten nicht spröde genug und läßt sich mit dem arbeitenden Holz dehnen; ein gut gefüllter Riß kann deshalb schnell zu einer Stelle mit häßlichen Haarrissen und kleinen Spalten werden.

Zweikomponenten-Füllstoffe
Diese handelsüblichen Füllstoffe sind sehr einfach in der Anwendung und in verschiedenen Farben zu beziehen. Vor ihrer Anwendung ist ihnen jeweils die zweite Komponente – der Härter – beizumischen. Die Mischung trocknet rasch und wird beim Abbinden sehr hart. Durch Zusammenmischen der Farben lassen sich unterschiedliche Farbtöne erzielen. Der Nachteil dieser Füller liegt darin, daß die Farben zum Verblassen neigen und es oft unmöglich ist, den Farbton der vorhandenen Holzoberfläche anzupassen. Da das Material undurchlässig ist, nimmt es keine Beize auf, so daß die betreffende Oberfläche mit Lack fertigbehandelt werden muß.

Bei der Anwendung auf Oberflächen mit Holzwurmbefall oder Naßfäule ist es ratsam, die Stelle vorher mit unverdicktem Epoxidharzkleber zu sättigen, wodurch der Füllstoff sich besser mit dem Holz verbinden kann und sich nicht unter Mitnahme einer anhaftenden Schicht Faulholz ablöst.

Durch Abkleben der Schadestelle mit Kreppband wird die Ausbreitung des Füllstoffs verhindert; der Rückstand kann mit Abbeizmittel oder Sandpapier beseitigt werden.

Ausbessern örtlicher Schad- oder Fehlstellen
Größere Flächen oder Teile, die dem Betrachter ins Auge fallen, sollten durch Abdecken der Schadstelle mit einem Einsatzholz ausgebessert werden. Das Möbelstück gewinnt an seiner äußeren Erscheinung, falls eine solche Sanierung fachmännisch ausgeführt wird. Im allgemeinen werden zwei Arten von Ersatzstücken verwendet. Geradkantige Stücke (in Rautenform) sind schnell und leicht herzustellen und lassen sich dem umgebenden Altholz ohne weiteres angleichen. Für Flächen von mehr als 2 cm^2 Größe sind sie jedoch nicht zu empfehlen, da die geraden Kanten dann mit der Maserung schwer zu kaschieren wären.

Für größere Flächen werden gerundete oder gekrümmte Einsatzstücke verwendet, deren Kanten dem Muster der Holzmaserung folgen und deren Enden so gerundet werden können, daß der Faserverlauf nirgendwo von einer geraden Fuge gekreuzt wird.

Geradkantige Einsatzstücke
Für die Form des Einsatzstücks ist eine kleine Kartonschablone anzufertigen, die etwas größer als nötig sein muß, damit das Einsatzstück in die richtige Faserrichtung gedreht werden kann. Der Faserverlauf wird auf die Schablone gezeichnet.

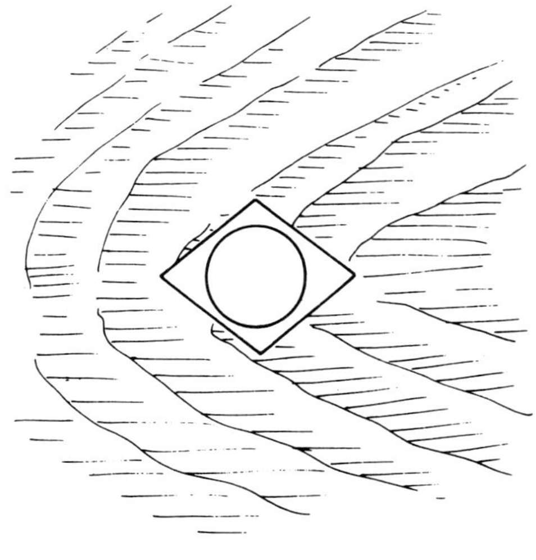

Für das Einsatzstück wählen Sie ein Stück Holz von der gleichen Art wie das auszubessernde Holzteil, etwas heller in der Farbe und mit denselben

Reflektionseigenschaften. Letztere sind bei Hölzern wie Eiche oder Kiefer nicht ganz so wichtig wie bei stärker schimmernden (irisierenden) Holzarten. Um die Auswahl des Materials zu erleichtern, können Sie die Stirnfläche des Holzteils abhobeln und mit einem dünnen Schellacküberzug versehen.

Die Pappschablone wird auf das ausgewählte Brett gelegt und mit der Maserung des Holzes ausgerichtet; gleichzeitig ist die Lichtreflektion zu prüfen. Dann kleben Sie die Schablone mit ein paar Tropfen Glutinleim oder Schellack auf und sägen das Einsatzstück aus; seine Kanten glätten Sie mit dem Hirnholzhobel und geben ihnen dabei eine leichte Neigung nach innen. Nach dem Abnehmen der Schablone und Säubern der Holzoberfläche setzen Sie das Einsatzstück auf die Schadstelle, prüfen seine Lage durch Betrachten von allen Seiten und heften es mit Superkleber fest; anschließend umfahren Sie seine Kanten mit dem Anreißmesser.

Zum Ausstechen des Loches für das Einsatzstück verwenden Sie einen schmalen Beitel und einen leichten Schlegel, wobei Sie die eigentliche Kante der Vertiefung unberührt lassen, bis der Mittel- und Bodenbereich fertiggestochen ist. Zum Abstechen des letzten Millimeters an der Kante schieben Sie die Beitelschneide vorsichtig in den Messeranriß hinein und schlagen sie senkrecht nach unten.

Der Anrißlinie folgen Sie durch stetiges Versetzen des Beitels, wobei der größte Teil der Schneide im Anriß angesetzt wird und der restliche Teil der Schneide leicht verkantet in den vorhandenen Schnitt hineinragt. Mit dem Ausstechen ist jeweils von beiden Seiten aus zu beginnen und der Stich bis in die Ecken hinein fortzusetzen. Nach dem Fertigstechen legen Sie das Einsatzstück auf die Vertiefung, um etwaige grobe Ungenauigkeiten festzustellen. Nachdem Sie die Unterkanten des Einsatzstückes ganz leicht abgeschrägt und dabei darauf geachtet haben, daß es nicht aus seiner Lage verdreht wurde, geben Sie Glutinleim oder Epoxidharzkleber auf die Seitenflächen und die Unterseite des Einsatzstücks und klopfen es in der Vertiefung fest.

Wenn Sie die Ausbesserungsteile jetzt trocknen lassen, kann es sein, daß das Einsatzstück fest in der Vertiefung eingebettet zu sein scheint; dennoch kann es durch die Wirkung des abbindenden Leims tiefer in das Loch hineingezogen werden.

Mit dem Hirnholzhobel bearbeiten Sie die Oberfläche des Einsatzstücks, bis sie mit der umliegenden Oberfläche fluchtet. Wenn Sie die Hobelsohle mit Kerzenwachs abreiben, gleitet sie leichter über das Holz. Dadurch wird es dem Restaurator erleichtert, nach Gefühl zu beurteilen, wieviel Holz mit jedem Hobelstrich abgenommen wird.

Zum Bearbeiten des eingesetzten Neuteils benutzen Sie einen kleinen Streifen Sandpapier mit einem flachen Leistenstück als Schleifklotz. (Beizen und Polieren siehe Seiten 207 f., 224 f.).

Gerundete Einsatzstücke

Diese werden ebenso wie die kantigen Einsatzstükke hergerichtet und sollten in ihrer Form zu den Krümmungen in der Holzmaserung passen. Diese Form wird manchmal durch den Faserverlauf im Einsatzstück schon vorgegeben, besonders wenn sich ein Ast darin befindet, da eine Fuge sich in der ausgeprägten Maserung um den Ast herum leicht verbergen läßt.

Das Einsatzstück wird mit einer Schweif- oder Spannsäge ausgeschnitten und an den Kanten mit einem Schabhobel mit gerundeter Sohle fertigbearbeitet. Die Vertiefung oder Aussparung für das Einsatzstück wird ausgefräst oder mit dem Beitel ausgestochen und in der Mitte mit einem kleinen Loch versehen, damit Luft und überschüssiger Leim beim Einsetzen des Neuteils entweichen können.

Für die Endeinpassung kann die abgeschrägte Kante des Neuteils vor dem Einsetzen mit Tafelkreide bestrichen werden, wonach die mit Kreide markierten hochgelegenen Stellen auf der Innenseite mit einem Beitel oder Federmesser zu bearbeiten sind. Hierbei muß jedoch mit großer Vorsicht verfahren werden, denn das Einsatzstück drückt sich leicht zu weit in die Aussparung hinein und ist dann schwer wieder herauszuholen. Sollte dies vorkommen, dann klopfen Sie am besten einen kleinen Nagel mit dem Kopf voran durch das Bohrloch unter dem Einsatzstück und drücken es auf diese Weise heraus.

Zur Befestigung des Einsatzstücks eignet sich Epoxidharzkleber oder Glutinleim am besten. Zweikomponenten-Kleber mit einem Härter sind mit Vorsicht anzuwenden, da Hölzer mit einem hohen Gerbsäuregehalt sich durch die im Härter enthaltene Säure verfärben können. Für die Fertigbearbeitung gilt das für die kantigen Einsatzstücke Gesagte; für die Oberflächenbehandlung können größere Einsatzstücke allerdings auch mit der Ziehklinge geglättet werden.

In einigen Fachbüchern wird ein Ausbesserungsverfahren beschrieben, wonach Einsatzstücke für die Ausbesserung von Holzkanten in abgeschrägtem Zustand eingeschoben werden sollen, so daß die Auflagefläche des Einsatzstücks zu der Fuge wird, mit der es auf die Oberfläche trifft. Da diese Fuge schräg auf die Oberfläche zuläuft, fällt die Leimfuge übertrieben aus. Ein solches Verfahren ist nicht zu empfehlen, es sei denn, daß die Leimfuge so angelegt werden kann, daß sie in eine im Holz bereits vorhandene kräftige Fuge übergeht, wobei letztere das Kaschieren der Leimfuge erleichtert.

Fäulnis und Holzwurmbefall

Antike Möbelstücke, die Fäulnis aufweisen oder von Holzwürmern arg in Mitleidenschaft gezogen wurden, gelten heute als einer Restaurierung wert.

Das Problem bei derartigen Möbeln ist das exakte Wissen um ihre wirkliche Festigkeit. Die meisten alten Möbelstücke sind mit einer gewissen Sicherheitsspanne gebaut worden. Sind die Bauteile einmal durch Fäule oder Holzwurmbefall geschwächt, dann gibt es nur eine zuverlässige Möglichkeit, ihre tatsächliche Stärke festzustellen, nämlich sie zu belasten, bis sie zu Bruch gehen. Das wäre natürlich absurd. Der Restaurator muß mit Sorgfalt und Überlegung an seine Arbeit herangehen und geschickt von dem verrotteten Holz so viel wie möglich erneuern, aber dennoch die ursprünglichen Flächen erhalten.

Ist das verrottete Holz von purpurfarbenem Pilzbewuchs umgeben, liegt wahrscheinlich Trokkenfäule vor, so daß eine Spezialfirma zu Rate gezogen werden muß.

Die Naßfäule befällt feuchtes Holz, ohne daß besagter Pilzbewuchs auftritt. Es kann durch Trocknen und anschließende Behandlung mit einem Konservierungsmittel saniert werden, wobei abgebröckeltes und geschwächtes Holz zu erneuern ist. Alte Holzteile müssen bis auf das gesunde Holz zurückgeschnitten und neue Stücke an ihrer Stelle angeschäftet werden.

In nicht sichtbaren Bereichen ist es manchmal am einfachsten, das ganze Brett oder Rahmenelement zu erneuern.

Treten Feuchtigkeit und Holzwurmbefall gemeinsam auf, dann wird das Holz schwammig und kann nicht mehr bearbeitet werden. Einige Teile können herausgeschnitten und ersetzt oder, falls es sich nicht um tragende Bauteile handelt, getrocknet und mit unverdicktem Epoxidharzkleber gespritzt werden.

Das kranke Holzteil lassen Sie langsam trocknen und legen es dann mit der Stirnseite nach unten auf ein Brett, das mit dünner Plastikfolie abgedeckt und mit dem Holzteil verspannt wird.

Jetzt brauchen Sie eine Injektionsspritze (ohne Nadel) und einen Bohrer, dessen Durchmesser ein wenig größer ist als der des Spritzenmundstücks. Den Tiefenanschlag der Bohrmaschine stellen Sie so ein, daß der Bohrer auf etwa 3/4 der Holzstärke in das Material eindringt, und bohren die zu behandelnde Fläche von der Rückseite her an, wobei die Anordnung der Löcher regelmäßig sein und die gesamte Fläche erfassen muß. Nachdem Sie die Spritze mit unverdicktem Epoxidharzkleber (mit beigemischtem Härter) gefüllt haben, führen Sie das Spritzenmundstück in die einzelnen Bohrlöcher ein und drücken den Spritzenkolben jedesmal kräftig nach unten. Der Kleber fließt ungehindert in das Holz und tritt möglicherweise aus abgelegenen Wurmlöchern aus oder quillt in anderen Bohrlöchern nach oben.

Wenn alle Löcher gefüllt sind, lassen Sie den Kleber trocknen. Falls notwendig, können weitere Löcher gebohrt und mit Kleber gefüllt werden; die Tiefe dieser zusätzlichen Bohrungen darf jedoch nur der Hälfte der Materialdicke entsprechen. Nach kurzer Zeit wird das Holz zwar seine Schwammigkeit verloren, in seiner Festigkeit jedoch nicht nennenswert zugenommen haben. Auf jeden Fall ist es jetzt bearbeitbar, besonders mit Maschinenwerkzeugen, und in der Lage, lange Verstärkungsstücke und lose Zapfen aufzunehmen. (Spritzen aus Kunststoff können nach dem Trocknen des Klebers gereinigt werden.)

Obwohl eine solche Harzeinspritzung die Widerstandsfähigkeit eines Holzteils erhöhen kann, trägt sie zu seiner Bruchfestigkeit in Längsrichtung nicht bei. Gehen Sie deshalb bei weitgehend geschwächtem Holz konsequent vor und erneuern Sie überall dort, wo dies erforderlich ist. Sollte dies nicht möglich sein oder als eine allzu drastische Maßnahme angesehen werden, so muß das Innere des Holzteils entfernt und durch gesundes Holz ersetzt werden.

Alle vom Holzwurm befallenen Teile sind vor der Aufarbeitung mit Holzwurmmittel zu behandeln. Falls dies nicht möglich sein sollte, verwenden Sie ein Wurmschutzwachs oder Räuchergerät.

Schlecht ausgeführte Reparaturen

Hinter den Verheerungen durch Trockenfäule und Holzwurmbefall folgt der schlechte Restaurator dichtauf an dritter Stelle. Im allgemeinen ist ein Möbelstück in seinem ursprünglichen Zustand der Vernachlässigung leichter instandzusetzen als eins, an dem sich ein unfähiger Restaurator zu schaffen gemacht hat.

Wenn der Restaurator den Umfang einer Arbeit abschätzt, muß er neben den deutlich erkennbaren Mängeln unbedingt auch auf Anzeichen für minderwertig ausgeführte Reparaturen achten. Ist eine solche Reparatur auf gewerblicher Basis ausgeführt worden, so muß er den Besitzer des Möbelstücks davon verständigen und fragen, ob eine Nachbesserung vorgenommen werden soll, denn sonst könnte der Besitzer die Bezahlung für die gute Arbeit verweigern (weil sie im Originalmöbel nicht zu erkennen ist) und dem Restaurator die schlechte Arbeit zur Last legen.

Es gibt unendlich viele Arten, wie ein Möbelstück schlecht instandgesetzt werden kann. Leider führen viele davon zu einer Schwächung des Möbelaufbaus und zu einer verdorbenen äußeren Erscheinung. Ein erfahrener Restaurator lernt schnell, ein solches Möbel zu erkennen; abgestumpfte Farbflächen, gequollene Verbindungsstellen und Verfärbungen sind für ihn dann untrügliche Zeichen. Ob solche Mängel bleiben können oder nicht, ist eine Frage des persönlichen Urteils. Das Äußere eines Möbelstücks kann gelegentlich durch „kosmetische" Arbeit verbessert werden. Wenn die Aufarbeitung einmal begonnen hat, ist es häufig einfacher, eine Arbeit von Anfang an neu auszuführen statt daran herumzubasteln.

Im folgenden Abschnitt werden einige häufig anzutreffende „Sanierungen" dieser Art beschrieben und Methoden zu ihrer Korrektur vorgeschlagen.

Schrauben und Nägel

Diese Verbindungselemente dienen einem guten Zweck, werden aber oft dazu benutzt, um lose oder geschwächte Verbindungen zu verstärken oder auseinandergerissene Teile zusammenzuhalten. Manchmal ist eine bestimmte Reparaturmethode im Laufe der Jahre immer wieder angewendet worden, so daß sich das Alter des Möbelstücks an der Art und Anzahl der eingeschlagenen Nägel abschätzen läßt. In dieser Weise verwendet, führen Nägel und Schrauben leider nur dazu, daß die betreffende Verbindung gespalten und geschwächt wird. Sie müssen samt und sonders entfernt und die Verbindung dann möglichst verspannt und mit verdicktem Epoxidharzkleber verleimt werden. Wo eine Verbindungsstelle durch die Nägel oder im Laufe der Zerlegung des Möbels schwer beschädigt und geschwächt worden ist, werden die Bruchstükke am besten abgesägt und durch angeschäftete Neuteile ersetzt.

Laschen und Winkel aus Metall

Solche Befestigungsmittel können ein Möbelstück zwar verunstalten, aber sie tun dies weit weniger als wahllos eingesetzte Nägel und Schrauben. Auch sie sind restlos zu beseitigen, wonach die Verbin-

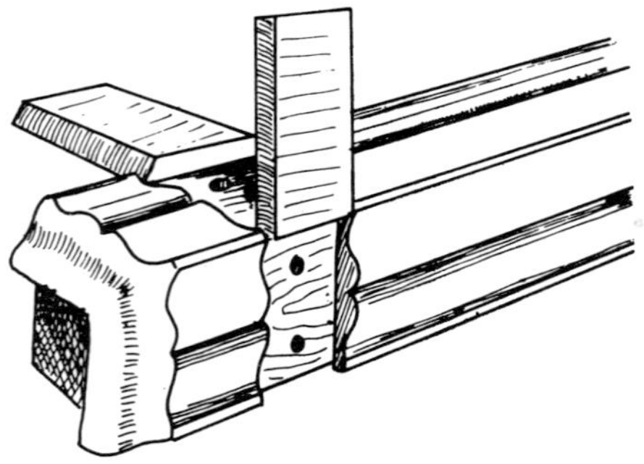

dung ausgebessert werden muß. Fehlstellen an der Oberfläche können durch das Einsetzen kleiner Neuholzstücke in Schwalbenschwanz-Nuten erneuert werden.

Mangelhafte Holzbearbeitung
Wo immer solche Praktiken erkannt worden sind, muß ihnen fachmännisch begegnet werden. Lose Kantenstöße sind mit Einsatzstücken zu verstärken.

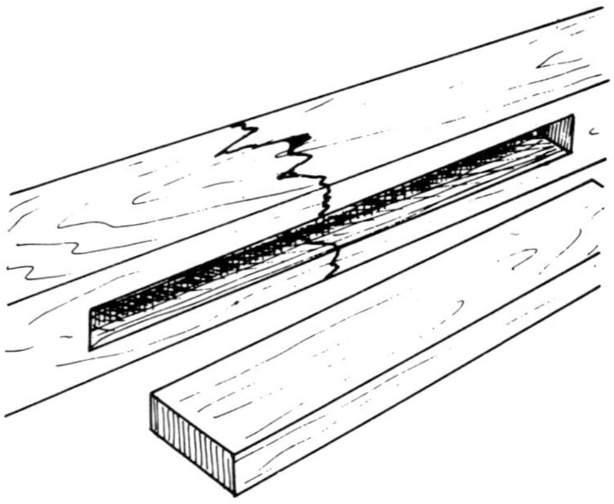

Möbelbeine, die unter dem Rahmen angenagelt sind und bei Benutzung des Möbelstücks wackeln, sind abzunehmen oder durch Verleimklötze zu verstärken. Wo eine Reparatur so ausgeführt worden ist, daß das Holzwerk nicht mehr schwinden kann, müssen die betreffenden Teile umgebaut werden, um Rißbildung zu verhüten. Entsprechende Gegenmaßnahmen sind so weit wie möglich auch dann zu treffen, wenn eine Instandsetzungsarbeit zur Verformung des Möbels geführt hat. Dies ist häufig bei Stuhllehnen der Fall, deren Kopfstreben aus den seitlichen Stützen ausgebrochen sind. Letzere sind dann manchmal bis auf das gesunde Holz zurückgeschnitten worden, wobei die mittlere Lehnenstrebe verkürzt wieder eingesetzt wurde; die maßlichen Proportionen des Stuhls wurden dadurch zerstört und kostspielige Reparaturarbeiten notwendig gemacht. Sowohl an die Mittelstrebe der Lehne als auch an die Stützen für das Kopfholz müssen Neuteile angeschäftet werden, die im Rücken der Stuhllehne nach unten verlaufen. Der Leim für deren Befestigung ist durch Beimischen kleiner Mengen Farbpulver dem Farbton des Altholzes anzupassen.

Wo Formteile nicht fluchtend ausgebessert wurden, sind die mangelhaften Stücke herauszunehmen und erneut einzupassen.

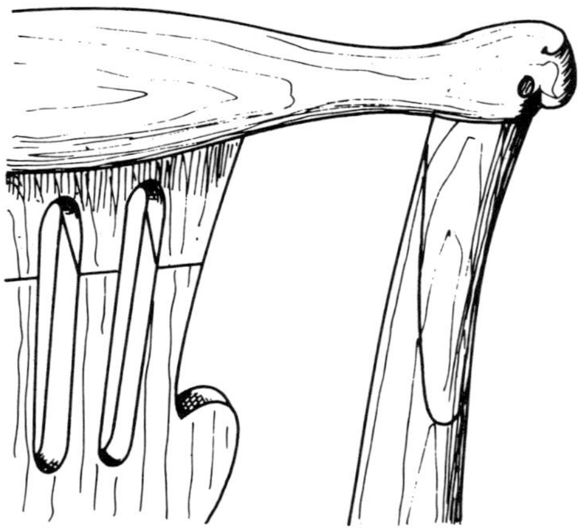

Erneuerung von Lederbezügen auf Schreibtischplatten

Arbeitsmittel
Sie brauchen dazu eine Packung Tapetenkleister, einen kleinen Roller und ein außerordentlich scharfes Skalpell.

Es gibt Firmen, die auf die Herrichtung, Prägung und Lieferung von Lederbezügen für Schreibtische an Restauratoren und Möbelfabriken spezialisiert sind. Wenn der Restaurator nicht bereit ist, viel Geld für Prägewalzen, Blattgold und Leder auszugeben, wäre es ratsam, eine dieser Firmen in Anspruch zu nehmen.

Arbeitstechnik
Erste Vorbereitungen: Alte Leder- oder Wachstuchbezüge werden restlos entfernt, Dellen und Risse ausgebessert; die Vertiefung für das Einlegen des Lederbezugs ist bis zu den Außenkanten zu säubern.

Der Lederlieferant benötigt die genauen Abmessungen des Bezugs. Ist dieser quadratisch oder rechteckig, so genügt die Angabe der Länge und Breite. Für unregelmäßige oder gerundete Formen muß eine Papierschablone angefertigt und eingeschickt werden. Hierfür legen Sie ein Stück Packpapier auf die Schreibtischplatte und fahren die Außenkanten der Vertiefung mit einem Bleistift ab. Dann schneiden Sie die Schablone aus und kennzeichnen ihre Ober- und Unterseite. Geben Sie auch die gewünschte Farbe und Prägung des Lederbezugs an und die Schablone in einer Zeichnungsrolle zur Post (Größenvorschriften beachten).

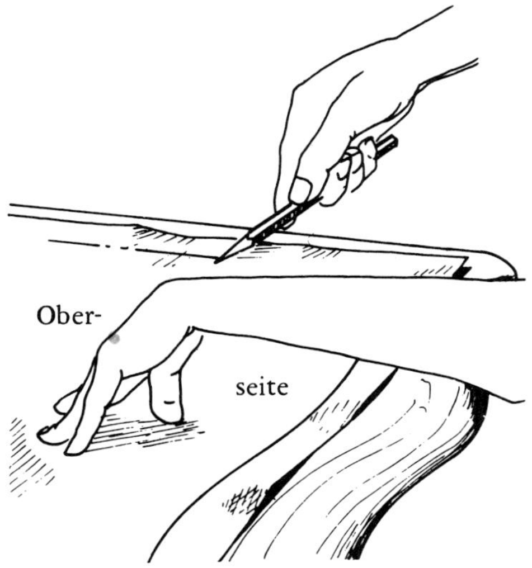

An einer unauffälligen Stelle fangen Sie an, die Kante der Vertiefung in der Schreibtischplatte ausfindig zu machen, indem Sie mit dem Fingernagel über das Leder streichen. Genau an dieser Kante drücken Sie dann das Skalpell bis auf den Holzuntergrund hinein. Halten Sie die Klinge ein wenig schräg und verdrehen Sie sie geringfügig, so daß sie die Tendenz bekommt, von der Mitte des Bezuges weg und in die Holzkante hinein zu schneiden.

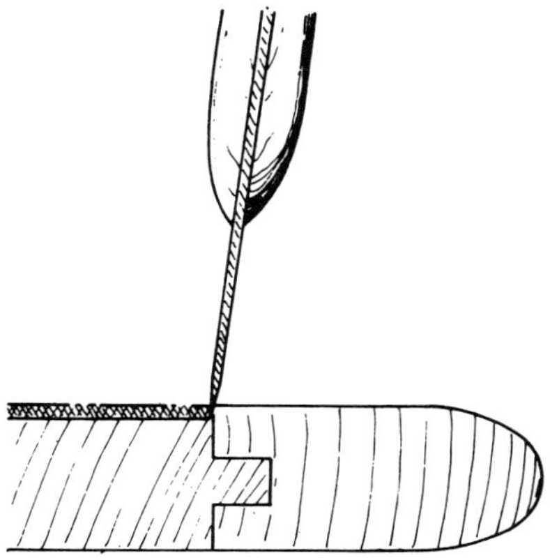

Verlegen des Bezugs
Eine ausreichende Menge Kleister, der ein wenig dicker ist als zum Einstreichen von Tapeten, wird gleichmäßig auf die Fläche des Bezugs verteilt. Sorgen Sie dafür, daß auch die Ränder mit Kleister bestrichen werden. Nehmen Sie den Lederbezug auf und legen Sie ihn vorsichtig auf die Schreibtischplatte. Drücken Sie den Bezug noch nicht an, bis Sie ganz sicher sind, daß er richtig liegt und die Prägung parallel mit den Kanten ausgerichtet ist.

Mit dem kleinen Roller drücken Sie nun den Lederbezug an, wobei Sie Luftblasen und zu dicke Kleisterstellen von der Mitte aus zu den Rändern hin ausrollen. Das Leder darf nicht gedehnt und vor allem nicht überdehnt werden. Notfalls heben Sie den Bezug noch einmal ab und richten ihn neu aus, wobei die angehobene Fläche bei Bedarf noch einmal mit Kleister einzustreichen ist.

Wenn das Leder flach aufliegt, prüfen Sie noch einmal, ob es richtig liegt. Falls nicht, wird das Leder abgezogen, die Holzunterlage dünn eingekleistert und der Bezug wieder aufgelegt.

Zum Beschneiden des Bezugs setzen Sie das Skalpell ein wenig schräg an, damit das Leder etwas hinterschnitten wird und seine ungegerbte Rückseite an den Rändern nicht zum Vorschein kommt.

Ziehen Sie den Schnitt bis zur nächsten Ecke, halten Sie den abgeschnittenen Lederstreifen rechtwinklig zur Kante und beginnen Sie mit dem Schnitt in entgegengesetzter Richtung. Vermeiden Sie es, auf den Abfallstreifen einen Zug auszuüben; heben Sie ihn vielmehr Stück für Stück ab und von der Messerklinge weg. Mit dem schräg angesetzten und ein wenig verdrehten Skalpell schneiden Sie langsam und vorsichtig an den Rändern entlang, wobei jeder Abfallstreifen einzeln abzunehmen ist, wenn der Schnitt auf seine ganze Länge ausgeführt worden ist. Wenn der Bezug fertig beschnitten ist,

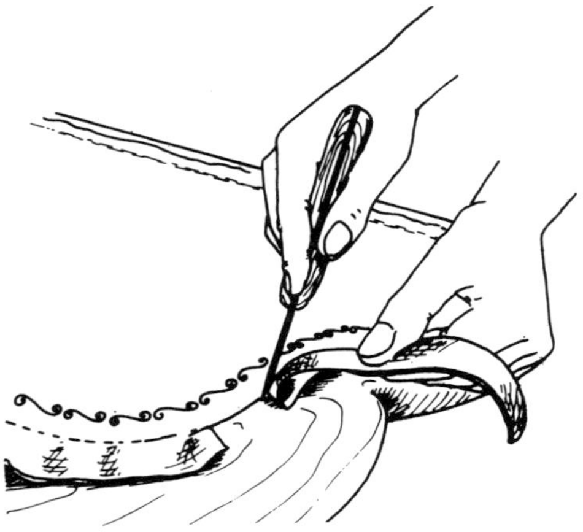

drücken Sie ihn an den Rändern mit dem Daumennagel fest und wischen das Holz mit einem feuchten Lappen ab.

Nach ungefähr einer halben Stunde schauen Sie sich Ihre Arbeit an und prüfen ein letztes Mal den korrekten Sitz des Bezugs. Abgehobene Lederflächen drücken Sie fest, bevor Sie den Bezug trocknen lassen.

Lederlappen

Solche Lappen werden mit einem Messer oder einer Schere aus Abfallstücken ausgeschnitten und in Schlitze in der Schreibtischplatte eingesetzt, die vor dem Verlegen des Bezugs gestochen werden müssen.

Auf der Oberfläche des festgeklebten Lederbezugs ermitteln Sie die Lage des Schlitzes, indem Sie entweder mit dem Fingernagel darüber reiben oder das Leder von unten her durch den Schlitz anstechen.

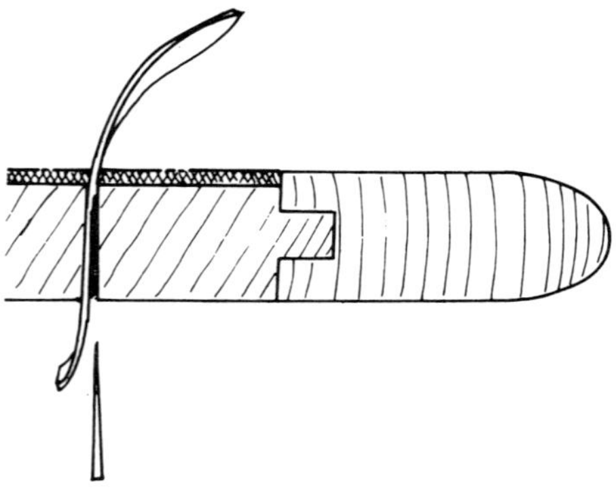

Dann durchstechen Sie den Bezug auf der Oberseite, setzen den Lappen in den Schlitz ein und ziehen ihn nach unten durch. Hier auf der Unterseite wird der Lappen durch Einleimen eines keilförmigen Furniersplitters befestigt. Lederlappen und Keil werden zum Schluß mit dem Stechbeitel bündig abgestochen.

Instandsetzen von Spanplattenmöbeln

Spanplatten werden durch Verpressen von Holzspänen und Harzleim als Bindemittel hergestellt. Sie werden mit Preßplatten ähnlicher Art weitgehend im Bau moderner Möbel verwendet; sie sind maßbeständig und zur Verarbeitung auf modernen Maschinen geeignet.

Andererseits verträgt eine Spanplatte keine abrupte Belastung, denn sie ist sehr spröde und hat ihrer Sprödigkeit keine Elastizität oder Festigkeit entgegenzusetzen. Wenn sie bricht, hinterläßt sie eine ziemlich glatte und rißfreie Bruchstelle. Unter Anwendung der richtigen Technik kann eine gebrochene Spanplatte so weitgehend zusammengefügt und verstärkt werden, daß die ehemalige Bruchstelle widerstandsfähiger wird als die Platte im übrigen.

Die Bruchstücke werden zusammengepreßt und die Bruchkanten dabei so gut wie möglich ineinandergefügt. Dann wird ein Unterlegbrett mit Plastikfolie abgedeckt und unter der Bruchstelle ganz fest verkeilt; anschließend werden die beiden Bruchstücke mit dem Hammer eng zusammengeklopft. Auf die Stirnseiten der Bruchstelle kleben Sie etwas Modellierton und streichen die Ränder des Bruchs mit Fett oder Naturvaseline ein.

Nachdem Sie unverdickten Epoxidharzkleber in entsprechender Menge angemischt haben, gießen Sie davon eine ganz geringe Menge in den Riß, lassen sie einziehen und füllen bei Bedarf nach. Wenn der Riß keinen Kleber mehr aufnimmt, lassen Sie ihn aushärten. Beim Umgang mit Epoxidharzkleber sind Handschuhe aus Gummi oder Polyäthylen zu tragen.

Bis das Harz ausgehärtet ist, hat die Spanplatte den Kleber größtenteils absorbiert. Beseitigen Sie etwaige Rückstände mit einem Stechbeitel und fetten Sie die Umgebung der Bruchstelle erneut ein.

Spanplatten mit Resopalbelag

Rühren Sie noch eine kleine Menge Harzkleber an und teilen Sie diese in zwei Hälften. Der einen Hälfte geben Sie etwas trockenes Pigmentpulver bei, um den Farbton der umliegenden Oberfläche zu erreichen. Von dem eingefärbten Harzkleber gießen Sie eine ganz geringe Menge in den Riß und warten, bis das Harz sich gesetzt hat. Darüber gießen Sie eine dünne Schicht von dem farblosen Harzkleber, bis die Füllung ein wenig über der Oberfläche vorsteht.

Wenn das Harz ausgehärtet ist, schaben Sie den Rückstand mit einem Messer oder Beitel ab und schleifen die Oberfläche nach. Für die Fertigbearbeitung benutzen Sie feinkörniges Schmirgelpapier und danach eine Polierpaste. Für Platten mit imitierten Holzoberflächen und Furnieren sind alle auf den Seiten 206 ff. und 224 f. beschriebenen Arbeitsverfahren anwendbar.

Verbinden von Spanplatten

Spanplatten können verdübelt und mit losen Federn verbunden werden (siehe S. 69 f.). Bei ihrer Bearbeitung sind so weit wie möglich hartmetallbestückte Maschinenwerkzeuge einzusetzen und die Verbindungen mit Epoxidharzkleber zu verleimen. Glockerte Schrauben und gelöste Befestigungsmittel anderer Art bereiten die meisten Schwierigkeiten, denen nach den Hinweisen im folenden Abschnitt begegnet werden kann.

Verschrauben von Spanplatten

Das Problem beim Eindrehen von Schrauben in eine Spanplatte ist, daß die Holzfasern in dem Material dem Schraubengewinde nicht genügend Widerstand entgegensetzen und die Schraube deshalb nicht festgezogen werden kann. Möbelhersteller schaffen hier Abhilfe, indem sie Muttern in die Spanplatte einlassen, die in Verbindung mit den eingedrehten Befestigungsschrauben die Last auf eine größere Fläche verteilen. Es ist meistens unwirtschaftlich, solche Verbindungen an einem fertig zusammengebauten Möbelstück zu erneuern; sie sollten durch eine Art von verstärkter Verschraubung ersetzt werden.

Dem Durchmesser des Schraubenschafts und der ganzen Länge der Schraube entsprechend, bohren Sie ein Loch und versenken es zur Aufnahme des Schraubenkopfes und einer Unterlegscheibe. Bevor Sie solche Bohrungen anbringen, fügen Sie die zu verbindenden Teile zusammen und spannen sie in ihrer richtigen Lage fest. Dann wählen Sie passende

Schrauben und Unterlegscheiben in der benötigten Anzahl aus. Das Gewinde der Schrauben streichen Sie mit Fett oder Naturvaseline ein und gießen etwas unverdickten Epoxidharzkleber in jedes Schraubenloch.

Lassen Sie den Kleber etwa 2 Minuten einziehen und fügen Sie dann ein wenig mehr hinzu.

Jetzt werden die einzelnen Schrauben mit ihrer ganzen Länge eingedreht, aber noch nicht angezogen; die Verbindungsstelle wird gesäubert und der Kleber trocknen gelassen.

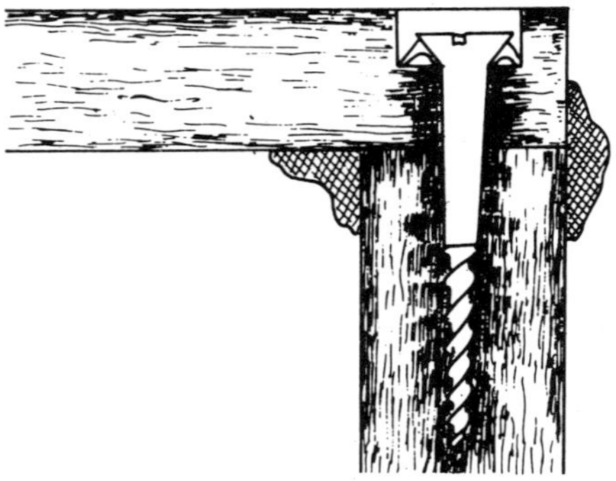

Wenn der Kleber ausgehärtet ist, werden die Schrauben festgezogen. Dieses Verfahren eignet sich auch zum Nachbessern von gelockerten Schraubverbindungen in Spanplatten.

Metallarbeiten

Ein Möbelrestaurator hat nicht nur mit Holz zu tun, sondern muß sich häufig auch mit der Instandsetzung oder Erneuerung von Metallteilen befassen. Nebenstehende Skizze zeigt die hierzu notwendige Grundausstattung an Werkzeugen.

Sägen

Benutzen Sie in Ihrer Bügelsäge nur Sägeblätter von guter Qualität; sie sind in einer Schlosserei die „Arbeitspferde“, und bei der Verwendung minderwertiger Sägeblätter kann viel Zeit verlorengehen. Für Dekupierarbeiten muß das richtige Sägeblatt verwendet werden, worüber man Sie in Eisenwarengeschäften beraten kann.

Sägen Sie zügig, aber nicht zu schnell, und kühlen Sie das Sägeblatt mit Öl oder Seifenwasser. Wenn komplizierte Formen (Beschläge, Schilder, Schlüssellocheinfassungen usw.) auszusägen sind, bestreichen Sie die Oberfläche des Rohteils mit dünnflüssiger, dunkler Farbe und reißen die Form darauf an; Sie können aber auch die Oberfläche so lassen wie sie ist und die Form aufzeichnen.

Bohren

Zum Bohren ist stets eine Schutzbrille zu tragen und das Werkstück fest einzuspannen.

Der Ansatzpunkt für den Bohrer wird mit einem Körnerschlag versehen. Vermeiden Sie eine überma-

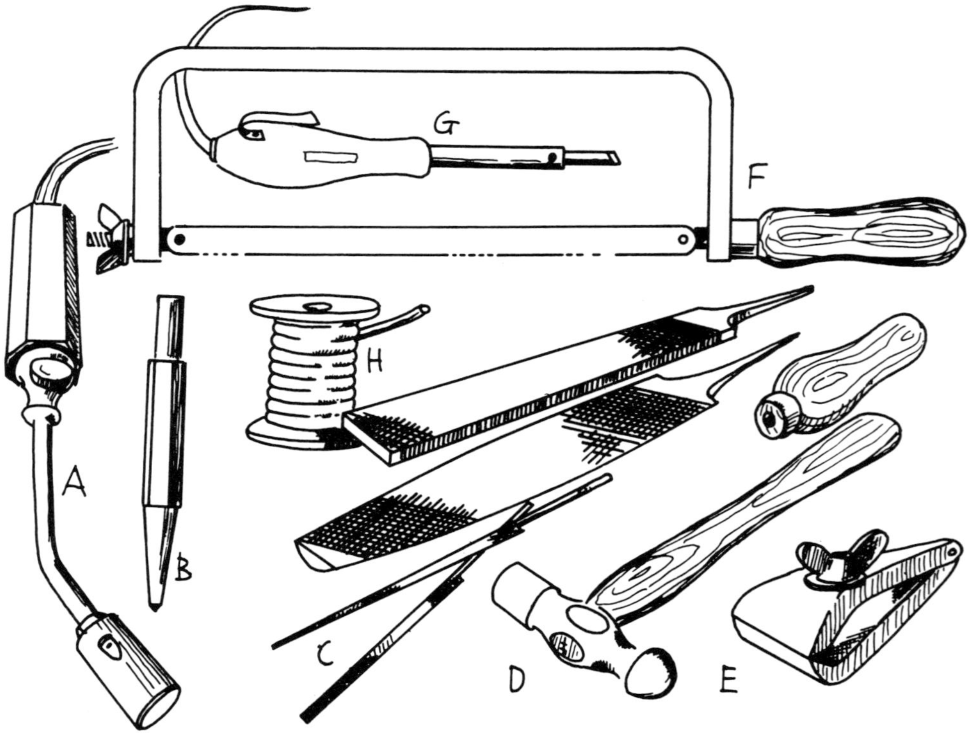

A Gasbrenner
B Körner
C Feilensortiment
D Hammer mit Kugelfinne
E Feilkolben
F Bügelsäge
G Lötkolben
H Lötdraht

ßige Erwärmung des Bohrers; ziehen Sie ihn häufig zurück und kühlen Sie ihn mit Öl oder Seifenwasser.

Feilen

Halten Sie Ihre Feilen sauber und scharf und arbeiten Sie nie mit einer Feile ohne Heft, um Verletzungen am Handgelenkt zu vermeiden. Erfassen Sie die Feile mit beiden Händen und bewegen Sie sie stetig und langsam hin und her. Der sogenannte ziehende Feilstrich (siehe Skizze) hinterläßt eine saubere und glatte Kante. Zur Grundausstattung gehören ein Sortiment Nadelfeilen sowie ein paar große Flach- und Halbrundfeilen.

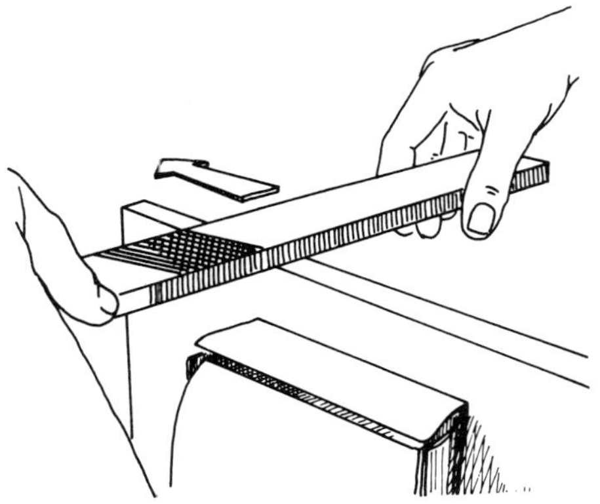

Nieten

Nieten ist eine einfache und haltbare Art der Verbindung von Metallteilen. Das Nietenmaterial muß schmied- oder hämmerbar und die Niete so lang sein, daß sie alle zu verbindenden Teile erfaßt. Die Nietlöcher werden auf beiden Seiten angesenkt; die Niete steht um etwa 3/4 ihres Durchmessers über der Materialoberfläche vor. Der Nietkopf wird auf einen Stahlklotz gelegt, bevor das Stauchende mit der Kugelfinne des Hammers bearbeitet wird. Nägel (Drahtstifte) und Holzschrauben aus Stahl sind, auf die richtige Länge geschnitten, gut als Nieten geeignet. Weitere Informationen auf Seite 154.

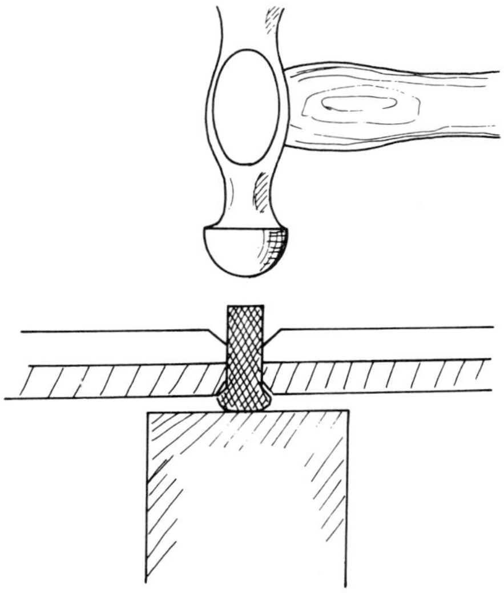

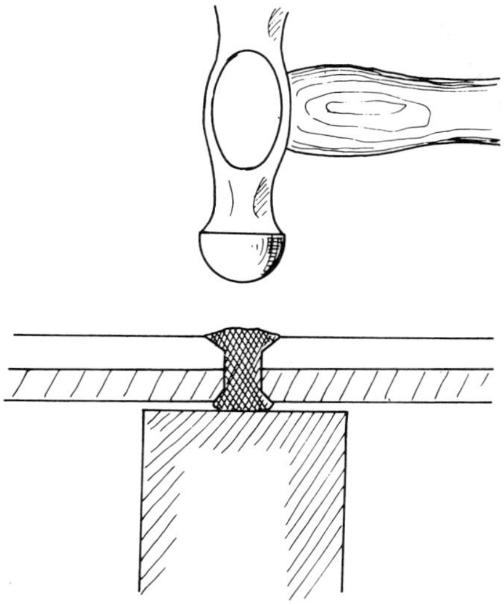

Löten

Gemeint ist hier das sogenannte Weichlöten, das unter der Voraussetzung, daß der Lötstelle genügend Wärme zugeführt werden kann, bei Messing, Kupfer, Zinn und Eisen anwendbar ist. Die Lötflächen müssen sauber und fettfrei sein. Die Arbeit wird vielfach dadurch erleichtert, daß man die Flächen „verzinnt", d. h. mit einer dünnen Schicht Lötmaterial überzieht, bevor man sie zusammenfügt und erwärmt. Bei zu hoher Temperatur oxidiert das Lot, so daß es nicht mehr ineinanderfließen kann.

Um die Wärme auf die Lötstelle zu begrenzen, kann ein sogenannter Kühlblock angelegt werden. Dazu wickeln Sie nasse Lappen um die Teile, die kühl bleiben sollen, oder legen Sie auf einen Eisenklotz. Bringen Sie die Kühlung jedoch nicht zu nahe an der Lötstelle an, denn dann würde es unmöglich sein, das Lot auf eine genügend hohe Schmelztemperatur zu bringen.

Zur Beseitigung von Lotrückständen benutzen Sie eine alte Feile, oder Sie meißeln das Restlot ab und säubern die Lötstelle mit Stahlwolle.

Härten und Anlassen

Werkzeugstahl kann durch Erwärmen auf Kirschrotglut und Abschrecken in Öl gehärtet werden. Um dem Stahl danach Federungseigenschaften zu verleihen, wird er mit Stahlwolle gereinigt und unter der Flamme eines Gasbrenners blau angelassen.

Um das Metall wieder in seinen schmiedbaren Zustand zu versetzen, erwärmt man es erneut auf Kirschrotglut und läßt es langsam abkühlen.

Kupfer wird durch Erwärmen und Abschrecken in kaltem Wasser angelassen. Bei Messing geschieht dies durch eine Reihe von Hammerschlägen.

Instandsetzen von Schlössern
Für diese Arbeit brauchen Sie Geduld und eine Auswahl alter Schlüssel. Das Schloß wird aus dem Möbelstück ausgebaut und seine Rückenplatte abgenommen. Die meisten alten Schlösser haben einen ganz einfachen Mechanismus. Der Schlüssel wird in das Schloß eingeführt und auf einen Zapfen gesteckt, auf dem er sich drehen kann. Die Schlüsseldrehung wird manchmal durch eine Reihe von Stegen (die sogenannte Besatzung) verhindert, die an die Vorderplatte des Schlosses angenietet sind.

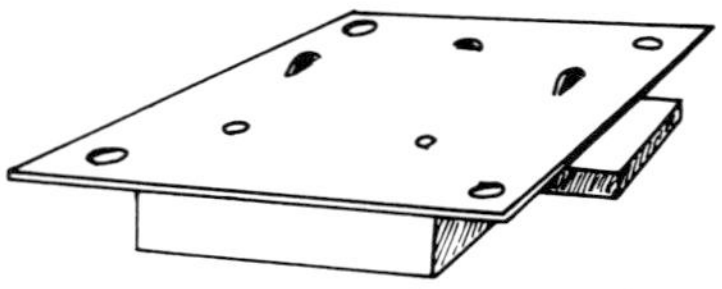

Normalerweise läßt sich die Rückenplatte entfernen, indem die Haltenieten weggefeilt oder durchgebohrt und die Schauben gelötet werden, die Front- und Rückenplatte zusammenhalten.

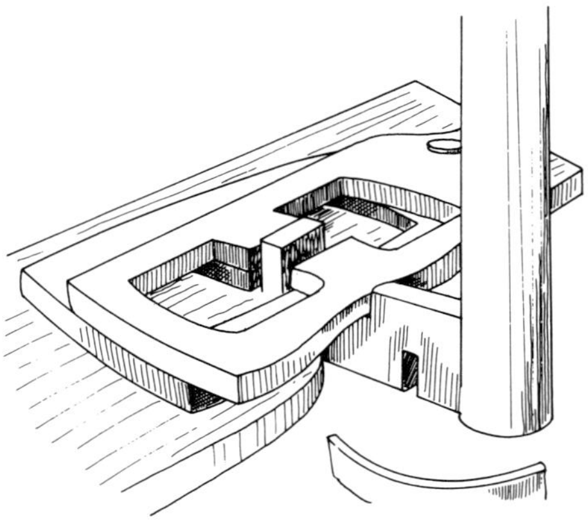

Um diese Stege überwinden zu können, muß der Schlüsselbart mit passenden Einschnitten versehen werden. Man kann die Besatzung auch entfernen, aber dadurch würde die Sicherheit des Schlosses beieinträchtigt. Wenn der Schlüssel gedreht wird, stößt sein Bart irgendwann seitlich gegen den Riegel und schiebt gleichzeitig die sogenannten Zuhaltungen gegen den Druck der Zuhaltungsfeder hoch, so daß der Riegel zur Seite bewegt wird.

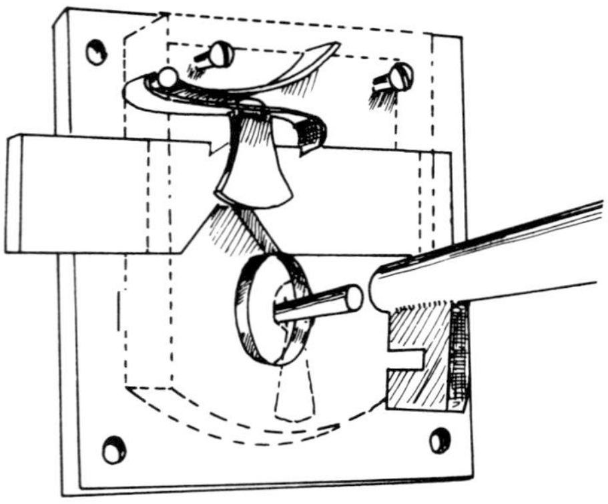

Modernere Schlösser haben als Abart der Zuhaltungsfeder sogenannte Hebelzuhaltungen, die der Schlüsselbart untereinander ausrichten muß, ehe sie mit der Kerbe im Riegel aus dem Eingriff kommen. Hierfür muß der Schlüssel sorgfältig zurechtgefeilt werden, was keine Schwierigkeiten bereitet, wenn immer nur jeweils eine Zuhaltung zu betätigen ist.

Altern von neuen Metallteilen
Messingteile lassen sich durch Räuchern in Ammoniakdämpfen mit einem grünen Überzug versehen. Sie dürfen jedoch nicht mit dem flüssigen Ammoniak in Berührung gebracht oder zu lange in den Dämpfen gelassen werden, weil sich sonst Lochfraß auf ihrer Oberfläche bildet. Durch Reinigen mit feiner Stahlwolle erhalten Messingteile das blasse und abgenutzte Aussehen, das sie sonst nur durch ein hohes Alter bekommen.

Im Umgang mit Ammoniak ist allergrößte Vorsicht geboten. Kommen Sie den Behältern mit dem Gesicht nicht zu nahe und öffnen Sie sie nur in einem gut belüfteten Raum oder im Freien. Vermeiden Sie unter allen Umständen das Einatmen der Dämpfe und betrachten Sie ein gerade geräuchertes Metallteil nicht aus der Nähe. Sofort nach dem Räuchern sind die Teile in Wasser abzuwaschen.

Eisenteile kann man altern, indem man sie über Nacht in die glühende Asche eines Feuers legt. Achten Sie darauf, daß sich die Teile dabei nicht überhitzen und verziehen.

9 Klebstoffe und Befestigungs-elemente

Alle zu verklebenden Oberflächen müssen sauber und staubfrei sein. Nicht abgelagertes oder feuchtes Holz läßt sich nicht einwandfrei leimen. Holzteile, die mit einem Konservierungsmittel behandelt worden sind, müssen vorher gründlich getrocknet werden.

Wählen Sie ein Klebemittel, das für die auszuführende Arbeit geeignet ist. Für schnell abbindende Klebstoffe, wie Cyanacrylat- und PVAC-Kleber, besteht zwar in der Werkstatt Verwendung, aber für manche Arbeiten, bei denen zum Zusammenfügen, Ausrichten, Prüfen und Verspannen einer Verbindung genügend Zeit vorhanden sein muß, ist ein langsam abbindender Leim vorzuziehen. Halten Sie in Ihrer Werkstatt immer eine Reihe verschiedener Klebemittel bereit; solche mit Fülleigenschaften, einige Schnellkleber und andere Sorten, die billig und leicht anzuwenden sind.

Sammeln Sie gebrauchte Wasch- oder Spülmittelflaschen aus Kunststoff. Wenn Sie diese in der Mitte durchschneiden, können Sie die unteren Hälften als Mischgefäß benutzen. Zurückgebliebener Klebstoff kann aushärten und dann durch Zusammendrücken der Gefäßwände leicht herausgeschüttelt werden.

Klebstoffe

Kleister

Hierbei handelt es sich um den bekannten Tapetenkleister, der in allen Farben- und Tapetenhandlungen erhältlich ist und einfach mit kaltem Wasser angerührt wird (Hinweise hierzu auf der Packung). Der Restaurator rührt ihn mit weniger Wasser etwas dickflüssiger an und hat dann ein Klebemittel, das z. B. zum Aufziehen von Leder auf Schreibtischplatten bestens geeignet ist. Obwohl er sofort haftet, kann der Lederbezug immer noch abgehoben und ausgerichtet werden. Nähere Hinweise finden Sie auf S. 138 f.

Glutinleim

Dieser Leim aus tierischen Abfallprodukten ist der traditionelle Klebstoff des Tischlers. Er ist in Form von Tafeln oder Körnern (Perlleim) zu beziehen und hat hohe Festigkeits- und Fülleigenschaften, so daß er beim Trocknen die Verbindungsflächen zusammenzieht. Zur Herstellung von fast unsichtbaren Stumpfkantenstößen ist er geradezu ideal. Abgebundener Glutinleim kann vielfach unter der Einwirkung von Hitze zum Schmelzen gebracht werden, so daß sich Holzverbindungen und Furniere lösen lassen. Durch die Beimischung von Farbpulver läßt er sich ferner dem Farbton der Umgebung anpassen. Ein paar Spritzer Leinölzusatz erhöhen seine Elastizität, so daß er zum Verleimen von Leder- oder Segeltuchscharnieren geeignet ist.

Glutinleim ist nicht wetterbeständig und hat die Neigung, beim Abbinden zu schrumpfen; er zieht beispielsweise einen Furnierbelag in Vertiefungen hinein, wenn die Holzunterlage nicht genügend mit Füllmittel behandelt worden ist.

Glutinleim wird heiß aufgetragen und in einem Doppelgefäß im Wasserbad erwärmt. Die zu verleimenden Teile müssen zusammengefügt und verspannt sein, bevor der Leim abbinden kann. Es ist daher schwierig, große Flächen einzuleimen, es sei denn, daß (wie beim Furnieren) ein Bügeleisen oder Furniereisen verwendet wird.

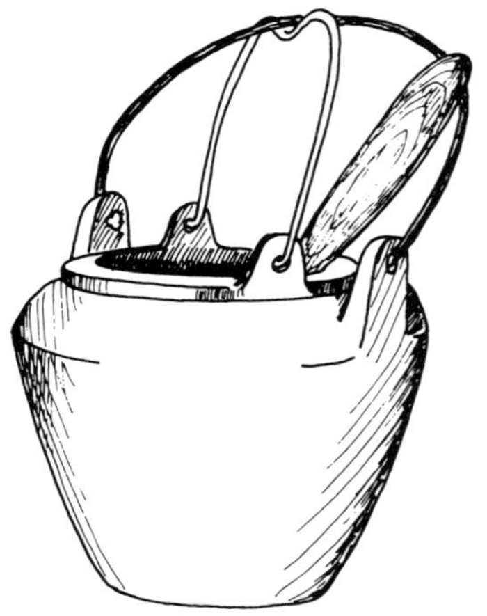

Die Leimperlen oder Tafelbruchstücke werden in den Leimtopf gegeben, mit Wasser bedeckt und über Nacht eingeweicht. Am nächsten Morgen er-

wärmen Sie den Leim und fügen ein wenig Wasser hinzu. Wenn der Leim heiß genug ist, fließt er wie Sirup vom Pinsel. Der Leim darf nicht zum Kochen gebracht werden. Mehrmals aufgewärmter Leim verliert seine Bindungskraft.

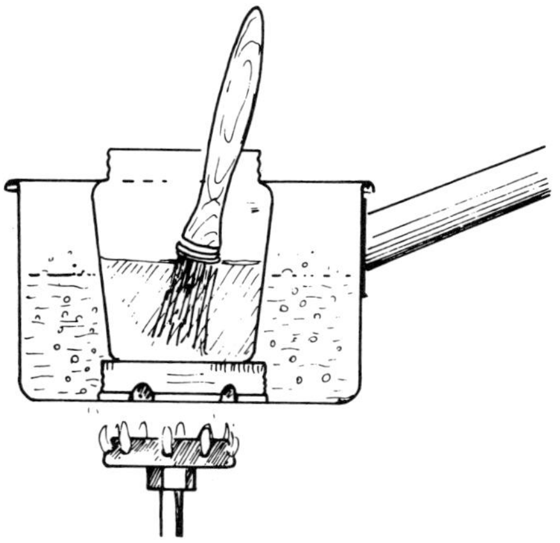

Glutinleim eignet sich hervorragend für kleinere Instandsetzungen und insbesondere zum Furnieren, Ausbessern von Fehl- und Schadstellen sowie für Absperrungen. Wegen seines sofortigen Haftvermögens sollte Glutinleim immer zum Setzen von Verleimklötzen verwendet werden, wo diese nicht vorher angeheftet zu werden brauchen. Da es schwierig ist, den Leim so lange warmzuhalten, bis eine Verbindung ausgerichtet und geprüft worden ist, wird Glutinleim für umfangreiche und komplizierte Aufarbeitungen an Möbeln besser nicht verwendet.

PVAC-Kleber
Dieser weiße, flüssige Polyvinylacetat-Kleber kann von Lieferanten für Schreinerbedarf bezogen und in eine gereinigte Spülmittelflasche abgefüllt werden.

PVAC-Kleber ist vielseitig verwendbar, wenn Bequemlichkeit in der Anwendung von Vorteil und hohe Bindungskraft nicht erforderlich ist. Er eignet sich hervorragend für dichtpassende Schlitz- und Zapfenverbindungen und Schwalbenschwanz-Zinkungen und kann auch für kleinere Ausbesserungsarbeiten an Formteilen benutzt werden. Bei Verbindungen, die Belastungen unterworfen sind (z. B. Anschäftungen und keilförmige Ansatzstücke an Tisch- und Stuhlbeinen), sollte man sich auf diesen Kleber jedoch nicht verlassen.

Mit Wasser verdünnt und mit dem Zusatz von Farbpulver ergibt PVAC-Kleber eine gute Mattierung.

Harnstoffkleber
Harnstoff-Formaldehyd-Kleber haben außerordentlich hohe Bindekraft, sind wasserfest, einfach anzumischen und leicht aufzutragen. Durch den Zusatz von Trockenfarben (Farbpulver) in kleinen Mengen kann ihnen ein bestimmter Farbton verliehen werden.

Das Leimpulver wird in wenig Wasser zu einer Paste angerührt und kann dann durch Wasserbeigabe und Rühren verdünnt werden.

Die Aushärtungszeit richtet sich nach der Temperatur; der angemischte Kleber bleibt bei 20 °C ungefähr 5–6 Stunden verwendungsfähig, so daß für Korrekturen in der Verbindung beim Verspannen reichlich Zeit bleibt. Seine Eigenschaft, Spalten und Risse auszufüllen, ist zufriedenstellend. Nach dem Umgang mit diesem Klebstoff waschen Sie sich gründlich die Hände, denn die Berührung damit kann zu Hautentzündungen (Dermatitis) führen.

Harnstoffkleber gibt es auch als Zweikomponenten-Kleber. Es handelt sich um einen transparenten Klebstoff mit Fülleigenschaften, der mit Pigmentpulver eingefärbt werden kann. Wenn dieser Kleber mit Eisen- oder Stahlbeschlägen, Nägeln oder Schraubzwingen in Berührung kommt, besteht besonders bei Hölzern mit hohem Gerbsäuregehalt die Möglichkeit, daß sich die Verbindungsstelle ringsum schwarz verfärbt. Diese Schwarzfärbung kann zwar eventuell mit einem mit einer 10 %igen

Zitronensäurelösung angefeuchteten Lappen abgewischt werden, aber dadurch verändert sich möglicherweise auch die Farbe des Holzes. Um derartige Verfärbungen zu vermeiden, sorgen Sie dafür, daß zum Auftragen nur Pinsel ohne metallische Zwingen verwendet und sämtliche Nägel, Schrauben usw. unter die Holzoberfläche versenkt und versiegelt werden. Wo eine Leimverbindung an einer ins Auge fallenden Stelle angelegt werden muß, ist es ratsam, das Holz vorher auf Verfärbung zu prüfen oder einen anderen Klebstoff zu benutzen.

Da dieser Harnstoffkleber ohne die Einwirkung von Luft aushärtet, eignet er sich in idealer Weise zum Einspritzen in defekte Verbindungsteile, wozu zwei Injektionsspritzen benötigt werden – eine für den Harzkleber und eine für den Härter. Letzteren spritzen Sie zuerst ein und lassen ihn in das Holz einziehen, bevor der Klebstoff selbst eingespritzt wird (siehe S. 93 f.). Spritzen und Pinsel waschen Sie nach Benutzung mit warmem Wasser aus.

Epoxidharzkleber
Hierbei handelt es sich um sehr stark bindende, spaltenfüllende und wetterbeständige Kleber, die zum Einspritzen in lockere Verbindungen hervorragend geeignet sind und zusammen mit sehr feinem Holzmehl einen ausgezeichneten Füllstoff bilden. Beim Umgang mit Klebern dieser Art sind Schutzhandschuhe zu empfehlen, weil die Berührung damit zu schweren Hautreizungen führen kann.

Die beiden Komponenten dieses Klebers sind vor dem Auftragen anzumischen, dieser Mischung kann dann jeder geeignete Füllstoff beigegeben werden. Die beigepackten Herstelleranweisungen sind unbedingt zu beachten.

Kontaktkleber
Solche Klebstoffe auf Kautschukbasis sind sogenannte Impaktkleber, d. h. solche, mit denen die beiden zu verbindenden Teile eingestrichen, ausgerichtet und unter ziemlich hohem Druck zusammengefügt werden. Thixotrope Kontaktkleber sind solche, die durch Rühren oder Schütteln verflüssigt werden und sich anschließend wieder verfestigen; sie gestatten also vor dem Abbinden noch kleinere Korrekturen in der Lage der Verbindungsteile. Kleber dieser Art eignen sich zum Furnieren von gerundeten Holzunterlagen oder zum Aufkleben von Resopalbelägen.

Cyanacrylat-Kleber
Unter diesen sogenannten Superklebern gibt es einige, die zum Verleimen von Holz verwendet werden können. Diese eignen sich sehr gut zum vorübergehenden Zusammenheften von Holzteilen, z. B. bei Ausbesserungsarbeiten an Schad- und Fehlstellen.

Kleber auf Latex-Basis
Latex, die Kautschukmilch als Rohstoff für die Gummiherstellung, bildet die Grundlage für diesen weißen, elastischen Klebstoff, der zum Kleben von Gewebestücken geeignet ist.

Richtlinien für das Verleimen

Vermeiden Sie bei Leimarbeiten hastiges und unüberlegtes Vorgehen, denn es steht viel Zeit und Arbeit dabei auf dem Spiel. Planen Sie die einzelnen Arbeitsgänge sorgfältig und halten Sie alle dazu benötigten Hilfsmittel bereit.

Planung
Überlegen Sie sich die Reihenfolge, in der die einzelnen Teile zu verleimen sind. Wenn mehrere Stükke zusammengesetzt werden müssen, prüfen Sie, ob es nicht einfacher wäre und mehr Aussicht auf Erfolg hätte, wenn Sie die Einzelstücke abschnittsweise zusammenleimen. Allergrößte Schwierigkeiten drohen für den Fall, daß zu viele Verbindungen in den einzelnen Abschnitten hergestellt werden.

Nachdem Sie den Arbeitsumfang im wesentlichen festgelegt haben, ist dafür zu sorgen, daß alle Verbindungen einwandfrei zusammenpassen, durch Dübel usw. gut gesichert sind und sich genügend sicher verspannen lassen. Denken Sie daran, daß aufgetragener Leim oder Kleber manchmal wie ein Schmiermittel wirken kann, so daß die verbundenen Teile sich gegeneinander verschieben können. Falls ein solches Risiko besteht und keine Paßdübel verwendet werden, versuchen Sie es mit einigen 10 mm langen Ovalnägeln, die Sie in die eine Stoßfläche einschlagen und ohne Kopf in vorgestochene Löcher in der Gegenfläche einpassen; sie erleichtern das Zusammenfügen und verhindern weitgehend das Abrutschen.

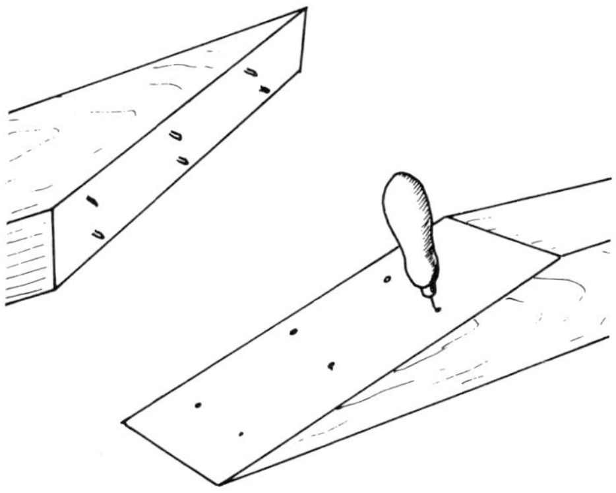

Bei Benutzung von Verleimwerkzeugen oder Schraubzwingen schützen Sie die Werkstücke durch Weichholzunterlagen. Wenn besonders geformte Zulagenklötze benötigt werden (z. B. zum Verspannen von gedrechselten Teilen), fertigen Sie diese

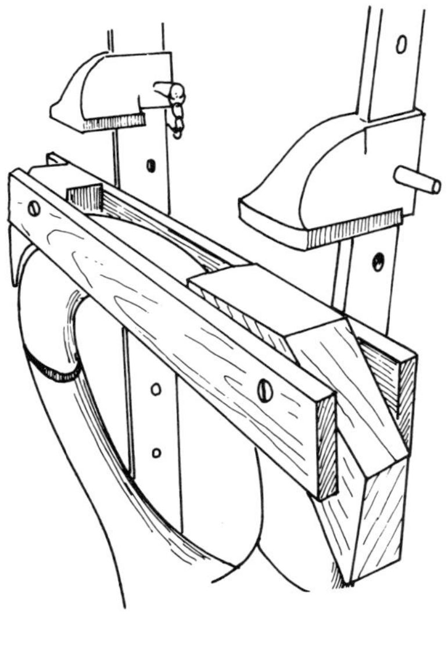

vor dem Leimauftragen an. Beim Ansetzen von Verleimwerkzeugen an Tischplatten besteht die Möglichkeit, daß die Plattenoberfläche durch die Schiene des Werkzeugs verkratzt wird, besonders dann, wenn sich die Stoßstellen in der Tischplatte unter dem Spanndruck aufwölben können. Hier können Sie mit ein paar Zulagen zwischen Tischplatte und Werkzeugschiene Abhilfe schaffen.

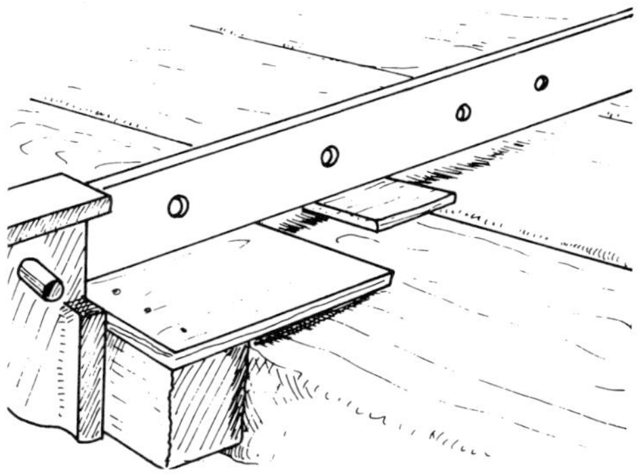

Fügen Sie die Verbindungsstücke zunächst ohne Leim zusammen, um die Richtigkeit der Reihenfolge des Verleimens und den korrekten Sitz der Spannwerkzeuge zu prüfen. Bevor Sie die Teile wieder auseinandernehmen, ist jedes Stück mit Zahlen oder Buchstaben deutlich zu kennzeichnen; im Zweifelsfall können Sie hierbei kleine Stücke Kreppklebeband zur Hilfe nehmen. Durch ein wenig mehr Zeitaufwand zur Kontrolle dieser Art kann stundenlange Nacharbeit vermieden werden.

Ausführung

Beim Anmischen und Auftragen von Klebstoffen richten Sie sich nach den Anweisungen des Herstellers. Nachdem die zu verbindenden Teile eingeleimt und verspannt worden sind, wischen Sie überschüssigen Leim oder Kleber mit einem feuchten Lappen ab.

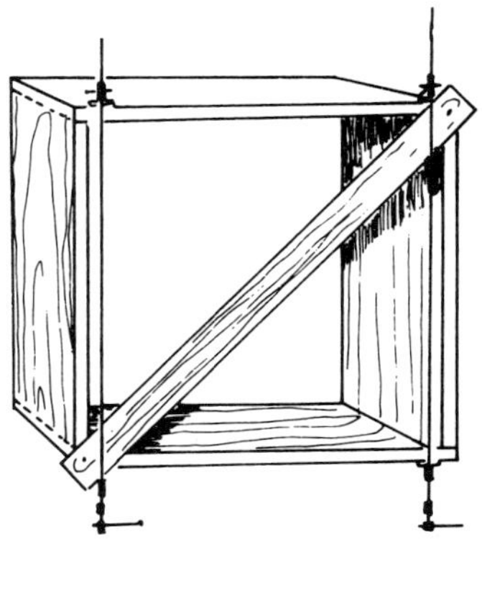

Prüfen Sie das Möbelstück auf Rechtwinkligkeit, wobei Sie Anschlagwinkel und notfalls Diagonalleisten zur Hilfe nehmen. Verleimwerkzeuge können so eingestellt werden, daß sie ein verzogenes Teil wieder geraderichten.

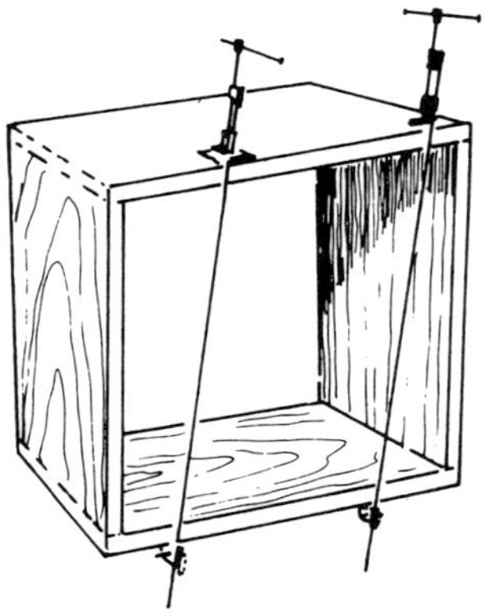

Jetzt betrachten Sie Ihre Arbeit. Stellen Sie fest, ob alle Verbindungen richtig zusammengefügt sind und das Möbelstück aus jedem Blickwinkel einen korrekten Einruck macht. Achten Sie bei Stühlen und Tischen darauf, daß die Beine zueinander fluchten und gegenüber dem Möbel als Ganzes einwandfrei ausgerichtet sind.

Befestigungselemente

Nägel

In der Werkstatt des Restaurators muß ein ausreichender Vorrat an Nägeln vorhanden sein, der sowohl solche von 15 cm Länge bis zum 13 mm langen Furnierstift als auch Ovalköpfe, gestauchte Nägel und normale Drahtstifte umfaßt.

Nagel Drahtstift

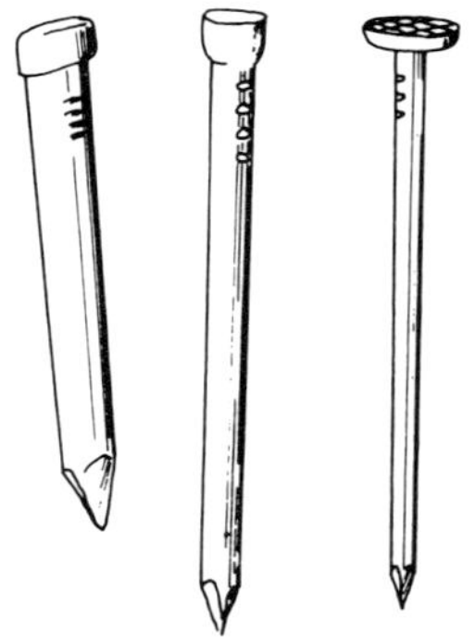

Gestauchter Nagel

Ferner sollten Sie sich eine Sammlung alter Nägel zulegen, die Sie aus alten Holzteilen herausgezogen haben und nun, nach Größen sortiert, in einer entsprechend unterteilten Lade aufbewahren.

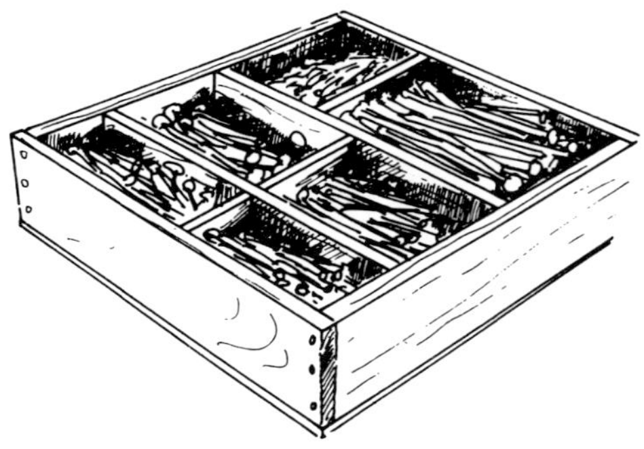

Nägel sollten nur dort eingeschlagen werden, wo solche ursprünglich zur Befestigung benutzt worden sind. Ein grundsätzlicher Hinweis: Verwenden Sie keine Nägel zur Befestigung oder Verstärkung von geschwächten oder gelockerten Verbindungsteilen oder zur Instandsetzung von Anschäftungen. Genagelte Verbindungen sind im späteren Gebrauch des Möbelstücks nicht sehr widerstandsfähig und neigen oft dazu, die Festigkeit eines Möbels in seiner Gesamtheit zu beeinträchtigen. Gebrochenes oder gerissenes Holzwerk kann nur durch neues Holz ersetzt oder durch ausgebesserte Verbindungen wieder hergerichtet werden. Bauen Sie die Struktur der zusammengefügten Bauteile neu wieder auf und schlagen Sie niemals Nägel ein in der Hoffnung, dadurch den früheren Festigkeitszustand wieder herstellen zu können. Derartige verzweifelte Maßnahmen erschweren nur das Problem und verursachen einem gewissenhaften Restaurator zusätzliche Arbeit.

Nageln
Große Nägel sind mit schweren Hämmern, kleine Nägel und Stifte mit leichten Hämmern einzuschlagen. Mit Ausnahme bei sehr weichem Holz ist es ratsam, die Nagellöcher vorzubohren. Soll der Nagelkopf versenkt (und z. B. mit einem kurzen Holzstopfen abgedeckt) werden, so ist vorher ein Senkloch zu bohren, dessen Durchmesser geringer ist als der des Nagels; die genaue Größe richtet sich dabei nach dem Härtegrad des Holzes. Weiches, leicht zusammendrückbares Holz kann mit einem kleineren Bohrer vorgebohrt werden, während für Hartholz größere Löcher notwendig sind.

Zum Vorbohren von Nagellöchern in dünne Zierleisten usw. kann ein in das Bohrfutter eingespannter Paneel- oder Furnierstift dienen.

Der Nagel muß immer gut im Holz festsitzen, wobei er die Holzfaser um sich herum beiseite drückt, ohne das Material zu zerreißen. Paneel- und Furnierstifte brauchen keine vorgebohrten Löcher, es sei denn, daß das Holz besonders spröde ist. Nägel, die sich beim Einschlagen verbiegen können oder schwierig anzusetzen sind, können Sie mit einer Spitzzange festhalten.

Der Hammer wird mit einer Hand erfaßt, wobei der Zeigefinger ausgestreckt oben auf dem Hammerstiel liegt. Das hintere Ende des Stiels muß sich mit dem Nagelkopf in einer Ebene befinden.

Zum Einschlagen großer Nägel in Hartholz kann die Nagelspitze in Möbelwachs getaucht

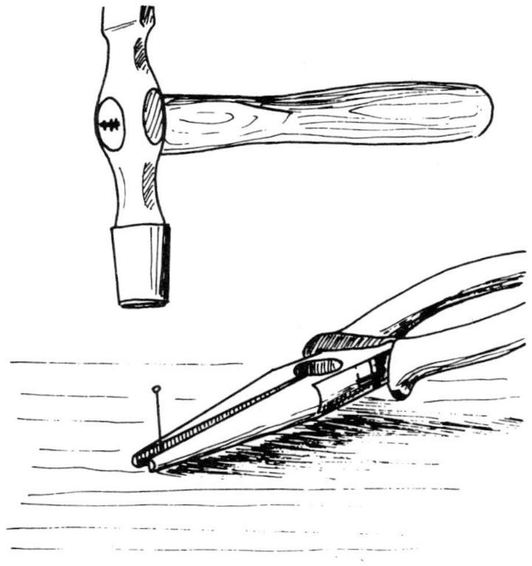

werden, das dem Nagel zeitweilig eine Schmierung verleiht und später in das Holz einzieht; der Nagel behält danach seinen festen Sitz.

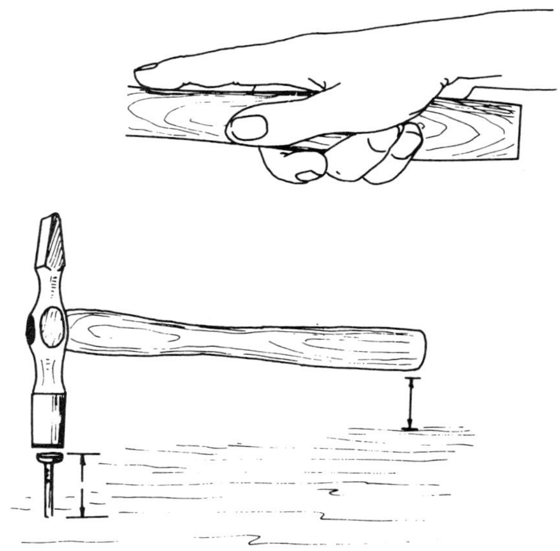

Schrauben
Der Restaurator benötigt ein komplettes Sortiment alter und neuer Schrauben, von denen solche mit Senkkopf am häufigsten und solche mit Halbrundkopf seltener gebraucht werden.

Benutzen Sie Schrauben nur zum Instandsetzen von geschraubten Verbindungen. Das Schraubenloch wird in voller Tiefe mit einem Durchmesser vorgebohrt, der um etwa 1/3 kleiner ist als der des Schraubenschaftes. Dann wird das Loch auf halbe Tiefe zur Aufnahme der oberen Schafthälfte mit einem größeren Bohrer aufgebohrt und zum Schluß für den Schraubenkopf mit einem Spitzsenker (Krauskopf) angesenkt.

Kopfsenken
Wenn die Schraube versenkt und mit einem Holzstopfen abgedeckt werden soll, wird das Kopfsenkloch mit einem Zentrumbohrer gebohrt, bevor die Löcher für den Schaft und das Gewindeende der Schraube eingebracht werden.

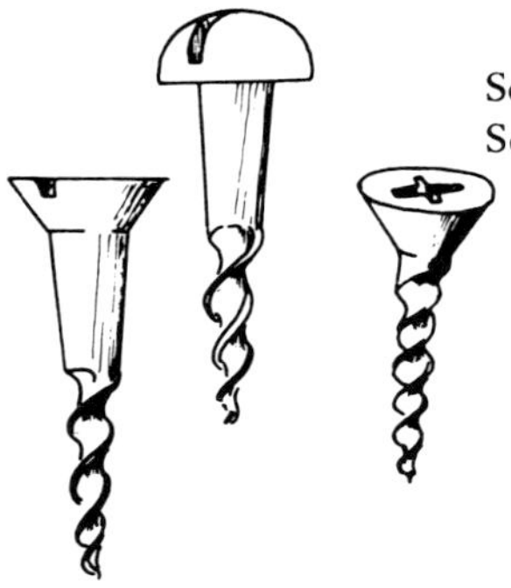

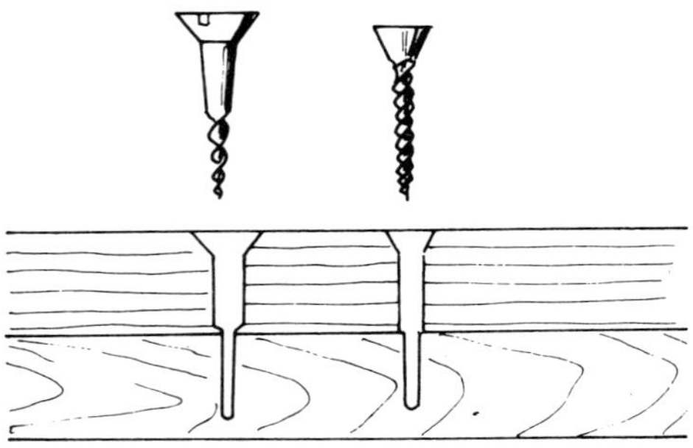

Es gibt verschiedene Möglichkeiten, dafür zu sorgen, daß miteinander verbundene Teile die Dehn- und Schrumpfbewegung in einem Möbelstück mitmachen und dadurch das Reißen des Holzes verhindern. Tischplatten sind häufig mit Holzriegeln befestigt, die unter die Platte geschraubt sind und in Schlitze in den Tischzargen eingreifen. Es können auch Metallwinkel mit Langlöchern verwendet werden, in denen Rundkopfschrauben sich zusammen mit dem Holz bewegen können. Bei der Befestigung von Tischplatten auf Fugenleisten besteht eine andere Möglichkeit: Für die Schraube wird ein Senkloch gebohrt, das von der Stoßfläche der Fugenleiste aus mit einem großen Bohrer aufgebohrt wird. Durch diese Erweiterung der Schraubenschaftbohrung sind die Schrauben auch ohne die unansehnlichen Riegel oder Winkel beweglich.

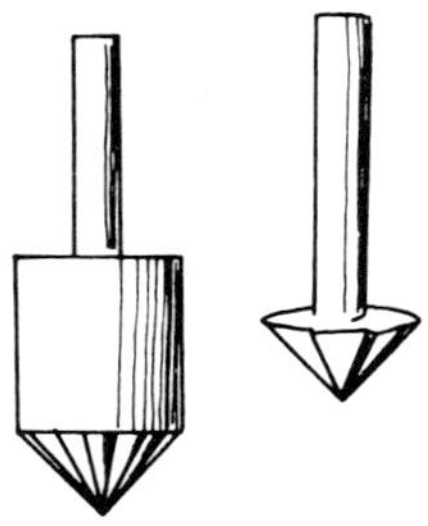

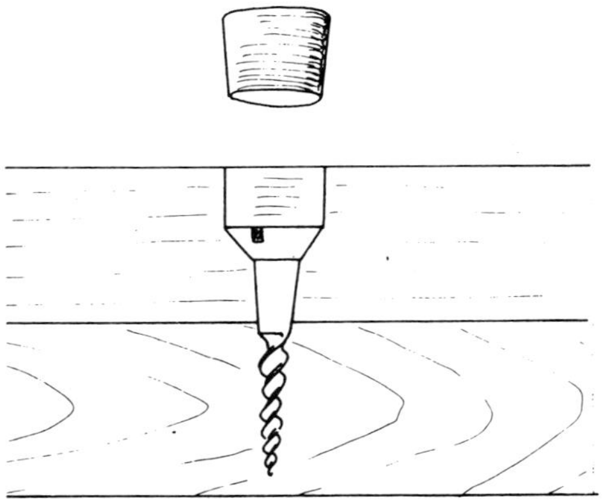

Zum Eindrehen von Schrauben ist ein Schraubendreher von der richtigen Größe zu wählen. Seine Klinge muß genau zu dem Schlitz im Schraubenkopf passen, d.h. sie darf weder zu breit noch zu schmal sein. Eine zu breite Klinge reißt das Holz um den Schraubenkopf herum auf; mit einer zu schmalen kann die Schraube nicht richtig festgezogen werden, und es besteht die Gefahr der Beschädigung des Werkzeugs oder Schraubenkopfes.

Bei fertig angezogenen Schrauben sollten die Schlitze in einer Linie ausgerichtet sein. Das sieht besser aus als kreuz und quer verlaufende Schlitze und erleichtert außerdem einem späteren Restaurator die Arbeit an den Stellen, wo die Schraubenlöcher mit Holzstopfen verschlossen sind und er diese Stopfen herausnehmen muß.

Das Eindrehen von Schrauben in fachmännisch vorgebohrte Löcher ist normalerweise nicht schwierig. Denken Sie aber daran, daß Schrauben aus Messing und alte Schrauben kein so hohes Drehmoment aushalten können wie Stahlschrauben.

Holzstifte

Holzstiften, die ein Möbelstück über Jahrhunderte zusammengehalten haben, kann man wahrscheinlich zutrauen, daß sie dies auch noch ein paar Jahrhunderte länger tun werden. Solche Stifte sollten aus gutem geradfaserigem und astfreiem Holz bestehen. Damals wurden sie oft in ungetrocknetem Zustand eingesetzt, aber es ist ratsam, sie aus abgelagertem Holz anzufertigen. Spalten Sie das Holz auf die ungefähre Größe und stechen Sie die Stiftform mit flachen oder leicht gerundeten Beiteln zurecht. Trennen Sie solche Stiftrohlinge nicht auf der Kreissäge ab, es sei denn, die Stifte sollen zu Dekorationszwecken dienen. Durch das Abspalten behält das Holz seine Festigkeit und bleibt im Faserverlauf parallel zur Stiftaußenseite, was das Fertigstechen zur runden Form erleichtert. Vor dem Einschlagen sind die Stifte auf Länge zu sägen, wonach ihre Köpfe abgeschliffen und gebeizt und dann mit hartem Füllwachs eingerieben werden.

Geben Sie einen Tropfen Epoxidharzkleber auf den Grund der einzelnen Stiftlöcher oder setzen Sie dort jeweils einen kleinen Keil auf, ehe Sie die Stifte einschlagen. Stifte zur Verstärkung von Zapfenverbindungen brauchen nicht geleimt oder verkeilt zu werden.

Wenn ein Stift genau bündig mit der Holzoberfläche eingesetzt werden muß, wird er vor dem Ablängen eingeschlagen und dann mit einem Sägeblatt auf einer Kartonunterlage abgeschnitten.

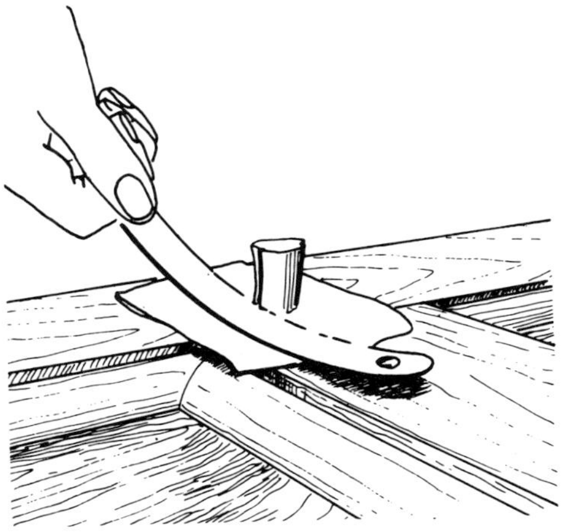

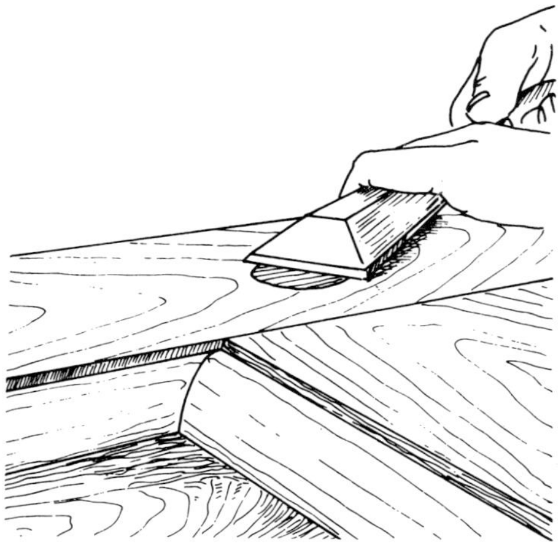

Wenn nötig, ist der Stiftkopf zum Schluß mit Stechbeitel und Sandpapier beizuarbeiten.

Nieten für Metallteile
Nieten können aus Nägeln oder anderen schmied- oder hämmerbaren Werkstoffen angefertigt werden. Die zu vernietenden Teile erhalten eine durchgehende Bohrung, die genau dem Nietdurchmesser entspricht und in welche die Niete eingesetzt wird; ein Nietkopf wird dabei noch nicht benötigt. Schneiden Sie einen Nagel so zurecht, daß ungefähr 3/4 seines Durchmessers auf beiden Seiten der Nietverbindung überstehen. Mit der Kugelfinne des Niethammers schlagen Sie leicht auf das eine Nietende, während das andere auf einem Stahlklotz ruht. Nun drehen Sie das Werkstück herum und stauchen mit dem Kugelfinnenhammer einen pilzförmigen Kopf am anderen Ende an. Nachdem Sie das Werkstück erneut umgedreht haben, geben Sie dem ersten (vorgehämmerten) Kopf eine runde Form und schlagen ihn dann flach. Zum Schluß wenden Sie das Werkstück ein letztes Mal und geben dem anderen Ende noch ein paar leichte Hammerschläge.

Für verdeckte Nieten sind die Löcher zu bohren und zu versenken; der Nietvorgang ist danach derselbe wie oben beschrieben. Das Säubern der Nietstellen erfolgt mit einer Feile und anschließend mit Schmirgelpapier oder Stahlwolle.

10 Rahmenmöbel

Bei großen Möbelstücken in Rahmen- oder Gestellbauweise ist es nicht unbedingt ein Nachteil, wenn sie in ihren Verbindungen ein wenig locker sind. Durch dieses geringe Spiel in den „Gelenken" wird möglicherweise ein Bruch an den Verbindungsstellen verhütet, wenn das Möbelstück bewegt wird; auch erreicht es dadurch einen festeren Stand auf unebenem Fußboden. Es kann sehr vorteilhaft sein, wenn ein Möbel schnell und leicht zu zerlegen ist. Schwere französische Möbelstücke sind seinerzeit häufig unter Berücksichtigung solcher Vorteile gebaut worden. Die Schlitz- und Zapfenverbindungen des Rahmens oder Gestells sollten deshalb nicht verleimt werden, wenn schon Holzstifte zur Verstärkung genügen.

Haben sich die Verbindungen sehr stark gelokkert, so kann ein zweiter oder dritter Stift zusätzlich eingeschlagen werden, vorausgesetzt, daß der Zapfen dadurch nicht geschwächt wird. Das Verfahren zur Verdübelung einer Schlitz- und Zapfenverbindung ist auf S. 72 ausführlich beschrieben. Falls die Zerlegung des Möbelstücks nicht angebracht ist oder wenn sich die Verbindung nicht ohne weiteres auseinandernehmen läßt, sollte sie fest verspannt und gebohrt werden. Die Bohrung muß ganz durch den Rahmen hindurch bis zur Innenseite verlaufen, damit der Stift später herausgenommen werden kann. Der Stift muß leicht konisch und angespitzt sein und eng in die Bohrung passen. Vor dem Einschlagen wird sein Kopf geschliffen, wenn nötig gebeizt und mit hartem Füllwachs eingerieben.

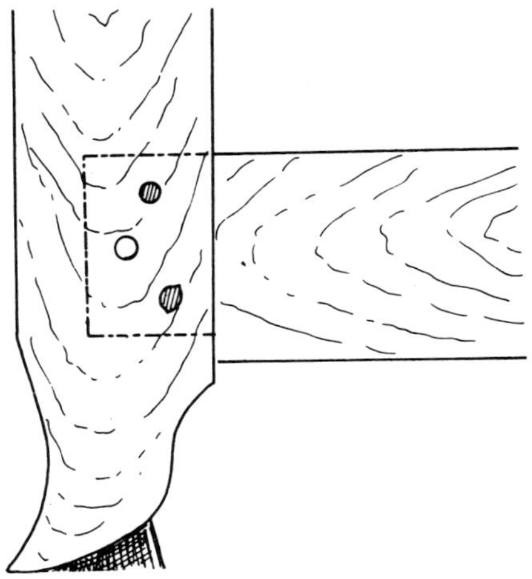

Der dritte Holzstift ist dort einzusetzen, wo er zur Befestigung der Verbindung beiträgt, ohne den Zapfen oder das Zapfenloch zu schwächen.

Verschlissene Möbelfüße

Oft bedürfen nur die Füße eines Möbelstücks der Erneuerung, und sofern sein Gestell im übrigen in Ordnung ist, braucht es für die Ausbesserung der Füße nicht zerlegt zu werden. Eine vollständige Beschreibung der Arbeiten, die zur Ergänzung von Möbelfüßen durch Ansatzstücke auszuführen sind, finden Sie auf den Seiten 95 ff. Nachfolgend einige weitere Anregungen dazu.

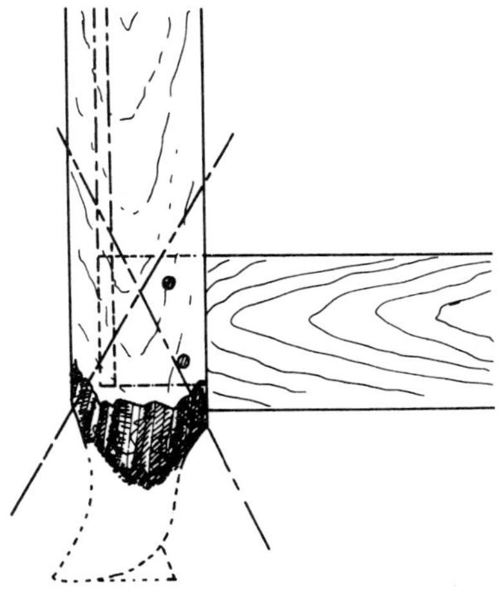

Die Schwierigkeit bei der Ergänzung von Füßen an einem nicht zerlegten Möbelstück besteht darin, daß Verbindunsteile und Täfelungen beim Umgang mit den Werkzeugen im Wege sind und einfaches Anschäften verhindern. Wo ein Zapfen ernsthaft geschwächt ist, kann ein Ergänzungsstück nicht angebracht werden. Eine Beschädigung der Verbindung läßt sich jedoch vermeiden, wenn Lage und Form der Anschäftung sorgfältig geplant werden. Die folgenden Skizzen zeigen verschiedene Möglichkeiten für die Lösung des Problems.

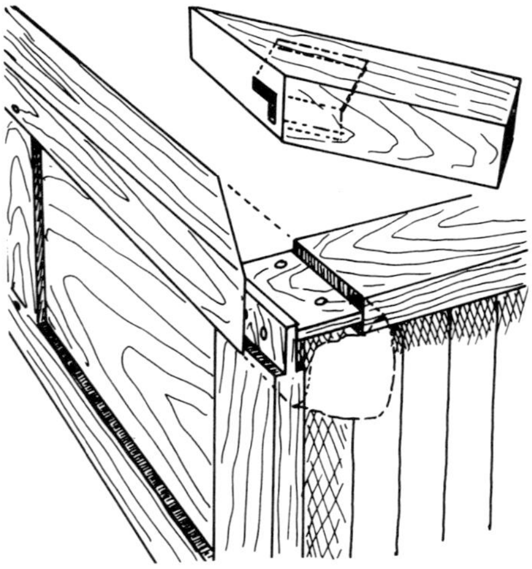

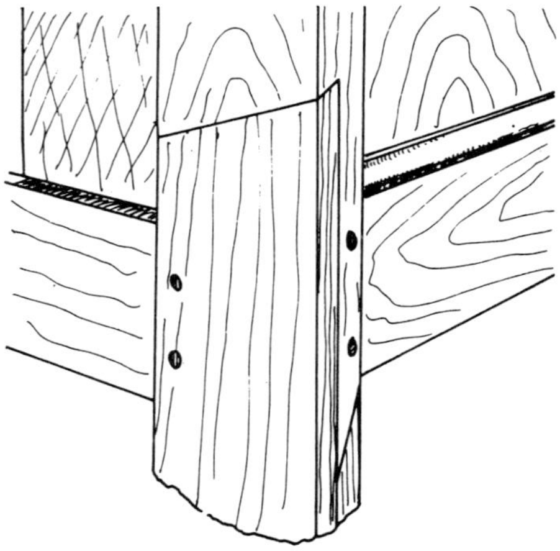

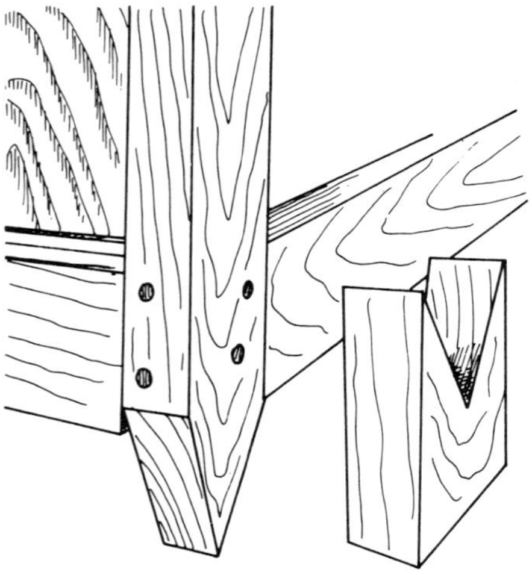

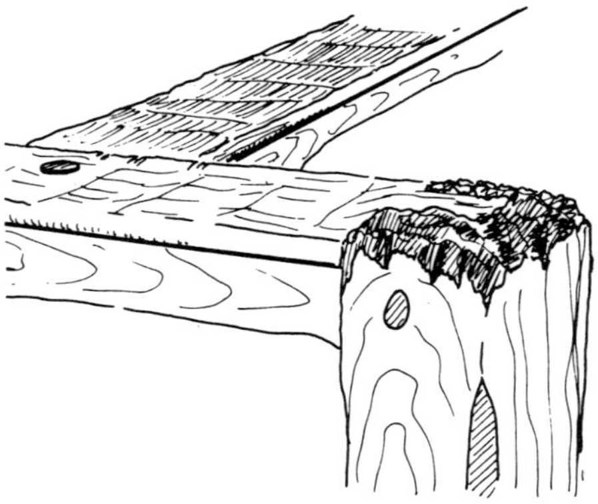

Die hinteren Möbelbeine sind noch anfälliger für Holzwurmbefall und Fäule als die vorderen, was einerseits auf die Verwendung eines minderwertigeren und (für den Holzwurm) möglicherweise „schmackhafteren" Holzes und andererseits auf mangelhafte Lüftung zwischen Wand und Möbelrückseite zurückzuführen sein mag. An den hinteren Beinen ist das Ansetzen neuer Holzteile weniger problematisch, denn die Reparaturstelle muß zwar sehr widerstandsfähig, aber nicht völlig unsichtbar sein. Eine gute Ausbesserung läßt sich erreichen, indem man zwei oder mehr Neuteile an das Bein anleimt und zur Herrichtung der Fugenflächen eine Oberfräse benutzt.

Ähnliche Schwierigkeiten bietet die Arbeit an abgenutzten Tischbeinen, die manchmal so weit verschlissen sind, daß die Querstreben den Fußboden berühren und die Zapfenverbindungen auf der Beinunterseite offen sind. Wenn dies der Fall ist, reißen Sie die Lage des Querstrebenzapfens auf dem Bein genau an und nehmen Sie die Querstrebe

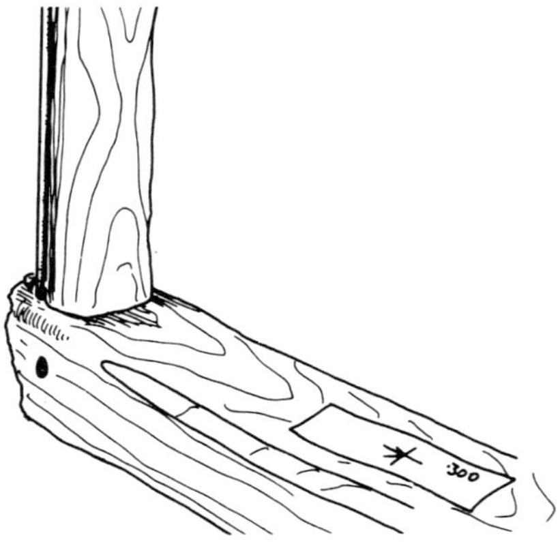

heraus. Dann schneiden Sie das Ansatzstück zurecht, passen es nach der Beschreibung auf Seite 99 f. der Stoßstelle an und spannen es dort fest. Prüfen Sie das verlängerte Bein auf genaue Ausrichtung und markieren Sie die Stoßstelle mit dünnen Drahtstiften, damit Sie die richtige Lage später wiederfinden können. Mit einem Lineal ziehen Sie die Linie auf der Beininnenseite und reißen das Zapfenloch dazu passend an.

Stechen Sie das Zapfenloch aus, bevor Sie das Ansatzstück mit dem Bein verleimen und verspannen. Nach dem Abbinden des Leims kann die vorbereitende Arbeit des Beihobelns und Glättens, aber nicht die des Abschrägens fertiggestellt werden.

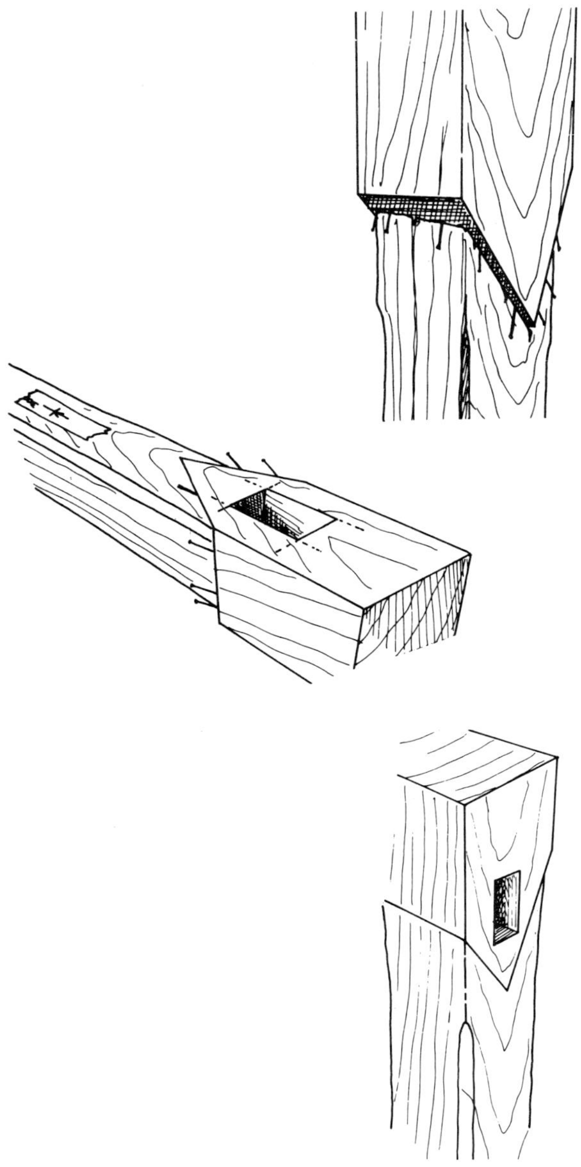

Jetzt können Sie die Querstrebe wieder einbauen, wobei diese an einem Ende notfalls durch einen losen Zapfen festgehalten werden kann.

Ein anderes Verfahren ist das Anreißen und Ausstechen des Zapfenlochs nach dem Anleimen und Nachformen des Beinansatzstücks; dabei ist allerdings Voraussetzung, daß für den Umgang mit Stemmeisen und Schlegel oder mit der Oberfräse genügend Platz vorhanden ist.

Hier und da kann es notwendig sein, das Beinansatzstück und die Querstrebe gleichzeitig einzuleimen. In solchen Fällen muß das Ansatzstück vor dem Anleimen auf der vorderen und den seitlichen Flächen auf Fertigmaß gehobelt werden. Nach dem Verleimen und Zusammensetzen der Möbelteile prüfen Sie die Ausrichtung der Beine und Querstreben noch einmal genau, da Fehler sich sehr leicht einstellen können.

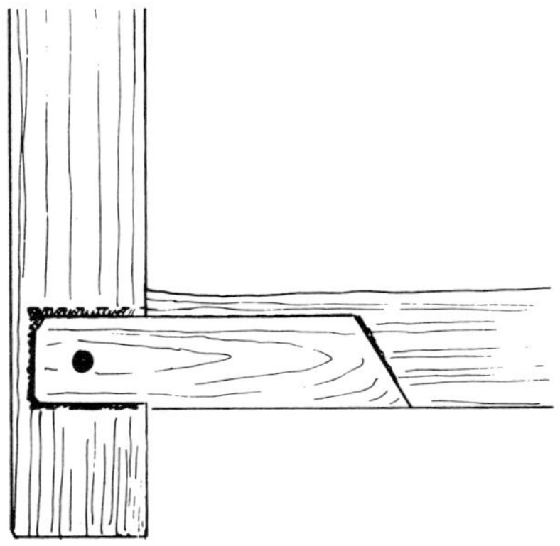

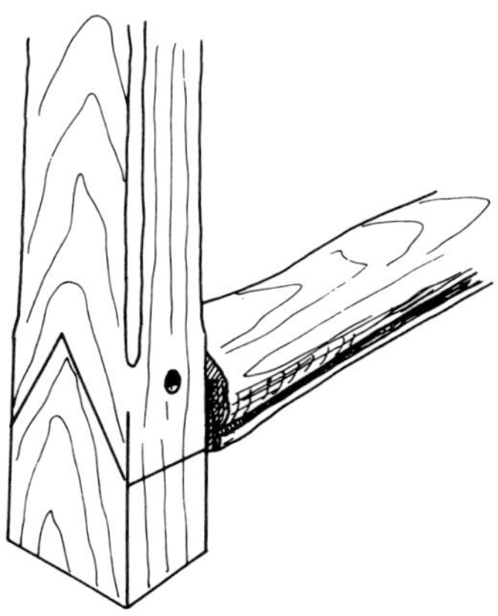

Beschädigte Täfelungen

Die Instandsetzung gerissener, gebrochener, geschrumpfter oder verfaulter Paneele ist ohne deren Ausbau aus dem Möbelrahmen schwierig. Läßt sich das schadhafte Teil durch Lösen seiner Verbindungen auf einer Rahmenseite herausschieben, dann ist die Ausbesserung verhältnismäßig einfach; entweder wird die Bruch- oder Rißstelle repariert, oder es werden neue Holzteile eingefärbt und eingesetzt.

Leider ist die Arbeit jedoch nur selten so leicht, so daß die Täfelung an Ort und Stelle belassen und eine andere Möglichkeit zur Sanierung gesucht werden muß.

(a) Kleinere Schadstellen können nach der Beschreibung auf S. 107 f. und 134 f. ausgebessert werden. Das Einsatzstück muß klein gehalten werden, wenn die Täfelung dick ist. Besteht die Gefahr,

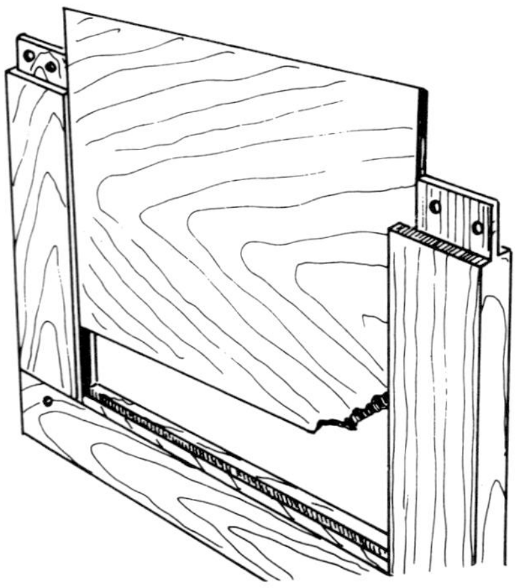

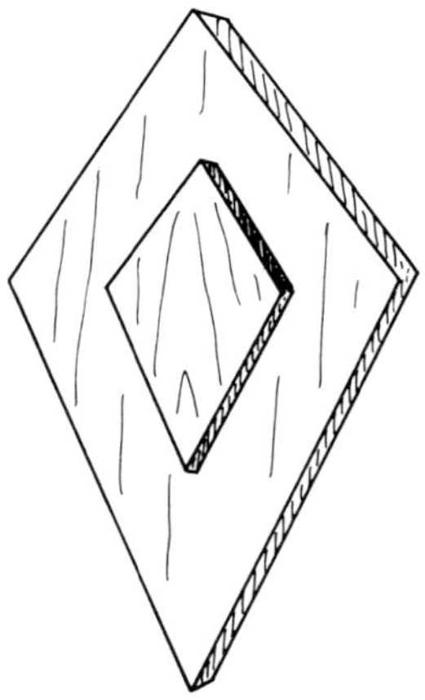

daß das Einsatzstück ganz durch das Holzwerk hindurchgedrückt wird, so ist nach Methode (b) zu verfahren.

(b) Für ein durchgehendes Loch im Paneel kann ein Einsatzstück mit Verstärkung (Gegenhalter) verwendet werden. In dem entsprechenden zweiteiligen Arbeitsgang, der nachstehend beschrieben wird, erhält das eigentliche Einsatzstück gewissermaßen eine Verspannung mit einem zweiten Stück, das in die Innenseite des Paneels eingelassen wird.

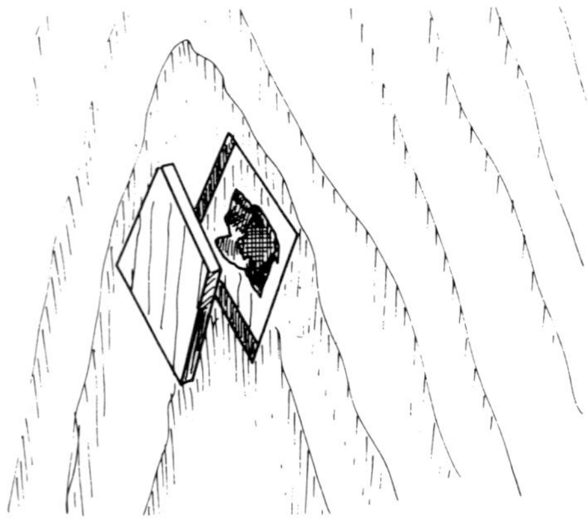

Schneiden Sie ein Einsatzstück von angemessener Größe und mit entsprechender Maserung zurecht und passen Sie es in die Schadstelle im Paneel ein; es darf nur bis zur Hälfte der Paneeldicke eingelassen werden und muß sich durch Klopfen mit dem Hammer eng einpassen lassen. Dann nehmen Sie es heraus, legen es auf ein ähnliches Stück Holz und sägen danach ein zweites, größeres Einsatzstück aus, das auf allen Seiten um etwa 10 mm über die Kanten des ersten Stückes hinausragt. Dieses größere Stück setzen Sie auf der Innenseite des Paneels ein.

Zu seiner Befestigung bohren Sie in seine Mitte ein Loch und klemmen es mit einer Holzschraube fest, die zum Verspannen in eine außen auf der Vertiefung für das erste Einsatzstück liegende Platte eingedreht wird.

Reißen Sie die Form des inneren Einsatzstückes an und stechen Sie die Vertiefung mit Oberfräse oder Beitel aus.

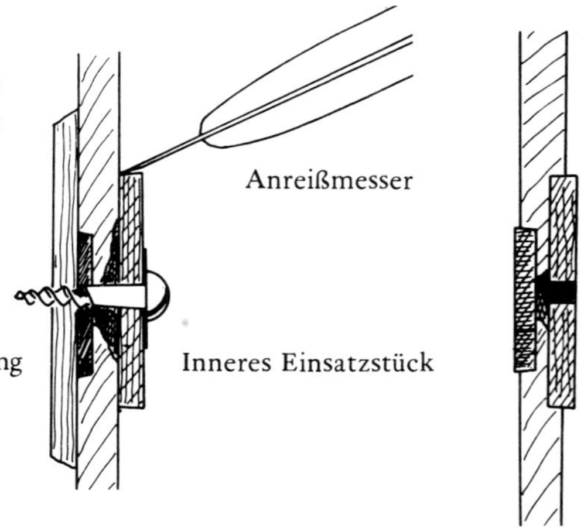

Das innere Einsatzstück wird durch eine in die Spannplatte auf der Außenseite eingedrehte Holzschraube festgehalten; an seinen Kanten wird die Form der Vertiefung angerissen.

Unter Verwendung der Holzschraube und der äußeren Platte kann nun das zweite Einsatzstück eingeleimt und verspannt werden, wobei kleine Spalten an den Kanten mit Epoxidharzkleber und Sägemehl ausgefüllt werden können.

Wenn das innere Einsatzstück festsitzt, prüfen Sie die Aussparung für das äußere und reinigen sie von eventuell durchgedrungenem Leim. Jetzt wird das äußere Einsatzstück angeleimt, in die Aussparung hineingeklopft, gesäubert und zur Angleichung an das umgebende Paneelholz gebeizt und poliert.

(c) Füllstücke für geschrumpfte Täfelungen. Paneele, die aus mehr als einem Brett bestehen, sind gewöhnlich durch Nut und Feder verbunden und nur selten zusätzlich verleimt. Wenn ein solches Paneel schrumpft, wird es oft an den Kanten in den Nuten im Möbelrahmen festgehalten, so daß die Nut- und Federverbindung sich öffnet. Manchmal ist es möglich, diese Öffnung durch Zusammendrücken der Paneelteile mit Hilfe eines alten Hobeleisens (wie bereits beschrieben) als Hebel wieder zu schließen, aber dadurch kann an einer anderen Stelle ein Spalt entstehen; die Öffnung muß also durch ein eingesetztes Füllstück geschlossen werden.

Spreizen Sie die Nut- und Federverbindung ganz auseinander und stechen Sie die Feder mit einem schmalen, scharfen Beitel vorsichtig ab. Abgerissene Federteile, die in der Nut zurückgeblieben sind, werden herausgezogen. Als Füllstück schneiden Sie eine passende Leiste zurecht und versehen sie an einer Kante mit einer Feder. Die Länge der Leiste muß der des Paneels und ihre Breite der des Spalts zwischen den beiden Teilen entsprechen.

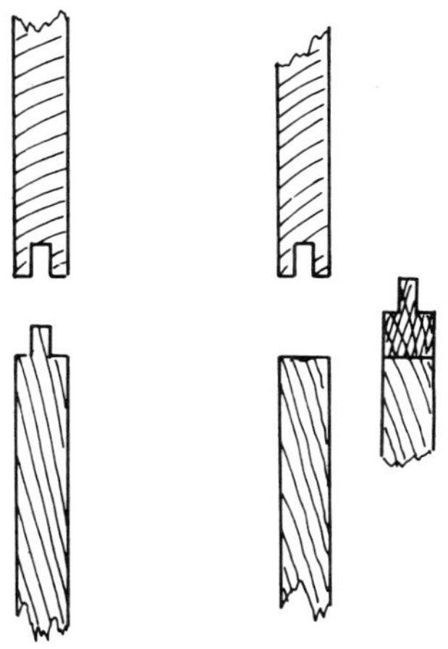

Die Höhe der Feder muß in der Gesamtbreite des Füllstücks enthalten sein; sie bestimmt praktisch, um welchen Betrag das Paneel später beim Feuchtwerden quellen kann. Dieser Betrag braucht nicht besonders groß zu sein, weil das Möbelstück in weniger feuchter Umgebung als bisher wieder aufgestellt wird.

Den genuteten Rahmenteil versehen Sie auf der Innenseite mit zwei kleinen Einschnitten, damit das Füllstück eingeschoben werden kann. Den Abfall zwischen den Einschnitten beseitigen Sie mit dem Stemmeisen.

Das Füllstück wird eingesetzt, gebeizt und poliert; das Beizen erfolgt in losem, die Prüfung auf Farbton und Altersspuren in eingebautem Zustand. Bevor das Füllstück verleimt wird, ist die Passung zwischen Nut und Feder zu kontrollieren. Drücken Sie dabei aber die Feder nicht fest in die Nut hinein, denn eng zusammengefügt läßt sich die Verbindung nur sehr schwer wieder trennen.

Wenn die Teile gut zusammenpassen, kann der Kantenstoß verleimt werden, wobei das Füllstück durch sehr dünne, zwischen Nut und Feder eingeschlagene Keile gegen die Füllstückkante gepreßt werden kann. Wenn der Leim abgebunden hat, können Sie die Keile herausnehmen und die Nut- und Federverbindung zusammendrücken. Zur Ausbesserung des Einschnitts auf der Rahmeninnenseite leimen Sie ein kleines Ersatzholz ein.

Einbau von Regalen

Schadhafte Regalleisten (Regalträger) können mit losen Zapfen instandgesetzt werden, die man von der Innenseite des Möbelgestells her anschraubt.

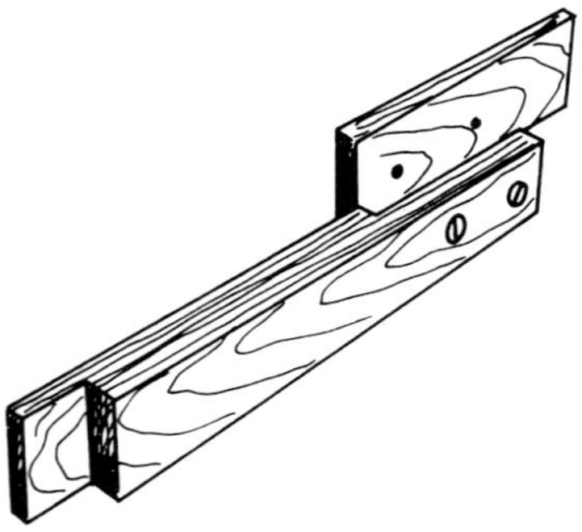

Zum Herausnehmen wird der Zapfen durchgesägt. In eine ausgestemmte Überblattung wird ein loser Zapfen eingepaßt und dann verschraubt und verleimt.

In vertäfelten Möbelstücken bestehen die Regale gewöhnlich aus mindestens zwei Einzelbrettern, denn sonst wären sie nur sehr schwer herauszunehmen.

Sägen Sie zunächst das hintere Fachbrett des Regals zurecht, welches nicht eng eingepaßt zu werden braucht. Legen Sie es auf die Regalleisten und schieben Sie es nach hinten gegen den Rahmen und die Möbelrückwand. Dort an der Hinterkante reißen Sie mit Hilfe eines Zirkels die notwendigen, den Rahmenhölzern angepaßten Ausschnitte an.

Sind die Fachbretter bis zur Vorderkante des Regals mit Nut und Feder verbunden, so ist die Nut in die Vorderkante des hinteren Fachbretts einzubringen.

Stellen Sie das hintere Fachbrett schräg gegen die Möbelrückwand und sägen Sie die vorderen Fachbretter des Regals auf Länge; sie werden dann in derselben Weise wie das hintere Fachbrett eingepaßt. Legen Sie das hintere Fachbrett auf das davor befindliche, auf welchem Sie die Überlappungskante anreißen. Von dieser Anriß-

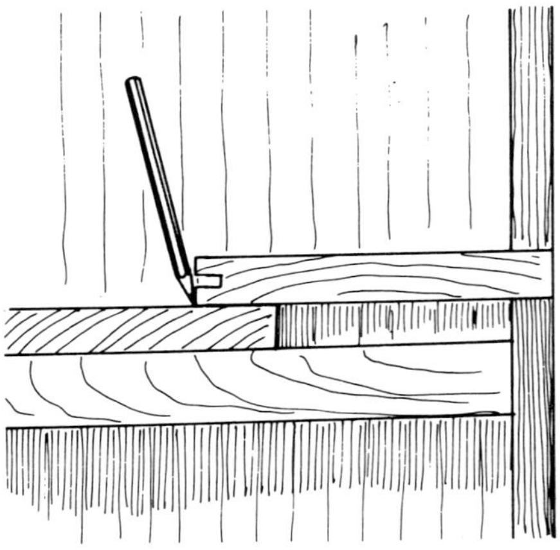

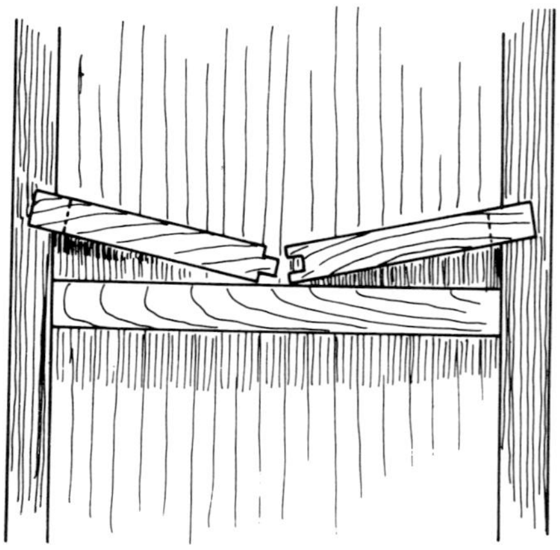

linie ausgehend, versehen Sie die Kante des vorderen Fachbretts mit einer Feder von entsprechender Höhe.

Schließlich lehnen Sie die beiden Fachbretter etwas schräg gegen die Vorder- und Rückwand des Möbelstücks, so daß Nut und Feder sich unten gegenüberliegen, wonach Sie mit sanftem Druck die Nut- und Federverbindung und damit das komplette Regal zusammenfügen.

Änderungsarbeiten

An Tischen müssen häufig Änderungen vorgenommen werden, um sie verwenden zu können. Bei Eßtischen muß beispielsweise eine Beinfreiheit von ca. 610 mm vorhanden sein; wo also die Beine sehr stark abgenutzt oder abgebrochen sind, müssen sie ergänzt bzw. verlängert werden. Manche Tische, besonders schwere Arbeitstische, sind jedoch nicht für eine Verwendung als Eßtisch gebaut worden und haben oft breite Zargen, so daß die Tischplatte, wenn die untere Querstrebe durch Beinansatzstücke nach oben verlegt worden ist, zu hoch liegt.

In solchen Fällen nimmt man am besten die Tischplatte ab und verkürzt die Seitenteile und Beine (wodurch die Beinverbindungen geschwächt werden könnten) oder man sägt die Zarge unter der Tischplatte ab, wodurch sich genügend Beinfreiheit ohne Höherlegen der Tischplatte und ohne Ansatzstücke an den Beinen ergeben würde. Einige brauchbare Ausführungen sind im folgenden skizziert; bei ihnen wird das Absägen der Zapfen an den Zargenenden vermieden, und eine Anrißlinie zwischen den Eckformstücken und der Zarge kann möglicherweise das Aussehen der Änderung verbessern.

Ist in die Tischzarge eine Schublade eingebaut, so muß auch diese versetzt oder beschnitten werden. Manchmal kann die Schublade ohne Schwächung der Zarge ein wenig tiefergelegt werden, aber wenn dabei die Gefahr besteht, daß die bauliche Festigkeit insgesamt beeinträchtigt wird, muß die Schublade in ihrer Höhe verringert werden. Hierbei ist meistens zu empfehlen, sie ganz auseinanderzunehmen, in ihren Bestandteilen zu bearbeiten und neu zusammenzubauen, wobei die Oberkanten so weit wie möglich erhalten bleiben sollten.

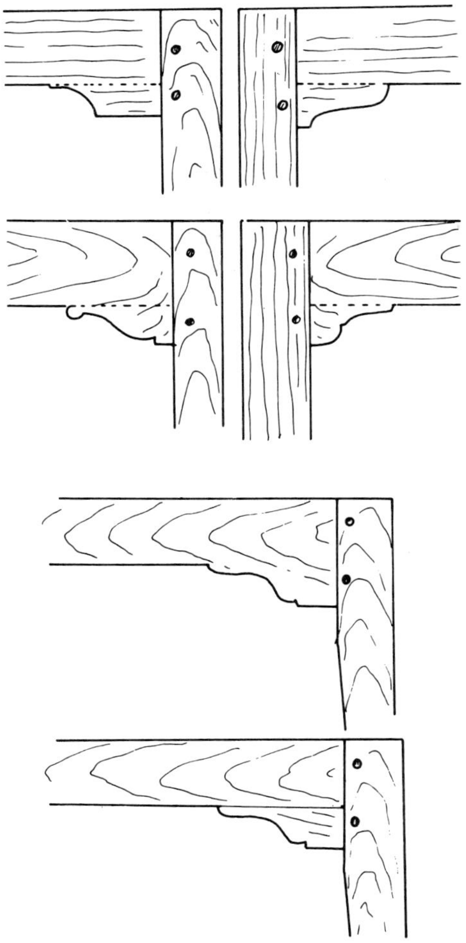

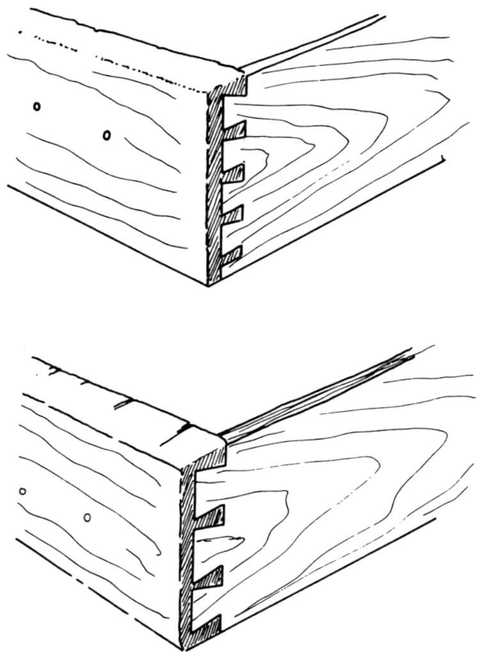

Grifflöcher in Schubladen werden mit Wachs oder Schellackfüller geschlossen. Die Schubladen wird zerlegt, und Kopf- und Seitenbretter werden an den Unterkanten bearbeitet, bis die Schublade in das Möbelstück paßt. Nachdem neue Nuten gestochen worden sind, wird die Rückwand beschnitten und die Schublade wieder zusammengebaut. Zum Schluß wird die Unterseite gealtert.

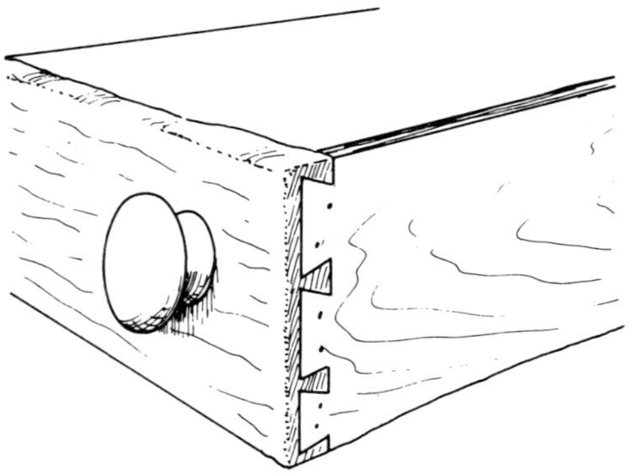

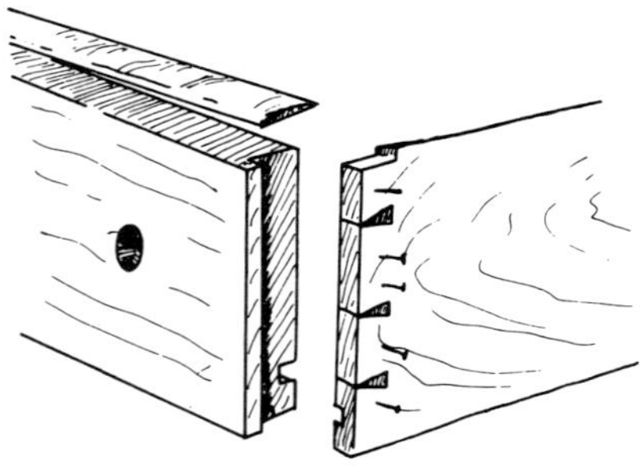

Die Größe des Griffloches und der damit verbundene Verschleiß um den Griff herum machen eine Bearbeitung des Kopfbretts oben und unten erforderlich. Die Schublade wird auseinandergenommen; ihre Oberkanten werden abgesägt und zur späteren Wiederverwendung nach Fertigbearbeitung der Schublade aufbewahrt. Die Seitenbretter werden oben und unten bearbeitet und die vorhandenen Schwalbenschwanz-Zinken dabei möglichst wiederverwendet. Anderenfalls müssen imitierte Zinken eingesetzt und die Seiten in das Kopfbrett genagelt oder gedübelt werden.

Wenn der Überstand der Tischplatte (bei den meisten Eßtischen mindestens 60 mm an den Längsseiten und 180 mm an den Schmalseiten) unzureichend ist, sind Tischplatte und Gestell zu trennen und die Verbindungen an den vier Ecken so zurückzuschneiden, daß der gewünschte Überstand entsteht. Die Bearbeitung aller vier

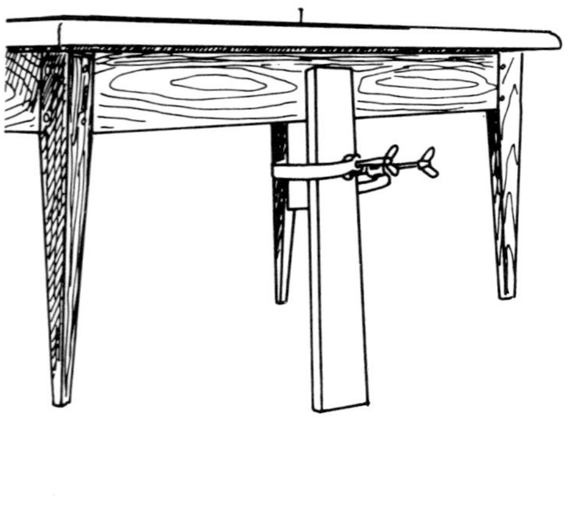

Darstellung einiger typischer Veränderungen von Rahmen- oder Gestellmöbeln.

Verbindungsstellen ist zu bevorzugen, weil durch eine Längsverschiebung der Tischplatte große saubere Holzflächen freigelegt würden, die ursprünglich vom Unterbau des Tisches verdeckt waren.

Wenn das Tischgestell wieder zusammengebaut ist, wird die Platte aufgelegt und befestigt. Sind hierfür ursprünglich Nägel benutzt worden, so müssen jetzt zum Aufnageln die Zargen vorübergehend abgestützt werden.

Der Umbau von Rahmen- oder Gestellmöbeln ist verhältnismäßig einfach. Möbeltischler haben diese Praxis seit Jahrhunderten angewandt und damit zur Erhaltung – in geringfügig abgewandelter Form – zahlreicher interessanter und attraktiver Möbelstücke beigetragen. Wenn der Restaurator an eine solche Arbeit herangeht, darf er zwei Dinge nicht vergessen. Erstens muß das Ergebnis seiner Arbeit der ursprünglichen, an dem Möbelstück erkennbaren Art der Verarbeitung weitgehend entsprechen und darf von dem alten Stil nicht zu unterscheiden sein; zweitens darf durch die Änderung nichts von der ehemaligen Festigkeit und Stabilität des Möbels verlorengehen.

11 Schnitzen

Hierfür braucht der Restaurator eine Auswahl äußerst scharfer Holzschnitzerbeitel (etwa in dem hier skizzierten Umfang), einen oder zwei sogenannte Klüpfel (Holzschlegel) und verschiedene Abziehsteine zum Nachschärfen der Werkzeuge.

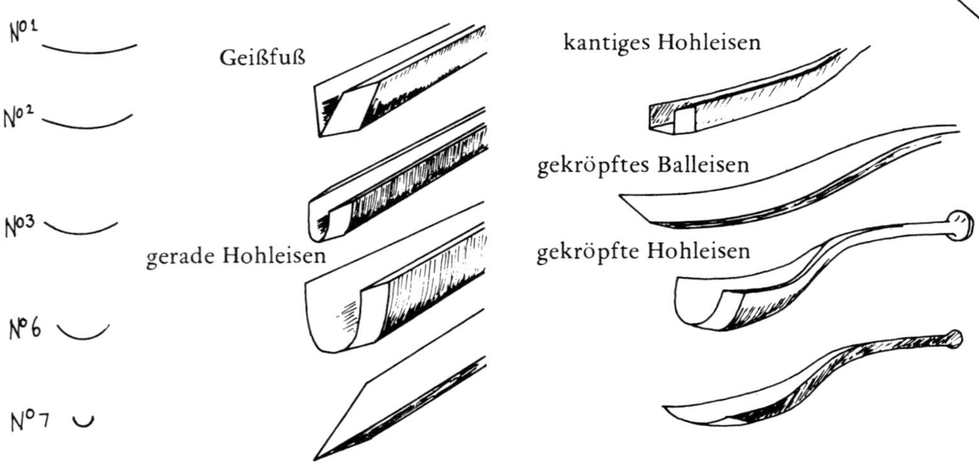

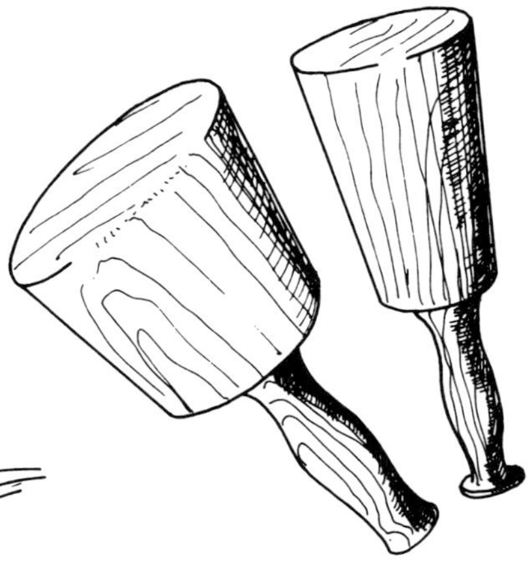
Klüpfel

Sicherheit bei der Arbeit

Schnitzen Sie bei guter Beleuchtung, möglichst von einer tiefhängenden Lampe, damit das dreidimensionale Bild des Schnitzwerks besser zum Ausdruck kommen und der Schnitzer das Resultat seiner Arbeit besser beurteilen kann.

Hinweise zum Schärfen von Beiteln finden Sie auf den Seiten 44 ff.

Das zu schnitzende Holzstück muß fest eingespannt werden, so daß es nicht rutschen und durch das Schnitzwerkzeug beschädigt werden kann; auch besteht bei einem locker sitzenden Holzteil die Gefahr daß der Schnitzer sich an einem abgleitenden Beitel verletzt. Eine praktische Haltevorrichtung ist nebenstehend skizziert.

Die richtige Haltung der Werkzeuge und ihre sichere, d.h. feste und doch vorsichtige Führung sind sehr wichtig. Die rechte Hand erfaßt das Beitelheft und schiebt, wobei es oft praktisch ist, den rechten Ellenbogen gegen den Körper zu stemmen und sich gewissermaßen in den Stich hineinzuleh-

Holzschrauben zur Befestigung des Schnitzwerks

nen. Die linke Hand hält das Werkzeug oberhalb der Schneide und führt die Klinge in die gewünschte Richtung, während die rechte Hand den Beitel vorwärtsdrückt. Die linke Hand muß dabei gleichzeitig das Werkzeug abbremsen und seine Bewegung verlangsamen oder zum Stillstand bringen. Auf diese Weise kann das Werkzeug gut kontrolliert werden.

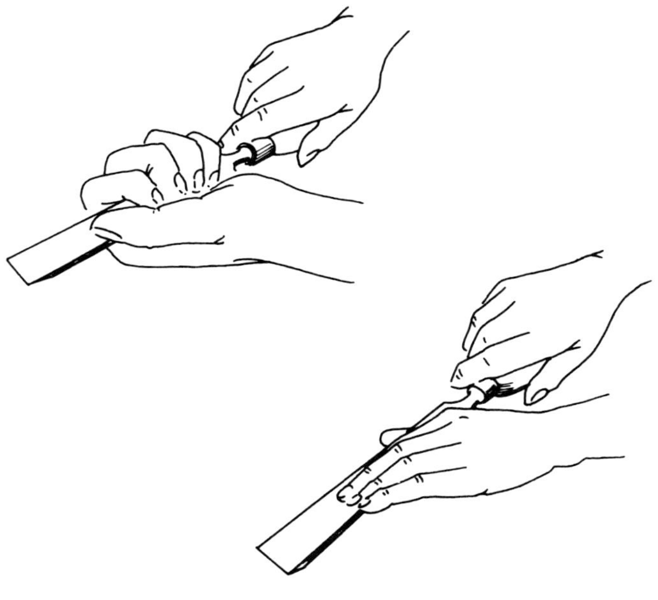

Führen Sie den Beitel niemals einhändig, es sei denn, daß Sie den Klüpfel benutzen. Vor der Schneide eines Schnitzwerkzeugs darf sich kein Teil des Körpers befinden. Stechen Sie so weit wie möglich mit der Holzfaser und denken Sie daran, daß das Holzstück manchmal zur Anbringung sauberer Schnitte gedreht werden muß.

Entwurf eines Schnitzwerks

In vielen Fällen wird der Restaurator feststellen, daß dieser Teil der Arbeit bereits für ihn getan worden ist. Eine Restaurierung schließt gewöhnlich die Ausbesserung oder Erneuerung schadhafter oder brüchiger Schnitzereien durch die Nachahmung von Mustern ein, die an anderen Stellen des Möbelstücks vorhanden sind. Dann braucht der Restaurator nur noch das betreffende Schnitzbild zu kopieren und es auf das neue Holzteil zu übertragen und auszuschnitzen. Manchmal aber tritt das Muster an einem Möbelstück nicht nochmals auf, was z. B. bei geschnitzten Friesen (Gesimsen) der Fall sein kann; wo dann ein bestimmter Teil des Schitzwerks fehlt, muß der Restaurator ein dazu passendes Muster selbst entwerfen; dazu bedient er sich der nachfolgend beschriebenen Technik.

(a) Er studiert Stil und Muster von anderweitig vorhandenen Schnitzbildern des Möbelstücks und notiert sich die typischen Motive und wiederkehrenden Merkmale.

(b) Er untersucht die Schnitzerei auf die Anordnung und Verteilung ihrer Zwischenräume; erstreckt sie sich über das ganze Brett oder windet sie sich z. B. über die Mitte des Bretts oder Gesimses hinweg und trägt abgespreizte Blätter?

(c) Von dem auszubessernden Bereich fertigt er einige Skizzen in natürlicher Größe an, wobei er nur die groben, möglicherweise passenden Umrisse festhält und sich um Einzelheiten vorerst noch nicht kümmert. Dann kopiert er einige der wiederkehrenden Motive und bringt sie in das Gesamtmuster ein.

(d) Er wählt das am besten passende und attraktivste Bild aus und fertigt davon eine neue Skizze an, wobei er kleinere Einzelheiten fortläßt und die auszustechenden Flächen, möglichst unter Licht-

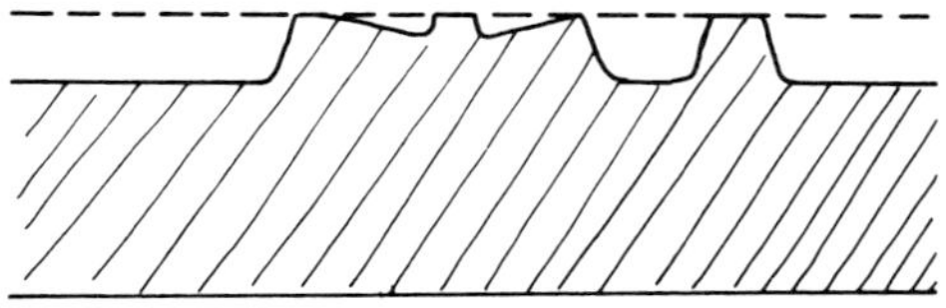

einfall von links, schraffiert. Später kommen dann die wichtigsten Details und Querschnittkonturen hinzu.

(e) Zum Schluß überträgt er den Entwurf mit Kohlepapier auf das Holz.

Ausstechen

In dieser ersten Phase der Schnitzarbeit wird das Muster bis auf den Untergrund ausgestochen (auch „Grundausstechen" genannt), so daß es erhaben sichtbar wird. Mit einem schmalen Hohleisen und ohne den Gebrauch des Klüpfels stechen Sie etwa 2 mm außerhalb der Bleistiftstriche die Konturen des Musters ab, bis die Tiefe des Untergrunds erreicht ist. Mit Hohl- und Balleisen wird dann das Abfallholz beseitigt, wobei man das Balleisen ein wenig geneigt hält und so mit einer Art ziehendem Schnitt bis auf volle Tiefe aussticht. Ist das ursprüngliche Muster auf dem Untergrund punktiert worden, so kann man diese Bearbeitung mit Hilfe einiger improvisierter Punktierstifte nachvollziehen. Als nächstes wählen Sie geeignete Ball- und Hohleisen aus und stechen damit die Formen bis zur Begrenzungs- oder Umrißlinie annähernd senkrecht aus, wobei Sie den Klüpfel zur Hilfe nehmen. Diese Stiche sollen bis zur Tiefe des Untergrunds, aber nicht darüber hinaus reichen.

Konturen dürfen nicht unterschnitten (hinterstochen) werden. Eine geringfügige Neigung des Stiches nach außen läßt sie kräftiger hervortreten.

Einzelheiten

Wenn der Untergrund fertig ausgestochen ist und die zu schnitzende Musterfläche sich darüber erhebt, können mit ein paar Bleistiftstrichen zur Unterstützung beim Ausstechen Einzelheiten auf dem Holz markiert werden. Dieses Detail- oder Fertigschnitzen ist je nach Art des gewünschten Musters verschieden, kann jedoch die eine oder andere der nachstehend beschriebenen Einzelbearbeitungen erfordern.

Rundnoppen

Stechen Sie die Rohform der Noppen aus und entfernen Sie das Abfallholz bis auf den Untergrund. Die Kanten der Noppen stechen Sie mit einem passenden Hohlbeitel sauber, wobei darauf zu achten

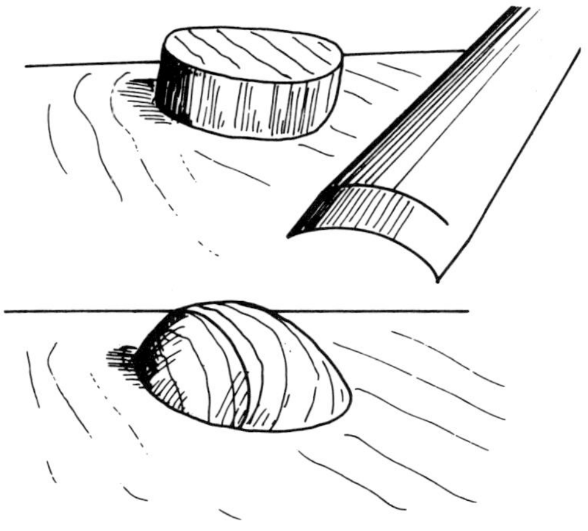

ist, daß die Stiche nicht über die Tiefe des Untergrunds hinausgehen. Zunächst mit einem schmalen und dann mit einem breiteren Hohleisen geben Sie den Noppen ihre saubere, endgültige Rundform.

Rundtaschen
Ein passendes Hohleisen setzen Sie senkrecht auf dem Umfang der Tasche an und schneiden deren Rand mit drehenden Beitelbewegungen vor. Von der Seite her stechen Sie die Höhlung zur Hälfte aus, wobei der Beitel nur wenig auf- und abbewegt wird. Durch einen zweiten Stich von der anderen Seite wird dann die Vertiefung fertigbearbeitet.

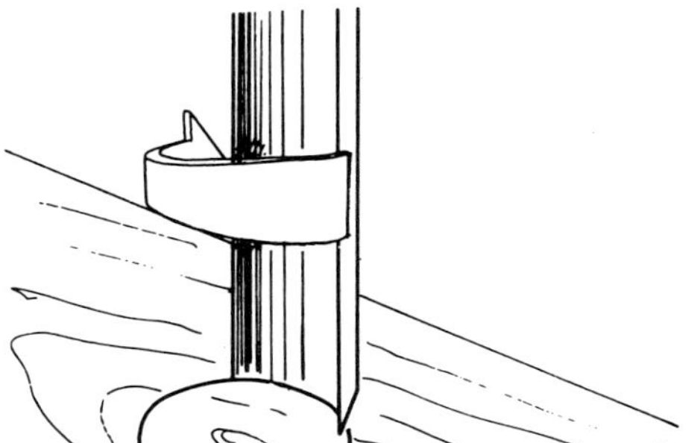

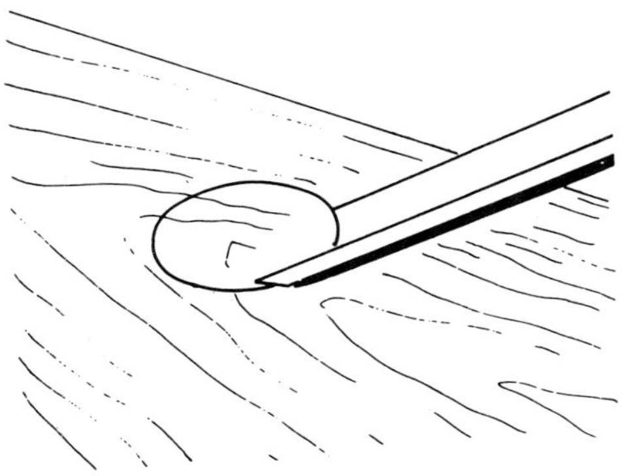

Blätter und Blumen
Die Formen werden eingestochen und nur in den wesentlichen Einzelheiten kräftig herausgearbeitet.

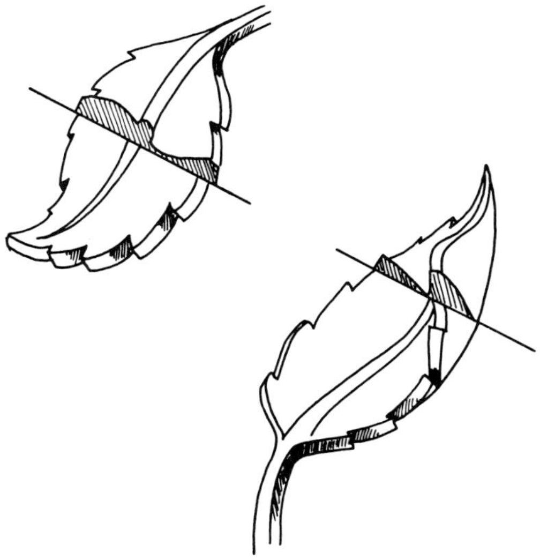

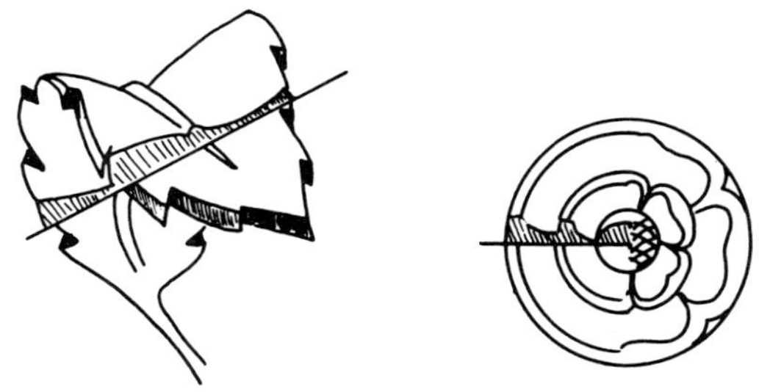

Tudor-Rose
Das Schnitzwerk hat einen Buckel in der Mitte und zwei konzentrische Kreise zur Grundlage. Zeichnen Sie die Blütenblätter auf, bevor Sie sie mit einigen sorgfältig ausgewählten Hohlbeiteln ausstechen.

Spitz auslaufende Nuten
Das Hohleisen wird mit der vollen Schneidenbreite angesetzt und während des Stiches mit flachgehaltenem Heft ein wenig schräg geführt. Zum Nutenauslauf hin wird das Werkzeug mit der Schneide aufwärts geschwenkt.

Blattaugen
Zunächst sind die Erhebungen für die Blattaugen anzulegen und dann die Augen selbst bis zur Tiefe des Untergrunds auszustanzen. Durch eine schmale Fase am oberen Rand wird den Augen ein kompaktes Aussehen vermittelt.

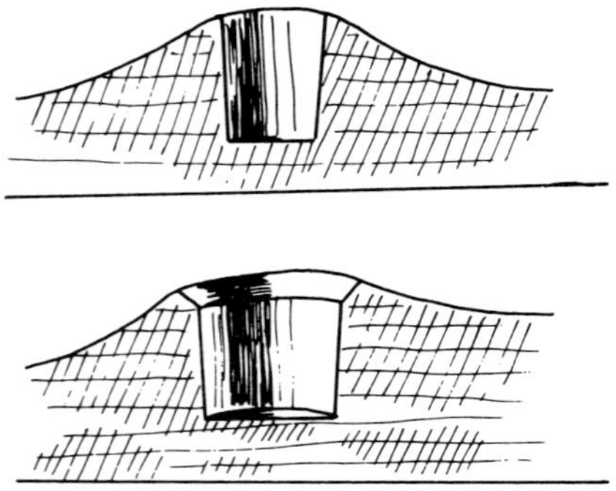

Akanthusblatt
Nach dem Vorstechen des Blattes werden die Blattaugen bis zur vollen Tiefe des Untergrunds ausgestanzt und dienen beim Aufzeichnen der Blattlappen als Bezugspunkte. Zuerst wird der obere Blattlappen fertiggeschnitzt; die übrigen Lappen folgen. Vor dem Fertigstechen an den Rändern entlang werden die langen Umrißstiche an allen Blattlappen angebracht.

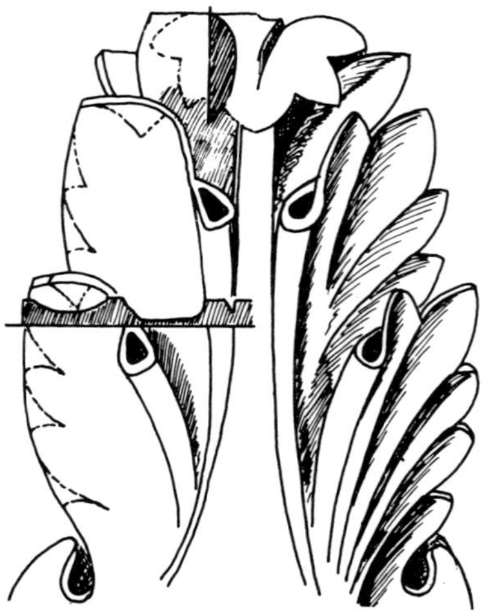

Gehen Sie bei der Arbeit methodisch vor und zeichnen Sie das Muster immer dann nach, wenn der Beitel einen Teil der Stichlinie beseitigt hat. Mit jedem Beitelstich sollte ein separater Span abgenommen werden. Ist dies nicht möglich, so legen Sie die Stiche so an, daß die einzelnen abgehobenen Späne mit einem einzigen Schnitt abgelöst werden können. Lassen Sie keinen Stich in seinem rohen Zustand, sondern säubern Sie ihn sofort. Wenn Sie auf schwierige Stellen stoßen, die mit den vorhandenen Beiteln nicht zu erreichen sind, greifen Sie zu anderen geeigneten Werkzeugen. Versuchen Sie keine Provisorien, denn deren Ergebnis sähe sehr wahrscheinlich unordentlich aus. Halten Sie Ihre Beitel durch häufiges und regelmäßiges Abziehen scharf.

Nachbearbeitung

Eine Schnitzerei läßt man am besten frisch und ohne eine weitere Bearbeitung der Oberfläche. Soll sie jedoch bereits vorhandenem Schnitzwerk angeglichen werden, dann können ihre hochgelegenen Stellen leicht mit Sandpapier geschliffen und abgerundet werden, um einen Eindruck von Alter und Abnutzung zu vermitteln. Dieser Eindruck läßt sich weiterhin verstärken, indem man Beize aufstreicht und die hochgelegenen Punkte sofort danach sauberwischt.

Möbelfüße

Das Schnitzen von Möbelfüßen erfordert eine andere Art der vorstehend beschriebenen Fertigkeiten. Das erste Zurechtschneiden sollte so weit wie möglich auf der Bandsäge oder mit der Spannsäge und anschließend mit einem Schabhobel vorgenommen werden. Bei gerundeten Füßen und anderen Schnitzwerken ist die Form zunächst roh herauszuarbeiten und auf ihre Symmetrie zu prüfen, bevor mit dem Schnitzen der Details begonnen wird. Mit zunehmender Übung entwickelt der Schnitzer ein Gefühl für Formen, so daß er seine Muster und Anhaltspunkte für Konturen immer weniger zu Rate ziehen muß.

Kugel- und Klauenfüße

Mit Hilfe der Schablone wird die Form auf zwei angrenzenden Flächen aufgezeichnet und das Abfallholz mit der Band- oder Spannsäge beseitigt. Aus jeder Seite der Kugel werden zwei keilförmige Stücke herausgestemmt, um dem Fuß ein kräftigeres Aussehen und besseres Gleichgewicht zu geben.

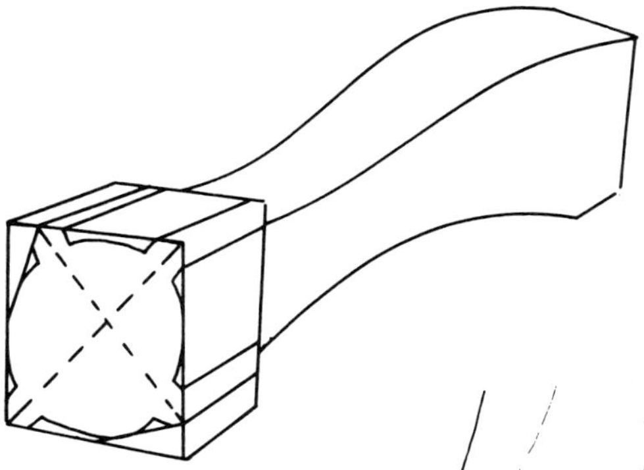

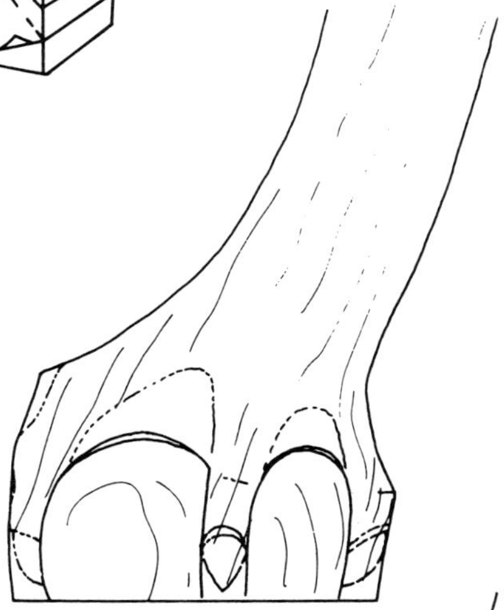

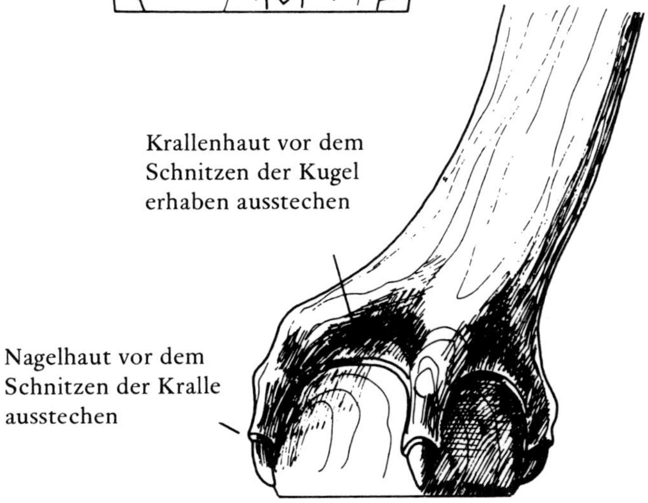

Jetzt zeichnen Sie die Klauen, Krallengelenke usw. ein und stechen die Kugel aus. Nach dem Fertigstechen der Kugel schnitzen Sie die Häute zwischen den Krallen, danach die Krallen selbst mit ihren Nägeln. Die Fertigbearbeitung erfolgt mit Raspel und Sandpapier, aber lassen Sie dabei die Klauen, Nagelhäute und Zwischenhautlappen in ihrer Form deutlich abgegrenzt.

Schnecken- oder Volutenfüße

Für das Anzeichnen wird wie bei den Kugel- und Klauenfüßen die Schablone benutzt, wonach die Seitenflächen und die Rückseite des Fußes ausgestochen werden. Dann legen Sie den Mittelpunkt des eingerollten Teils (der Schnecke oder Volute) fest und markieren ihn auf beiden Seiten zusammen mit den maßgebenden Linien für die Volute.

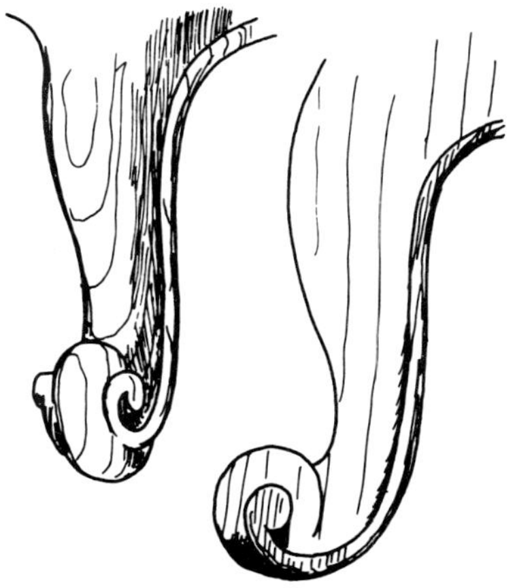

An den Seiten entlang und in der Volute auslaufend, stechen Sie nun die Kantenwülste aus und lassen sie in ihrem fertiggeschnitzten, frischen und

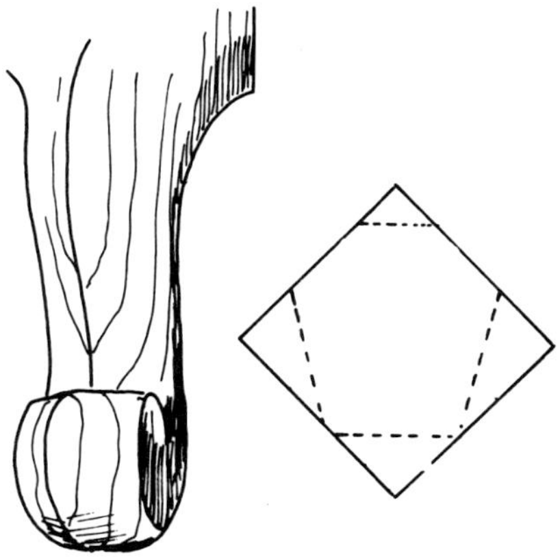

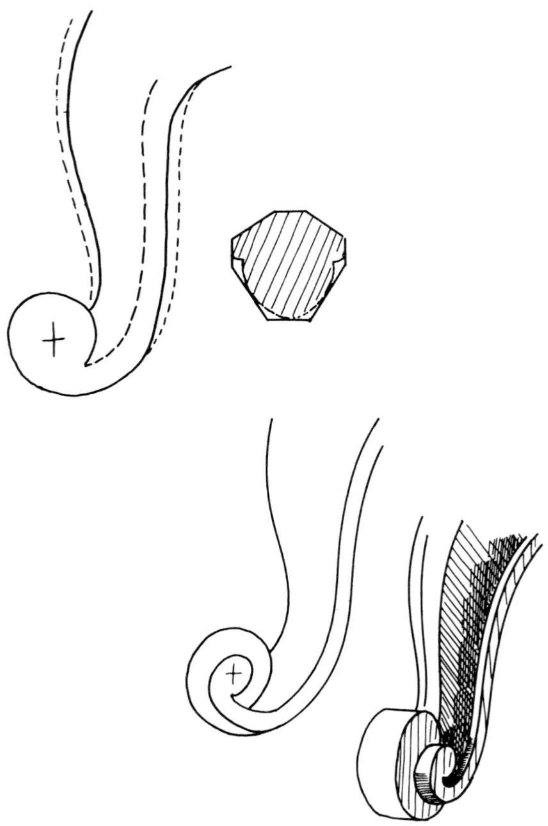

sauberen Zustand. Zum Schluß wird die Vorderseite des Möbelbeins abgerundet und mit Sandpapier glattgeschliffen.

Wiederkehrende Formen

Das Geheimnis beim Schnitzen von wiederkehrenden Formen (dem Rapport) liegt darin, die Anzahl, Reihenfolge und Größe der bei der Herstellung verwendeten Beitelstiche herauszufinden. Sehr oft ist die Schnitzerei nur mit Hilfe von zwei oder drei Hohleisen zustande gekommen, die abwechselnd benutzt wurden.

Senkrechte Einstiche werden gewöhnlich vollendet, bevor die ausgelösten Holzspäne herausgenommen werden. Dadurch wird eine örtliche Schwächung des Materials und somit eine Beschädigung von empfindlichen Formteilen verhütet.

Wenn Sie die Reihenfolge der Stiche ermittelt haben, wiederholen Sie sie versuchweise an einem passenden Stück Abfallholz. Prüfen Sie die Hohlbeitelgröße und die Reihenfolge der Stiche, ehe Sie die Schablone für die Form anfertigen.

Für die Schablone benutzen Sie ein vorhandenes Teil des Schnitzwerks oder bei Abweichungen vom Original das neue Stück als Vorlage. Genauigkeit ist beim Aufzeichnen eines wiederkehrenden Musters von ausschlaggebender Bedeutung, da dessen Größe und Form durch die verwendeten Werkzeuge bestimmt werden; Änderungen im Entwurf sind nicht einfach, wenn Sie mit dem Schnitzen einmal begonnen haben. Kurze Strecken der Form zeichnen Sie mit dem Bleistift durch die Schablone hindurch, während Sie für längere Strekken einen Schablonierpinsel benutzen.

12 Kastenmöbel

Ein Möbelstück in Kastenbauweise besteht aus großen und starken, an den Kanten verleimten und ohne Rahmen zusammengehaltenen Holzplatten. Schäden treten an solchen Möbelstücken gewöhnlich durch das Schwinden des Holzes quer zur Faser auf und sind ziemlich schwierig zu beheben.

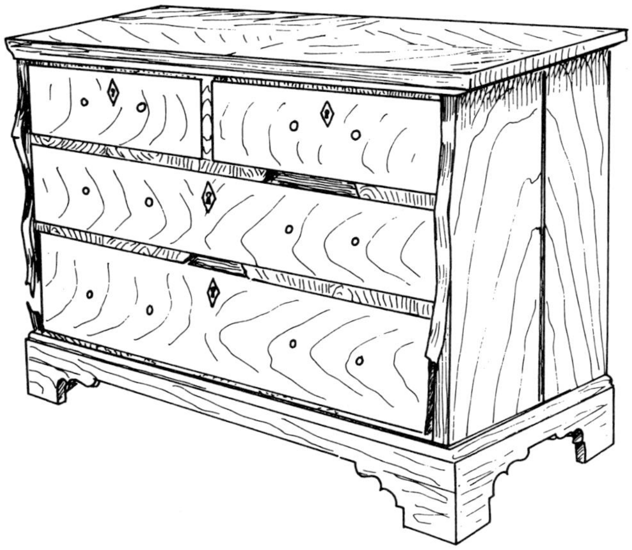

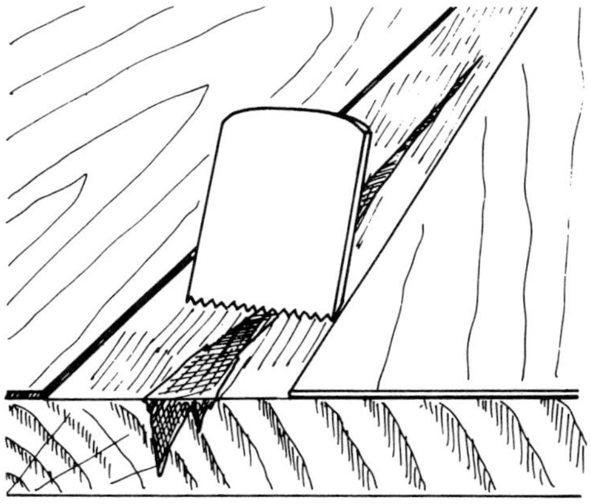

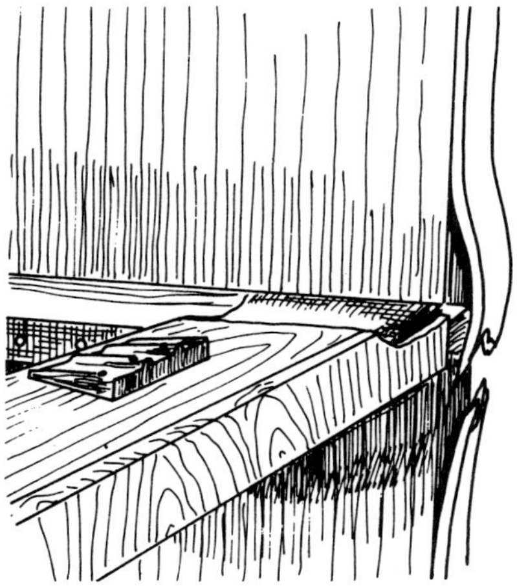

Findet ein solches Schrumpfen beispielsweise in den Seitenwänden einer Kommode statt, so führt es häufig zu Spannungen und Defekten auf der Vorderseite, wo die Laufleisten der Schubladen, die in Längsrichtung nicht nennenswert schwinden, über die Seitenwände hinweg vorspringen oder die Deckleisten sich von den Kanten der Seitenbretter ablösen. Wenn sich die Folgen des

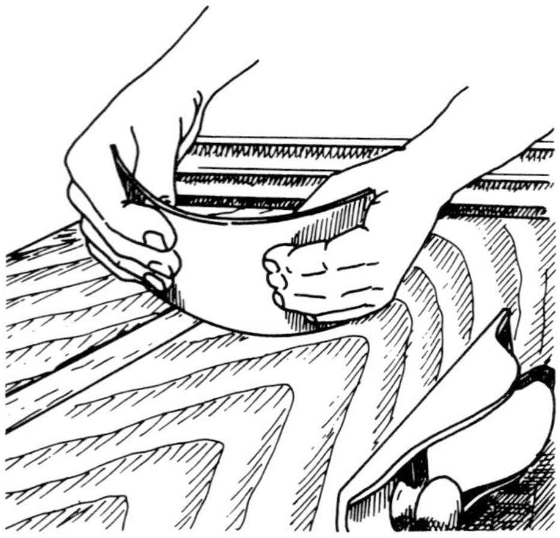

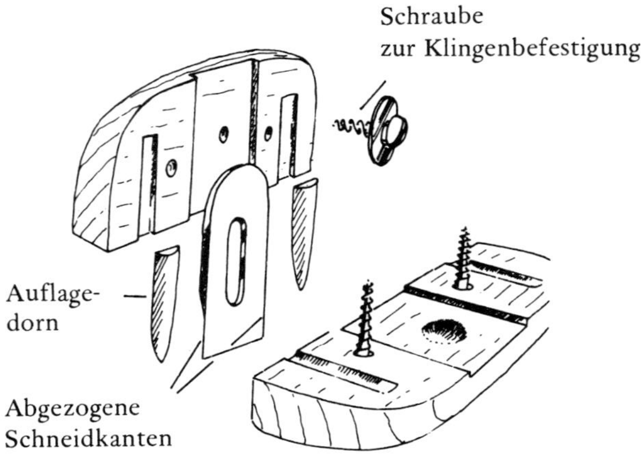

Schwindens auf der Vorderseite des Möbels nicht bemerkbar machen, zeigen sie sich in Form von Spalten und Rissen in den Seitenwänden. Normalerweise ist es nicht möglich, die Laufleisten der Schubladen zu lösen und die Seitenwände dann zu verleimen und zu verspannen, weil sich dadurch andere, quer zur Faser verlaufende Formteile usw. verziehen können und außerdem die Möglichkeit gegeben ist, daß sich die Schubladen als zu tief für die Kommode herausstellen.

Häufig kann dieses Problem am einfachsten dadurch gelöst werden, daß man zur Überbrückung des Schwundrisses ein Füllstück einsetzt.

Hat der Möbelkasten furnierte Seitenwände, so ist zu erwarten, daß das Furnier an der Schrumpfstelle aufgerissen ist. Dann schneiden Sie das Furnier mit Hilfe eines Stahllineals auf beiden Seiten des Risses zurück, und zwar zweckmäßigerweise etwas breiter über die Rißkanten hinaus, denn sehr schmale Furnierstreifen lassen sich schlechter einpassen als breitere.

Nach dem Abschneiden kann das gerissene Furnier leicht abgenommen werden, so daß das gespaltene Blindholz freiliegt und ausgebessert werden kann. Wenn der Riß nicht zu breit ist, kann statt eines Füllholzes ein Zweikomponenten-Füllmittel

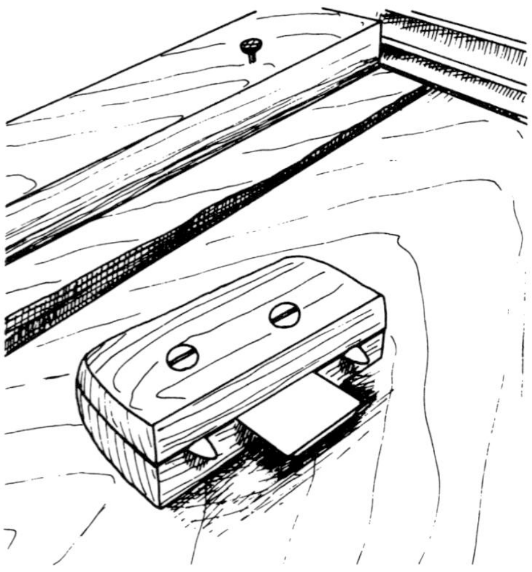

Wenn die Kastenwände aus massivem, unfurniertem Holz bestehen, muß der Riß mit Hilfe des skizzierten Werkzeugs begradigt und mit einer konischen Leiste aus passendem Holz ausgefüllt werden. Letztere wird beiderseits eingeleimt und festgeklopft.

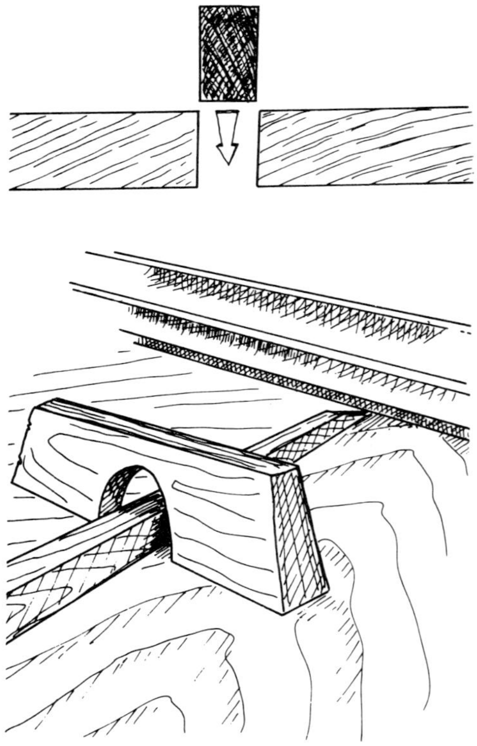

Die Lage der beiden Teile des gerissenen Brettes wird vor dem Beihobeln und Abziehen der Ausbesserungsstelle mit Hilfe eines brückenförmig zugeschnittenen Richtscheits geprüft.

verwendet werden. Die Reparaturstelle wird glattgehobelt und für den Leimauftrag aufgerauht. Dann schneiden Sie einen passenden Furnierstreifen zurecht, leimen ihn ein und behandeln ihn zum Schluß mit Ziehklinge, Beize und Politur (siehe S. 176 f.).

Kantenformteile

Kantenformteile und Profilleisten sind äußerst anfällig für Schäden durch Unachtsamkeit und infolge von Schwund in den Seitenbrettern. Die Behebung solcher Schäden ist hingegen nicht schwierig.

Das schadhafte Holzteil wird abgesägt und der Sägeschnitt dabei ein wenig schräg angelegt, damit das Ersatzstück verkeilt werden kann. Das Grundmaterial wird ausgebessert, beigehobelt und mit einem alten Sägeblatt aufgerauht. Bei der Auswahl eines passenden Ersatzstücks achten Sie darauf, daß dessen Maserung mit den vorhandenen Deckleisten übereinstimmt und entsprechend ausgerichtet wird. Das Holz wird roh zurechtgeschnitten und an den Kanten bearbeitet, bis es in die Aussparung hineinpaßt. Dann wird es eingeleimt und mit Klebeband befestigt. Nach dem Abbinden des Leims kann es glattgehobelt und mit einem Schabhobel mit dem gewünschten Profil versehen werden.

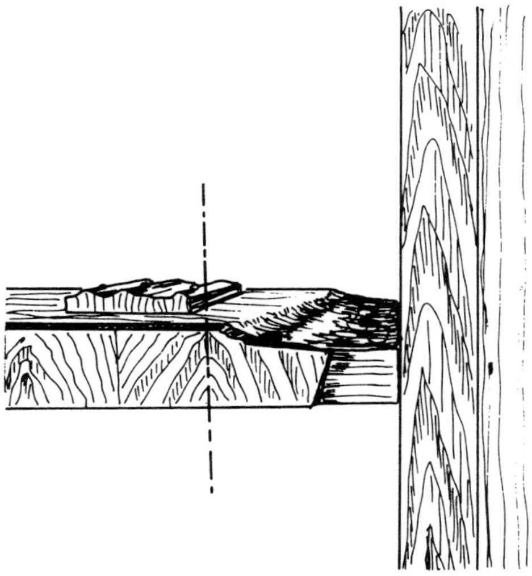

Manchmal wird die Kantenabdeckung durch eine Schublade beschädigt. Meist ist dann das darunterliegende, weichere Fichtenholz so stark verschlissen, daß seine Oberseite unterhalb der Oberkante der Deckleiste liegt. Für kleinere Ausbesserungsarbeiten kann ein harter Füllstoff verwendet werden, aber größere Fehlstellen müssen bei abgenommener Deckleiste mit dem Stechbeitel nachgearbeitet und durch neues Holz ergänzt werden. Untersuchen Sie auch die Schublade, um festzustellten, ob die Laufleisten ausgebessert oder erneuert werden müssen.

Falls die Deckleiste an mehreren Stellen beschädigt ist, dürfte es ratsam sein, sie ganz zu entfernen und durch eine neue zu ersetzen. Die Entscheidung

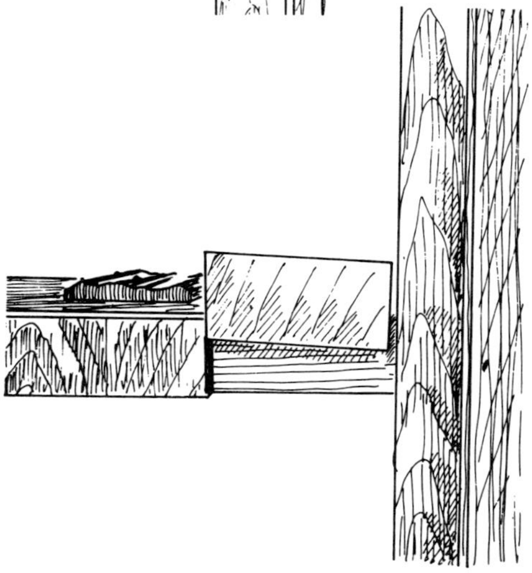

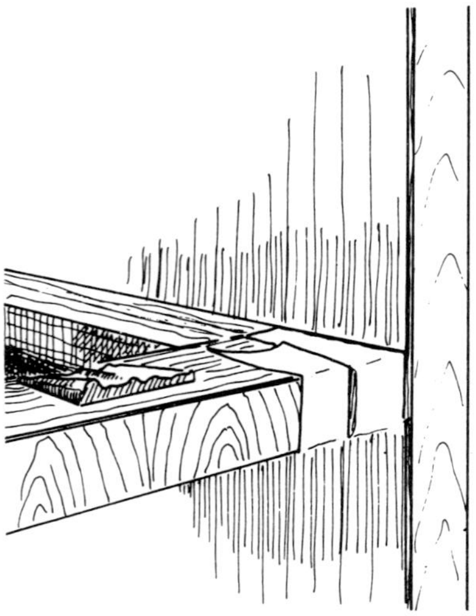

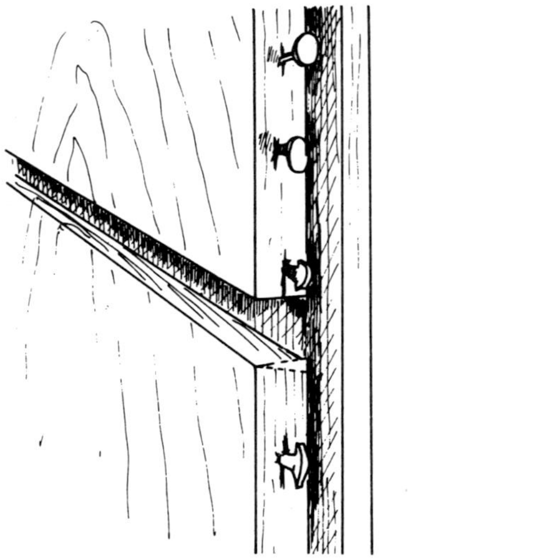

hierüber fällt nie leicht. Die Instandsetzung ist zwar schnell erledigt, das Altern von neuem Holz und die Anpassung an seine Umgebung nimmt jedoch oft viel Zeit in Anspruch. Auch die Stelle, an der die Instandsetzung an dem Möbelstück vorzunehmen ist, muß in Betracht gezogen werden; wenn sie ins Auge fällt, sollte eine Sanierung unbedingt angestrebt werden. Eine Reparaturstelle sollte zwar unsichtbar sein, aber eine geschickt vorgenommene, jedoch nicht ganz perfekte Ausbesserung kann sich auf den Gesamteindruck des Möbels günstig auswirken, wogegen bei einer vollkommenen, aber augenfälligen Erneuerung das Gegenteil der Fall sein kann. Ist jedoch das alte Holz gerissen oder genagelt oder beschädigt, so ist es zu entfernen und durch neues, fachmännisch gealtertes Holz zu ersetzen.

Gequollene Seitenwände

An Kommoden, die lange Zeit in Gebrauch gewesen sind, ist häufig festzustellen, daß ihre Seitenwände sich von den vorderen Streben losgerissen haben. Die Ursache hierfür kann Druck von oben, Verziehen der Seitenbretter oder Überlastung der Kommode beim Herausziehen und heftigen Hineinschieben der Schubladen sein.

Die Behebung solcher Mängel ist nicht schwierig.

Das Möbelstück wird in Verleimwerkzeuge eingespannt und auf leichte Gängigkeit der Schubladen geprüft. Wenn die Schubladen klemmen oder schwer zu öffnen sind, befassen Sie sich zunächst mit deren Laufleisten, bevor Sie mit der Restaurierung fortfahren.

Nehmen Sie die Schubladen und die Rückwandbretter heraus; letztere werden ohnehin schon lose sein. Auch die Abdeckbretter (Staubschutz) zwischen den Schubladen werden herausgezogen, und wenn sie als Laufleisten für die Schubladen dienen, ist wie folgt vorzugehen.

Mit dem Beitel oder der Oberfräse werden alle Nuten in den Seitenwänden, die zum Einschieben der Zwischenbretter dienen, an ihren Unterkanten mit einer zinkenförmigen Abschrägung versehen. Auf die Unterseite der einzelnen Zwischenbretter werden, nachdem die Stellen gesäubert worden sind, jeweils an beiden Enden Holzleisten mit querlaufender Faser geleimt und diese nach dem Abbinden des Leims ebenfalls mit einer entspre-

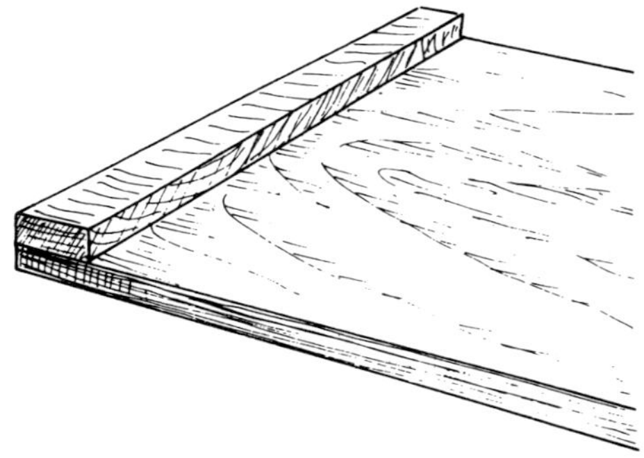

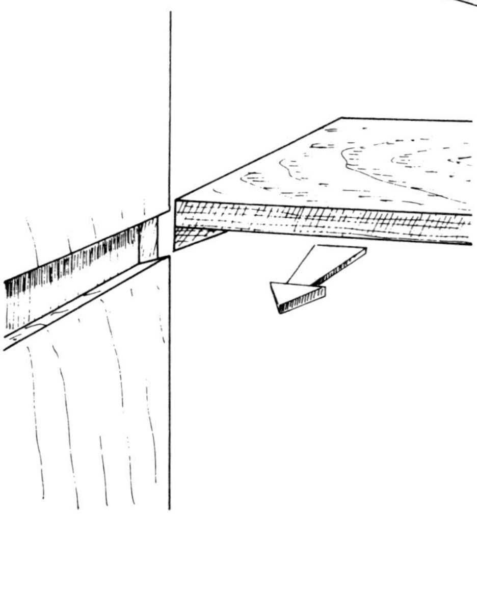

chenden Abschrägung versehen. Die Abdeck- oder Zwischenbretter können dann wieder eingesetzt, dürfen aber nicht verleimt werden.

Nachdem alle Zwischenbretter eingesetzt worden sind, bauen Sie die Rückwand wieder ein und nageln sie fest. In die abgesetzte Gratnutverbindung der vorderen Strebe spritzen Sie dann Epoxidharzkleber, lassen ihn trocknen und nehmen die Verleimzwingen von dem Möbelkasten ab.

Die Gratnutverbindungen der Zwischenbretter, die fest angenagelte Rückwand und die verleimte Vorderstrebe halten nun das Möbelstück zusammen. Vergessen Sie nicht, sich auch der Schubladen anzunehmen, wenn sie klemmen oder schwer zu bewegen sind.

Falls die Abdeck- oder Zwischenbretter in Nuten in den Laufleisten der Schubladen stecken oder keine Zwischenbretter vorhanden sind, muß folgendes Verfahren angewandt werden.

Die Laufleisten, die gewöhnlich an die Seitenwände des Kastens angenagelt oder angeschraubt sind und mit der Vorderstrebe verzapft sind, werden einzeln abgenommen und auf der Unterseite in der Mitte mit einer etwa 120 mm breiten Aussparung versehen, welche über die volle Breite der Leiste und bis zur Unterkante der Aufnahmenut für das Zwischenbrett reicht. Dann wird die Laufleiste mit neuen Schrauben wieder befestigt und die Arbeit an den übrigen Laufleisten fortgesetzt.

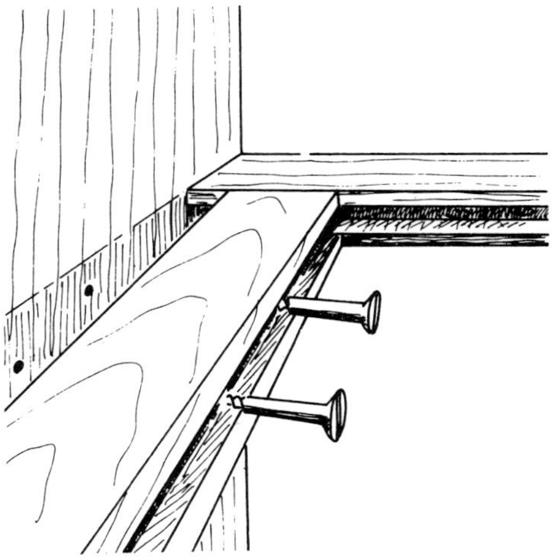

Wenn alle Laufleisten bearbeitet und wieder fest angeschraubt (aber nicht verleimt) sind, werden Querleisten auf Länge gesägt und auf beiden Seiten in die Aussparungen der Laufleisten eingepaßt. Es ist zwar möglich, aber normalerweise nicht erforderlich, diese Querleisten in entsprechend geschnittene Aussparungen zinkenförmig einzusetzen und ihre Verbindungen dadurch zu verstärken. Leim und Schrauben reichen gewöhnlich dazu aus.

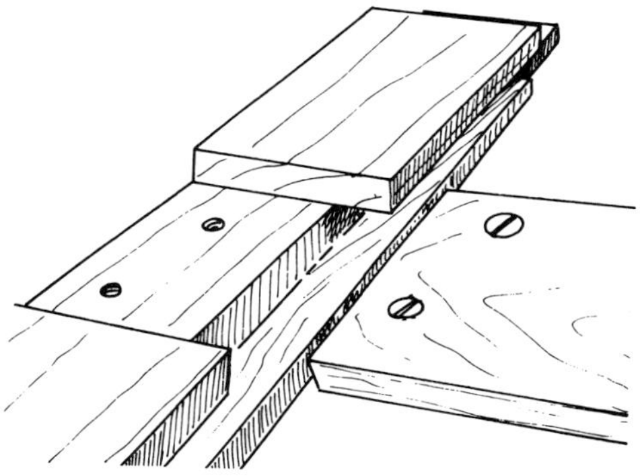

Das Zwischenbrett kann über die Querleiste hinweg eingeschoben und die Rückwand fest angenagelt werden.

13 Furnieren

Furnierhölzer müssen flach in ein wenig feuchter Umgebung gelagert werden. Brüchige Furniere neigen zum Reißen und sind schwierig zu verarbeiten.

Geräte und Hilfsmittel

Vor Beginn der Furnierarbeit ist eine reichliche Menge Glutinleim anzurühren und zu erwärmen. Er darf nicht zu dünn sein und muß, wenn der Pinsel aus dem Leimtopf herausgehoben wird, langsam davon herunterfließen. Zu dünnflüssiger Leim hat nur wenig Bindekraft und hält das flachgedrückte Furnier nicht fest.

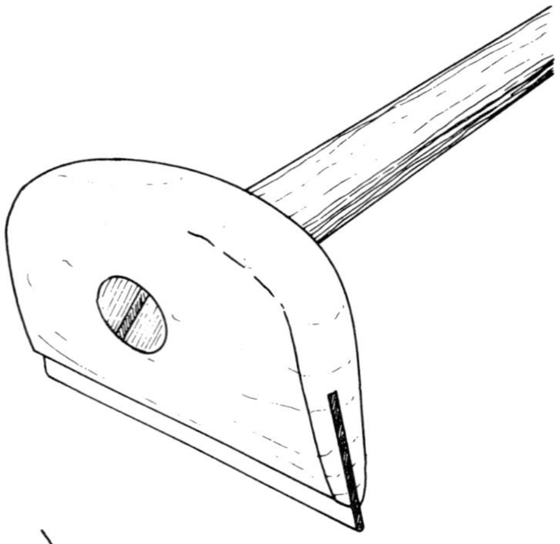

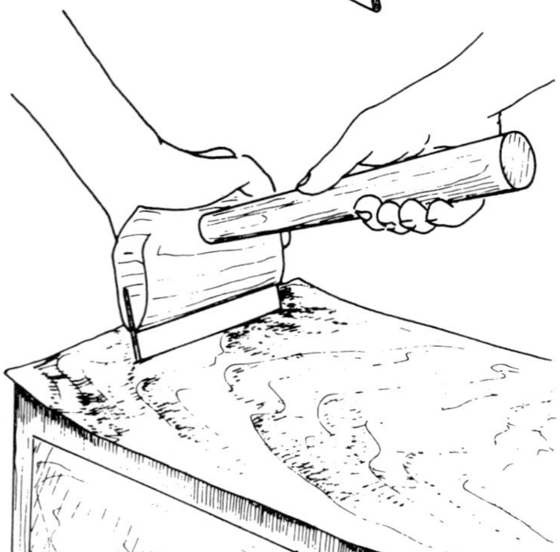

Einen Furnierhammer kann der Restaurator sich kaufen oder selbst anfertigen. Die Metallkante des Hammers (Kupfer oder Messing) muß glatt und abgerundet sein, so daß ein starker Druck auf das Furnier ausgeübt werden kann, ohne es zu zerkratzen.

Sonstiges Gerät: Bügeleisen oder Spezial-Furniereisen, scharfes Universalmesser (Teppichmesser), Furniersäge oder behelfsweise ein Küchenmesser mit eingefeilten, ungeschränkten Sägezähnen und ein schweres Stahllineal guter Qualität.

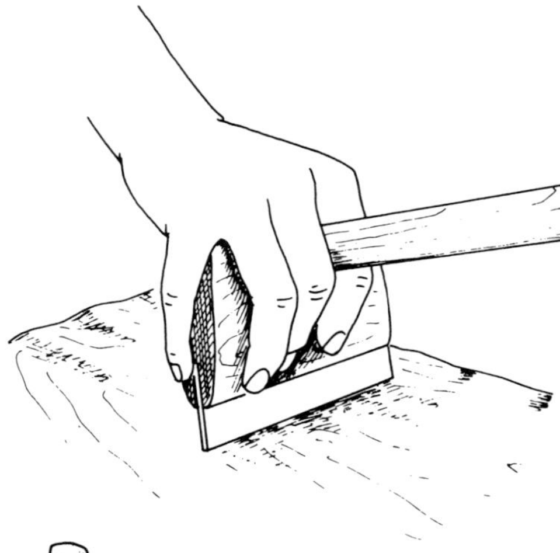

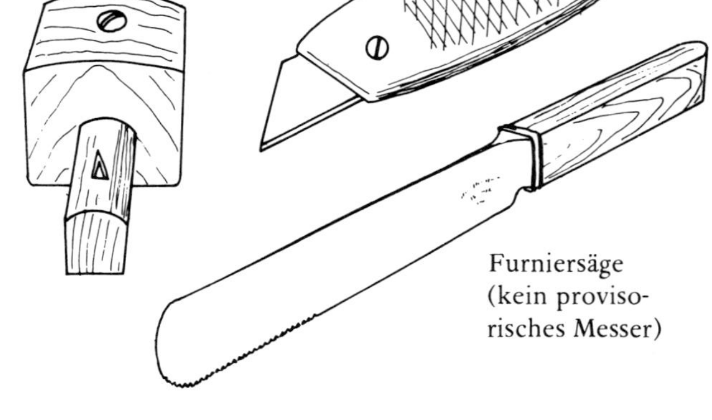

Furniersäge (kein provisorisches Messer)

Verlegen und Stoßen von Furnierblättern

Die zu furnierende Holzoberfläche muß frei von Unebenheiten sein; darin befindliche Vertiefungen und Aushöhlungen sind mit einem Zweikomponenten-Füllmittel auszugleichen. Für den Leimauftrag ist die gesamte Fläche nach dem Glätten und

Einebnen mit einem Sägeblatt aufzurauhen. Ein freitragendes Brett oder Paneel wirft sich, wenn es nur auf einer Seite furniert wird. Deshalb furnieren Sie beide Seiten, und zwar mit hochwertigem Material auf der Außenseite und einem billigeren Furnier auf der gegenüberliegenden (meist nicht ins Auge fallenden) Innenseite. Gut furnierte Stücke tragen vielfach zwei Furniere auf jeder Seite: ein sogenanntes Gegen- oder Sperrfurnier mit rechtwinklig zur Faser des Blindholzes verlaufender Maserung und darüber das dekorative Deckfurnier.

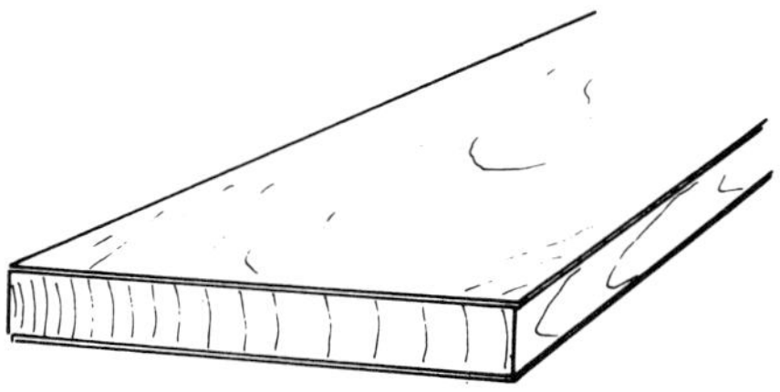

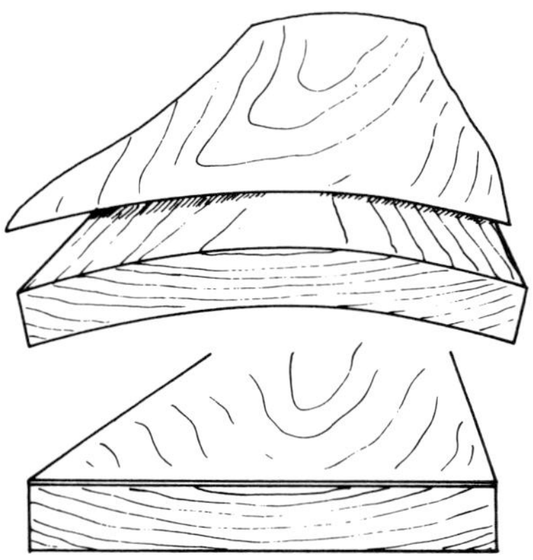

benliegende Blindholz tropft. Tragen Sie den Leim ziemlich dick auf und streichen Sie auch die Stellen ein, die ein wenig über die Begrenzungslinien hinausgehen. Wichtig ist, daß alle Stellen des Furnieruntergrunds mit Leim bedeckt werden.

Nun wird das Furnierblatt aufgenommen, umgedreht und auf den frisch aufgetragenen Leim gelegt. Es wird nicht angedrückt, sondern lose dort liegengelassen, während seine Unterseite mit einer ähnlich dicken Leimschicht eingestrichen wird. Dann wird das Furnier wieder in die richtige Lage gedreht, genau an der angezeichneten Stelle auf das Blindholz gelegt und festgedrückt.

Das erwärmte Bügel- oder Furniereisen wird über die hintere Hälfte des Furnierblattes geführt. Das Eisen muß so warm sein, daß es den Leim verflüssigt, aber nicht verbrennt oder austrocknet.

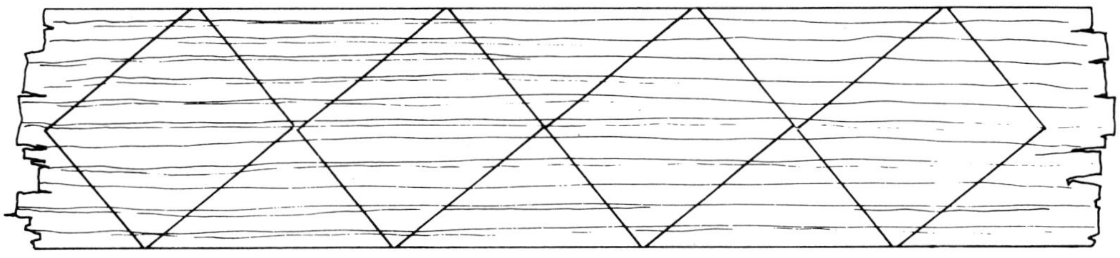

Wählen Sie geeignete Furnierblätter oder -streifen aus (geviertelte Anordnung oder Kreuzfurnier siehe nebenstehende Skizze) und schneiden Sie sie auf Rohmaß. Ihre Kanten müssen sich untereinander und an den Rändern des Möbelstücks mit etwa 15 mm Breite überlappen, und ihre Lage ist auf dem Blindholz aufzuzeichnen.

Streichen Sie das Blindholz für das am weitesten entfernt liegende Furnierstück mit Leim ein, wobei es keine Rolle spielt, ob der Leim auf das dane-

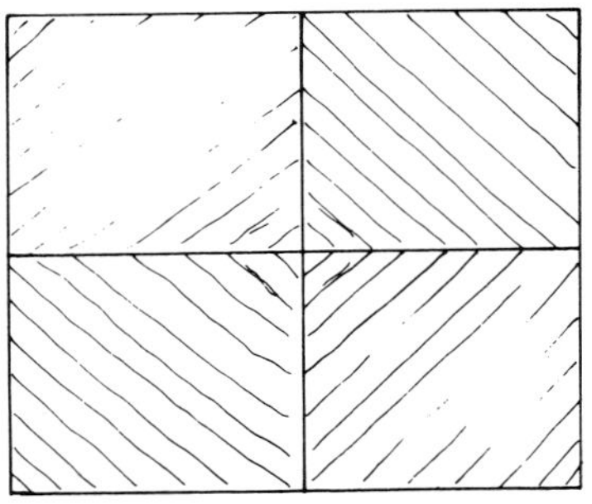

Nehmen Sie den Furnierhammer in beide Hände und pressen Sie damit von der Mitte aus das Furnier zu den Rändern hin glatt, so daß Luftblasen und Leimansammlungen herausgedrückt werden und das Furnier flach zum Aufliegen kommt. Sie brauchen sich dabei nicht zu beeilen; wenn der Leim abkühlt, nehmen Sie das warme Eisen wieder zur Hand.

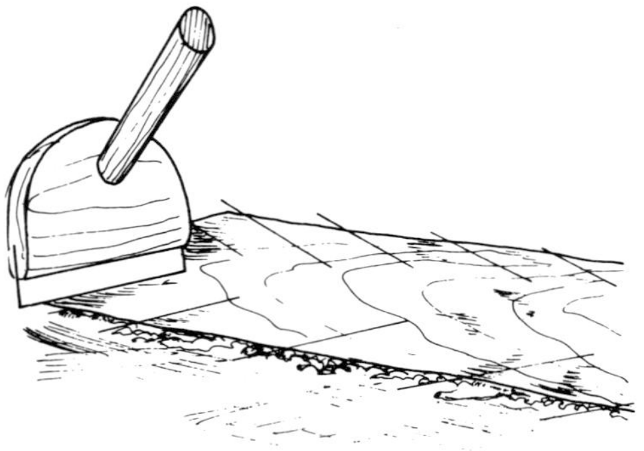

Mit der vorderen Hälfte des Furnierblatts verfahren Sie ebenso, drücken aber die Stoßkante für das neue Stück nicht fest.

Wenn das erste Furnierblatt richtig und einigermaßen glatt aufgelegt ist (jetzt könnten noch ein paar Blasen und Leimklumpen in Kauf genommen und später nach dem Abbinden des ganzen Furnierbelags beseitigt werden), wird das angrenzende Blindholz mit Leim eingestrichen und das nächste Furnierblatt nach dem gleichen Verfahren auf der Unterseite eingeleimt und aufgebracht, diesmal jedoch nicht an den Kanren mit dem Furnierhammer angerieben. Achten Sie darauf, daß der mittlere Teil des Furniers fest aufliegt, und legen Sie Hammer und Eisen bei der Herstellung der Fuge zur Seite.

Unter der Voraussetzung, daß das Furnierblatt an der Stoßstelle nicht fest aufgedrückt worden ist, macht dieser Arbeitsgang keine Schwierigkeiten. Sie legen das Stahllineal auf die überlappten Kanten und klemmen es fest. Die Furniersäge oder das Furniermesser setzen Sie in leichter Schräghaltung und ohne starken Druck am Lineal an und durchtrennen die beiden überlappten Ränder nacheinander. Nachdem Sie den oberen Kantenstreifen abgezogen haben, wird das Lineal abgenommen, das obenliegende Furnier etwas angehoben und der zweite, untere Kantenstreifen abgezogen.

Die letzten Phasen dieses Arbeitsgangs: Stoßstelle mit dem Eisen anwärmen, die beiden Furnierstücke an den Rändern festdrücken, Leim durch die Fuge hindurch ausreiben, erst das eine und dann das andere Furnierstück glätten, und Stoßstelle mit Band abkleben.

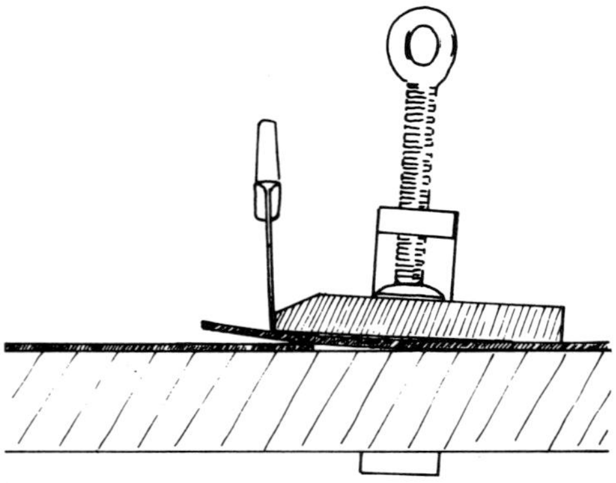

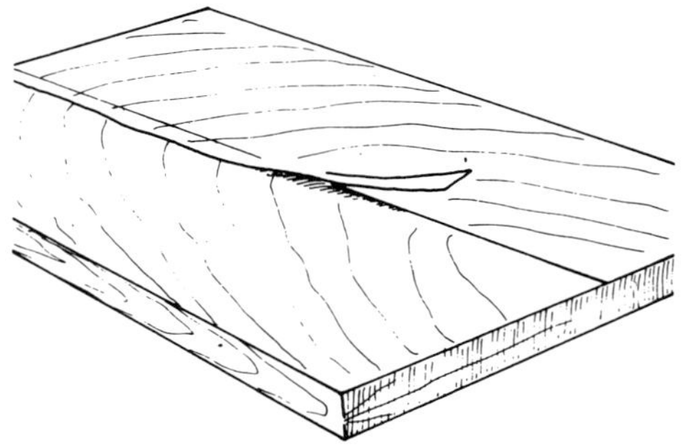

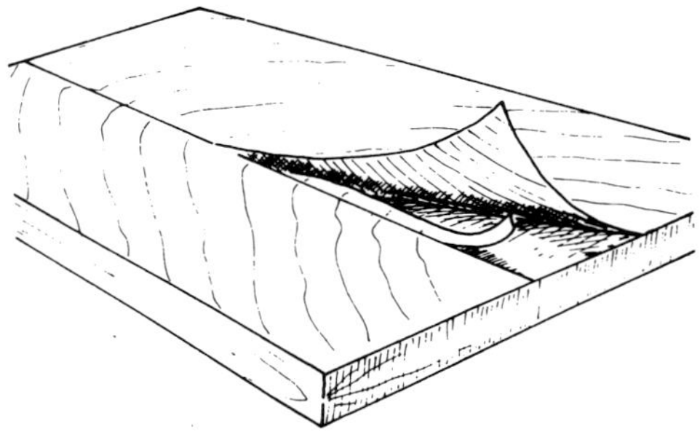

In dieser Weise fahren Sie mit der Arbeit fort, bis die gesamte Oberfläche furniert ist.

Bevor der Leim abzubinden beginnt, muß das an den Außenkanten überstehende Furnier abgetrennt werden. Flache Bretter oder Paneele kann man umdrehen und beschneiden. Für Furnierstreifen und Kantenfurnier ist ein schneidendes Streichmaß geeignet, das auf die entsprechende Breite eingestellt und an den Kanten entlanggeführt wird.

Wenn das Furnier sich an einigen Stellen nicht glätten läßt (Furniere mit unregelmäßiger und ausgeprägter Maserung sind in dieser Hinsicht besonders schwierig), warten Sie, bis der Leim sich abgekühlt und abgebunden hat und erwärmen die betreffenden Stellen am nächsten Tag noch einmal.

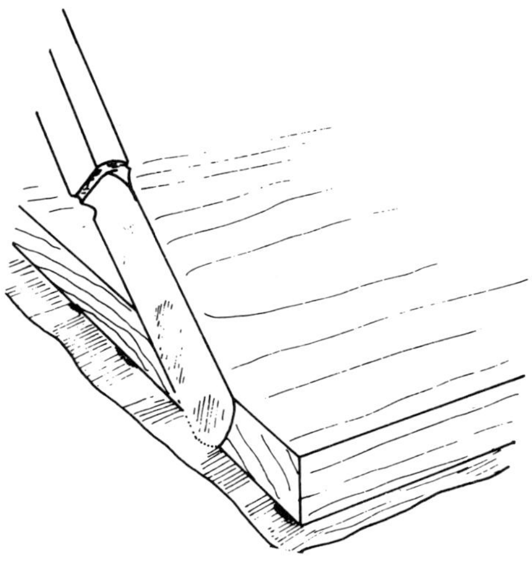

Eine solche Verzögerung hat den Vorteil, daß bei der zur Verflüssigung des Leims dann aufgebrachten Wärme weniger die Gefahr besteht, daß bereits fest aufgeleimte Teile des Furniers abgehoben werden. Behandeln Sie solche Stellen örtlich mit Bügel- oder Furniereisen und Furnierhammer. An den Stellen, die dann immer noch nicht flach aufliegen wollen, können Sie versuchen, den Leim anzuwärmen und einen kalten Eisenblock aufzulegen. Dadurch wird das Furnier festgedrückt und gleichzeitig der Leim abgekühlt.

Eine andere Möglichkeit besteht darin, daß man einen Holzklotz an der Sohle des Bügeleisens oder am Heizkörper anwärmt und mit einer Zwischenlage aus Zeitungs- oder Packpapier auf die gewölbte Furnierstelle spannt; das Papier verhindert dabei das Anhaften des Preßklotzes an dem Furnier nach dem Trocknen.

Nachbearbeitung

Furniere sind mit einer scharfen, spitzwinklig zur Holzoberfläche angesetzten Ziehklinge sauberzuschaben und anschließend mit Sandpapier zu schleifen. Vor dem Beizen oder Polieren müssen alle Leimspuren beseitigt werden.

Alternative zum Hammerfurnieren

Dieses Verfahren sieht den Gebrauch von PVAC-Kleber statt Glutinleim vor und eignet sich besonders in den Fällen, wo Einlegearbeiten (Intarsien) zusammen mit den Furnierblättern zu verlegen sind.

Hilfsmittel

Ein reichlicher Vorrat an PVAC-Kleber, eine Holzrolle zum Verteilen, Furnierklebeband (vom Furnierlieferanten zu beziehen), ein flaches Brett, etwas größer als die zu furnierende Fläche, Preßklötze und Schraubzwingen. Die Auflagefläche der Preßklötze sollte ein wenig gekrümmt sein, damit der Druck der an den Enden angesetzten Schraubzwingen gleichmäßig auf das Brett verteilt wird.

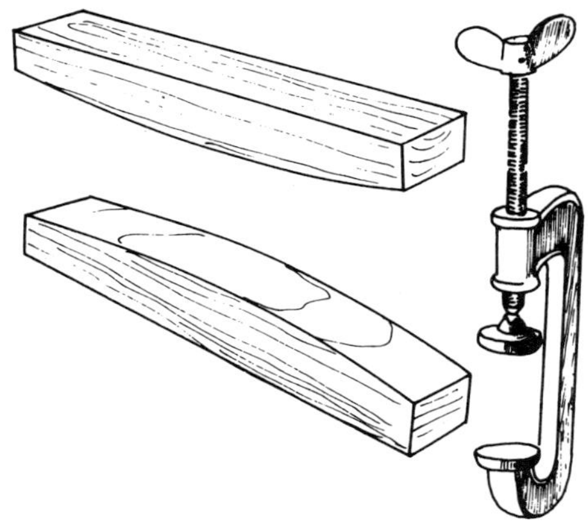

Die Stoßkanten der Furnierblätter werden mit einem Hobel geglättet. Dazu wird das Furnier mit leicht vorspringender Kante auf ein Brett gelegt und seitlich bestoßen. Mit dem Klebeband werden die Fugen und auch die Einlegestücke befestigt.

Dann wird das Blindholz gleichmäßig und reichlich mit Kleber eingestrichen und das Furnier aufgelegt und mit der Rolle von der Mitte aus zu den Rändern hin angedrückt. Zur Beseitigung von Luftblasen und Klebstoffansammlungen ist dabei kein großer Kraftaufwand nötig.

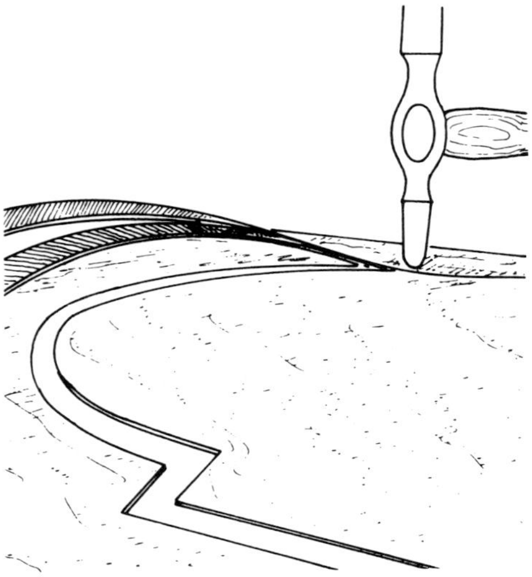

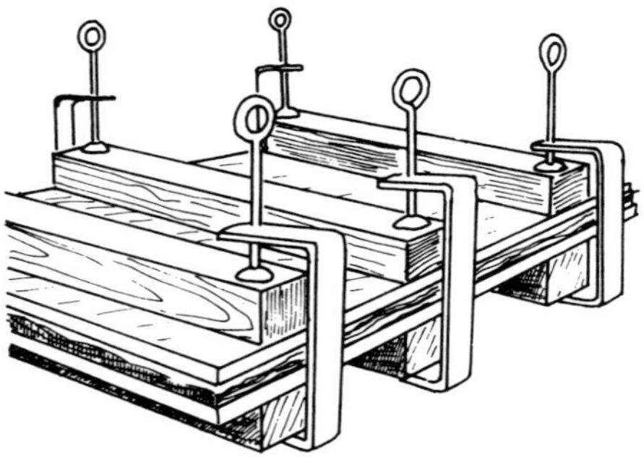

Das Furnier wird mit dünnem Papier abgedeckt und das Brett daraufgelegt. Die Preßklötze werden ausgerichtet und mit den Schraubzwingen festgespannt. Nach dem Aushärten des Klebers wird das Furnier dann mit Ziehklinge und Sandpapier fertigbehandelt.

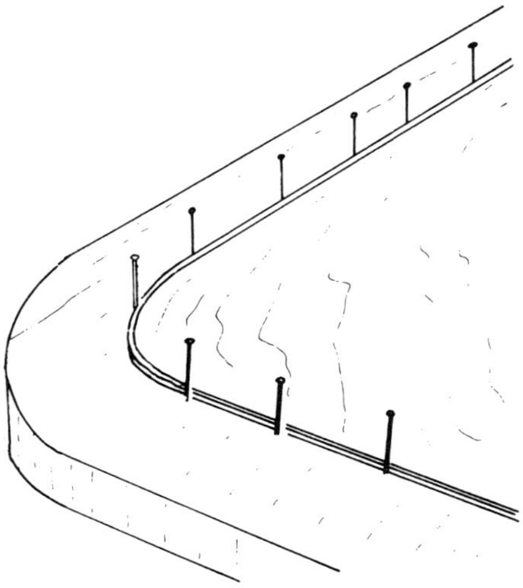

Streifen- und Kantenfurnier

Schmale Furnierstreifen und Sperr- oder Kantenfurnier sind nach dem Hammerverfahren aufzubringen, wobei ein schneidendes Streichmaß zum Besäumen verwendet werden kann. Einlegeteile

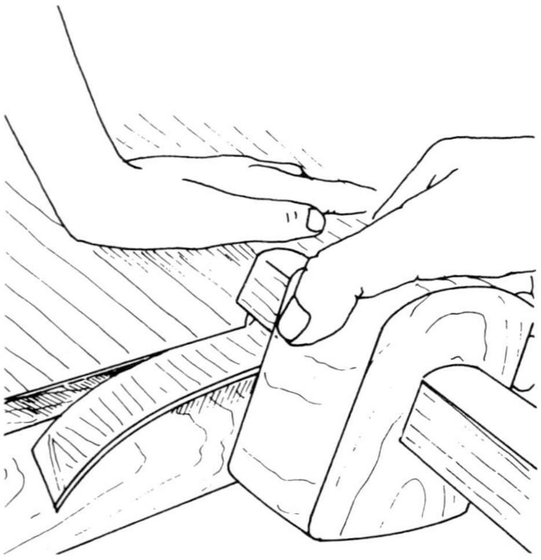

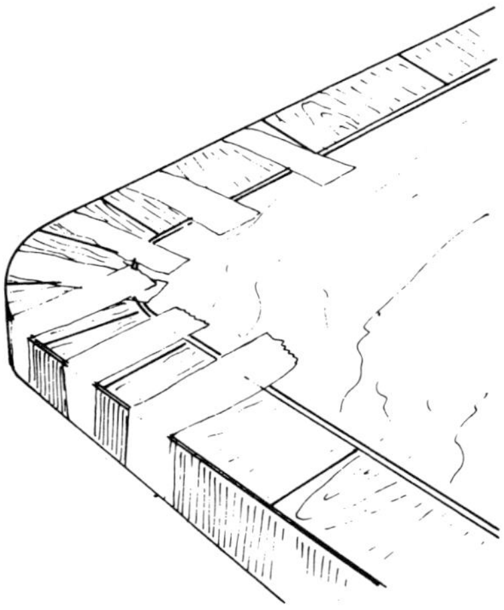

im Fischgrätmuster sind auseinanderzunehmen und an gerundeten Stellen Stück für Stück anzusetzen, wobei Sperrfurnier entsprechend konisch zuzuschneiden ist. Dünne Leisten zwischen den Furnierblättern und dem Randstreifen sind einzuleimen und mit Stecknadeln festzuhalten; sie müssen gut trocken sein, bevor der Furnierstreifen dagegengesetzt wird.

Furnieren von Profilteilen

Zum Furnieren von konvexen und konkaven Rundungen können moderne thixotrope Klebstoffe verwendet werden. Man kann aber auch von dem Formteil einen negativen Gipsabdruck oder ein Gegenstück aus Holz anfertigen und dies zum Festdrücken des mit Glutinleim oder PVAC-Kleber bestrichenen Furniers benutzen.

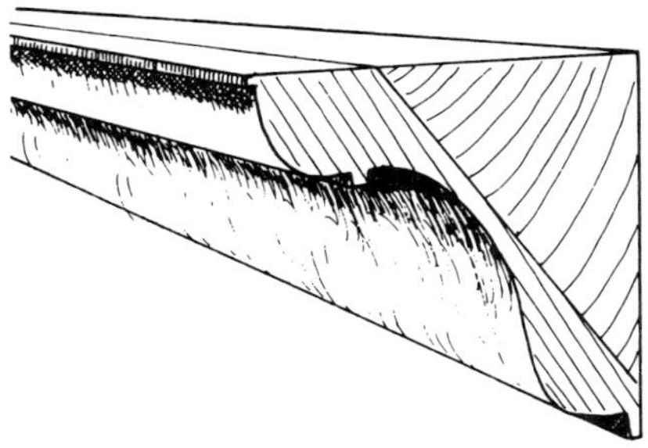

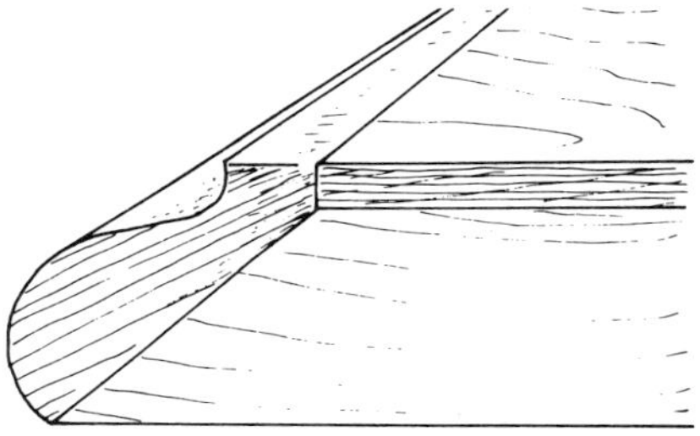

Anfertigung eines Gipsabdrucks

Ein unbeschädigtes Stück des Formteils wird mit Naturvaseline bestrichen und mit einer einfachen Trennwand aus Plastilin (Modellierton) umgeben. Hier wird der angerührte Gips eingegossen, nach dem Hartwerden abgenommen und als Druckblock zum Festhalten des Furniers während der Leimabbindung benutzt.

Die querfaserigen Formteile an Nußbaummöbeln des frühen 18. Jahrhunderts bestehen aus sehr dicken Nußbaumfurnier, das nach dem Abbinden des Leims mit dem gewünschten Profil versehen worden ist.

Ausbessern einer Marketerie

Bei dieser zeitraubenden Arbeit müssen zuerst das Blindholz saniert und die abgelösten Furnierstücke mit frischem Leim befestigt werden. Fehlstellen im Furnier sind zu säubern und im Blindholz zu glätten.

Festlegung der Ersatzteilformen

Legen Sie einen Bogen Kohlepapier mit der Farbseite nach oben auf die auszubessernde Fläche und darauf einen Bogen Durchschlagpapier. Halten Sie die beiden Blätter fest zusammen und reiben Sie mit dem Fingernagel an dem Rand entlang, an dem die fehlenden Furnierstücke vorher angeleimt waren.

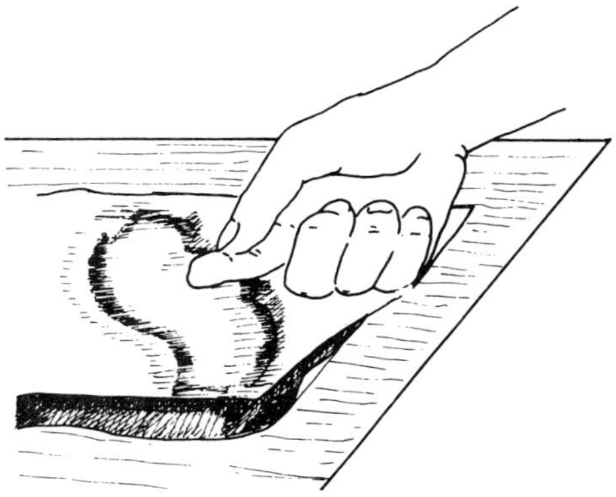

Schneiden Sie das Durchschlagpapier entlang der eingefärbten Kontur aus und heften Sie es mit ein paar Tropfen Klebstoff oder Schellack auf ein passendes Stück Furnier, dessen Maserung entsprechend ausgerichtet werden muß. Wenn Sie nun die Form mit einem feingezahnten Laubsägeblatt ausschneiden, muß die Umrißlinie genau eingehalten und das Sägeblatt so geführt werden, daß es den Rand der Papierschablone gerade eben anschneidet. Dann wird das Papier abgenommen und das Furnierstück in die Fehlstelle eingelegt.

Falls zur Wiederherstellung des Marketeriebildes weitere Furnierstücke eingesetzt werden müssen, zeichnen Sie das entsprechende Muster mit Bleistift auf das neue Furnier. Darunter stapeln Sie die passenden Hölzer auf, heften sie mit Superkleber punktweise zusammen (nur mit so viel Klebstoff, daß sie beim Aussägen nicht verrutschen können) und sägen sie gemeinsam aus, wobei die Stükke aufgefangen werden, die sich durch den Sägeschnitt ablösen.

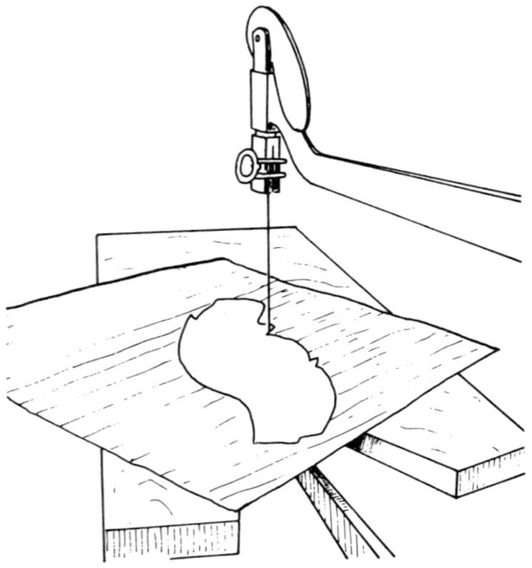

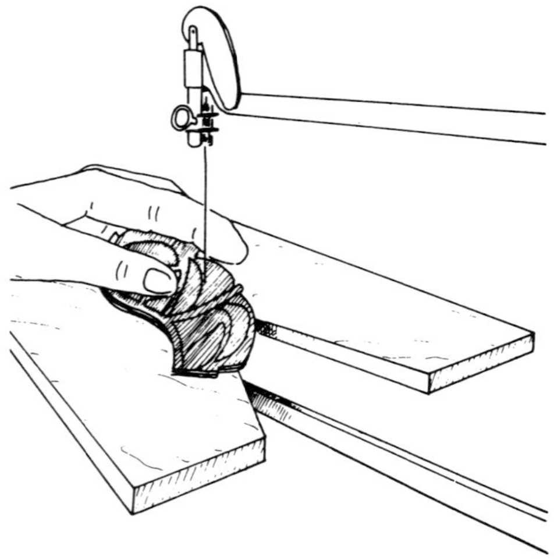

Die ausgesägten Furnierstücke werden zusammengesetzt und in richtiger Lage in die Fehlstelle eingelegt Nachdem sie mit Klebeband oder einem Klebeetikett miteinander verbunden worden sind, werden sie abgehoben und auf der Unterseite dünn mit Glutinleim bestrichen, während das darunterliegende Blindholz mit dickflüssigerem Leim eingestrichen wird. Die zusammengehefteten Neuteile

werden in die offene Stelle eingelegt und mit einem glatten, angewärmten Holzklotz mit Papierzwischenlage und einer oder mehreren Schraubzwingen festgedrückt, bis der Leim abgebunden hat.

Nach dem Abnehmen der Papierzwischenlage werden dann die Neuteile mit Ziehklinge und Sandpapier beigearbeitet.

Schattieren von Furnier

Durch den wohlüberlegten Gebrauch von Spiritusbeize oder durch Ansengen kann dem Furnier eine gewisse farbliche Abtönung oder Schattierung verliehen werden. Hierzu wird Sand in einer Blechschale auf dem Ofen erhitzt, und die zu schattierenden Furnierstücke werden in den heißen Sand gepackt. Bevor Sie zum Ansengen der sorgfältig ausgesägten Furnierteile übergehen, probieren Sie die Schattierung an einigen Abfallstücken aus.

Aufgewölbtes Furnier

Ein Furnier kann sich aus verschiedenen Gründen ablösen und aufwölben. Oft ist die Ursache das Zusammenwirken von Feuchtigkeit, arbeitendem Blindholz und zersetztem Leim. In solchen Fällen ist zunächst der Untergrund, also das Blindholz, zu sanieren, d.h. Risse sind zu füllen, Verbindungen mit Dübeln zu verstärken und die gesamte Holzoberfläche zu glätten und zu säubern.

Sprödes Furnier wird mit einem feuchten Lappen eingeweicht und kann aufgeleimt werden, wenn es ein wenig elastisch (biegsam) geworden ist. Mit einem Palettenmesser oder einem Streifen Abfallfurnier wird der Klebstoff unter das Furnier geschoben und die aufgewölbte Stelle mit einem angewärmten Holzklotz mit Papierzwischenlage festgedrückt.

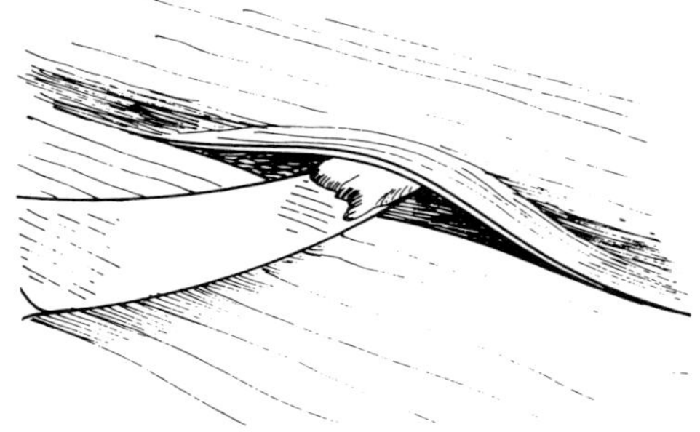

Ebenso sind Blasen zu behandeln; sie werden längs zur Faser mit einem Einschnitt versehen, in den der Leim dann mit einem Messer hineingedrückt und die Blase mit einem aufgespannten,

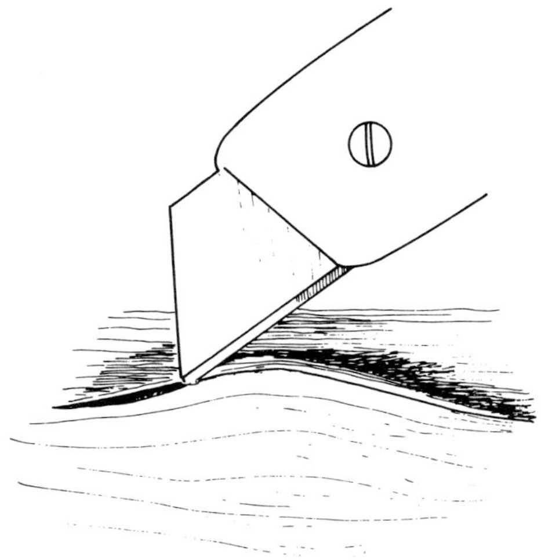

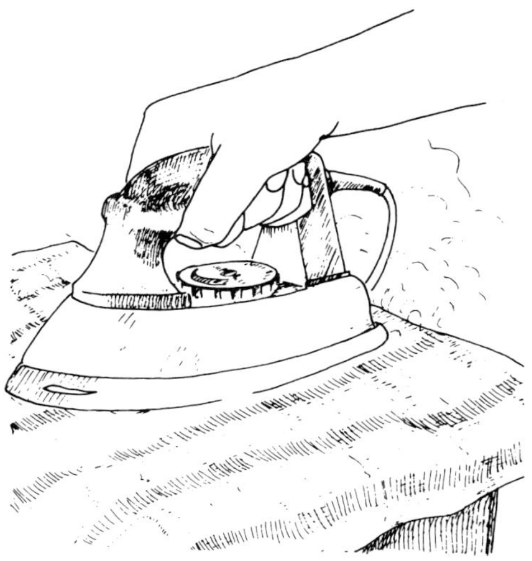

angewärmten Holzklotz flachgepreßt wird. Feuchten Sie das Furnier nicht an, weil es dadurch quellen kann und sich nicht mehr sauber glattdrücken läßt.

Abziehen von altem Furnier mit Glutinverleimung

Wenn Furniere abzunehmen sind, wird der Arbeitsgang des Verlegens umgekehrt.

Ein Frottierhandtuch oder ein Stück ähnlicher, ziemlich dicker und saugfähiger Stoff wird ins Wasser getaucht, ausgewrungen und über das Furnier gelegt. Es soll das Furnier gegen Versengen schützen; außerdem kann der Wasserdampf, der unter dem heißen Bügeleisen entsteht, zur Verflüssigung des Leims beitragen. Das elektrische Bügeleisen stellen Sie auf mittlere Hitze ein und fahren damit über das Tuch. Wenn das Tuch trockengebügelt ist, wird es wieder naßgemacht, ausgewrungen und das Bügeln damit fortgesetzt.

Nach einiger Zeit beginnt das Furnier sich abzulösen. Schieben Sie dann ein altes Küchemesser unter das Furnier und versuchen Sie, es weiter abzustemmen. Hat sich das Furnier an einem Rand entlang abgelöst, so bügeln Sie mit dem heißen Eisen weiter bis das Furnier abgehoben werden kann . . .

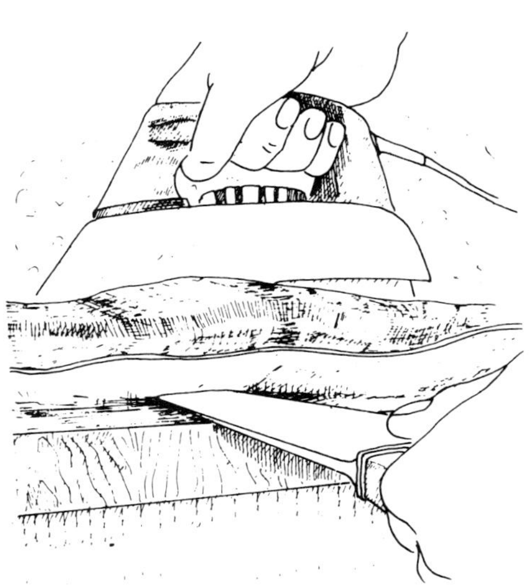

Lassen Sie sich Zeit bei dieser Arbeit, denn nach und nach schält sich das Furnier schon ab. Stellen Sie auch das Bügeleisen nicht auf stärkere Hitze ein, denn dadurch könnte nur der Leim angebrannt und das Furnier selbst versengt werden, während der Vorgang des Ablösens nicht beschleunigt würde. Bleibt das Furnier hartnäckig kleben, dann kann es nützlich sein, die alte Politur darauf abzubeizen und so das Eindringen der Feuchtigkeit aus dem Tuch zu erleichtern.

14 Stühle

Lockere und schadhafte Gestellteile

Gelockerte Verbindungen in einem Stuhlgestell können durchaus mit eingespritzem Epoxidharz- oder Harnstoffkleber wieder befestigt werden – ein Vorgang, der auf Seite 93 beschrieben ist. Dazu müssen sich jedoch die Verbindungsstellen im großen ganzen in einwandfreiem Zustand befinden. Gebrochene Zapfen oder stark ausgerissene Zapfenlöcher sind entweder mit Hilfe loser oder „falscher" Zapfen oder durch Ansatzstücke an den schadhaften Schlitzen auszubessern. Derartig sanierte Verbindungen lassen sich manchmal durch den Einbau von Verleimklötzen und Laschen in den Ecken hinter den Stuhlbeinen verstärken.

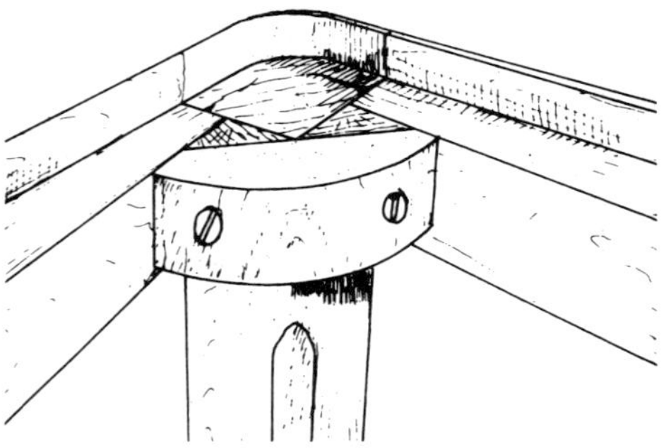

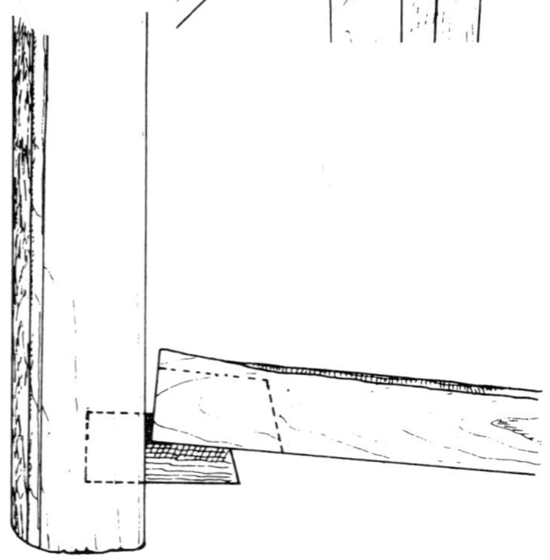

Erneuern von Verbindungen

Wenn das einzubauende Ersatzteil geschweift ist und nirgendwo einen rechten Winkel oder eine gerade Linie bildet, die als Basis zum Anreißen dienen kann, können seine Verbindungen wie folgt hergestellt werden.

Von dem fehlenden oder beschädigten Teil fertigen Sie eine Pappschablone an und übertragen deren Form auf das neue Holz; hierbei ist auch die Länge des Zapfens zu berücksichtigen. Handelt es sich beispielsweise um die gekrümmte Stütze einer Armlehne, so muß das Stück unmittelbar hinter dem dafür bestimmten Zapfenloch mit Federklammern festgehalten werden.

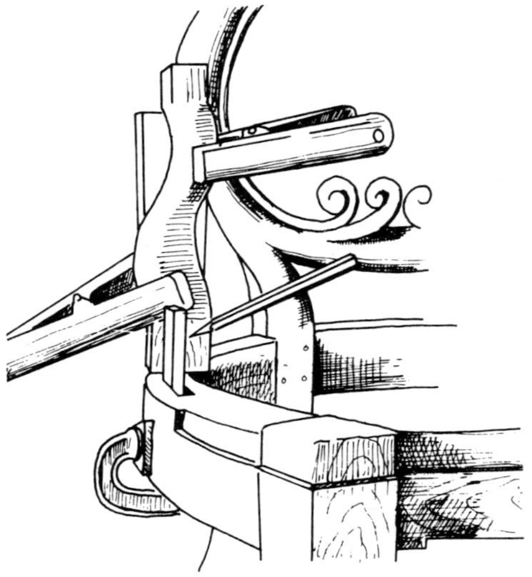

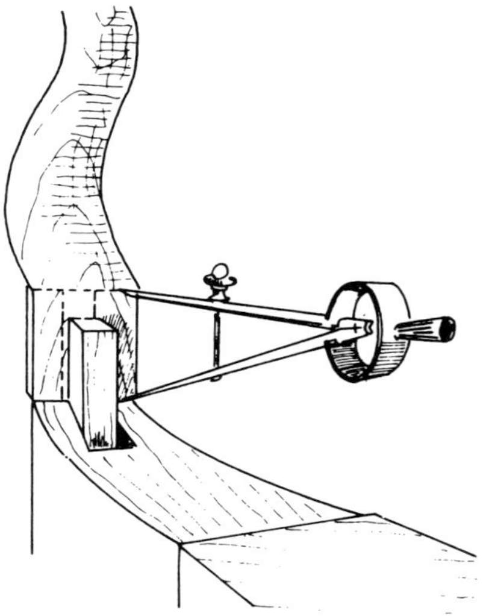

In den Schlitz wird ein gerades Stück Holz in der Stärke des Zapfens eingesetzt und daran die Linie für den Zapfen auf der Stütze anvisiert und angerissen, wonach mit einem Zirkel die ungefähre

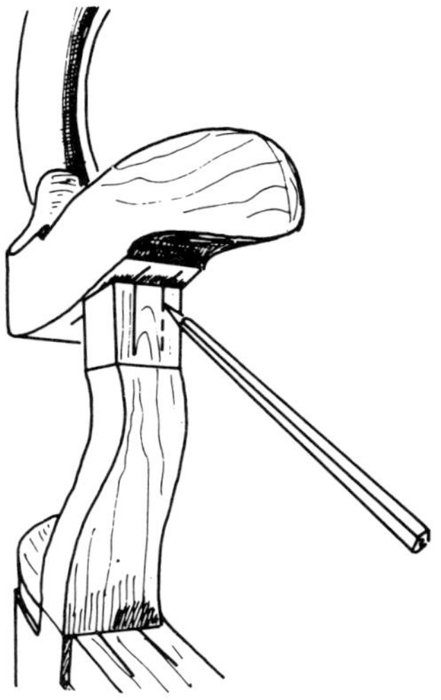

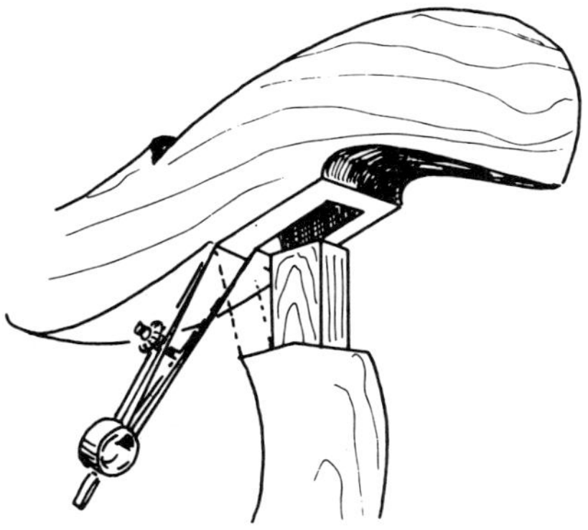

Lage der Zapfenschultern angezeichnet und der Zapfen mit etwas Aufmaß an den Schultern für spätere Korrekturen ausgesägt wird; diese letzten Korrekturen an den Schultern können vorgenommen werden, wenn der Zapfen von oben eingesteckt wird. Wenn die Stütze auf einer Seite eingepaßt ist, wird der Arbeitsgang an der Armlehne wiederholt. Diese wird auf die Stütze abgesenkt, und die Lage des Zapfenstumpfes, der die beiden Teile zusammenhält, wird oben auf der Stütze angerissen. Hierbei ist sorgfältig zu verfahren, da die Ausrichtung der Armlehne sich beim Aufstekken ändern kann. Nachdem die Lage der Verbindung angerissen ist, können die Linien für den Zapfen eingezeichnet werden. Prüfen Sie an der Zapfenschulter, ob die Linie für den Zapfen an der richtigen Stelle auf die Stütze trifft. Dies kann mit dem Zirkel vom Rand des Zapfenloches in der Armlehne aus festgestellt werden. Jetzt wird der Zapfen, ebenfalls mit einem kleinen Aufmaß an den Schultern, ausgesägt. Sind mehrere solcher Winkelverbindungen herzustellen, so kann ein Brett, in welches ein Zapfenloch gestemmt und dessen Vorderseite mit Kreide eingerieben ist, als Hilfsmittel zur Herstellung einer paßgenauen Zapfenschulter benutzt werden.

Bei der Anfertigung von winkligen Schlitz- und Zapfenverbindungen ist stets darauf zu achten, daß die Maserung im Zapfen parallel mit den Wangen verläuft. Die Abschrägung ist im Zapfenloch und nicht am Zapfen anzubringen.

Wenn die Bauteile einwandfrei zusammengefügt sind, können sie mit dem Schabhobel, Raspel usw. ausgeformt werden.

Verdübeln

Dies ist insofern ein leichter Arbeitsgang, als die Stoßflächen lediglich dicht zusammenliegen müssen. Nachdem die Stoßflächen eng zusammengefügt worden sind, heften Sie auf eine der Flächen eine Stecknadel, deren Kopf im Mittelpunkt des zu bohrenden Dübelloches liegt. Drücken Sie nun die beiden Teile zusammen, so daß der Stecknadelkopf auf beiden Seiten eine Vertiefung hinterläßt. Hier ist ein Schlangen- oder Zentrumbohrer zum Bohren

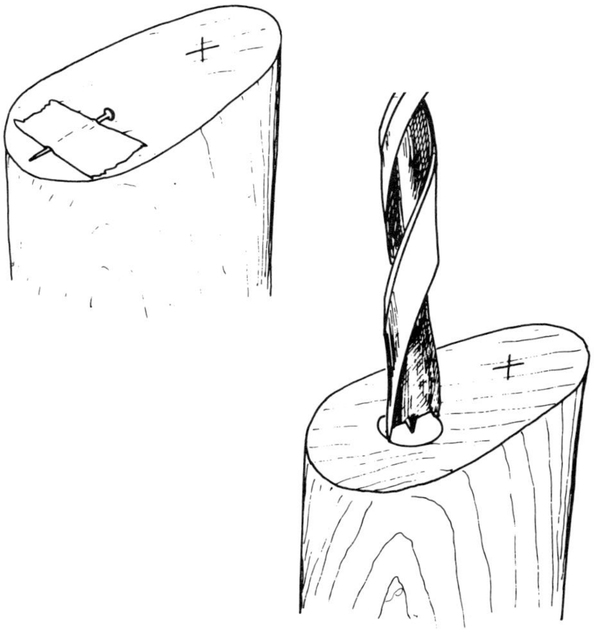

der Dübellöcher anzusetzen, deren genau senkrechter Verlauf dadurch geprüft werden kann, daß man die beiden Vorschneider des Bohrers beobachtet, die einen regelmäßigen Kreis um die Bohrerspitze beschreiben müssen.

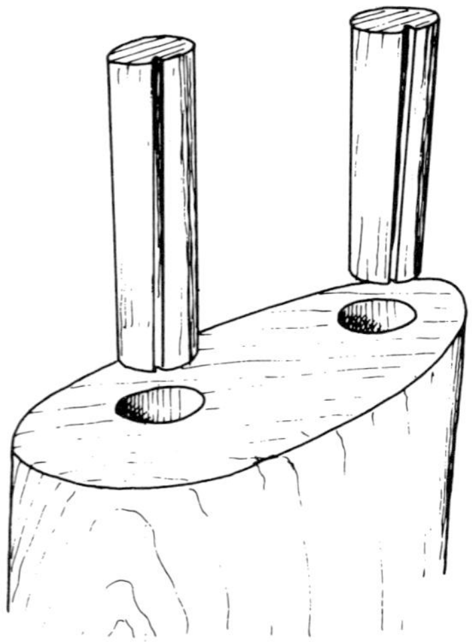

Wenn neue Dübel eingesetzt werden müssen, aber alte noch bündig mit der Oberfläche im Holz stecken, ist der Einsatz von Spiralbohrern und das Vorbohren von kleinen Führungslöchern zu empfehlen, weil der Zentrumbohrer sonst im Hirnholz des alten Dübels verlaufen, d. h. abgelenkt werden könnte. Prüfen Sie dabei die senkrechte Ausrichtung des Führungsloches und korrigieren Sie es notfalls mit einem etwas stärkeren Bohrer, bevor Sie das Dübelloch fertigbohren.

Dübel brauchen in die beiden Verbindungsteile nur bis zu einer Tiefe eingesteckt zu werden, die ihrem vierfachen Durchmesser entspricht. Sie sind sauber und nicht zu eng einzupassen und seitlich mit einem Schlitz zu versehen, durch den Luft und überschüssiger Klebstoff beim Zusammenfügen der Teile entweichen können. Verwenden Sie für sehr dünne Dübel keinen PVAC-Kleber, da dieser zum Abbinden neigt, ehe der Dübel ganz eingeschlagen werden kann.

Wird ein zweiter Dübel benötigt, so ist dieser nach dem gleichen Verfahren genau parallel mit dem ersten einzusetzen.

Verspannen

Verschiedene Arten des Einsatzes von Verleimwerkzeugen sind in nebenstehenden Skizzen gezeigt. Stühle sind wegen ihrer zum Teil komplexen Formen schwierig zu verspannen, so daß verschiedene Hilfsvorrichtungen und Paßstücke benötigt werden, um die Kraft eines Verleimwerkzeugs an der Verbindungsstelle zur Wirkung zu bringen; dort, wo dies nicht möglich ist, ist ersatzweise zu einer kräftigen Schnur mit Spannknebel zu greifen.

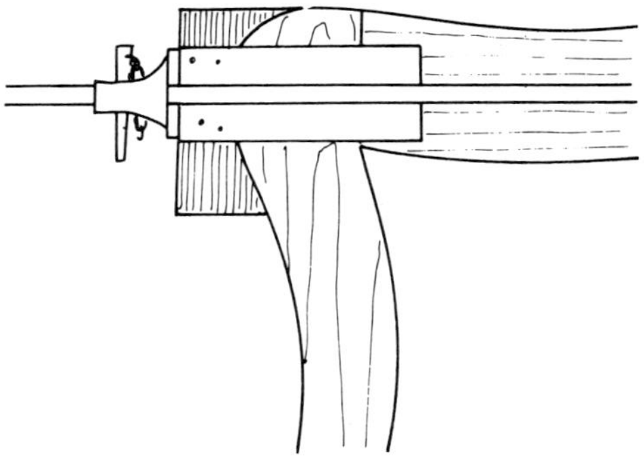

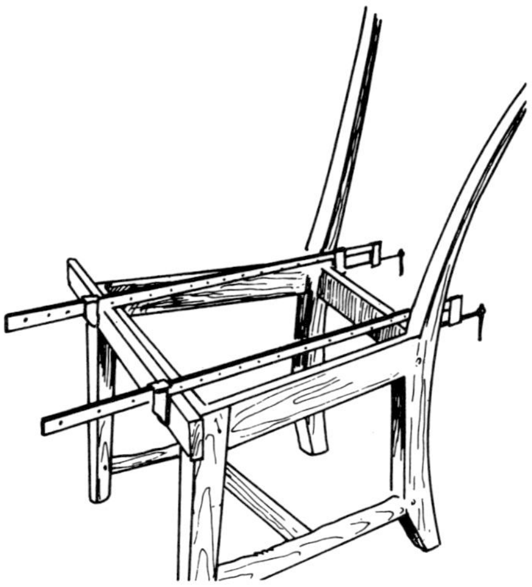

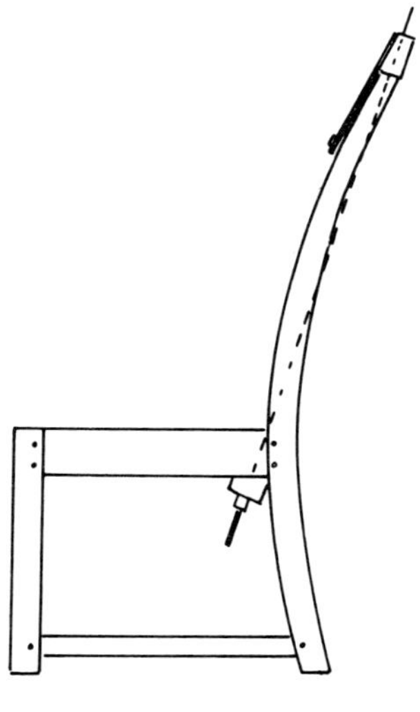

Aufgrund ihrer leichten Bauweise und des Mangels an diagonaler Verstrebung sind Stühle unter dem Druck der Spannwerkzeuge sehr anfällig für Verziehen. Daran sollten Sie immer denken und den Stuhl aus allen möglichen Gesichtswinkeln in Augenschein nehmen.

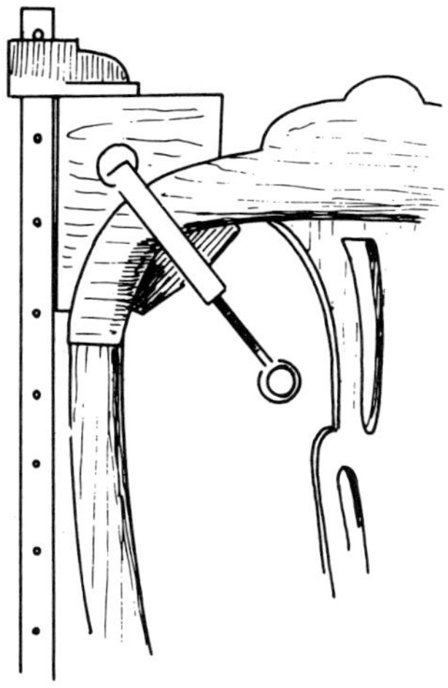

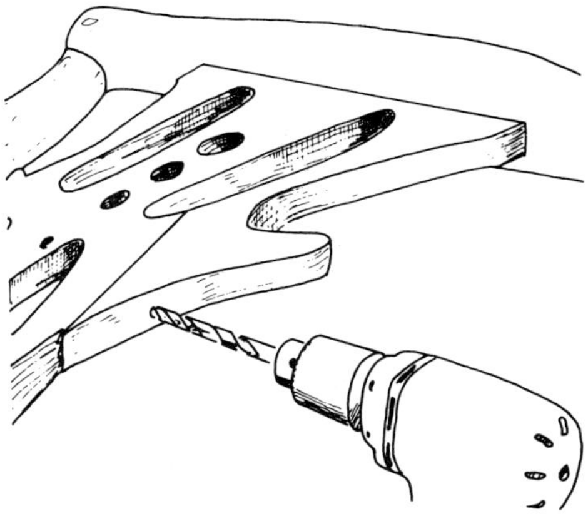

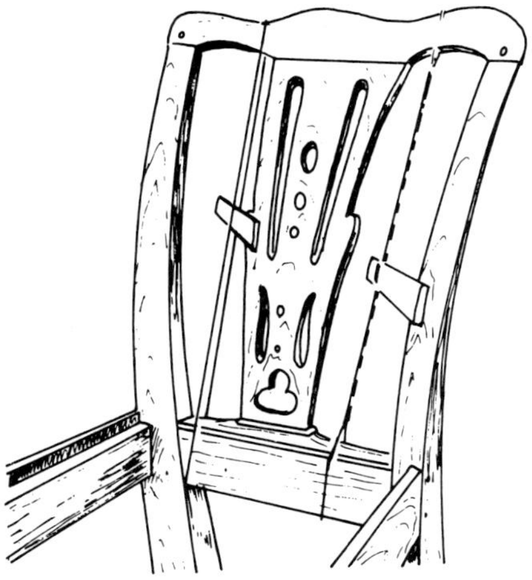

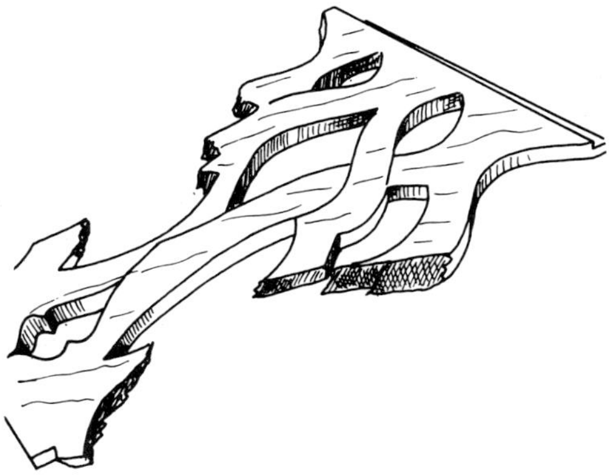

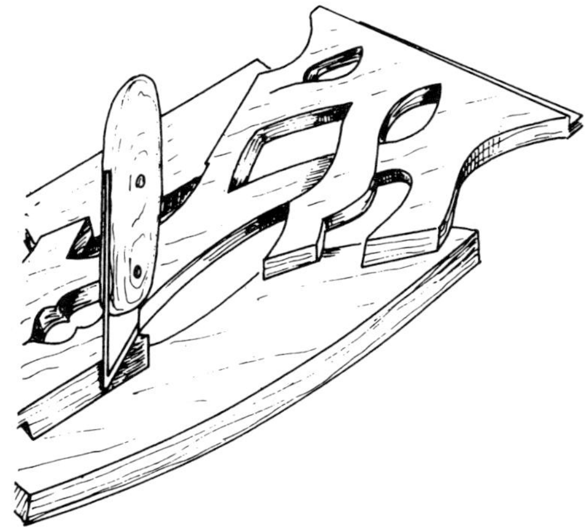

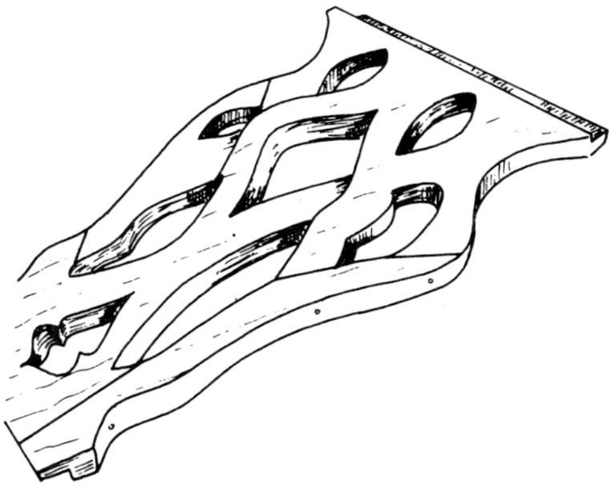

Stuhllehnen

Kleinere Schäden an den Stegen sind an Ort und Stelle auszubessern, wobei die Stuhllehne geschützt und unterlegt und der Steg fest gegen ein kräftiges Brett gehalten werden muß. Risse und Spalten können mit PVAC-Kleber oder Glutinleim gefüllt und mit Federklammern verspannt werden. Nach dem Abbinden des Klebstoffs ist ein Dübel durch die Fuge zu schlagen, dessen Kopf abgeschliffen, gebeizt und mit hartem Füllwachs eingerieben wird.

Für größere Ausbesserungsarbeiten muß die Lehne ausgebaut werden; das entsprechende Verfahren ist auf Seite 91 beschrieben. Alle Bruchstellen im Steg sind zu beschneiden und zu glätten, bevor der Steg auf ein ähnlich gemasertes Stück Holz gelegt und in seinen Konturen darauf angerissen wird. Wenn die Ersatzstücke eingefügt worden sind (was zwangsläufig eine mühsame und zeitraubende Arbeit ist), sollten die Stoßstellen so weit wie möglich verdübelt werden. Dann sind die Neuteile passend zu dem vorhandenen Steg beizuarbeiten und auszuformen.

Wenn der Steg wieder in den Lehnenrahmen eingesetzt wird, ist es wichtig, daß die Oberkante des Stegs sich in der Nut im Rahmenkopf ungehindert bewegen kann. Sofern es für die Festigkeit des Gestells wichtig ist, kann der Steg in der Mitte angeleimt und an den Kanten mit PVAC-Kleber angeheftet werden, so daß er dort beim Schwinden oder Quellen ein wenig arbeiten kann.

Schwinden des Lehnenrahmens
Eine Schrumpfung im Oberteil des Lehnenrahmens kommt häufig bei Stühlen im Hepplewhite-Stil vor, wo das Kopfholz der Lehne aus einem massiven Stück besteht. Durch Schwinden löst es sich von den senkrechten Stützen ab. Eine Instandsetzung ist möglich, indem man den Steg der Lehne ausbaut und ihn an der Unterkante abhobelt.

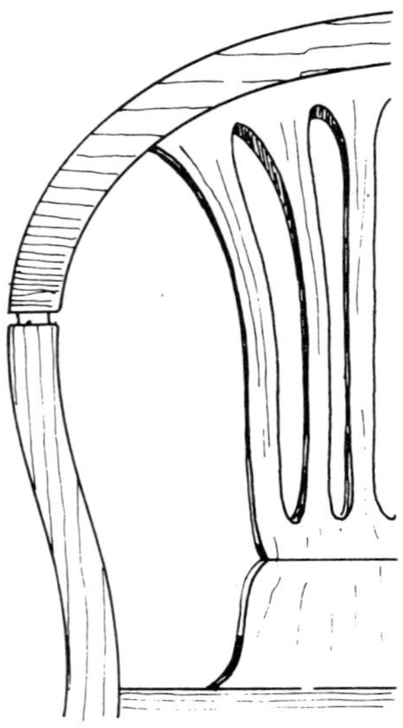

Stühle mit Rungenlehne
Ausgebrochene Rungen müssen neu angefertigt und in die Lehne eingeklemmt werden. Dies kann ohne Zerlegung des Rahmens geschehen, aber bevor die Rungen gebeizt und poliert werden, sind sie zu dämpfen und in einer Vorrichtung zu biegen. Es ist zwar durchaus möglich, sie ohne Dämpfen zu biegen und einzuspannen, aber schwierig wird es dann, wenn die neuen Rungen eine andere Krümmung annehmen als die übrigen. Die Arbeit des Einspannens (Einfederns) ist leichter, wenn die Runge vor dem Einsetzen in Form gebogen wird, und Formkorrekturen sind dann ebenfalls nicht nötig. Eine Beschreibung der Vorgänge beim Dämpfen und Sieden von Holz finden Sie auf S. 201 ff.

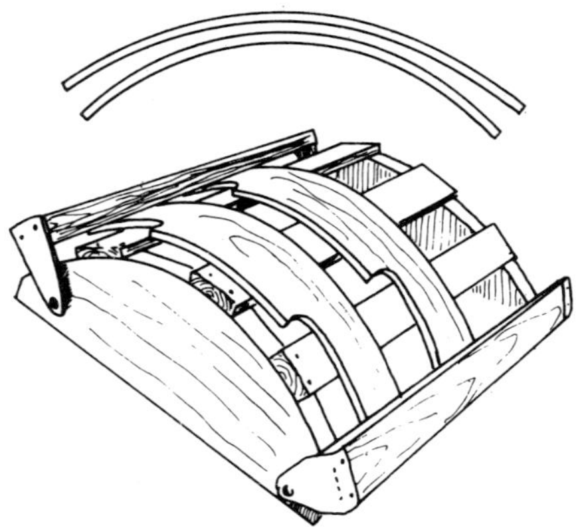

Erneuern des Lehnenreifens an einem Windsor-Stuhl
Für das Biegen des Reifens gelten die Hinweise auf S. 202 ff. Die Verbindungen des Reifens an seinen unteren Enden sind unterschiedlich; einige sind in die Armlehnen eingezapft, andere laufen kegelförmig zu und sind in konische Bohrungen eingesetzt. Das Aussägen und Einpassen der Zapfen ist auf Seite 184 beschrieben. Es ist sehr wichtig, daß die dünnen Stäbe innerhalb des neuen Lehnenreifens richtig verteilt und ausgerichtet werden. Hierzu verwenden Sie Ersatzstäbe, die unten in ihre Aufnahmelöcher gesteckt und oben an den Reifen angeheftet oder angeklemmt werden. Die Ausrichtung jedes einzelnen Stabes muß genau stimmen, bevor Löcher in den Reifen gebohrt werden, um Unregelmäßigkeiten in der Verteilung der Stäbe innerhalb der Rückenlehne zu vermeiden. Zum Bohren der Löcher benutzen Sie einen Schlangen- oder Zentrumbohrer, der rechtwinklig zum Reifen anzusetzen und nach kurzem Anbohren in die Richtung des jeweiligen Stabes einzuschwenken ist.

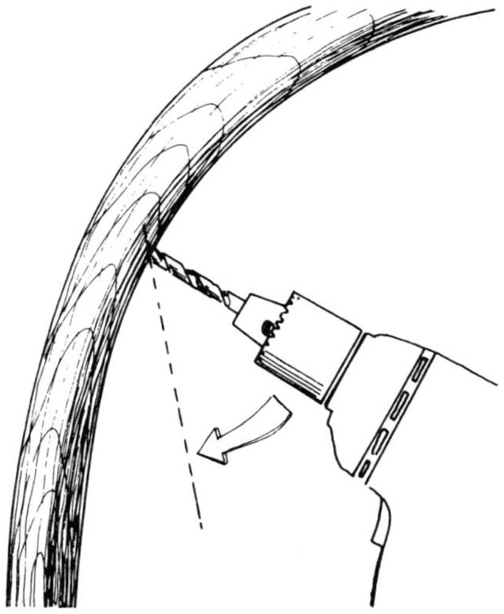

Zargen für Stühle mit Binsengeflecht

Bei Stuhlsitzen mit Binsengeflecht sind die Zargen vielfach stark vom Holzwurm angegriffen, was sich erst dann bemerkbar macht, wenn sie schließlich durchbrechen; sie können nicht erneuert werden, ohne daß der Stuhl ein neues Sitzgeflecht erhält. Mir sind Stühle untergekommen, an denen versucht worden war, die gebrochene Zarge herauszuziehen und sie durch einen Dübel oder Pflock zu ersetzen, der durch ein Stuhlbein und durch das Binsengeflecht in das alte Zargenloch in dem anderen Stuhlbein geschlagen worden war. Dieses Verfahren hat ein lockeres Binsengeflecht, ein schadhaftes Beinoberteil und einen sehr schwachen Stuhlsitz zur Folge. Die Zargen haben nämlich in ihrer Mitte die höchste Belastung auszuhalten, wogegen an ihren Anschlußstellen zu den Stuhlbeinen nur Scherkräfte auftreten. Die Zarge muß deshalb in der Mitte dicker als an den Enden sein. Auch wenn ein solcher Ersatzdübel an den Stellen, wo er mit den Beinen in Verbindung steht, nicht dünner ist als die ehemalige Zarge, ist er doch in der Mitte erheblich schwächer.

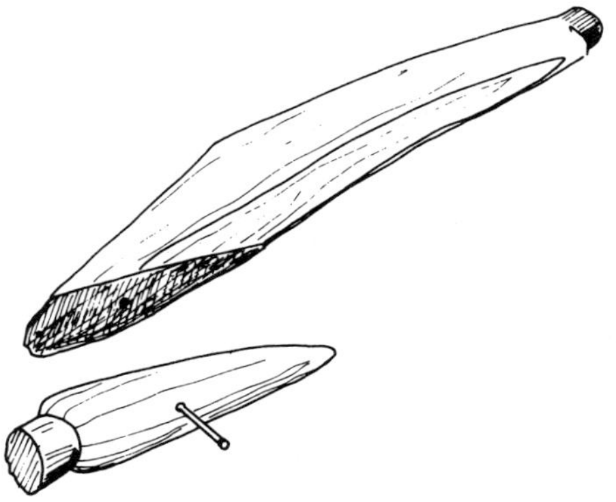

Das Binsengeflecht läßt sich leicht entfernen, indem man es an seinen Kreuzungspunkten durchschneidet. Anschließend sind die Zargen zu prüfen und bei Bedarf zu erneuern; sie können mit dem Beil oder Ziehmesser schnell zurechtgeschnitten und an den Enden entweder gedrechselt oder mit einem Hohlbeitel gerundet werden.

Die Schräge für ein Ansatzstück wird an einem Ende der Zarge angerissen, und rechtwinklig zur Stoßfläche wird ein kleines Loch für einen Führungsstift gebohrt.

Nach dem Sägen der Anschäftungsfläche und Zusammenfügen der Teile wird der Führungsstift in die Bohrung eingesetzt. Dann wird die Stoßstelle verspannt und abgebunden.

Bei einer solchen Erneuerung sägen Sie die Zarge ein wenig länger ab als notwendig, weil sie durch den Sägeschnitt für die Anschäftung verkürzt werden kann. Zum Binsengeflecht selbst siehe S. 263 ff.

Stühle mit Rohrgeflecht

Die Sitzflächen solcher Stühle sind aus gespaltenem Rohr über dem Stuhlrahmen geflochten, wobei die Rohrstränge mit ihren Enden in Löchern im Rahmen verkeilt sind.

Leicht wurmstichige Teile des Rahmens werden zur Sanierung der Befestigungskeile für die Rohrstränge mit Klebstoff behandelt. Keines der Aufnahmelöcher unterliegt einer besonders hohen Spannung. Bei der Instandsetzung eines solchen Stuhls werden am besten alle geschwächten Teile ausgebessert und diejenigen erneuert, deren Festigkeit fragwürdig ist. Ersatzstücke am Innenrahmen des Sitzes können wie üblich angebracht werden;

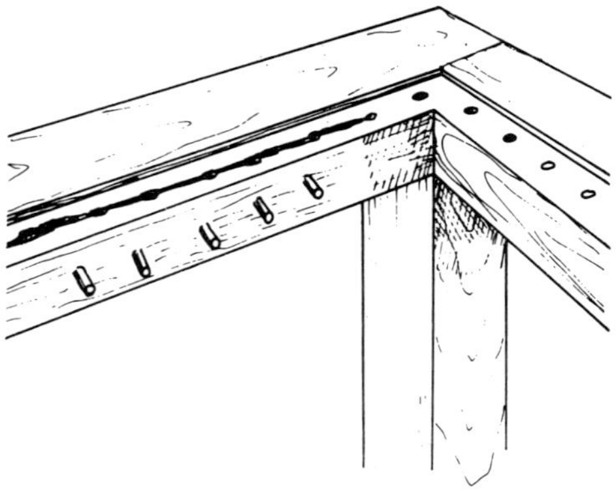

sie sollten sauber eingepaßt und zur Sicherheit ein wenig zinkenförmig ausgebildet werden. Zu ihrer Verstärkung ist eine Verdübelung mit dem Außenrahmen (Gestell) des Stuhls möglich. Wenn sich an einer Lochreihe entlang ein Riß gebildet hat und die Gefahr besteht, daß die Kante an dieser Stelle ausbricht, sind kleine Dübel zwischen den Rohrlöchern einzusetzen.

Polsterstühle

Im großen ganzen gilt das vorstehend Gesagte auch für die Instandsetzung von Stühlen mit Polstersitzen. Hier ist das verdeckte Holzwerk zwar etwas grober gestaltet, sollte aber dennoch mit der gleichen Sorgfalt wie die sichtbaren Teile des Möbelstücks behandelt werden.

15 Drechseln

Dieses Kapitel soll den Restaurator in die Technik des Drechselns von normalen Möbelteilen, wie Beine, Füße, Rundzargen, Stege, Stäbe, Sprossen usw., und in den Gebrauch der hierzu benötigten Werkzeuge und Geräte einführen. Für das Drechseln von Schalen und sonstigen Gefäßen sowie von Werkstücken mit großem Durchmesser, die den Einsatz von Planscheiben und anders ausgelegten Werkzeugen verlangen, ist diese Anleitung nicht gedacht. Ebenso ist die am Schluß des Kapitels beschriebene und skizzierte Drehmaschine nicht für derartige Arbeiten vorgesehen.

Werkzeuge

Drechslerbeitel haben lange Hefte und schwere Stahlklingen, damit die Wärme, die beim Drechseln an der Schneide entsteht, abgeführt werden kann und das Werkzeug für den Fall, daß es sich in einem rotierenden Werkstück festhaken sollte, vor dem Durchbiegen und Brechen geschützt wird. Mit Hilfe des langen Heftes kann der Drechsler sein Körpergewicht auf das Werkzeug verlagern und dadurch das Schwingen und Rattern des Beitels am Holzteil verhindern.

Als Grundausstattung werden zwei Hohlbeitel (sogenannte Schrupppröhren), zwei Stechbeitel mit schräger Schneide sowie ein paar Abstechmeißel und Schruppflachmeißel benötigt.

Die schrägen Stechbeitel arbeiten mit einer Art ziehendem Schnitt und müssen wie ein Federmesser auf beiden Seiten geschärft sein; sie sind scharf zu halten und zwischendurch abzuziehen. Hohlbeitel und Schruppflachmeißel brauchen keine scharfe Schneide und werden mit der rauhen Gratkante verwendet, wie sie beim Schärfen am Schleifstein entsteht. Sie können innerhalb kurzer Zeit eine Menge Holz zerspanen, neigen aber mit abgestumpfter Schneide zur Überhitzung. Wenn mehre-

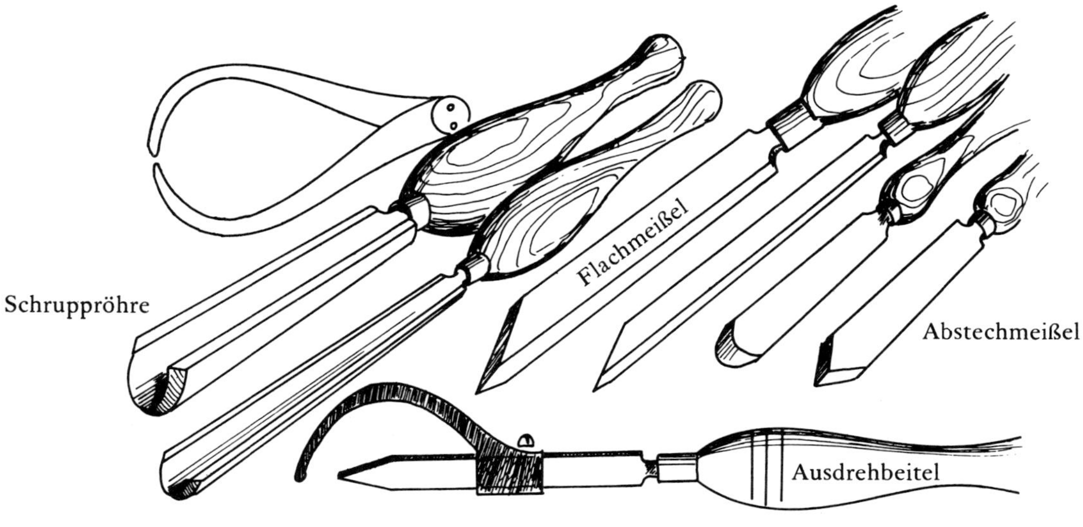

re Teile zu drechseln sind, ist es ratsam, die Drehmaschine in regelmäßigen Abständen abzustellen und die Werkzeuge nachzubessern.

Arbeitssicherheit
Zu seiner Sicherheit braucht der Drechsler lediglich eine Schutzbrille, sollte aber auf das Tragen von Krawatten und Halstüchern verzichten, langes Haar nach hinten zusammenbinden und zweckmäßigerweise eine Schürze tragen.

Die Werkzeugauflage der Drehmaschine muß stabil und das Werkstück grob ausgewuchtet sein.

Achten Sie darauf, daß die Reitstockspitze fest im Werkstück zentriert und bei Bedarf geölt wird. Hände weg vom Werkstück, solange es noch nicht zylindrisch gedreht worden ist. Beim Schruppen (Vordrehen) halten Sie die Hände möglichst weit hinten an dem Drechselstahl und den Kopf etwas seitlich außerhalb der Schnittlinie und der „Schußrichtung“ der fliegenden Späne.

Aufspannen des Werkstücks

Zum Drechseln wählen Sie geradfaseriges und astfreies Holz, weil solches mit unregelmäßiger Maserung sich nur schwierig bearbeiten läßt und Äste das Werkzeug zum Springen und Vibrieren bringen können. Der Rohling sollte möglichst einen quadratischen Querschnitt haben und an den Kanten mit einem Beil oder Stemmeisen abgeschrägt werden. Der Mittelpunkt des Werkstücks ist an beiden Enden durch einen Körnerschlag zu markieren. Dann wird das Werkstück gegen die Körnerspitze der Spindel gesetzt und mit dem Hammer darauf festgeklopft; anschließend wird die Reitstockspitze in die Körnerzentrierung eingeschoben, der Reitstock selbst auf dem Maschinenbett festgeklemmt und die Körnerspitze mit einem Tropfen Öl geschmiert.

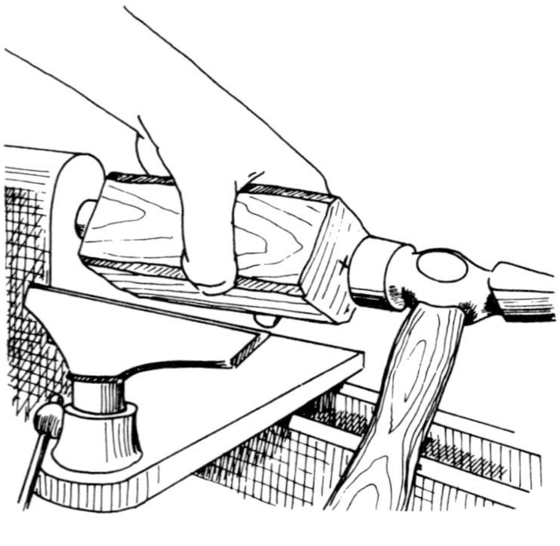

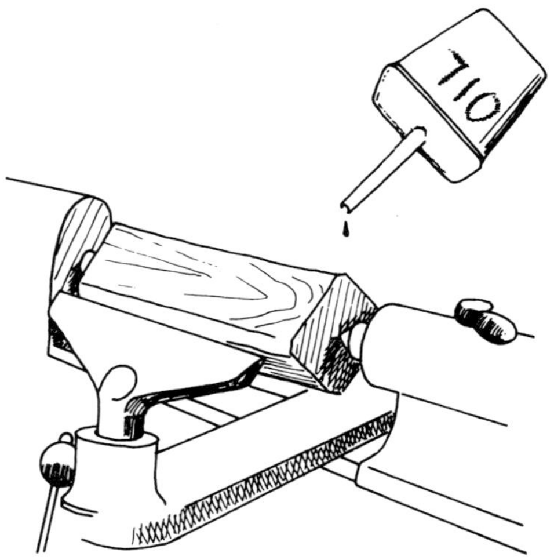

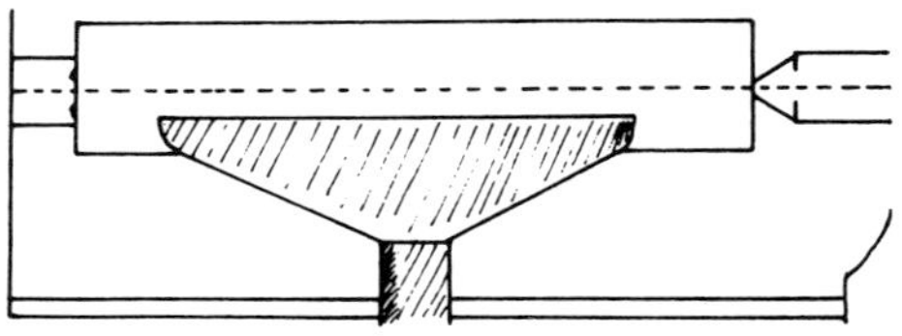

Richten Sie die Werkzeugauflage parallel zum Werkstück und auf kurzem Abstand davon aus, wählen Sie eine mittlere Drehzahl und schalten Sie den Motor ein.

Die Schrupppröhre halten Sie, wie in der Skizze gezeigt, fest in beiden Händen.

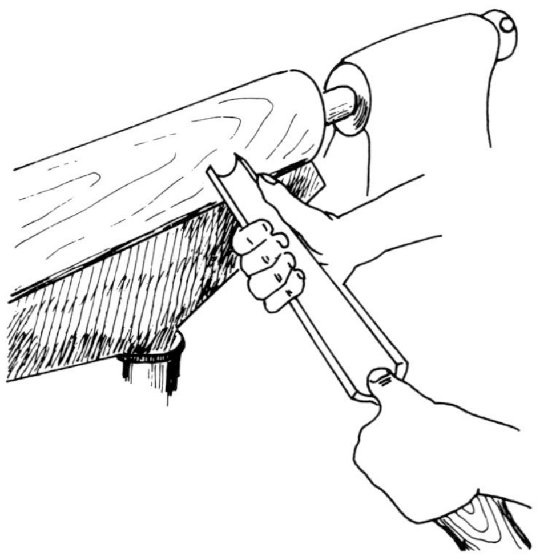

Schruppen

Um den größten Teil der ungleichmäßigen Kanten zu beseitigen und das Werkstück in etwa in eine zylindrische Form zu bringen, führen Sie mit der Schrupppröhre (dem Hohlmeißel) eine Reihe von langsam eingestochenen Schnitten aus, wobei Sie einen Teil des Körpergewichts zur Wirkung bringen können. Dann wechseln Sie den Griff um das Werkzeug und bewegen es an der Reihe der Einstiche entlang in Richtung auf den Reitstock. Dies wird solange wiederholt, bis das ganze Werkstück zur Zylinderform abgedreht ist. Keine Eile bei diesem Arbeitsgang! Halten Sie die Drehzahl konstant. Stechen Sie das Werkzeug nicht zu tief, sondern nur so weit ein, daß die Schrupppröhre während ihres Längsvorschubs einen gleichmäßig dicken und fast zusammenhängenden Span abnimmt. Die Hände bleiben dabei hinter der Werkzeugauflage.

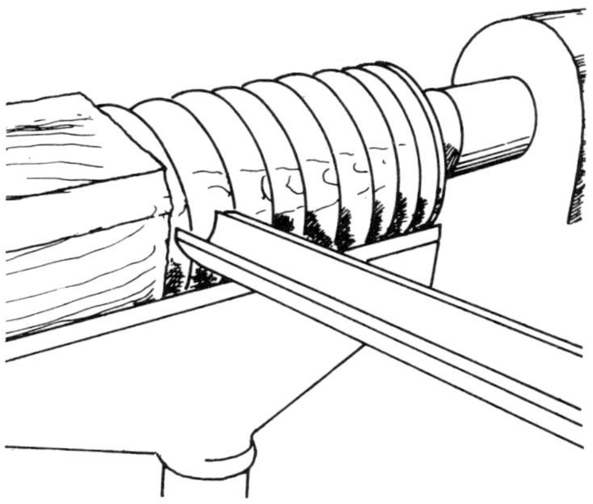

Halten Sie die Maschine an und betrachten Sie das Werkstück; es sollte jetzt vollkommen zylindrisch sein.

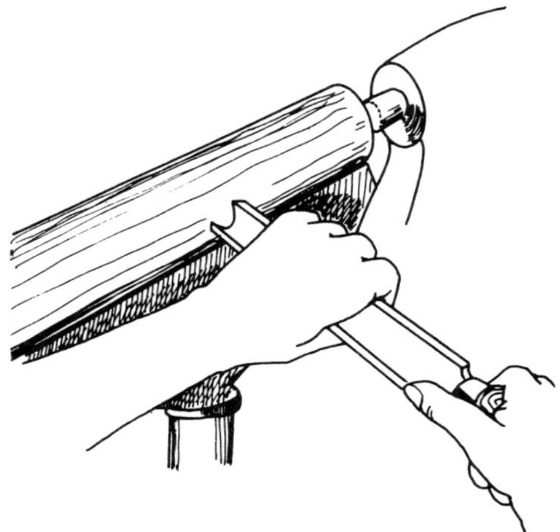

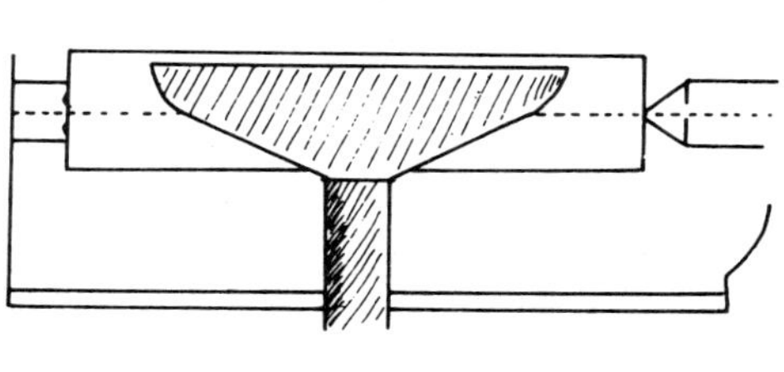

Verstellen Sie die Werkzeugauflage nach oben, so daß sie kurz unterhalb der Werkstückoberkante zu stehen kommt, und nehmen Sie statt der Schrupppröhre den breiten Stechbeitel auf. Dieser ist kein Schruppwerkzeug, sondern dient zum Schlichten oder Glätten, und es lohnt sich, seine richtige Haltung bei stillstehendem Werkstück einzuüben.

Nach dem Einschalten des Motors wird die Meißelklinge an die Werkzeugauflage angelegt und die schräge Schneide flach gegen das rotierende Werkstück vorgeschoben. Dann wird der Meißel vorsichtig gedreht, bis seine vordere Schneidkante mit der geschruppten Holzfläche in Berührung kommt und einen dünnen Span abnimmt.

Halten Sie das Werkzeug genau in diesem Winkel und schieben Sie es langsam am Werkstück entlang. Verengen Sie den Winkel ein wenig, falls der Meißel ins „Flattern“ gerät, so daß die Schnittiefe verringert wird, und erhöhen Sie den Druck auf die Werkzeugauflage, während Sie den Schneiddruck auf das Werkstück herabsetzen.

Mit einiger Übung werden Sie die richtige Haltung und Handhabung des Werkzeugs bald beherrschen, so daß Sie mit dem Meißel in beiden Richtungen (d. h. vom Körper weg und auf den Körper zu) arbeiten können. Drücken Sie Ihre Hand seitlich gegen die Werkzeugauflage, so daß Sie den Meißel während seiner Vorschubbewegung in Längsrichtung wie an einem Lineal entlang führen.

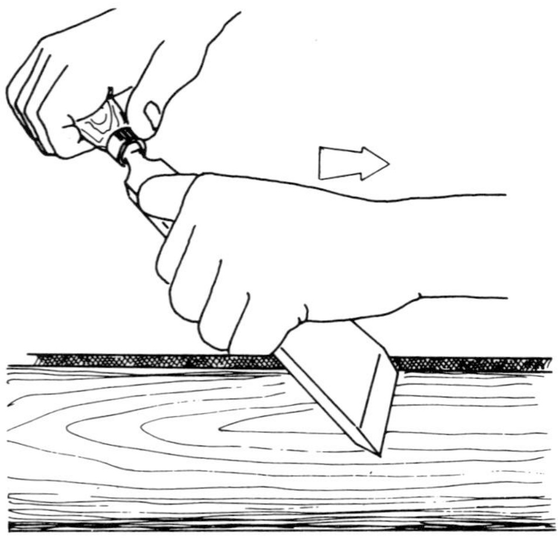

Vibrationen treten auf, wenn das Werkstück seitlich aus dem genauen Rundlauf gedrückt wird oder wenn der Meißel in zu kurzer Zeit zu viel Material zerspant. Wenn im Umgang mit dem Werkzeug eine gewisse Sicherheit erlangt wurde, kann der Druck des Meißels auf die Werkzeugauflage verringert werden, so daß er sich leichter in Längsrichtung bewegen läßt. Neigt der Meißel dann immer noch dazu, in die Werkzeugauflage „einzuhaken“, so sollte er an der Kante etwas abgerundet werden.

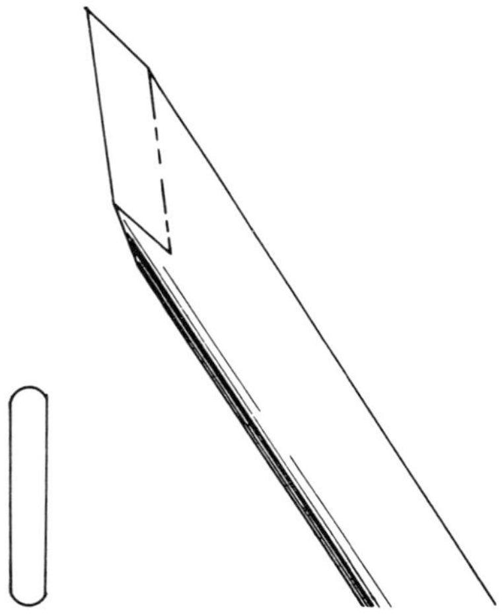

Ein glatter und ebenmäßiger Zylinder entsteht aus dem sorgfältigen Einsatz dieses Schlicht- oder Glättmeißels. Das Werkstück ist damit aber noch nicht fertigbearbeitet. Wenn Sie jetzt die Maschine abstellen und das Werkstück prüfen, sollte es sauber und rund gedreht sein und keine (oder nur wenige) Rattermarken aufweisen.

Das nachzudrehende Bauteil wird parallel zu dem in Arbeit befindlichen Werkstück und nahe daran auf dem Maschinenbett abgelegt. Sind mehrere gleiche Drehteile anzufertigen, so kann eine Anreißlatte hergestellt werden, mit deren Hilfe sich die Hauptanrißlinien automatisch auf den neuen Drehling übertragen lassen.

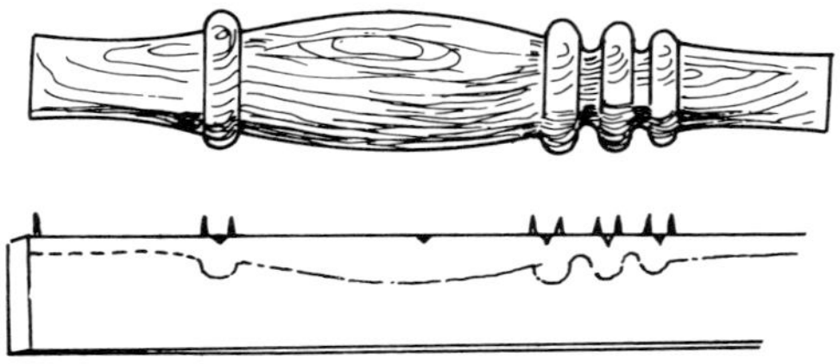

Formdrehen

Hohlbeitel

Drechslerbeitel dieser Art dienen zum Ausdrehen von Hohlkehlen und erhalten eine saubere, auf dem Schleifstein angebrachte Schneide. Für ihren Einsatz ist die Werkzeugauflage wieder so weit abzusenken, daß ihre Oberkante kurz unterhalb der Mittellinie des Werkstücks zu liegen kommt. Der Meißel ist fest gegen die Werkzeugauflage zu drücken und mit der Schneide seitlich an der Schulter der vorgesehenen Holzkehle aufzurichten. Bei mittlerer Drehzahl wird das Werkzeug dann an der entsprechenden Stelle in das Holz gedrückt, wobei seine obere Schneidkante den ersten Schnitt ausführt und dadurch den Griff, der das Werkzeug auf die Auflage preßt, wirksam verstärkt. Der Meißel kann dann in das Holz hinein und seitlich bis auf die Tiefe der Hohlkehle vorgeschoben werden. Er darf nie

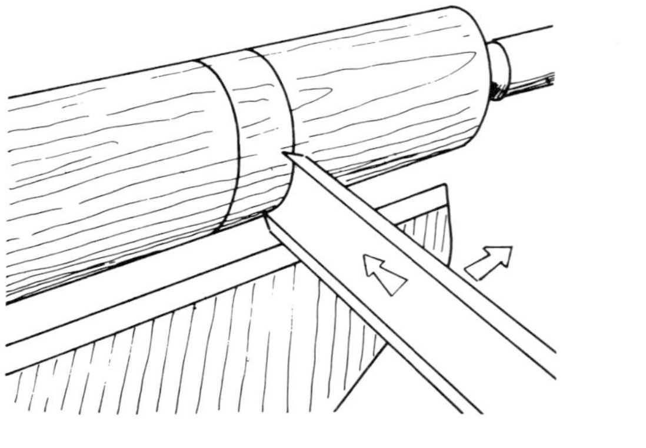

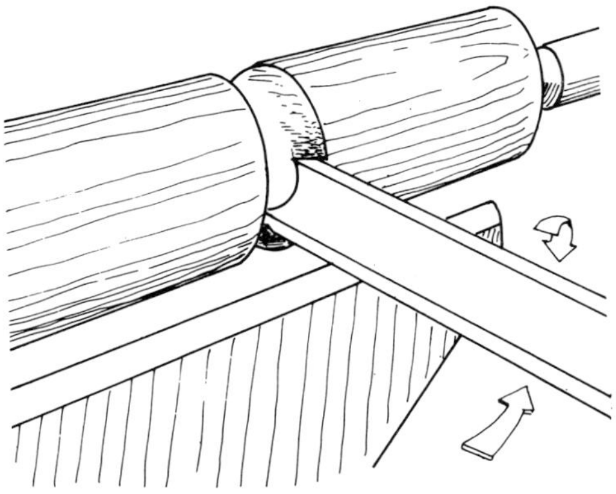

mit beiden vorderen Schneidkanten gleichzeitig arbeiten und kann auch nicht zum Freischneiden aus der Hohlkehle heraus verwendet werden. Nach Zurücknahme des Meißels wird dieser Schnitt auf der anderen Hälfte der Hohlkehle so wiederholt, daß die beiden Schnitte auf dem Grund der Hohlkehle zusammenlaufen.

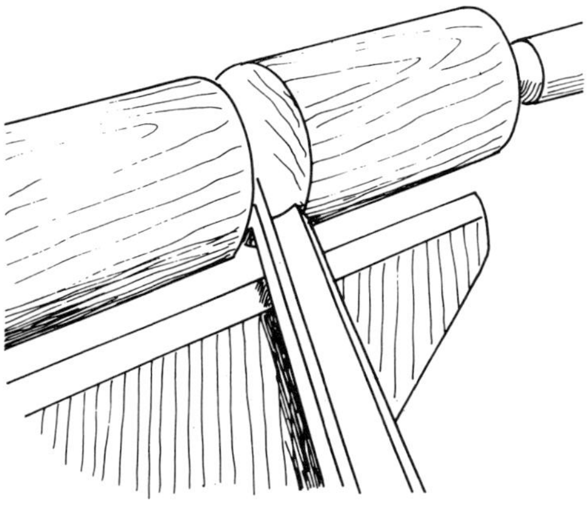

Flachmeißel

Der Flachmeißel wird beispielsweise zum Drechseln von gerundeten Wülsten (gewissermaßen die Gegenstücke zu den Hohlkehlen) benutzt, nachdem diese mit einer Schrupppröhre oder einem Ausdrehmeißel vorgeformt worden sind. Danach wird die Maschine abgestellt und die Werkzeugauflage auf die Höhe der Werkstückoberkante eingestellt. Nach dem Wiedereinschalten des Motors wird der schmale Meißel flach aufgelegt und am höchsten Punkt der vorgesehenen Rundung angesetzt. Durch seitliches Ausschwenken und Verdrehen des Meißels wird von diesem Punkt aus die Rundung erst auf der einen und dann auf der anderen Wulstseite fertiggedreht. Dabei ist der Meißel gegen die Tendenz der Schneide, über die Wulstkante hinweg zurückzustechen

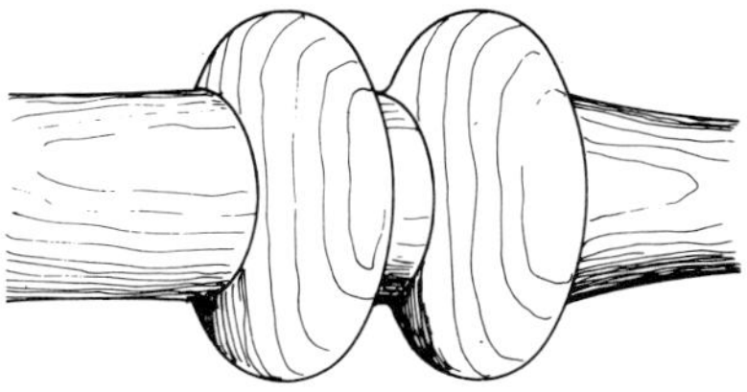

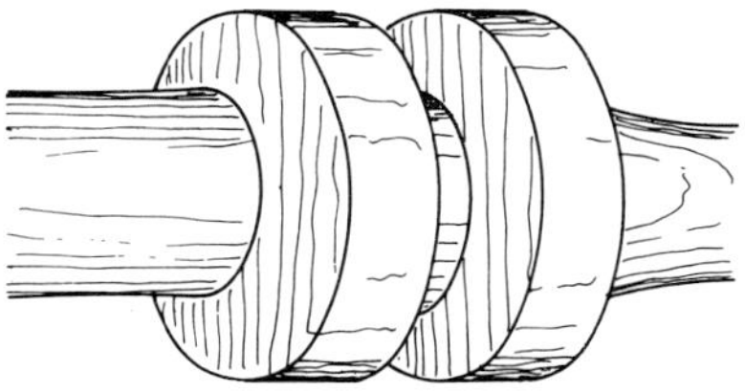

und das Werkstück damit zu ruinieren, sicher festzuhalten. Kompliziertere Formen, z. B. für Geländerpfosten usw., können dadurch gedrechselt werden, daß man Hohlbeitel und Schlichtmeißel in der richtigen Reihenfolge verwendet. Keines dieser

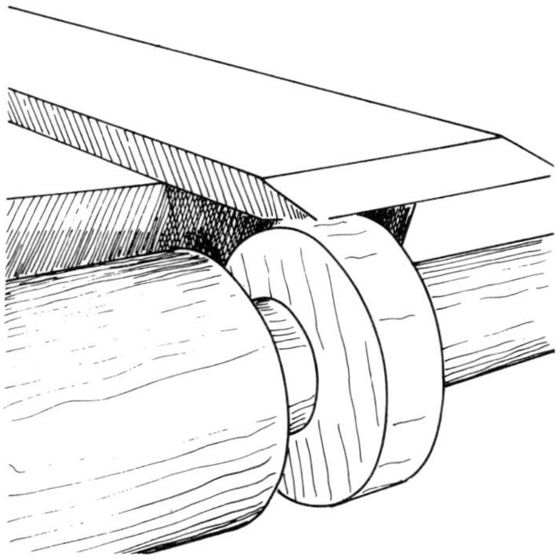

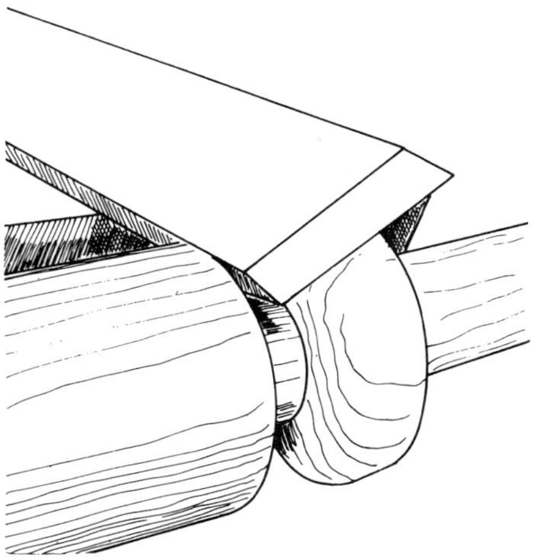

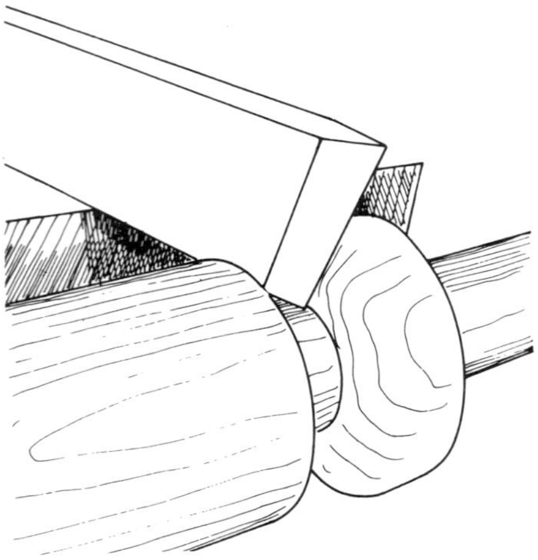

Werkzeuge darf jedoch jemals zum Herausschneiden aus dem Holz, sondern nur zur Bearbeitung in Richtung auf die Werkstückmitte benutzt werden, weil sonst das Werkstück zu Bruch geht.

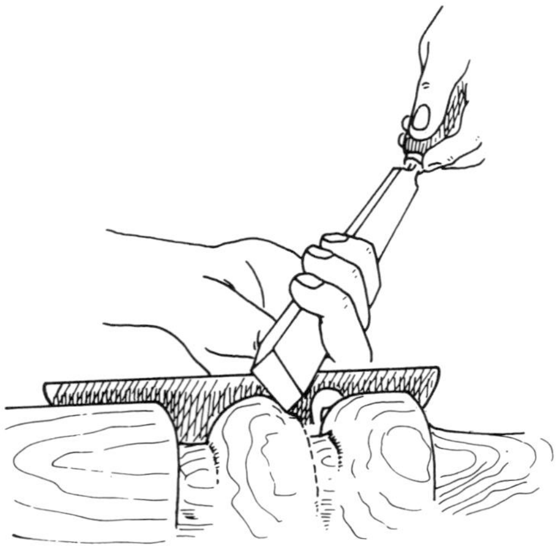

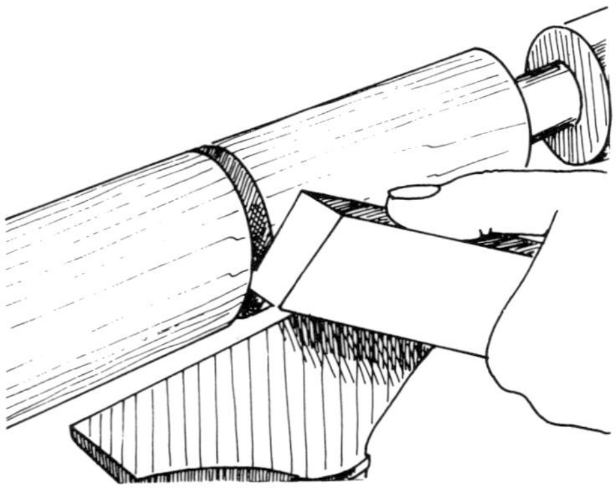

Der Flachmeißel kann auch stehend, d. h. aufrecht auf der Werkzeugauflage ruhend verwendet werden, z. B. zum Einstechen von sauberen, scharfen Kerben (V-förmigen Vertiefungen), wobei er rechtwinklig zur Mittellinie des Werkstücks anzusetzen ist.

Ausdrehmeißel
Dieses Werkzeug dient hauptsächlich zum Abstechen von Abfallenden an fertiggedrehten Teilen und Einstechen. Wo Genauigkeit verlangt wird, erhält der Meißel am vorderen Ende einen aufgesteckten Lehrenbügel, der die Meißelschneide so lange gegen das Holz hält, bis das eingestellte Maß erreicht ist. Zum genauen Abdrehen der Enden von Stuhlsprossen usw. ist dieses Hilfsmittel sehr nützlich, aber für die meisten Drechselarbeiten reichen ein Tastzirkel und ein wachsames Auge völlig aus.

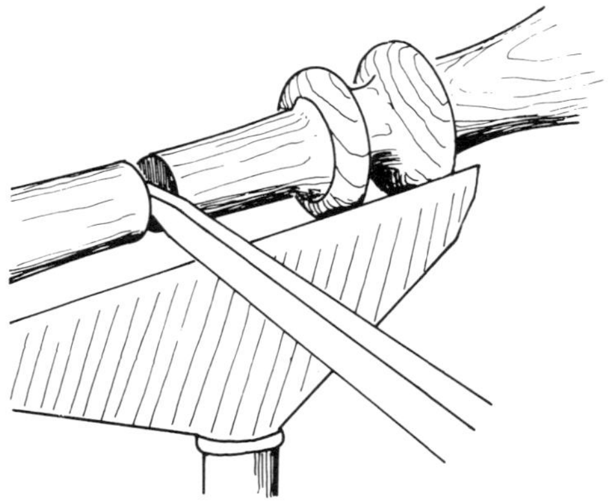

Flachschruppmeißel
Für die Arbeit mit diesen Werkzeugen wird die Werkzeugauflage auf die Mittellinie des Werkstücks eingestellt und der Meißel in Drehrichtung leicht nach unten geneigt. Das Schruppen damit geht langsam vor sich, und die Schneide hinterläßt häufig eine rauhe und rissige Oberfläche. Praktisch sind diese Werkzeuge zum Abdrehen von Beinansatzstücken, wo eben nur diese und nicht das Bein als Ganzes bearbeitet werden müssen. Hierbei kommt der Gebrauch von Hohl- und Stechbeiteln nicht in Betracht, weil sie von dem angesetzten Holzstück weggeschlagen würden.

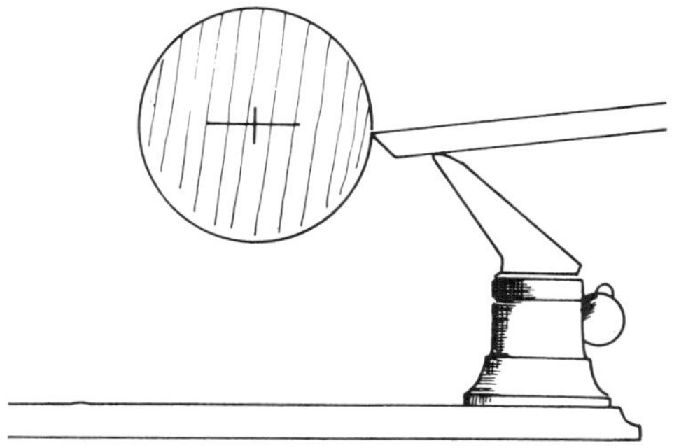

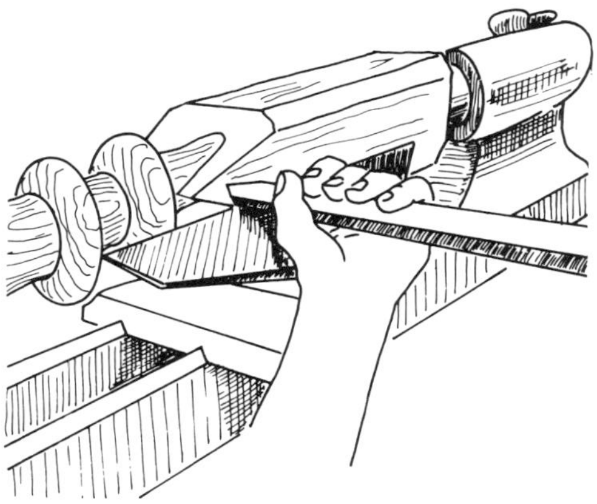

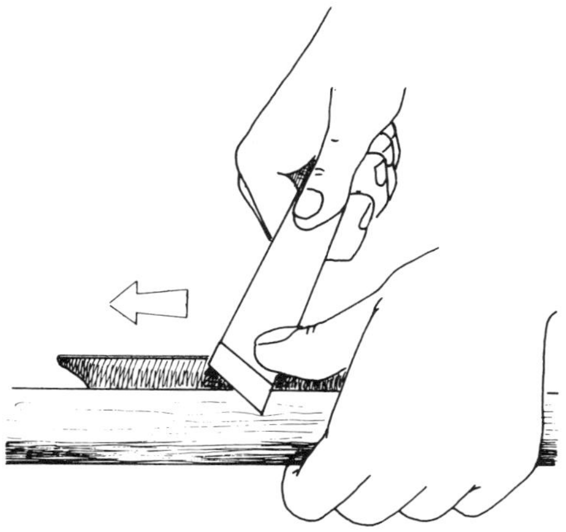

Stäbe und Sprossen

Langes und dünnes Material schlägt beim Drehen und verursacht Schwingungen. Solche Stäbe sind vor dem Drechseln von Hand in eine achteckige Form zu bringen. Nach dem Aufspannen zwischen die Körperspitzen werden sie mit der Schrupppröhre zylindrisch gedreht, was eine abweichende Handhabung des Werkzeugs verlangt. Die rechte Hand erfaßt den Meißel an der Klinge und drückt diese auf die Werkzeugauflage, während das Meißelheft am rechten Unterarm und am Körper abgestützt wird. Die linke Hand hält dabei den Meißel kurz hinter der Schneidkante und führt das Werkstück mit der Handfläche. Druck braucht dabei lediglich ausgeübt zu werden, um Meißelschneide und Drehteil zusammenzuhalten; zum Vorschieben des Meißels in das Holz ist kein Kraftaufwand erforderlich. Ähnlich ist beim Einsatz des Flachmeißels zu verfahren; die rechte Hand führt das Werkzeug und die linke stützt das Werkstück ab, wobei sich allerdings kein Finger vor der Meißelschneide befinden darf. Es versteht sich, daß hohe Drehzahlen wegen der Gefahr einer Hautverbrennung vermieden werden müssen.

Kegeldrehen

Bei einem zylindrisch gedrechselten und kegelig zu drehenden Werkstück kann die gewünschte Kegelform durch entsprechende Einstellung der Werkzeugauflage vorgewählt werden. Schrupppröhre und Schlichtmeißel werden dann auf normale Weise an der Werkzeugauflage entlanggeführt, nur daß der Flachmeißel nach unten geschwenkt werden muß, wenn er am dünneren Ende des Kegels angekommen ist. Arbeiten Sie stets vom großen Kegeldurchmesser aus auf den kleinen Durchmesser zu.

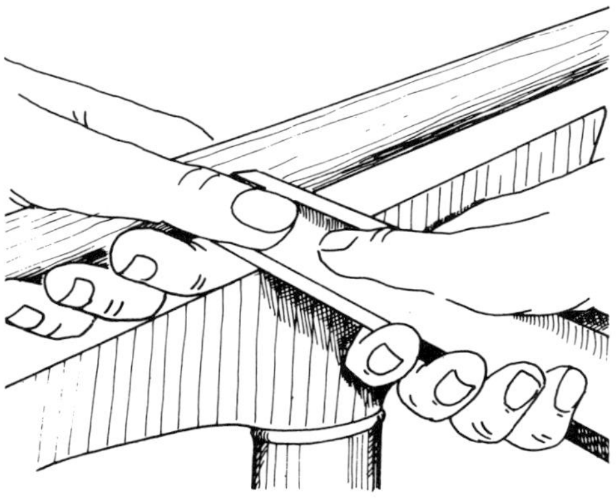

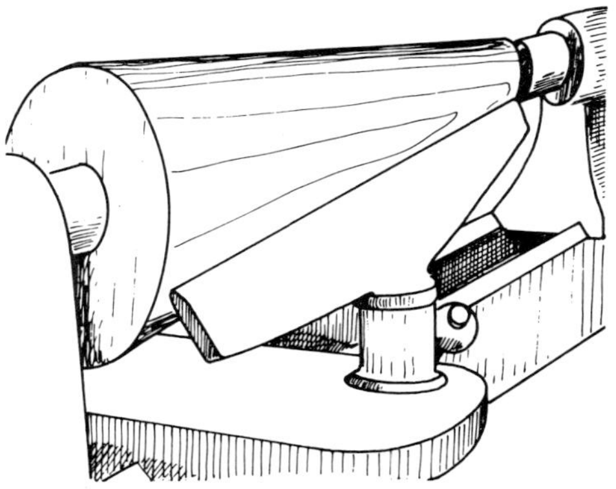

Fertigbearbeiten

Das fertige Drehteil ist mit Sandpapier zu glätten, solange es noch auf die Drehmaschine gespannt ist. Sandpapier mittlerer und feiner Körnung wird mit Klebeband hinterlegt und in Streifen von etwa 4 cm Breite geschnitten. Bei mäßiger bis hoher Drehzahl halten Sie einen Streifen mit mittlerer Körnung wie abgebildet gegen das Werkstück und ziehen ihn daran entlang. Zum Schutz gegen Schleifstaub ist ein Staubschutz zu empfehlen.

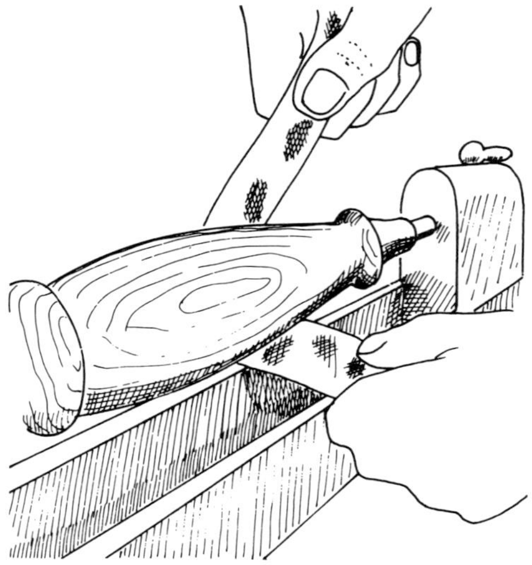

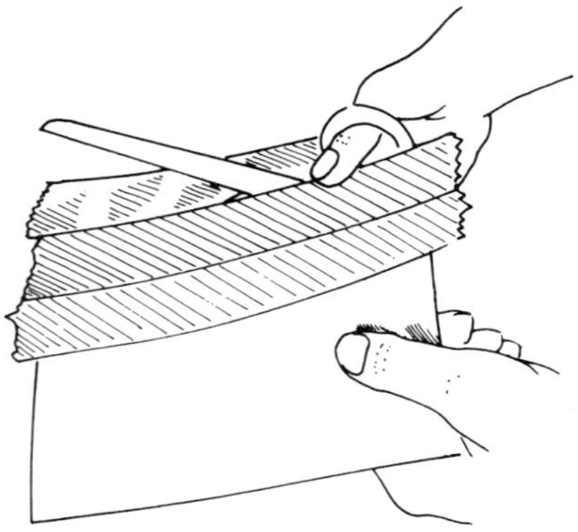

Mit dem feinkörnigen Sandpapier schleifen Sie das Werkstück dann fertig. Zum Schluß können Sie entweder das Drehteil mit dem Ausdrehmeißel vom Abfallholz trennen oder das Stück einfach von der Maschine nehmen und letztere säubern.

Gebogene Stuhllehnenhölzer

Sägen Sie eine entsprechende Schablone in etwa auf Maß zurecht und reißen Sie die Zentrierungen wie skizziert darauf an. Ebenso zeichnen Sie den Punkt auf, wo die beiden Achsen der Zentrierpunktpaare sich kreuzen, denn diese Stelle wird später nicht gedrechselt, sondern von Hand fertigbearbeitet.

Das Drechseln eines solchen ein wenig unausgewuchteten Teils muß bei niedriger Drehzahl erfolgen.

Exzentrische Drehteile

Gekrümmte Stuhlzargen beispielsweise werden vierfach statt wie normal zweifach zentriert.

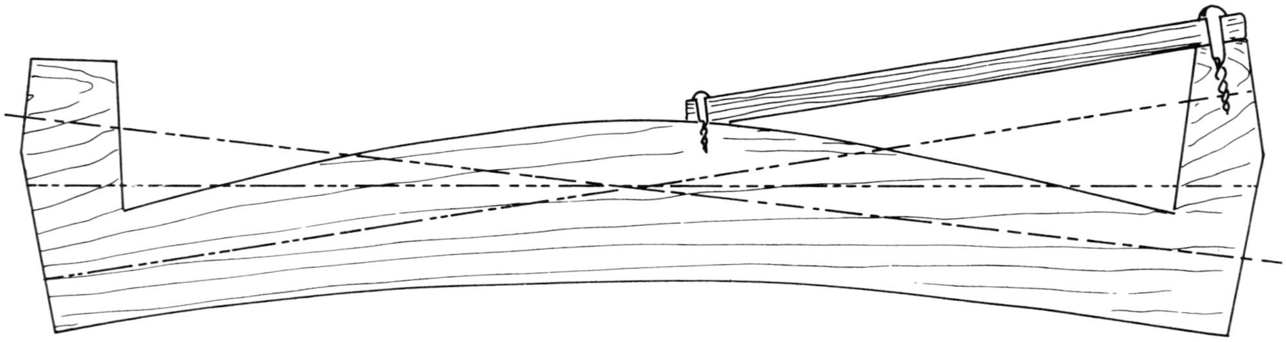

Während die Hälfte auf der Spindelstockseite abgedreht wird, ist von der Mitte aus bis zum Reitstockende des Drehlings eine Stützleiste mit Schrauben anzuheften. Dadurch soll verhindert werden, daß das Holz unter dem Axialdruck des Reitstocks und dem seitlichen Druck des Werkzeugs bricht.

Wenn die eine Hälfte gedreht ist, wird die Stützleiste umgesetzt und die andere Hälfte gedrechselt, wozu das Werkstück natürlich von der Maschine zu nehmen und dann in den anderen Zentrierpunkten wieder aufzuspannen ist. Die erste Hälfte muß komplett abgedreht sein, ehe mit der zweiten Hälfte begonnen wird. Nach dem Fertigdrechseln beider Hälften verbleibt in der Mitte des Werkstücks ein Bereich, der von Hand fertigbearbeitet werden muß.

Bei breiten Stühlen kann es ratsam sein, zum Drechseln des Mittelteils vor dem Abdrehen der Endstücke ein drittes Paar Zentrierungen anzubringen, für Breiten unter 30 cm ist dies jedoch nicht erforderlich.

Gedrechseltes Möbelbein mit Klotzfuß

Die Form des Beins wird mit der Band- oder Spannsäge zurechtgeschnitten, und die rechtwinkligen Kanten werden mit dem Beitel abgestochen. Nach dem Ankörnen der Zentrierpunkte für Bein und Fuß wird der Drehling an den Zentrierungen A–A (siehe Skizze) auf die Bank gespannt und mit Hohl- und Flachmeißel bearbeitet.

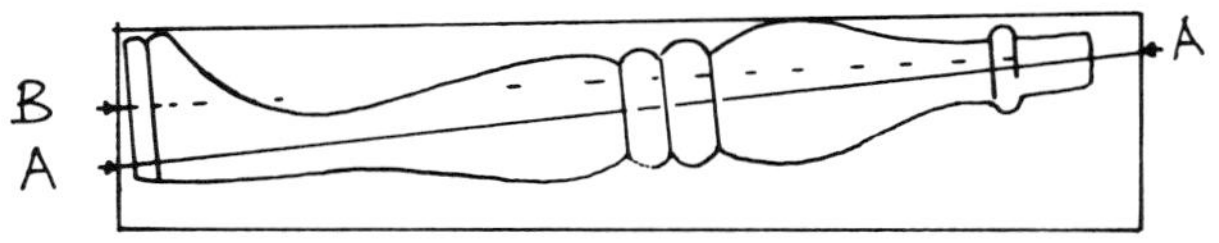

Nach dem Umspannen auf die Zentrierungen A–B wird der Fuß gedrechselt, wobei zu vermeiden ist, daß das Werkzeug in das bereits fertiggedrehte Bein hinein verläuft. Nach dem Abspannen des Drehlings ist der Bereich C von Hand fertig zu bearbeiten.

Zubehörteile

Zentriervorrichtung

Hiermit kann der Mittelpunkt eines gedrechselten Möbelbeins neu festgelegt werden, wenn die alten Zentrierungen verschlissen oder durch eine Ausbesserung am Beinende unkenntlich gemacht worden sind.

Die vier Holzschrauben müssen die Zentrierringscheibe fest gegen das Werkstück drücken können.

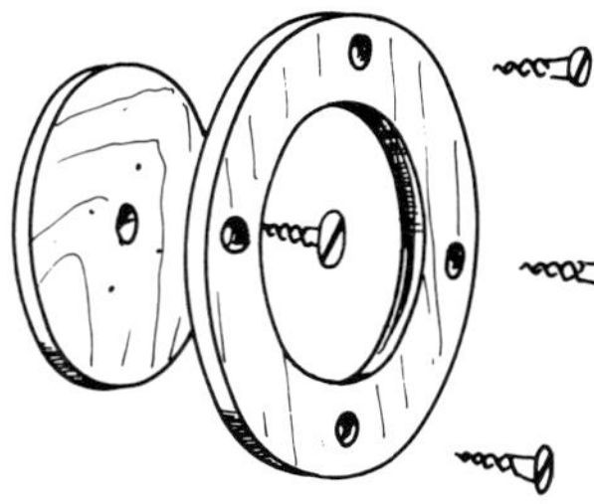

Das Werkstück wird auf den Bankspitzen von Hand gedreht und durch leichtes Klopfen von der Seite auf Mitte gebracht. Dann werden die Schrauben angezogen. Nach dem Abnehmen des Werkstücks von der Bank wird zur Markierung des Mittelpunkts ein Nagel durch die Bohrung der Zentrierscheibe kurz eingeschlagen und wieder herausgezogen.

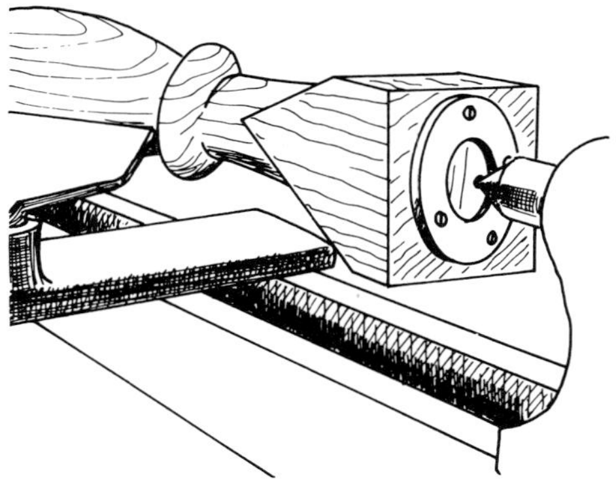

Dann wird die Vorrichtung abgenommen, die Zentrierstelle angekörnt und das Werkstück zum Drechseln wieder auf die Maschine gespannt.

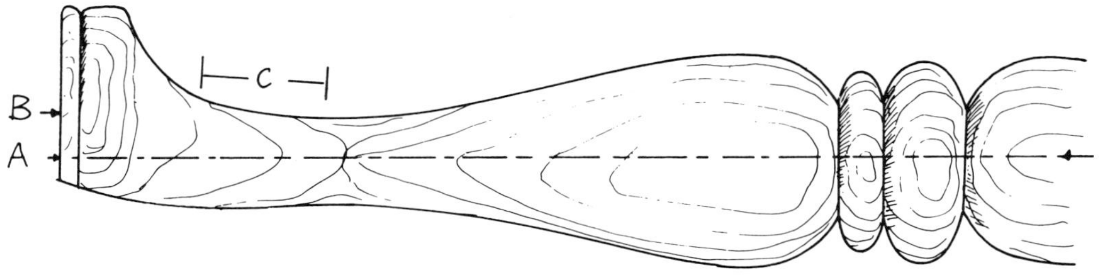

Hinweis: Die Vorrichtung dient lediglich zur Festlegung des Zentrierpunktes und darf nicht zum Festhalten des Werkstücks beim Drechseln verwendet werden.

Tastzirkel
Zum Abgreifen von Durchmessern an Drechselteilen braucht der Restaurator eine Reihe von Außentastern. Statt der üblichen Tastzirkel aus Stahl kann er auch welche aus gutem Sperrholz selbst anfertigen und mit Schraube, Mutter und Unterlegscheibe beweglich zusammenfügen.

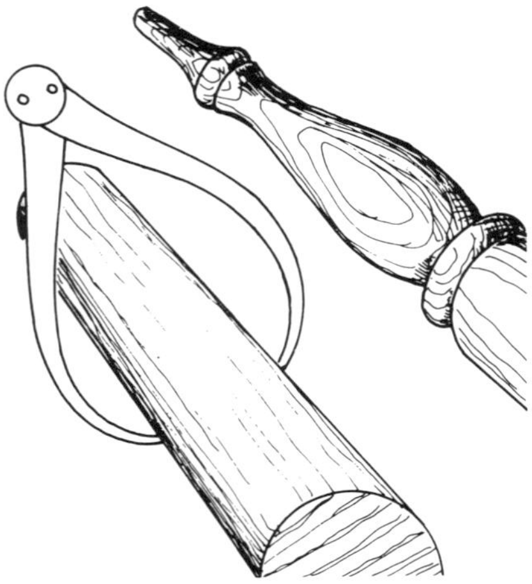

Dübeldrehvorrichtung
Am Einsteckende der Bohrung A in der Vorrichtung wird ein geschärftes Hobelmesser oder Hohleisen so befestigt, daß es einen Tangentialschnitt ausführen kann.

Zur Herstellung von Dübeln ist geradfaseriges, astfreies und achtkantig vorgeschnittenes Holz zu verwenden. Der Drechselvorgang ist folgender: Vorrichtung auf den Rohling schieben, diesen zwi-

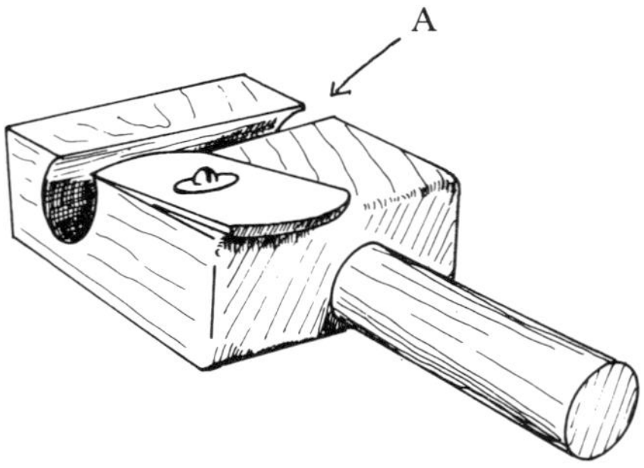

schen die Bankspitzen spannen, Motor einschalten, Vorrichtung fest gegen die Werkzeugauflage drücken und in Richtung auf den Spindelstock vorschieben.

Einfache Drehmaschine

Eine einfache und in ihren Einsatzmöglichkeiten naturgemäß beschränkte Drehmaschine kann sich der Restaurator in seiner Werkstatt selbst bauen. Eine solche Maschine ist im Gegensatz zu einer Metalldrehmaschine kein Präzisionswerkzeug. Die einzigen Lagerstellen befinden sich im sogenannten Spindelstock, der, wie sein Name sagt, eine doppelt gelagerte Spindel mit einer Keilriemenscheibe trägt. Er und sein Gegenstück, der Reitstock, sowie das Bett und die Werkzeugauflage können alle aus Holz angefertigt werden. Als Körnerspitze im Reitstock kann ein angespitzter Metallstab oder – noch einfacher – eine Schloßschraube dienen. Für die Brauchbarkeit der selbstgebauten Maschine ist am wichtigsten, daß die beiden Körnerspitzen auf gleicher Höhe über dem Bankbett liegen und der ganze Aufbau kräftig und solide ausgeführt ist. Für den Antrieb genügt der Elektromotor eines Kühlschranks oder einer Waschmaschine.

Schnitt G–G

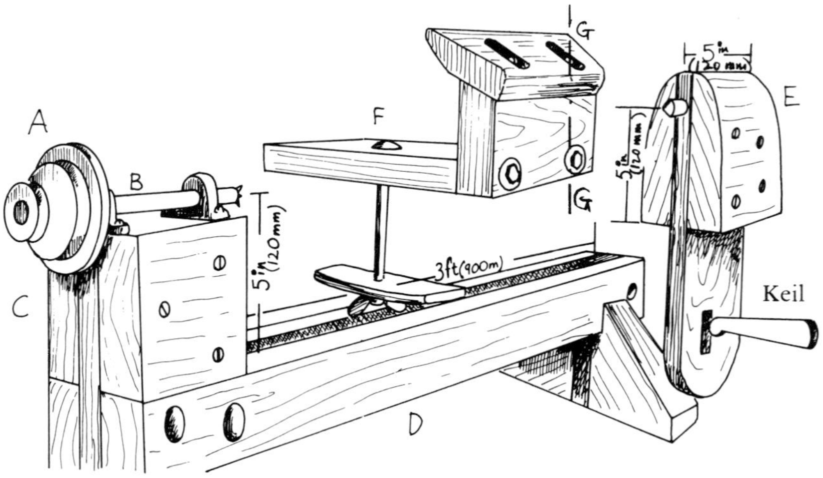

A Keilriemenscheibe für den Motorantrieb
B Spindel mit 2 Lagern
C Spindelstock
D Maschinenbett
E Reitstock
F Werkzeugauflage mit Schloßschraube zum Festspannen auf dem Maschinenbett
G Verstellbares Oberteil der Werkzeugauflage

16 Dämpfen und Schichten von Holz

Durch längeres Sieden oder Dämpfen wird die Zellulose im Holzgefüge in einen plastischen Zustand versetzt, wodurch das Holz biegsam wird. Biegt man ein gerades Holzstück in diesem Zustand und läßt es in gebogener Form abkühlen, so behält es seine Form bei.

Für eine Werkstatt, in der gelegentlich Stuhllehnen, Lehnenreifen oder Armstützen zu biegen sind, reicht ein sogenanntes Siederohr aus. Für flache Holzteile wie Bretter oder Bohlen sollte ein Dämpfkasten angeschafft werden, und für ganz geringfügige Biegearbeiten genügt ein Dämpfsack mit Schlauch, d. h. ein Beutel aus starkem Polyäthylen, der über das zu biegende Holzstück gezogen und in den ein Polyäthylenschlauch gesteckt wird; das offene Sackende wird zusammen mit der Schlauchmündung mit einem Gummiband abgebunden, während das andre Schlauchende erwärmt und in den Rohrstutzen des Dämpfkessels geschoben wird.

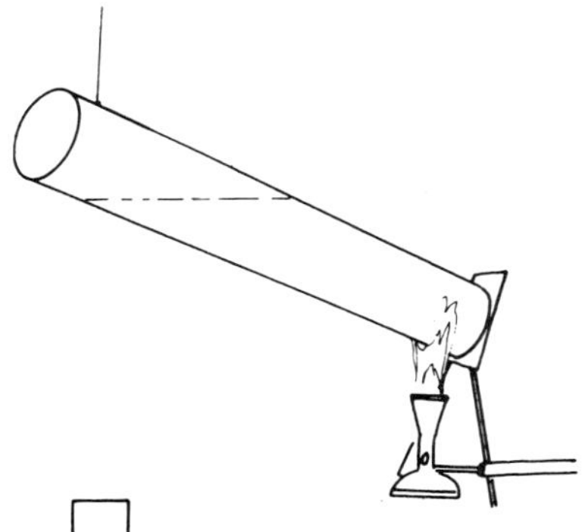

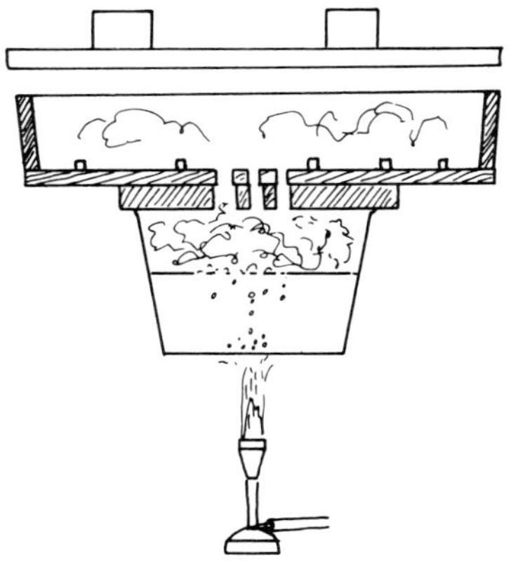

Im Boden des Kunststoffbeutels ist ein Loch anzubringen, damit Luft und Kondenswasser entweichen können.

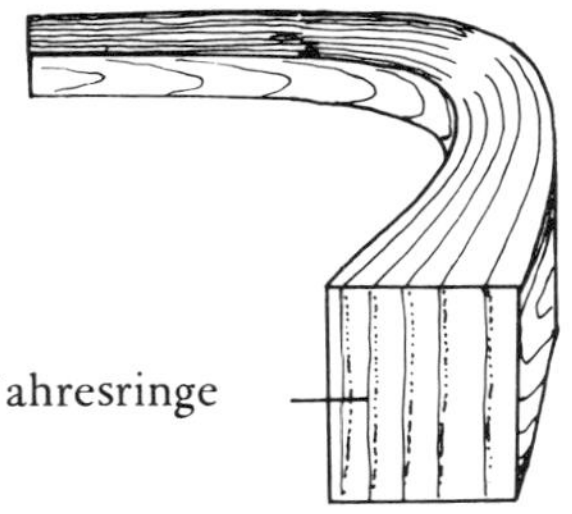

Richtige Lage der Jahresringe zum Biegen

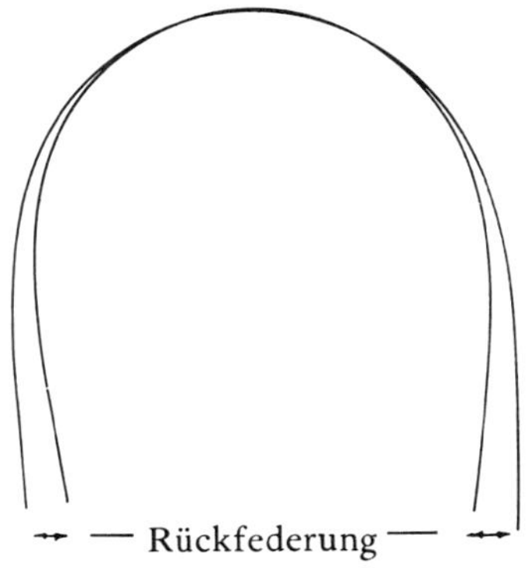

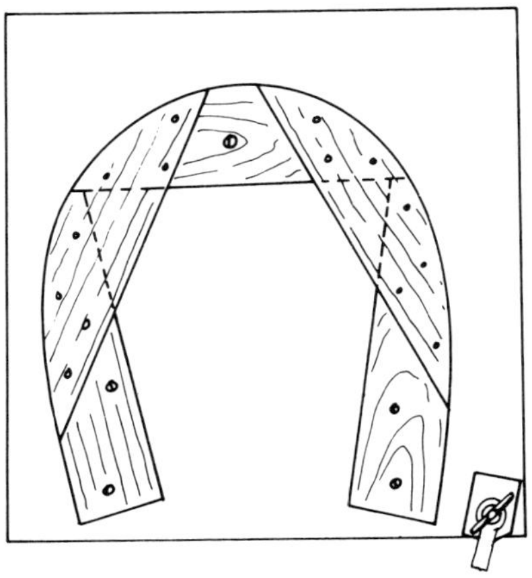

Arbeitssicherheit
Treffen Sie geeignete Feuerschutzmaßnahmen. Sorgen Sie für eine sichere Abstützung und Befestigung des Dämpfkastens und des Siederohres. Für den Umgang mit heißen Holzteilen sind dicke Gummihandschuhe und eine Arbeitsschürze notwendig. Die Biegeform muß von der Dämpfeinrichtung aus leicht und ungehindert zu erreichen sein.

Holzarten

Zahlreiche Holzarten lassen sich nach gründlichem Kochen oder Sieden biegen. Hölzer, die wegen ihrer sehr leichten Biegbarkeit normalerweise verwendet werden, sind Esche, Eiche und Eibe. Wählen Sie das betreffende Holzstück sehr sorgfältig aus. Es muß geradfaserig und astfrei und darf nicht spröde (brüchig) sein. Die Verwendung von minderwertigem Holz wäre reine Zeitverschwendung, denn es würde eine unregelmäßige Krümmung annehmen und unschön aussehen.

Die Frage, welche Seite des Holzteils im Innern der Biegung liegen soll, entscheiden Sie dadurch, daß Sie das Holz so anordnen, wie in der Skizze gezeigt. Neben dem Dämpfkasten oder Siederohr werden nur wenige Gerätschaften benötigt. In der Hauptsache brauchen Sie Formen, in denen das gebogene Holzteil abkühlen kann. Sie müssen kräftig ausgebildet sein und zum Ausgleich der Rückfederung des Holzes nach dem Entnehmen aus der Form eine etwas stärkere Krümmung aufweisen. Ein paar Vorschläge hierzu finden Sie auf den folgenden Seiten.

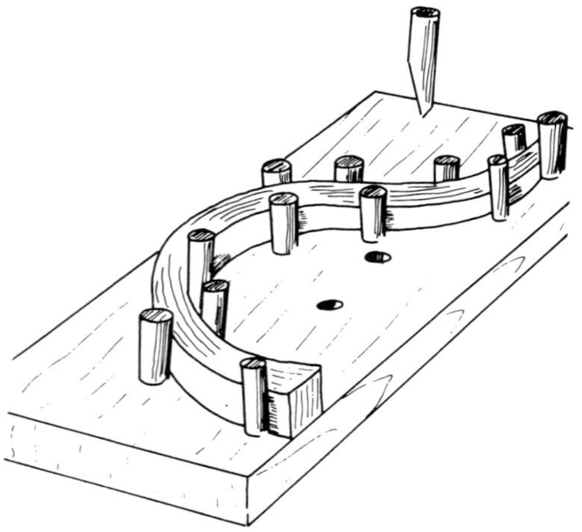

Außerdem benötigen Sie sogenannte Biegebänder aus dünnem, verzinktem Blech. Das im Dampf- oder Siedewasserbad heiß und feucht gewordene Holz kann nämlich in seinen Fasern auf Druck, aber nicht auf Zug beansprucht werden. Beim Einbiegen in eine Form läßt sich das Holzteil auf seiner Innenseite zusammendrücken, würde aber ohne ein Biegeband auf der Außenseite splittern. Das Biegeband bewirkt, daß sich die ganze Biegekraft auf die Kompression der Holzfasern konzentriert und nicht teilweise als Zugspannung auftritt, weil die sicher befestigten Endstücke oder Griffteile das Band fest um die äußere Peripherie des Holzteils spannen.

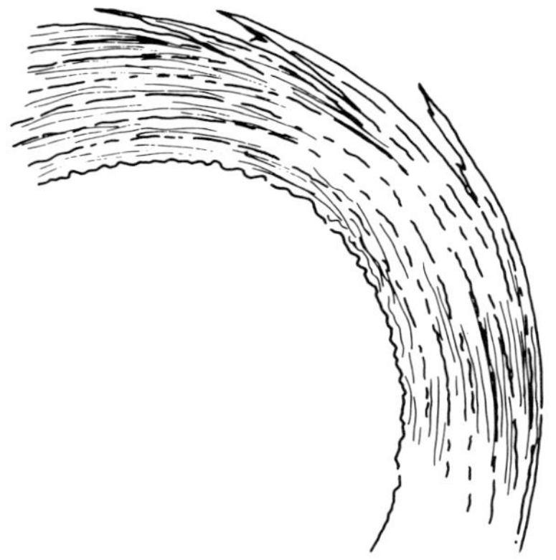

Die Endstücke sind vor dem Dämpfen oder Sieden des Holzes an das Biegeband anzuschrauben. Wenn mehrere Werkstücke nacheinander zu biegen sind, ist es ratsam (aber nicht unbedingt nötig), eine Anzahl von Biegebändern in entsprechender Form und Größe bereitzuhalten.

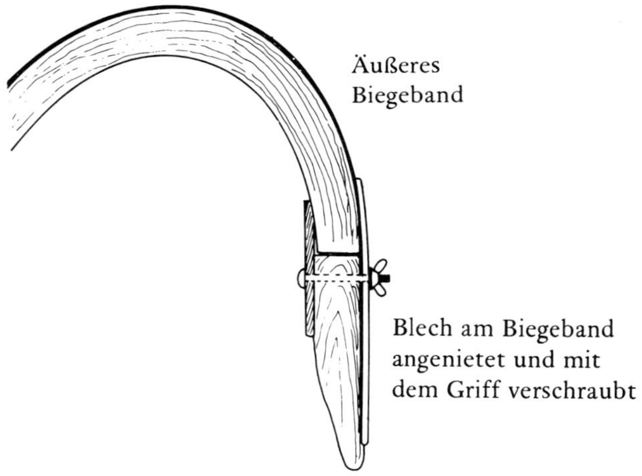

Biegen

Frisch aufgesägtes oder nur kurzzeitig abgelagertes Holz ist leichter zu dämpfen als ofentrockenes Material. Weitgehend ausgetrocknetes Holz muß auf Maß gehobelt, an den Ecken leicht abgefast und in einem Wasserbehälter einige Tage eingeweicht werden. Diese Vorbereitungen sind nicht erforderlich, wenn das Holz gekocht und nicht nur gedämpft werden soll.

Lassen Sie das Werkstück im Siederohr oder Dämpfkasten warm werden, wobei sich die Anwärmungszeit nach der Stärke des Materials und dem Ausmaß der gewünschten Biegung richtet. Stuhllehnenteile aus vierkantigem Eschenholz 30 x 30 mm mit einem Biegeradius von ungefähr 250 mm beispielsweise müßten entweder rund 1 Stunde gekocht oder etwa einen Arbeitstag lang gedämpft werden.

Bevor Sie das Holz aus dem Dämpfkasten oder Siederohr nehmen, vergewissern Sie sich, daß die Formen, Biegebänder und Schraubzwingen einsatzbereit sind. Dann ziehen Sie Gummihandschuhe und Schürze an und nehmen das Holzteil heraus. Nachdem Sie das Biegeband (wohlgemerkt, auf der Außenseite!) um das Werkstück gelegt haben, setzen Sie das Holzteil auf die Form und biegen es nach und nach hinein. Ein gleichmäßiger Druck ist dabei nützlicher als ruckweise ausgeübte Kraft.

Wenn das Holz einmal nachgegeben hat, läßt es sich ohne Schwierigkeiten in Form bringen. Manchmal kann ein beträchtlicher Kraftaufwand vonnöten sein. Sollten die Form und das Biegeband oder die Haltevorrichtungen zu hoch belastet werden, so unterbrechen Sie die Arbeit; biegen Sie das Werkstück wieder gerade und legen Sie es in den Dämpfkasten oder das Siederohr zurück. Nachdem Sie die Form verstärkt haben, versuchen Sie es noch einmal.

Lassen Sie das Holzteil in der Form abkühlen. Für den Fall, daß mehrere gleiche Stücke zu biegen sind, können Sie die Enden des Werkstücks auch mit Schnur verspannen und dann zum Abkühlen aus der Form nehmen. Wenn das Werkstück aus der Form genommen wird, federt es ein wenig zurück, was Sie aber durch ein erhöhtes Maß an Krümmung vorher schon berücksichtigt haben. Es ist ratsam, diese zusätzliche Krümmung ein wenig größer als unbedingt notwendig zu wählen, weil das Holz jederzeit weiter aufgebogen, aber nicht in eine engere Krümmung gebracht werden kann.

Schichten

Damit bezeichnet man ein Verfahren zur Herstellung einer gekrümmten Form durch Biegen und Verleimen von dünnen Holzleisten, die in einer entsprechenden Form zusammengespannt und getrocknet werden. Es dient gewissermaßen als Alternative zum Dämpfen oder Sieden und hat den Vorteil, daß das Holz kalt verarbeitet wird und das Werkstück nach dem Herausnehmen aus der Form praktisch nicht mehr zurückfedert.

Werkzeuge

Der Restaurator braucht für diese Arbeit eine Kreissäge mit einem hartmetallbestückten Sägeblatt zum Zerteilen der Holzleisten auf Maß und eine ausreichende Zahl von Schraubzwingen. Zum Verleimen ist ein langsam abbindender, spaltenfüllender Klebstoff zu verwenden.

Arbeitsgänge

Bei der Anfertigung einer geeigneten Form ist zu berücksichtigen, daß beim Schichten nur ein ganz geringes Übermaß an Krümmung über die fertige Form hinaus vorgesehen zu werden braucht. Für Holzteile mit zwei Biegungen ist die Herstellung einer positiven und einer negativen (also inneren und äußeren) Form zu empfehlen, die beide mit Spann- oder Klemmvorrichtungen auszustatten sind. Eine dieser Formen sollte in Einzelelemente unterteilt sein.

Wählen Sie ein gesundes, geradfaseriges Stück Holz und zerteilen Sie es auf der Kreissäge in Leisten von etwa 4 mm Dicke. Ein hartmetallbestücktes Sägeblatt hinterläßt Schnittflächen, die sofort verleimt werden können, wogegen ein einfaches Trennsägeblatt eine rauhe Schnittfläche erzeugt, die vorher abgehobelt werden muß.

Leimen Sie die einzelnen Leisten nach und nach an und bauen Sie sie in der Form aufeinander, bis das Schichtholz die gewünschte Gesamtdicke erreicht hat.

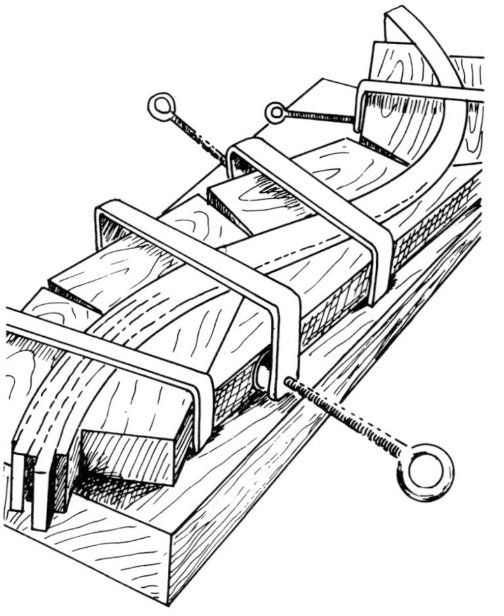

Mit dem Anziehen der Schraubzwingen beginnen Sie in der Mitte der Form und arbeiten zu den Enden hin, wobei die Formelemente und damit die geschichteten Holzleisten unter möglichst hohem Druck zusammenzupressen sind.

Wischen Sie die Kanten des Laminats mit einem Lappen ab und bearbeiten Sie es nach dem Abbinden des Klebers mit Hobel und Sandpapier.

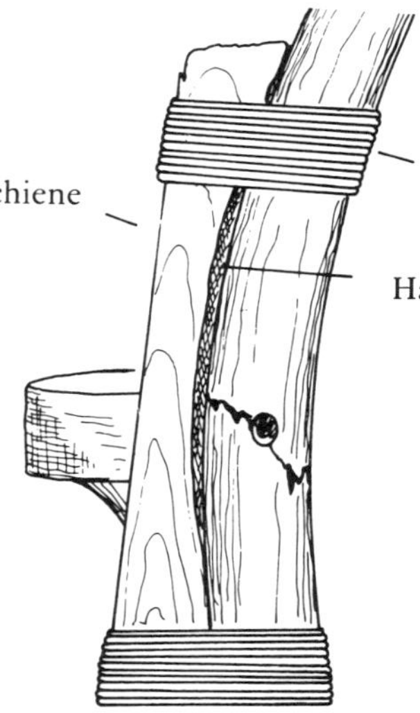

Instandsetzen des Lehnenreifens an einem Windsor-Stuhl

Eine solche Ausbesserungsarbeit ist selten eine einfache Sache, weil der Lehnenreifen verhältnismäßig schwach ist, aber ziemlich hohe Spannungen auszuhalten hat.

Arbeitsgänge

Die Bruchstelle wird mit Epoxidharzkleber verleimt, wobei der Reifen so geschient werden muß, daß die Bruchstücke zusammenhalten. Die Holzschiene ist an beiden Enden vorübergehend mit einer Kordelbindung zu befestigen; offene Stellen zwischen Schiene und Reifen sind mit einem Zweikomponenten-Hartfüllstoff auszufüllen.

Für die Instandsetzung wählen Sie ein Stück gesundes und geradfaseriges Holz in 1 1/2-facher Stärke des Reifens. Letzteren sägen Sie ober- und unterhalb der geleimten Bruchstelle zinkenförmig ein, und zwar ein wenig über die Mitte des Reifens hinaus, wenn die Schiene sich außen auf dem Reifen befindet. Das in Schichten aufgebaute Ersatzholz macht sich auf der Innenseite des Reifens weniger bemerkbar. Das Abfallholz zwischen den Sägeschnitten beseitigen Sie mit dem Stemmeisen und setzen ein 2–3 mm dickes, an den Kanten passend abgeschrägtes Ersatzbrettchen in die Aussparung ein; es wird fest eingeschoben, herausgenommen, mit Epoxidharzkleber bestrichen, wieder eingesetzt und mit einer Zwinge festgeklemmt.

Am nächsten Tag kann ein zweites Ersatzbrettchen – länger als das erste und auf beiden Seiten darüber hinausragend – eingeklebt und festge-

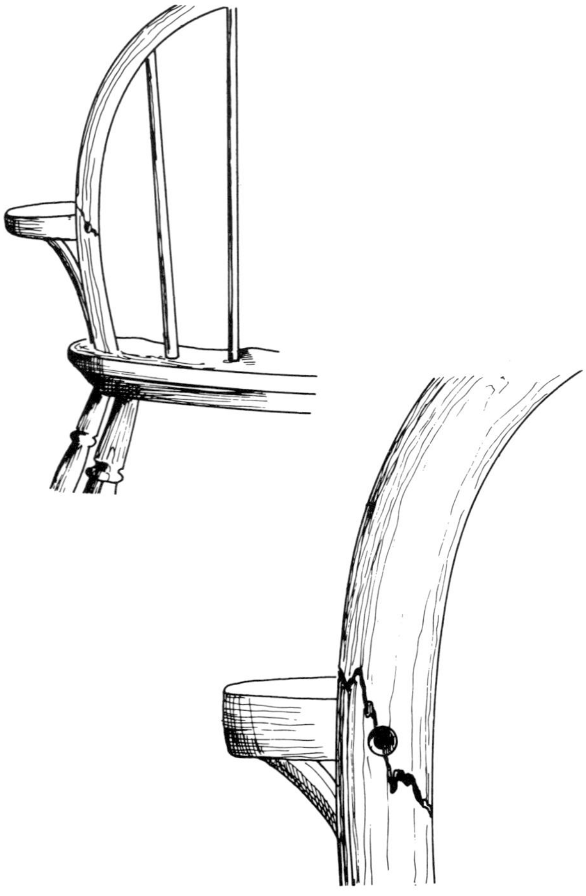

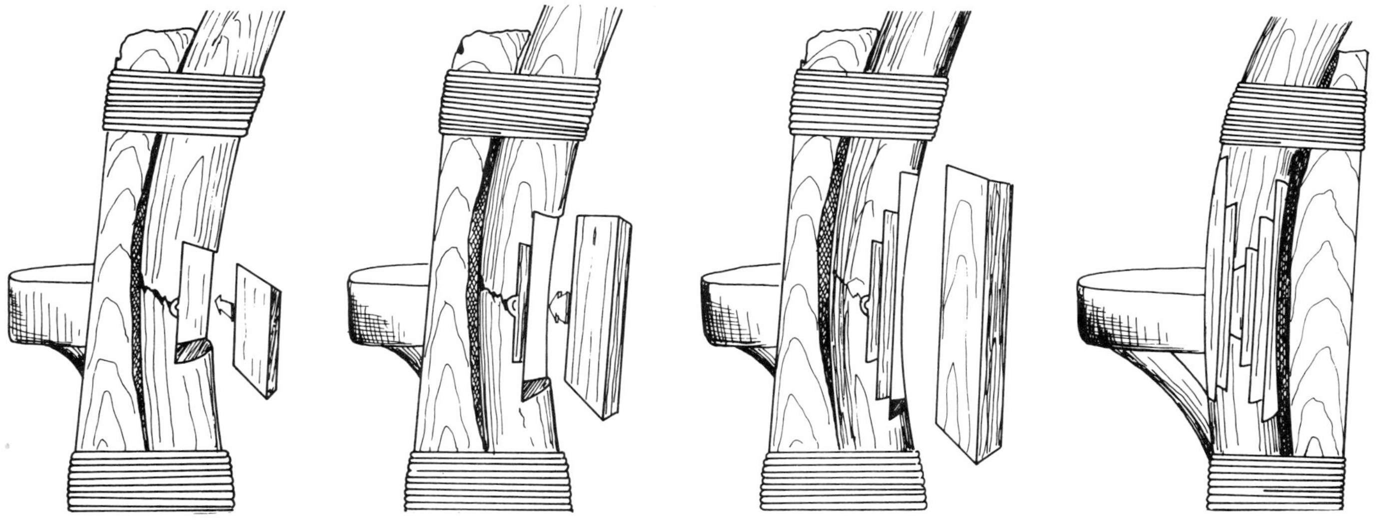

spannt werden. Dieses Aufschichten von Ersatzholz setzen Sie fort, bis die Stärke des Reifens auf der Innenseite erreicht ist.

Nach dem Aushärten des Klebers setzen Sie auf der Reifeninnenseite eine neue Holzschiene an und füllen hier ebenfalls den Zwischenraum mit Zweikomponenten-Füller aus. Dann wiederholen Sie den Vorgang auf der Außenseite, bis dort der Reifen wieder auf volle Stärke aufgebaut ist.

Wenn die Leimfugen trocken sind, nehmen Sie die Schiene ab und formen die eingesetzten Ersatzhölzer in Profil und Querschnitt dem Reifen nach.

Diese Arbeit erfordert viel Zeit zum Trocknen und Abbinden, macht aber keine große Mühe, wenn darauf geachtet wird, daß die ersten Ersatzhölzer mit der Maserung des Reifens übereinstimmen. Nachdem das erste Ersatzbrettchen befestigt worden ist, kann dessen Stirnfläche als Führung für das Stemmeisen bei der Herrichtung der Aufnahmen für die nächsten Stücke verwendet werden. Bei den meisten Stühlen dieser Art ist es einfach, die Ausbesserungsstelle zu kaschieren; wo das Holzwerk jedoch gebleicht worden ist, sollte dem Kleber ein wenig Farbstoff beigemischt werden.

17 Oberflächenbehandlung – größere Arbeiten

Bei einem Möbelstück, dessen abgestumpfte Oberfläche einer Auffrischung bedarf, ist oft nur wenig mehr als eine gründliche Behandlung mit einem hochwertigen Wachs erforderlich. Am besten dafür geeignet sind die im Handel erhältlichen, langsamtrocknenden Möbelwachse. Das Wachs ist mit einem sauberen Lappen (ohne Knöpfe und Reißverschlüsse!) aufzutragen, wobei alle behandlungsbedürftigen Stellen erfaßt werden müssen. Eine stärkere Reinigungswirkung kann durch das Einwachsen mit feiner Stahlwolle statt des Lappens erzielt werden. Damit ist sanft über die Oberfläche zu reiben, damit die darunterliegende Politur nicht angekratzt wird. Zurück bleibt ein dünner Wachsfilm, der trocknen und nach ein paar Stunden poliert werden muß.

Ein hellerer Glanz kann nach dem Reinigen dadurch erreicht werden, daß man einen dünnen Überzug aus schnelltrocknendem Hartwachs aufträgt, das schnell und gleichmäßig aufzureiben und mit einem fusselfreien Tuch abzuwischen ist. Dann läßt man den Rückstand trocknen und poliert sofort nach.

Auffrischen eines Möbelstücks

Wenn das Möbelstück nach dem Wachsen immer noch stumpf und glanzlos aussieht, besteht eventuell die Möglichkeit, die Politur selbst aufzufrischen. Letztere läßt die Schönheit eines Holzteils besser zur Geltung kommen und bietet dem Restaurator einen Einblick in die „Tiefe" des Materials. Ist die Politur alt und rissig oder schon teilweise zersetzt, so behindert sie diesen Einblick wie eine schmutzige Fensterscheibe. Eine solche Politur ist durch Wachsen nicht mehr aufzufrischen, sondern bedarf einer Gesamtbehandlung mit einer Auffrischungslösung.

Ein einfaches, aber wirkungsvolles Mittel besteht aus einer Mischung aus Brennspiritus, Terpentin und Leinöl zu gleichen Teilen, der ein Spritzer Essig beigegeben wird. Die Aggressivität der einzelnen Lösungsmittel reicht zwar aus, um in die Politur einzudringen, aber nicht, um sie zu zersetzen (wie beim Abbeizen) oder abzuheben.

Die Auffrischungslösung ist auf das ganze Möbelstück bis in die kleinsten Ecken hinein mit einem weichen Lappen aufzutragen; lassen Sie die Lösung etwa eine halbe Stunde einwirken. Dann ist die Oberfläche abzuwischen und, wenn der Rückstand getrocknet ist, anschließend einzuwachsen. Stark verschmutzte Möbelstücke können mit reichlich Auffrischungsmittel abgerieben werden, das mit sehr feiner Stahlwolle aufgetragen wird. Achten Sie darauf, daß die Politur dabei nicht abgeschabt wird und keine häßlichen stumpfen Stellen zurückbleiben.

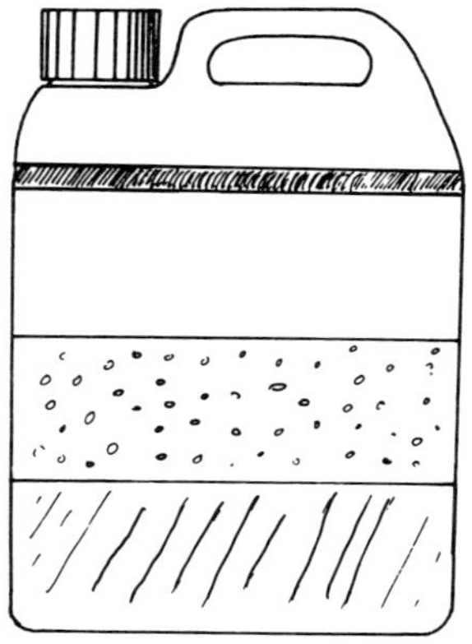

Farb- oder Leimkleckse oder sonstige Flecken, die auf die Oberfläche des Möbelstücks gespritzt worden sind, lassen sich gewöhnlich vorsichtig mit einem sehr scharfen Messer oder einer Rasierklinge beseitigen, und zwar besser als mit Stahlwolle, durch welche die Breiche um den Flecken herum beschädigt werden könnten. Schwer beschädigte Stellen jeder Art können durch Einreiben mit Schellack saniert werden.

Kaschieren kleinerer Reparaturstellen

Bei dieser Arbeit muß äußerst sorgfältig und methodisch vorgegangen werden; zur Ausbesserung selbst siehe Seite 134 f. Für den Fall, daß die sanierte Stelle nicht genau zu ihrer Umgebung paßt, sollte ihr Farbton etwas heller sein als das umliegende

Holz, und sie sollte das Licht genau wie dieses reflektieren. Ist die Stelle dunkler, so wird sie mit ein paar Tröpfchen Haushalts-Bleichmittel aus einer Injektionsspritze auf die unpolierte Fläche aufgehellt. Die Bleiche wird neutralisiert und trocknen gelassen.

Einfärben

Hierzu werden ein feiner Zobelhaarpinsel, ein Satz Künstler-Wasserfarben sowie Wasser und ein wenig Seife benötigt. Für Ausbesserungsstellen von weniger als 2 cm^2 Größe ist keine Beize erforderlich. Die Wasserfarbe wird entsprechend der Färbung des umgebenden Holzes ziemlich trocken angemischt, jedoch etwas heller im Farbton, weil das Holz später durch die Politur abgedunkelt wird. Arbeiten Sie mit kurzen Pinselstrichen längs der Faser und lassen Sie kleine Stellen zwischen den Pinselstrichen unberührt.

Größere Flächen als etwa 2 cm^2 können mit Beize behandelt werden; verschiedene Beiz- und Räucherverfahren sind auf den Seiten 216 ff. beschrieben. Der Lappen zum Auftragen der Beize muß ein bißchen feucht sein, und die Fuge zwischen der Sanierungsstelle und dem Grundholz darf nur mit einem absoluten Minimum an Beize bedeckt werden, denn die Trennlinie dazwischen läßt sich nur sehr schwer kaschieren, wenn man die Beize in die angrenzende Maserung hinein verlaufen läßt.

Nach dem Einfärben oder Beizen und Trocknen der Reparaturstelle (zu beschleunigen durch die Wärme einer aufgelegten Handlampe) ist ein wenig Schellack aufzutragen, um die Farbe zu fixieren und dem Holz seinen wahren Farbton zu verleihen. Wenn dieser zu dunkel ausgefallen ist, reiben Sie die Stelle mit feiner Stahlwolle ab, die Sie mit ein paar Tropfen Brennspiritus benetzt haben. Nachdem der richtige Farbton des Grundholzes erreicht ist, können Maserung und Altersspuren mit Hilfe der Wasserfarben einretuschiert werden. Vermeiden Sie dabei jegliche Übertreibung, denn ein dunkler Fleck fällt gewöhnlich mehr ins Auge als ein heller, der sich außerdem ohne Beeinträchtigung des Ergebnisses der vorherigen Arbeit nachdunkeln läßt.

Für den Fall, daß die Fuge zwischen Sanierungsstelle und Grundholz teilweise sichtbar bleibt, gibt es eine Reihe von Hilfsmitteln, die dazu dienen, das Auge irrezuführen und die Stoßstelle zu tarnen. Die äußere Erscheinung der Sanierungsstelle muß in jeder Hinsicht der Holzoberfläche im übrigen entsprechen. Betrachten Sie deshalb die vorhandenen Spuren eingehend und reproduzieren Sie sie genau an den Rändern des Übergangs; Linien, Tupfer oder subtile Farbabtönungen erfordern dabei ein scharfes Auge und eine sichere Hand.

Nachdem das Einfärben beendet ist, erfolgt die Fixierung mit einem Schellacküberzug. Dann wird die letzte Politur so aufgebaut, wie dies auf den Seiten 229 f. beschrieben ist. Falls das Möbelstück mit farblosem Lack behandelt worden ist, kommt dieser auch hierbei für die Oberflächenbehandlung zur Anwendung.

Ausbessern von Oberflächenschäden

Dellen, Kratzer und Löcher

Auffällige Schadstellen auf der Oberfläche sind entweder zu sanieren oder unbehandelt zu lassen – eine Frage, die nicht leicht zu entscheiden ist. Bedenken Sie, daß eine Sanierung und die damit verbundene Oberflächenbehandlung ein Möbelstück oft so weit verändern können, daß das, was vorher als Schadstelle galt, nunmehr als Beleidigung für das Auge betrachtet wird.

Kleine Dellen (oder an weniger auffälligen Stellen auch größere) sind nach einem der nachstehend beschriebenen Verfahren zu behandeln.

Harzfüllmittel

Handelsübliche Zweikomponenten-Füllstoffe oder Epoxidharzkleber mit feinem Sägemehl (Holzmehl) sind zum großflächigen Ausbessern unter der Voraussetzung geeignet, daß sie an Ort und Stelle gut verankert werden können. Eine geeignete Verankerung wird beispielsweise durch Drahtstifte gebildet, die in die auszufüllende Vertiefung so tief eingeschlagen werden, daß ihre Köpfe unterhalb der polierten Oberfläche liegen. Die Vertiefung wird ringsherum am Rand mit Band abgeklebt und ein wenig über die Höhe des umliegenden Grundholzes hinaus mit dem Füllmittel ausgegossen, so daß letzteres nach dem Hartwerden glattgestemmt und beigeschliffen werden kann.

Nach dem Aushärten des Füllmittels kann das Klebeband vorsichtig abgezogen werden. Dadurch ist das umliegende Grundholz sauber geblieben und

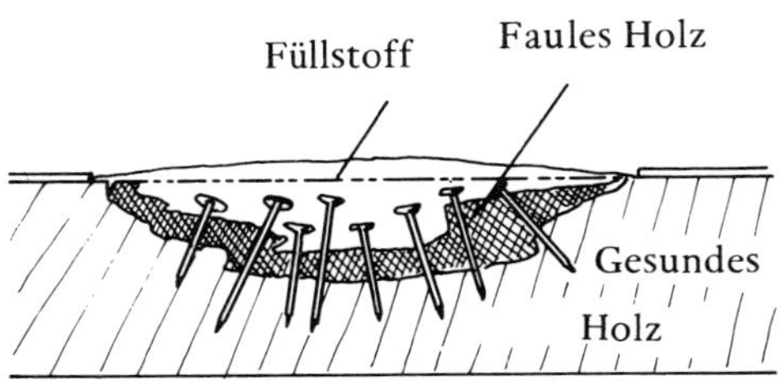

kann nachgeschliffen werden. Zweikomponenten-Füller können mit einem angefeuchteten Messer vor dem Aushärten geglättet werden.

Soll das Möbelstück abgebeizt werden, so braucht das Beischleifen nicht so gründlich vorgenommen zu werden, weil das Abbeizmittel den überschüssigen Füllstoff weitgehend beseitigt.

Handelsübliche Füllstoffe sind schwer einzufärben und wirken an sich in farblicher Hinsicht ziemlich leblos. Um beim Abtönen mit Wasserfarben die gewünschte Wirkung zu erzielen, ist überlegt und vorsichtig zu Werke zu gehen. Das beste Ergebnis wird dadurch erzielt, daß man die Farbe und ihre Tönungen nach und nach „aufbaut" und jeden Farbüberzug mit einem ziemlich dicken Film aus transparentem Schellack fixiert, wodurch das Zustandekommen einer durchscheinenden Wirkung unterstützt wird. Beginnen Sie stets mit den hellen Farbtönen und warten Sie mit den dunklen bis zuletzt.

Wachs- und Harzfüllmittel

Solche Füllstoffe kann der Restaurator selbst herstellen und bis zum Gebrauch aufbewahren. Unterschiedliche Härtegrade sind durch die Beigabe von Harz- und Schellackflocken zu dem geschmolzenen Wachs zu erreichen (siehe S. 133). Je mehr Harz beigemischt wird, desto härter und lichtdurchlässiger wird das Füllmittel, das wie nachstehend beschrieben hergestellt wird.

Aus einer runden Tabaksdose und einem Stück Dübelholz als Griff fertigen Sie ein einfaches Gießpfännchen an, in dem sie eine kleine Menge Bienenwachs auf schwacher Flamme zum Schmelzen bringen und ihm dem gewünschten Farbton entsprechend ein Trockenpigment beigeben. Für die Härte kommen eine Prise gemahlenes Baumharz

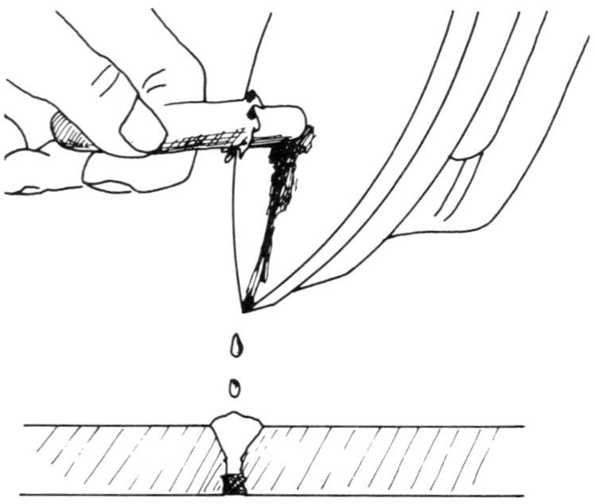

und ein oder zwei Blättchen Schellack hinzu. Für Weichholz oder an Stellen, wo ein Arbeiten des Holzes zu erwarten ist, wird zweckmäßigerweise ein weicheres Wachs verwendet.

Aus dem Pfännchen gießen Sie das Füllmittel in eine Stangenform, die Sie aus Aluminiumfolie herstellen können, und lassen es kalt werden.

Der Füller kann entweder kalt in den Riß oder das Loch eingerieben und mit feiner Stahlwolle abgezogen werden, oder man kann ihn auf der warmen Sohle eines Bügeleisens zum Schmelzen bringen und in die zu verstopfende Öffnung einträufeln. Stopfen Sie vorher den Grund des Loches mit kaltem Wachs oder einem anderen Füllmittel aus, so daß das Wachs sich darauf absetzen kann. Wenn das Wachs nur schwer auf der Holzoberfläche haften will, können Sie die Stelle kurz mit einem heißen Bügeleisen anwärmen, damit das Wachs in das Holz eindringen kann.

Mit einem Beitel oder einer Rasierklinge wird die Füllung beigearbeitet und nach dem Abkühlen mit Stahlwolle geglättet.

Stangenschellack zum Einbrennen

Diese Art der Ausbesserung verlangt eine gewisse Übung; benötigt werden dazu eine Auswahl verschieden getönter Schellackstangen, ein Messer mit gebogener, aber elastischer Klinge und ein Spiritusbrenner. Das Messer wird mit der konkaven Fläche in die Flamme gehalten und erwärmt, bis der Schellack daran schmelzflüssig wird. Wenn das Messer zu heiß ist, wirft der Schellack Blasen und verbrennt, während er an einem zu kalten Messer anklebt.

Bei richtiger Temperatur wird die Stange gegen die Messerspitze gedrückt, wo sich eine Schellackperle bildet. Wärmen Sie das Messer wieder an

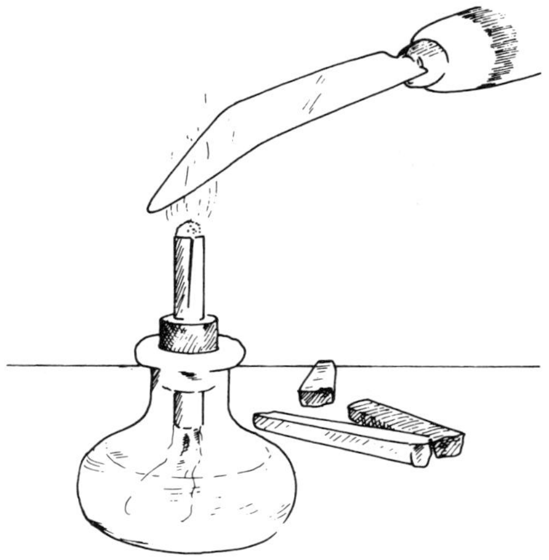

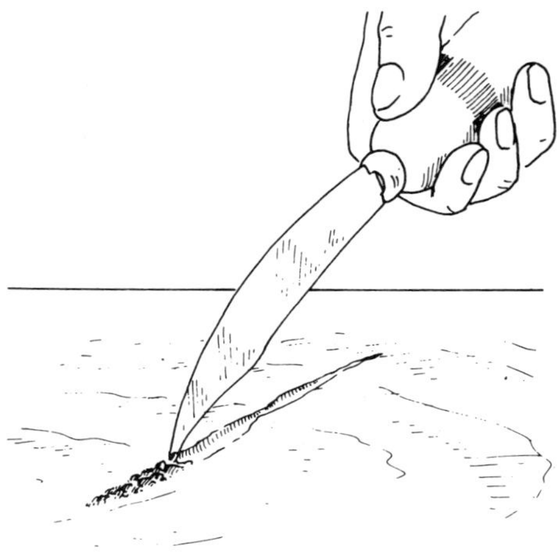

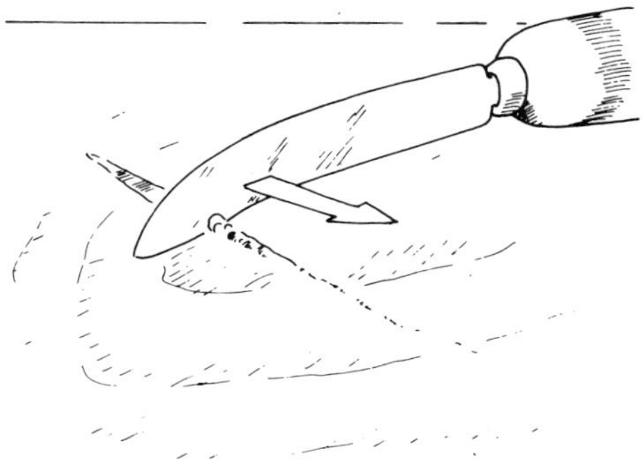

und schieben Sie es mit der Spitze in den Riß oder Spalt. Durch Hin- und Herbewegen des Messers löst sich der Schellack und dringt in den Spalt ein. Geben Sie mit dem Messer mehr Schellack hinzu, bis der Riß bündig mit der Holzoberfläche gefüllt ist.

Dann wird das Messer durch Anwärmen und Abwischen mit einem Lappen gesäubert, erneut angewärmt und vorsichtig in Längsrichtung über den Riß gezogen, wobei der Schellack in den Spalt hineingedrückt und überschüssiger Schellack beseitigt wird. Das Messer muß dabei unbedingt in Bewegung gehalten werden, denn jegliches Anhalten oder Verzögern kann dazu führen, daß das heiße Messer die angrenzende Politur beschädigt.

Nach dem Erkalten kann die Schellackfüllung mit feinem Schmirgelpapier auf einem Schleifklotz beigearbeitet werden.

Eine Maserung kann entweder mit dem Pinsel nachgefärbt oder durch den abwechselnden Gebrauch der verschieden getönten Schellackstangen innerhalb des Füllstoffes reproduziert werden.

Behandlung von Schadstellen

Art des Schadens	Ursache	Behandlung
schwarze Stellen	Tinte, Farbe, Brandlöcher oder Rost; manchmal auch Wasser, das die Politur durchdrungen und sich darunter abgelagert hat.	*Tinte.* Politur entfernen. Kleine Menge Haushaltsbleichmittel auftropfen, trocknen lassen, nach Beseitigung des Fleckens mit Wasser neutralisieren, nachfärben und polieren. *Brandlöcher/Rost.* Tiefe durch Abschaben feststellen. Zufüllen oder ausbessern. *Wasser.* Stelle abbeizen und trocknen lassen. Bleichen, neutralisieren und einfärben.

Art des Schadens	Ursache	Behandlung
weiße Stellen	Oberflächenverfärbung durch Einwirken von Alkohol, Wasser oder Hitze auf Schellackpolitur	Verdorbene Politur mit feinem Glaspapier abreiben, notfalls einfärben und neuen Überzug aufbringen. Verfärbung kann eventuell durch Einreiben der betreffenden Stelle mit einer Mischung aus Öl und Brennspiritus rückgängig gemacht werden. Oder man benetzt die Stelle mit Brennspiritus, neigt die Oberfläche senkrecht und zündet den Spiritus am unteren Rand an, so daß er über der schadhaften Stelle abbrennt. Oft läßt sich die Lichtdurchlässigkeit auf diese Weise wieder herstellen, aber die Oberfläche muß dann abgerieben und mit Schellack neu aufgebaut werden.
zersetzte Politur, Rißbildung, Abblättern	Oberfläche mangelhaft vorbehandelt	Politur entfernen und von neuem mit der Arbeit beginnen.
Beize versickert in Politur	Beize und Politur enthalten das gleiche Lösungsmittel; keine Versiegelung	Politur beseitigen und Stelle nachbeizen. Dann mit einem Stoff versiegeln, der ein anderes Lösungsmittel hat als die Beize. Leicht mit Sandpapier abschleifen und nachpolieren.
Oberfläche bleibt klebrig	verschüttetes Lösungsmittel oder natürliche Öle im Holz, die restloses Aushärten der Politur verhindern	Politur und Auffrischungsmittel abwaschen; falls ohne Erfolg, Politur entfernen, Holzwerk im Freien mit Benzin abwaschen und nach Beschreibung auf Seite 213 versiegeln.
	minderwertiges Poliermaterial	Alte Politur abbeizen und bessere Qualität auftragen.
Beize verblaßt und wird fleckig	alle Beizen sind flüchtig, aber verblassen gleichmäßig; tiefgreifende Veränderungen vermutlich durch Spuren von Bleichmittel oder Oxalsäure, die im Holz zurückgeblieben sind und die Beize angegriffen haben	Politur abbeizen, mit Wasser oder Borax neutralisieren und trocknen lassen. Dann neue Politur auftragen.

18 Oberflächenbehandlung – größere Arbeiten

Abbeizen von Möbelstücken

Viele Möbelstücke, die dem Restaurator in seiner Werkstatt abgeliefert werden, müssen komplett abgebeizt werden. Selbstverständlich gibt es Möbel mit einer guten und schön patinierten Politur, die dann natürlich zu berücksichtigen ist. Zahlreiche Möbelstücke haben jedoch trotz ihrer guten Qualität den Anschein, als hätten sie jahrelang in einer Garage oder Scheune gestanden; sie müssen, wenn die Restaurierung des Holzwerkes beendet ist, abgebeizt werden, damit ihre ganze Schönheit wieder sichtbar wird.
Dem Restaurator stehen mehrere Verfahren des Abbeizens zur Verfügung.

Abbeizer

Handelsübliche Abbeizmittel
Bei der Anwendung solcher gefährlicher Chemikalien sind immer die Anweisungen des Herstellers zu befolgen. Diese Fertigabbeizer können, falls in der Gebrauchsanweisung nichts anderes vermerkt ist, für alle Holzarten und die meisten Decküberzüge benutzt werden.

Arbeitssicherheit
Arbeiten Sie in einem gut belüfteten Raum mit rutschfestem Boden und Wasseranschluß. Das Tragen einer Schutzbrille, dicker Gummihandschuhe (möglichst in Unterarmlänge) und einer Arbeitsschürze ist zu empfehlen. In keinem Falle darf bei der Arbeit geraucht werden. Kinder, Haustiere und fertig polierte Möbelteile sind fernzuhalten. Spritzer auf der Haut sind sofort abzuwaschen. Falls Abbeizmittel in die Augen gelangt, sind diese umgehend mit klarem Wasser auszuspülen. Das Einatmen der Dämpfe ist tunlichst zu vermeiden, weil sie Reizungen der Haut und der Atemwege zur Folge haben.

Arbeitsgänge
Wenn das Möbelstück mit dicken Farb- oder Lackschichten bedeckt ist, beizt man die einzelnen Seiten nacheinander ab, wobei das Möbelstück so gedreht wird, daß die abzubeizende Fläche jeweils waagerecht liegt. Türen und Schubladen sind zu entfernen und gesondert abzubeizen.

Gießen Sie das Abbeizmittel in einen kleinen Plastikeimer mit Deckel und tragen Sie es mit einem Pinsel auf. Sind dicke Farb- oder Lackschichten zu entfernen, so wickeln sie das Möbelstück in Kunststoffolie oder legen feuchte Sackleinwand darüber, damit das Abbeizmittel nicht austrocknet. Während das Abbeizmittel seine Wirkung entfaltet, nehmen Sie die Folie oder Leinwand von Zeit zu Zeit ab und rühren Sie die Beizschicht mit einem groben Borstenpinsel durch; zum Säubern von schwierig geformten Zierprofilen und Schnitzereien ist dies besonders notwendig.

Wenn das Abbeizmittel die Lackschicht gelöst hat (was nicht beschleunigt werden kann), ist die Umhüllung abzunehmen und unter fließendem Wasser abzuwaschen. Mit einem Spachtel wird dann die aufgelöste Politur oder Farbe von den flachen Teilen des Möbelstücks abgeschabt. Anschließend werden die Flächen mit Stahlwolle kräftig abgerieben. An Stellen, wo die Farbe nicht gelöst ist, kann sie mit einem angespitzten oder angeschärften Stück Holz vorsichtig abgehoben werden.

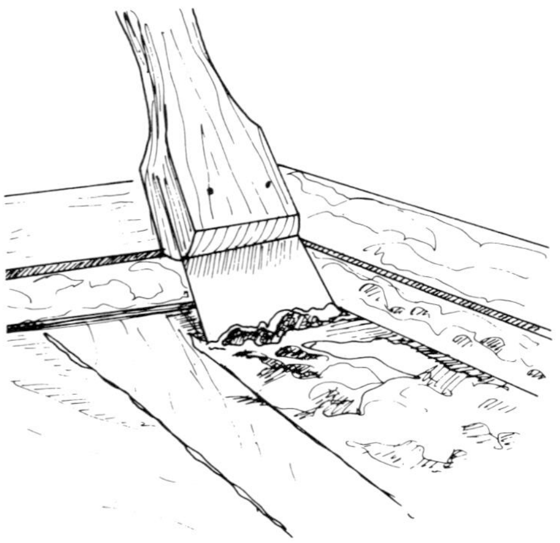

Dann wiederholen Sie die ganze Prozedur, bis alle Schichten auf dem Holz beseitigt sind.

Eine Anleitung zum Neutralisieren des Abbeizmittels ist meistens auf dessen Verpackung aufgedruckt. Wenn Sie die Wahl haben zwischen Wasser und Brennspiritus, greifen Sie zu letzterem, denn er trocknet schnell und rauht die Holzmaserung nicht auf. Tragen Sie das Neutralisierungsmittel mit feiner Stahlwolle auf und wischen Sie mit einem sauberen, trockenen Tuch nach.

Vorsichtsmaßnahmen

Wenn die Arbeit des Abbeizens und Neutralisierens beendet ist, stellen Sie das Möbelstück zum Trocknen zur Seite. Schauen Sie gelegentlich nach, ob Abbeizmittel, das sich in Formteilen oder Falzen angesammelt hat, seitlich an dem Möbelstück heruntergelaufen ist, denn wo das Abbeizmittel auf der Oberfläche des blanken Holzes verbleibt, färbt es das Holz dunkel. Scheuern Sie die betreffenden Stellen sauber und neutralisieren Sie sie noch einmal mit Brennspiritus.

Nach dem Neutralisieren mit Brennspiritus kann ein weißer Belag auf der Oberfläche zurückbleiben, und zwar durch den Lappen, der zum Abwischen benutzt wurde, nachdem er sich mit Spiritus und Politurrückständen vollgesogen hatte. Läßt man diesen Belag eintrocknen, so ist er später schwer zu entfernen; er muß also mit Stahlwolle abgerieben werden. Zum Neutralisieren dürfen nur saubere und trockene Lappen benutzt werden. Durch Neutralisieren mit Feinspiritus (Polierspiritus) läßt sich die Schwierigkeit mit dem Belag teilweise vermeiden.

Kaustische Sodabeize

Arbeitssicherheit

Beim Umgang mit diesem Beizmittel, das auch als Ätznatron bekannt ist, muß Schutzkleidung und Schutzbrille getragen werden. Kaustische Verbrennungen durch Spritzer müssen in einer großen Wanne mit klarem Wasser sofort abgespült werden. Äußerste Vorsicht wird nicht nur im direkten Umgang mit dieser Chemikalie, sondern auch in der Handhabung von Werkzeugen, Arbeitsböcken, Türgriffen u.s.w. verlangt, damit sie nicht mit der Beize in Berührung kommen.

Arbeitsgänge

Manche Hölzer werden durch die Behandlung mit kaustischer Sodabeize so weitgehend verätzt, daß ihre Frische und natürliche Färbung für immer verlorengehen, auch wenn ihre Dunkelfärbung durch die Beize durch mehrfaches Abwaschen mit Bleichmittel teilweise gemindert werden kann. Kiefern- und Fichtenholz kann mit Ätznatron abgebeizt werden, ohne daß eine dunkle Verfärbung zu befürchten ist. Eine längere Einwirkung bleicht jedoch die natürlichen Öle im Holz aus, wodurch es ein ziemlich stumpfes und „totes" Aussehen bekommt. Bei anderen Hölzern prüfen Sie das Verhalten beim Abbeizen zunächst an einem Stück Abfallholz. Bei einigen Holzarten, z.B. Eiche (Dunkelfärbung durch Ätznatron), ist es möglich, eine starke Verätzung der Oberfläche dadurch zu vermeiden, daß man sehr schnell arbeitet und die Dauer der Berührung des Holzes mit dem Beizmittel auf ein Mindestmaß beschränkt. Da Glutinleim von Ätznatron aufgelöst wird, dürfen Kastenmöbel, furnierte Stücke und alle mit Glutinleim zusammengehaltenen Teile nicht damit behandelt werden. Kaustische Soda kann in kaltem Zustand oder mit warmen Wasser vermischt verwendet werden. Die Beiztechnik bleibt an sich dieselbe, aber warme Beize wirkt schneller. Mit heißem Wasser darf kaustische Soda nicht gemischt werden.

Geben Sie die Sodakristalle in das kalte oder warme Wasser, bis eine Konzentration von etwa 500 g auf 4 l Wasser erreicht ist, die zum Abbeizen vollauf genügt. Die Mischung ist durchzurühren, bis sich die Kristalle aufgelöst haben.

Stellen Sie das Möbelstück im Freien auf eine wasserdichte Plastikfolie, die Sie mit Kanthölzern oder Brettern umranden, damit die Beize nicht ins Erdreich versickern kann. Nachdem Sie Türen, Schubladen und Griffe entfernt haben, tragen Sie die Beize mit einem Schwamm oder einer Kelle auf, wodurch die Farb- oder Lackschicht sich zusammenzieht und abhebt. Setzen Sie diese Arbeit fort, wobei Sie die Wirkung der Beize durch sanfte Bearbeitung der aufgelösten Schicht mit einer ziemlich weichen Scheuerbürste beschleunigen. Vermeiden Sie nach Möglichkeit, die Beize zu verspritzen oder zu versprühen.

Zum Schluß wird die Holzoberfläche durch Abwaschen mit einer schwachen Essigsäurelösung neutralisiert. Falls sich kleine weiße Kristalle in Spalten und Ecken bilden sollten, nachdem Sie das Möbelstück zum Trocknen abgestellt haben, waschen Sie es noch einmal mit Wasser ab und wiederholen Sie dann das Neutralisieren.

Auf Oberflächen mit dicken Farb- oder Lackschichten kann eine breiige Mischung aus kaustischer Soda und Sägemehl (oder irgend ein anderes neutrales Bindemittel) dick aufgetragen und stehengelassen werden. Dieser Brei lockert den Überzug auf und bereitet ihn für die Beizbehandlung vor. Decken Sie eine solche Mischung immer mit einer Folie ab, damit niemand zufällig mit ihr in Berührung kommen kann.

Schälbeizen

Mit diesen Mitteln können Sie viel Zeit sparen, denn Sie bereiten den Überzug (Politur, Farbe oder Lack) zum Abziehen (Abschälen) in einem Stück vor. Wählen Sie ein Fabrikat, welches das Holz nicht verfärbt. Diese im Handel erhältlichen Schälbeizen sind ziemlich teuer und ersparen dem Restaurator keineswegs einen beträchtlichen Arbeitsaufwand bei der nachträglichen Säuberung.

Eine Gebrauchsanleitung ist stets auf der Verpackung aufgedruckt und muß beachtet werde.

Abbeizen mit Brennspiritus

Diese ist nur auf alkohollöslichen Polituren auf Schellackbasis wirksam. Und wie immer auch hierbei: Schutzhandschuhe tragen. Kein offenes Feuer in der Werkstatt und striktes Rauchverbot. Türen und Schubladen entfernen und getrennt behandeln.

Gießen Sie den Spiritus in eine Plastikschale und tragen Sie ihn mit einem Ballen feiner Stahlwolle auf. Bearbeiten Sie eine Fläche nach der anderen, wobei Sie schnell und gründlich mit dem Stahlwollballen scheuern. Anschließend wischen Sie die Fläche sauber.

Es ist möglich, eine Oberfläche bis auf eine saubere, tieferliegende Schicht abzubeizen. Wenn die Fläche danach rasch getrocknet wird, kann sie leicht abgeschliffen und als Grundlage für einen neuen Decküberzug verwendet werden.

Achten Sie darauf, daß der Brennspiritus nicht seitlich an dem Möbelstück herunterrinnt, weil dies die Politur aufweichen und ein tieferes Nacharbeiten an der betreffenden Stelle notwendig machen kann.

Brennspiritus braucht nicht neutralisiert zu werden, aber die frisch aufgebeizten Stellen müssen aushärten. Reiben Sie die Oberfläche leicht mit sauberer, feiner Stahlwolle oder feinem Sandpapier ab und entfernen Sie den Schleifstaub mit einem sauberen, trockenen Lappen. Dieses Abbeizverfahren lohnt sich nur dann, wenn die Möglichkeit besteht, daß ein Teil des ursprünglichen Decküberzugs als Unterlage für weiteres Polieren beibehalten werden kann.

Vorbehandlung zum Beizen und Polieren

Wenn das Möbelstück abgebeizt und neutralisiert ist, muß es für die letzte Oberflächenbehandlung vorbereitet werden; trotz der scheuernden Wirkung der Stahlwolle kann es immer noch einen stumpfen und verschmierten Eindruck machen.

An einem alten Möbelstück kann eine leicht fleckige Patinierung, durch geringfügige Ansammlung von Schmutz unter einem Decküberzug hervorgerufen, durchaus ordentlich aussehen. Häufig ist es jedoch besser, den Schmutz mit einer Oxalsäurelösung abzuwaschen (siehe S. 216).

Fettige und ölige Oberflächen

Mit Oberflächen, die von Maschinen- oder Speiseöl durchtränkt sind, hat der Restaurator eine Reihe von Problemen, sogar noch nach dem Abbeizen. Zunächst wird die dunkle Verfärbung unter dem Decküberzug durch die Beize beseitigt, aber nach ein paar Tagen tauchen die Flekken wieder auf und fangen an, Öl oder Fett abzusondern. Die Frage ist dann, wie das Öl beseitigt oder, falls dies nicht möglich ist, stabilisiert werden kann, so daß es die aufpolierte Oberfläche nicht mehr von unten her durchdringt.

Behandlung

Das Möbelstück muß ins Freie gestellt und gründlich mit Benzin und Stahlwolle abgerieben werde.

Bevor mit der Oberflächenbehandlung begonnen wird, sind Öl und Fett soweit wie möglich auszulaugen. Dabei sind die normalen Sicherheitsvorkehrungen zu treffen, d.h. Arbeitsschürze und Schutzhandschuhe tragen, Einatmen der Dämpfe möglichst vermeiden und nicht rauchen.

Stabilisieren des Öls
Dazu brauchen Sie eine kleine Menge Ölfirnis in guter Qualität (kein Polyurethan), Terpentinersatz und ein paar Farbtrockenstoffe (Sikkative). Lösen Sie einen Eßlöffel Firnis in einer Tasse Terpentinersatz auf und geben Sie der Lösung einen halben Teelöffel Sikkativ hinzu. Bestreichen Sie die Oberfläche mit dieser Flüssigkeit und wischen Sie sie einige Augenblicke später ab.

Lassen Sie die Schicht trocknen und wiederholen Sie den Vorgang jeden Tag, wobei Sie die einzelnen Überzüge jeweils mit Sandpapier leicht abschleifen. Nach und nach erhöhen Sie den Firniszusatz in der Mischung und verringern den Anteil an Terpentinersatz und Sikkativ. Für den Decküberzug müssen die Mischungsanteile an Terpentinersatz und Sikkativen minimal sein, weil der Überzug sonst nicht richtig hart wird.

Der schöne Firnisüberzug, der dabei entsteht, kann entweder angerieben und gewachst oder auf normale Weise auf Hochglanz poliert werden.

Schwer zu entfernende Deckschichten
Hin und wieder bekommt der Restaurator mit Möbeln zu tun, die mit Linoleum, Resopal, Wachstuch oder sonstigen undurchlässigen Werkstoffen beklebt sind, und steht dann, was deren Beseitigung betrifft, vor ernsthaften Problemen. Eine einfache Lösung scheint dafür nicht in Sicht zu sein. Wichtig ist, daß Sie „sauber" arbeiten und nicht versuchen, den Klebstoff aufzulösen, ehe Sie ernsthaft probiert haben, die Deckschicht auf mechanischem Wege abzuheben, d. h. das Wachstuch abzureißen, die Resopalplatte hochzustemmen und das Lineoleum mit Hilfe eines Beitels abzuziehen. Entfernen Sie die Deckschicht soweit wie möglich mit Schabern, Beiteln und alten Hobelmessern, bis der Klebstoff zum Abbeizen freiliegt.

Diesen versuchen Sie zunächst mit Abbeizmitteln zu lösen, bevor Sie zu Benzin oder anderen, hochgiftigen und entzündlichen Lösungsmitteln greifen. Müssen solche angewendet werden, so führen Sie die Arbeit im Freien aus, wo die Dämpfe weniger gefährlich sind.

Schleifen von Hand
Wenn ein Möbelstück häßliche Gebrauchsspuren aufweist, oder wenn die Holzmaserung sich beim Abreiben und Säubern abgestoßen hat, muß dem Beizen und Polieren ein Arbeitsgang des Abschleifens und Polierens vorausgehen.

Sandpapier
Dieses Schleifmittel gibt es in verschiedenen Körnungen, die durch einen Zahlenaufdruck auf der Rückseite kenntlich gemacht sind. Je höher die Zahl, desto feiner die Körnung (was nicht für Schmirgelleinen gilt, das nach einem anderen System klassifiziert wird). In der Werkstatt wird eine Sortierung von Körnung 90 (grob) bis Körnung 400 (sehr fein) benötigt. Sparsamkeit durch die Wiederverwendung von abgenutztem Sandpapier für feine Schleifarbeiten ist fehl am Platze. Gebrauchtes Schleifpapier kann man zwar durch leichtes Klopfen gegen die Rückseite des Bogens reinigen, aber wenn es verschlissen und mit Schleifstaub zugesetzt ist, sollte es weggeworfen werden.

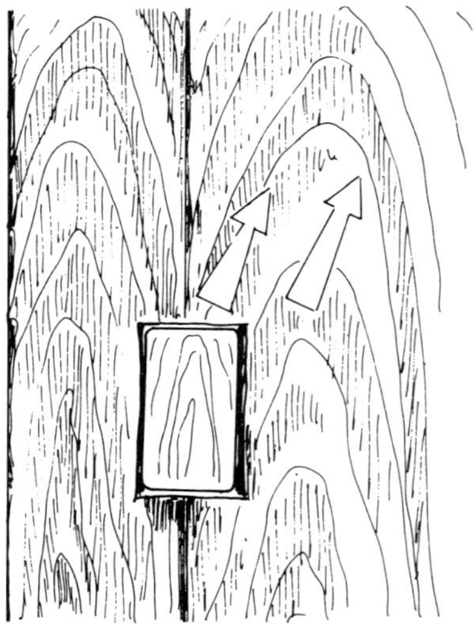

Die ersten Schleifbewegungen sind schräg zur Faserrichtung und niemals mit oder quer zu ihr auszuführen. Für grobes Sandpapier verwenden Sie einen Korkklotz oder einen Holzklotz mit Filzbelag, den Sie mit sanftem Druck gleichmäßig über die Oberfläche hinweg bewegen. Anschließend benutzen Sie feinere Körnungen jeweils auf die gleiche Weise, wobei Sie allerdings den Winkel der Schleifstriche zur Faserrichtung nach jedem Wechsel des Sandpapiers verengen, bis die letzten Striche dann parallel zur Faser verlaufen. Wenn das Möbelstück gebeizt werden soll, benutzen Sie kein feineres Papier als Körnung 120, weil die geschlif-

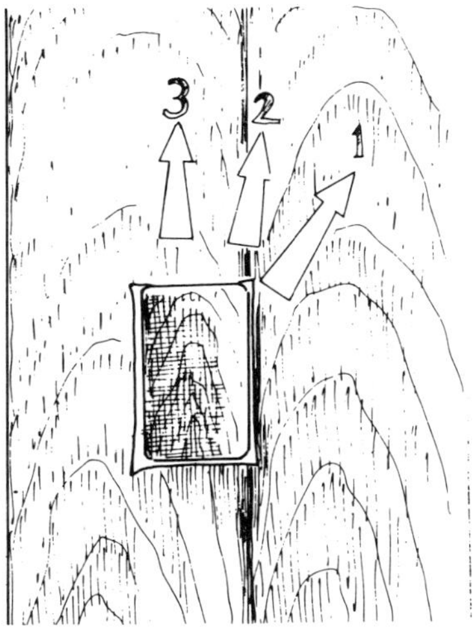

fene Fläche sonst so glatt wird, daß die Beize nicht in das Holz einziehen kann. Dies gilt nicht für den Fall, daß das Holz geräuchert oder mit chemischer Beize behandelt werden soll.

Bei der Herrichtung der Oberfläche für die Behandlung mit Wasserbeizen oder chemischen Beizen auf Wasserbasis ist das Holz anzufeuchten und dann vor dem Beizen anzuschleifen.

Schleifmaschinen

Winkelschleifer
Benutzen Sie niemals einen Winkelschleifer zum Glätten von freiliegenden Flächen, da dessen Schleifscheibe starke und schwer zu beseitigende Unebenheiten hinterläßt.

Schleifwalzen
Hierbei handelt es sich um schmale Walzen aus Schaumstoff, auf welche ein Schleifpapiergurt aufgezogen wird und die im Futter einer Bohrmaschine rotieren. Bei der Arbeit mit einer solchen Schleifwalze müssen Sie einen Staubschutz tragen, denn das Werkzeug arbeitet sehr wirkungsvoll und bläst Wolken von Schleifstaub in die Luft.

Für nicht vollkommen flache Oberflächen sowie zum Glätten von rauhen und abgeschlissenen Flächen ist es sehr gut geeignet, denn im Gegensatz zum Winkelschleifer hinterläßt es keine häßlichen radialen Kratzer.

Schwingschleifer
Ein Schwingschleifer ist, vereinfacht ausgedrückt, ein Schleifklotz, der durch Motorkraft in Schwingungen versetzt wird. Er arbeitet leistungsstark und erzeugt einen feinen Schliff. Prüfen Sie das aufgezogene Sandpapier auf Risse, Fremdkörper und Ansammlungen von Sägemehl, wodurch die Schleifwirkung beeinträchtigt werden kann. Den letzten Schliff geben Sie am besten von Hand, um jene winzigen runden Kratzer zu vermeiden, die auf der sauberen Holzoberfläche zwar nicht sichtbar sind, sich aber beim Beizen deutlich bemerkbar machen.

Nach dem Schleifen ist die Oberfläche abzufegen und der Schleifstaub wegzublasen.

Bleichen

Bleichen ist ein chemischer Prozeß, durch den der Farbton eines Holzteils aufgehellt wird. Während einige Holzarten sich gut bleichen lassen, erfordern andere eine öftere Wiederholung der Behandlung, bis der gewünschte Farbton erreicht ist. Es gibt drei Arten von Bleichmitteln, deren Anwendung nachfolgend beschrieben wird.

Zweikomponenten-Bleiche
Dieses äußerst kräftige Bleichmittel wird in zwei getrennten Komponenten aufbewahrt und verwendet. Es hat mit etwa 6 Monaten eine kurze Lagerzeit, die aber durch die Aufbewahrung in einem kühlen und dunklen Raum ein wenig verlängert werden kann.

Die Gebrauchsanleitung ist immer auf der Verpackung angegeben und zu beachten. Tragen Sie die erste Komponente des Bleichmittels auf und lassen Sie sie in das Holz einziehen. Den zweiten Bestandteil der Bleiche tragen Sie auf, solange der erste noch feucht ist, wodurch das Holz eine Weißfärbung annimmt. Es kann sein, daß sich bestimmte ölige, schwere Hölzer wie Ebenholz und Palisander damit nicht bleichen lassen, aber die meisten Holzarten sprechen auf die Behandlung an. Das anschließende Neutralisieren ist nach Anweisung vorzunehmen.

Haushaltsbleiche
Auch dieses Bleichmittel hat eine kurze Lagerzeit. Bei der Beseitigung von kleinen Flecken ist es am wirksamsten, wenn es vorsichtig auf das Holz getropft wird. Auf größere Flächen (Tischplatten usw.) wird es mit einem Schwamm längs zur Faser mit kurzen, gleichmäßigen Strichen aufgetragen. Beim Umgang mit der Bleiche sind Gummihandschuhe zu tragen. Der Arbeitsraum muß gut belüftet sein, denn die aufsteigenden Dämpfe sind äußerst unangenehm. Haushaltsbleichmittel werden mit Wasser neutralisiert.

Oxalsäure
Beim Auftragen dieser Säure sind Gummihandschuhe, Schürze und Schutzbrille zu tragen, außerdem ein Staubschutz, wenn mit Oxalsäure gebleichte Stellen abgeschliffen werden. Die Arbeit ist entweder im Freien oder in einem gut belüfteten Raum auszuführen.

Arbeitsgänge
Oxalsäurekristalle werden in kaltem oder warmem Wasser aufgelöst; diese Lösung wird je nach ihrer Verwendung weiter mit Wasser vermischt und umgerührt. Streichen Sie sie zur Feststellung ihrer Wirkung probeweise auf eine Ecke des Möbelstücks auf. Zum Bleichen sollte die Säure hoch konzentriert sein; verwenden Sie zum Auflösen warmes Wasser. Zum Reinigen von abgebeizten Möbelstükken kann die Konzentration niedriger sein.

Tragen Sie die Lösung mit dem Pinsel auf und verteilen sie gleichmäßig mit einem Schwamm. Die Oberfläche kann trockengewischt werden, wenn der Schmutz beseitigt ist. Die Säure wird mit einer Natriumbikarbonat-Lösung (doppelkohlensaures Natron) neutralisiert. Nach dem Trocknen kann das Möbelstück glattgeschliffen werden. Dabei ist ein Staubschutz zu tragen, denn der Schleifstaub ist schädlich und reizt die Atemwege.

Räuchern

Zum Räuchern von Holzteilen wird Ammoniakgas verwendet, das gerbsäurehaltige Hölzer dunkel färbt. Eiche und Nußbaum lassen sich besonders leicht räuchern, wobei ihre frische, blaßgelbe oder weiße Färbung in ein sattes Dunkelgrau, Schwarz oder grünliches Braun übergeht. Auch die meisten anderen Holzarten können geräuchert werden, wenn sie vorher mit Gerbsäure entsprechend behandelt wurden. Der Vorteil des Räucherns liegt darin, daß dabei keine Farbstoffe verwendet werden, um eine drastische Farbtonänderung zu bewirken, und daß die Holzmaserung ungetrübt bleibt.

Arbeitssicherheit
Ammoniak ist als wässrige Lösung im Handel und entwickelt bei der Verdunstung ein schweres Gas mit einem Wasserrückstand. Dieses Gas ist insofern gefährlich, als es zur vorübergehenden Blindheit und beim Einatmen zu Atembeschwerden führen kann. Beim Umgang damit ist also äußerste Vorsicht am Platze. Die zu räuchernden Holzteile

müssen sorgfältig in ein Rohr oder in ein paar durchsichtige Polyäthylenbeutel eingeschlossen werden, aus denen das Gas nicht entweichen kann.

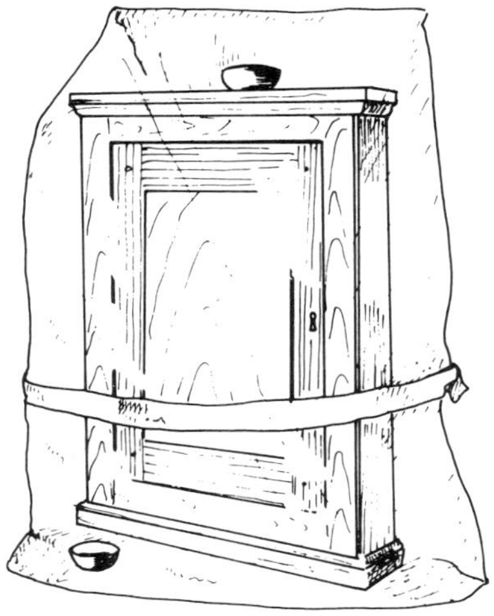

Diese Behälter dürfen nur im Freien oder abends kurz vor dem Schließen der Werkstatt geöffnet werden. Dämpfe nicht einatmen und nicht in den Ammoniakbehälter schauen. Zum Herausnehmen der Holzteile aus dem Gasbehälter (Rohr oder Plastikbeutel) sind Schutzhandschuhe zu tragen.

Arbeitsgänge

Einige Hölzer, z. B. Eiche und Nußbaum, haben einen hohen Gerbsäuregehalt; sie reagieren deshalb prompt auf das Räuchergas und verfärben sich. Holzarten mit einem geringeren Gehalt an Gerbsäure, z. B. Mahagoni und Rüster, ändern ihre Färbung nur geringfügig. Diejenigen Hölzer, die kaum Gerbsäure enthalten, verfärben sich überhaupt nicht, es sei denn, daß sie vorher mit Gerb- oder Pyrogallussäure (Pyrogallol) behandelt worden sind. Der endgültige Farbton des Holzes richtet sich nach der Stärke der Säurelösung und der Verweilzeit im Räuchergas.

Probieren Sie verschiedene Lösungsstärken aus, um festzustellen, welche Farbtöne sich damit durch das Räuchern erzielen lassen, und vermerken Sie die diesbezüglichen Daten und die jeweilige Holzart auf den Flaschen.

Metallbeschläge sind abzunehmen und Nägel im Holz zu versenken (falls nicht eine Schwarzfärbung um den Nagelkopf herum in Kauf genommen werden soll, damit das Möbelstück alt aussieht). Um die Holzoberfläche zur Aufnahme der Säurelösung vorzubereiten, wird das Möbelstück mit warmem Wasser abgewaschen und dann mit der Lösung begossen, die anschließend mit einem Schwamm in alle Bereiche hinein verteilt wird. Nachdem die Lösung in das Holz eingedrungen ist, wird der Überschuß mit einem Schwamm abgewischt.

Wenn das Holz trocken ist, wird es zur Farbänderung in dem Gasbehälter geräuchert. Da Ammoniak ein schweres Gas ist, müssen lange Holzteile waagerecht eingelegt und hohe Möbelstücke von Zeit zu Zeit gewendet werden.

Prüfen Sie den Farbton des Räuchergutes in regelmäßigen Zeitabständen und erneuern Sie die Ammoniakfüllung etwa alle 12 Stunden. In den meisten Fällen braucht nur ein paar Stunden geräuchert zu werden, aber wenn das Gas tief in das Holz eindringen muß, ist das Material täglich aus dem Gasbehälter herauszunehmen und erneut mit Gerbsäure oder Pyrogallol zu behandeln. Dann wird es in den Räucherbehälter zurückgebracht, der mit frischem Ammoniak zu versehen und wieder dicht zu verschließen ist.

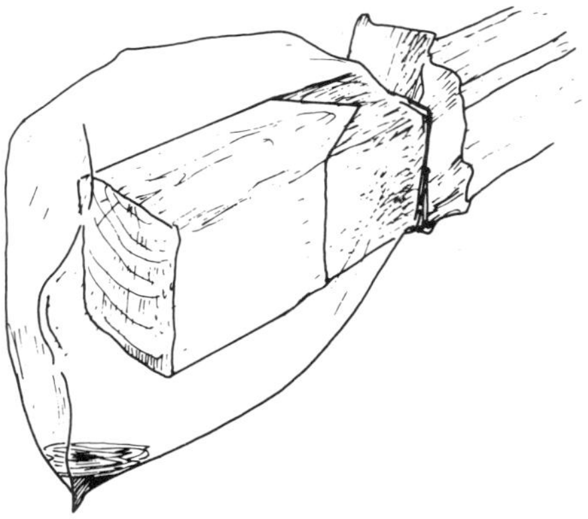

Auf diese Weise kann der Wechsel zu einem satten und klaren Farbton, der tief in das Holz eingedrungen ist, erreicht werden. Frisch aufgesägtes Kirschbaumholz mit seiner blassen Orange-

oder Weißgrünfärbung bekommt beispielsweise ein sattes, schimmerndes Rotbraun. Eibenholz, das im frisch aufgesägten Zustand von Natur aus hellrosa oder orange gefärbt ist, kann eine satte Braunfärbung verliehen werden. Eibe ist allerdings ein sehr dichtes Holz, und während Kirschbaum oder Eiche auf eine Tiefe von etwa 7 mm geräuchert werden kann, bleibt die Farbtonänderung beim Eibenholz nur an der Oberfläche. Häufig lohnt es sich, ein paar zusätzliche Holzstücke mitzuräuchern und sie für den späteren Gebrauch zu lagern.

Auch Ansatzstücke aus neuem Holz an alten Holzteilen können durch Räuchern eingefärbt werden, wobei aber darauf zu achten ist, daß der Farbton des alten Holzes nicht wesentlich dunkler wird. Verlängerungsstücke aus Eiche an alten Eichenholzbeinen lassen sich leicht einfärben. Wenn letztere nämlich schon einen satten dunkelbraunen Farbton tragen, dann ist nicht zu erwarten, daß dieser von dem Ammoniakgas beeinflußt wird. Das neue Holzstück nimmt dagegen rasch den Farbton des alten an, wobei farbliche Korrekturen durch die Beigabe von Pyrogallus- oder Gerbsäure in kleinen Mengen möglich sind. In ähnlicher Weise kann mit Eibe, Kirschbaum, Rüster oder Kiefer verfahren werden. Es sollte allerdings immer nur das neue und nicht das alte Holz mit der Säurelösung in Berührung gebracht werden.

Um Abstufungen im Farbton des Holzes zu erzielen oder die Wirkung des Räuchergases zu hemmen (z. B. beim Nußbaum mit seinem hohen Gerbsäuregehalt), kann die Oberfläche ganz oder teilweise mit Borax oder einem anderen alkalischen Mittel abgewaschen werden, was zur Neutralisierung der im Holz befindlichen Säure beiträgt. Dadurch entstehen feine Farbtonvariationen, die auf einer großen Oberfläche den Eindruck erwecken, als sei das Möbelstück verwittert oder von der Sonne gebleicht.

Nach dem Räuchern und der Entnahme aus dem Gasbehälter ist das Möbelstück zum Abdunsten der schädlichen Dämpfe ins Freie zu stellen, was bei kurzzeitig (etwa 1 Stunde) geräucherten Stükken sehr schnell geht, nach längerem Räuchern aber mehrere Tage dauern kann, ehe sich der Geruch verflüchtigt hat.

Wenn ein Möbelstück mit Gerbsäure getränkt worden ist, tritt beim Räuchern manchmal ein schwärzlich-violetter Belag auf dem Holz auf, der durch Abreiben der betreffenden Stellen mit einem in Brennspiritus getränkten Stahlwolleballen entfernt werden kann.

Möbelstücke, die vor dem Räuchern schon eine Oberflächenbehandlung erfahren haben (das Ammoniakgas durchdringt Decküberzüge der verschiedensten Art), sind zum Auslüften ins Freie zu stellen und dann mit Auffrischungsmittel abzureiben, wodurch der Ammoniakgeruch verschwindet.

Altern

Der Eindruck von hohem Alter bei einem Möbelstück beruht auf dem aufeinander abgestimmten Verhältnis von Farbton, Abnutzungserscheinungen und Oberflächenstruktur. Alle diese Elemente sind zu beachten, wenn ein überzeugendes antikes Aussehen geschaffen werden soll. Die Alterungsprozesse sind im großen ganzen der Reihe nach in Angriff zu nehmen.

Abnutzung

Verschleißspuren lassen sich mit Hilfe eines Schabhobels, einer Schleifwalze und Sandpapierstreifen mit hinterlegtem Plastikklebeband ziemlich leicht reproduzieren. Die betreffenden Stellen, d. h. solche, an denen eine Abnutzung zu erwarten ist, werden abgehobelt, ausgehöhlt und geglättet. An den Querstreben und Sprossen antiker Stühle und Tische können solche Arbeiten freizügig und stilgerecht ausgeführt werden, wobei der Restaurator sich allerdings vor Übertreibungen hüten sollte.

Wo Äste an verschleißanfälligen Stellen vorkommen, können sie dazu dienen, den Abnutzungszustand des umgebenden Holzes hervorzuheben. Weiches Holz kann dabei so weit abgenommen werden, daß der Ast ganz geringfügig vorsteht. Formteile an Tischstreben können vollständig verschlissen sein, aber nur dort, wo das Aufsetzen von beschuhten Füßen möglich und wahrscheinlich gewesen ist. Alles ist dabei eine Frage der Beob-

Abnutzungsbereiche sind hier der vordere Steg und die vorderen Teile der unteren Seitensprossen. Auf den Rück- und Innenseiten des Stuhlgestells tritt weniger starker Verschleiß auf. Die Stuhllehne ist abgegriffen und gerundet.

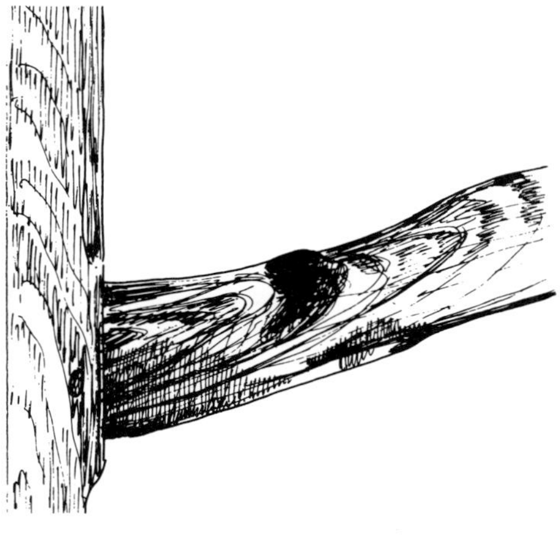

achtungsgabe und des Geschmacks. Denken Sie daran, daß das Möbelstück durch die Aufarbeitung sein vernachlässigtes Aussehen verliert, so daß übermäßig starke Verschleißspuren nicht mehr dazu passen.

Struktur

Durch das sogenannte Strukturieren oder Texturieren soll der sauberen und glatten Oberfläche, wie sie an einem erneuerten Holzelement durch Hobeln und Schleifen entsteht, ihre „Frische“ genommen werden. Hierzu kann sich der Restaurator der auf Seite 17 gezeigten Geräte bedienen.

Durch sehr genaue Beobachtung ist das Ausmaß der Strukturabweichungen an dem Möbelstück festzustellen und naturgetreu auf die neuen Elemente zu übertragen. Kein neues Ersatzstück darf glatter sein als ein altes Möbelteil, aber auch nicht stärker „ramponiert“ als der schlimmste Bestandteil des Originals. Durch Abnutzung wird die Oberfläche eines Möbels sowohl strukturiert als auch geglättet. Dies muß sich auch in den neuen Bauelementen niederschlagen.

Holzwurmschäden

Wurmstichige Stellen treten gewöhnlich nach einem bestimmten Muster auf, und wenn sie anderweitig an einem Möbelstück vorhanden sind, sollten sie auch an den neuen Holzteilen zu sehen sein. Hierzu ist die „Arbeitsweise“ des Holzwurms zu beobachten. Scheinbar mag er das Splintholz, das oft an den Holzaußenkanten zu finden ist; bei einigen Holzarten befällt er nur kleine Bereiche, aber andere greift er scheinbar wahllos an. Seine Tätigkeit übt er größtenteils unter der Holzoberfläche aus, verrät sie aber durch die Löcher oder Stiche, die durch das Einfallen der Decken über seinen Bohrkanälen entstehen. Manchmal frißt er sich quer zur Faser durch das Holz, häufiger jedoch bohrt er durch das weiche Holz zwischen den erkennbaren Holzfasern und durchstößt diese im rechten Winkel, um mit anderen nahe gelegenen Kanälen Verbindung aufzunehmen. Wenn man das Arbeitsmuster einmal erkannt hat, läßt es sich an beliebiger Stelle kopieren.

Größere Faseraushöhlungen können mit einem sehr schmalen Hohlbeitel ausgestochen und dann mit einem Drahtstift weiterverfolgt werden, der mit abgekniffener Spitze in das Futter einer Bohrmaschine gespannt wird. Damit wird den tiefen Stichen eine Rauhigkeit verliehen, die zur Echtheit des Aussehens beiträgt. Der Drahtstift in der Bohrmaschine kann auch zur Andeutung des Verlaufs der Kanäle unter der Holzoberfläche verwendet werden. Wurmlöcher lassen sich dadurch markieren, daß man mit einer nagelbesetzten Latte auf die betreffenden Stellen schlägt.

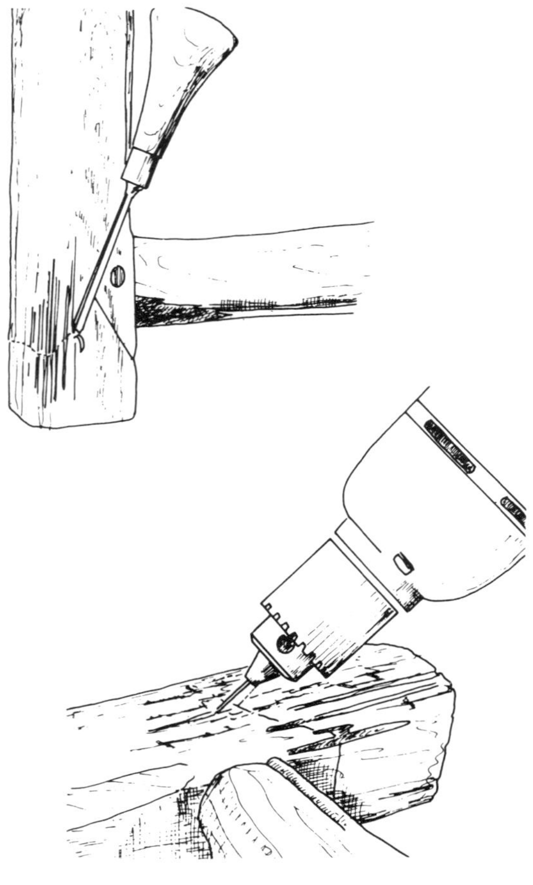

Eine Behandlung dieser Art ist für das ganze neue Holzwerk weder wünschenswert noch notwendig; die überlegte Auswahl einiger passender Bereiche genügt.

Stellen mit Porenfüller
Ebenen Flächen, die mit Porenfüller behandelt worden sind, ist immer eine Struktur zu geben, die der Struktur des umliegenden Holzes entspricht. Hierzu dienen verschiedene Werkzeuge, die über die Holzoberfläche gezogen oder geschoben werden können. Mit grobem Sandpapier können bei vorsichtiger Anwendung leichte Maserungen, die für eine weiche Textur gerade ausreichen, sehr wirkungsvoll angedeutet werden. Auch Nägel, Beitel und abgebrochene Sägeblätter sind hierfür geeignet.

Beizen

Bei Möbelstücken im Alter von über 60 Jahren ist das Holz meistens im Farbton viel dunkler und satter als bei frisch aufgesägtem Holz, das soeben vom Holzhändler kommt. Diese Eigenschaft ist altersbedingt und kommt bei den meisten Hölzern mit Ausnahme derjenigen vor, die lange Zeit dem grellen Sonnenlicht ausgesetzt waren. Diese Dunkelfärbung erfaßt nicht nur die Oberfläche, sondern geht in vielen Fällen tief in das Holz hinein und verleiht ihm jenen Glanz, den der Kenner bei einem antiken Möbelstück erwartet. Der Versuch, eine solche Wirkung mit Beize zu erzielen, wäre ein Fehler, es sei denn, die zu beizende Fläche ist äußerst klein und unbedeutend. Große Mengen Beize lassen das Holz unregelmäßig dunkeln, denn weiche Teile der Faser sowie Hirnholz saugen die Beize auf, wogegen die härteren Partien dies nicht tun. Mit dem Auftragen von Beize baut sich in der Holzoberfläche eine Pigmentschicht auf, wodurch die Reflektionskraft des Holzes zunächst gehemmt und dann zerstört wird. Das Ergebnis ist ein verzerrtes Ebenbild des ursprünglichen Holzes und macht selten einen attraktiven Eindruck.

Chemische Beizen sind in dieser Hinsicht harmloser und können mit großem Erfolg angewendet werden. Das beste Mittel, einem Möbelstück die altersbedingte Dunkelfärbung zu geben, ist das Räuchern (siehe Beschreibung S. 216 f.). Dabei wird der Farbton verhältnismäßig tief unter die Oberfläche der meisten Holzarten getragen, ohne ihre Lichtdurchlässigkeit zu beeinträchtigen.

Die zu beizenden Flächen müssen sauber und frei von Fett und Leimresten sein. Geschliffene Flächen dürfen nicht so glatt sein, daß sie die Beize abweisen. Vor dem Beizen ist der betreffende Bereich sorgfältig von Schadstellen zu befreien und mit Sandpapier vorsichtig aufzurauhen. Wenn eine Wasserbeize verwendet werden soll, muß die Oberfläche zum Aufrauhen der Faser mit Wasser abgewaschen und nach dem Trocknen mit Sandpapier (Körnung nicht feiner als 180) bearbeitet werden. Der Schleifstaub ist wegzublasen, damit er die Poren des Holzes nicht zusetzen kann.

Auftragen der Beize
Beize kann mit einem saugfähigen Stoffballen, einem Pinsel oder einem Schwamm aufgetragen werden. Sie wird mit der Faser aufgestrichen, kurz stehengelassen und dann vor dem Antrocknen, wieder in Richtung Faser, abgewischt. Auf großen, ebenen Flächen arbeiten Sie mit der Faser und lassen beim Aufstreichen einen Rand naß. Wenn Sie beispielsweise eine Tischplatte in ihrer ganzen Breite beizen und von hinten nach vorne arbeiten, trocknet der Beizstrich teilweise aus und hinterläßt einen häßlichen, schwer zu entfernenden Streifen. Halten Sie die nasse Kante schmal und arbeiten Sie streifenweise längs zur Faser. Ausgelassene Stellen können mit einem feinen Pinsel nachbehandelt werden.

Getäfelte Möbel
Hierbei ist in dieser Reihenfolge zu beizen: 1. Mittleres Paneel. 2. Oberes und unteres Querholz. 3. Längsbretter rechts und links. 4. Formteile. Die Quermaserung an den Kanten der Längsbretter kann dabei notfalls mit einem Brett abgedeckt werden.

Erscheinungsbild von gebeiztem Holzwerk
Betrachten Sie gebeiztes Holzwerk aus einiger Entfernung oder bei gedämpftem Licht. Bei grellem Licht oder Betrachtung aus der Nähe erscheint das Holzwerk heller als unter normalen Umständen in einem Wohnraum.

Weitringige Stellen und Hirnholzflächen
Wo das Holz weitringig ist oder Hirnholzbereiche auf der Oberfläche aufweist, kann vor dem Beizen die Behandlung mit einem Versiegelungsmittel notwendig sein. Durch Schellackversiegeler, entweder fertig gekauft oder durch Verdünnen von Granat- oder Knopfpolitur mit Brennspiritus selbst angefertigt, können solche Stellen weitgehend abgedichtet werden, aber etwas Beize kann dort immer noch in die Holzfasern eindringen. Der Versiegeler wird sehr dünn aufgetragen und nach dem Trocknen mit Sandpapier geschliffen.

Bei Bedarf kann das Eindringen der Beize zusätzlich dadurch gehemmt werden, daß man die am stärksten absorbierenden Stellen im Holz mit einer zweiten Schicht Versiegeler bestreicht und anschließend erneut vor dem Beizen abschleift. Durch die Beigabe von Verdünnungsmittel wird das Eindringen der Beize verstärkt, so daß das Problem der ungleichmäßigen Einfärbung noch schwieriger zu lösen ist.

Chemische Beizen können auf versiegelte Holzflächen nicht aufgetragen werden. Im allgemeinen sollte man Versiegeln als letztes Mittel betrachten, wenn chemische Beizen und normale Beizverfahren versagt haben.

Fixieren der Beize
Wenn eine Öl- oder Naphthalinbeize mit Ölfirnis bestrichen werden soll, muß sie vorher fixiert werden, damit sie nicht in den Firnis einsickern kann. Eine dünne Schicht Schellack, mit dem Pinsel auf die gebeizten Flächen aufgetragen, bewirkt ein solches Fixieren und schafft eine stabile Grundlage für den Firnis. Das besagte Einsickern kann auch eintreten, wenn eine Spiritusbeize mit Schellack bestrichen wird, aber hier ist die Wahrscheinlichkeit geringer, da der Schellack sehr rasch trocknet. Sollte dies dennoch einmal geschehen, so ist Abhilfe dadurch möglich, daß man die Beizstellen mit verdünntem Firnis bestreicht und trocknen läßt. Dadurch bildet sich eine brauchbare Grundlage für den Schellack; der Firnis darf allerdings nur dünn aufgetragen werden. Ein dicker Firnisüberzug bietet dem Schellack keine sichere Basis und macht ihn rissig. Die fixierten Stellen sind mit Sandpapier leicht anzuschleifen.

Beizmittel

Chemische Beizen
Chemische Beizen reagieren mit den chemischen Stoffen im Holz und verändern dessen Färbung.

Dieser verwitterte dreibeinige Tisch hat eine gute, kräftige Platte. Ihr Farbton kann durch Beize aufgefrischt und durch Firnis oder Politur wirksam zur Geltung gebracht werden.

Da solche Beizen wasserlöslich sind, neigen sie dazu, die Holzmaserung aufzurauhen, weshalb die Oberfläche vor dem Beizen abzuwaschen, zu trocknen und mit Sandpapier abzuschleifen ist.

Vorsicht im Umgang mit chemischen Beizen. Flaschen mit Beize sowie Beizpulver sind für Kinder unzugänglich aufzubewahren. Bei der Anwendung müssen Schutzhandschuhe getragen werden.

Probieren Sie jede Beize immer zuerst an einem Stück Abfallholz aus, denn selbst mehrere Probestücke von der gleichen Holzart färben sich unterschiedlich. Die bei solchen Versuchen gewonnenen Erfahrungen sind wertvoller als die schönste Beizfarbenkarte.

Kaliumdichromat

Dieser Stoff ist giftig und kann bei Berührung Hautreizungen hervorrufen; Spritzer sind deshalb sofort abzuwaschen. Eine solche Beize ist ziemlich dauerhaft, leicht aufzutragen sowie gut haftend. Sie wird herkömmlicherweise zum Beizen von Eichenholz und Mahagoni verwendet und gibt letzteren eine satte dunkelbraune Färbung. Sie reagiert mit der Gerbsäure im Holz – eine Wirkung, die beispielsweise bei Birke und bestimmten Nadelhölzern ebenfalls dadurch erzielt werden kann, daß man das Material mit frisch angerührter Gerbsäure vorbehandelt. Wie die meisten Beizen verflüchtigt sie sich bei anhaltender, starker Sonneneinstrahlung.

Eisensulphat

Wenn Sie einige Eisensulphat-Kristalle in Wasser auflösen und die Lösung auf ein Stück Nußbaum oder Eichenholz streichen und trocknen lassen, bekommt das Holz einen grauen Farbton, der beispielsweise jegliche Orange- oder Rotfärbung im Holz unterdrückt; hellrotes Magagoni gleicht dem Nußbaum, und ein Stück braunes Eichenholz sieht nach dem Beizen verwittert aus. Die richtige

Konzentration der Lösung ist schwierig herauszufinden und vor der Anwendung zu prüfen. Eisensulphatlösung färbt das Holz des Berg- oder Weißahorns grau (unter dem Namen „Hasenholz" bekannt).

Wie beim Kaliumdichromat ist auch die Verwendung von Eisensulphat nach Vorbehandlung mit frischer Gerbsäure bei den meisten Holzarten möglich.

Gerbsäure

Gerbsäurelösung ist in einem Plastikbehälter mit Plastikdeckel aufzubewahren und darf nicht mit Metall in Berührung gebracht werden. Zum Auftragen sind Pinsel, Rollen oder Schwämme aus Kunststoff zu benutzen, Nagelköpfe vorher mit Wachs zu verstopfen und Metallbeschäge abzunehmen. Kommen letztere beispielsweise mit der Säure in Berührung, so wird der Bereich um den Nagelkopf oder Beschlag herum schwarz verfärbt.

Wenn Holzteile, die normalerweise keine Gerbsäure enthalten, mit Gerbsäure vorbehandelt werden, lassen sie sich genau wie andere Hölzer mit einem natürlichen Gerbsäuregehalt mit Kaliumdichromat oder Ferrosulphat räuchern oder beizen. Da alte Gerbsäurelösung zum Schwarzwerden neigt, ist zum Beizen von Holz immer eine frisch angesetzte Lösung zu empfehlen. Die alte Lösung eignet sich aber noch gut für die Vorbehandlung eines Möbelstücks, das geräuchert werden soll, da es nach dem Räuchern mit Brennspiritus und Stahlwolle gründlich gescheuert werden kann. Zwar verflüchtigt sich der Voranstrich mit der darauf befindlichen Beize, aber farblich kann das Ganze sehr schön aussehen. Möbel, die in dieser Art gebeizt worden sind, sollten zur Erhaltung ihres Farbtons nicht der unmittelbaren Sonneneinstrahlung ausgesetzt werden.

Kaliumpermanganat

Diese Beize wurde von den Möbelbauern des viktorianischen Zeitalters bevorzugt angewendet; auch sie ist unter grellem Sonnenlicht flüchtig. Mit einer Kaliumpermanganat-Lösung gebeizte Kiefernholzmöbel nehmen eine frische und satte Braunfärbung an, und auf natürliche Weise gebleicht können z. B. Kommoden und Bücherschränke dann ganz attraktiv aussehen.

Die Kaliumpermanganat-Kristalle werden in Wasser aufgelöst. Diese Lösung tragen Sie mit dem Pinsel oder Schwamm auf das Möbelstück auf. Der Überschuß wird dann mit einem Lappen sauber abgewischt. Ist das Möbelstück vorher mit Oxalsäure gesäubert oder gebleicht worden, so muß es vor der Behandlung mit Kaliumpermanganat gründlich neutralisiert werden, weil die Säure sonst einzieht und die Farbe zum Verschwinden bringt. Diesen Umstand kann man sich natürlich zunutze machen, wenn Kaliumpermanganat-Beize von einem Möbelstück entfernt werden soll. Anschließend neutralisieren Sie mit Natriumbikarbonat.

Eine dunklere und schneller trocknende Beize ergibt sich, wenn die gesättigte Kaliumpermanganat-Lösung in warmem Wasser angesetzt und mit etwa 30 Volumen-% Brennspiritus gemischt wird. Diese Lösung ist ganz kurz zu schütteln und die Flasche dann mit abgenommenem Verschluß zum Absetzen und Abkühlen ins Freie zu stellen.

Die Lösung erwärmt sich und kühlt dann zu einer dicken braunen Flüssigkeit ab, die mit Schwamm oder Pinsel aufgetragen und mit einem Tuch abgewischt werden kann. Freigesetzte Dämpfe nicht einatmen und stets Gummihandschuhe tragen! Pinsel, die zum Beizen verwendet worden sind, müssen in klarem Wasser ausgewaschen werden, da die Säure die Borsten angreift.

Ölbeizen

Hierbei handelt es sich um öllösliche Farbstoffe, die in Naphthalin oder einem anderen Öl aufgelöst werden. Sie bilden gute und deckfähige Farben mit kontrollierbarer Haftkraft und Eindringtiefe, welche die Maserung des Holzes nicht aufrauhen und zu den verschiedensten Farbtönen angemischt und verdünnt werden können. Die helleren Farbtöne sind besonders schön; die dunkleren sehen, wie bereits erwähnt, auf hellem Holz dagegen fleckig aus. Solche Beizen sind vor dem Firnissen oder Wachsen mit einer dünnen Schicht Schellack zu fixieren.

Wasserbeizen

Diese Beizen rauhen die Holzmaserung auf, was sich beim Beizen von Profilteilen oder Schnitzwerk besonders störend bemerkbar macht.

Zum Aufrauhen der Faser ist die Möbeloberfläche vor dem Beizen anzufeuchten und mit Sandpapier anzuschleifen. Soll die Beize einen Wachsüberzug erhalten, so ist es angebracht, sie mit zwei Schichten klarem Schellack oder einer verdünnten Firnisschicht zu überdecken, so daß sie durch verschüttetes oder verspritztes heißes Wasser nicht ausgelaugt werden kann.

Um Wasserbeize besser eindringen zu lassen, kann der Lösung ein Spritzer Ammoniak (wie der zum Räuchern verwendete) beigegeben werden, wie dies oft bei einer Lösung von Kasseler Braun (Van-Dyke-Braun) zum Dunkelfärben von Eichenholz gehandhabt wird.

Anilin-Spiritusbeizen

Dies sind kräftige Beizen, die sehr schnell haften und trocknen und die Holzmaserung nicht aufrauhen. Auf große Flächen sind sie nur schwer gleichmäßig aufzutragen, eben weil sie so schnell einziehen und trocken werden. Sie sind jedoch in einer breiten Farbenpalette (einschl. Grün und Blau) erhältlich und in dünnen Lösungen sehr nützlich, wenn der Farbton eines Holzteils zart abgestuft werden soll. Es lohnt sich, durch Versuche herauszufinden, wie weit sich kräftige und grobe Farben durch die geschickte Anwendung von Anilin-Spiritusbeizen umwandeln lassen. Ferner können sie für Farbtonänderungen an einem Möbelstück verwendet werden, das mit Schellack behandelt worden ist.

Da diese Beizen sehr schnell trocknen, sind sie ideal zum Aufsprühen mit einer Spritzpistole. Stuhlsitze und Tischplatten können damit rasch eingefärbt und dann mit Hilfe verschiedenfarbiger Beizen und einem einfachen Fixativzerstäuber abgetönt werden, wobei sich Schattierungen und Maserungen durch vorgehaltene Pappschablonen nachahmen lassen.

Für Flächen, die ins Auge fallen, wäre die Benutzung eines Farbzerstäubers angebracht, wie ihn der Gebrauchsgrafiker verwendet. Damit kann der Beizstrahl besser kontrolliert und das Abtropfen von Feuchtigkeit verhütet werden.

Anleitung zum Anpassen von frischem Holzwerk an altes durch Beizen

a) Überlegen Sie, ob es günstiger wäre, das Möbelstück zu räuchern.
b) Prüfen Sie das Möbelstück auf Farbtonabweichungen. Das neue Holzwerk muß heller sein als das alte und ist notfalls zu bleichen. Durch Beizen kann das Holz immer nur dunkler werden, aber niemals heller.
c) Achten Sie, unabhängig von der Tönung, auf Abweichungen in der Färbung des frischen und alten Holzwerks. Ist das neue Holz zu stark rot, orange oder braun gefärbt? Probieren Sie Anilin-Spiritusbeizen aus, bis die gewünschte Färbung erreicht ist.
d) Nachdem das Holzwerk entsprechend eingefärbt worden ist, muß eine Abtönbeize angemischt werden. Diese hat nicht die gleiche Farbe wie die Einfärbbeize, sondern dient zum Abtönen der letzteren zur Angleichung an die Färbung des frischen Holzwerks. Zum Abtönen können Anilin-, Öl- oder Wasserbeizen verwendet werden, bis sich der richtige Farbton eingestellt hat.

Probieren Sie jede Beize zunächst an einem Stück Holz aus, das im Laufe der Instandsetzung oder Erneuerung von dem Möbelstück abgenommen wurde, oder versuchen Sie es an einer Stelle, die nicht ins Auge fällt. Verschiedenartige Beizen können übereinander aufgetragen werden, wobei jedoch die vorausgegangenen Schichten immer trokken sein müssen. Im Zweifelsfall fixieren Sie die darunterliegende Schicht mit einem dünnen Schellacküberzug, bevor die nächste Beize aufgestrichen wird.

Gehen Sie nicht übereilt vor, sondern warten Sie ab, bis die Versuche erfolgreich abgeschlossen sind, denn eine Beize, die einmal in die Holzfasern eingezogen ist, kann nur äußerst schwer wieder entfernt werden.

Denken Sie daran, daß eine kleine Beizstelle im Farbton heller erscheint als eine größere Fläche, die mit der gleichen Beize eingefärbt worden ist. Halten Sie die Abtönungs- und Einfärbbeizen immer ein wenig schwächer, als sie Ihrer Meinung nach jeweils sein müßten, denn Korrekturen sind noch möglich, nachdem mit der Oberflächenbehandlung begonnen worden ist.

Holzfarbe vor dem Beizen / Gewünschte Farbe	Gelb	Grün/Braun	Braun	Braun/Rot	Rot	Grau	Schwarz
Gelb		braune Beize (möglichst chemische) Nachbehandlung mit dünner Spiritusbeize	braune Beize (möglichst chemische)	braune chemische Beize; mit roter Öl- oder Spiritusbeize abtönen	rote Beize	bei Bedarf mit Gerbsäure vorbehandeln, dann mit Ferrosulphatlösung beizen	schwarze Spiritusbeize, anschließend schwarzer Schellack
Grün/Braun	Zweikomponenten-Bleichmittel, dann dünne gelbe Beize		dünne Spiritusbeize in Orange oder Bismarckbraun	Spiritusbeize in Orange oder Bismarckbraun, dann mit dünner roter Beize nachstreichen	rote Beize	Oxalsäure-Bleichmittel, dann blaue Spiritusbeize	
Braun	Zweikomponenten-Bleichmittel, dann notfalls gelbe Beize	grüne Beize; bei Bedarf mit Oxalsäurelösung bleichen		schwache rote Beize	rote Beize	Oxalsäure-Bleichmittel, dann blaue Spiritusbeize	
Braun/Rot	Zweikomponenten-Bleichmittel; bei Bedarf gelbe Beize	Zweikomponenten-Bleichmittel, dann grüne Spiritusbeize	dünnflüssige grüne Spiritusbeize		bei Bedarf bleichen; rote Beize	Oxalsäure- oder Zweikomponenten-Bleichmittel, dann blaue/schwarze Spiritusbeize	
Rot	Zweikomponenten-Bleichmittel, dann gelbe Beize	grüne Spiritusbeize	schwache Oxalsäure-Bleiche; grüne/braune Beize	blaue oder grüne Beize; bei Bedarf vorher bleichen		Zweikomponenten-Bleichmittel, dann braune/blaue Beize	
Schwarz (Farbänderungen kaum möglich)	Zweikomponenten-Bleichmittel, dann gelbe Beize	Zweikomponenten-Bleichmittel, dann grüne/braune Beize	Zweikomponenten-Bleichmittel, dann braune Beize	Zweikomponenten-Bleichmittel, dann braune/rote Beize	Zweikomponenten-Bleichmittel, dann rote Beize	Oxalsäure- oder Haushaltsbleiche	

Beizen von Möbeln mit Decküberzügen

Hierbei sind Wachs, Schmutz und Fett zunächst zu beseitigen. Ein Schellacküberzug ist mit feiner Stahlwolle, die in Terpentinersatz getaucht wurde, sorgfältig abzureiben und mit Wasser und Seife abzuwaschen. Ein Lack- oder Firnisüberzug wird mit Seifenwasser abgewaschen und mit Stahlwolle abgerieben. In beiden Fällen ist gründliches Trocknen erforderlich.

Wenn das Möbelstück trocken ist, wird es mit trockener, feiner Stahlwolle leicht abgerieben, wobei auch die Profilteile und Ecken erfaßt werden müssen. Mit einem feuchten, fusselfreien Lappen werden die Flächen nachgewischt und erneut trocknen gelassen.

Beizen auf Schellack

Eine entsprechende Anilin-Spiritusbeize wird mit etwa 20 % Wasser angemischt. Das Wasser dient dabei gewissermaßen als Hemmstoff, damit die Beize nicht so schnell und tief eindringt und den Schellack auflösen kann. Mit einem in ein Tuch eingewickelten Wattebausch oder sauber geballten, saugfähigen Lappen wird die Beize längs zur Faser mit zügigen Strichen aufgetragen und trocknen gelassen, bevor ein neuer Decküberzug aus Schellack entweder mit dem Pinsel (siehe S. 230) oder Polierballen (S. 232) aufgestrichen wird.

Beizen auf Lack oder Firnis

Wählen Sie eine passende Ölbeize, gießen Sie davon die benötigte Menge in eine Glasflasche und fügen Sie jeweils die gleiche Menge Firnis und Terpentinersatz hinzu. Nach gründlichem Schütteln tragen Sie die Beize mit einem Lappen oder Pinsel auf. Nach dem Trocknen reiben Sie die Fläche mit Sandpapier leicht ab und bestreichen sie mit Firnis bzw. Lack als Decküberzug.

Aufpolieren von Möbeln

Anpassen von Neuteilen

Auch wenn die Neuteile an einem Möbelstück entsprechend geformt und abgenutzt sind, weisen sie immer noch ein auffällig helles und sauberes Aussehen auf, das durch das sichtbare Alter des Möbelstücks als Ganzes noch hervorgehoben wird. Selbst wenn für die Sanierung altes Holz verwendet wurde und die Neuteile somit den für altes Holz typischen natürlichen Farbton haben, fehlt ihnen jene feine Schattierung, die ein Möbelstück nur mit zunehmendem Alter annehmen kann.

Bei dem Angleichen oder Kaschieren der Neuteile handelt es sich im wesentlichen um ein Abtönen und Dunkelfärben passend zu dem vorhandenen Holzwerk. Achten Sie aber darauf, daß das frische Holz nicht zu dunkel eingefärbt wird oder, was noch schlimmer wäre, daß Sie das alte Holzwerk nicht den Neuteilen anpassen müssen. Das frische Holz kann leicht zu dunkel ausfallen, weil der Vorgang der Abschattierung zwar schrittweise erfolgt, seine Wirkung aber kumulativ ist, d. h. je mehr Beize und Farbe auf ein Stück Holz aufgetragen wird, desto dunkler wird es. Durch den Farbstoff stumpft das Holz unmerklich ab und verliert seine lichtbrechenden Eigenschaften (Reflektion). Tritt dieser Fall ein, so muß man neu anfangen und die Arbeit genauer überwachen.

Wenn das neue und alte Holzwerk genau übereinstimmen, ist ein solches Kaschieren nicht erforderlich; anderenfalls muß die Arbeit an dem frischen Holz in einem helleren Farbton als dem des alten begonnen und ersteres notfalls gebleicht werden.

Die neuen Holzteile sollten jetzt heller sein als die übrigen Teile des Möbelstücks. Das farbliche Zusammenpassen muß schnell und glatt vonstatten gehen, denn vielfach sind große Flächen zu behandeln, und es ist unwahrscheinlich, daß in dieser Arbeitsphase schon ein gutes Ergebnis beim Kaschieren erzielt werden kann. Schauen Sie sich das neue Holzwerk genau an, um festzustellen, welche Farbtöne fehlen und welche zu kräftig sind. Beim Ausprobieren verschiedener Beizen an einem Stück Abfallholz nehmen Sie die vorstehende Tabelle zu Hilfe.

Möglicherweise kann das neue Holzwerk geräuchert werden. Dies wäre dann eine ausgezeichnete Lösung, wenn das Möbelstück zerlegt ist oder die Neuteile sich gut gegenüber dem Ammoniakgas isolieren lassen (siehe S. 216).

Kann nicht geräuchert werden, so dient die Beizfarbentabelle als Anleitung dafür, wie eine einwandfreie Grundbeize auf dem frischen Holzwerk angelegt werden kann. Gehen Sie bei der Anwendung von Beizmitteln nicht zu sorglos vor. Vermeiden Sie so weit wie möglich pigmentierte Beizen, es sei denn, daß nur eine ganz geringe Farbänderung vorzunehmen ist. Eine einmal aufgestrichene Beize kann nur sehr schwer entfernt werden.

Wenn der gewünschte Farbton in etwa erreicht worden ist, muß die Beizschicht mit einem dünnen Schellacküberzug fixiert werden, wodurch gleichzeitig bewirkt wird, daß Farbe und Schattierung (Dunkelfärbung) besser zur Geltung kommen. Wenn der Schellack trocken ist, probieren Sie Beizen mit verschiedenen Farbtönen aus, bis

Sie denjenigen gefunden haben, der dem frischen Holzwerk die allgemeine Färbung des alten Decküberzugs verleiht.

Nach dem Trocknen ist diese Abtönungsbeize dann mit einem Schellacküberzug zu fixieren. Das neue Holzwerk hat jetzt Glanz bekommen und ist immer noch gleichförmig in Färbung und Schattierung, die aber nun in etwa angemessen sein dürften, so daß die Neuteile dem Möbelstück im übrigen ziemlich gut angepaßt sind. Ideal wäre es, wenn das Holzwerk natürlich wirkende Unregelmäßigkeiten aufweisen würde und einige Stellen heller wären als andere. Dies würde sich bei der nachträglichen „Retusche" mit Altersspuren als nützlich erweisen.

Nun kann das Kaschieren eventueller Anschäftungs- oder Ausbesserungsteile, die nicht sichtbar bleiben sollen, beendet werden. Gehen Sie hierbei sorgfältig vor; benutzen Sie einen Aquarellpinsel mit Zobelhaaren und gute Wasserfarben. Plakafarben sind Deckfarben und daher nicht für diesen Zweck zu empfehlen. Verwenden Sie nur wenig Wasser und reiben Sie den Pinsel in Seife, um die Deckfähigkeit der Farbe zu erhöhen. Die Farbe wird in kleinen Tupfern und nicht in zügigen Pinselstrichen aufgetragen und nach dem Trocknen mit einem Schellacküberzug versiegelt.

Jetzt ist die Arbeit fast beendet. Das frische Holzwerk hat die gleiche Färbung wie das alte Möbelstück, und Ansatzfugen und sanierte Stellen sind verborgen. Was noch zu tun bleibt, ist lediglich das Abdunkeln bestimmter Partien und das Aufhellen anderer, um den äußeren Anschein von Schmutzansammlungen und abgenutzten Oberflächen zu erwecken.

Zunächst ist dabei dieser sogenannte „Schmutz" aufzubringen. Mischen Sie ein wenig PVAC-Kleber (weißer Tischlerleim) mit ein paar Tropfen Wasser und geben Sie der Mischung etwas Farbpulver entsprechend der Färbung des Möbelstücks sowie ein wenig schwarzes Pulver bei. Mit einem Lappen tupfen Sie dann diese Farbmischung auf das neue Holz und tupfen sie unmittelbar danach mit einem anderen, sauberen Tuch wieder ab, so daß eine schattenhafte Färbung entsteht. Wiederholen Sie diesen Vorgang, aber achten Sie darauf, daß keine Stelle zu dunkel eingefärbt wird; Mißgriffe können durch Abwischen mit einem feuchten Lappen korrigiert werden.

Die Mischung aus Farbe und Leim hinterläßt nach dem Trocknen einen weißen Belag auf dem Holz, der aber bei der Behandlung mit Schellack oder Wachs verschwindet.

Wenn die Schicht trocken ist, können Sie hierfür geeignete Bereiche durch sanftes Abreiben mit feiner Stahlwolle aufhellen und hervorheben. Legen Sie aber solche Stellen nicht zu dicht zusammen und zu hell an.

Um den Eindruck von Alter zu verstärken, können weitere Spuren mit dem Farbpinsel „nachgezeichnet" werden, was auf den aufgehellten Stellen besonders wirkungsvoll ist. Wo solche Spuren auf dem Möbel bereits vorhanden sind, übertragen Sie sie auf das neue Holzwerk, aber hüten Sie sich dabei vor Übertreibungen; einige wenige kräftige Flecken wirken weitaus ansprechender als eine Vielzahl von unbedeutenden Markierungen.

Vor dem Wachsen oder Abdecken mit Schellack muß der gesamte bearbeitete Bereich gut getrocknet sein und mit feinem Sandpapier oder Stahlwolle geglättet werden.

Nachahmen eines altersgeschädigten Decküberzugs

Eine solche Arbeit erfordert ebenso viel Geschick wie jede andere Oberflächenbehandlung und zudem noch ein gewisses künstlerisches Talent.

Wenn ein Möbelstück aufgearbeitet worden ist, dürfen Reparaturstellen und neu eingebaute Teile nicht zu erkennen sein. Auch der ursprüngliche Decküberzug, der sich altersbedingt in schlechtem und abgegriffenem Zustand befindet, muß passend zu dem alten Holzwerk hergestellt, aufgetragen und strukturiert werden.

Hierfür gibt es eine ganze Reihe von hervorragenden Möglichkeiten, die der Restaurator mit den ihm zur Verfügung stehenden Beizen, Anstrichen und Poliermitteln ergreifen kann.

Farben und Lacke einschließlich Firnis sind im wesentlichen Harze oder Pigmente, die mit Binde- und Lösungsmitteln vermischt sind; der Restaurator sollte versuchen, sie selbst herzustellen. Die meisten alten und abgenutzten Decküberzüge und Polituren lassen sich anhand der nachfolgend genannten Rezepte reproduzieren. Um Ihre Fertigkeiten auf dem Gebiet des Imitierens und Kaschierens zu erweitern, müssen Sie mit Ihren Versuchen in der Übung bleiben und möglichst eine Beschleunigung der Arbeitsgänge anstreben.

Farben

Eine schnelltrocknende Deckfarbe können Sie durch Verrühren von Farbpulver (Trockenfarben) mit einer Mischung aus PVAC-Kleber und Wasser herstellen; je weniger Wasser, desto dickflüssiger der Anstrich. Die zu streichende Oberfläche muß fettfrei und der Kleber trocken sein, bevor der Anstrich mit Stahlwolle nachbehandelt werden kann.

Das Trocknen braucht seine Zeit, denn der Kleber trocknet von der Oberfläche aus nach innen, und am Ende des Trocknungsprozesses steht seine Haftung auf dem Untergrund.

Diese Farbe kann mit dem Pinsel aufgestrichen oder mit einem Tuchballen aufgetupft werden. Wenn die Mischung ziemlich dünnflüssig ist, kann der Ballen zum Aufhellen, Abschattieren und Strukturieren des Anstrichs in noch nassem Zustand benutzt werden.

Um die Wirkung von mattem Glanz zu erzielen, können Sie den Anstrich mit Stahlwolle abreiben, mit Schellack bestreichen und dann wachsen.

Lack und Firnis

Schellack ist ein sehr rasch trocknendes Harzprodukt, das zum Nachahmen von glatten, dicken Lack- und Firnisschichten oder klebrigen, schlierigen Decküberzügen verwendet werden kann. Einer kleinen Menge Schellackpolitur (dunkel für dunkle Teile usw.) geben Sie eine Anilin-Spiritusbeize bei, die in Brennspiritus aufgelöst worden ist. Rühren Sie die Mischung gut durch und stellen Sie sie in die Sonne, wo sie infolge der Spiritusverdunstung dickflüssig wird. Für die Oberflächenstruktur können Sie Staub (insbesondere Beton- oder Bimsmehl) beimischen. Wenn Sie dieses Gemisch nun mit dem Pinsel auftragen, lassen Sie es verlaufen, d.h. Schlieren bilden und kurze Zeit antrocknen. Der Überzug sollte dann hell, schimmernd und uneben aussehen. Geben Sie ein paar Tropfen Brenn- oder Polierspiritus auf einen weichen Lappen und reiben Sie damit das Holzwerk unter zunehmendem Druck ab. Noppen und Wülste werden dadurch abgerundet; andere Stellen können Sie sauberschaben und polieren, so daß sie wie Spuren von früheren Beschädigungen aussehen. Eine gute Deckung des Überzugs erzielen Sie durch die Beigabe von Farbpulver oder Bimsmehl.

Gerunzelte Oberflächenstruktur

Diese Runzel- oder Faltenbildung erreichen Sie, indem Sie ein schnelltrocknendes Deckmittel auf eine noch nicht ausgehärtete Unterschicht auftragen, z. B. Schellack auf Lack oder Firnis oder einen schnelltrocknenden Lack auf einen langsamtrocknenden. Auch durch die Zufuhr von Wärme aus einem Heizlüfter, auf einen frischen Schellacküberzug gerichtet, stellt sich eine leicht runzelige Struktur ein.

Alter und Verwitterung

Ruß, der mit Wasser gemischt und in reichlichen Mengen auf unbehandeltes Holz aufgestrichen wird, gibt dem Material ein graues und verwittertes Aussehen, wobei die beste Wirkung an roh aufgesägtem Holz zustande kommt. Nachdem das Wasser verdunstet ist, muß die Oberfläche gründlich mit einem Staublappen abgewischt werden. Dies ist eine besonders schnelle und praktische Arbeit des Einfärbens von neuen Rückwänden an Schränken und Kommoden.

Alter und Staub

Ein einigermaßen rasches und wirksames Mittel zum Altern eines Möbelstücks auf der Unterseite, wo neue Füße oder Verleimklötze angebracht worden sind, ist folgendes:

Drehen Sie das Möbelstück herum und bestreichen Sie das neue Holzwerk mit einer halbdeckenden PVAC-Farbe, die Sie dann trocknen lassen.

Betrachten Sie das alte Holzwerk des Möbelstücks, um festzustellen, welcher vorherrschende Farbton auf der ganzen Unterseite am besten passen und möglichst echt wirken würde. Mischen Sie aus trockenen Aquarellfarben und Wasser einen dünnflüssigen Anstrich an, dem Sie als Bindemittel etwas PVAC-Kleber beigeben. In einer Schüssel sammeln Sie etwas Betonmehl, ein paar alte Spinnweben und vielleicht auch einige Schnitzel Zeitungspapier.

Tragen Sie den PVAC-Anstrich auf die Unterseite des Möbelstücks auf und verteilen Sie das Betonmehl mit den Beigaben sorgfältig in alle Ritzen und Ecken, solange der Anstrich noch feucht ist. Dann stellen Sie das Möbelstück wieder auf die Füße und lassen es trocknen. Bei diesem Wenden fällt zwar viel von dem Betonmehl auf den Boden, aber etwas bleibt haften und dürfte ziemlich überzeugend nach „Altersverschmutzung" aussehen. Rühren Sie die PVAC-Mischung nicht zu kräftig an, damit der ganze Staub nicht sofort darauf haften bleibt; dadurch entstünde eine rauhe, betonähnliche Oberfläche, die den gewünschten Effekt zunichte machen würde.

Decküberzüge und Polituren

Arbeitsbedingungen

Für die Oberflächenbehandlung eines Möbelstücks muß die Werkstatt staub- und zugluftfrei sowie warm und hell sein. Findet in der Werkstatt gleichzeitig eine andere Holzbearbeitung statt, so ist die

Errichtung einer provisorischen Kabine aus durchsichtiger Plastikfolie zu empfehlen, besonders wenn mit Lack oder Firnis gearbeitet werden soll.

Wenn die Heizung nur tagsüber in Betrieb ist, sollte früh am Morgen mit der Arbeit begonnen werden, damit Lack, Firnis oder Schellack aushärten können, bevor die abendliche Kühle und Feuchtigkeit ein Ausblühen unter der Oberfläche hervorrufen können.

Vorbereitungen

Möbelstücke, die einer Oberflächenbehandlung unterzogen werden sollen, müssen trocken sowie fett- und staubfrei sein. Sämtliche erforderlichen Arbeiten am Holzwerk müssen beendet und alle notwendigen Beizüberzüge fertiggestellt sein. Das abschließende Retuschieren von Reparaturstellen usw. mit Hilfe von Künstler-Wasserfarben kann vor der Aufbringung des endgültigen Decküberzugs noch vorgenommen werden. Türen und Schubladen sind zu entfernen.

Auswahl des Decküberzugs

Für die Oberflächenbehandlung gibt es eine Vielzahl von Mitteln, aus denen der Restaurator seine Wahl treffen kann. Dabei sind jedoch verschiedene Faktoren in Betracht zu ziehen. Handelt es sich um ein antikes Möbelstück, so muß ein entsprechender „zeitgenössischer" Decküberzug gewählt werden. Viele alte Möbel sind indessen vor langer Zeit angestrichen und später abgebeizt worden, so daß sie einer erneuten Oberflächenbehandlung bedürfen. Halten Sie sich den Verwendungszweck des Möbelstücks vor Augen. Bei einem Eßzimmertisch könnte die Platte beispielsweise heiße Schüsseln und Servierplatten auszuhalten haben, möglicherweise auch verschüttete alkoholische Getränke. Dann wäre Firnis dem Schellack vorzuziehen. Letzterer würde allerdings bei einem Tisch in guter Qualität, bei welchem eine sorgsame Behandlung und Pflege zu erwarten ist, völlig ausreichen.

Welcher Decküberzug auch immer auf die Tischplatte aufgetragen wird, der Untergrund dürfte der Hitze und den Spirituosen wohl nicht ausgesetzt sein und könnte daher mit Schellack behandelt werden.

Ist die Arbeitsfläche eines Möbelstücks weich, so ist ein flexibler Decküberzug statt eines spröden Mittels angebracht. Wo eine Politur mit einfachem Wachs nicht ausreicht, kann mit Hilfe von sogenanntem Bootslack, ein wenig mit Terpentin und Leinöl verdünnt, ein elastischer Überzug hergestellt werden. Wenn das Abstellen von heißen Gegenständen auf die Tischplatte zu erwarten ist, muß die Deckschicht in das Holz eingearbeitet werden und darf nicht als Film auf der Oberfläche verbleiben, weil sie sonst unter der Hitzeeinwirkung klebrig werden kann.

Im Handel ist heute als sogenannte Tischplattenpolitur ein schnelltrocknendes Mittel auf Schellackbasis erhältlich, das gegen Hitze und Alkohol beständig ist und wie andere Schellackpolituren aufgetragen wird. In gewissem Ausmaß füllt es die Lücke zwischen dem schönen, aber empfindlichen Schellacküberzug und der langsamtrocknenden, dickeren Firnis- oder Lackpolitur. Letztere ist allerdings immer noch dauerhafter als Schellack.

Schellack

Mit Schellack wird ein Überzug von hartem, klarem Glanz erreicht, der gegen Wasser, Hitze und Alkohol empfindlich ist. Er verkratzt leicht und kann durch Stoß oder Schlag eine schwer zu beseitigende Verfärbung annehmen. Er trocknet jedoch rasch, ist angenehm lichtdurchlässig und ergibt beim Auftragen nach dem französischen Politurverfahren einen glatten und strahlenden Überzug. Außerdem bildet er eine gute Grundlage für die Oberflächenbehandlung mit Wachs.

Schellack wird in bereits in industriellem Alkohol gelöster Form vom Handel für Tischlerbedarf bezogen. In diesem Zustand ist er hochentzündlich und von offenen Feuerstellen entsprechend weit entfernt zu lagern. Wenn eine angebrochene Schellackflasche längere Zeit aufbewahrt wird, verdunstet ein Teil des Alkohols, so daß sie vor dem weiteren Gebrauch aufgefüllt werden muß. Bleibt ein Behälter mit Schellack so lange stehen, bis sich ein weißer Niederschlag am Boden abgesetzt hat, ist der Schellack unbrauchbar und muß ersetzt werden.

Schellack ist in verschiedenen Farben zu haben.

Knopflack ist eine bernsteinfarbene Politur, die hell gebeiztem Holz einen warmen Farbton verleiht.

Granatlack hat eine satte Braunfärbung und dient u. a. zur Behandlung von dunkleren Möbelstücken.

Weißlack ist ein gebleichter Schellack, der sich gut für helle und gebleichte Hölzer eignet.

Klarlack ist eine fast farblose Politur und sehr nützlich zum Anpassen von neuem Holzwerk an altes. Mit seiner Hilfe kann ein Decküberzug aufgebaut werden, der den endgültigen Farbton der Sanierungsstelle nicht beeinträchtigt.

Ebenholzlack wird als schwarze Politur in Verbindung mit schwarzer Anilinfarbe für die Einfärbung von Holz verwendet. Kleine Mengen können aus Granatlack und schwarzer Anilinfarbe angemischt werden.

Eine komplette Farbskala kann durch die Beigabe von Anilin-Spiritusbeize in geringen Mengen zum Schellack hergestellt werden. Das Beizpulver wird in wenig Brenn- oder Polierspiritus aufgelöst und durch ein Tuch in den Schellack abgeseiht. Dadurch läßt sich der gewünschte Farbton ohne das Risiko erreichen, daß ungelöste Beizenpartikel in den Pinsel oder Auftragballen gelangen und farbliche Veränderungen dort hervorrufen, wo sie nicht angebracht sind.

Aufbewahrung von Schellack

Schellack wird in Plastik- oder Glasflaschen geliefert und muß zum Verstreichen in einen kleinen Kunststoffeimer abgegossen werden. Für den Stiel eines guten Farbpinsels oder Quastes wird ein Loch in den Deckel des Eimers geschnitten. Schellack kann so aufbewahrt werden, ohne daß der Pinsel gereinigt werden muß und ohne daß der Schellack hart wird. Läßt man ihn längere Zeit stehen, so ist er zur Verdünnung mit etwas Brenn- oder Polierspiritus aufzufüllen.

Schellack

Auftragen mit dem Pinsel

Benutzen Sie einen guten Flachpinsel von etwa 75 mm Breite und mit nicht zu dichter Behaarung, weil mit jedem Eintauchen möglichst wenig Schellack aufgenommen werden soll.

Tauchen Sie den Pinsel in den Schellack und streichen Sie die Behaarung am Innenrand des Behälters ab. Beginnen Sie auf einer Breite von ungefähr 10 cm von der Kante der zu behandelnden Fläche und streichen Sie mit der Faser sowohl zur Kante hin als auch seitlich, damit sich der Schellack gleichmäßig verteilt. Dann setzen Sie den Pinsel in kurzem Abstand von der Stelle an, wo der

Pinsel vor dem Übergang zu den Stellen 3 und 4 wieder eintauchen

erste Anstrich aufgehört hat, und wiederholen die Streichbewegung in beiden Richtungen, d. h. auf die Anschlußstelle zu und weiter seitlich über die Oberfläche.

Auf diese Weise kann eine Mindestmenge an Schellack gleichmäßig über die ganze Fläche verteilt werden. Versuchen Sie nicht, Wülste und Pinselspuren glattzustreichen, denn Schellack trocknet sehr schnell, und zusätzliche Pinselstriche würden die Sache nur verschlimmern.

Der erste Schellacküberzug muß nach dem Aufstreichen trocken werden; in der Zwischenzeit können etwaige Einfärbe- oder Abtönungsarbeiten fertiggestellt werden. Ein zweiter Überzug kann aufgebracht werden, wenn der frisch eingetauchte Pinsel sich ohne Kleben oder Reißen über den trocknenden Anstrich bewegen läßt.

Nach diesem Verfahren sind normalerweise drei Schichten erforderlich. Ein vierter Überzug kann nach dem Trocknen und leichten Abschleifen der Lackierung noch aufgetragen werden, aber notwendig ist er normalerweise nicht, es sei denn, daß die ersten Schichten sich zu klebrigen Fäden und Wülsten verzogen haben.

Der Decküberzug muß mindestens 4 Stunden trocknen und dann mit feiner Stahlwolle in Faserrichtung abgezogen werden. Klopfen Sie den Stahlwolleballen von Zeit zu Zeit aus, damit er sich nicht mit Schleifstaub zusetzt und seine Scheuerwirkung verliert.

Wenn die so behandelte Oberfläche schließlich mit gutem Möbelwachs eingerieben wird, entsteht ein glatter und schimmernder Decküberzug.

Auftragen mit dem Quast

Der Vorgang ist im wesentlichen der gleiche wie mit dem Flachpinsel. Die Anstriche müssen nacheinander trocken werden, und nach den ersten beiden Überzügen sind die Schichten jeweils leicht mit Sandpapier abzureiben. Auf diese Weise läßt sich eine ziemlich starke Schellackschicht aufbauen, was besonders auf weitringigem, porösem Holz von Nutzen ist.

Zwischen den einzelnen Anstrichen können die letzten Retuschen an Sanierungsstellen vorgenommen werden. Zum Schluß wird mit feinem Sandpapier (Körnung 400) und feinster Stahlwolle abgerieben und gewachst.

Schwierigkeiten mit Schellack

Ausblühen
Wenn Schellack in feuchter und zugiger Umgebung aufgetragen wird, blüht er unter der Oberfläche zu einem milchig-weißen Belag aus, der wahrscheinlich verschwindet, wenn man das Möbelstück langsam trocknen läßt. Weitere Überzüge sind dann in einem warmen und zugluftfreien Raum aufzubringen.

Wulstbildung
Schellack trocknet äußerst schnell und läßt sich nicht ohne weiteres auf seiner Unterlage verstreichen. Dadurch können sich beim Aufstreichen kleine Wülste bilden, die sich besonders beim Auftragen mit dem Flachpinsel als Problem erweisen können. Versuche, den Schellack mit der nächstfolgenden Schicht zu verstreichen, dürften scheitern und zu weiteren Schwierigkeiten führen. Lassen Sie den Überzug trocknen und ziehen Sie ihn dann mit feinem Sandpapier auf einem Schleifkork oder filzbelegten Holzklotz ab. Geben Sie dem Schellack ein wenig Verdünnung zu und tauchen Sie den Pinsel nicht zu tief ein. Verteilen Sie die Politur dünn und gleichmäßig und achten Sie dabei nicht auf Wülste oder ausgelassene Stellen. Zum Schluß wird die Oberfläche mit feiner Stahlwolle abgerieben und eingewachst.

Stumpfe oder fettige Stellen
Solche Stellen nehmen den Schellacküberzug nicht an. Der Schellack bedeckt diese Stellen zwar zunächst, zieht sich aber nach kurzer Zeit zusammen, so daß sie unbedeckt bleiben. Hier können Sie Abhilfe dadurch schaffen, daß Sie das Möbelstück trocknen lassen, die betreffenden Stellen mit Wasser und Seife säubern und dann trockenwischen. Anschließend reiben Sie diese Stellen mit Sandpapier ab und fahren mit dem Schellackanstrich fort.

Schellack wird nicht hart
Dies geschieht, wenn Sie einen Schellack verwenden, der minderwertige Harze enthält. Am besten beizen Sie einen solchen Überzug ab und tragen einen neuen mit Schellack besserer Qualität auf.

Französische Politur

Auch für diese Methode wird Schellack verwendet und zu einem schönen, glatten Überzug verarbeitet, der allerdings wie jede andere Schellackpolitur gegen Wasser, Hitze und Alkohol empfindlich ist. Die Arbeit erfordert Geduld und Erfahrung. Machen Sie Versuche auf Spanplatten- oder Sperrholzstücken, bis Sie eine gewisse Übung erlangt haben.

Material

Zur Aufbewahrung der Polierballen benötigen Sie eine Anzahl weithalsiger Flaschen mit Schraubdeckel und einige kleine Flaschen mit Schraubverschluß für Schellack in verschiedenen Farbtönen. Ein Polierballen ist ein Wattebausch ohne Tuchhülle; einen solchen mit Stoffumhüllung nennt man Putzballen. In die Verschlüsse der Schellackflaschen sind jeweils zwei kleine Löcher zu bohren – eins zum Ausgießen und eins zum Entlüften.

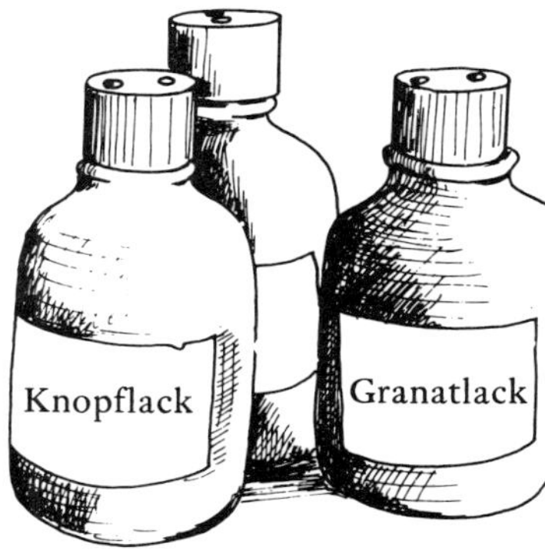

Wenn die Flaschen nicht gebraucht werden, können diese Löcher mit Plastikfolie abgedeckt werden.

Was Sie sonst noch brauchen: Polierwatte, feines Leinen- oder Baumwolltuch zum Einhüllen, eine Schale mit feinem Bimsmehl sowie Mineral- oder Rohleinöl.

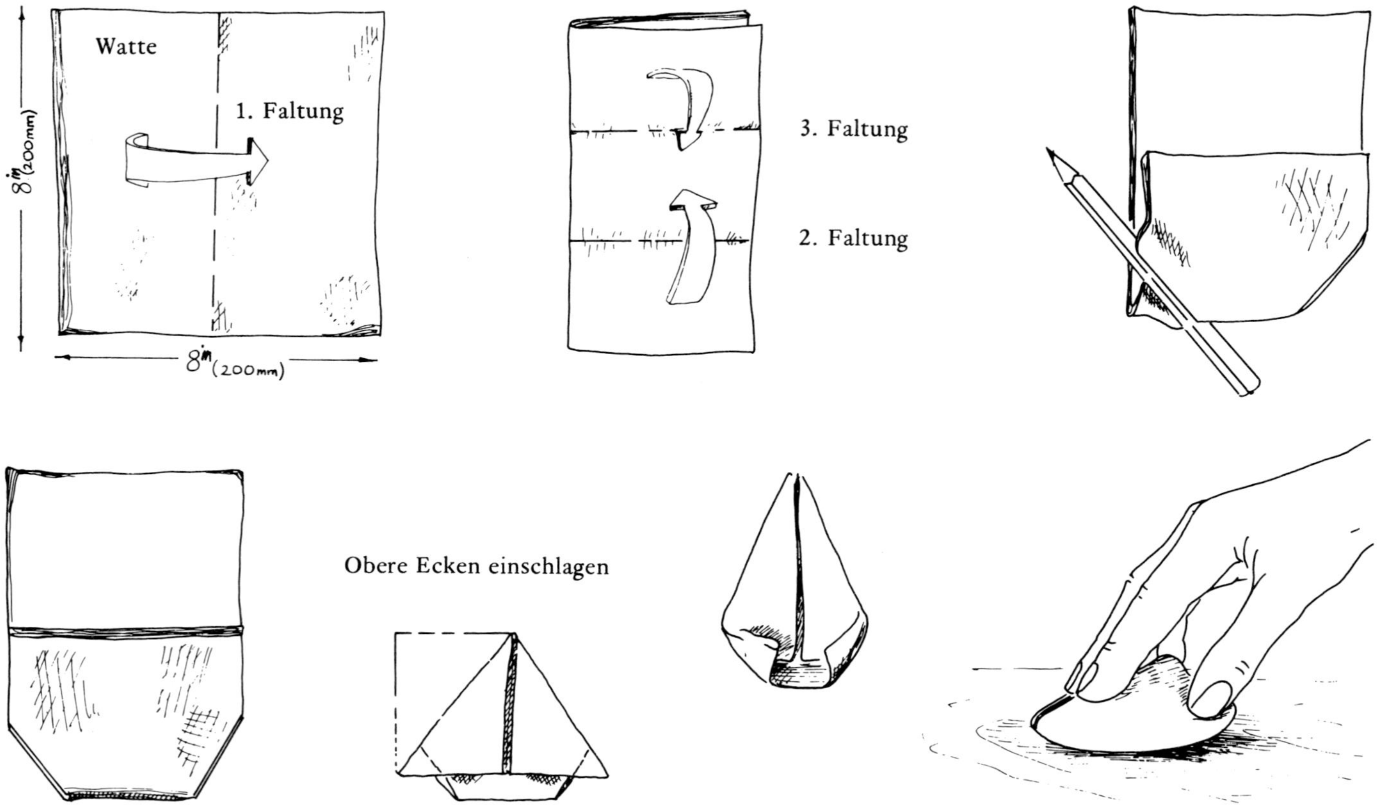

Herrichten des Materials
Füllen Sie jede der kleinen Flaschen mit Schellack in einem anderen Farbton. In eine davon geben Sie eine 50 %ige Mischung aus Granatlack und Polierspiritus und kennzeichnen diese Flasche deutlich mit „Halb und Halb".

Aus fünf oder sechs quadratischen Wattestücken von etwa 200 mm Kantenlänge fertigen Sie die Ballen zum Auftragen des Schellacks an; diese Anzahl reicht in den meisten Fällen aus. Gießen Sie ein wenig Knopf- oder Granatlack auf eine Untertasse und tauchen Sie die Wattestücke hinein; sie werden dann ausgedrückt und zum Trocknen aufgehängt. Zum Schluß werden die fast trockenen Wattestücke nach den obenstehenden Skizzen zu annähernd eiförmigen Polierballen zusammengefaltet.

Poliertechnik
Gießen Sie ganz wenig Mineralöl oder rohes Leinöl in einen Flaschenverschluß und stellen Sie diesen in unmittelbarer Nähe der zu polierenden Fläche auf.

Porenversiegeln
Öffnen Sie den Polierballen auf der Oberseite und gießen Sie Schellack hinein. Drücken Sie den Ballen auf ein Stück Papier, um den Schellack gleichmäßig auf die Reibfläche des Ballens zu verteilen. Nehmen Sie den Ballen fest in die rechte Hand und reiben Sie ihn in Faserrichtung über die zu polierende Fläche. Damit der Schellack tief in die Poren des Holzes eindringt, ist ein fester Druck auf den Ballen notwendig, der mit zunehmender Austrocknung des Ballens noch erhöht werden muß, bis die gesamte Oberfläche eingerieben ist.

Zum restlosen Versiegeln der ganzen Fläche mit einer dünnen Schellackschicht kann ein zwei-

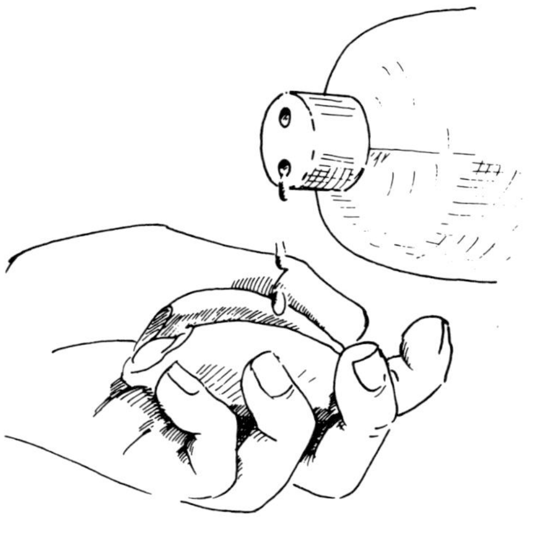

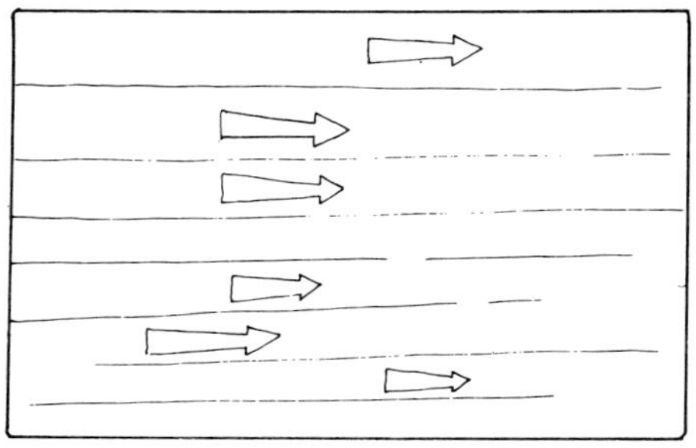

ter und dritter Überzug aufgetragen werden. Wenn die Deckschicht trocken ist, glätten Sie sie mit feinem, eingeöltem Sandpapier und wischen sie mit einem Lappen sauber.

Aufbau eines Decküberzugs
Füllen Sie den Polierballen wieder auf und drükken Sie ihn zur besseren Verteilung des Inhalts auf das Papier. Tauchen Sie einen Finger in das Mineralöl oder Rohleinöl in dem Flaschenverschluß und spritzen Sie einige Tropfen über die Werkstückoberfläche. Drücken Sie den Polierballen ganz leicht auf und verstreichen Sie das Öl mit weiten, schwingenden Bewegungen. Dadurch erhält der Ballen eine Schmierung und gleitet leichter über die frische Schellackschicht, so daß der Druck des Armes dazu dienen kann, den Schellack in die Poren des Holzes zu pressen.

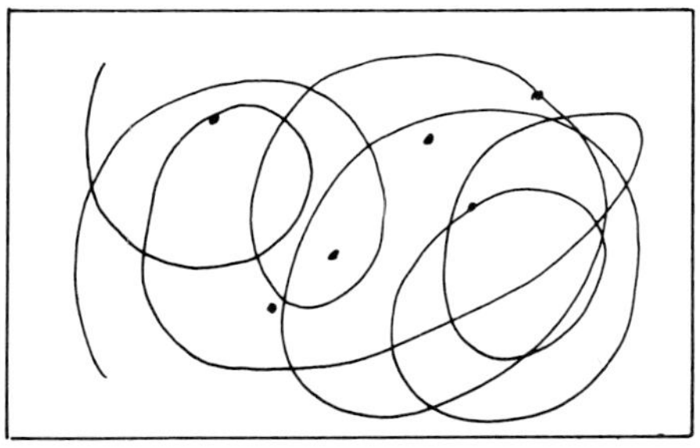

Halten Sie den Ballen in Bewegung und geben Sie mehr Öl hinzu, bis der Ballen beim Gleiten über die Werkstückoberfläche eine leicht ,,wolkige" Spur hinterläßt. Beginnt der Ballen zu rutschen (was man leicht fühlen kann), so betrachten Sie seine Reibfläche; weist sie glänzende Stellen auf, dann ist zu viel Öl die Ursache, und das überschüssige Öl muß mit einem sauberen, trockenen Lappen abgewischt werden; es kann aber auch zusätzliches Einölen erforderlich werden, um die Bewegungen des Ballens zu erleichtern.

Diese Arbeit ist fortzusetzen, bis die Poren in der Holzoberfläche restlos gefüllt sind und sich eine gleichmäßige Politurschicht gebildet hat. Während sich die Füllung des Polierballens verbraucht, ist der Druck auf den Ballen zu verstärken, wogegen der Druck auf den neu aufgefüllten Ballen nur sehr gering zu sein braucht. Der Druck wird im allgemeinen so lange erhöht, bis ein erheblicher Kraftaufwand nötig ist, um den Schellack aus dem Ballen heraus- und in das Material hineinzupressen.

Wird ein nachgefüllter Polierballen zu schnell aufgedrückt, so sickert der Schellack seitlich heraus und verursacht Streifen und Wülste in der Ballenspur. Diese Schlieren müssen sofort entweder mit dem Polierballen oder, wenn dies nicht möglich ist, nach dem Antrocknen mit feinem, leicht eingeöltem Sandpapier beigearbeitet werden.

Wenn die Holzoberfläche einwandfrei versiegelt und mit einem gleichmäßigen Decküberzug versehen ist, füllen Sie den Polierballen aus der mit „Halb und Halb" etikettierten Flasche und tragen die Mischung mit sanftem Druck auf, um Kratzer zu vermeiden. Nach dem Trocknen kann das verbleibende Öl mit einem weichen, mit Brennspiritus befeuchteten Lappen abgewischt werden. Zum Aushärten braucht der Überzug dann 24 Stunden.

Deckpolieren
Mit feinem Sandpapier und einem Schleifklotz wird die Oberfläche sorgfältig abgeschliffen; eventuell vorhandene Löcher oder Vertiefungen werden mit Wachs oder Stangenschellack ausgeglichen.

Füllen Sie einen Polierballen mit Schellack und umhüllen Sie ihn mit einem feinen Baumwoll- oder Leinentuch; jetzt haben Sie den bereits erwähnten Putzballen.

Besprengen Sie die Werkstückoberfläche mit Öl und reiben Sie den Putzballen in kreisförmigen Bewegungen darüber, wobei darauf zu achten ist, daß alle Öltropfen erfaßt und auf die Fläche verteilt werden und daß der Schellack sowohl zu den Ecken und Randzierprofilen als auch in den mittleren Bereich der Werkstückoberfläche gelangt. Nach jedem kompletten Einstreichen des mittleren Bereichs ist an den Kanten entlang mit engen, kreisförmigen Bewegungen zu arbeiten. Wenn Sie den Putzballen in brauchbarem Zustand halten, lassen sich komplizierte Ecken ganz ohne Schwierigkeiten erreichen, ohne daß die Oberfläche zu dick mit Schellack eingedeckt wird oder Schlieren darauf zurückbleiben.

Im Zuge der Arbeit ist aus den kreisförmigen Bewegungen des Putzballens in langgezogene Achter und dann in lange, gerade Striche überzugehen. Beziehen Sie die Bearbeitung der Kanten immer in den allgemeinen Ablauf des Deckpolierens mit ein und schieben Sie das Nachfüllen des Putzballens möglichst so lange hinaus, bis es absolut notwendig ist, denn der Druck und nicht die Politurmenge ist für einen guten Decküberzug entscheidend. Halten

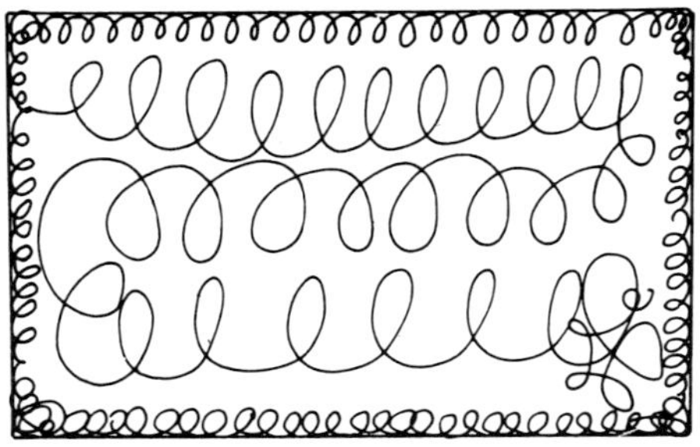

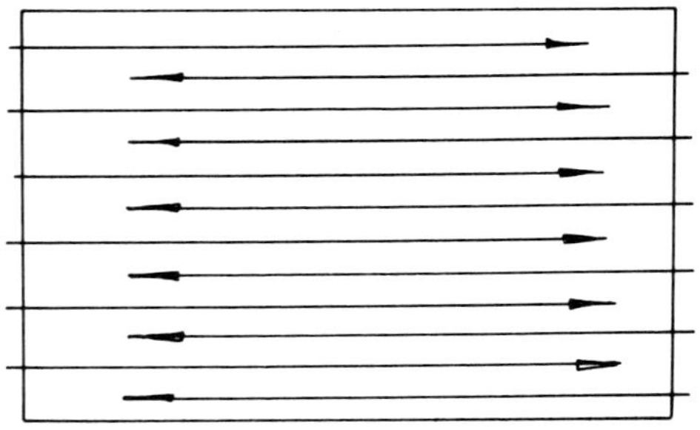

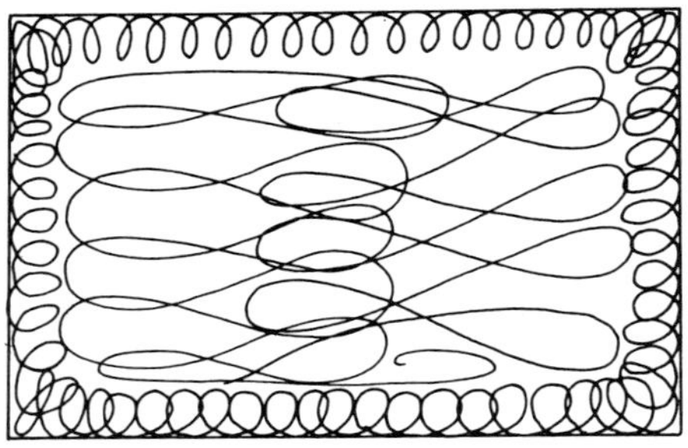

Sie den Putzballen niemals auf der Werkstückoberfläche an, sondern immer in gleitender Auf- und Abwärtsbewegung.

Mit fortschreitendem Aufbau des Decküberzugs wird die Oberfläche glatt und glänzend. Bestreichen Sie sie wie vorher mit verdünntem Schellack, wischen Sie sie, falls zur Beseitigung des Öls nötig, mit einem mit Spiritus befeuchteten Lappen ab und lassen sie trocknen. Vor dem Auftragen weiterer Überzüge ist mit Sandpapier anzuschleifen.

Für den Aufbau eines einwandfreien Decküberzugs genügen normalerweise drei Schichten, bevor mit dem endgültigen Polieren begonnen wird. Damit ist unmittelbar nach Fertigstellung der letzten Schicht anzufangen. Das Öl sollte für den Überzug mit der Halb-und-Halb-Mischung auf der Oberfläche belassen werden.

Auspolieren

Füllen Sie einen speziellen Putzballen, den Sie eigens für diesen Zweck in einer Flasche aufbewahrt haben, mit Schellack aus der Halb-und-Halb-Flasche und fahren Sie damit leicht und schnell über die Oberfläche, zuerst kreisförmig, dann in Achtern und zum Schluß in geradlinigen Strichen. Dabei ist äußerst sanft vorzugehen, bis der Putzballen fast trocken ist. Durch diese Behandlung werden besagte „wolkige" Ölspuren von der Oberfläche entfernt. Benutzen Sie den Putzballen, bis er trocken ist.

Ein zweiter Spezialputzballen dient zum endgültigen Polieren (Auspolieren) der Oberfläche. Er besteht aus einem alten Polierballen, aus dem der ganze Schellack ausgewaschen worden ist. Geben Sie ein paar Tropfen Brennspiritus auf die Reibfläche dieses Ballens und schlagen Sie ihn dann in ein sauberes Baumwoll- oder Leinentuch von guter Qualität ein. Wenn Sie diesen Putzballen gegen die Lippen halten, darf er Ihnen nicht naß vorkommen, sondern muß sich kühl und trocken anfühlen.

Nehmen Sie den Ballen fest in die Hand, setzen Sie ihn mit einer gleitenden oder schwingenden Bewegung auf der Oberfläche an und lassen ihn schnell darauf kreisen, wobei Sie den Druck mit fortschreitender Austrocknung des Ballens verstärken. Dadurch werden alle Ölrückstände von der Oberfläche entfernt; der Schellacküberzug wird aufgeweicht und poliert. Bei Bedarf kann der Putzballen nachgefüllt werden. Setzen Sie das Auspolieren fort, bis die Oberfläche auf Hochglanz gebracht ist, und lassen Sie sie mindestens 24 Stunden trocknen, bevor Sie eventuell zum Mattieren übergehen.

Mattieren

Ein Decküberzug, der zu stark glänzt, kann mattiert werden, indem man das Holzwerk mit einem Ballen sehr feiner, in Wachs getauchter Stahlwolle unter äußerst sanftem Druck in Faserrichtung abreibt. Sie können auch die Oberfläche mit Bimsmehl bestreuen und dieses mit einer weichen Bürste in Faserrichtung verreiben. Auszusparende Stellen können dabei mit einer Postkarte abgedeckt werden.

Schwierigkeiten beim Polieren
Im Anfangsstadium des Polierens könnten Fasern aus dem Polier- oder Putzballen auf der Werkstückoberfläche zurückbleiben. Diese Fasern oder Fusseln sind dann vorsichtig mit dem Finger zu lokkern, bis sie sich abheben lassen. Geht dies nicht, so läßt man sie eintrocknen und beseitigt sie mit Sandpapier.

Weitringiges Holz
Wenn das Holz besonders weitringig ist, kann es vor dem Polieren mit einem sogenannten Reibballen behandelt werden, d. h. mit einem Polierballen, in den Halb-und-Halb-Mischung gegossen und dessen Reibfläche mit Bimsmehl bestreut wird. Dieser Ballen wird dann in ein feinmaschiges Stück Stoff gehüllt und ohne Ölzusatz kreisförmig über die Holzoberfläche gerieben. Das Bimsmehl dringt dabei durch den Stoff und schleift die Oberfläche an, während gleichzeitig ein Gemisch aus Holzmehl und Bimsmehl (genau im Farbton des Holzwerks) in die Poren gedrückt wird und diese versiegelt. Nach dem Trocknen wird die Fläche mit Sandpapier leicht abgerieben, ehe mit dem Deckpolieren begonnen wird. Einen solchen Reib- oder Schleifballen verwahren Sie in einer besonderen, entsprechend etikettierten Flasche.

Ausblühen
Dieser weiße Belag unter der Oberfläche tritt auf, wenn in feuchter und zugiger Umgebung gearbeitet wird. Das Möbelstück muß dann in einen warmen Raum gestellt werden und gründlich trocknen. Verschwindet der ausgeblühte Niederschlag dadurch nicht, so ist das Möbelstück abzubeizen und einer erneuten Oberflächenbehandlung zu unterziehen.

Ausschwitzen
Wenn Leinöl oder Mineralöl, das unter dem Decküberzug festgehalten wird, nach oben durchbricht und die Deckschicht durchstößt, spricht man vom „Ausschwitzen". Die Ursache hierfür liegt vermutlich darin, daß zu viel Öl beim Aufbau der Deckschichten benutzt worden ist oder daß Öltropfen lediglich überdeckt wurden, statt mit dem Polier- oder Putzballen verrieben zu werden.

Lassen Sie die Oberfläche ein paar Tage lang „schwitzen" und reiben Sie sie dann mit einem Auffrischungsmittel ab. Haben Sie damit keinen Erfolg, so versuchen Sie es mit warmem Seifenwasser und sehr feinem Bimsmehl; die Oberfläche wird anschließend abgewaschen. Nach dem Trocknen wiederholen Sie den Vorgang, bis alle Spuren des Ausschwitzens beseitigt sind, und polieren dann nach.

Glanzlosigkeit
Stumpfe und glanzlose Flächen können entstehen, wenn beim Aufbau der Decküberzüge zu viel Öl verwendet wird; in diesem Falle ist die Oberfläche (wie beim Deckpolieren) mit Spiritus abzureiben.

Es kann aber auch daran liegen, daß der Spiritus die Oberfläche gewissermaßen angeätzt hat. Dann ist mit weniger Spiritus nachzureiben oder, wenn das nicht hilft, zum letzten Mittel zu greifen, d. h. Oberfläche bis auf den Grund abschleifen, neue Deckschichten aufbauen und noch einmal polieren.

Erneuern von zersetzter Politur
Solche Stellen, die der Aufarbeitung bedürfen, sind mit feinem, leicht eingeöltem Glaspapier abzureiben. Ändert sich durch das Abschleifen des Schellacks der Farbton des Holzes, so ist mit Beize nachzufärben oder mit Aquarellfarben sorgfältig zu retuschieren. Mit Hilfe von verschiedenfarbigen Polituren können neue Deckschichten an den betreffenden Stellen aufgebaut werden, so daß der endgültige Farbton zur Umgebung paßt. Anschließend wird mit Klarpolitur auspoliert. Vor einer eventuellen Mattierung muß die Oberfläche gründlich trocknen.

Oberflächenbehandlung von Formteilen

Die Oberflächenbehandlung von Formteilen und Zierprofilen bietet gewisse Schwierigkeiten. Eine Möglichkeit ist der Aufbau eines Decküberzugs aus Firnis und das Abziehen desselben mit Putzballen und Schellack.

Das Holz wird, wie bei der französischen Politur üblich, mit einem schellackgefüllten Polierballen versiegelt. Bestreichen Sie das Formteil nach dem Trocknen mit einem guten Firnis, wobei eine Schicht gewöhnlich ausreicht. Wenn diese trocken ist, nehmen Sie ein Stück gebrauchte Polierwatte, drücken den Schellack heraus und wickeln es zum Trocknen in einen Lappen. Geben Sie ein wenig Politur, etwas Mineralöl und eine Prise Bimsmehl auf die Polierwatte und fahren Sie damit über ein Stück Papier, um Politur und Bimsmehl gleichmäßig auf die Reibfläche zu verteilen. Dann legen Sie das Wattestück auf das Formteil und drücken es fest in das Profil hinein. Reiben Sie nun die Polier-

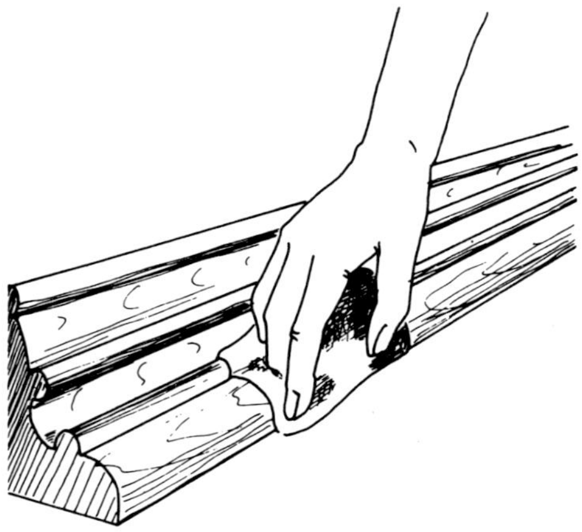

watte mehrmals in Längsrichtung auf dem Formteil hin und her, wobei Sie einen Finger als Führungsanschlag benutzen. Das Bimsmehl rauht dabei den Firnis auf, während die Politur den Farbton aufhellt und durch die Bewegungen der Polierwatte auf Hochglanz gebracht wird.

Die Polierwatte muß gleichmäßig über das Formteil gleiten. Wenn sie ins Rutschen kommt, ist zu viel Öl verwendet worden; durch zu viel Schellack klebt sie an, und durch zu viel Bimsmehl wird der Decküberzug aufgerissen. Den letzten Glanz verleihen Sie dem Formteil, indem Sie mit einem sauberen, weichen Putzballen mehrmals darüberfahren.

Oberflächenbehandlung von Drechselteilen

Gedrechselte Teile weisen gewöhnlich viel Hirnholz auf, wodurch das Beizen problematisch werden kann. Hier ist zu empfehlen, eine schwächere Beize als die, wie sie für ebene Flächen benutzt wird, zu verwenden. Sollen chemische Beizen oder Wasserbeizen aufgetragen werden, so ist das Werkstück vorher mit Wasser anzufeuchten und mit Sandpapier anzuschleifen.

Lassen Sie das Werkstück auf der Drehmaschine oder spannen Sie es zwischen provisorische Spitzen auf dem Arbeitstisch. Tragen Sie die Beize mit einem Lappen auf und drehen Sie das Werkstück dabei.

Wo die Maserung liegende Jahresringe zeigt, streichen Sie etwas mehr Beize auf, aber lassen Sie die Beize nicht in das Hirnholz einziehen.

Wenn die Beize trocken ist, schleifen Sie das Holzwerk mit Sandpapier leicht ab; es kann dann mit ein paar Schellackanstrichen versiegelt, angeschliffen und gewachst werden. Alternativ dazu kann ein fachgerecht polierter Decküberzug aufgebracht werden, wie er im folgenden beschrieben ist.

Die mit dem Pinsel aufgebrachten Schellackschichten müssen trocken sein und leicht angeschliffen werden. Hellere Stellen sind mit Spiritusbeize abzutönen, der bei Bedarf ein wenig Wasser beigemischt wird. Nehmen Sie nun einen alten Polierballen, füllen Sie ihn mit Schellack und halten ihn gegen das in der Maschine rotierende Werkstück. Wenn sich ein Decküberzug aufgebaut hat, bestreichen Sie diesen noch einmal mit Schellack. Diese Schicht lassen Sie trocknen und schleifen sie mit Sandpapier leicht an.

Das anschließende Deck- und Auspolieren erfolgt wie bei der französischen Politur, nur daß für den letzten Überzug statt des Halb-und-Halb-Gemisches ein dickflüssigeres aus etwa 75 % Schellack und 25% Spiritus zu verwenden und den wenigen Tropfen Spiritus, in die der Putzballen normalerweise getaucht wird, 25 % Schellack beizugeben ist. Beste Ergebnisse werden erzielt, wenn der Putzballen mit einem Stück Sämischleder (Waschleder) statt mit Baumwoll- oder Leinentuch bedeckt wird, da das Leder beim Andrücken an das rotierende Werkstück einen gleichmäßigeren Glanz erzeugt.

Firnis

Firnis ergibt einen klaren und dauerhaften Decküberzug, der für Tischplatten und alle Oberflächen ideal ist, die stärker beansprucht werden.

Material

Dem Restaurator stehen verschiedenartige Firnisse zur Verfügung, deren Behälter jeweils mit Mengenangaben und Gebrauchsanleitungen bedruckt oder beklebt sind. Halten Sie sicht immer strikt an diese Anweisungen.

Lagerung

Firnis muß in einem warmen und trockenen Raum gelagert und angewendet werden. Wird er aus einer kalten Umgebung in einen warmen Raum gebracht und sofort verwendet, so kann der Firnisüberzug minderwertig ausfallen. Der Deckel des Firnisbehälters muß immer dicht verschlossen sein. Angebrochene Büchsen sind zweckmäßigerweise mit dem Verschluß nach unten aufzubewahren, damit keine Luft eindringen und den Firnis nach dem Aufstreichen zum Ausblühen bringen kann. Die

Firnisbüchse darf vor Gebrauch nicht geschüttelt werden, denn die entstehenden Luftbläschen würden vom Pinsel fließen und den Anstrich verderben.

Pinsel

Wenn Firnissen zur regelmäßigen Werkstattarbeit gehört, sind die Pinsel an ihren Stielen hängend in einer Flasche mit Firnis aufzubewahren. Läßt man sie in Terpentin oder Terpentinersatz stehen, so müssen sie vor Gebrauch sehr gründlich getrocknet werden. Pinsel, die nur vorübergehend benutzt werden, sind in Terpentin oder Terpentinersatz zu reinigen und dann mit Packpapier zu umwickeln, das mit einem Gummiband befestigt wird. Neue Pinsel hinterlassen Haare und Staub auf der Holzoberfläche und sollten für den letzten Firnisüberzug nicht verwendet werden.

Vorbereitung

Die mit Firnis zu bestreichenden Oberflächen sind mit einem Tuch abzustauben; Formteile und Zierprofile werden in den Ecken mit einem spitzen Holzstab ausgekratzt, bevor sie abgewischt werden. Ölige Stellen und solche mit Füllmitteln auf Ölbasis sowie von Natur aus ölige Hölzer, z. B. Rosenholz (Palisander), sind mit einem verdünnten Schellacküberzug zu versiegeln, damit kein Öl in den Firnis eindringen und dessen Trocknen verhindern kann.

Auftragen von Firnis

Der Arbeitsraum muß warm und staubfrei und möglichst auch frei von Zugluft sein; das zu behandelnde Möbelstück muß waagerecht stehen. Tauchen Sie den Pinsel in den Firnis und drehen Sie ihn langsam darin herum. Dann setzen Sie ihn im spitzen Winkel zur Werkstückoberfläche an und ziehen ihn in Faserrichtung langsam darauf entlang, so daß der Firnis gleichmäßig und stetig vom Pinsel läuft.

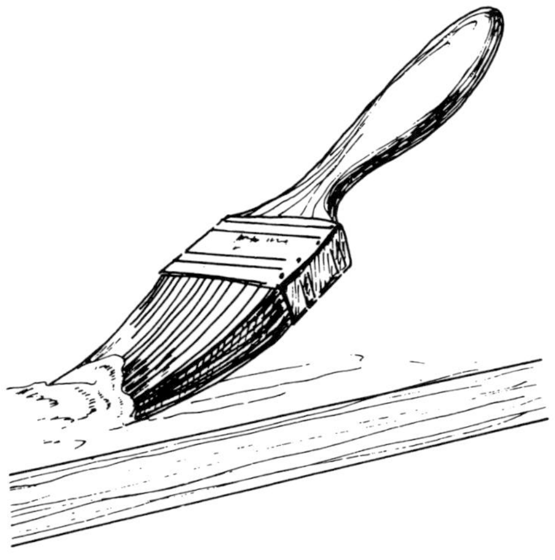

Wird der Pinsel zu schnell bewegt, so zieht sich der Firnis stellenweise zurück, und es entstehen unansehnliche Löcher in dem Überzug. Wenn der Pinsel sich zu entleeren beginnt, füllen Sie ihn nach und setzen den Anstrich fort. Decken Sie die Oberfläche nicht zu dick mit Firnis ein, sondern lassen Sie den Firnis von selbst verlaufen und eine Schicht bilden. Wenn diese das Holzwerk in gleichmäßiger Dicke überzieht, fällt das Endergebnis einwandfrei aus.

Die erste Firnisschicht ist nach dem Trocknen mit feinem Sandpapier anzuschleifen, abzuwischen und mit einer zweiten Schicht zu überziehen. Beim Anschleifen ist Vorsicht angebracht, denn der Firnis kann sich zwar fingertrocken anfühlen, im Innern aber noch ziemlich feucht sein. Wenn das Sandpapier die Außenhaut durchdringt, kann es den Untergrund ankratzen.

Drei Firnisschichten reichen normalerweise aus, um das Holzwerk zu versiegeln und einen soliden Decküberzug darauf aufzubauen. Sollten dann auf der Oberfläche immer noch sogenannte „tote“ Stellen vorhanden sein (verursacht in Bereichen mit starker Porosität, die den Firnis aufsaugen), so sind diese mit Putzballen und Schellack nachzubehandeln und trocknen zu lassen. Durch einen nachfolgenden Firnisanstrich wird die Gleichmäßigkeit des Überzugs wiederhergestellt.

Polieren

Nachdem die letzte Firnisschicht aufgetragen worden ist, muß der Decküberzug mindestens 48 Stunden trocknen. Dadurch kann er in seiner vollen Tiefe aushärten, so daß der Restaurator in der Lage ist, ihn mit Putz- und Polierballen auf Hochglanz zu bringen, ohne Gefahr zu laufen, daß weicherer Firnis unter der Oberfläche angekratzt wird.

Abgenutzte und unebene Oberflächen

Diese können mit einem Ballen sehr feiner Stahlwolle unter sanftem, gleichmäßigem Druck abgerieben werden. Die Nachbehandlung erfolgt zunächst mit einem langsam trocknenden Weichwachs und dann mit einem härteren Wachs.

Glatte und ebene Flächen

Reiben Sie solche Flächen mit feinem Sandpapier und Korkklotz in Faserrichtung ab und polieren Sie sie mit Filzkissen und Polierkreme. Für den letzten Glanz nehmen Sie ein weiches Wachs.

Schwierigkeiten

Firnis wird nicht hart

Die Ursache hierfür kann darin liegen, daß Öl entweder aus dem Holz, aus dem Füllstoff (falls ein solcher verwendet wurde) oder aus der Beize die Versiegelung durchdringt und das Aushärten des Firnis verhindert. Der Überzug muß dann entfernt werden, und die Oberfläche muß trocknen. Anschließend erhält sie zwei Schellacküberzüge und nach deren Trockenwerden einen Firnisanstrich. Wird dieser dann immer noch durch einsickerndes Öl aus dem Holz am Aushärten gehindert, so ist die Fläche mit Benzin abzuwaschen. Dabei nicht rauchen, keine Dämpfe einatmen und für ausreichende Lüftung sorgen! Nach dem Trocknen wird die Oberfläche mit ein paar schellackgefüllten Polierballen unter hohem Druck versiegelt und dann mit Firnis überzogen.

Schlieren und Wülste

Diese entstehen, wenn der Firnis nicht gleichmäßig verteilt wird; sie können mit dem Pinsel verstrichen werden, falls sie schnell entdeckt werden. Sonst läßt man sie mit dem Anstrich hart werden und schleift sie nach gründlichem Trocknen mit Sandpapier bei.

Tote Stellen

Hier zieht der Firnis in Bereichen mit weitringiger Maserung in das Holz ein und ist kaum mehr zu sehen. Durch vorheriges Versiegeln der Holzoberfläche mit einem Schellacküberzug können solche Stellen vermieden werden. Wenn ein Stück Span- oder Hartfaserplatte ohne Versiegelung gefirnißt wird, kann man die gleiche Wirkung auf der gesamten Oberfläche beobachten.

Lochbildung

Hierfür gibt es eine Reihe von Ursachen:

a) Löcher in der Holzoberfläche, die vor dem Versiegeln hätten gefüllt werden müssen. Bis auf den Untergrund abreiben und Löcher vor der weiteren Behandlung mit Firnis zustopfen.

b) Der Pinsel enthält Terpentin oder Terpentinersatz. Holzoberfläche trocknen lassen, mit Sandpapier abreiben und mit einem Pinsel, der in Firnis (und nicht in Terpentin) aufbewahrt wurde, neu mit Firnis bestreichen.

c) Der Pinsel wurde zu schnell über die Werkstückoberfläche bewegt. Die dadurch entstandenen Löcher können mit einem kleinen, spitzen Pinsel mit Firnis nachgefüllt werden. Nach dem Trocknen ist der Überzug mit Sandpapier glattzuschleifen und bei Bedarf mit einem weiteren Firnisüberzug zu versehen.

d) Fettflecken nehmen keinen Firnis an. Stellen bis auf den Untergrund abreiben, mit Seifenwasser abwaschen, trocknen lassen und neu mit Firnis überziehen.

Ausblühen

Diese Erscheinung ist, wie bereits dargelegt, auf Feuchtigkeit zurückzuführen, die sich auf der Firnisoberfläche niederschlägt, ehe sie Zeit zum Trocknen hat, und dadurch zu vermeiden, daß man in einem warmen Raum bei möglichst gleichbleibender Temperatur arbeitet. Wo dies nicht möglich ist, beginnen Sie mit dem Firnissen am frühen Morgen, so daß der Überzug den ganzen Tag über aushärten kann, ehe die nächtliche Kühle ihm Schaden zufügen kann. Versuchen Sie das Abwaschen mit einem Auffrischungsmittel, aber wenn das nichts nützt, muß der Überzug abgebeizt und neu aufgetragen werden.

Abblättern

Der Firnis blättert ab, wenn er nicht ausreichend fest auf dem Untergrund haftet – möglicherweise infolge der Verwendung eines ungeeigneten Versieglungsmittels oder des Aufstreichens auf eine fettige Oberfläche.

Die einzige Möglichkeit ist dann, den Firnisüberzug zu entfernen und den Untergrund zu bearbeiten, der trocken und fettfrei sein muß. Gründliches Abwaschen mit warmem Seifenwasser und anschließendes vorsichtiges Abreiben mit feiner Stahlwolle schafft im allgemeinen Abhilfe.

Leinöl und Firnis

Damit läßt sich ein sehr dauerhafter Decküberzug auftragen, allerdings in ziemlich zeitraubender Arbeit. Er ist beständig gegen Hitze und Alkohol

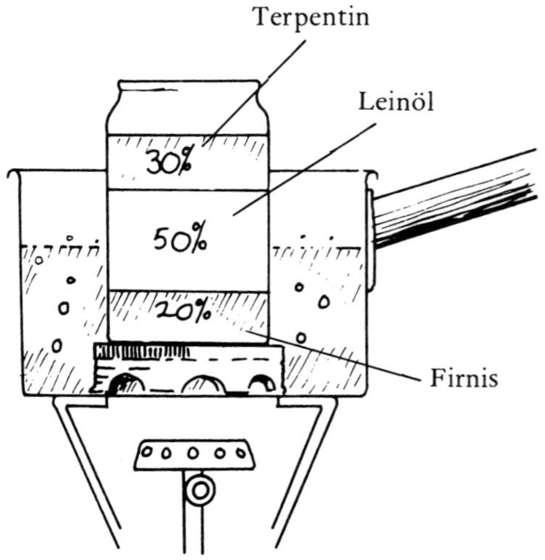

und, da er sich ganz innerhalb des Holzwerks befindet, auch kratz- und abriebfest, was man von einem polierten Decküberzug nicht sagen kann.

Herrichten
Sie benötigen Rohleinöl, Terpentin und Firnis von guter Qualität. Daraus rühren Sie eine Mischung mit den Anteilen 20 % Firnis, 50 % Leinöl und 30 % Terpentin an. Erwärmen Sie diese hochentzündliche Mischung vorsichtig im Wasserbad auf einer Gasflamme und tragen Sie sie in heißem Zustand mit Pinsel oder Quast auf.

Vorbehandlung der Oberfläche
Dieses Gemisch dringt in die Holzoberfläche ein und wird in den Poren des Holzes hart. Das vorherige Versiegeln entfällt, weil dies das Einziehen des Öls verhindern würde. Zum Einfärben des Möbelstücks kann das Holzwerk vorher entweder geräuchert oder mit Wasser- oder Spiritusbeize behandelt werden. Ölbeizen sind ungeeignet.

Auftragen
Nach dem Auftragen der heißen Mischung läßt man sie kurze Zeit einziehen und wischt den Überschuß mit einem sauberen Tuch ab; das Gefäß stellt man zum Abkühlen zur Seite.

Ein zweites weiches Tuch formen Sie zu einem Kissen oder Ballen und reiben die Oberfläche kräftig damit ab. Wenn Sie es mit einer großen Tischplatte zu tun haben, können Sie dabei ein in Lappen gewickeltes Gewicht zu Hilfe nehmen. Die Oberfläche ist so lange abzureiben, bis das Gemisch restlos in das Holz eingedrungen ist, und dann ein paar Tage trocknen zu lassen.

Die nächsten Überzüge werden in derselben Weise aufgetragen, und mit zunehmender Anzahl der Schichten kann auch der Firnisanteil in der Mischung erhöht werden; letztere darf jedoch in keinem Falle auf der Holzoberfläche verbleiben.

Nach diesem Verfahren läßt sich ein sehr schöner Decküberzug aufbauen, der dauerhaft und wasserfest ist und einen weichen Schimmer aufweist; allerdings ist dies alles mit hohem Zeitaufwand verbunden.

Wichtiger Hinweis
Das Hauptproblem besteht für den Restaurator darin, zu wissen, wie lange der Prozeß der Oberflächenbehandlung dauern wird. Diese Zeit richtet sich nach der Porosität des Holzes, der Temperatur der Leinölmischung und dem Ausmaß, in welchem der Firnisanteil in der Mischung gesteigert wird. Die Trockenzeit zwischen den ersten Überzügen beträgt etwa 2 Tage und kann mit zunehmendem Firnisanteil um einen Tag verringert werden. Durch die Verwendung eines hohen Firnisanteils schon im Anfangsstadium der Arbeit kann der Zeitaufwand zwar verkürzt werden, aber dann fällt der fertige Überzug nicht so attraktiv aus; er läßt in seinem Aufbau weniger „Tiefe“ erkennen und hat mehr Glanz.

Abstimmen von altem und neuem Holzwerk
Die Anpassung des neuen Holzwerks an das alte muß abgeschlossen sein, bevor die Oberfläche mit Leinöl und Firnis bestrichen wird. Benutzen Sie, wie gesagt, keine Ölbeizen, denn die Farb- oder Beizschicht auf der Holzoberfläche würde sehr wahrscheinlich beim Einreiben der verschiedenen Überzüge verschwinden. Verwenden Sie zum Einfärben des Holzwerks möglichst chemische Beizen oder räuchern Sie das Holz: Vergessen Sie bei der Auswahl passender Teile für eine Ausbesserung nicht, daß vor allem durch diese Art der Oberflächenbehandlung der sanfte Schimmer des Holzes hervorgehoben wird, so daß eine Ähnlichkeit in seinen Reflektionseigenschaften mindestens ebenso wichtig ist wie eine passende Maserung.

Wachsen

Wachsüberzüge
Die Schönheit eines Wachsüberzugs nimmt mit Alter und Gebrauch des Möbelstücks noch zu. Es kann nämlich viele Jahre lang immer wieder gewachst und poliert werden, und mit jedem neuen Überzug wird der Glanz der vorhandenen Schicht aufgefrischt und verstärkt.

Ein Wachsüberzug ist leicht aufzutragen, zu erhalten und aufzufrischen; allerdings verschmutzt er auch leicht und ist anfällig für Hitze- und Wassereinwirkung, so daß es nicht ratsam wäre, häufig gebrauchte Möbelstücke nur mit einem Wachsüberzug zu versehen (siehe Abschnitt „Versiegeln und Wachsen“, S. 241).

Vorbehandlung
Möbelstücke, die gewachst werden sollen, sind mit Sandpapier gut vorzuschleifen; Ausbesserungsarbeiten und Retuschen am Holzwerk müssen abgeschlossen sein, bevor das Wachs aufgetragen wird. Ölbeizen müssen vor dem Überziehen mit Wachs ein paar Tage trocknen.

Bei der Anwendung von schnelltrocknenden Wachsen ist für ausreichende Lüftung zu sorgen. Nicht rauchen!

Auf das vorgeschliffene Holz tragen Sie zunächst ein langsamtrocknendes Wachs auf, das auch gefärbt sein kann, um eine dunklere Wirkung zu erzielen. Benutzen Sie jedoch noch kein schwarzes oder dunkelbraunes Wachs, damit die Holzmaserung kein fleckiges Aussehen annimmt. Tragen Sie das Wachs gleichmäßig und nicht zu sparsam auf und lassen Sie es, nachdem Sie überschüssiges Wachs mit einem groben Lappen abgewischt haben, eine Stunde trocknen. Wiederholen Sie diesen Vorgang einige Male. Im Zuge des Einwachsens färbt sich das Möbelstück meistens etwas dunkler, nimmt aber vermutlich wieder einen hellen Mattglanz an, wenn das Wachs trocknet.

Mit jedem farbigen Wachsüberzug nimmt das Möbelstück eine dunklere Färbung an, und wenn der gewünschte Farbton erreicht ist, kann mit schnelltrocknendem Wachs auf Hochglanz poliert werden.

Tragen Sie schnelltrocknendes Wachs sorgfältig in kleinen Teilbereichen auf, die Sie jeweils mit einem sauberen, fusselfreien Lappen wieder abwischen. Bearbeiten Sie die Oberfläche des Möbelstücks nach einem regelmäßigen Muster, wobei Sie das Wachs mit dem Stoffballen auftragen und dann sofort das ganze auf der Oberfläche befindliche Wachs entfernen.

In diesem Stadium der Arbeit können Sie noch keine Politur aufbauen; entfernen Sie das überschüssige Wachs von der Oberfläche, ehe es in Flekken eintrocknen kann. Um eine antike Wirkung zu erzielen, können Sie das Wachs in Ecken und teilweise auf Zierprofilen auf der Oberfläche belassen.

Polieren

Die Handbohrmaschine mit einer Polierscheibe (z. B. Gummischeibe mit Lammfellhülle) eignet sich ausgezeichnet für diese Arbeit. Lassen Sie die Maschine mit hoher Drehzahl laufen und bewegen Sie die Polierscheibe (die Sie ggf. vorher von Schleifstaub oder Hobelspänen gereinigt haben) über die Werkstückoberfläche, zunächst in leichten, schnellen Strichen quer zur Holzfaser und

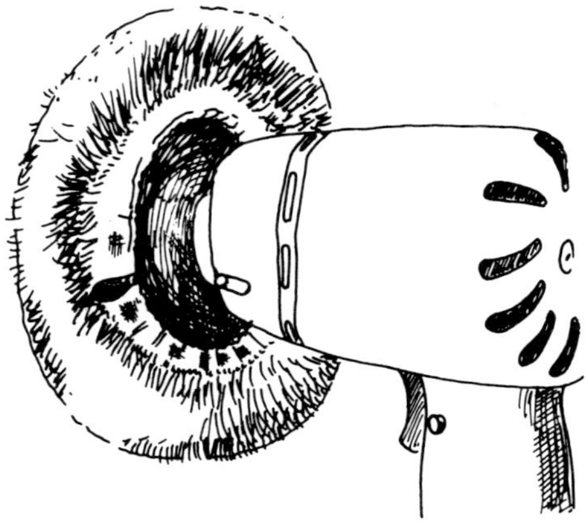

Schnurenden vor dem Polieren unter die Lammfellhülle stekken

dann in Längsstrichen in Faserrichtung. Die Umdrehungen der Polierscheibe sind auf der Wachsoberfläche zu sehen, aber mit einem weichen Staubtuch, längs zur Faser bewegt, können diese leichten Spuren beseitigt werden.

Formteile

Formteile und Zierprofile können mit der Außenkante der Polierscheibe bearbeitet werden, jedoch tut eine weiche Schuhbürste dieselben Dienste.

Schnitzereien

Schnitzereien reiben Sie mit einer harten Schuhbürste – an schlecht zugänglichen Stellen mit einer alten Zahnbürste – dünn mit einem langsamtrocknenden Wachs ein, das sich in den feineren Vertiefungen und Höhlungen nicht ansammeln darf. Nach dem Hartwerden polieren Sie mit einer weichen Schuhbürste nach.

Drechselteile

Gedrechselte Möbelteile werden mit einem langsamtrocknenden Wachs eingerieben, entweder wie üblich mit einem Stoffballen oder mit einem einge-

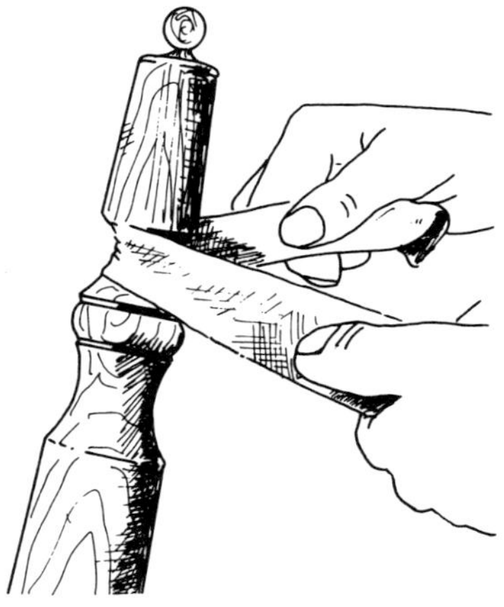

wachsten Stoffstreifen. Nach dem Aushärten des Wachses kann mit einem um das Werkstück gelegten Stoffstreifen, der hin und her und auf und ab bewegt wird, poliert werden.

Versiegeln und Wachsen

Bei hellen Hölzern und oft benutzten Möbelstükken kann es ratsam sein, die Oberfläche vor dem Einwachsen mit gebleichtem Schellack zu versiegeln. Sehr helle Holzarten werden damit mehrmals dünn bestrichen und nach dem Trocknen mit feiner Stahlwolle abgerieben; für dunklere Hölzer benutzen Sie einen dunkleren Schellack. Mit einem schnelltrocknenden Wachs wird anschließend auf Hochglanz poliert. Der Nachteil dieses Decküberzugs liegt darin, daß das Wachs nur zum Bedecken und Polieren der Oberfläche dient. Die schöne Patinierung von Möbelstücken, die jahrelang benutzt und eingewachst worden sind, wird dabei nie ganz erreicht.

Antike und polierte Möbelstücke

Wie bei allen vorstehend erwähnten Decküberzügen dürfen Sie auch hierbei keine Mittel verwenden, die gleichzeitig reinigen und wachsen. Benutzen Sie keine schnelltrocknenden Wachse für Möbelstücke, die bereits mit einem Wachsüberzug versehen sind, denn solche Wachse enthalten starke Lösungsmittel, welche die vorhandene Wachsschicht erweichen und ablösen können.

Nehmen Sie ein langsamtrocknendes Wachs und ein paar weiche Lappen (ohne Reißverschlüsse, Knöpfe, Haken und Ösen!). Tragen Sie damit das Wachs hauchdünn auf und verteilen Sie es sorgfältig in die Ecken und an Schubladen, Türen und Türrahmen auch um die Kanten herum. Überschüssiges Wachs wischen Sie überall gründlich ab.

Lassen Sie das Wachs kurze Zeit aushärten und beginnen Sie dann mit dem Polieren. Fangen Sie damit langsam und mit sanftem Druck an, und wenn Glanz aufzieht, arbeiten Sie schneller und mit stärkerem Druck weiter.

Schwierigkeiten

Diese ergeben sich bei Wachsüberzügen meistens dadurch, daß sich das Wachs zersetzt. Spuren von Hitze und Wasser sowie Stellen, wo das Wachs von der Sonne getrocknet und ausgebleicht worden ist, lassen sich samt und sonders durch Abreiben mit Terpentin und anschließendes Einwachsen beseitigen; zur Wiederherstellung des Wachsüberzuges genügt eine geringe Menge Lösungsmittel. Wachs und Terpentin brauchen einige Zeit, um ihre Wirkung zu entfalten.

Eine örtliche Dunkelfärbung des Holzwerks tritt in den Bereichen auf, wo das Terpentin aufgetragen worden ist; sie verschwindet nach und nach, worauf mit einem langsamtrocknenden Wachs fertigpoliert werden kann.

Ausbessern von gewachstem Holzwerk

Hierbei müssen die Einsatzstücke sorgfältig ausgewählt und äußerst genau in das Holzwerk eingefügt werden. Für ihre farbliche Anpassung können chemische Beizen oder Wasserbeizen verwendet werden; Ölbeizen sind nicht geeignet.

Sitzt das Einsatzstück an Ort und Stelle, so steht der Restaurator vor der Aufgabe, eine zu dem umliegenden Wachsüberzug passende Deckschicht darauf aufzubauen. Hierfür gibt es zwei Möglichkeiten.

a) Für rein „kosmetische“ Zwecke: beizen, einfärben und mit mehreren Schellacküberzügen versiegeln. Trocknen lassen, mit Stahlwolle abreiben, wachsen und polieren. Ausbesserung ist nur oberflächlicher Art, reicht aber für seltener benutztes oder wenig strapaziertes Holzwerk völlig aus.

b) Für eine gründlichere Instandsetzung: Oberfläche mit Haartrockner oder Heizlüfter anwärmen, mit einer Mischung aus langsamtrocknendem Wachs oder etwas Terpentin kräftig einreiben, dann abkühlen und aushärten lassen. Vorgang mit unverdünntem, schnelltrocknendem Wachs wiederholen. Nach dem Abkühlen einige Male mit langsamtrocknendem Wachs einreiben und auf einheitlichen Glanz polieren.

Merkmale von Decküberzügen

Schellack (einschließlich Französischer Politur)

Ein frischer Schellacküberzug ist blank, durchscheinend und dünn. Französische Politur ist glasartig und frei von jeglichen Spuren von Pinselstrichen, Sandpapierschliffen usw.

Keine von diesen beiden Deckschichten bleibt auf die Dauer völlig unbeschädigt, denn Schellack ist empfindlich gegen äußere Einflüsse. Er zersetzt sich unter Hitzeeinwirkung und bildet dabei weiße, undurchsichtige Flecken. Wasser, das auf der Oberfläche stehenbleibt, hinterläßt weiße, halbtransparente Politurstellen. Stöße und Kratzer werden durch ihre ausgebrochenen und abgeblätterten, weißlich-gelb erscheinenden Ränder besonders deutlich sichtbar. Bei alten Möbeln ist ein Schellacküberzug zu vermuten, was sich bestätigt, wenn Sie einen Tropfen Brennspiritus in einer versteckten Ecke aufbringen und der Überzug an dieser Stelle weich und glanzlos wird.

Firnis
Firnis bildet einen dauerhafteren Überzug und sammelt sich manchmal dort an, wo er mit dem Pinsel nur schwer verstrichen werden kann. Der Überzug wird nicht so leicht abgestoßen und verkratzt, wenn eine etwas elastischere Firnisqualität gewählt wird. Ein Möbelstück, das sehr häufig benutzt worden ist, ohne die für Schellack erwähnten Anzeichen aufzuweisen, könnte mit einem Firnisüberzug versehen sein.

Prüfen Sie auch dies mit ganz wenig Brennspiritus an einer unauffälligen Stelle. Von dem Spiritus wird der Firnis nicht angegriffen, wogegen er unter der Einwirkung von Terpentin oder Terpentinersatz weich wird.

Wachs
Ein verblichener Wachüberzug frischt sich sofort auf, wenn er mit einem langsamtrocknenden Wachs oder einem Tuch abgerieben wird, das Sie mit einem Tropfen Terpentin befeuchtet haben. Eine Wachspolitur läßt sich ankratzen und mit dem Fingernagel ritzen. Wachs, das unter Hitzeeinwirkung gestanden hat, zersetzt sich zu einer bröckeligen, weißlich-trüben Konsistenz.

Nitrolack
Ein solcher Überzug ist hart und schwer anzukratzen. Er wird für moderne Möbel verwendet, auf denen er einen spröden, glasähnlichen Film bildet. Von Terpentin oder Brennspiritus wird er nicht angegriffen, während Verdünnungsmittel für Nitrolacke ihn erweichen.

Firnis und Leinöl
Diese beiden Stoffe ergeben einen sehr gut aussehenden Decküberzug. Verblichene und verschmutzte Stellen können durch Abreiben mit Terpentin und Leinöl nachgebessert werden. Ein großer Teil der Politur befindet sich unterhalb der Holzoberfläche. Die Schicht sieht dünn aus und scheint (im Gegensatz zu Zelluloselack) dennoch tief in die Holzfasern eingedrungen zu sein. Reiben Sie eine unauffällige Stelle mit einem feuchten Topfreiniger (Stahlwollekissen, „Ako-Pad") ab, so daß dort der Überzug restlos verschwindet, und streichen Sie dann gekochtes Leinöl darüber. Der Überzug wird dadurch (zeitweilig) wiederhergestellt, ohne daß eine Spur der Beschädigung zurückbleibt.

19 Polsterungen und Geflechte

Für Polsterarbeiten werden nur relativ wenige Werkzeuge benötigt, von denen die meisten nicht teuer sind. Einen Gurtspanner können Sie beispielsweise nach den Skizzen auf Seite 245 selbst anfertigen.

Das Material beziehen Sie am besten vom Fachhandel für Polsterer und Dekorateure, wo man Sie auch entsprechend beraten kann.

Werkzeuge und ihre Anwendung

Die Werkzeuge, die der Restaurator im allgemeinen für Polsterarbeiten braucht, sind nachstehend abgebildet. Wenn eine Reihe von Stühlen ausgepolstert werden soll, ist es zweckmäßig, die Arbeitsböcke in der Werkstatt mit an die Oberkanten geschraubten Randleisten zu versehen. Diese verhindern, daß die Beine eines darauf abgestellten Stuhls abrutschen.

Stechbeitel
Hiermit werden alte und verschlissene Polsterungen abgenommen, und für diesen Zweck ist ein alter Schraubendreher oder ein altes Stemmeisen hervorragend geeignet. Die Schneide wird unter dem Kopf des Polsternagels angesetzt und abgewinkelt, wonach sich der Nagel durch ein paar kräftige Holzhammerschläge auf das Beitelheft so weit lösen läßt, daß er infolge seiner konischen Form leicht herausgezogen werden kann. Mit dem Stemmeisen ist immer in Faserrichtung zu arbeiten, weil sonst das Stuhlgestell unter den heftigen, quergerichteten Hammerschlägen aufreißen kann. An den Ecken sind die Schläge gegen die Außenseite des Nagels zu richten, so daß der Nagel zur Mitte hin gedrückt wird und das empfindliche Hirnholz an den Ecken des Rahmens nicht spalten kann.

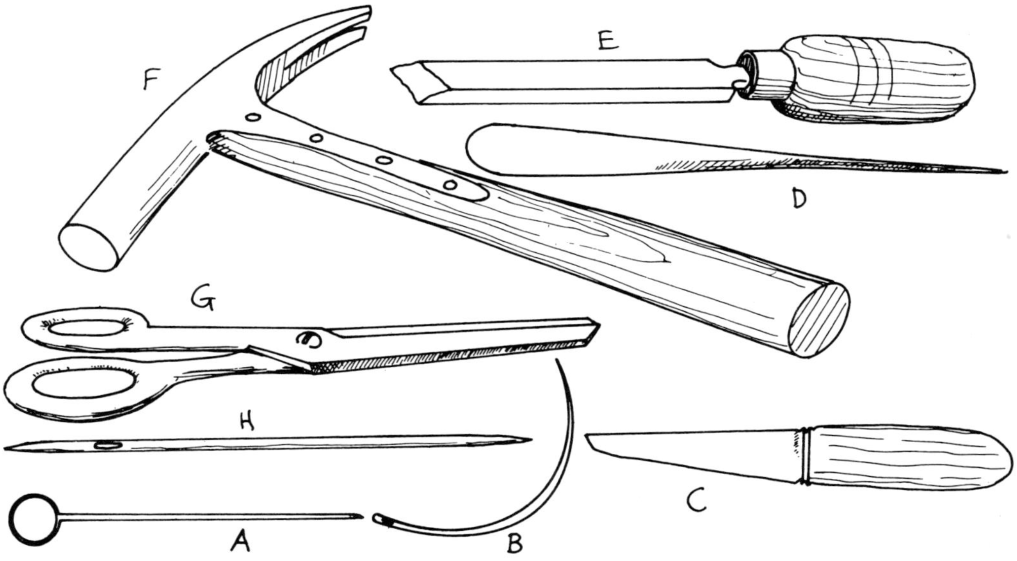

A Heftnadel
B Rundnadel
C Teppichmesser
D Verteiler
E altes Stemmeisen
F Polsterhammer
G Schneiderschere
H Garniernadel

Die scharfe Spitze der Nägel macht es möglich, daß sie mit dem Daumen durch das Polstermaterial hindurch in das Holz gedrückt werden können. Die linke Hand hält dabei das Polstermaterial, während der Nagel beim Einschlagen mit dem Daumen geführt wird.

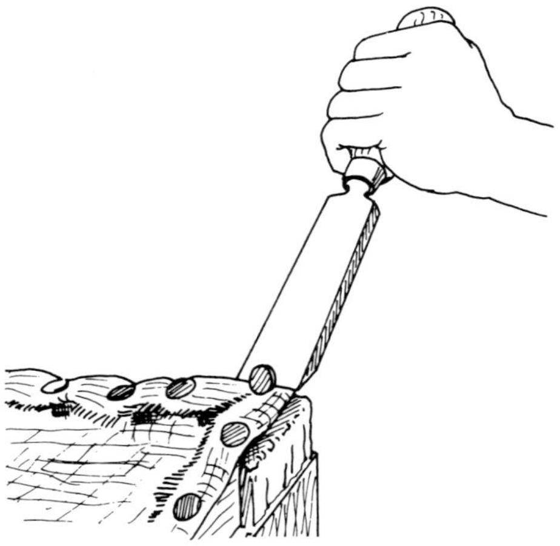

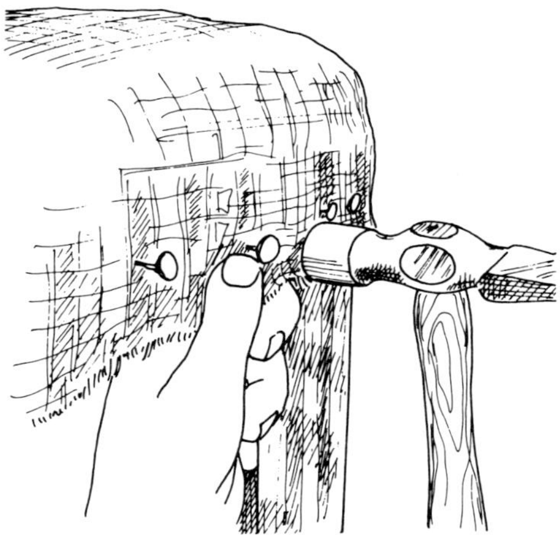

Hammer
Ein normaler Tischlerhammer, wie er zur Standardausrüstung einer Restaurierungswerkstatt gehört, tut ebenso seine Dienste wie ein spezieller Polsterhammer mit Klaue und verstärktem Stiel zum Nagelziehen. Ein sogenannter Dekorateurhammer ist dort zu empfehlen, wo in unmittelbarer Nähe von poliertem Holzwerk genagelt werden muß; mit seinem schlankeren Kopf verringert er das Risiko, daß man danebenschlägt und die Politur beschädigt.

Polsternägel
Kaufen Sie Polsternägel lose nach Gewicht. Fertig abgepackte Nägel sind vielfach stumpf und lassen sich nach dem Einschlagen nur sehr schwer wieder herausziehen. Sogenannte Blauzwecken (Polsternägel mit blauem Kopf) sind am besten geeignet; sie sind in dünner und gestauchter Ausführung erhältlich, wobei die dünnen Zwecken schlanker sind.

Schere
Die Schere – möglichst eine scharfe Schneiderschere – sollte von guter Qualität und bequem zu betätigen sein. Ihre Schneiden müssen von Zeit zu Zeit mit einem Ölstein abgezogen werden, damit ihre Schärfe erhalten bleibt.

Nadeln
Ihre Nadeln müssen sauber und frei von Rost sein. Rundnadeln (halbkreisförmige, federnde Nadeln) dienen zusammen mit einer oder zwei geraden zum Verschnüren von Polsterfedern, Abbindungen usw. Sogenannte Garniernadeln sind an beiden Enden gespitzt und haben das Öhr in der Nähe des einen Endes. Nadeln mit dreieckigem Querschnitt (Bajonettnadeln) werden zum Steppen und die glatten, runden zum Einnähen von Zierknöpfen verwendet.

Verteiler und Stecknadeln
Der Verteiler ist ein einfaches Werkzeug, mit dem das Polstermaterial gleichmäßig aufgelegt und ver-

teilt wird. Sein spitzes Ende kann zur Verteilung der Haarpolsterung unter die Polsterleinwand gestochen werden, während sein flaches Ende zum Einschlagen von Eckfalten dient. Mit Stecknadeln wird das Material vorübergehend festgehalten, damit die Hände für andere Arbeiten frei werden.

Gurtspanner
Ein Gurtspanner dient dazu, das Gurtband straff über den Stuhlrahmen zu ziehen, so daß es in diesem Zustand angenagelt werden kann. Er ist leicht anzufertigen und einfach in der Anwendung. Achten Sie jedoch besonders darauf, daß die Gurtbänder nicht überspannt werden, da sich der Stuhlrahmen sonst verziehen kann. Prüfen Sie die Gurtspannung, indem Sie den Hammer darauffallen lassen. Springt er federnd zurück, so ist das Band straff genug gespannt. Die Gurte sind zu locker, wenn der Hammer nicht zurückprallt.

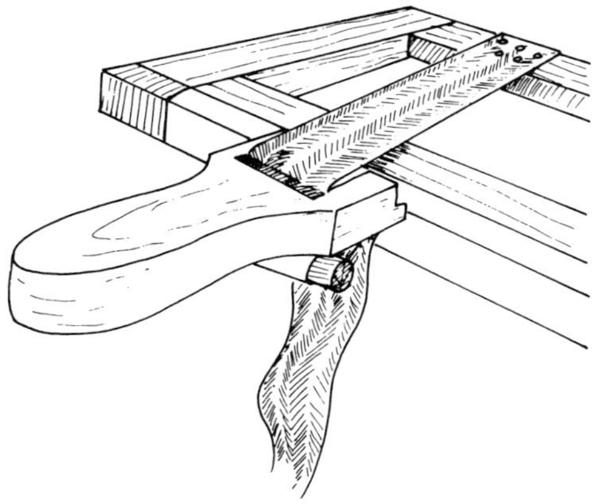

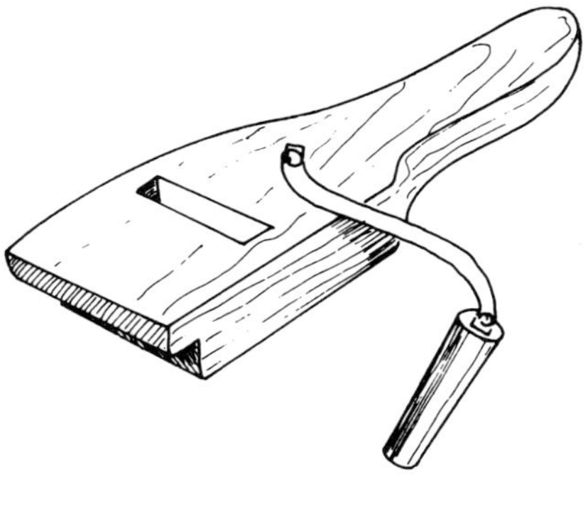

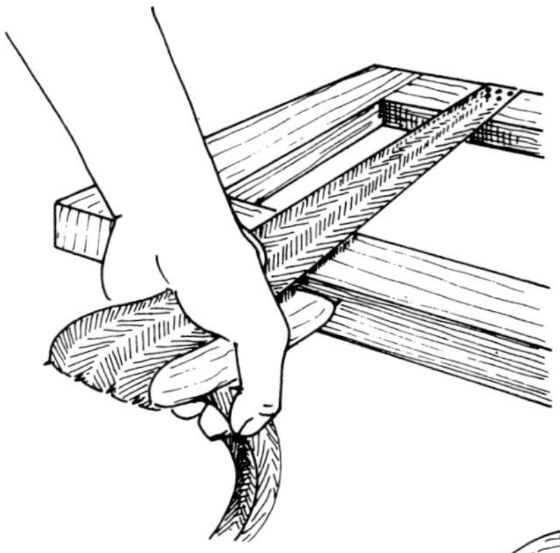

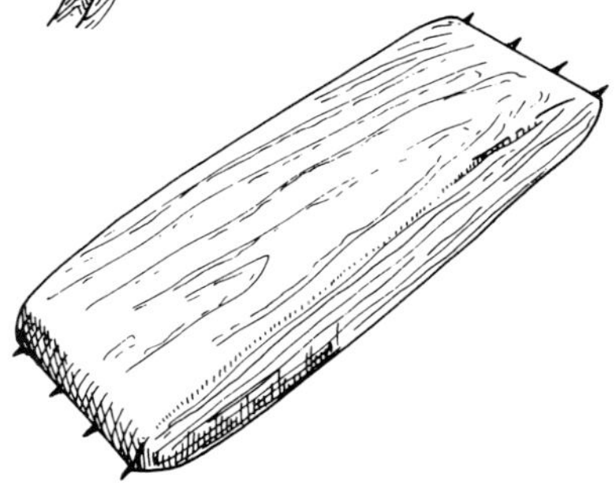

Werkstoffe

Gurtband
Das Gurtband mit dem Fischgrätmuster ist gut haltbar und dehnt sich nur sehr wenig. Normalerweise ist es als Meterware oder in Rollen von etwa 20 m zu beziehen.

Jutegewebe
Dieses braune, grobmaschige Gewebe wird in 1 m Breite verkauft. Benutzen Sie zum Polstern nur beste Qualität.

Polsterleinwand
Dieser Stoff ist offener gewebt als Jute und wird als erste Bespannung über die Faserfüllung gezogen.

Kattun
Kattun ist ein ungebleichter Baumwollstoff, mit dem die Wattepolsterung unter dem anschließend anzubringenden Dekorbezug bespannt wird.

Polsterwatte
Polsterwatte aus Baumwolle wird in verschiedenen Dicken in Rollen angeboten und ist teilweise auf einer Seite mit einer Haut überzogen; sie wird dann mit dieser Haut nach unten und der weichen Seite nach oben auf die Faserfüllung gelegt. In dickeren Lagen ist sie auch ohne Haut erhältlich und muß dann zerteilt und in entsprechender Stärke aufgelegt werden. Polsterwatte dient einerseits zum Ausfüllen von Unregelmäßigkeiten an der Oberfläche der Polsterung und soll andererseits verhindern, daß die Faser- und Haarfüllungen durch den fertigen Bezug nach oben dringen.

Haar- und Faserpolsterungen
In Polstermöbeln werden Füllungen aller Art angetroffen, von denen jedoch Stroh, Hobelspäne, Rupfen (zerkleinerte Lumpen) und sonstige verschmutzte und zu Klumpen gepreßte Stoffe zu verwerfen sind. Bei Füllungen aus Roßhaar, Kokosfaser oder schwarzer Palmfaser kann das Material eventuell durch Auseinanderzupfen mit den Händen gelockert, von Klumpen und zusammengepreßten Teilen befreit und dann gewaschen und getrocknet werden – eine unsaubere Arbeit, die man am besten im Freien verrichtet.

Häufig wird Roßhaar (gewöhnlich eine Mischung aus Schwanz- und Mähnenhaaren von Pferden, Kuhschwanzhaaren und kurzen Schweineborsten) in Beuteln von Altmaterialhändlern angeboten, die alte Matratzen auseinandergerissen haben. Dieses Material kann als Polsterfüllung sehr gut geeignet sein, sollte aber vor der Wiederverwendung immer aufgelockert und gewaschen werden. Weiteres Füllmaterial ist vom Fachhandel für Polsterer und Dekorateure zu beziehen.

Instandsetzen von Stuhlbezügen

Risse und Schnitte
Schäden im Sitzbezug eines Stuhls sind möglichst schnell zu beheben, ehe das Material sich verziehen und sich um die Schadstelle herum dehnen kann. Schneiden Sie ein Stück Kattun zurecht, das etwa 3 cm breiter und länger ist als die Schadstelle, und bestreichen Sie es dünn mit Latexkleber. Diesen Flicken schieben Sie vorsichtig unter den Bezugstoff, befestigen ihn an den Ecken mit Stecknadeln und drücken den Bezug leicht darauf an, denn unter zu starkem Druck würde er sich verziehen und Falten werfen. Dann richten Sie die Fasern an den Riß- oder Schnittstellen gegeneinander aus und lassen den Kleber trocknen.

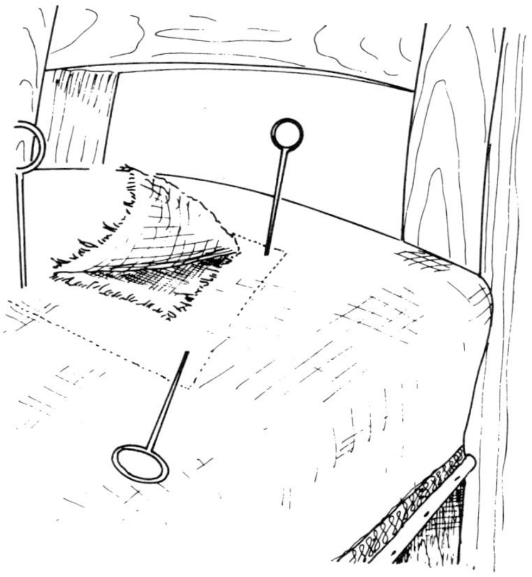

Erneuern von Federkerngurten
Bei dieser Maßnahme handelt es sich um eine vorübergehende Lösung, durch die eine vollständige Neupolsterung nur aufgeschoben werden kann. Wenn nämlich die Gurtbänder, auf denen die Federn ruhen, gerissen sind, ist die Jutebespannung über den Federn sehr wahrscheinlich auch verschlissen, so daß die Füllung über kurz oder lang aus dem Sitz herausfallen wird. Legen Sie den Stuhl umgekehrt auf den Arbeitstisch und entfernen Sie die alten Gurtbänder mit Stemmeisen und Schlegel.

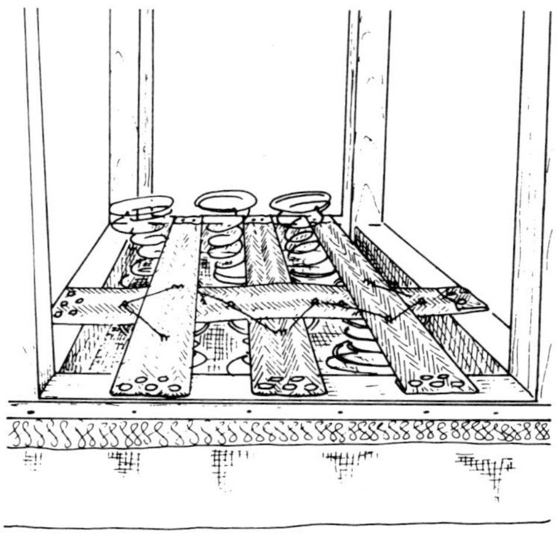

Drücken Sie die Federn zur Seite, damit die neuen Längsgurte an den richtigen Stellen aufgespannt und angenagelt werden können. Schieben Sie den ersten Quergurt hindurch und nageln Sie ihn nach dem Spannen ebenfalls fest. Setzen Sie die erste Reihe Federn ein und wiederholen Sie den Vorgang bei dem nächsten Quergurt. Es mag sein, daß dies bei der dritten oder letzten Federreihe nicht

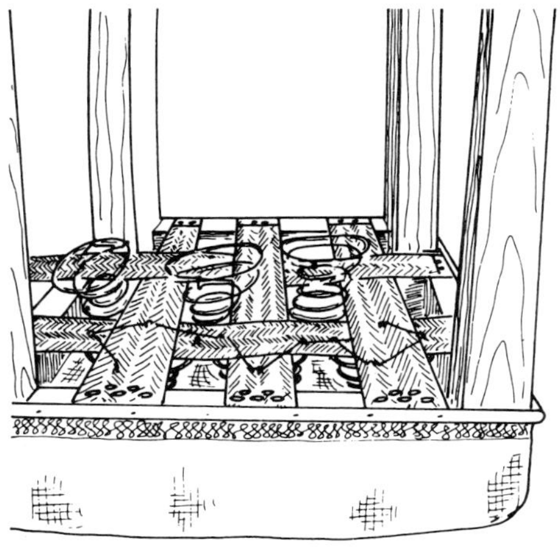

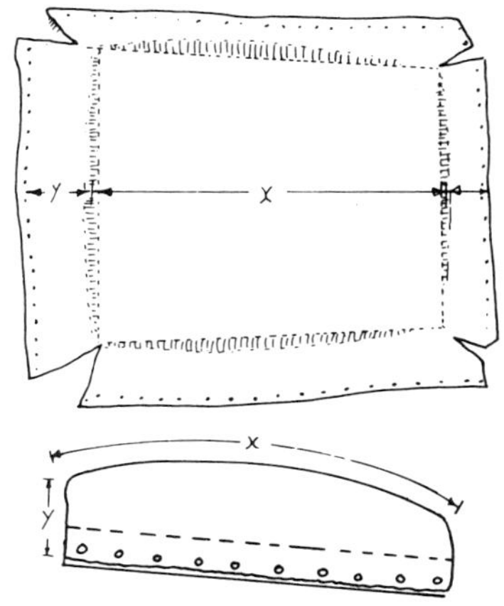

mehr möglich ist, weil das Stuhlgestell die Versetzung der Federn verhindert. Schieben Sie dann den Quergurt über den Sitzrahmen hinweg durch, nageln Sie ihn an einem Ende fest und bringen Sie die Federn in die richtige Lage. Bevor Sie nun den Gurt spannen, nageln Sie ein flaches Brett auf die Stuhlunterseite, um die Federn zusammenzudrükken, und achten Sie darauf, daß das Brett die Befestigung des Gurtbandes nicht behindert. Nach dem Spannen und Annageln des Gurtbandes nehmen Sie das Brett wieder ab und verschnüren die Federn von unten her.

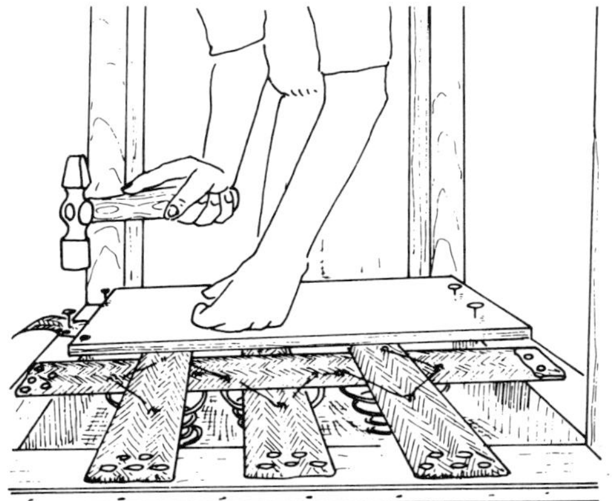

Abziehen der alten Polsterung

Aus der Art, wie die alte Polsterung aufgezogen ist, können Sie manches lernen. Gehen Sie deshalb beim Abziehen sorgfältig vor und arbeiten Sie in umgekehrter Reihenfolge, wie seinerzeit gepolstert worden ist. Vermeiden Sie Beschädigungen an dem ins Augen fallenden Holzwerk und arbeiten Sie mit dem Stemmeisen in Faserrichtung und von den Ecken aus nach innen. Verwahren Sie die äußere Bespannung als Muster für die Größe des neuen Bezugs. Hat der Stuhl außer dem Sitz auch gepolsterte Armstützen und eine gepolsterte Lehne, so können diese alten Stoffteile für den Zuschnitt des neuen Bezugstoffes als Schablonen benutzt werden.

An den verschlissenen und ausgebleichten Stellen in dem alten Bezug sowie den im Stoff gebildeten Falten sind die Konturen des Stuhls deutlich zu erkennen. Bei einem übermäßig dick ausgepolsterten Möbelstück können diese Hinweise für das Aufpolstern sehr nützlich sein.

Werfen Sie alle alten Nägel, Gurtbänder und Jutegewebe fort. Prüfen Sie die Federn und sondern Sie auch diejenigen aus, die rostig und deformiert sind. Wenn die Füllung noch elastisch genug ist, kann sie eventuell wiederverwendet werden.

Prüfen des Stuhlrahmens

Bevor ein Stuhl neu gepolstert wird, ist sein Gestell oder Rahmen gründlich auf Bruchstellen und gelokkerte Verbindungen zu prüfen. Sämtliche Schäden dieser und anderer Art sind vorher restlos zu beheben.

Gelockerte Verbindungen im Holzwerk stellen Sie fest, indem Sie den Stuhl an den Armlehnen ergreifen und hin- und herbewegen. Durch Drücken gegen die Lehne prüfen Sie die Verbindungen zwischen den hinteren Beinen, dem Sitz und den vorderen Beinen. Lockere Verbindungen in den Sitzzargen zeigen sich durch Wackeln an, wenn der Stuhl am Sitze erfaßt und kräftig in seitlicher Richtung verschoben wird.

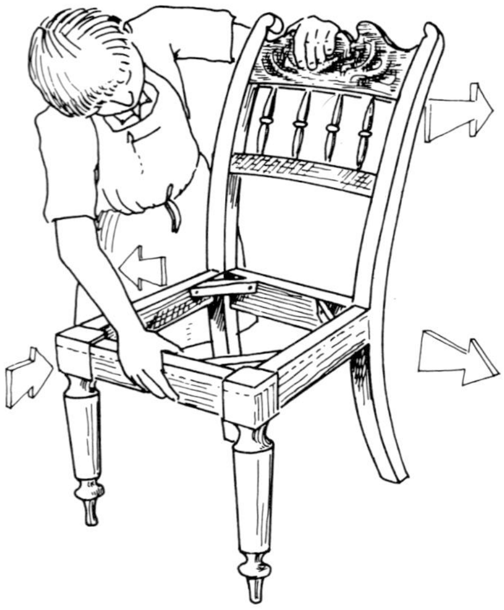

Verfahren zur Instandsetzung solcher Mängel sind auf Seite 93 f. beschrieben; sie sind häufig nicht anwendbar, weil Polsterstuhlgestelle ziemlich kompliziert gebaut sind und einzelne Teile davon ohne Zerlegen des ganzen Stuhls nicht herausgenommen werden können. Durch angeschraubte, angenagelte bzw. eingeleimte Metallwinkel und hölzerne Verstärkungen kann hier Abhilfe geschaffen werden, allerdings nur dann, wenn solche Sanierungsstellen später vom Polstermaterial verdeckt werden.

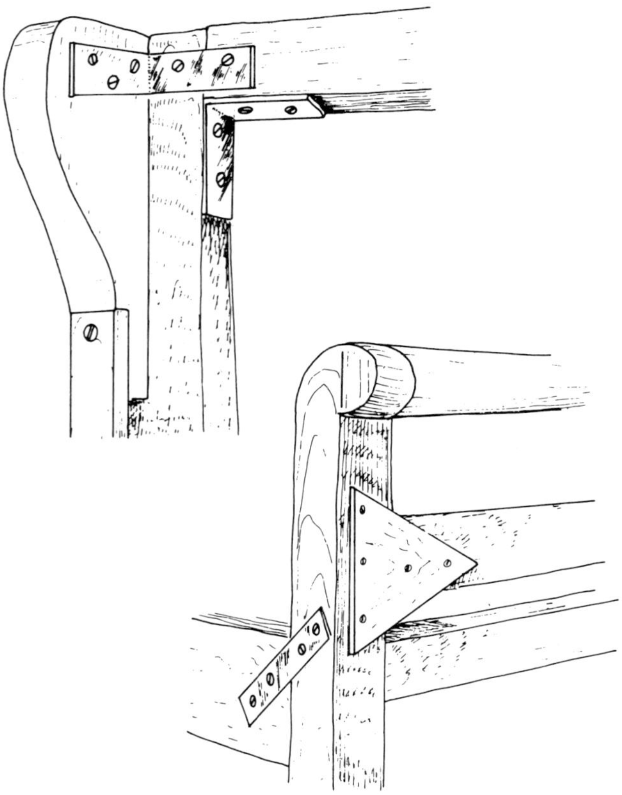

Es ist außerordentlich schwierig, die Festigkeit eines Möbelstücks zu beurteilen. Reparieren Sie lieber eine Stelle zuviel und gehen Sie alle Schwachstellen gründlich durch, bevor die Polsterung später die Instandsetzung des Holzwerks unmöglich macht.

Wurmstichige Teile werden mit einem Holzwurmvernichter ausgespritzt, und das umliegende Holzwerk wird entsprechend behandelt. Erst wenn es getrocknet ist, kann mit der Polsterung begonnen werden.

Anfertigen eines losen Sitzrahmens

Wenn der herausnehmbare Sitz eines Eßzimmerstuhls aufgepolstert werden soll, muß er häufig auch einen neuen Rahmen bekommen. Häufig stehen alte und abgenutzte Stühle in vernachlässigtem Zustand zum Verkauf, ihr Sitzrahmen ist jedoch noch völlig in Ordnung. Bei anderen ist er möglicherweise so schlecht gebaut, daß er ausgebessert werden muß. An dem Zustand und der Bauweise des herausnehmbaren Sitzes sind Qualität oder Alter des Stuhls nur selten zu erkennen.

Lose Sitzrahmen können aus Kiefernholz oder Harthölzern hergestellt werden; letztere sind besser geeignet, weil Nägel in Kiefernholz sich leicht lokkern können. Nach der Größe des Stuhlsitzes ist mit einem geringen Aufmaß für die Sägeschnitte die Länge des gehobelten Materials (etwa 25 x 75 mm im Querschnitt) festzulegen und die Leiste so zu zerteilen, daß die einzelnen Stücke jeweils mit ungefähr 2–3 mm Spiel in den Sitzfalz passen.

Nachdem Sie die Seitenteile des Rahmens aus dem Sitzfalz herausgenommen haben, legen Sie die vordere und hintere Rahmenleiste in den Falz ein und die Seitenteile des Rahmens rechtwinklig darüber. Richten Sie die Teile mit den Kanten des Sitzfalzes aus und markieren Sie die Überlappungsstellen an jeder Ecke mit einem Bleistiftstrich; ebenso auf der Unterseite, jedoch ohne die Rahmenteile zu verschieben. Numerieren Sie die vier Leisten und sägen Sie an deren Enden jeweils eine Überblattung aus. Legen Sie die Rahmenteile im Sitzfalz passend zusammen und kontrollieren Sie die Rahmengröße.

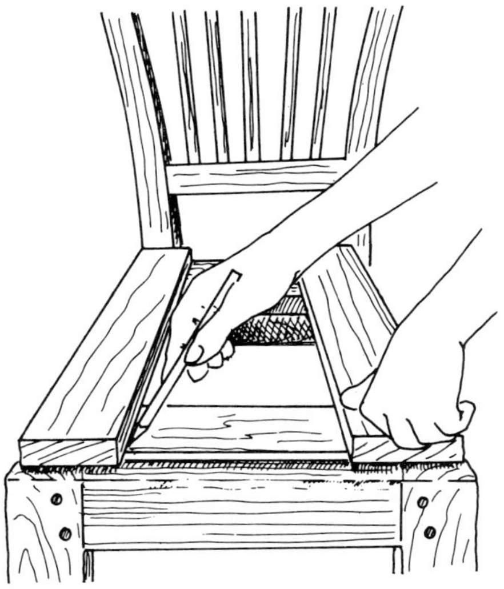

Dann verleimen und verschrauben Sie die Rahmenteile miteinander und lassen den Leim, mit dem zusammengesetzten Rahmen im Sitzfalz, abbinden.

Danach nehmen Sie den Rahmen aus dem Falz heraus und reißen an seiner oberen Außenkante eine Abschrägung von 45° an, die dann im Schraubstock mit dem Hobel oder Beitel angebracht wird.

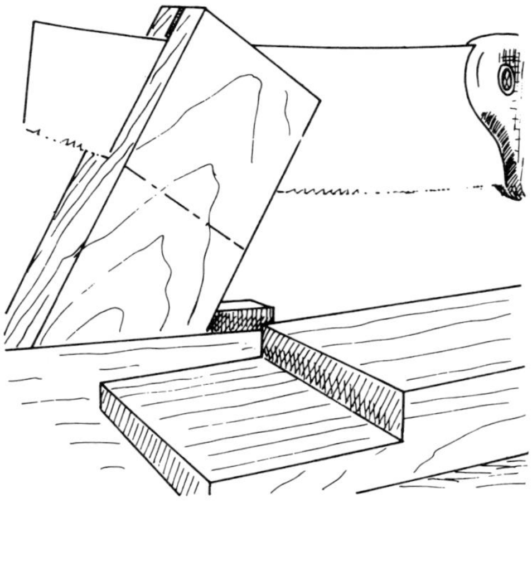

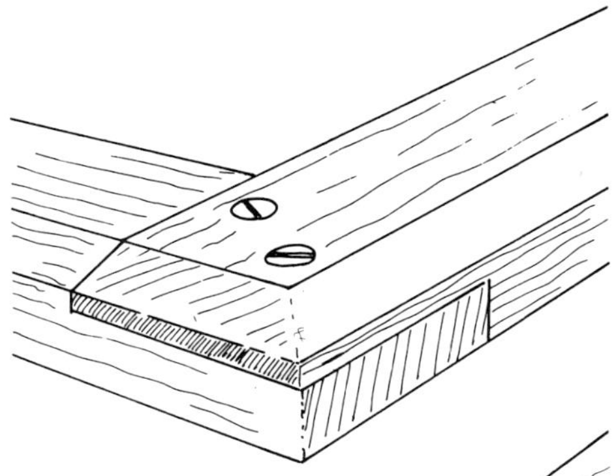

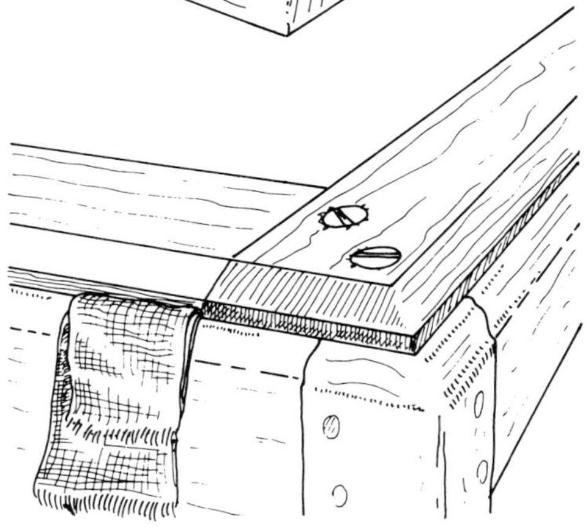

Nun kann der Rahmen fertig eingepaßt werden. Dazu legen Sie zwei Abfallstreifen des Bezugsstoffes im vorderen Teil des Sitzfalzes übereinander und drücken den Rahmen darauf fest; sollte er sich nur schwer in den Falz einsetzen lassen, so hobeln Sie das Vorderteil mit ein paar Strichen ab, bis eine einwandfreie Passung erreicht ist. Wiederholen Sie diesen Arbeitsgang an der Seite. Die doppelte Stärke des Bezugmaterials dürfte in etwa der Dicke des fertig aufgezogenen Polsterbezugs entsprechen. Sollte die Passung des Rahmens im Sitzfalz zu locker sein, so heften Sie zum Spielausgleich dünne Pappstücke auf die Seitenflächen.

Polstern eines herausnehmbaren Stuhlsitzes

Legen Sie den losen Sitzrahmen – Unterseite nach oben und Vorderkante vom Körper abgewandt – auf den Arbeitstisch. Ein Stück Gurtband von entsprechender Länge schlagen Sie an einem Ende etwa 15 mm breit um und befestigen dieses Ende mit fünf 15 mm langen Nägeln im Abstand von ungefähr 20 mm von der Rahmenaußenkante in der Mitte des vorderen Rahmenteils. Spannen Sie das Gurtband und befestigen Sie es mit 3 Nägeln dieser

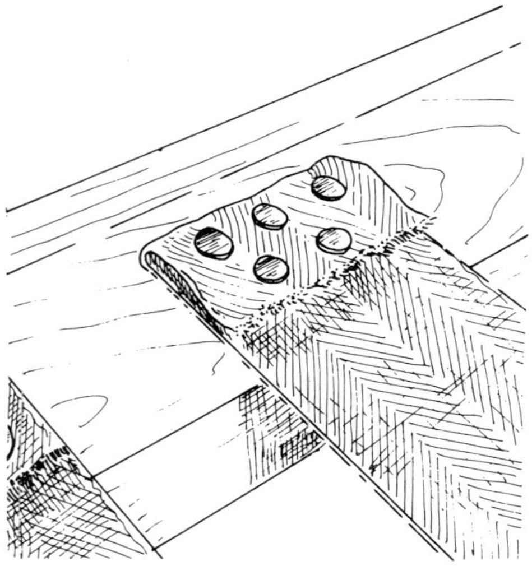

Größe auch am anderen Ende in der Mitte des hinteren Rahmenteils. Schneiden Sie das Gurtband so ab, daß etwa 25 mm von der hinteren Rahmenkante überstehen. Mit den beiden Bändern links und rechts vom Mittelgurt verfahren Sie genauso.

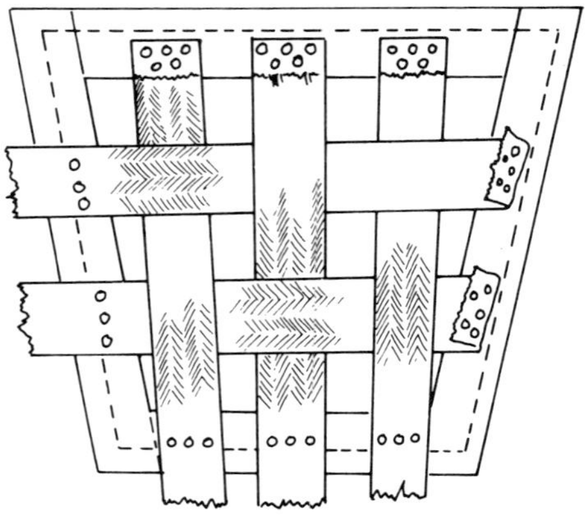

Dann drehen Sie den Rahmen um 90° zur Seite, schieben die Quergurte (bei herausnehmbaren Sitzen gewöhnlich zwei) durch die Längsbänder und nageln sie fest.

Die längs- und querlaufenden Gurtbänder werden an ihren umgeschlagenen Enden jeweils mit 5 Nägeln und an den gegenüberliegenden, offen überstehenden Enden jeweils mit 3 Nägeln befestigt.

Schneiden Sie ein Stück Jutegewebe passend zum Rahmen zurecht, wobei zum Einschlagen allseitig ein Aufmaß von ca. 15 mm berechnet wird.

Bringen Sie den Rahmen wieder in seine vorherige Arbeitslage, d.h. Vorderkante vom Körper abgewandt. Schlagen Sie das Jutegewebe am Rand um und nageln Sie es in der Mitte auf das vordere Rahmenstück. Richten Sie das Gewebe so aus, daß seine Maschen mit der Rahmenmitte zentriert liegen, und heften Sie es provisorisch mit einem Nagel in der Mitte des hinteren Rahmenstücks fest.

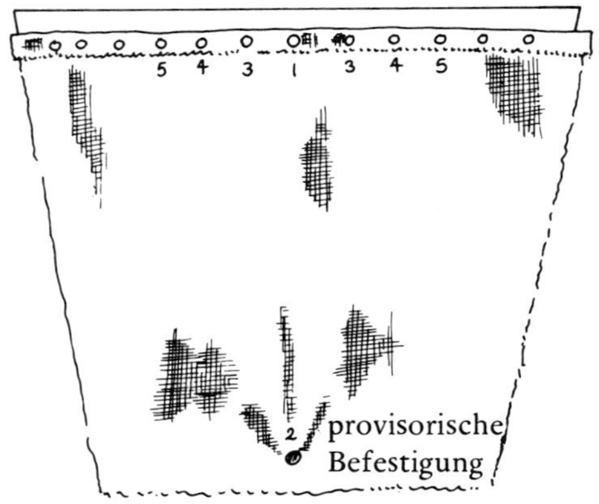

Nun schlagen Sie den Geweberand auf seiner ganzen Länge um und befestigen ihn mit 10 mm langen Nägeln im Abstand von etwa 40 mm auf dem vorderen Rahmenteil, wobei Sie von dem ersten Nagel in der Mitte ausgehen und nach beiden Seiten arbeiten. Nachdem Sie den provisorischen Nagel im hinteren Rahmenteil herausgezogen haben, straffen Sie das Jutegewebe durch leichtes Anziehen und nageln es auch hier in der Mitte an, jedoch ohne auf dieser Seite den Rand umzuschlagen. Setzen Sie die Arbeit wie auf der Vorderseite von der Mitte aus fort, wobei Sie diesmal die Nägel in Abständen von 60 mm in das glatt aufliegende Gewebe schlagen. Wenn Sie danach das Gewebe auch an den seitlichen Rändern ohne Umschlagen annageln, darf auf den zuerst befestigten Rand nur ein ganz leichter Zug ausgeübt werden, damit sich das Gewebe nicht verzieht; beim Annageln der Seiten gehen Sie wie an dem hinteren Rahmenteil vor, d.h. Gewebe nicht umschlagen und 60 mm Nagelabstand.

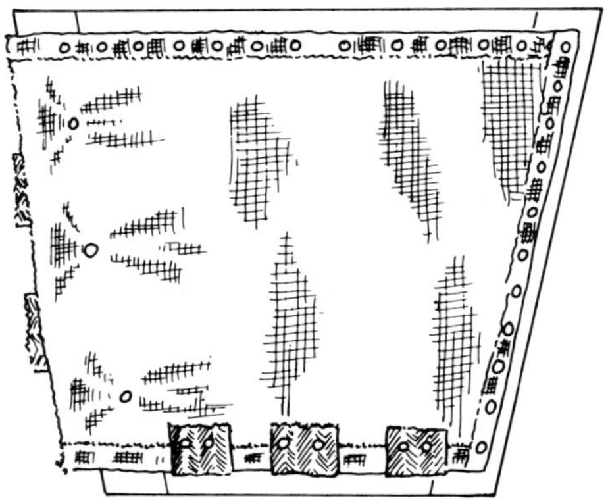

Wenn das Jutegewebe auf allen Seiten angenagelt ist, schlagen Sie seine Ränder um und heften Sie ebenfalls mit Polsternägeln fest. Auch die losen Enden der Gurtbänder werden über dem Geweberand nach innen eingeschlagen und jeweils mit zwei Nägeln von 15 mm Länge befestigt.

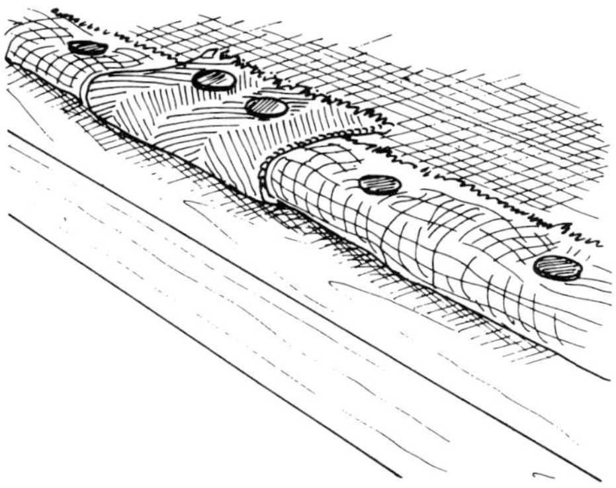

Einziehen der Halteschnüre

Mit einer Rundnadel und etwa 1 m Schnur beginnen Sie an einer Ecke des Sitzrahmens im Abstand von 80 mm von beiden Außenkanten mit einer festziehbaren Schlinge (auch Schiebeknoten genannt) und ziehen dann lange Schlingen parallel zur Rahmenseite, bis die letzte Schlinge einen etwa 80 mm von der Vorderkante entfernten Punkt erreicht hat.

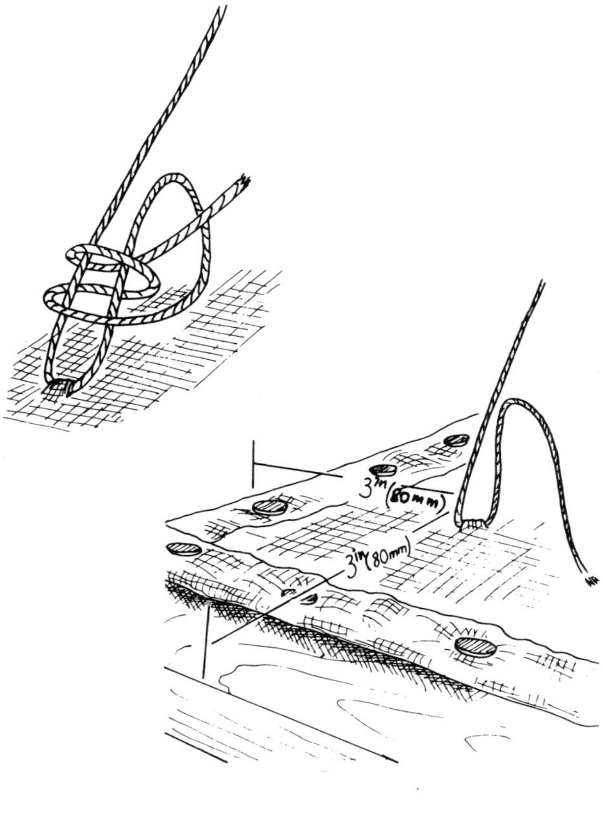

Ziehen Sie weitere Schlingen um den Rahmen herum ein, bis in einem Abstand von 80 mm von jeder Kante aus überall Schlingen vorhanden sind. Machen Sie die Schlingen so groß, daß eine Handvoll Roßhaar- oder Faserfüllung darunter abgebunden werden kann, wenn sie zu weit gezogen werden, können sie das Polstermaterial nicht festhalten. Als Faustregel gilt eine Schlingengröße, unter die man gerade noch die Hand schieben kann. Mit Ausnahme an den Schnurenden brauchen keine Knoten gemacht zu werden; einfaches, durchlaufendes Vernähen genügt.

Weiter innen ziehen Sie dann 80 mm von der ersten eine zweite Reihe Schlingen von gleicher Größe ein.

Auspolstern

Polstersitze mit einer leichten Wölbung statt mit „Maulwurfshügeln“ sehen meistens am besten aus. Dies ist beim Auspolstern des Sitzes zu beachten. Gutes Faser- oder Haarmaterial läßt sich nicht weiter zusammendrücken, als die natürliche Elastizität der Fasern erlaubt. Die Kattunbespannung und der endgültige Bezug würden einen überspannten und klumpigen Eindruck machen, wenn Sie versuchen würden, das Profil der fertigen Polsterung nachträglich zu ändern.

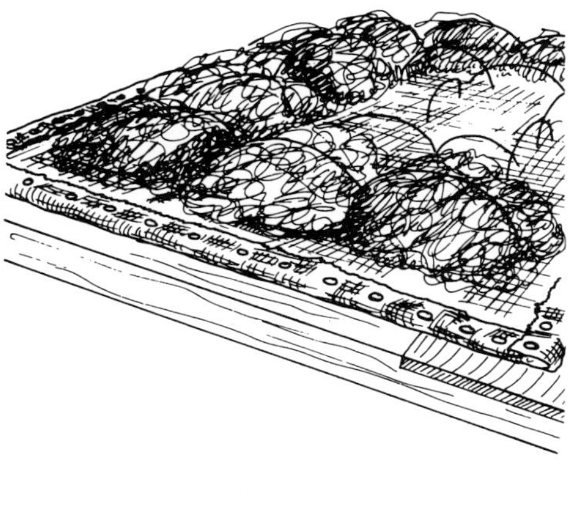

Mit einer Handvoll Füllmaterial stopfen Sie zunächst eine Schlinge außen an einer Ecke aus, danach die Schlingen am Rand entlang, bis die ganze äußere Schlingenreihe gefüllt ist. Anschließend kommen die Schlingen in der Mitte an die Reihe, immer mit der gleichen Menge Füllmaterial. Wenn alle Schlingen ausgefüllt sind, stopfen Sie weitere Füllung zwischen die Schlingenreihen sowie zwischen die äußere Schlingenreihe und die Außenkante des Sitzrahmens. Hier dürfen Sie allerdings nicht zu viel Material verwenden, sondern gerade genug, um die Stärke der Polsterung von der äußeren Schlingenreihe bis zur Kantenabschrägung des Rahmens sanft auslaufen zu lassen.

Kattunbespannung

Auf der fertigen, einigermaßen gewölbten und gleichmäßig verteilten Polsterung messen Sie mit einem Bandmaß die Größe der Kattunbespannung aus, die Sie dann anzeichnen, ausschneiden und auf den Sitz legen. In der Mitte der vorderen und hinteren Rahmenteile wird der Kattun befestigt.

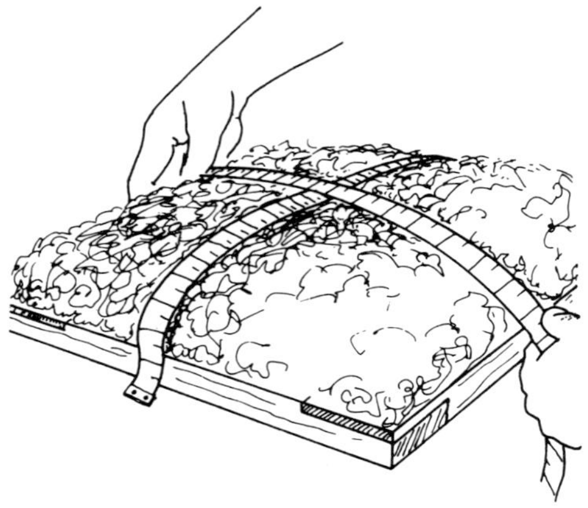

Dehnen Sie den Stoff nicht zu stark; ziehen Sie ihn so straff, daß er das Füllmaterial niederhält, aber lassen Sie ihn nicht so locker, daß er Falten wirft und den Sitzbezug verknittert. Heften Sie die Bespannung auch seitlich jeweils in der Mitte des Rahmenholzes fest, wobei Sie die Nägel kurz unterhalb der Abschrägung nur teilweise in den Rahmen schlagen. Mit einem oder zwei zusätzlichen Nägeln auf jeder Seite (ebenfalls nicht voll eingeschlagen) halten Sie die Kattunbespannung in der richtigen Lage fest.

Heben Sie nun den Rahmen hoch, halten Sie ihn mit der gepolsterten Seite nach innen und ziehen Sie den Kattun um die Vorderkante herum.

Nehmen Sie die provisorisch eingeschlagenen Nägel heraus und nageln Sie die Bespannung, von der Mitte ausgehend, unter dem Rahmen endgültig fest. Prüfen Sie die Spannung des Kattunbezugs, indem Sie die Hände seitlich auf den Sitz legen und ohne Druck auf das Polster zur Mitte hin zusammenschieben. Wenn die Bespannung dort eine Falte wirft, muß sie auf einer Seite gelöst und etwas nachgespannt werden. Warten Sie mit der Befestigung des Kattuns an den Ecken, bis die Spannung des Bezugs und die Passung des losen Sitzes im

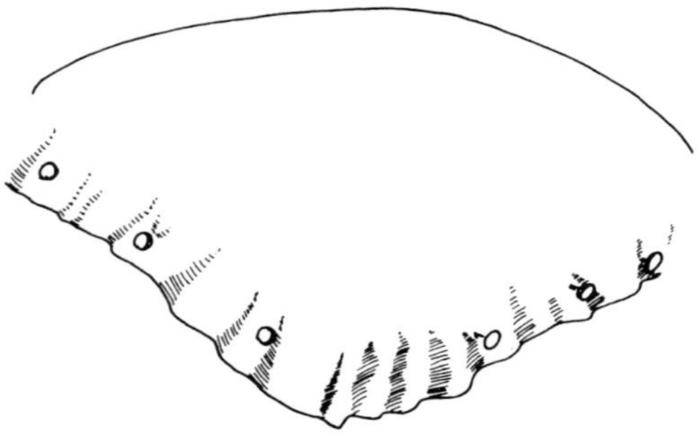

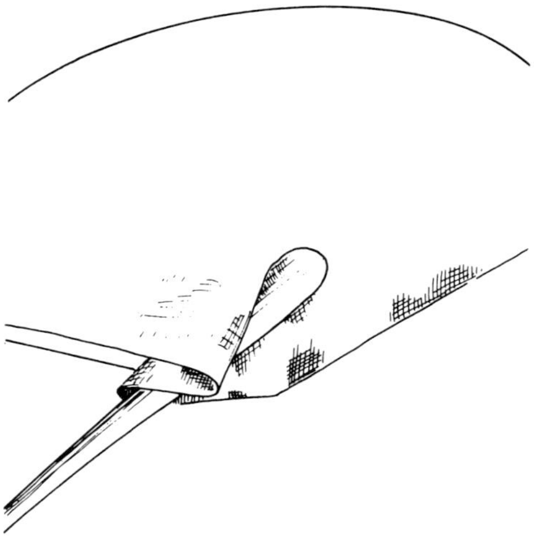

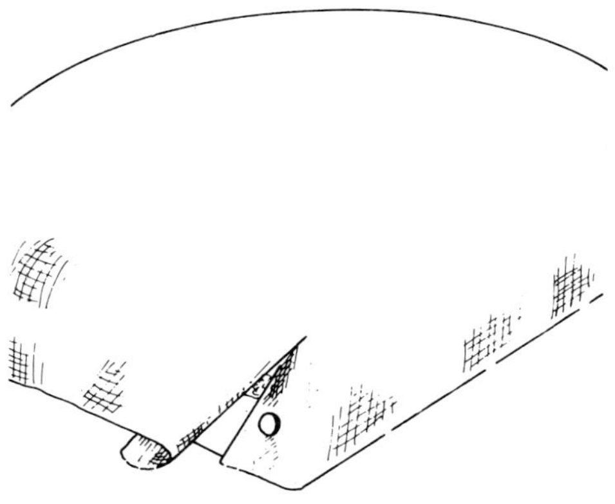

Stuhlzargenfalz geprüft worden ist. Dann können die Ecken, wie in den Skizzen gezeigt, vernagelt und eingeschnitten werden.

Schneiden Sie die Ränder der Kattunbespannung unter dem Sitzrahmen mit einem scharfen Messer sauber ab. Dann legen Sie den Sitze mit der Bespannung nach oben auf den Arbeitstisch und bedecken ihn mit einer Lage Polsterwatte, die allerdings nicht über die Kantenabschrägung des Rahmens hinausreichen darf, weil der Sitz dann nicht in den Stuhlfalz passen würde.

Breiten Sie den letzten Bezugsstoff, mit seinem Muster oder Dekor zentral zur Sitzemitte ausgerichtet, auf dem Sitz aus und schneiden Sie ihn nach dem Anzeichnen der Größe passend zurecht. Bei einigen Bezugsstoffen muß der Flor des Gewebes in einer bestimmten Richtung angelegt werden, und diese Ausrichtung muß natürlich einheitlich sein, wenn mehrere gleiche Stühle zu beziehen sind. Lassen Sie sich in dieser Hinsicht beim Kauf des Bezugsstoffes beraten.

Beziehen Sie den Sitz wie bei den vorherigen Bespannungen, mit den Gewebemaschen mittig ausgerichtet. Heften Sie den Bezug vorübergehend fest, prüfen Sie seinen korrekten Sitz und befestigen Sie ihn unter dem Rahmen mit ordentlichen Nagelreihen (Nagelgröße 10 mm) in Abständen von 20 mm.

Bei dieser ganzen Tätigkeit ist sorgfältig darauf zu achten, daß der Sitz genau in die Falze der Stuhlzargen paßt; sollte dies nicht der Fall sein, so versuchen Sie es niemals mit Gewalt. Dadurch könnte im Holzwerk des Stuhls ein Schaden entstehen, dessen Behebung viel schwieriger und kostspieliger wäre als das Herausziehen einer oder zweier Reihen Nägel und das Abhobeln der Rahmenkante.

Aufpolstern eines Stuhlsitzes mit Federkern

Entfernen Sie die alte Polsterung mit ihren Bespannungen, legen Sie den Stuhl umgekehrt auf zwei Arbeitsböcke und lösen Sie die Gurtbänder über dem Federkern. Rostige und verformte Federn werfen Sie weg. Von den brauchbaren Federn nehmen Sie ein Exemplar mit zum Fachhändler, dem es als Muster für die neuen Federn dienen kann.

Prüfen Sie das Stuhlgestell auf lockere Verbindungen und wurmstichige Teile und beseitigen Sie zunächst sämtliche Bruch- und Schadstellen, bevor Sie die Neupolsterung in Angriff nehmen.

Gurtbänder

Drehen Sie den Stuhl herum und nageln Sie die Gurtbänder auf die Unterkanten der Stuhlzargen, und zwar nach dem Spannen mit 5 Polsternägeln an jedem Ende. Für die restliche Arbeit stellen Sie den Stuhl wieder auf die Beine.

Federn

Setzen Sie die Federn an den Stellen auf, wo die Gurtbänder sich kreuzen; sie sitzen richtig, wenn die neuen Gurtbänder ungefähr dort angebracht worden sind, wo die alten gelegen haben. Die Skizze zeigt die normale Lage der Gurtbänder und Federn in einem Eßzimmerstuhl.

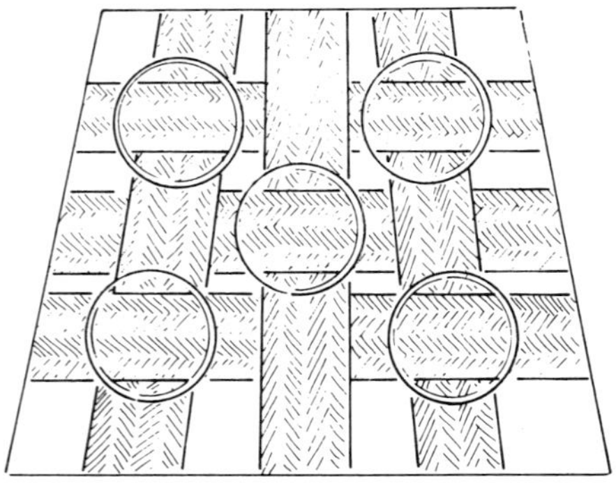

Stellen Sie die Federn auf die Gurtbänder und vernähen Sie sie mit Rundnadel und Bindegarn. Die Oberkante der Federn steht jetzt ein gutes Stück über den Stuhlzargen vor. Wenn der Sitz eine feste und hohe Vorderkante haben soll, können Sie eine Leiste auf die vordere Stuhlzarge schrauben, damit kein übermäßig hoher und kompakter Polsterrand aufgebaut werden muß.

Schlagen Sie einen gestauchten Polsternagel von 15 mm Länge jeweils in die Mitte der vorderen und hinteren Stuhlzarge. Legen Sie ein Stück gutes Bindegarn über die Federn und schneiden Sie es mit einer Längenzugabe von etwa 30 cm ab.

Legen Sie nun das Garn mit einem Schiebeknoten um den hinteren Nagel und verknoten Sie die

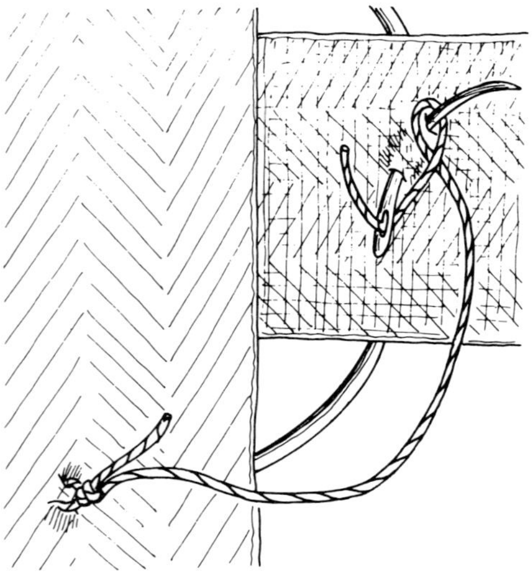

Die Federn werden mit Knoten befestigt.

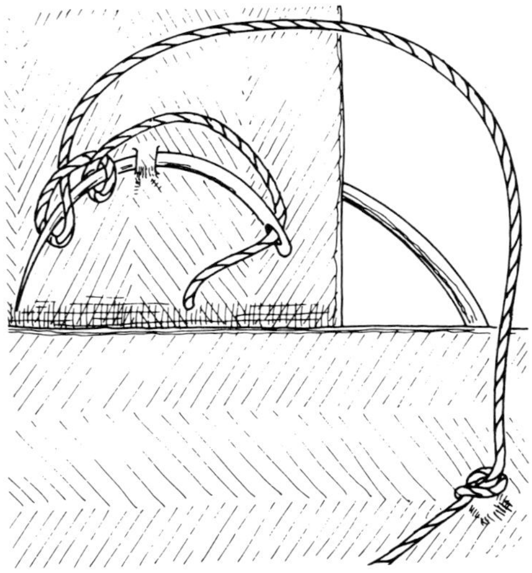

Der doppelte Knoten verhindert, daß die Federn sich lösen, falls das Bindegarn einmal reißt.

Die Federn sind auf der Stuhlunterseite vernäht.

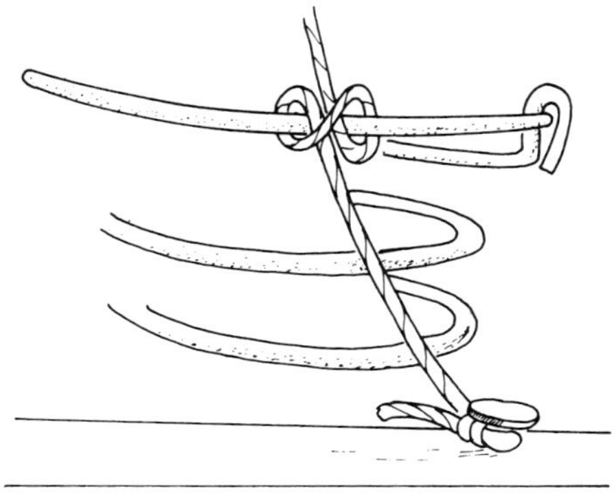

mittlere Reihe Federn von hinten nach vorn, bis Sie den vorderen Nagel erreichen, an dem das Garn ebenfalls befestigt wird. Drücken Sie dabei nicht die Federn zusammen, denn sie brauchen mit dem Garn nur gegen seitliches Verschieben gesichert zu werden. Mit den anderen Federreihen verfahren Sie genauso und verknoten dann den Federkern auch in Querrichtung. Den vorderen und seitlichen Federn kann beim Abbinden eine leichte Neigung nach außen gegeben werden.

Bespannen Sie den Federkern mit einem starken Jutegewebe, das über die Stuhlzargen gezogen und dort angenagelt wird. So wie auf den unteren Gurtbändern werden dann die einzelnen Federn mit der Jutebespannung vernäht.

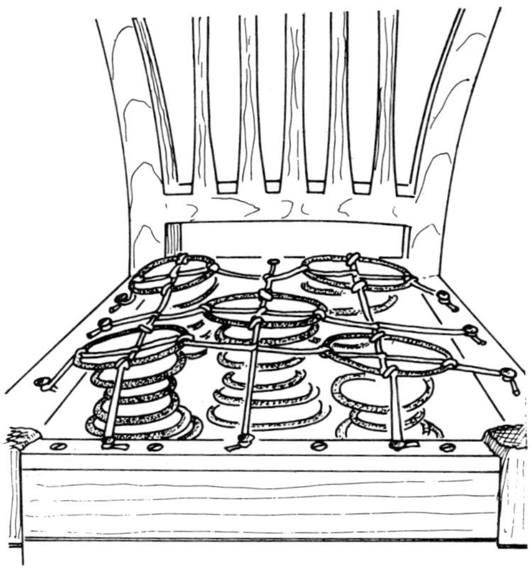

Halteschlingen und erste Füllung
Hierbei verfahren Sie im wesentlichen wie bei dem herausnehmbaren Sitz. An den Rändern des Sitzes geben Sie ein wenig mehr Füllmaterial hinzu, um sie etwas fester auszupolstern. Die Füllung bespannen Sie zum Schluß mit einem Stück Polsterleinwand oder Jute, das provisorisch angeheftet wird.

Vernähen der ersten Füllung
Jetzt muß die Füllung mit einer langen Garniernadel vernäht werden. Markieren Sie zunächst die Lage der Stiche oben auf der Bespannung, wobei Sie einen Abstand von 90 mm von den Sitzkanten und im übrigen gleichmäßige Abstände bis zur Sitzmitte einhalten.

Stechen Sie die Nadel von oben durch die Bespannung und zwischen die Federn hindurch nach unten, wo sie kurz daneben (ca. 5–10 mm) wieder eingestochen und oben dicht bei der Einstichstelle wieder herausgezogen wird. Das Garn erhält dann

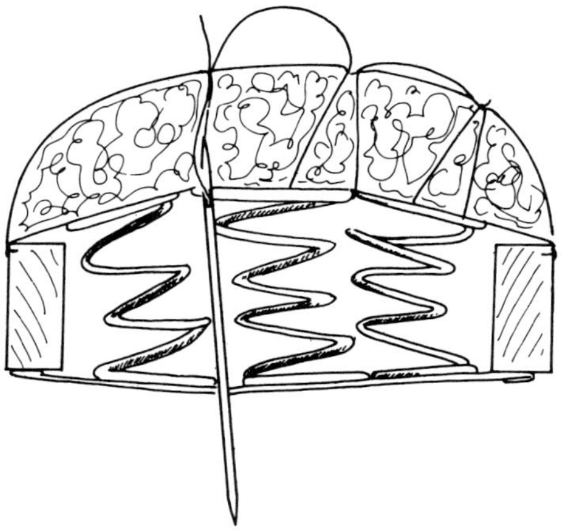

einen Schiebeknoten und wird straffgezogen. Diesen Vorgang wiederholen Sie an allen Nahtstellen, bis die Polsterung bis zur Sitzmitte hin vernäht und das Garn mit einem letzten Knoten abgebunden ist. Ziehen Sie die Nadel nicht an den Federn und Gurtbändern vorbei, sondern drehen Sie sie, sobald sie die Bespannung durchstochen hat, zur Seite und schieben Sie sie wieder nach oben, so daß das Garn sich nicht um die Federn schlingen kann. Legen Sie die Nähte fortlaufend an, d. h. nur mit Unterbrechungen zum Spannen der Garnschlingen.

Der Sitz muß nun fest und gleichmäßig ausgepolstert sein. Mangelhaft gepolsterte Teile sind nachzufüllen, bevor die Bespannung endgültig angenagelt wird.

Die ausgefransten Kanten der Bespannung werden umgeschlagen und an die Stuhlzargen genagelt. Schieben Sie alle vorstehenden Fransen und Zipfel mit dem Verteilwerkzeug unter diesen Saum, so daß sie nach dem Festnageln des Bezuges nicht mehr zu sehen sind.

Blindnähte

Solche Nähte, die mit der Garniernadel parallel zum Sitzrahmen angelegt werden, dienen zum Aussteifen der Polsterung an den Rändern. Mit der ersten Naht wird dicht am Rahmen begonnen. Fädeln Sie etwa 1 m Bindegarn ein und halten Sie die Nadel so, daß sich das Nadelöhr am unteren Ende befindet. Knoten Sie das Garn an der Bespannung fest und stechen Sie das lange, spitze Ende der Nadel im Winkel von ungefähr 40° durch die Bespannung und die Füllung, so daß die Spitze im Abstand von 60 bis 80 mm von der Kante aus der

Bespannung austritt. Ziehen Sie die Nadel hindurch, bis das Öhr den Stoff erreicht hat. Dann drücken Sie die Nadel zur Seite und stechen sie zurück in die Füllung, wobei sie seitlich geschwenkt und nahe an der Stelle, wo sie in den Stoff eingestochen wurde, wieder herausgeschoben wird. Mit dieser Schwenkbewegung soll bewirkt werden, daß die Garnschlinge bei ihrer Rückführung zur Sitzkante möglichst viel Füllmaterial erfaßt. Bevor Sie die Nadel ganz aus dem Stoff ziehen, wickeln Sie die Garnschlinge drei- bis viermal um die Nadel.

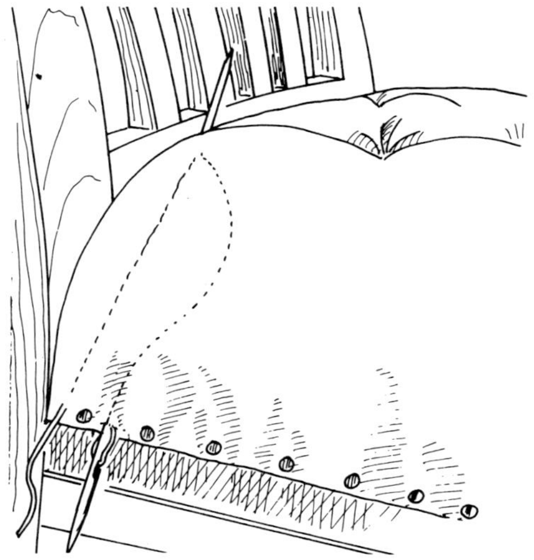

Dadurch bildet sich, wenn die Nadel herausgezogen wird, am Saum der Bespannung ein einfacher Knoten, der beim nächsten Blindstich das Lockern der Garnschlinge verhindert.

Eine solche Blindnaht wird um die Sitzkanten herum angelegt; oft kommt noch eine zweite, etwas höher angeordnete, und manchmal auch eine dritte Naht hinzu. In den meisten Fällen reichen jedoch eine oder zwei Nähte zur Festigung der Randpolsterung aus, die zum Schluß mit einer Wulstnaht versehen werden sollte.

Wulstnähte
Durch eine Wulstnaht wird der Sitzpolsterung seitlich und vorne eine feste senkrechte Kante (Wulst) gegeben, deren regelmäßige Form bis zu einem gewissen Grad von der Geradlinigkeit der Naht abhängt. Es ist deshalb ratsam, den Nahtverlauf oben auf dem Sitz etwa 40 mm von der Kante entfernt sowie seitlich mit Bleistiftstrichen anzuzeichnen. Die Nadel wird wie bei der Blindnaht gehalten und auf der seitlichen Markierungslinie etwa 25 mm vom hinteren Stuhlbein in die Bespannung gestochen und durch die Füllung gedrückt, bis sie im gleichen Abstand vom hinteren Stuhlbein oben auf der Markierungslinie austritt. Setzen Sie die Nadel so nahe wie möglich am Stuhlbein auf der oberen Markierungslinie wieder an und stechen Sie sie durch den Stoff und die Füllung, bis sie auf der seitlichen Markierungslinie möglichst dicht am Stuhlbein wieder herauskommt. Binden Sie das Garn dicht an der Nadel zu einem Schiebeknoten und ziehen Sie es straff, so daß die Wulst in ihrem Ansatz zu erkennen ist. Der nächste Stich wird in derselben Art ca. 25 mm von dem ersten angelegt. Wenn die Nadel neben dem ersten Stich gewendet und wieder nach unten gestochen wird, wickeln Sie das herausgezogene Garn wie bei der Blindnaht dreimal um die Nadel. Dann wird die Naht an den Seiten und an der Vorderkante des Sitzes fortgesetzt, bis die Polsterung fertig eingefaßt ist. Bei Polsterschemeln wird die Wulstnaht auf dem ganzen Umfang des Sitzes angebracht.

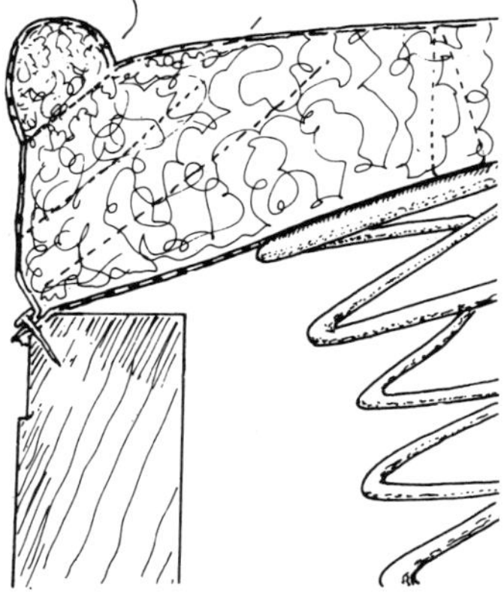

Zweite Füllung
Wenn die Randwülste fertig sind, hat man den Eindruck, als hätte die Form des Sitzes sich verändert. Durch das Vernähen der Kanten ist der ehemals gewölbte Sitz in der Mitte niedriger geworden, während er an den Rändern angehoben und verfestigt worden ist. Auf dieser festen Unterlage muß nun bis zur gewünschten, endgültigen Sitzform nachgepolstert werden. Dazu werden oben in die Bespannung Halteschlingen eingezogen und diese mit Polstermaterial gefüllt. Für diese zusätzliche Füllung wird im allgemeinen ein weicheres, elastischeres Material benutzt, aber was Sie auch immer verwenden: Es muß stets sorgfältig verlegt werden,

so daß Klumpenbildung vermieden wird und Vertiefungen in der ersten Füllung dort, wo dies nötig ist, ausgeglichen werden.

Kattunbespannung
Wenn die zweite Füllung angebracht worden ist, muß sie mit Kattun bespannt werden, der an den vorderen Ecken wie bei dem herausnehmbaren Stuhlsitz sowie um die hinteren Stuhlbeine und Armlehnen herum zuzuschneiden ist. Diese Kattunbespannung kann dazu benutzt werden, den Zuschnitt des letzten Sitzbezuges exakt auszuführen. Ein paar Schnittvorschläge sind hier skizziert. Beim Zuschneiden müssen Sie vorsichtig sein; legen Sie den Schnitt lieber zu kurz als zu weit in den Stoff hinein an. Mit dem Verteiler können Sie entstehende Falten glätten.

Nageln Sie die Kattunbespannung fest und beschneiden Sie sie an den Kanten mit einem scharfen Messer. Bedecken Sie nun den Kattun mit einer Lage Polsterwatte und spannen Sie darüber den letzten Bezugstoff. Schlagen Sie die Falten in der Mitte ein und schneiden Sie den Stoff um die hinteren Stuhlbeine und Armlehnen herum zurecht. Offene Stellen vernähen Sie nach Bedarf mit einer kleinen Rundnadel im sogenannten Leiter- oder Laufmaschenstich.

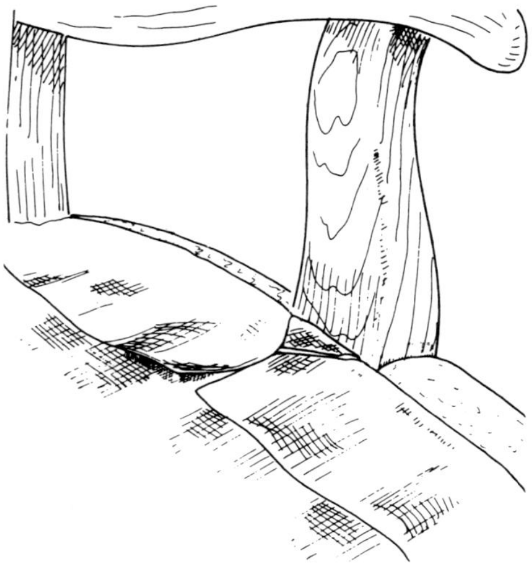

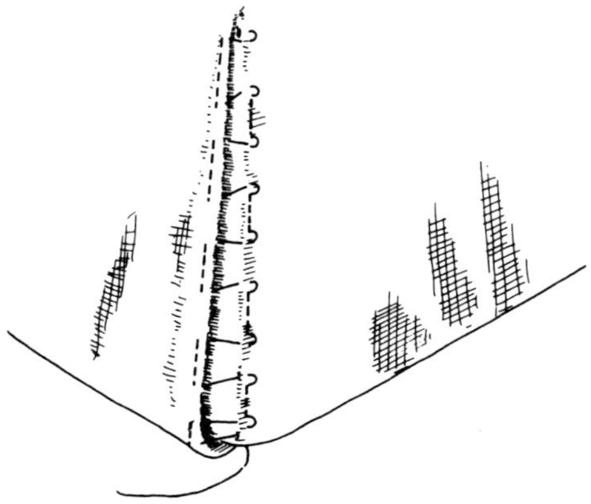

Besatz
Die fransige Kante des Bezugs muß abgedeckt werden, wofür ein spezielles Dekorband (der Besatz oder die Borte) zu beschaffen ist. Wählen Sie diese Borte sorgfältig aus; sie kann farblich dazu dienen, den Sitzbezug entweder zu ergänzen oder hervorzuheben. Wenn Sie die Borte einkaufen, nehmen Sie ein Stück Bezugstoff mit und probieren Sie den Besatz daran aus.

Fangen Sie mit dem Besatz auf der Rückseite des Stuhls an, wo das eine Ende der Borte umge-

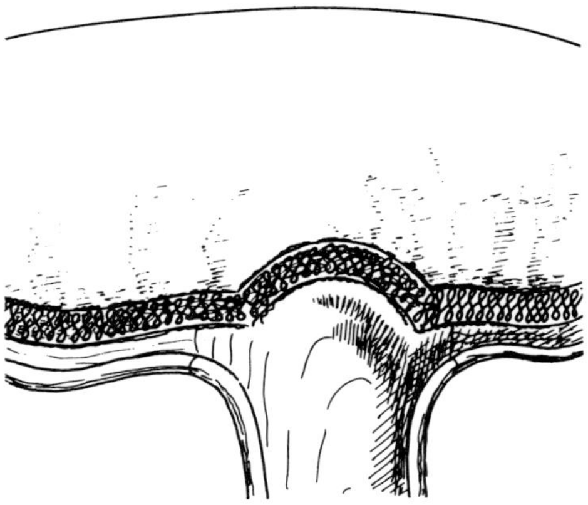

schlagen und mit 2 Besatzstiften an das Stuhlbein genagelt wird. Schneiden Sie die Borte mit einem Aufmaß von etwa 15 mm zum Umschlagen auf Länge und bestreichen Sie sie innen dünn mit einem Latexkleber. Dann drücken Sie die Borte fest, schlagen sie am Ende nach unten ein, geben ihr noch ein wenig Kleber auf die Oberfläche des umgeschlagenen Endes und befestigen sie mit zwei übereinander eingeschlagenen Besatzstiften.

Auf diese Weise arbeiten Sie seitlich und vorne um den Stuhlsitz herum. Ziehen Sie die Borte vor dem Andrücken straff und achten Sie darauf, daß sie auf der Rückseite nur dünn mit Klebstoff überzogen wird. An schwierigen Stellen – manchmal über den Stuhlbeinen anzutreffen – kann die Borte geklebt und vernäht werden.

Schaumstoffpolster

Folgende Werkzeuge werden für die Schaumstoffpolsterung gebraucht:

A Heftpistole (Tacker)
B Fleischmesser
C Elektro-Bratenmesser
D kleine Rundnadel
E Schere

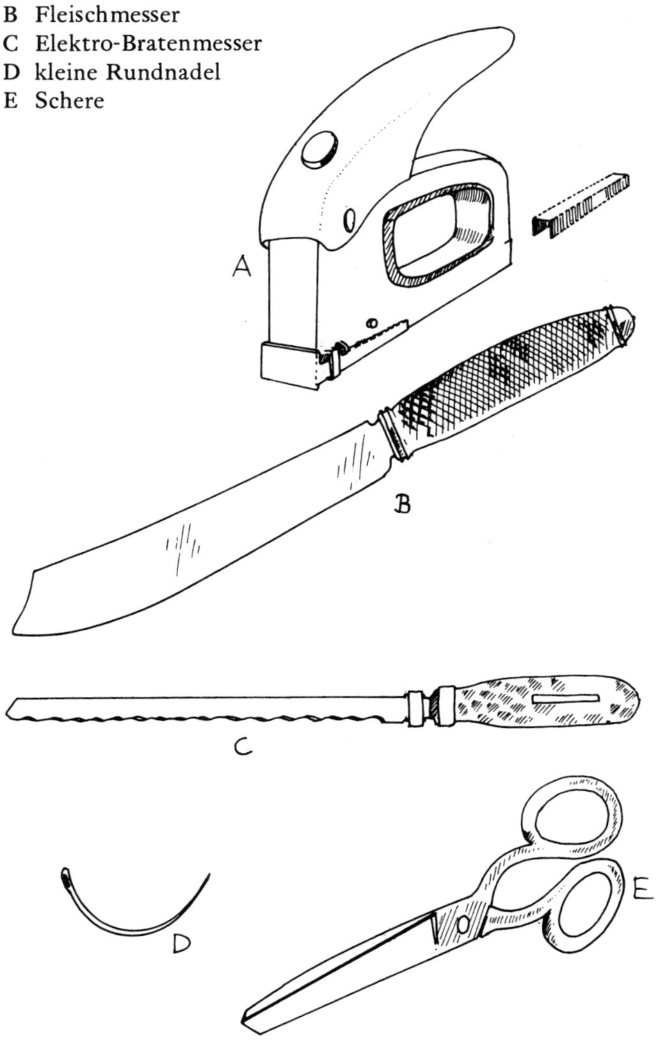

Mit Schaumstoff als Polstermaterial erspart sich der Restaurator einen großen Teil der schwierigen und zeitraubenden Arbeit, die mit der herkömmlichen Polsterung verbunden ist. Wählen Sie einen Schaumstoff, der nicht brennt oder zumindest beim Brennen keine giftigen Gase entwickelt. Es lohnt sich auch, Latexschaumstoff mit Kattun zu überziehen, damit er unter anhaltender, direkter Sonneneinstrahlung nicht verderben kann.

Beim Aufpolstern eines Stuhlsitzes mit Federkern brauchen die üblichen Spiralfedern nicht verwendet zu werden; eine zusätzliche Lage Schaumstoff oder die Bespannung mit Gummigurtbändern genügt.

Werkstoffe

Bei der Schaumstoffpolsterung können zwei Methoden angewendet werden, die sich geringfügig voneinander unterscheiden. Nach der ersten Methode werden Gurtbänder aus Gummi verwendet, während nach der zweiten der Schaumstoff auf eine Holzunterlage oder auf normale Gurtbänder gelegt wird.

An Material benötigen Sie Gummigurtband, Schaumstoff von mittlerer Dichte in den Stärken von 50 und 30 mm, einen geeigneten Schaumstoffkleber, Kattun zum Bespannen sowie Polsternägel und Besatzstifte.

Gummigurtband

Solches Gurtband besteht aus zwei Verstärkungsbändern aus Kunstseide, die schräg zugeschnitten sind, damit der Gurt sich dehnen kann; sie sind mit Gummi durchtränkt und zwischen zwei Lagen Gummi eingepreßt. In dieser Ausführung kann der Gurt angenagelt werden, ohne an den Heftstellen auszureißen, und wird durch die Kunstseidenbänder in seiner Dehnung mehr und mehr gehemmt, wenn seine Belastung zunimmt. In dieser Hinsicht gleicht er weitgehend einer normalen Spiralfeder aus Stahl und eignet sich hervorragend als Ersatz für verschlissene Druckfedern oder für gespannte, an einem Holzrahmen befestigte Zugfedern.

Gummigurtband gibt es in Breiten von 50 und 30 mm; das schmalere Band ist für kleine Stuhlsitze am besten geeignet.

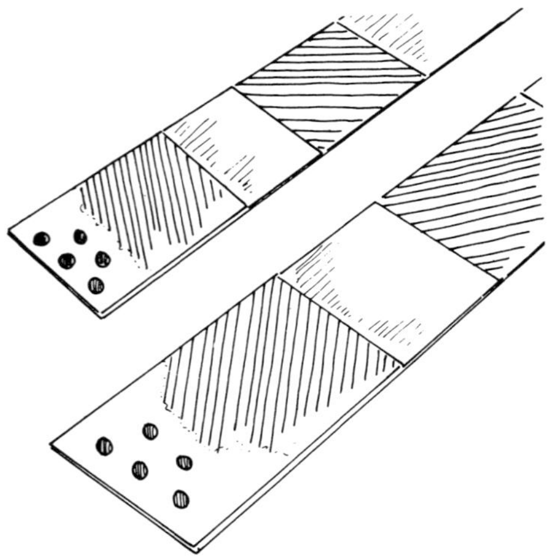

Arbeitsweise

Entfernen Sie zunächst die alte Polsterung, wie auf Seite 247 beschrieben. Während die alten Gurtbänder zum Abstützen der Spiralfedern auf der Unterseite des Sitzrahmens befestigt waren, nageln Sie nun die neuen Gurte auf seine Oberseite, wobei Sie Abstände in Gurtbreite einhalten und die Gurte vor dem Annageln spannen.

Arbeiten Sie von der Rückseite des Stuhls aus und befestigen Sie zunächst ein Ende des Gummigurtes mit 5 gestauchten Polsternägeln von 15 mm Länge in der Mitte der vorderen Stuhlzarge. Achten Sie darauf, daß die Nägel genau senkrecht eingeschlagen werden, denn die Köpfe von schräg eingeschlagenen Nägeln könnten den Gummigurt beschädigen.

Ziehen Sie den Gurt gerade und markieren Sie mit einem Filzstift die Stelle, wo er die hintere Stuhlzarge kreuzt. Nun muß der Gurt eine gewisse Vorspannung erhalten, die für die Elastizität des Sitzes maßgebend ist. Beträgt der Abstand zwischen der vorderen und hinteren Stuhlzarge beispielsweise 450 mm, so müßte der Gurt um etwa 50 mm gedehnt werden, damit der Sitz nicht zu

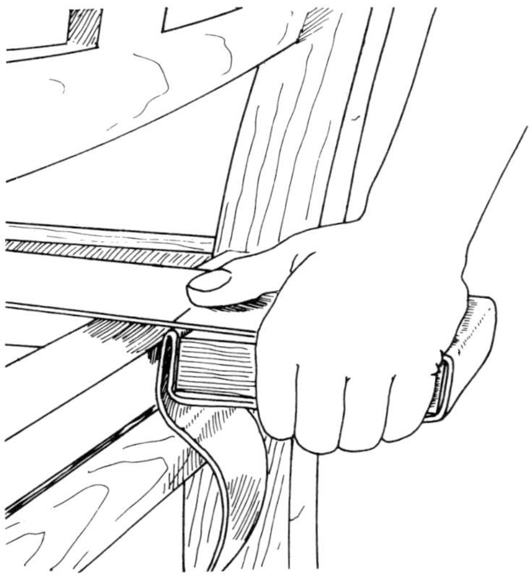

„weich“ ausfällt. Sehr wichtig ist es, daß jeder Gurt die gleiche Spannung erhält. Legen Sie den Gurt einfach auf die hintere Zarge, messen Sie von der ersten Filzstiftmarkierung 50 mm nach innen ab und bringen Sie an dieser Stelle eine zweite Markierungslinie (die Spannmarkierung) an. Dann ziehen Sie den Gurt stramm, bis die Spannmarkierung die Kante der hinteren Stuhlzarge erreicht hat, und nageln ihn ebenfalls mit 5 gestauchten Polsternägeln von 15 mm Länge an.

Wenn die Gurte von vorne nach hinten angebracht worden sind, müssen die Quergurte verlegt, gespannt und befestigt werden, und zwar entweder über oder unter die Längsgurte. Werden sie nämlich dazwischengeschoben, so wird die Gurtdehnung durch die Haftreibung der Gummiflächen behindert.

Abdecken der Gummigurte
Ein Stück Jutegewebe wird ganz locker über die Gurte gelegt und an den Sitzkanten ringsherum festgenagelt. An keiner Stelle darf das Jutegewebe mit dem Körpergewicht der Person belastet werden, die sich auf dem Stuhl niederläßt. Die Bespannung darf also nicht zu straff sitzen.

Zuschneiden des Schaumstoffs
Fertigen Sie von dem Sitz als erstes eine Pappschablone an, nach der Sie dann den Schaumstoff mit sauberen, geraden und senkrechten Kanten zurechtschneiden. Wenn Sie mit dem Zuschnitt erst einmal begonnen haben, sind nachträgliche Korrekturen äußerst schwierig. Für einen einfachen, plattenförmigen Zuschnitt des dicken Schaumstoffs (50 mm) kann die Schablone aufgelegt und an ihren Kanten entlang geschnitten werden.

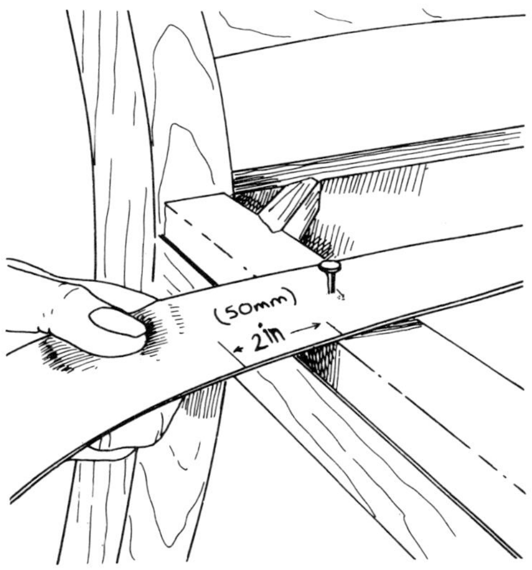

Mit den anderen Gurten verfahren Sie ebenso. Ist der Sitze trapezförmig oder gerundet, so muß die Gurtvorspannung entsprechend variiert werden; längere Gurte sind straffer zu spannen, kürzere weniger weit zu dehnen. Halten Sie sich jedoch immer an die Markierungen und schätzen Sie danach die geringen Spannungsunterschiede ab.

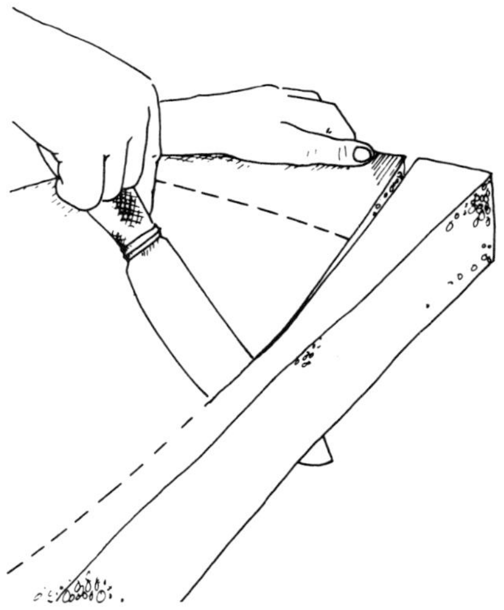

Soll der Schaumstoffsitz ein wenig gewölbt und damit einer gestopften Sitzpolsterung ähnlich sein, so muß die obere Lage mit einem Füllstück unterlegt und entsprechend größer zurechtgeschnitten werden (siehe nächste Seite oben).

Wenn Sie ein breites Fleisch- oder Bratenmesser benutzen, machen Sie es naß, bevor Sie mit langen, sauberen Schnitten durch den Schaumstoff fahren.

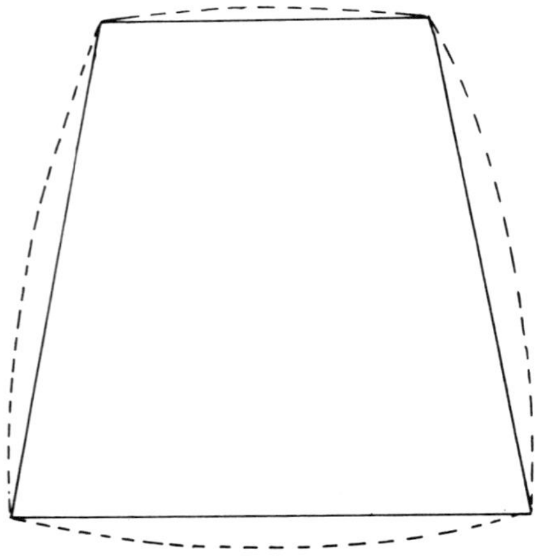

Legen Sie letzteren auf einen Tisch, so daß die Schnittlinie etwa 10 mm über die Tischkante vorsteht. Sollte sich der Schaumstoff unter dem Druck der Hand verziehen, so legen Sie zum Niederhalten ein Brett darüber. Wenn ein Elektromesser verwendet wird, bewegen Sie es zügig und gleichmäßig durch das Material, wobei Sie die Tischkante als Lineal benutzen.

Für die Anfertigung eines Sitzes mit leicht gewölbter Oberseite ist die Schablone zum Ausschneiden des 50 mm dicken Schaumstoffs auf allen Seiten mit einem Aufmaß zu versehen, um den Verlust an Länge und Breite durch die Erhöhung in der Mitte auszugleichen. Schneiden Sie ein zweites Stück Schaumstoff von 30 mm Dicke so zurecht, daß es auf jeder Seite um ca. 60 mm kürzer und schmaler wird, und bringen Sie auf seiner Oberseite eine Abschrägung an (siehe Skizze). Dieses Stück kleben Sie unter die dicke Schaumstofflage, so daß diese beim Auflegen nach oben gedrückt und gewölbt wird.

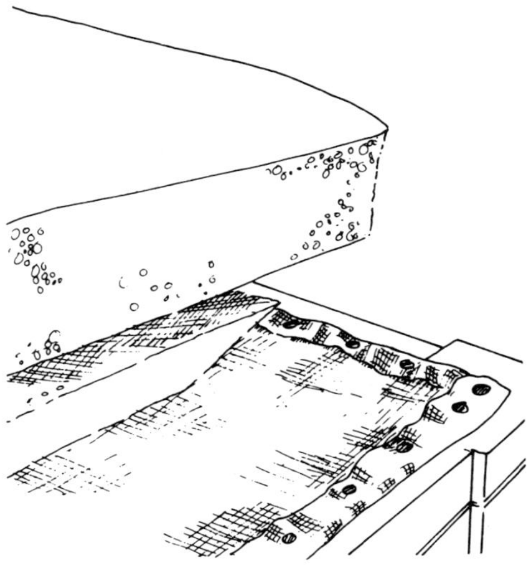

Befestigen des Schaumstoffs
Schneiden Sie ein paar Kattunstreifen aus, deren Breite der Stärke des obenliegenden Schaumstoffs zuzüglich der Tiefe des Sitzrahmenfalzes entspricht. Kleben Sie diese Streifen auf allen Seiten des Polsters so fest, daß sie ein Stück über die Unterkante hinaus herunterhängen. Setzen Sie das Schaumstoffpolster in den Sitzrahmen ein und nageln Sie die Kattunstreifen, auf jeder Seite von der Mitte aus beginnend, an den Rahmen an. Bei einem gewölbten Sitz muß der Schaumstoff an den Rändern in den Rahmen gedrückt werden.

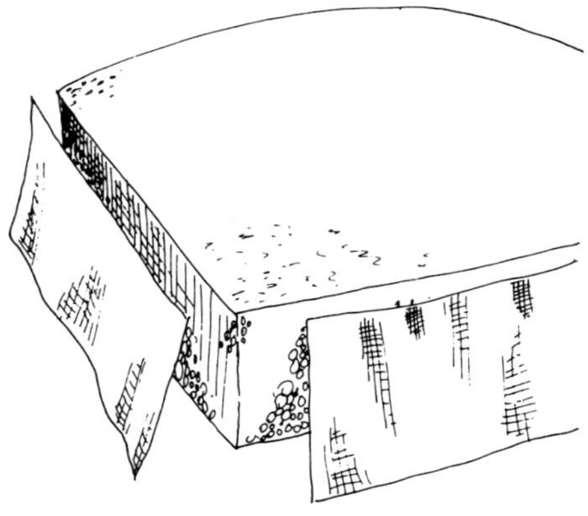

Achten Sie darauf, daß sich in der Schaumstoffoberfläche keine unregelmäßigen Buckel oder Wülste bilden; das Polster muß von Anfang an die richtige Höhe sowie das gewünschte Profil und die nötige Ebenmäßigkeit haben, weil kein weiteres Füllmaterial verwendet wird.

Nachdem das Schaumstoffpolster befestigt worden ist, sollte es mit Kattun bezogen werden. Dieser verhütet einerseits den Zerfall des Materials unter Sonnenlicht und wirkt andererseits als Dämmung zwischen dem oberen Sitzbezug und dem Schaumpolster, so daß diese beiden Stoffe sich gegeneinander bewegen können, ohne daß der Bezug knittert. Die Anbringung des Sitzbezugs und der Borte ist auf den Seiten 252 f. und 258 f. beschrieben.

Binsengeflecht

Es ist schwierig, einen Stuhl oder Schemel mit Binsengeflecht zu versehen, wenn dessen Sitzrahmen keine vorstehenden Eckpfosten hat, denn mit diesen werden die verdrillten Binsenstränge so verspannt, daß sie sich nicht lösen können. Stuhlzargen müssen glatt und gut abgerundet sein, ehe mit dem Flechten begonnen werden kann.

Binsen

Binsen zum Flechten werden in sogenannten Bunden angeboten, die ca. 3 m lang sind und am unteren Ende einen Umfang von etwa 1 m haben. In den Bunden sind die trockenen Binsen mit ihren kegeligen Enden zusammengepackt, so daß der Bund eine konische Form aufweist.

Die Bunde können stehend gelagert werden, aber lose Binsen sollten liegend, gut belüftet und trokken aufbewahrt werden. Gut geeignet hierfür ist ein Dachboden, wo sie zwischen den Sparren oder auf Latten eine Reihe von Jahren gelagert werden können. Wenn große Mengen verbraucht werden, ist es allerdings ratsam, immer das älteste Material zu verwenden, um eine Anhäufung alter und vermutlich beschädigter Binsen unten im Stapel zu vermeiden.

Wählen Sie eine dem Arbeitsumfang entsprechende Menge Binsen aus dem Bestand aus. Sollten Sie über den Bedarf im Zweifel sein, dann nehmen Sie eher weniger als zu viel, denn ihre Herrichtung geht schnell und leicht, wogegen das Trocknen einer unnötig eingeweichten Menge lästig ist. Nasse Binsen dürfen nie mit trockenen zusammen aufbewahrt werden.

Wählen Sie aus den Bunden (die verschiedene Größen enthalten) etwa die gleiche Menge an dünnen und dicken Binsen aus und legen Sie sie in einen Behälter mit kaltem Wasser. Da die Stengel beim Knicken in trockenem Zustand brechen und geschwächt werden, biegen Sie die konischen Enden vorsichtig um, damit die Stengel in das Wasserbad passen. Beschweren Sie die Binsen mit einem alten Handtuch und lassen Sie sie ungefähr 2 Minuten im Wasser einweichen.

Dann nehmen Sie die Binsen heraus, biegen sie in der Mitte zusammen, wickeln sie fest in ein Handtuch und lassen sie über Nacht liegen.

Hilfsmittel

Sie benötigen dünne, kräftige Schnur (Bindegarn), eine gekrümmte Flechtnadel und ein sogenanntes Stopfholz zum Ausfüttern. Zweckmäßig sind auch ein paar alte Handtücher zum Abwischen und ein Sortiment trockener Stengelspitzen und Wurzelenden (verdickt) für das Zwischenfutter.

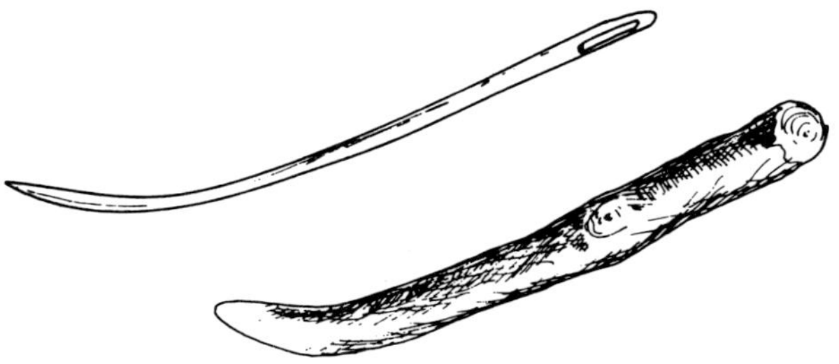

Arbeitsweise

Die Grundtechnik des Binsenflechtens ist nur für Sitze mit rechteckigem oder quadratischem Rahmen anwendbar. Trapezförmige Sitze und solche mit gekrümmter Vorderzarge erfordern eine spezielle Anfangstechnik, welche die Form auf ein Rechteck oder Quadrat bringt und in einem späteren Abschnitt dieses Kapitels beschrieben wird.

Wählen Sie aus dem Bund zwei Binsen aus – eine dünne und eine dicke. Ziehen Sie kurz an deren Spitzen, um eventuell vorhandene schwache Teile abzulösen, und wischen Sie die Stengel von der Spitze aus zum Wurzelende sauber, so daß sie nicht splittern können.

Legen Sie die Binsen – Spitze gegen Wurzelende – zusammen und binden Sie den Strang mit einer kurzen Schnur auf der Innenseite der Sitzzarge fest, wobei die Binsenenden und der Knoten der Schnur im Innern des Sitzrahmens bleiben müssen, damit der Sitz an den oberen und seitlichen Kanten nicht aus der Form gebracht wird.

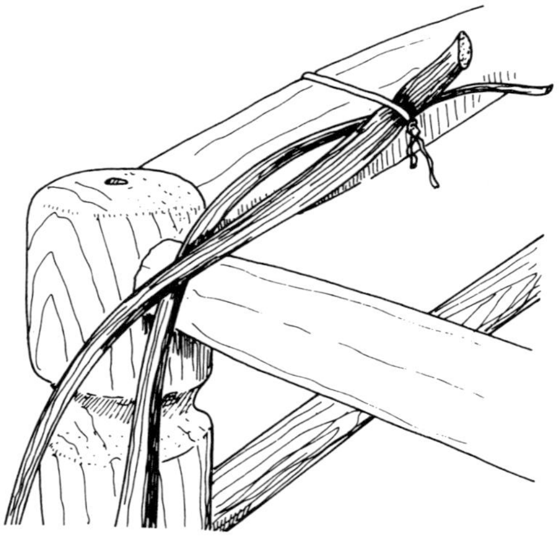

Verdrillen Sie die beiden Binsen umeinander, so daß ein gleichmäßiger, seilartiger Strang entsteht. Da nur ein kleiner Teil davon in dem fertigen Sitz zu sehen sein wird, verdrillen Sie eben nur

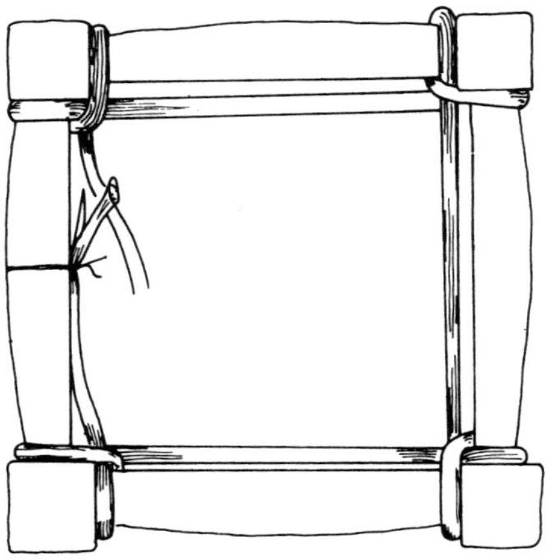

diesen Teil des Stranges und legen ihn wie skizziert am Sitzrahmen an. Wenn Sie zum Ende des ersten Stranges kommen, binden Sie zwei neue Binsen mit einem Weber- oder Kreuzknoten oder einem einfachen Halbstich an und setzen das Flechten fort. Halten Sie den verdrillten Strang möglichst dick und ebenmäßig.

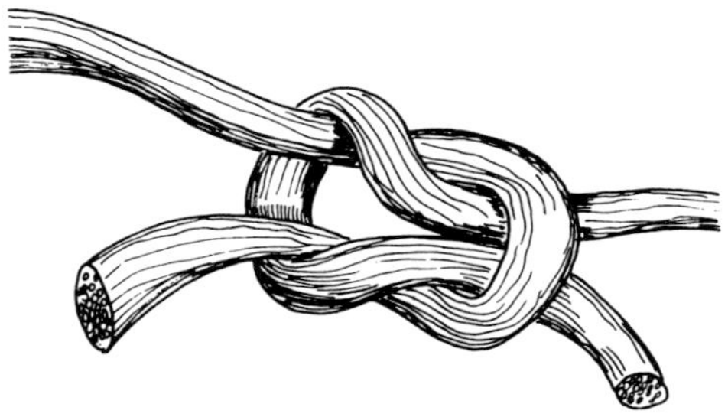

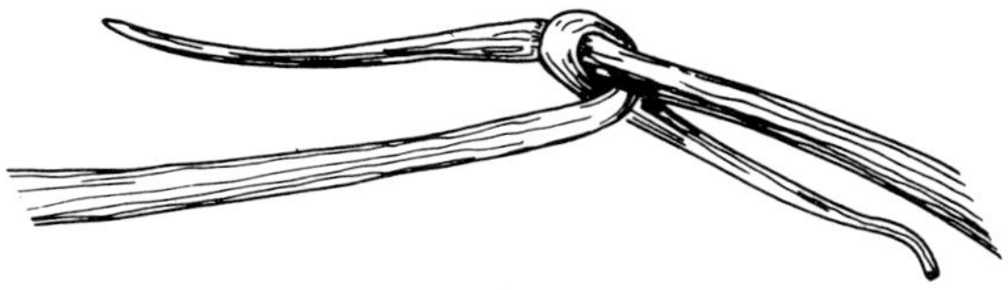

Wenn ein dritter Binsenstengel benötigt wird, um die Breite eines dünnen Binsenpaares zu vergrößern, so kann er in den verdrillten Teil des Geflechts dort eingeführt werden, wo die Schlingen an den Eckpfosten des Stuhls angelegt werden. Lassen Sie etwa 50–60 mm des dünnen Endes unverdrillt und stecken Sie es in den Zwischenraum für das Ausfüttern des Sitzgeflechts. Der neue Strang wird fest in das Geflecht eingebunden und bedarf keiner zusätzlichen Halterung.

Während der Sitze Form annimmt, füttern Sie die Zwischenräume zwischen der oberen und unteren Lage des Geflechts aus. Dann drehen Sie den Stuhl herum und füllen von dieser Seite aus die Zwischenräume mit Büscheln aus umgeboge-

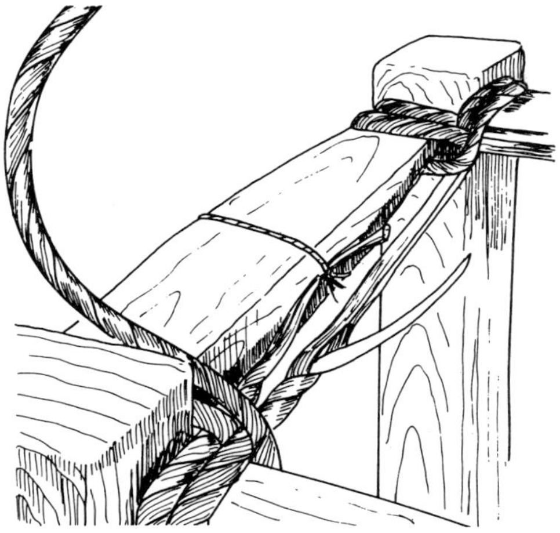

nen, trockenen Binsen. Verwenden Sie zum Ausfüttern (Stopfen) des Geflechts keine feuchten Binsen, denn sie schrumpfen nicht nur, sondern führen auch im Innern des Sitzes zur Schimmelbildung.

Setzen Sie das Flechten bis auf etwa 60 mm Breite um den Sitz herum fort und stellen Sie den Stuhl zur Seite, damit die Binsen trocknen können.

Fertigflechten

Nach dem Trocknen (24 Stunden reichen normalerweise aus) drücken Sie die Stränge in dem bisher angelegten Geflecht eng zusammen und flechten weiter wie zuvor. Wenn der Stuhlrahmen nicht quadratisch ist, sind die letzten Schlingen in Achterform anzulegen.

Mit immer enger werdenden Zwischenräumen in den Binsenschlingen wird auch das Ausstopfen der Räume zwischen der oberen und unteren Lage des Geflechts schwieriger. Wo der Zwischenraum zu eng ist, überbrücken Sie das Zwischenfutter, indem Sie darüber und darunter flechten.

Wenn Sie sich der Mitte des Sitzes nähern, zeichnen Sie den Mittelpunkt der vorderen und hinteren Stuhlzarge an. Haben die Achterschlingen diesen Punkt erreicht, so kehren Sie die Verdrillung der Binsenstränge um, so daß sie durch die gegenläufige Verdrillung so aussehen, als würden sie in der Mitte zusammenlaufen, obwohl das Ende des Geflechts in Wirklichkeit noch verhältnismäßig weit von der Mitte entfernt sein kann.

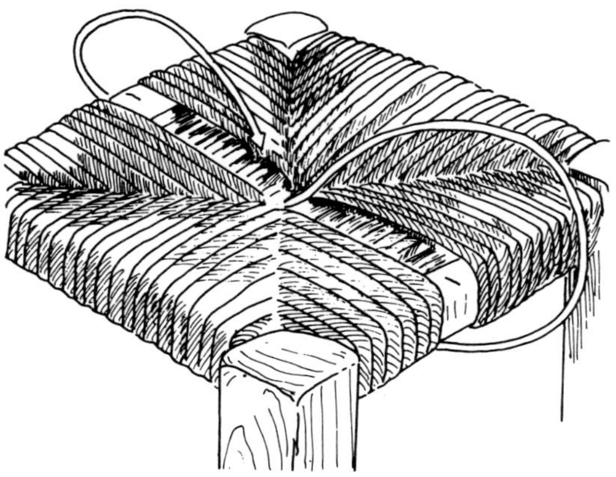

Der letzte Strang muß mit der Flechtnadel eingearbeitet werden. Zum Schluß verbinden Sie das Binsenende mit dem gegenüberliegenden Strang unter der Mitte des Sitzes und stopfen alle überstehenden Enden, Knoten und Futterfransen in das Geflecht hinein, so daß der Sitz sauber und ordentlich aussieht.

Unregelmäßige Sitzformen

Das nachstehend beschriebene Verfahren dient dazu, einen unregelmäßigen Sitzrahmen auf Rechteck- oder Quadratform zu bringen, so daß der größte Teil des Geflechts in der oben erläuterten, einfachen Art ausgeführt werden kann. Auf jeden Fall lohnt es sich, von der Rückseite des Stuhls zur Vorderseite hin zu arbeiten und in einem Abstand von ca. 25 mm von jedem hinteren Stuhlbein nach innen einen Punkt auf der vorderen Zarge zu markieren. Diese Markierungen erleichtern Ihnen die quadratische Formgebung.

(a) Messen Sie den Längenunterschied zwischen der vorderen und hinteren Stuhlzarge, halbieren Sie die Differenz und schätzen Sie ab, wieviele verdrillte Binsenstränge Sie für diese Strecke benötigen. Wenn jeder Strang etwa 5 mm Platz auf der Zarge einnimmt und z. B. weitere 25 mm auf jeder Seite der vorderen Zarge abzudecken sind, brauchen Sie dazu jeweils 5 Binsenpaare.

Reinigen Sie zehn Binsenstengel und legen Sie sie – Spitze an Wurzelende – zu 5 Paaren zusammen, die in der Mitte der linken Seitenzarge fest angebunden werden. Verdrillen Sie das erste Paar zu einem Strang, schlingen Sie diesen um die linke vordere Ecke, ziehen Sie ihn zur rechten vorderen Ecke hinüber und binden Sie ihn vorübergehend dicht neben dem vorderen rechten Stuhlbein fest.

Ebenso werden die anderen Binsenstränge an die rechte Seitenzarge angebunden. Mit dem fünften Strang müßte die rechteckige Form vollendet sein; bevor Sie ihn verflechten, nehmen Sie die Enden an der rechten Zarge zusammen auf und binden sie gegenüber von den Enden auf der linken Seite fest in der Mitte der Seitenzarge an.

Flechten Sie nun den fünften Strang weiter, d. h. um das rechte vordere Stuhlbein herum, dann zum rechten hinteren Bein usw.

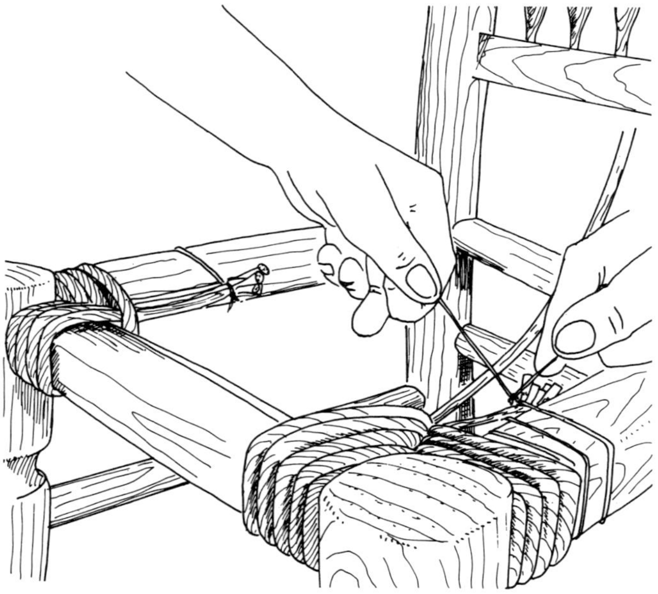

(b) Das zweite Verfahren ist einfacher, erfordert aber beim Flechten eine stärkere Beachtung der wechselnden Proportionen des Sitzes.

Beginnen Sie wie bei einem normalen rechteckigen Sitz. Wenn aber der erste vollständige Umlauf um den Sitzrahmen beendet ist, legen Sie nach jedem zweiten kompletten Umlauf zwei Schlingen um jedes vordere Stuhlbein. Achten Sie sorgfältig darauf, daß die Anordnung der Binsenstränge senkrecht und zur vorderen und hinteren Zarge parallel ausgerichtet bleibt. Dies wird leicht vergessen, und es ist dann sehr schwierig, die entstandene Form des Geflechts zu korrigieren.

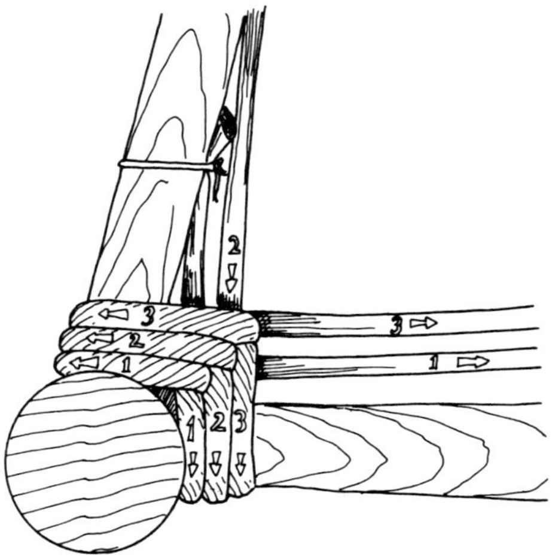

Rohrgeflecht

Ausbesserungsarbeiten

Stuhlsitze und -lehnen mit Rohrgeflecht können ausgebessert werden, indem man das neue Rohr vorher mit Wasser- oder Ölbeize entsprechend einfärbt und dann nach den hier beschriebenen Verfahren einflicht. Das neue Rohr kann aber auch zuerst eingeflochten und dann passend gebeizt werden. Altes Peddigrohrgeflecht ist meistens trocken und spröde; bei umfangreichen Schäden ist es daher einfacher, das alte Geflecht zu entfernen und ganz zu erneuern. Man schneidet den Sitz mit einem scharfen Messer aus dem Rahmen heraus und bewahrt ihn als Muster für das neue Geflecht auf.

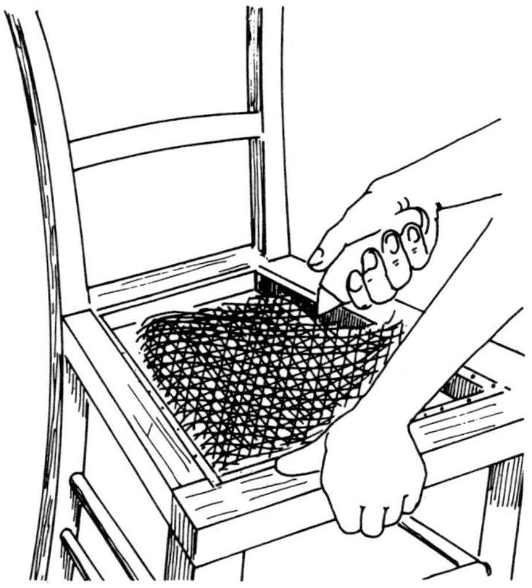

Das restliche Rohr wird beseitigt, indem man die Schlaufen unter dem Stuhlrahmen auftrennt und die Holzstifte in den Befestigungslöchern mit der

Ahle herausdrückt. Bei blind verlegten Geflechten, d. h. bei solchen, wo das Rohr nicht in durchgehenden Bohrungen im Stuhlrahmen sitzt, müssen die Holzstifte ausgebohrt werden.

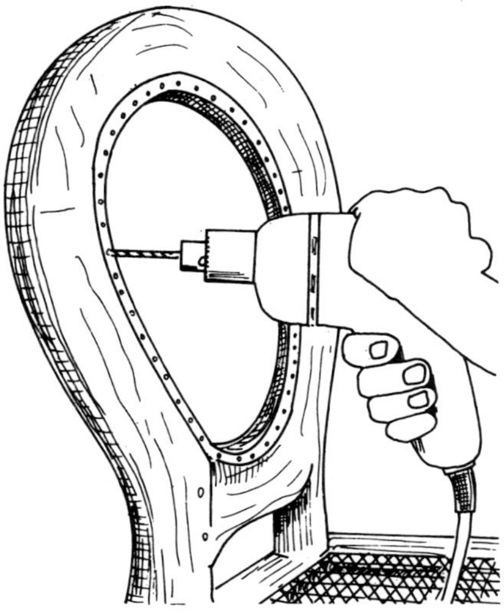

Werkzeuge
Für die Anfertigung von Rohrgeflechten werden benötigt: ein scharfes Federmesser oder ein Teppichmesser mit auswechselbaren Klingen zum Heraustrennen des alten Geflechts (ein Seitenschneider tut dabei dieselben Dienste); ein Durchtreiber und ein leichter Hammer zum Freischlagen von verstopften Löchern; ein paar Haltepflöcke, die aus leicht konischen Stahlpflöcken in Holzheften bestehen und zum Festhalten des Rohres in den Aufnahmelöchern und zur Aufrechterhaltung der Spannung im Geflecht dienen (auch sogenannte „Tees" sind hierfür brauchbar, wie sie der Golfspieler zum Auflegen der Bälle vom Sportartikelhändler bezieht); ein Vorstecher (Ahle) zum Aufweiten der Löcher beim Einziehen der Rohre; ein altes und stumpfes Küchenmesser ohne Griff, dessen Klingenspitze rund und dünn abgeschliffen ist und dessen Kanten geglättet sind, um beim Durchschieben der Rohre eine Beschädigung des Geflechts und Handverletzungen zu vermeiden.

Material
Gespaltenes Peddigrohr stammt von einer Art Kletterpalme aus Südostasien und ist in verschiedenen Größen erhältlich, von denen Nr. 1 mit etwa 1,5 mm die schmalste und Nr. 6 mit etwa 6 mm die breiteste ist. Zum Flechten von Stuhlsitzen werden zwei Größen sowie ein drittes, breiteres Rohr für die Sitzeinfassung verwendet. Das Rohr wird mit ca. 3 m Länge in Bunden geliefert; ein Bund reicht für ungefähr 4 Stühle.

Das Rohr spaltet sich sehr leicht, und wenn es an einem Ende angerissen ist, muß das Stück abgeschnitten werden, bevor die Spaltung sich über die ganze Rohrlänge erstreckt; das Messer ist dabei an der Glanzseite anzusetzen. Ist das Rohr für die Verarbeitung zu spröde und brüchig, so wischen Sie es mit einem feuchten Lappen ab.

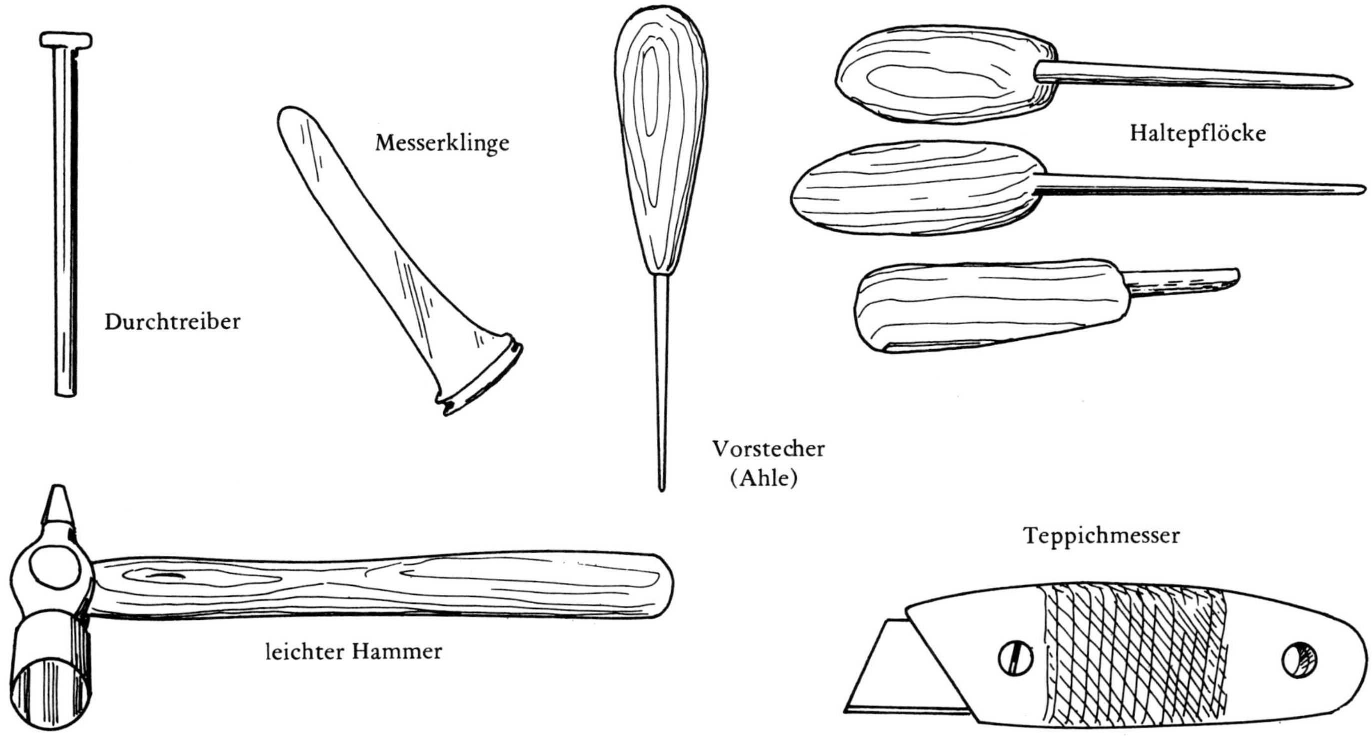

Stuhlsitz mit Rohrgeflecht.

Arbeitsvorbereitung
Wenn das alte Geflecht entfernt worden ist, muß zunächst der Stuhl selbst auf seine Festigkeit geprüft werden. Alle Verbindungen im Holzwerk müssen solide sein. Schad- und Schwachstellen sind auszubessern und vor dem Erneuern des Sitzgeflechts zu beizen und zu lackieren bzw. zu firnissen.

In den ersten Arbeitsgängen des Rohrflechtens wird eine ziemlich hohe Spannung auf den Stuhlrahmen ausgeübt, die bei schwachem Holzwerk zum Verziehen führen kann; hier wären Latten oder Leisten zur provisorischen Aussteifung vorzusehen und hinterher wieder abzunehmen.

Zählen Sie die Löcher an den Seiten des Sitzrahmens; auf jeder müßte es die gleiche Anzahl sein. Anderenfalls sind Löcher zu verstopfen bzw. neu zu bohren, bis die richtige Anzahl erreicht ist.

In den meisten Stühlen sind Löcher von 4–5 mm Durchmesser in Abständen von etwa 15 mm vorgesehen und mit Rohr in den Größen 2 und 4 zu beziehen. Für größere und weiter auseinanderliegende Löcher ist breiteres Rohr zu verwenden. Die Größen Nr. 1 und 2 können in Betracht kommen, wenn die Löcher kleiner sind und enger zusammenliegen.

Arbeitsweise

Längsrohre
Die ersten von vorn nach hinten in den Rahmen eingezogenen Rohre werden Längsrohre genannt; in flachen, d. h. nicht gekrümmten Stuhllehnen verlaufen sie von oben nach unten.

Stellen Sie den Stuhl mit der Vorderkante zum Körper hin auf und markieren Sie in der hinteren und vorderen Lochreihe jeweils das Loch in der Mitte mit Kreide. Befestigen Sie ein langes Rohr der Größe 2 in dem mittleren Loch hinten und ziehen Sie es in dem mittleren Loch vorne unter dem Pflock straff.

Um sicherzugehen, daß das Rohr seine Glanzseite oben behält, schieben Sie es von unten durch das Loch rechts daneben, ziehen es (parallel mit dem ersten Rohr) zur hinteren Stuhlzarge und stekken es dort in das Loch rechts neben dem mittleren, wo es straffgezogen und festgepflockt wird.

Das sogenannte Medaillon in der Mitte muß fest verspannt sein, bevor das alte Geflecht entfernt wird. Das Flechten beginnt mit den Radialrohren, die sehr straff anzuziehen und zu befestigen sind.

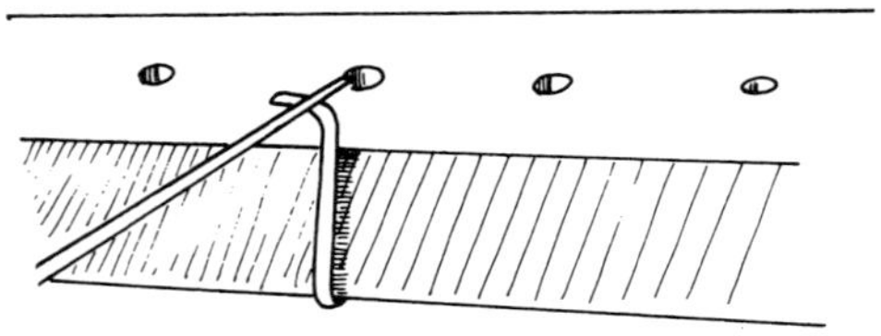

Ziehen Sie das Rohr zum nächsten Loch in der hinteren Reihe, durch dieses hindurch und wieder nach vorn in das nächste Loch auf dieser Seite, wo es ebenfalls mit einem Pflock festgeklemmt wird. Auf diese Weise arbeiten Sie unter Zugabe von weiterem Rohrmaterial nach Bedarf auf die rechte Sitzkante zu.

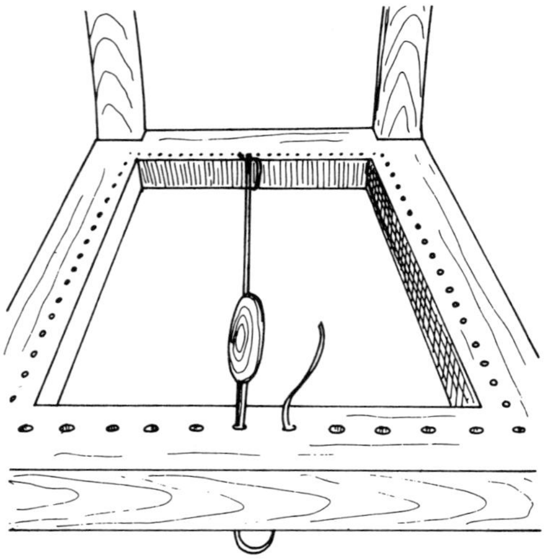

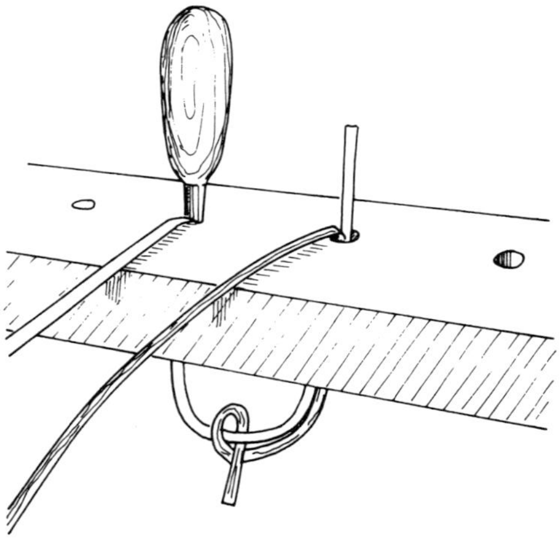

Haben Sie die Lochreihe in der rechten Seitenzarge erreicht, so werden Sie feststellen, daß hiervon nur wenige Löcher zum Einziehen von Längsrohren verwendet werden können, damit der Rohrabstand gewahrt bleibt.

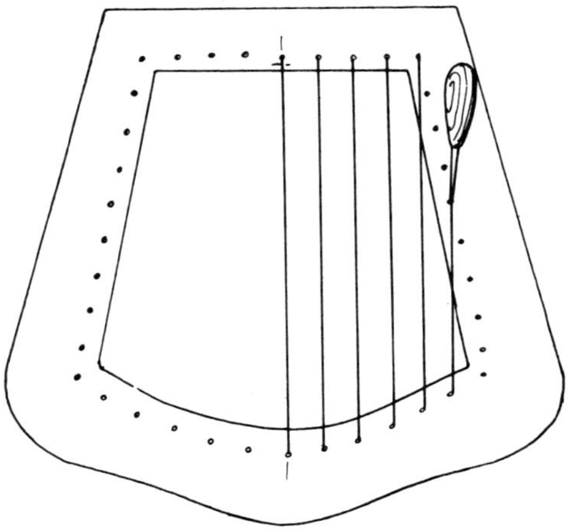

Wenn die rechte Hälfte des Sitzes mit einzelnen Längsrohren bespannt ist, arbeiten Sie zurück zur Mitte, indem Sie durch dieselben Löcher jeweils ein zweites Längsrohr ziehen und damit die einzelnen Längsrohre verdoppeln. Diese Arbeit setzen Sie über das zuerst eingezogene Rohr in Sitzmitte hinaus auf der linken Sitzhälfte fort, wo Sie die spiegelbildlich gleichen Löcher wie auf der rechten Seite benutzen, so daß das Geflecht symmetrisch wird. Von hier aus ziehen Sie dann wie auf der rechten Seite die zweiten Rohre (Doppelrohre) bis zur Mitte hin ein, womit die Bespannung in Längsrichtung des Sitzes beendet ist. In jedes Loch in der vorderen und hinteren Reihe müssen nun zwei Rohre eingezogen sein.

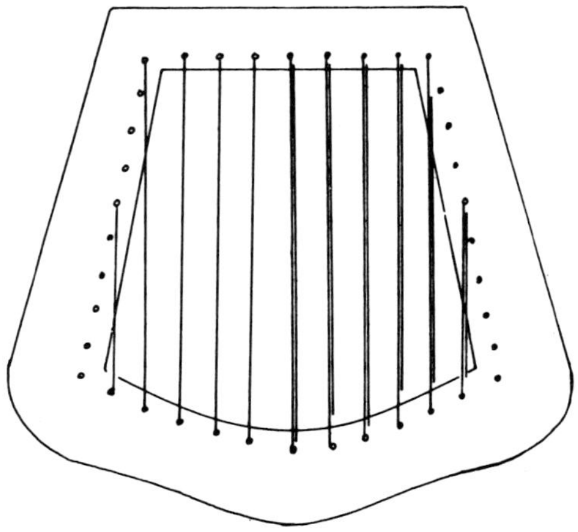

Querrohre
Die Rohre, die von rechts nach links und von links nach rechts in den Sitz eingezogen werden, sind die Querrohre, mit denen das Grundmuster des Sitzgeflechtes vollendet wird.

Beginnen Sie auf der Vorderseite des Stuhls, indem Sie in der vorderen Lochreihe die Ecklöcher festlegen und daran ein Lineal anlegen, um die zu

Der Gebrauch des Haltepflocks.

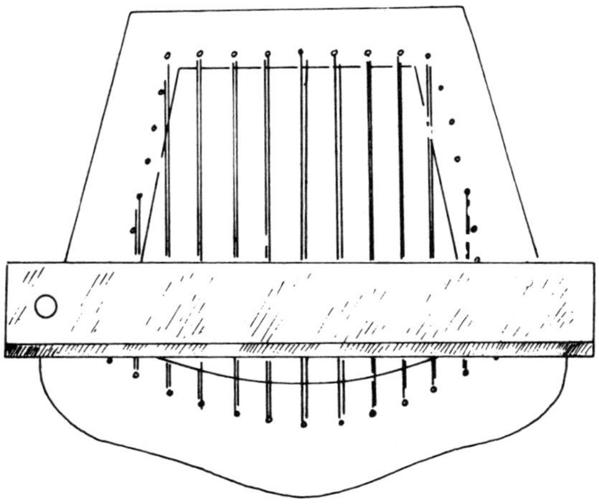

erwartende Lage der ersten Querrohre beurteilen zu können. Dann ziehen Sie die ersten Querrohre wie folgt ein.

Führen Sie das Rohr in das erste Loch auf der rechten Seite ein und verflechten Sie es mit den einzelnen Längsrohrpaaren, indem Sie es zuerst darüber- und dann darunterschieben. Ohne es an den Enden zu befestigen, ziehen Sie dann das Rohr straff, damit Sie seine Lage später noch korrigieren können.

Mit einem zweiten langen Rohr beginnen Sie in dem ersten Loch auf der linken Seite und ziehen es an der Hinterkante des ersten Querrohres entlang ein, wobei es in gleicher Weise mit den Längsrohrpaaren verflochten wird.

Einziehen der Querrohre.

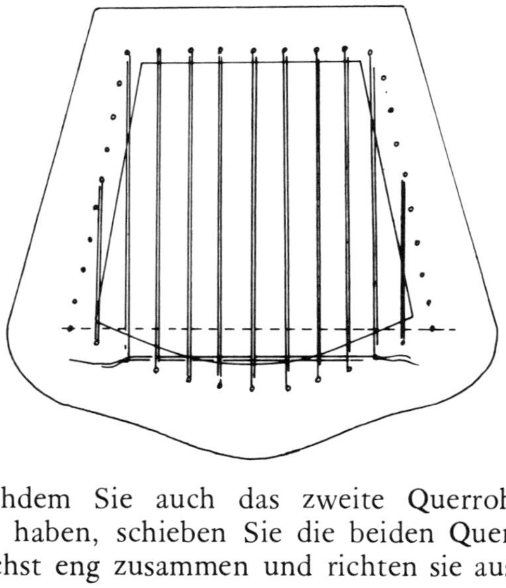

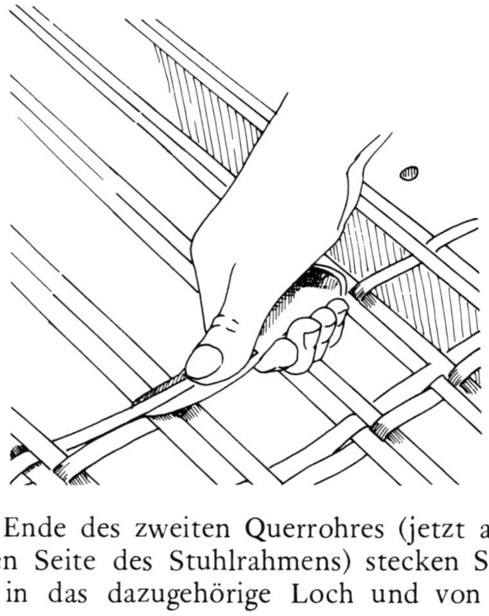

Nachdem Sie auch das zweite Querrohr gestrafft haben, schieben Sie die beiden Querrohre möglichst eng zusammen und richten sie aus. Das lange Ende des zweiten Querrohres (jetzt auf der rechten Seite des Stuhlrahmens) stecken Sie von oben in das dazugehörige Loch und von unten

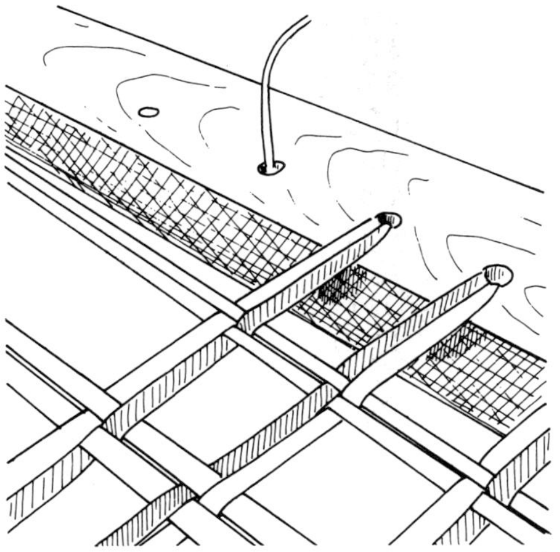

durch das nächste; je nach Sitzform eventuell auch zwei oder drei Löcher weiter. Verflechten Sie es wieder mit den Längsrohrpaaren.

Wiederholen Sie den Vorgang auf der anderen Seite. Beachten Sie, daß die einzelnen Querrohre im weiteren Verlauf der Flechtarbeit abwechselnd über und unter den Längsrohrpaaren zu liegen kommen. Halten Sie die Querrohre straff und gerade gespannt.

Wenn Sie mit den Querrohren die Mitte des Sitzes erreicht haben, beginnen Sie erneut auf der Rückseite und flechten reihenweise nach vorn. Dadurch haben Sie die Möglichkeit, das Geflecht in der Mitte des Sitzes abzuschließen, wo mehr Platz zum Arbeiten und mehr Spiel in den Rohrsträngen vorhanden ist. Achten Sie darauf, daß die Flechtfolge beibehalten wird, so daß das Muster des Geflechts in der Mitte zusammenläuft.

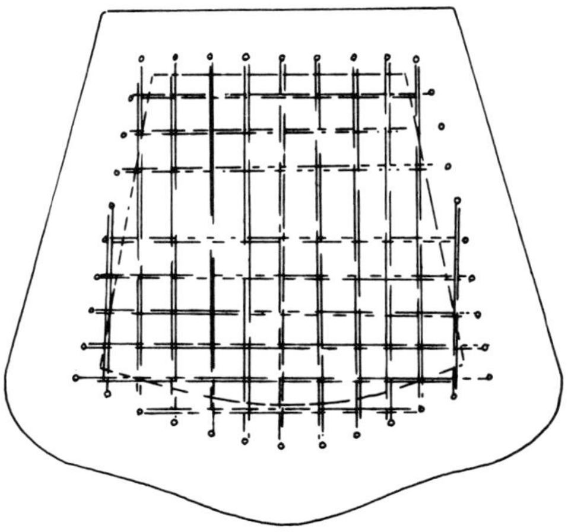

Wenn alle Querrohre eingezogen worden sind, wischen Sie den Sitz leicht mit einem feuchten Schwamm ab. Richten Sie die Längs- und Querstränge genau zueinander aus, solange das Rohr noch feucht ist.

Diagonalrohre

Die Rohre, die anschließend kreuzweise eingezogen werden, heißen Diagonalrohre, die in breiterer Ausführung (Größe 3 oder 4) verwendet werden. Befestigen Sie das Rohr mit einem Ende dicht an der vorderen linken Ecke des Stuhlsitzes und ziehen Sie das andere Ende diagonal durch den Sitz, wobei es unter die Querrohre und über die Längsrohre geflochten und an der gegenüberliegenden Ecke in das nächstgelegene Loch gesteckt wird. So verfahren Sie dann mit allen von links eingezogenen Diagonalrohren. Die von der rechten Stuhlseite aus verlegten Diagonalrohre werden über die Querrohre und unter die Längsrohre eingezogen.

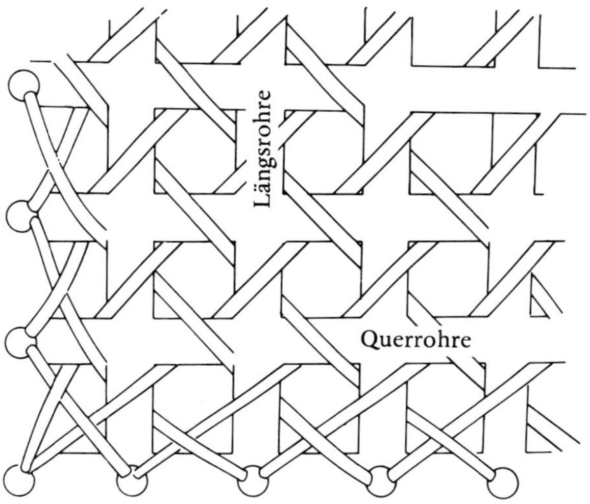

Es ist nicht notwendig, alle Diagonalrohre von links nach rechts zuerst einzuflechten; auch in umgekehrter Richtung können zwischendurch Rohre eingezogen werden. Halten Sie auf jeden Fall die Rohre straff und gerade und sorgen Sie dafür, daß das ganze Geflecht glatt und ebenmäßig angelegt wird; ungleichmäßige und faltige Stellen an den Rändern sind aufzulösen und zu erneuern.

Wenn alle Diagonalrohre eingezogen sind, kontrollieren Sie deren Lage an den Endpunkten und verschieben sie eventuell so, daß das Muster des Geflechts insgesamt gewahrt bleibt. In jedes Loch müßten nun zwei Diagonalrohre eingezogen sein. Ordnen Sie die Rohre so, daß längere Stücke von kürzeren überdeckt und Unregelmäßigkeiten dadurch beseitigt werden. Wenn Sie unter zwei oder mehr Löchern wählen können, befestigen Sie das Diagonalrohr in dem Loch, in dem das Muster stärker zusammengezogen wird.

Verstiften und Einfassen

Die Befestigungslöcher für die Rohre bzw. Rohrstränge können verstiftet (zugepflockt) werden,

Einziehen der Diagonalrohre ohne bestimmte Reihenfolge.

wenn das gesamte Geflecht glatt und gerade ausgerichtet und an seinen Kanten ordentlich besäumt ist. Von einem geradfaserigen, abgelagerten Stück Kiefernholz spalten Sie einen Span etwa in der Größe der zu verstiftenden Löcher ab und geben einem Ende davon eine rohe konische Form.

Das linke hintere Eckloch oder die unmittelbar danebenliegenden Löcher werden nicht verstiftet. Das Ende des Einfaßrohres wird in das Eckloch eingeführt, und die erste Schlinge zur Befestigung des Einfaßrohres verläuft durch das zweite Loch.

Unverstiftet bleiben auch Löcher, an denen sich scharfe Biegungen in der Sitzform befinden, die das seitliche Abbiegen des Rohres um die Kurve herum und dessen flaches Anlegen mit sich bringen. Zum Festhalten des Einfaßrohres an diesen Stellen werden zusätzliche Rohrschlingen benötigt.

Mit einem sehr leichten Holzhammer oder einem Holzscheit etwa im Gewicht eines Polsterhammers klopfen Sie den Kiefernholzspan mit der Spitze in

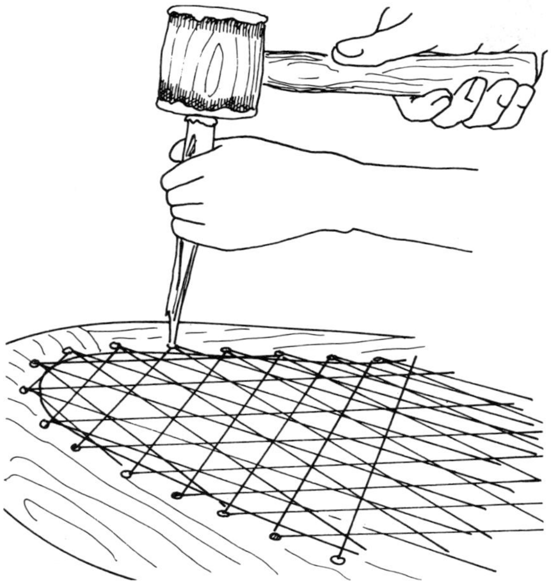

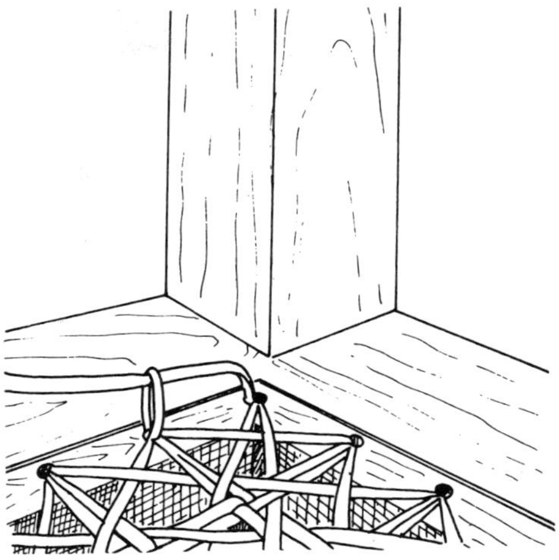

das Loch – nicht zu kräftig, um Schäden am Rohr oder Sitzrahmen zu vermeiden. Mit einer kurzen Bewegung zur Seite brechen Sie die Spitze im Loch ab. Ohne den gestutzten, oberen Teil des Holzstücks von der abgebrochenen Spitze abzuheben, klopfen Sie diese mit einem oder zwei weiteren Schlägen noch ein wenig tiefer hinein, so daß sie nicht über dem Geflecht hinausragt.

So verfahren Sie (mit Ausnahme an Biegungen und Ecken) mit jedem zweiten Loch, d. h. einklopfen, abbrechen, nachschlagen und zum nächsten Loch übergehen, wobei die Spitze des Kiefernholzspans von Zeit zu Zeit nachzuformen ist, wenn sie nicht mehr in die Löcher hineinpaßt.

Gelegentlich wird ein Stuhlsitz nur verstiftet und nicht eingefaßt; dann muß jedes Loch einschließlich derjenigen an den Ecken mit einem Stift versehen werden. Wo noch Splitter des eingeschlagenen Stiftes überstehen, drücken Sie diese mit einem Pflock oder Vorstecher in das Loch hinein.

Ein passend breites Einfaßrohr legen Sie einige Minuten in kaltes Wasser zum Einweichen. In der Zwischenzeit schieben Sie ein Rohr der Größe 2 von unten durch das Loch, das dem hinteren Eckloch am nächsten liegt, bilden über dem Loch eine Schlinge und stecken das Rohrende in dasselbe Loch zurück. Sollte das Rohr sich nur schwer durch das Loch schieben lassen, so nehmen Sie den Vorstecher zum Aufweiten zur Hilfe. Gehen Sie aber vorsichtig damit um und drehen Sie ihn beim Hineindrücken ein wenig hin und her.

Von dem eingeweichten Einfaßrohr wischen Sie nun das überschüssige Wasser mit einem Lappen ab. Ein Ende dieses Rohres stecken Sie durch die Schlinge des schmaleren Rohres, und nachdem Sie geprüft haben, ob die glänzende Seite oben liegt, führen Sie dieses Ende in das Eckloch ein und biegen und drücken es zurecht. Auf der Unterseite der Stuhlzarge wird die Schlinge verknotet und zugezogen. Diese Arbeit setzen Sie um die Sitzkanten herum fort, wobei Sie das schmale Rohr (Größe 2) unter der Zarge entlang, von unten durch die unverstifteten Löcher, über das Einfaßrohr hinweg und zurück in die Löcher ziehen; notfalls wird dabei der Vorstecher zur Hilfe genommen. Sorgen Sie dafür, daß das Einfaßrohr dort, wo es um die Ecken herum verläuft, flach aufliegt, und feuchten Sie es erneut an, falls es für diesen Zweck notwendig sein sollte.

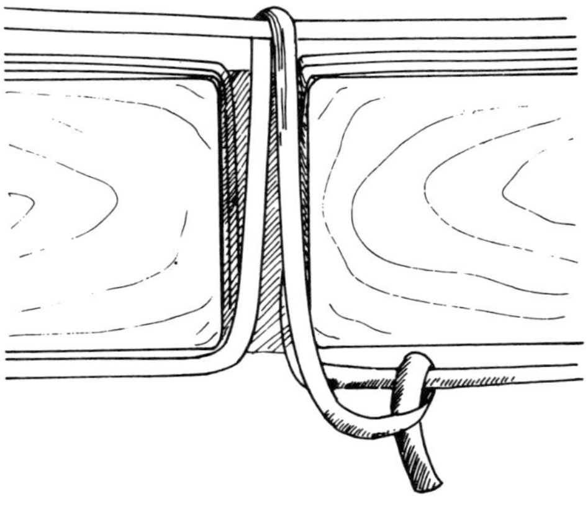

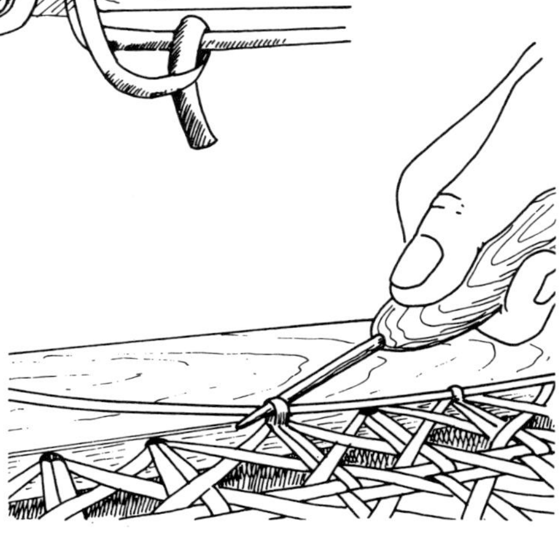

Einfassen einer Eckpartie.

Beim Straffziehen der Schlingen kann es vorkommen, daß das Einfaßrohr durch die Spannung der Schlinge zur Seite gezogen wird oder auf dem Abschlußrand des Geflechts in eine schiefe Lage kommt. Um dies zu vermeiden, wird der Vorstecher über das Einfaßrohr gehalten und die Schlinge darübergezogen. Nach dem Zuziehen der Schlinge zieht man den Vorstecher heraus und bringt das Einfaßrohr in die richtige Lage.

Beenden Sie die Arbeit des Einfassens so, wie sie begonnen wurde. Ziehen Sie das überstehende Ende von oben in das Eckloch und glätten es mit der flachen Messerklinge. Dann straffen Sie die Schlinge und befestigen sie unter dem Sitzrahmen.

Zum Schluß drehen Sie den Stuhl herum und säubern die Unterseite des Geflechts, indem Sie alle überstehenden Enden einziehen oder abschneiden.

Beizen oder Lackieren

Wenn das Rohrgeflecht trocken ist, kann es mit Öl- oder Wasserbeize gestrichen und dann mit einem klaren Schellacküberzug versiegelt werden. Vor dem Beizen prüfen Sie die Farbwirkung an einem Stück Abfallrohr. Denken Sie daran, daß die Beize an einem Stuhl dunkler wirkt als an einem losen Stück Rohr, und zwar bedingt durch die dichte Anordnung der Rohrstränge und die

Anzahl der freiliegenden Rohrschnittkanten, die mehr Beize absorbieren als die glatten und glänzenden Außenflächen. Warten Sie mit dem Aufstreichen des Schellacks, bis das Geflecht und die Beize vollkommen trocken sind.

Verwendung einer Zugschlinge

Eine Zugschlinge ist nichts anderes als eine lange Rohrschlaufe, mit deren Hilfe die Hälfte der Querrohre äußerst schnell eingezogen werden kann. Nachdem die Längsrohre eingezogen worden sind, wird die Schlinge zwischen den einzelnen Längsrohrpaaren hindurchgeführt und mit einer zweiten, aus einem besonderen Rohrstück hergestellten Schlinge verbunden, so daß die erste Schlinge ähnlich wie ein Schiffchen im Webstuhl durch die Längsrohre zurückgezogen werden kann. Immer wenn ein Querrohr einzuziehen ist, kann es dann in die Zugschlinge eingehängt und schnell durch die Längsrohre gezogen und damit verflochten werden. Anschließend wird die Zugschlinge auf die andere Seite des Stuhlsitzes gebracht und das nächste Querrohr von dieser Seite aus eingehängt.

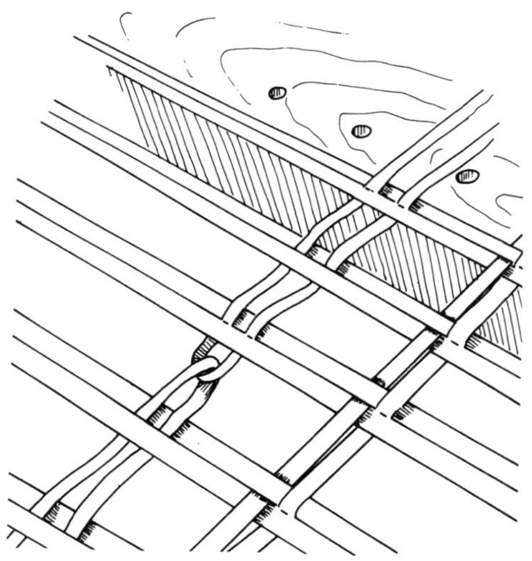

Für jedes in sich geschlossene Sitzgeflecht kann nur eine Zugschlinge benutzt werden, und am besten ist es, die Zugschlinge für die Querrohre vorzusehen, die am schwierigsten einzuziehen sind. Das von der linken zur rechten Seite des Stuhlsitzes (von Ihnen aus gesehen) verlaufende Querrohr wird mit der linken Hand in die Schlaufe eingefädelt und mit der rechten Hand (welche die abgestumpfte Messerklinge hält) aufgenommen und durchgezogen; bei den von rechts nach links einzuziehenden Querrohren ist es umgekehrt. Sollte es für Sie schwierig sein, das Rohr mit der linken Hand aufzunehmen und einzuziehen, so müßte die Zugschlinge für die Querrohre von rechts nach links verwendet werden. Der Einsatz einer solchen Zugschlinge ist nur angebracht, wenn man in der Verlegung der Querrohre ohne Zugschlinge einige Erfahrungen gesammelt hat.

Gekrümmte Stuhllehnen

Wenn die Lehne oder der Sitz eines Stuhls geschweift oder gekrümmt sind, sollte die Anordnung der Längsrohre der Krümmung folgen und nicht schräg dazu verlaufen. Jeder Versuch, die Längsrohre quer in eine gekrümmte Stuhllehne einzuarbeiten, würde zu einem schlaffen und unregelmäßigen Geflecht führen.

Rohrflechten in Blindlöchern

Beim Flechten in Blind- oder Sacklöchern, d. h. in Löchern, die nur teilweise und nicht ganz durch den Sitzrahmen gebohrt sind, ist die Arbeitsweise im wesentlichen die gleiche wie bei Durchgangslöchern, nur daß jedes Stück Rohr auf Länge geschnitten und in die einzelnen Löcher eingeklebt

Der Gebrauch der Zugschlinge.

Eckpartie vor dem Einfassen.

werden muß, bevor die Flechtarbeit fortgesetzt werden kann. Auch hierbei können alle Längsrohre zuerst eingezogen werden; ihre Befestigung in den Löchern erfolgt mit einem kleinen Spritzer PVAC-Kleber und durch Verkeilen mit einem Drahtstift in passender Größe. Man läßt den Kleber aushärten und entfernt die Nägel am nächsten Morgen. In gleicher Weise können dann die Querrohre eingezogen werden. Vor dem Einfassen verstiften Sie wie üblich jedes zweite Loch.

Auch beim Einfassen, also bei der Verlegung von Abschlußrohren in Sacklöchern, wird das gleiche Verfahren angewendet, jedoch mit einer Ausnahme: Anstatt die Rohrschlingen von der Unterseite des Sitzrahmens aus zuzuziehen, wird jede Schlinge zur Befestigung des Einfaßrohres auf passende Länge geschnitten und wie eine Krampe über das Einfaßrohr gebogen. Dann wird Klebstoff in das Loch gegeben und die Schlinge auf dem Einfaßrohr festgedrückt.

Beispiele aus dem Buchprogramm

Augustus Verlag
Augsburg

Prof. Kurt P. Lohwasser

Holz- und Linolschnitt

1982, 106 Seiten, zahlreiche Abbildungen, Format 21 x 29,6 cm, kartoniert.
ISBN 3-8043-2066-X

Eine großangelegte Darstellung der Hochdruck-Techniken zum Selbststudium. Von Grund auf zeigt der Autor, wie ein Stich oder ein Schnitt entsteht. Von den ersten Skizzen der Vorzeichnung über das benötigte Schneidwerkzeug bis zur Messerführung beim Schnitt und den verschiedenen Druck-Möglichkeiten. Der Anfänger lernt seine Arbeit, sein Material und Werkzeug richtig einzusetzen. Der erfahrene Kunstdrucker kann hier manche Anregung, Verbesserung und auch „Neuland" entdecken. Einige Gebiete werden in diesem Band fundamental behandelt, über die bisher brauchbare Angaben fehlten. Ein Beispiel: die japanische Drucktechnik. Es werden kurz und prägnant Fragen beantwortet, zu deren Klärung Jahre an Erfahrung und Übung benötigt wurden.

Inhaltsübersicht:
Druckgraphik · Der Holz- und Linolschnitt · Vorzeichnung · Das Schneidwerkzeug · Der Schnitt · Druckwerkzeug · Der Handdruck · Mehrfarbendruck mit Holz- und Linolschnitt · Die Technik des japanischen Holzschnitts · Holzstich oder Xylographie · Werkzeug für den Stich · Metall-Ätzplatte oder Klischee.

Hal Rogers / Ed Reinhardt

Bilderrahmen selbstgemacht

Anleitung in 430 Fotos

1989, 137 Seiten, 430 Demonstrations-Fotos und zahlreiche Zeichnungen, Format 21 x 29,6 cm, gebunden.
ISBN 3-8043-0105-3

Ein vollständiges, praktisches Arbeitsbuch für die Anfertigung von über 80 Rahmen. Versehen mit Hunderten von Schritt-für-Schritt-Fotos ist dieser Band lückenlose Anleitung für jeden, der perfekte Bilderrahmen preiswert selbermachen will. Mit einer Handvoll Werkzeugen und nur ein paar grundlegenden Rahmentypen demonstrieren die Autoren

— wie man jeden Rahmenstil vom Beginn bis zum Ende ausführt
— wie man das Werkzeug auswählt und benutzt
— wie man die einzelnen Rahmenteile abmißt, schneidet, leimt, nagelt, festklemmt, trimmt, verbindet, zusammensetzt und montiert
— wie man antike Rahmen restauriert

und anderes mehr.